Super ET

Della stessa autrice nel catalogo Einaudi

L'arte della gioia
Io, Jean Gabin
Destino coatto
Il vizio di parlare a me stessa
L'università di Rebibbia
Le certezze del dubbio
La mia parte di gioia
Appuntamento a Positano
Lettera aperta
Scrittura dell'anima nuda
Il filo di mezzogiorno

Goliarda Sapienza

Autobiografia delle contraddizioni

Lettera aperta Il filo di mezzogiorno Io, Jean Gabin
L'università di Rebibbia Le certezze del dubbio

A cura di Angelo Pellegrino

Einaudi

Edizione pubblicata in accordo con
Piergiorgio Nicolazzini Literary Agency (PNLA)

Per *Il filo di mezzogiorno*

Edizione pubblicata su licenza de La nave di Teseo

www.einaudi.it

ISBN 978-88-06-26504-5

Introduzione

Bisogna partire da una pagina dei suoi *Taccuini* del gennaio 1990.

> Maria Giudice: un amore sotto il fascismo. Questa è l'idea che bimba avevo di mia madre. E se il XX Congresso del Partito Comunista Sovietico mi liberò dal dovere di scrivere solo del proletariato (il privato era peccato), gli ultimi avvenimenti – oggi – liberano completamente la donna che si nascondeva in Maria, e finalmente da donna a donna posso raccontarla.

Gli ultimi avvenimenti sono la caduta del Muro di Berlino nel 1989. Come era già avvenuto per la rivelazione dei crimini di Stalin al XX Congresso del Pcus del 1956, la fine del comunismo sovietico libera ulteriormente Goliarda dal suo super-io, la figura morale (e moralista) della madre, persona di riferimento centrale della sua vita, e causa prima di quelle che lei considerava ambivalenze (o contraddizioni), che poi viveva come tradimenti verso una madre imponente, di cui cercava di narrare negli ultimi anni la vita amorosa, forse per sancire con quest'atto definitivamente la sua liberazione.

> Le pulsioni che mi nacquero da lei quando io ero bambina non le rinnego. Ma col tempo hanno creato in me quell'ambivalenza che possiede tutti noi, sempre. È proprio questa ambivalenza che mi spinse trent'anni fa a iniziare il ciclo *Le certezze del dubbio*, incentrato sulla mia persona ma «in progress», e cioè non letta – come in tutte le biografie – a una specifica età, avanzata o giovanile non importa, invece raccolta man mano ogni decennio e nell'arco di tutta una vita, sempre con l'idea cardine di afferrare piú le contraddizioni che le coerenze. Coerenza, parola utopica a tutto tondo che già negli anni Quaranta e Cinquanta rappresentava una delle tante bugie ideologiche o certezze dogmatiche in nome delle quali innumerevoli lutti, crimini e dolori hanno potuto essere perpetrati impunemente.

Anche nel mio ciclo ci saranno bugie, nessuno di noi può esserne esente, ma almeno saranno a ogni passo contraddette, o rovesciate o riconosciute come errori nocivi al personaggio Iuzza-Goliarda, e per questo nocivi agli altri. La bugia è un boomerang che non perdona, ed è per questo che il sottotitolo del ciclo dovrebbe essere: *Autobiografia delle contraddizioni*.

In quella stessa pagina s'accenna sia a Giordano Bruno che a Epicuro:

L'«armonia dei contrari»: non so proprio come solo i contrari diano la possibilità alla vita di essere vita, ma è cosí, lo so da quando incontrai Giordano Bruno (avevo quattordici anni), e nessuna promessa – per quanto allettante possa essere – di paradisi in cielo o in terra mi distoglierà dalle parole del grande dubitante. Dubitare: sempre e sull'armonia indissolubile delle due forze, il bene e il male; e cercare con cautela d'essere felici o almeno sereni, come consiglia Epicuro.

Goliarda pensava a un ciclo fin da *Lettera aperta*, il suo primo romanzo. Pensava a un'autobiografia man mano che la vita fluiva, che doveva chiamarsi *Lettera aperta I*, *II*, *III*, e cosí via. Periodicamente una nuova *Lettera aperta*, ogni dieci anni circa, come ha scritto sopra, dove ogni volta dovevano entrare in scena i vecchi personaggi aggiunti ai nuovi, ai nuovi amici, ai nuovi incontri, alle nuove avventure del vivere. Ogni romanzo doveva far parte a sé, essere leggibile cioè senza l'ausilio degli altri, come un ideale mazzo di carte dove ognuna aveva la sua emblematicità, subito contraddetta dalla successiva. Intendeva mostrare cosí, di contro alla rigida autobiografia tradizionale che di necessità appiattisce fatti e persone contro un fondale fortemente idealizzato da un lungo tempo trascorso, il continuo, inarrestabile mutamento della coscienza e dei suoi giudizi, la trasformazione dell'io nei confronti del proprio passato e di conseguenza dei fenomeni che circondano il proprio presente.

Analisi continua, rivoluzione continua, narrazione continua.

Durante la stesura di quel suo primo romanzo, ma già, sempre a suo dire, verso la fine del rapporto analitico col dottor Majore, quando s'andò rendendo conto dell'enorme trasformazione di sé che quelle sedute assai poco ortodosse ma efficacissime andavano apportando alla sua visione della vita, Goliarda pensò di documentare tale trasformazione. Che conteneva anche la sofferta scelta di dedicarsi tutta alla letteratura. Ma voleva dire soprattutto libertà e liberazione. Da chi? Intanto dai suoi genitori, tutti e due insieme. Nascere figli di eroi (o di geni) non dev'essere facile per nessuno, già da uno soltanto deve risultare assai impegnativo, da due poi è troppo per chiunque, quando oltretutto si trattò di personaggi che Goliarda nella sua infanzia amò e ammirò smisuratamente, e in seguito non rinnnegò mai.

Giuseppe Sapienza, socialista libertario di spicco in una terra come la Sicilia dove in quegli anni voleva dire rischiare la vita giorno per giorno, geniale e dionisiaco, detto l'avvocato dei poveri, combattente, anche corpo a corpo, di mafiosi e fascisti, dotato di una cultura teatrale popolare e classica che influenzò Goliarda in modo decisivo, giornalista e direttore di giornali clandestini, amatore seriale che turbava la piccola Goliarda con tutti i figli che seminava fuori dal matrimonio e faceva mangiare tutti alla sua stessa tavola, da lei ammirato per lo spirito artistico e il coraggio fisico in un'epoca violenta senza speranza.

Una sorta di santa rivoluzionaria, votata al martirio per il popolo, Maria Giudice, che entrava e usciva dal carcere organizzando scioperi e rivolte, grande figura della causa della donna (come si chiamava allora il femminismo), prima donna a dirigere la Camera del Lavoro di Torino, giornalista e direttrice anch'essa di giornali clandestini, alternandosi con Peppino (quand'era in carcere l'uno, avanti altro), esule in Svizzera dove incontrò Lenin, la Balabanoff e l'allora socialista Mussolini, direttrice del «Grido del popolo», con Antonio Gramsci redattore alle sue dipendenze. Affrontò la corte marziale e il carcere per la rivolta di Torino del 1917, proprio contro la guerra, e intanto fece in tempo a fare dieci figli, alcuni perduti a causa della persecuzione fascista.

Entrambi, pur diversissimi, erano accomunati dall'odio polarizzato in convinzione assoluta verso l'oppressione fascista e padronale, dalla palingenetica fede nella rivoluzione, dalla lotta per il riscatto anche violento delle classi povere. Goliarda in *Lettera aperta* si costringe a dire:

> Bisogna scherzare qualche volta, è un modo per tirarsi fuori dagli impicci. Lo scherzo è il sale della mente. Per mio padre e mia madre – una delle poche cose sulle quali andavano d'accordo – il sale della vita era l'odio e la ribellione. Peccato che di ironia non ne sapessero niente. Certo, quando sono vissuti e hanno lottato, l'ironia era un lusso troppo grande, ma è un peccato lo stesso, perché si sono trovati a lottare il fascismo con la stessa ottusità e rettorica del fascismo. Questo li faceva – l'ho scoperto con l'orrore che potete immaginare – un po' fascisti.

Goliarda visse in un mondo schiacciato dall'ideologia e dalle sue certezze di ferro. Questa condizione durò per lei anche dopo la caduta del fascismo e la fine della guerra, poi per tutta la durata della cosiddetta Guerra fredda sino alla caduta del Muro, vale a dire per tutta l'età democristiana. «Poveri giovani, avrete vent'anni di fascismo bianco», aveva preconizzato Maria Giudice dopo la caduta del governo Parri, peccato che sarebbero stati ben piú di quaranta.

E poi, non da meno, per tutto il lungo rapporto col compagno e regista comunista Francesco (Citto) Maselli, anche lui amatissimo, ma rigido e intransigente funzionario di partito. Goliarda invece veniva da una madre che l'aveva messa in guardia dall'aderire al bolscevismo, avendo conosciuto bene il sanguinario Lenin, come lei stessa lo chiamava, e perciò non fu mai comunista, ma il neofita Maselli, figlio borghese di un intellettuale socialista, da salotto, come definiva sempre suo padre, picchiava duro e ricattatorio sulla coscienza di Goliarda, che gli fu sempre comunque vicina, anche oltre la separazione avvenuta nel 1965, dove entra in gioco l'analisi e il compiuto risultato artistico della sua opera prima, quella *Lettera aperta* dove voleva dichiarare le sue contraddizioni, mettendosi a nudo con tutte le sue dignitose fragilità, riuscendo a fare di sé persona, personaggio. E qui veniamo all'originario titolo del ciclo che doveva essere, come s'è visto dai *Taccuini*, *Le certezze del dubbio*, poi invece diventato titolo del quinto volume del ciclo, anche perché disperava ormai di poter continuarlo a causa dei rifiuti editoriali, ma non voleva che andasse perduto.

L'esperienza analitica le aprí prospettive critiche e conoscitive che erano aliene ma anche disprezzate dai suoi monolitici genitori (e fratelli, sí perché anche i fratelli non erano da meno, i Sapienza e i Giudice, tutti accomunati in un blocco ideologico che veniva alimentato e si rafforzava per la loro condizione di perseguitati politici). Quando *Lettera aperta* entrò nella dozzina del Premio Strega (ma fu escluso dalla cinquina), presentato da Natalia Ginzburg sicuramente per scelta dell'editore Garzanti, l'autrice di *Lessico famigliare*, che pure apprezzava le qualità letterarie del libro, ebbe poi a dire in privato a Goliarda: «Hai scritto un libro inutilmente crudele», volendo disapprovare cosí il suo atteggiamento critico verso due figure della lotta antifascista considerate intoccabili. Fu per lei l'amara prova di avere fatto centro. La ragione era che Goliarda, come è stato detto, per infiniti versi amava e stimava la statura e l'impegno politico dei suoi genitori, ma trovava la loro chiusura e assenza di spirito critico, il fideismo, l'estremo fanatismo alla stregua di una qualsiasi religione dogmatica, che gli stessi toni e atteggiamenti stentorei e autoritari non differivano granché da quelli della controparte, i feroci fascisti in camicia nera che li perseguitavano. Mai in essi un po' di languore o melanconia, cosí ironizzava spesso quando cercava di far capire in sintesi, semplificando molto, i difetti dei genitori.

L'analisi freudiana aveva sviluppato in lei un atteggiamento critico, e insieme tollerante, verso tutte le aberranti certezze ideologiche. Se proprio si cercavano certezze, erano solo quelle derivate dal dubbio che andavano accettate, dubbio metodico piú che scettico. Già nei versi di *Ancestrale* degli anni Cinquanta l'aveva detto:

> Non sapevo che il buio | non è nero | che il giorno | non è bianco | che la luce | acceca | e il fermarsi è correre | ancora | di piú
>
> Un giorno dubitai | e in piena luce | cominciai | a vedere l'albero | il pane | il coltello e la forbice | il legno | il rame.

Ma anche la illuminò a quel tempo la lettura rivelatrice di Sterne sul diritto alla contraddizione, che ricavò dai meravigliosi andirivieni nevrotici di *Tristram Shandy*, personaggio ispiratore (e liberatore) della Goliarda di *Lettera aperta*. Che all'uscita le fece perdere dolorosamente molti amici, prima fra tutti Joyce Lussu, compagna di quel vero eroe e luminoso scrittore che fu Emilio, con la quale aveva ideato il piano segreto che doveva portare alla fuga dalla Turchia della moglie e dei figli del poeta Nazim Hikmet, già esule in Russia. Dopo la lettura di *Lettera aperta* Joyce le tolse il saluto, dimostrando che il fanatismo e l'intransigenza che Goliarda aveva stigmatizzato nei suoi genitori funzionava ancora. Aveva ragione Sciascia quando diceva che in Italia non si può scherzare né coi santi, né coi fanti.

Anche il secondo romanzo, *Il filo di mezzogiorno*, quando uscí, le fece perdere altri amici. Qualcuno, con lei sincero, le riferí che gli amici del gruppo non erano molto contenti, non del valore del libro ma del fatto che avesse scritto un secondo romanzo. Il primo te lo abbiamo concesso, ripetevano, una signora può scrivere un libro nella sua vita, un secondo proprio no. Pare invidiassero già in *Lettera aperta* che a Goliarda fosse riuscita un'operazione letteraria che aveva mancato lo stesso Vittorini con *Conversazione in Sicilia*. Questo per dire che è stato proprio il suo ambiente di amici a danneggiarla nella sua carriera letteraria ed editoriale, piú di tutto il resto, quella Bloomsbury romana staliniana e mortifera che dominò mondanamente per molti anni.

Lettera aperta è tante cose, e per Goliarda doveva segnare l'inizio della sua idea di contraddizione come donna, persona e libera artista, ed era poi in fondo bisogno di libera espressione. Le sue contraddizioni furono essere Goliarda di *Lettera aperta*, finalmente liberata dal suo stato di monaca marxista spretata, altra espressione ironica da lei spesso usata per rapida sintesi. Poi dopo un po' di tempo la fuoriuscita dalla drammatica analisi, seguita al tentativo di suicidio e agli elettroshock, nel *Filo di mezzogiorno*, che va oltre la stessa analisi, in parte denunciata anarchicamente (in nome del diritto ad amare) anche qui per una sua deriva dogmatica, pur riconoscendo la validità del metodo freudiano. Poi la «carusa tosta» di *Io, Jean Gabin*, che s'identifica nell'attore simbolo del Fronte Popolare, e ritorna nei suoi vicoli malfamati di San Berillo, che sono come la kasbah di *Pépé le Moko*, e rivela la voglia di mettersi fuori legge, che infatti attuò col furto di gioielli che la porterà, nel terzo volume, a passare attraverso la porta della cosiddetta *Università di Rebibbia*, a farsi carcerata per bisogno di discesa in quel pozzo che i lettori dell'*Arte della gioia* conoscono bene, per poi risalire con un'umanità nuova e lo stesso suo stile rinnovato.

Infine la Goliarda marchiata dal carcere per la società dei suoi amici marxisti *gauche caviar*, che all'uscita la isolano ancora di piú, che nelle *Certezze del dubbio* va alla ricerca, nel carcere fuori dal carcere, la metropoli romana, di una sorellanza perduta, quelle compagne di detenzione che, uniche ormai, possono accettarla e capirla, affette tutte, come anche lei del resto, da quella speciale sindrome da affezione carceraria che per prima Goliarda aveva identificato e descritto durante la seppur breve detenzione.

E se tutte queste contraddizioni alla fine si rivelassero coerenza? coerenza di verità e bellezza dell'insieme della sua opera, e vita di scrittrice? dai versi di *Ancestrale* fino agli ultimi taccuini? Che cos'è la bellezza se non coerenza, s'era lasciata sfuggire nell'*Università di Rebibbia*.

Alla fine del suo ultimo romanzo, *Appuntamento a Positano*, che non può piú essere un'altra *Lettera aperta* (poco di Goliarda è in esso fatto vivere), il suo amico Giacomino, affettuoso e filosofico pasticciere della Costiera, la spinge a continuare: «Dimmi di te, piuttosto», la incalza, dopo che lei ha narrato tutti i casi di Erica, la sua amica scomparsa. Sembrerebbe un invito a una nuova *Lettera aperta*, ma Goliarda non può piú dire altro di sé, fiaccata dai rifiuti editoriali, o non vuole piú in quella forma. Ormai le vicende del suo io sono affidate decisamente ai *Taccuini*. Sono qui tutti i romanzi, tutte le *Lettere aperte* che avrebbe potuto scrivere, furono migliaia di pagine sparse negli ultimi anni il suo principale luogo di ricordo.

Ricordare è tutto: l'etica fondamentale della vita.

ANGELO PELLEGRINO

Naxos, luglio 2023.

Autobiografia delle contraddizioni

Lettera aperta

1.

Non è per importunarvi con una nuova storia né per fare esercizio di calligrafia, come ho fatto anch'io per lungo tempo; né per bisogno di verità – non mi interessa affatto – che mi decido a parlarvi di quello che non avendo capito mi pesa da quarant'anni sulle spalle. Voi penserete: perché non se la sbroglia da sé? Infatti ho cercato, molto. Ma, visto che questa ricerca solitaria mi portava alla morte – sono stata due volte per morire «di mia propria mano», come si dice – ho pensato che sfogarsi con qualcuno sarebbe stato meglio, se non per gli altri almeno per me. E che faccia bene parlare delle proprie cose, ho dovuto sperimentare che ha qualche fondamento reale. Come vi ho detto, questi quarant'anni, o meglio i primi venti anni di questi quarant'anni, a furia di volerli scientemente ignorare, si sono cosí ingarbugliati che non riesco a districarli, a fare ordine. Io purtroppo sono molto ordinata, anzi direi un po' fissata: e cosí i fatti passati mi schiacciano come una mosca ai muri di questa stanza che si è fatta troppo piena. Capirete, ci vivo da sempre. Ci sono libri naturalmente, quadri, specchi, tavoli, tanti tavoli che uno sta sull'altro, oggetti inutili che ho comprato o che mi hanno regalato e che non ho osato rifiutare. Vi spiego: oggi è venuta come al solito Dina per pulire: viene due volte la settimana. E spolverando un piccolo animale stilizzato, naturalmente svedese, che mi regalò George, ha esclamato sottovoce: «Quanto è brutto!» Lo sapevo, lo so da quando me lo regalò: ma sentirlo dire mi ha fatto ricordare quanto è rimasto brutto in tutti questi anni. E mi è venuto il sospetto che non ci si voglia mai disfare delle cose brutte che ci cascano fra le mani perché pensiamo che la nostra vicinanza le possa migliorare. E cosí, con questo sospetto che ha tarlato la mia sicurezza, ho buttato via l'animaletto e mi sono decisa a parlarvi.

Scusate ancora, ma ho bisogno di voi per essere in grado di sbarazzarmi di tutte le cose brutte che ci sono qui dentro. Parlando, dalla reazione di chi ascolta, puoi capire cosa va tenuto e cosa buttato. Ho bisogno di voi per liberarmi di tutte le cose inutili che affollano questa stanza. Ho la bocca piena della loro polvere. Ho detto un minimo di ordine, non di verità.

Anche voi associate la parola «ordine» con la parola «verità», e la parola «intelligenza» con la parola «bontà»? Ho fatto sempre questo errore. Non mi fraintendete, non «verità»: ma solo un minimo di ordine in tutte queste «non verità», nelle quali nascendo, o meglio – come diceva mio fratello Ivanoe – cascando da quel cavolo sulla terra, mi sono trovata a strisciare prima, e a camminare dopo. Non vorrei buttare discredito sui morti e sui vivi che ho incontrato, ma visto che mi sono state dette, come a tutti del resto, piú bugie che verità, come potrei io, ora, sperare di parlarvi illudendomi di arrivare ad un ordine-verità? E no: credo proprio che questo mio sforzo per non morire soffocata nel disordine sarà una bella sfilza di bugie.

Pazienza! Speriamo, almeno, di riuscire a districarle, cosí che ci si possa passare lo straccio per spolverare senza sbattere in un vasetto sbreccato, uno specchietto antico, un orologio fermo dalle due e mezzo (da quando?)

2.

Una delle prime bugie nelle quali inciampai cadendo giú dal cavolo fu di credere che i sette individui, maschi e femmine che dormivano, si agitavano, mangiavano, sbadigliavano sotto il nostro tetto, fossero tutti miei fratelli e sorelle; che la casa dove vivevamo fosse di nostra proprietà; che tutti mi amavano molto; che mio padre era siciliano e mia madre lombarda. La prima verità, o che mi suonò come tale, mi fu detta da mio fratello Carlo una mattina che mi spingeva in acqua dal precipizio delle scalette dell'Ògnina a nuotare: e io avevo paura. Disse: «Noi Sapienza abbiamo tutti imparato a nuotare prima di camminare e tu, cosí grande e grossa (avevo sei anni), hai paura. Sei una bastarda». Non rimasi male delle sue parole, perché Carlo aveva dei bei baffi neri e le labbra molto morbide a toccare, e me lo disse sorridendo e accarezzandomi i capelli. Non rimasi male, ma quella parola mi diede molto da pensare e mi permise, come vedrete, di scoprire molte cose.

Intanto mi fece scoprire la parola «bastardo» che non avevo mai sentito. Mi affascinò moltissimo e la ripetei molte volte per ricordarmela: esercizio che si rivelò efficace e che ho sempre adottato in seguito, tanto che, in qualsiasi posto mi trovassi, se sentivo una parola che mi colpiva, la ripetevo, credo, muovendo anche le labbra. Mi sentivo dire in queste occasioni: «Ma finiscila di biascicare!» Una volta mia sorella Licia aggiunse: «Sembri una mentecatta», e io senza piú ascoltarla abbandonai la prima preda per questa seconda, «mentecatta», che non conoscevo. E dài a masticare! tanto che Licia uscí dalla porta sbattendola. A casa mia, quando c'era qualcosa che non andava, si sbatacchiavano le porte. Biascicando la parola bastarda, anzi con la parola bastarda che mi usciva dagli occhi, dalle orecchie, col sudore delle ascelle e della schiena – era la prima volta che prendevo contatto con questo esercizio, e fu molto faticoso – ascoltai la spiegazione del professore Jsaya. Era il mio maestro, mi dava lezioni nella sua stanza, ed era un supplizio per me, perché il pavimento era pieno di pulci: e mentre lui spiegava, dovendo stare immobile per rispetto alla sua fatica, «È un grande intellettuale ed è una vera gentilezza che ti fa dandoti lezioni: quindi immobile, mi raccomando!» dovendo stare immobile e non potendo chinarmi per grattarmi sotto il tavolo, quelle ne approfittavano per consumare il loro pasto indisturbate. Credo che mi aspettassero con molta ansia, perché oltre me non c'era nessuno dal professore Jsaya. Non aveva nessuno: si rifaceva il letto da sé e, anche quando spiegava, camminava sempre di corsa dal tavolo alla finestra e dalla finestra, girando intorno alle mie spalle, ancora alla finestra, dove qualche volta si affacciava e sputava giú per strada. Certo, lui non lo potevano mordere, e si sfogavano con le mie caviglie. In seguito mi feci la convinzione che corresse proprio per non essere morsicato. Era un supplizio, ma il professore Jsaya era l'unico che rispondeva alle mie domande. Questa fu la sua risposta: «Bastardo si dice di un animale o di una persona della quale non si sappiano le origini». E siccome io non capivo, e glielo dissi, mi indicò il suo cane e mi parlò delle razze. Era un incrocio fra un lupo e un cane di un'altra razza non bene identificata, e per questo la parte di lupo in Pussi – era il nome di quel bastardo – essendo avvezza ai climi freddi, soffriva terribilmente lí in Sicilia: e gli mancava il fiato. Per questo stava sempre con la bocca spalancata, la lingua fuori, e nelle pause lunghe, che il professore faceva spesso – qualche volta si dimenticava addirittura di me: me lo disse lui: «Scusami piccola, mi ero dimenticato che eri qui!» – si sentiva il respiro forte di Pussi.

Aveva caldo. Mi fece molta pena, perché anch'io avevo sempre caldo, e da allora, quando vedevo un cane con la lingua di fuori, sudavo. E cominciai a sognare per loro prati verdi e distese di neve, commovendomi tanto da ansimare sempre di piú. Ma da questa spiegazione la cosa piú importante che appresi sulla parola bastardo fu, sempre secondo le sue parole, che tutti i poliziotti sono bastardi. Io ci credetti senz'altro, credevo a tutto quello che diceva; ma di tutti quelli che ho incontrato e fissato per vedere se spalancavano la bocca e tiravano fuori la lingua, nessuno lo ha mai fatto. Una volta ne seguii uno per tutta via Cappellini: si fermò davanti ai cartelloni del Cinema Mirone e aprí un poco la bocca. Era il segno? O uno sbadiglio? Non mi convinse, e pensai di chiederne spiegazione al professore Jsaya. Mi ricordo solo adesso di essermi dimenticata di domandarglielo: peccato.

3.

Peccato proprio. Ma è morto. È morto in un ospizio dove mio padre riuscí a farlo accettare anche se come professore era stato cacciato da tutte le scuole del regno, per offesa alla religione, al regime o qualcosa di simile. Riuscí, e pagando una retta mensile, ottenne anche di fargli assegnare una stanzetta dove lui, come mi dissero, trasportò tutti i suoi libri. Fu Carlo a raccontarmelo mentre seguivamo il feretro di mio padre. «Eh Iuzza! Era un grande intellettuale! – disse sorridendo come sempre, dolcemente. Lo guardai, aveva ancora i baffi neri ma le labbra chissà se erano ancora morbide a toccare. – Era un grande intellettuale lui! Come avrebbe potuto dormire nella camerata insieme a tutti quei limoni spremuti dai fasci littori se, per dirla come lui la diceva, pensava, anzi "cogitava" anche la notte?» Sempre sorridendo aggiunse che l'ultima volta che l'aveva visto non gli era sembrato troppo scontento di quella sistemazione, se non per il fatto che una donna gli rifaceva il letto ogni mattina, e cosí lui era costretto a fare doppio lavoro: disfarlo e rifarlo: «Le donne sono una dannazione Carluzzu mio! Manco il letto sanno fare! Manco il letto, cosí come manco sanno starci sopra col proprio uomo!» Non sembrava troppo scontento. Era sempre scontento il professore Jsaya: le labbra strette come se avesse sempre la puzza sotto il naso, il capo piegato in avanti ad ascoltare senza guardarti. Di solito, dopo aver ascoltato attentamente, rizzava il capo e serrando le labbra sempre piú, come se addirittura avesse la nausea, rispondeva con voce dolce: «O dunque! Mi pare proprio che la tua domanda, sia per l'insensatezza con la quale è stata formulata, sia per la sua essenza fanciullesca, non richieda risposta. Impara prima a formularle le domande! E che cazzo! Qui si perde tempo! Vediamo di occuparci di cose sensate, o almeno di cose, visto che ci appressiamo a entrare in questo mondo di merda, che il buon senso comune e la legge ci costringono a ritenere tali. Apri bene gli occhi e dimmi la terza coniugazione del verbo...» Era sempre scontento. Forse, come diceva Licia, perché aveva studiato a Londra? In quanti posti aveva studiato il professore Jsaya!

... cos'è che non ero riuscita ad afferrare di quel discorso difficilissimo? Quale discorso? Seguivo il feretro di mio padre, e mi accorgo che ho perduto qualcosa che avevo pensato di dirvi. Cos'era? Si dice che quando ci si dimentica di un'idea che si vuole comunicare, è perché si tratta di una bugia. Sarà per questo? Ma se era una bugia a me interessa di piú! Ho smarrito qualcosa, dato che dal funerale mi ritrovo seduta su un gradino delle scale della casa del professore Jsaya, tremante e con un fico in mano. Non ho voglia di mangiarlo, eppure è un fico di quelli con le mandorle dentro, che mi piacciono tanto. Uno scambio delle rotaie dei miei ricordi non ha funzionato, e mi ritrovo in questa stanza a rivedere carte, appunti, senza un'indicazione precisa. È fatale che sia cosí, con tutto questo disordine che ho creato per mettere ordine. Come fare? Come si fa con la pellicola alla moviola quando si monta un film. Tornerò indietro. Mi alzo dal gradino e rientro nella stanza. Il professore Jsaya, invece di correre, sta fermo in piedi davanti a me, e urla. Sí, urla che siamo un popolo di pecoroni, che non facciamo che crearci dei falsi miti, che... Sí, adesso ricordo, gli avevo chiesto se lui, che sapeva tante lingue, che leggeva tutti quei libri in tutte le lingue, perfino in russo, fosse piú intelligente di Licia, di Ivanoe, di Galileo Galilei. Dopo una pausa tanto lunga che credevo non mi avrebbe piú risposto, si volta invece di scatto verso di me, e con i piedi inchiodati al pavimento e tutto il corpo e le braccia che sbattono nell'aria: «E certo! Anche piú intelligente di quel fottuto scimunito di Mussolini! Certo! È mai possibile che scambiate la cultura ammuffita per genio, e la memoria per intelligenza? Ma proprio non potete vivere senza farvi un dio, un duce del primo fesso che vi capita sottomano? Decadenza! Corruzione! E voi donne specialmente, sempre con gli occhioni languidi spalancati in attesa di un principe perfetto... Siete fascisti; ecco cosa siete, fascisti». Esco da quella porta cercando di ricordare quelle nuove parole che mi piacciono, ma che non sono riuscita ad afferrare. È per questo che tremo cosí? Per lo sforzo inutile che faccio di ricordarne almeno una? «Siete fascisti, perché siete deboli». No, non aveva detto deboli. «E vi volete fare dei... a tutti i costi. La cultura se... è una schifezza. Tuo padre è un facilone che la dà a bere solo perché è coraggioso... coraggioso! Il coraggio dell'incoscienza. Anche di lui hanno fatto un...» E perché aveva sghignazzato quando aveva detto che avrebbe preferito morire di fame, piuttosto che insegnare a quegli animaletti votati al conformismo che brulicano come vermi nelle scuole di stato? Mi dovetti fermare e sedere sulle scale: tremavo tanto che avevo paura di cadere. Ce l'aveva con me? Eppure, dopo, mi aveva dato un fico secco e mi aveva sorriso, cosa che non faceva mai. E sempre sorridendo: «Scusa Goliarda, sono argomenti che mi fanno quagliare il sangue negli occhi, ma tu non c'entri, tu sei una bambina, e sarai una donna imbecille come tutte le donne, ma molto carina». Mi misi a piangere: avevo perduto tante belle parole nuove. Cercai di ricordarmene almeno una, asciugandomi gli occhi: ma niente, si erano perse tutte nel fracasso di quella voce che non sospettavo potesse assordare come la voce di Ivanoe, di Arminio, di Musetta. Cosí, da quel giorno, ogni volta che bussavo alla sua porta, cominciavo a tremare. Non avvenne piú che lui gridasse, ma io ormai tremavo. Cosí oggi so che il periodo, credo lungo, in cui lui mi diede lezioni è diviso esattamente in due parti: quello nel quale non tremavo ancora, e quello nel quale ho tremato. E solo adesso so perché avevo «dimenticato» quei gridi. Perché questa divisione si è ripetuta in me, e si ripete sempre, quando frequento a lungo una persona. Solo che da molti anni comincio a tremare ancora prima che un gesto, un'esclamazione, uno sguardo rivelino l'altro lato di noi che cerchiamo di nascondere agli altri. O a noi stessi?

4.

E tremavo, seguendo il feretro, per quest'altro volto che mio padre mi aveva rivelato morendo. Carlo usciva da sotto la bara con un leggero sorriso: gli era dolce quel peso? Mi guardai intorno. No, il professore Jsaya non c'era. Chiesi a Carlo, che aveva ripreso il suo posto accanto a me. «Quando gli dissero dei funerali si mise a letto con la faccia rivolta verso il muro e non parlò piú». Già. «Non a caso il libro *Cuore* è stato scritto! E non a caso anche un antifascista come Peppino Sapienza lo regala a sua figlia. Siamo un popolo di minchioni, te lo dico io piccola: minchioni! Anch'io, ma almeno a me i malati e i morti mi fanno schifo». I funerali gli dovevano fare molto schifo. Non lo rividi piú. Peccato. Perché, a parte il professore Jsaya, non c'era nessuno che rispondesse alle mie domande. O meglio: parlavano talmente forte ed erano cosí alti – il professore Jsaya era piccolo – che io non osavo chiedere niente a nessuno di loro. Ma scusate, come si fa a infilare una domanda quando la gente parla tanto, ininterrottamente? Ho l'impressione di avere, a casa mia, sempre solo ascoltato. Non mi ricordo di avere aperto bocca, se non per piangere, gridare e cantare, quando loro me lo chiedevano per divertirli. Mi mettevano in mezzo alla stanza del pianoforte. Arminio suonava e io dovevo ballare, cantare o fare l'imitazione della cantante di varietà che avevamo visto la sera prima. Mi portavano sempre a teatro, al cinema e anche all'opera, loro. Mio padre all'Opera dei pupi. Mi portavano sempre, tanto che non mi ricordo quando fu la prima volta. E naturalmente, pensando che tutto è uguale per tutti, e cioè che mia madre era come tutte le madri, mio padre come tutti i padri, la mia casa e le mie mani come la casa e le mani di tutti, rimasi sbalordita quando, molto tempo dopo – il professore Jsaya mi aveva già abbandonata da un pezzo in quelle scuole rigurgitanti di vermiciattoli – in casa dei Bruno, che stavano al primo piano, scopersi che non era cosí. I Bruno erano cinque e, cosa incredibile, di questi cinque, solo Pino, quello grasso che tutti chiamavano «Bombolo» e che aveva dodici anni – un vecchio –, era stato al cinema solo due volte. Per non parlare poi del teatro, dell'Opera dei pupi, dell'opera vera. Rimasi cosí sbalordita della scoperta che quel pomeriggio, malgrado le loro insistenze, non riuscii a spiegargli com'era, né a fare nessuna delle imitazioni che facevo ai miei fratelli. Mi ci volle molto esercizio – la notte nella mia stanza mentre tutti dormivano – per preparare una bella descrizione delle meraviglie che loro non conoscevano. Per la prima e l'ultima volta nella mia vita mi sentii avvantaggiata sugli altri. E su questo vantaggio campai, anche con delle punte abbastanza forti di crudeltà. Non a caso insistevo sulle meraviglie che i miei mi portavano a vedere, mentre loro – sí, la loro casa era sempre in penombra, con le piante verdi all'ingresso, il mangiare profumato tutti i giorni alla stessa ora, le preghiere dell'Ave Maria tutte le sere nel buio della stanza della madre profumata da qualche fiore – loro avessero pure tutto questo, ma io avevo ben altro, e lo sentivo da come mi aspettavano il pomeriggio, da come seguivano il racconto di una pellicola che avevo visto. Ci mettevo tutta la volontà, gliela raccontavo scena per scena, recitando ora la parte di lui ora la parte di lei, ora del cattivo ora della vecchia mamma. Tutta la volontà per schiacciarli – loro che avevano tanto – tutta la volontà per schiacciarli sotto questo che a me era dato e che non poteva essere eguagliato a niente. La mia grande vittoria era quando si mettevano a piangere per la commozione: mi faceva piacere vederli piangere. La descrizione della partenza della Regina Cristina sulla nave, con il suo amore ucciso per pura cattiveria da un perfido cortigiano, fu il mio trionfo: tutti piangevano, e Rosina addirittura singhiozzava. L'unico inconveniente fu che mi misi a piangere anche io, e questo mi fece scadere un po' nel loro concetto, perché non mi chiesero piú di ripetere la scena – come invece mi avevano pregato di fare tutto il pomeriggio. Se ne rimasero zitti, intontiti, annoiati. Non mi invidiavano piú?

5.

Non lo rividi piú. No.

Lo rividi dopo che lui mi aveva abbandonata. Ero entrata di corsa: dai dieci ai sedici anni non camminavo mai, correvo finché la maniglia della porta non mi fermò. Correvo nello studio di mio padre per dirgli qualcosa, di una telefonata, una bolletta da pagare: e lo vedo sprofondato nella poltrona di cuoio. Stava lí, composto che si guardava le unghie con una faccia... «Non si dice faccia di una persona, è volgare; degli animali si dice muso; delle persone si dice viso». Con il viso scontento. Mi fece appena un cenno col capo senza guardarmi. Li avevo disturbati? Rimasi in mezzo alla stanza, immobilizzata. Ecco, avevo in mano un telegramma per l'avvocato. Posai quel telegramma sulla scrivania, e uscii in punta di piedi con la speranza di non essere stata vista, e sempre con questa speranza presi a chiudere la porta. Li avevo disturbati? Eppure per mesi ero andata da lui tutti i pomeriggi. Con la mano sulla maniglia, mentre cercavo di chiudere facendo meno rumore che mi fosse possibile, sentii la voce dell'avvocato: «Ma insomma, è possibile che debba essere sempre io a tirarti fuori dai pasticci? Quanto hai perso in quella bisca d'inferno? Lo sai che non ho una lira. Che vuoi, che mi impegni anche la camicia?» Dopo una pausa, riconobbi molto bene la voce sottile che rispondeva: «Ma Peppino, non c'è bisogno di impegnarsi la camicia. C'è l'anello. Lo sai che mi devi aiutare. Siamo amici da quarant'anni, e tu sei sempre stato piú fortunato di me».

«Fortunato! Fortunato! Sempre t'ho aiutato, e sempre ti aiuterò. Ma pagare per questo tuo viziaccio che t'ha ripreso ora, e che ci spreme come una sanguisuga, no! E che diavolo! Aiutarti sí! Ma per questo tuo...»

«Vedo con piacere che stai diventando un ben pensante! Da quando? Vedo che siamo arrivati a parlare di viziacci! Bene. Mi compiaccio! Ti sei scordato i tuoi? O non li ritieni viziacci, solo perché non li paghi!» Mio padre urlava: «E va bene: viziacci tu e viziacci io. E va bene! L'anello. E va bene: ma l'ho riscattato solo ieri». Chiusi la porta, mi girava la testa. Non mi aveva riconosciuta! Dove era stato in tutto quel tempo? A Londra, dove aveva studiato? O qui a Catania? E se era rimasto a Catania, perché non l'avevo piú visto? Era vero, l'avvocato aveva un anello d'oro con una pietra bianca. Era per questo che la sua mano sembrava cosí lucente? Non mi aveva riconosciuta. La mano di mio padre era adesso opaca. Lo aveva impegnato per l'amico, per il viziaccio dell'amico. Viziacci che si pagano e viziacci che non si pagano. Dovevo controllare la lucentezza di quella mano, cosí almeno avrei saputo se lui era a Catania. Era a Catania – la mano era sempre piú spesso opaca – e di me non gliene importava niente. Mi aveva abbandonato. Se almeno non avessi chiuso la porta, avrei potuto sapere di piú. Ma ormai è fatta. Posso cercare di ritornare dietro quella porta.

Fino a due ore fa avrei potuto farlo, ma la lucentezza di quella pietra ha spalancato le mie ciglia abbagliandomi. Non posso chiudere gli occhi né guardare. Ho fatto male a frugare nei cassetti, tirare tutto fuori, spostare i mobili. Mi trovo, ora, tra la finestra ostruita dal tavolo, e l'unica poltrona piena di libri, oggetti; la porta è inchiodata dalla scala che il portiere mi ha prestato. Non posso piú uscire. Resterò seppellita fra il tavolo e la porta. Per uscire dovrei almeno spostare la cassapanca: ma è aperta, e ho paura anche solo ad avvicinarmi. Può cadermi lo sguardo su quello scialle riesumato dal fondo. Uno scialle azzurro-beige con un bordo rosso scuro e piccole stelle gialle al centro di ogni quadrato, fatto a uncinetto da mia madre venti, venticinque anni fa. Le sue mani che lavoravano fra quei fili morbidi di colore, le sue mani legate al letto del manicomio, il suo grido intatto: «Non la stuprare!» Avevo dimenticato quel grido. A chi gridava cosí? Cerco ancora oggi di non capire, ma so a chi era rivolto. Non posso mettere ordine. Non voglio riascoltare quel grido: sarei costretta a riconoscere il viso al quale era rivolto. È stato un errore cominciare.

6.

Quanto tempo sono stata stesa sul letto senza muovermi? Fuori è già quasi buio e prima c'era il sole. Era il sole di ieri, di questa mattina o di un mese fa? So solo che sono stata schiacciata sul letto con le persiane chiuse. Dormivo? Non proprio. Mi lasciavo tirare tra la curiosità di andarmene e quella di ascoltare. È incredibile come non ci sia niente di piú invitante che delle voci intese e non intese dietro una porta chiusa. Ma ascoltare significa sapere. Quelle voci però rintronano cosí forte che ho fatto bene a chiudere la porta. Non voglio sapere di quell'anello. Non voglio sapere a chi era rivolto quel grido. Ho fatto male a cominciare: mi trovo ora con i cassetti aperti traboccanti di lettere, fotografie. Nastri, camicette, libri ammucchiati in mezzo al pavimento: la porta crocefissa dalla scala che il portiere mi ha prestato. Non potrò piú uscire. Resterò seppellita fra il divano e la porta.

Rimettere tutto dentro alla rinfusa? Buttare tutto, dite? Ci avevo pensato anch'io, ma come fare? Buttare questo libraccio dal momento che dovrei buttare anche *Tristram*, che amo oggi piú di quando l'ho conosciuto? Non capite? Vi spiego: il fatto è che la mia stanza è un po' umida, e cosí *Tristram* si è tutto appiccicato a questo libraccio, e per staccarlo lo dovrei squarciare da capo a fondo, o buttarli tutti e due. No, questo non sarebbe mettere ordine: sarebbe liberarsi ciecamente di tutto solo per fare spazio. E l'alito gelato di un vuoto non equivale forse alle sabbie mobili del disordine? No, mi tocca avere pazienza e continuare a mettere tutto fuori. Non c'è niente da fare: per fare ordine bisogna prima toccare il fondo del disordine.

Questo professore Jsaya è proprio lui che mi costringe ad alzarmi dal letto, aprire le tende, mangiare qualche cosa. In questo tempo-coma, naturalmente, non ho mangiato, solo bevuto whisky. E poi c'è una cosa che mi rassicura, una cosa che ho sperimentato molte volte nella vita: so che quelli di voi che si sono annoiati di seguire questo mio sproloquio avranno già distolto lo sguardo. Si resta sempre in pochi. Spero solo che qualcuno resti, basta una persona, due: e cosí, in questa speranza, come mi sono rimasti due o tre amici, il professore Jsaya diceva: «Una persona sola è la solitudine, l'impotenza. In due si fa già un sindacato». No, questo non lo diceva il professore Jsaya, lo diceva mia madre, era lei la sindacalista. Questo professore Jsaya! È proprio la sua voce che mi costringe a tornare dietro quella porta chiusa ad ascoltare – non tanto lui, quanto lo stupore di constatare il tempo che ho passato con lui. Eppure, prima di cominciare a parlare con voi, lo ricordavo appena. Mi stupisce e mi riporta ad altri nomi, visi, anni nei quali facevo teatro. Il teatro – non è una novità – è vita bruciata in poche ore. Una «prima» è come una nascita. E quando cala il sipario, sull'ultima battuta dell'attore, è come un funerale, tra il profumo di fiori e il marcio delle strette di mani, degli abbracci, delle lacrime. Insomma, quando l'uomo ha inventato il vino, il profumo, ha inventato anche questo concentrato di azioni, passioni, quest'estratto di vita. Per tenerla in pugno almeno per un paio d'ore. Ma sto svicolando. Bene. Svicolando, svicolando, forse c'è la possibilità di trovare la via meno storta. Quello che vi volevo dire è che se ce la faccio a riprendere questo discorso, è perché è morto Ercole.

7.

Si può non leggere.

Ercole l'ho conosciuto per caso. Era sí, il padre dell'uomo col quale ho vissuto per diciotto anni – questo non è stato un caso – ma aver conosciuto Ercole slegato dalla sua famiglia, dai suoi figli, e come tale averlo amato, è stato un caso. Ercole immobile sul suo letto di morte. La sua fotografia (viva) nel mucchio polveroso di lettere, appunti, nastri, gomitoli di lane sbiadite, ammassate nel centro della stanza. Ho fatto male a cominciare. I suoi occhi mi sorridono dietro le lenti spesse. Sí: il sorriso pensoso (serio) di mio fratello Ivanoe. I tedeschi fuggono da Roma tra il frastuono dei carri armati che fanno tremare le pareti, la porta. La porta scossa da pugni furiosi. Le ruote tedesche fuggono lungo i muri, i portoni sbarrati: il lampadario sussulta. Ivanoe sorride rimpicciolito nella sua divisa. È la divisa che lo fa cosí piccolo, o sono io che sono cresciuta? «Scusami Goliarda se ho bussato cosí forte, ma temevo non ci fossi. Capirai, sarebbe stato un contrattempo spiacevole, dato che ho attraversato l'Europa, diciamo, a piedi. – I piedi sformati, avvolti in stracci sanguinanti. Sorride guardandosi i piedi immersi nell'acqua calda: – Finalmente (un po' d'acqua calda!) devo ammettere che, dopo tanto tempo, l'acqua calda è sempre qualcosa che scalda. La mamma dov'è?» «È stata male: anzi, sta male. Ha avuto un attacco...» «Di pazzia? Era prevedibile. Ma dimmi di te. L'accademia? Bene. Sono felice: hai trovato la tua strada. Certo, il teatro è sempre una strada niente affatto spiacevole per una donna. Vedo che lavori sodo, che sei riuscita a perdere il tuo accento da terrona. E cosa ti fanno studiare? Ah, D'Annunzio! Era prevedibile. Attenta, Goliarda! Attenta a D'Annunzio! C'è qualcosa di artefatto nella tua voce. Attenta. Appena questi cari compagni che mi hanno accompagnato in questa passeggiata attraverso l'Europa si saranno ripresi, ti cercherò qualche opera di teatro che ti possa servire, diciamo, da antidoto a questo D'Annunzio».

Nel mucchio, fra un ritaglio di giornale e le forbici arrugginite. Ho fatto male a cominciare.

Biblioteca universale
a Lire 1,20
n. 94
G. WIERS JENSSEN
«Anna Peters»
(Dramma in quattro atti)
(Casa editrice Sonzogno – Milano)

Anna. Ma all'accademia non avrebbero mai permesso che Anfissa, Ibsen, Pirandello, Irina... Nell'indice i titoli sono ancora segnati in rosso dalle mani tremanti di Ivanoe: «L'acqua calda scalda» – aveva ancora freddo? Gli occhi di Ercole sorridono. Sorridono a me o al calore autunnale di Roma che lui ama tanto? Via Veneto non trema piú per i carri armati tedeschi. Pacificata riluce teneramente dei cappellini rosa, malva, azzurri delle mogli degli ufficiali americani. La sua strada, il sole, il suo caffè. «Certo, Goliarda, che il nazismo non è l'opera di un pazzo. Certo che, come dici tu, questo sostenere che Hitler era un pazzo è il trucco degli ignoranti, e non solo degli ignoranti, per tranquillizzarsi e sfuggire al dubbio atroce che la tanto infallibile storia possa concludersi in delitto, mostruosità. Eh sí, cosí loro, per starsene in pace seduti a via Veneto, tranquilli nelle loro giachettielle di velluto, si dicono: quello che è stato è stato, perché un pazzo seguito da un gruppo di pazzi ha preso il potere. A noi che non siamo pazzi questo non potrà mai avvenire. Eh sí. Il nazismo non è stata l'opera di un pazzo. Devi leggere Goliarda, studiare. Si paga a non avere fatto il liceo. Si paga, come paghi adesso l'avere lasciato il teatro. Sei scontenta. È stata una pazzia». Perché, dopo aver parlato per ore, la sua fronte si piega ora rabbuiata sulla tazza del caffè che il cameriere gli ha portato? Non ci sono nubi: la luce attraversa i vetri dei suoi occhiali affilandogli lo sguardo come una lama. Conosco il bruciare di quelle pupille, la voce tagliente: «Cameriere, ho chiesto un caffè, non una brodaglia! – Tremante per quell'altro volto di Ercole, che sapevo poteva rivelarsi improvviso come la grandine, tacevo. – E che ne fai adesso? Che fai? Attenta Goliarda! Attenta a non diventare una fallita. Non mi convince come parli. Almeno, se attrice devi diventare, non diventare un'attrice leziosa, artefatta!» I suoi occhi sorridenti, vivi nel mucchio sul pavimento. Il suo viso ricomposto dalla morte mi sorride fra il bianco dei cuscini. È vero, Ivanoe, la morte non è solo amputazione. Morendo, Ercole si è trascinato nella bara tutte le emozioni morbide e timorose che il suo rigore, la sua intelligenza, mi avevano incrostato addosso, e che, fatalmente, mischiava nel latte fertile della sua voce. Ed è per questo che lo ringrazio oggi di avermi liberata e fatto ricordare come si muore. Si muore per lasciare il meglio di sé a quelli che ti hanno saputo leggere. (E so che quando sarà per me, sarà giusto e utile, per me e per le persone che, amando, ho necessariamente oppresso). Hai ragione, Ivanoe, non bisogna temere la morte, ma il delitto che c'è in natura, e che uccide a tradimento, prematuramente. «Leggiti Leopardi, Goliarda, invece di tutte queste poesiole mistiche che parlano del bene e del male, e che esaltano la natura. La natura è criminale. Il diavolo esiste, e dio è un'invenzione degli uomini per calmare la loro paura davanti al fulmine. Quando sarai in grado di leggerti l'Antico Testamento, Goliarda, vedrai che altro non è che il parto di menti primitive, non ancora in possesso di nessun mezzo per dominare gli elementi. Oggi, forse, avrebbero inventato qualche altra cosa». Ivanoe sta scherzando. E quando sento nella sua voce fonda quel riso leggero che gli fa trasalire il verde cupo degli occhi – Ivanoe dagli occhi di cento e piú colori – e arricciare le narici sottili come quando si beve insieme la sciampagnetta, non posso non seguirlo e ridere con lui.

Bisogna scherzare qualche volta, è un modo per tirarsi fuori dagli impicci. Lo scherzo è il sale della mente. Per mio padre e mia madre – una delle poche cose sulle quali andavano d'accordo – il sale della vita era l'odio e la ribellione. Peccato che di ironia non ne sapessero niente. Certo, quando sono vissuti e hanno lottato, l'ironia era un lusso troppo grande, ma è un peccato lo stesso, perché si sono trovati a lottare il fascismo con la stessa ottusità e rettorica del fascismo. Questo li faceva – l'ho scoperto con l'orrore che potete immaginare – un po' fascisti. Ma quello di combattere il nemico con le sue stesse armi mi pare sia un vizio che sarà molto difficile levarci. I miei genitori hanno lottato, certo, sono stati bravi, antifascisti, sindacalisti, ma non a caso mi hanno chiamata Goliarda, non ve l'avevo detto? Non vi ricorda niente questo nome?

NOTA: Vedo dai vostri visi che questa morte vi ha affaticati, e nel dubbio se buttarla o tenerla, l'ho comunque raccontata: perché non voglio dimenticarla. Ma per proteggervi dal doverla ascoltare, ho premesso un «Si può non leggere» o, come avrebbe detto il nostro caro fedele amico Tristram Shandy:

CHIUDETE LA PORTA

8.

Dunque, come vi ho detto, mi chiamo Goliarda e devo dire che quando scopersi che tutte le bambine si chiamavano Maria, Anna, Giovanna, rimasi un po' male. Non osavo chiedere spiegazioni a nessuno, neanche al professore Jsaya e, anche se in casa avevo sentito dire che mi avevano chiamata cosí perché avevo avuto un fratello che si chiamava Goliardo e che era morto annegato prima che io nascessi, ciò non mi convinse per niente. E un pomeriggio, esasperata da questo nome che tutti, in cortile, al mare, notavano con meraviglia, cercai fino a notte sull'elenco telefonico di Catania, disperatamente, una sorella o un fratello che portasse questo nome. Piangendo dovetti accettare la realtà: non c'era nessuna Goliarda o Goliardo in tutta Catania, e per me in tutto il mondo. Ero sola. Cosa, questa, che mi fece provare da quel giorno una grande pietà per questo mio fratello che si era chiamato Goliardo; e lo scelsi come morto al quale chiedere i regali il due novembre. A poco a poco, mi feci la convinzione precisa che era annegato per il peso di quel nome. E sennò, perché? Non dicevano che era un nuotatore straordinario? Era un gran nuotatore, era coraggioso, bellissimo. A sedici anni, non so se è leggenda o no, lavorava già con mio padre, non come avvocato: come sindacalista, e andava in giro a fare comizi e a picchiarsi a destra e a manca. A parte la simpatia per quel nome che certo anche a lui doveva aver pesato se ne era morto, la sua dolcezza («Si vedeva che doveva morire, era cosí dolce...» la zia Grazia lo ripeteva sempre) – mi legò a lui e solo a lui. In tutti gli anni che credetti alla favola che sono i morti cari a portarti i regali la notte del due novembre; e anche quando, non credendoci piú, continuai a scrivere la letterina e a cercare all'alba i regali nascosti nei posti piú impensati, «Ai morti piace scherzare», non volli scrivere ad altri che a lui. Anche quando morí zio Nunzio, che mi dava sempre i quattro soldi per «L'Avventuroso». Fu una crisi terribile perché l'amavo molto. L'avevo visto per tanti anni povero, solo, che veniva da noi con un bastone lunghissimo, e, dignitosamente, essendo lui calzolaio e mio padre avvocato e noi figli di avvocato, non entrava a parlare in cucina o nella stanza del pianoforte, ma aspettava fra i clienti, quietamente: e solo quando mio padre, prendendolo sotto il braccio lo trascinava in camera da pranzo, si decideva a baciare la mano della mamma che, anche parlando con me, chiamava «la incomparabile donna Maria, intelligente piú di un uomo». Non gli ho mai sentito nominare mia madre senza che aggiungesse quell'incomparabile, quell'intelligente piú di un uomo.

Nunzio aveva avuto una vita incredibile che appena sarà possibile vi racconterò: adesso è Goliardo che mi preme, come allora. Malgrado la lotta terribile fra lui e Nunzio, decisi che, qualsiasi sventura potesse avere avuto e qualsiasi dolcezza avesse la sua voce, era Goliardo al quale mi dovevo rivolgere, perché nessuna disgrazia può essere paragonata a quella di svegliarsi un giorno con questo nome. Certo adesso mi sono abituata: non l'ho cambiato nemmeno quando facevo l'attrice e tutti mi pressavano a farlo. E ho avuto ragione, perché inconsciamente volevo portarlo fino a capire cosa significasse, perché me lo avevano dato, e dominarlo o morire annegata come lui, Goliardo, che non ce l'aveva fatta.

E ho fatto bene, perché, ora che ho capito il lato fascista-dannunziano dei miei genitori e della mia educazione, non me ne accorgo piú e sono io, quasi, a meravigliarmi quando gli altri, nelle presentazioni, mi guardano con sorpresa e chiedono: «Come mai Goliarda?» Io, naturalmente, do una spiegazione di prammatica, vera solo in parte: «Mio padre, essendo ateo, me lo mise perché era un nome senza santi». Ma dentro rido perché io sola so il vero significato di quell'imposizione, e adesso è la prima volta che lo dico forte a voi.

Voi direte, perché solo adesso? Vi spiego: non è vero che è la prima volta che ho comunicato a qualcuno questa mia scoperta. Un'altra volta ebbi l'ingenuità di parlarne con un compagno, che, essendo della mia generazione, e «ricercatore di verità», pensavo potesse capire. Ma si indignò talmente e – gli chiedo scusa – in maniera cosí fascista, da darmi della disfattista, della traditrice, ecc., che non ho piú detto niente a nessuno: non mi piacciono le discussioni. Lo dico adesso perché, corazzata dietro questi fogli, se c'è fra voi qualche socialista o simpatizzante, s'indigni pure, io non sento.

9.

«Io sono la tua mamma e tu sei la mia bambina: poi fra cinquanta, cento anni io diventerò la tua bambina e tu la mia mamma». Questa, di tutte le bugie che mi furono dette, appena mi ripresi dal colpo che ebbi cadendo giú da quel cavolo in terra, e mi trovai in piedi a camminare e cascare, e poi rialzarmi per ricadere subito dopo, è stata la piú dolce. Questa bugia mi ha sorretto per anni anche se la notte, a volte, mi svegliavo con una preoccupazione pungente. Sarei stata all'altezza, fra cinquanta o cento anni, di essere la mamma della mia mamma? Lei sarebbe diventata piccola, e io, coi capelli bianchi come lei e sicura come lei, avrei dovuto farcela. Ma per farcela dovevo spiare (e infatti spiavo) tutto quello che diceva agli altri, e a mio padre specialmente. In un certo modo, ripensandoci, studiavo, mi preparavo a quel compito attraente e pauroso. Da questo nacque uno strano gioco. Non chiedevo: «Mamma, mi compri la granita con la panna?» Ma: «Quando io sarò la mamma e tu la bambina, io ti comprerò la granita con la panna», con la sicurezza che, dopo, io le avrei comprato quella granita, quel libro, quelle scarpe. È stato proprio cosí. Ma è troppo poco tempo che è morta mia madre per poter capire il senso di quel gioco. Non so se sono riuscita a essere per lei la sua «Mamma», e non so ancora cosa questa parola significhi.

Dormivo in un salone immenso, con due porte finestre che si aprivano su un lungo balcone che dava sul cortile. I vetri di queste finestre erano pieni di disegni colorati. Nei riquadri – dopo seppi che si chiamavano vetrate – c'erano soli, casette con un albero, pesci, uomini, barche. Questo fu il mio primo incontro con la «letteratura». La sera, anche se durante il giorno mia madre non si vedeva mai, «Non andare, non vuole essere disturbata, sta studiando» – chissà perché studiava ancora, avendo tutti i capelli bianchi! – la sera, lo sapevo, veniva in camera mia e prima che mi addormentassi, su quelle immagini delle vetrate ascoltai da lei le storie piú complicate e avventurose che mi sia stato dato conoscere.

C'erano pesci che cercavano un amico, e tanto viaggiavano cercandolo in un sole, in un uomo, in una barca, che infine lo trovavano magari in un coniglio, un bambino, un'alga e dopo, insieme, lottavano per la giustizia ed erano felici. C'erano pescatori, contadini che da poveri con la loro intelligenza e volontà diventavano scienziati, navigatori, medici, abili operai. Cosí per me, dalla sera in cui scoprivo che quel piccolo contadino che guardava il cielo poggiandosi alla vanga era diventato Galileo Galilei, e che quel minuto pescatore, in quella barca squassata dalle onde del mare in tempesta, era Cristoforo Colombo, venivo presa da una tale ammirazione che mi avvicinavo ai vetri preziosi e li baciavo con rispetto. Scopersi dopo che era questa la mia prima preghiera. Anch'io dovevo diventare come loro. Ma cosa può diventare una donna? Tutte le donne che passavano per la casa erano mogli di carcerati e cameriere: solo lei, mia madre, studiava, e allora dovevo studiare anch'io per diventare come lei, coi capelli bianchi e la voce forte quando discuteva con Ivanoe, con mio padre, con il professore Jsaya, con l'avvocato Castiglione. Questi venivano spesso e parlavano tanto, e cosí ad alta voce nello studio di mio padre, che qualche volta mi passava il sonno. Anch'io avrei parlato cosí con quegli uomini, e visto che non avevo sonno dovevo fare come lei: «Se si soffre di insonnia bisogna approfittare per leggere, studiare». Ne approfittavo quindi per studiare tutte le storie, dovevo ricordarle tutte bene, altrimenti quando lei sarebbe stata la mia bambina come avrei potuto raccontargliele? Per esercitarmi meglio, tutto il giorno, specialmente il pomeriggio quando l'avvocato dormiva e non bisognava fare rumore, le raccontavo ad alta voce. Col tempo non mi bastò piú raccontarle a me stessa, o allo specchio, dove facevo finta che il mio viso fosse quello di lei bambina, ma mi inventai prima una piccola figlia che somigliava a Licia, e poi un bambino che somigliava a Goliardo: nella sala del pianoforte c'era una fotografia di Goliardo. Quanto a Licia, anche se me la ricordavo poco, decisi che era come Greta Garbo. Con loro due seduti sul balcone – quando tutti i bassi e le finestre del cortile erano chiusi, tutti dormivano come l'avvocato – o dietro il pianoforte che chiudeva l'angolo, facendo proprio come una stanza buia, raccontavo. A poco a poco, scoprii che ne inventavo altre di storie anche piú avventurose. Avrei voluto raccontarle a lei la sera che la sua storia era stata breve. Aveva mal di testa – i grandi avevano sempre il mal di testa: dovevo stare attenta: se mi veniva, voleva dire che ero diventata grande: – volevo raccontargliela io, ma non era ancora tempo, non avevo i capelli bianchi, e nemmeno mal di testa, quindi dovevo tacere e quelle storie nuove ricordarle, arricchirle, per poi fra cinquanta, cento anni farle la sorpresa. Chissà come sarebbe stata contenta. Se lei fosse stata la bambina, sicuramente sarebbe stata felice di ogni storia nuova che nasceva da quei vetri. Il brigante Musolino – non l'avevo mai sentita la sua avventura – era brigante ed era buono, rubava ai ricchi per dare ai poveri. Anch'io l'avrei fatto e, come potei, lo feci. Andavamo sempre, con Musetta, alla Rinascente, e tutto era lí e si poteva prendere, solo che non bisognava farsi vedere. «I ricchi sono protetti dai carabinieri», ma io quella borsetta che sarebbe piaciuta tanto a Sara, che era cosí povera, dovevo prenderla assolutamente. Riuscii a infilarmela sotto il cappotto senza che neanche Musetta – che sceglieva qualche cosa – se ne accorgesse, solo che, uscendo sulla strada, cominciai a tremare. Mi avevano vista? Lasciai Musetta davanti al negozio e presi a correre per via Etnea. Devo aver volato, perché non ho visto via Lincoln, via Buda, via dei Tipografi. E Sara deve essere lí, se la porta è aperta: ma non c'era. L'unica cosa era buttare la borsetta per terra e l'avrebbe trovata sicuramente. Volavo: non c'erano le scale, né il corridoio, né la stanza da letto, né il letto. C'erano le pareti, ma giravano: e poi fu notte improvvisamente e Ivanoe, Musetta, l'avvocato e quell'uomo che quando veniva mi tastava sempre e mi rivoltava le palpebre, erano lí; sentivo le voci, ma non li vedevo. Dovevo confessare: avevano saputo. «Perché sei scappata?» «Ha la febbre». «Che è successo?» C'era un gran buio e confessai che avevo cercato di essere brigante. «E certo, tu sei una femmina: ma il brigante non è mestiere da femmine». E certo che doveva essere cosí, perché anche ora che Musetta mi spinge in questo negozio, io non posso entrare. Ho paura. Non è per me questo mestiere. «Una femmina non può essere brigante». No? Peccato. Quanto è alto quel brigante Musolino? Doveva essere coraggiosissimo, se poteva stare cosí tranquillo in mezzo a quei due carabinieri che l'avevano incatenato. Doveva essere coraggiosissimo – io lo potevo capire perché anche io avevo cercato di essere brigante, e sapevo. Ma non l'avrei baciato come Galileo Galilei e come Cristoforo Colombo: no, era troppo terribile, faceva troppa paura. No, non l'avrei baciato mai.

10.

I miei dovevano, in seguito, essersi pentiti di questo nome, perché mi chiamavano Iuzza. Iuzza in Sicilia è un diminutivo abbastanza comune. Sí, dovevano essersi pentiti, ma a me non me ne importava niente. Goliarda c'era, e Iuzza non era un nome. Dovevo riparare io. Si poteva cambiare nome? Presi una risoluzione che mi fece sudare le mani, e cominciai alla Playa, a scuola – in cortile no, perché quelli sapevano tutto – cominciai a dire che mi chiamavo Maria. Maria era il nome di mia madre, e quindi non doveva essere un furto troppo rilevante. Per abituarmi ne riempii fogli su fogli del quaderno di brutta, ma non dovetti lavorare molto. Mi abituai subito, e cosí c'erano zone della Playa, della Civita – il quartiere dove vivevamo – dove amici e amiche nel pomeriggio mi chiamavano Maria, e questo mi consolò un po', fino a quando Ivanoe mi chiamò nella sua stanza e senza guardarmi: «Non sai Goliarda... – mi chiamava sempre Goliarda quando avevo fatto qualcosa che non dovevo fare, come la mamma, – non sai Goliarda che non si dicono bugie?» Non potevo parlare, e credo di aver pensato: non lo faccio piú, o qualcosa del genere. Lo avevo solo pensato: lo sapevo che a casa mia scusarsi era un gesto ritenuto dolciastro, cattolico: ma lui doveva aver sentito lo stesso, se ora mi guardava negli occhi, e parlando piú lento e piú forte – altro segno inconfondibile del suo malumore, come per la mamma: «Non si chiede scusa, chiedere scusa è il sistema che usano le donnette per rifare i loro sporchi peccatucci. Sei un individuo, e sei responsabile delle tue azioni. Non chiedere scusa, ma cerca di riparare». Non so cosa avvenne. Lo seguii senza parlare, anzi senza pensare – sentiva tutto Ivanoe – lo seguii lungo il corridoio, la camera da pranzo, la stanza del pianoforte, l'anticamera. Vidi la bussola che si chiudeva e non so come (perché) quel giorno le vetrate della bussola luccicarono. C'era in un riquadro un girasole giallo. Non me n'ero accorta mai, e fissandolo, quello cominciò a girare su se stesso tanto che mi venne un capogiro che non potei fare altro che buttarmi in terra. Il pavimento era freddo – per questo sicuramente avevo freddo – e dovetti battere forte la testa perché cominciai a piangere cosí violentemente che ebbi paura che il lampadario si staccasse dal soffitto e mi cadesse addosso. Arminio non raccontava che quando Caruso emetteva uno dei suoi do di petto i lampadari tremavano e a volte cadevano? Il lampadario tremava, sarebbe caduto e mi avrebbe schiacciata. Questo mi fece, non so perché, gridare piú forte. Per me era finita. Io ero una bugiarda. Una bugiarda per sempre. Ma il lampadario non cadde e il girasole della bussola non si vedeva piú, – peccato. Chiusi gli occhi: peccato. Era la prima volta che lo avevo visto: domani dovevo fissarlo bene e inventare una storia su di lui. Mi bruciavano gli occhi ma dovevo spiare la bussola. Ivanoe sarebbe tornato. No, non sarebbe tornato, non sarebbe piú tornato in quella casa dove c'era una bugiarda, una bugiarda che oltretutto chiedeva anche scusa. E forse era meglio cosí. Come avrei avuto il coraggio di guardarlo in faccia? Qualcuno saliva le scale: era meglio scappare e chiudermi nella mia stanza. Ma non potevo muovermi: doveva essere per il freddo del pavimento. Non era Ivanoe quello che mi sollevava dal pavimento, non aveva il suo odore. Era l'odore di gelsomino di mio padre: e se l'avvocato aveva quell'odore, doveva già essere notte. Sí, era lui: vedevo il gelsomino all'occhiello e i denti bianchi: scherzava. Sapevo che l'avvocato, se gliene avessi parlato, avrebbe scherzato di piú, avrebbe detto che era una sciocchezza senza importanza: già, per lui solo i ladri e gli assassini erano importanti. Quello che avevo fatto era orribile, ora lo capivo. Ma solo davanti a Ivanoe avrei potuto riabilitarmi. «Una persona si riabilita con l'azione e non con le parole». Avrei agito, ma come? Potevo fare il giro della Civita e confessare la mia bugia a tutti, e quando sarebbe venuta l'estate di nuovo, fare il giro della Playa. Questa decisione mi fece piangere di piú. «Ma cosa è successo?» «Sono caduta!» Quella non era una bugia. «Per proteggere un segreto si può dire una bugia». «Sono caduta e mi sono fatta male». Infatti avevo un gonfiore sulla fronte, ed era vero che toccandolo mi faceva male. «Ma è possibile che caschi sempre e sempre piangi!» Già, era vero: cascavo sempre e piangevo sempre. Come se ne era accorto? Ma perché i grandi si accorgevano sempre di tutto? Mi prese una tale disperazione che cominciai a urlare e a dibattermi tanto che dovette tenermi stretta fra le braccia. «Che, vuoi ricadere? – Non volevo ricadere. – Lo so che vuoi ricadere, ma non ce la farai; ti tengo stretta». E mi tenne stretta per due anni, tre, quattro. Lui mi teneva stretta e io urlavo e mi divincolavo. E cosí, stretta tra le sue braccia, ho gridato, gridato, senza smettere mai.

11.

Oggi, 27 marzo, alle due del pomeriggio sono riuscita a svuotare completamente la cassapanca e a metterla al sole – è primavera – perché si asciughi. Ho buttato tutte le parrucche, i nastri marciti, steso sul letto lo scialle di mia madre. I colori sono assortiti straordinariamente, e intatti. Sta lí, non ne ho piú paura. Il grido? Si è sperso nell'aria, la finestra era aperta e c'era molto sole. Penserò dopo a quel grido. Oggi, almeno in qualcosa sono riuscita a mettere ordine: la cassapanca. I libri, le fotografie, le lettere: vedremo domani. Oggi sono riuscita a toccare quello che per trent'anni non ero riuscita nemmeno a sfiorare. E questo mi ha svuotata: dovrò aspettare per riprendere il discorso, o forse non lo riprenderò piú.

Oggi, 27 marzo, sono libera. Ma come mai la gioia di essere riuscita a svuotare questa cassapanca sigillata dalla muffa – ricordi di vent'anni – mi paralizza oggi, come ieri la paura di ascoltare dietro quella porta? È possibile che una grande gioia equivalga a un dolore? «La felicità non ha storia», dice Tolstoj. Ma non è vero. La felicità ha storia. La felicità è l'unica cosa che andrebbe descritta, insegnata.

12.

Sono stata felice molti giorni della mia vita. Ma perché trascuro di raccontarvelo, perché metto l'accento sulle pene che mi sono capitate? Ma come dirvi le ore di abbandono felice che ho avuto con mio padre in giro per vicoli, come dirvi il sapore delle patate calde che la donna tirava fuori da sotto la coperta, con cautela, il sapore delle crispelle a mezzanotte dopo il cinema? – il sapore aspro dell'orgoglio di inghiottire le cozze crude col limone come un vecchio marinaio, o di mangiare all'osteria vicina a lui, circondata da marinai veri, solo uova sode e olive nere? Perché non so dire tutto questo? Perché non so dire dell'ansia vitale che mi afferrava entrando nel piccolo teatro dei pupi del commendatore Insanguine? Perché non so dire del suo abbraccio, dell'ammirazione per la sua forza fisica, della noia dolce di quei lunghi viaggi in balilla per le montagne calve dell'interno. Sciacca, Enna, Canicattí, Ragusa, Modica, Scicli: Scicli con la sabbia piena di alberi di fichi e il mare, il punto piú vicino all'Africa. «In certi giorni, pochissimi dell'anno, quando l'aria è proprio pulita, trasparente, si possono vedere le coste di questo paese favoloso». Fissavo il mare, ma non ebbi mai la fortuna di capitare in una di quelle giornate. «Ma Iuzza, – mio padre mi chiamava sempre Iuzza, – che, credi ancora nelle favole? Non è vero, è un miraggio». Un miraggio, la Fata Morgana, al ritorno avrei ripetuto in macchina quelle parole fino a non scordarmele piú.

«Dove vai cosí presto?»

«A scuola».

«Ma che vai a fare in quel buco? Vieni con me: cosí, almeno

per un giorno, non sentirai bugie. Aspetta, alle nove andiamo a Sciacca. Hanno ucciso un bambino e andremo di persona a vedere come è andata».

Col grembiule bianco, il fiocco blu, vicina a lui nella macchina, in mezzo alla polvere verso la montagna. «Canta qualcosa, sennò m'addormento». E io cantavo: «Bombolo», «Ivana», «Marusca». *Soave Marusca, quel fiore tu sei, luce degli occhi miei.* Cantavo tutto, e lui dormiva lo stesso: ma io vedevo che ascoltava anche. Quella sera, era sabato, lo aspettavo. Dovevamo andare come tutti i sabati al cinema; gli altri giorni no, perché dovevo svegliarmi presto per andare in «quel buco marcio, dove insegnano solo bugie». Questo doveva essere vero, perché, oltre a mio padre che scherzava sempre, lo diceva anche il professore Jsaya che era sempre serio. Sabato, e l'aspettavo, facevano *La Regina Cristina*, e pioveva. Pioveva cosí forte che la luce dei lampioni quasi non si distingueva: e ho aspettato, l'occhio fisso a quella luce, l'orecchio teso al rumore della bussola, fino alle nove e mezzo. Se fosse venuto, saremmo stati ancora in tempo: l'ultimo spettacolo al Cinema Mirone era alle nove e mezzo, ma le campane mi strapparono gli occhi e le orecchie con i loro rintocchi. Le dieci. Il cinema era perduto. Mi aveva dimenticata. Come ormai era mia abitudine, mi buttai in terra nel salone gridando, e sognai. «Iuzza, perdonami, ho mancato alla parola: perdonami, alzati, vedrai che rimedierò a questo tradimento». Sognavo? Mi lavò la faccia: non sognavo. Mi regalò la sua rosa di gelsomino – era dopo mezzanotte, quelle rose di gelsomino fiorivano dopo la mezzanotte – e non pioveva piú. «Vieni: il cinema è perduto, ma ti porto alla Playa. Ceniamo al ristorante sulle palafitte come una signora e un signore che non siamo. Facciamo finta, e poi partiamo con le ultime lampare e peschiamo tutta la notte». Il tram era vuoto, nessuno andava alla Playa cosí tardi: infatti i tram che incrociavamo erano affollati di gente che tornava. Dimenticai *La Regina Cristina* e l'orgoglio di essere soli mi svegliò completamente. Non sognavo. Al ristorante mi chiamavano signorina e sulla barca (era proprio una di quelle luci che sempre avevo visto da lontano vicino alle stelle), i marinai mi dettero qualche piccolo pesce da guardare. L'avvocato rideva coi marinai e parlava catanese stretto: io capivo tutto: lo sapevo il dialetto della Civita – solo che non riuscivo a seguire i loro discorsi, perché anch'io dovevo tirare la rete, e questa era cosí piena, luccicante da confondere gli occhi. Avevo freddo. Le stelle se ne erano andate e il mare era quasi bianco, come il latte caldo prima di andare in quel buco marcio dove insegnano solo bugie. Avevo freddo, freddo fino a quando quella zuppa di pesce che i marinai cucinarono in un pentolone sulla spiaggia mi scaldò il viso, il guanciale, i lenzuoli. Non avevo piú fame né freddo, e domani avrei raccontato ai Bruno quell'avventura: altro che cinema! Ma mi avrebbero creduta?

Ho cercato di vincere la vergogna e ho parlato degli anni di felicità accanto a mio padre, quando ancora non lo odiavo. Ma ne è venuto fuori qualcosa di dolciastro tinto di malinconia. Peccato. Ho tentato di esprimerla questa gioia, ma è impossibile, è meglio stare zitti.

13.

No. Una grande gioia non equivale a una grande pena. La cassapanca è stata ad asciugare tutta la mattinata sul terrazzo: devo ritirarla. Questa è una gioia reale. E questa gioia mi ha chiuso la bocca per un po' di ore. Ma, a parte il fatto che ho cominciato a stracciare lettere, cartoline (si conserva tutto: un biglietto del tram, un programma di teatro, ricordi morti che si cerca di tenere in vita con la respirazione artificiale), a parte questo, non sono stata come l'altra volta stesa sul letto. Non ho perso il senso del tempo; ho mangiato e bevuto whisky. Ma non per disperazione. Voglio parlare, comunicare con qualcuno. Anche se voi non mi ascolterete, parlerò sola. Io ci sono abituata: non ho raccontato per anni le mie storie a quei piccoli che mi ero inventata? Costrinsi tutta la famiglia, e anche quell'attendente completamente idiota che girava per casa, e il commesso, a riconoscerli. Tanto che, quando tornavo da una passeggiata, il commesso, senza ridere, rosso e lentigginoso, dimenandosi come un ossesso – si dimenava sempre quando vedeva qualcuno o rispondeva al telefono – mi diceva: «Come stanno i bambini, signorina Sapienza?» A tavola, vicino a me, c'erano sempre i piatti e le posate per loro. Stavo naturalmente nel mezzo e tutti si interessavano moltissimo del loro appetito: Goliardo era un po' debole, mi somigliava, e quando mi diedero lo iodarsenico, Ivanoe dopo averlo dato a me, lo dava anche a lui. Licia era molto sana e sempre piú somigliava a Greta Garbo. Subito dopo il riconoscimento in casa, cominciai a uscire con loro, con Goliardo e Licia, e a presentarli a tutti, alla Playa, al Bar Scalia dove mio padre aveva aperto un conto per me e per i miei bambini, e anche da Stella e Fratelli-

Rosticceria, dove la sera gli compravo le crispelle. Sul tram mi sedevano sempre a fianco. Quando il tram era affollato, cedevano il posto volentieri, come io del resto: crescevano molto educati. Solo una volta ebbi una paura terribile. Un omaccione, eppure il tram era quasi vuoto, si sedette su Goliardo: lo stava per schiacciare. Mi scagliai: «Uccidi i miei bambini». Non potemmo andare alla Playa quella mattina: Musetta ci dovette portare a casa. Goliardo non si era fatto niente, ma io avevo avuto una tale paura che ci volle molto perché mi tranquillizzassi. Non potei uscire per diversi giorni, temevo che qualcuno facesse loro del male, che andassero sotto una macchina. Furono giorni terribili, di apprensione, finché un mattino, quando Musetta mi chiese: «Come stanno i tuoi bambini?», non so perché, risposi: «Non me ne importa niente, sono cresciuti. Goliardo è avvocato nel continente, e Licia si è sposata con un avvocato a Roma. Sono grandi ormai e non vogliono piú ascoltare le mie storie. Dovrò cercare qualcuno piú piccolo al quale raccontarle, anche se non sarà mio figlio». Musetta rideva. Andò nell'altra stanza: si sentiva la sua voce e la voce degli altri. Ridevano. Aveva ragione Carlo, non si poteva raccontare niente a Musetta che subito lo andava a spifferare a destra e a sinistra: non era una mafiosa. Sicuramente stava raccontando come Goliardo aveva avuto un posto di avvocato nel continente, e come Licia si era sposata con quell'avvocato di Roma. Ridevano, ed era terribile. «Una cosa detta è detta: non si può tornare indietro». Era terribile, ma ormai i bambini erano partiti e io ero sola.

14.

Ero sola adesso, e forse era meglio che fossero partiti. Erano distratti quando gli raccontavo le mie storie, e anch'io non piangevo piú quando mia madre mi mandava a dire dalla donna: «La mamma non può venire stasera, Goliarda: ha un grande mal di testa, povera signora». Non piangevo piú, e lei aveva sempre piú quel mal di testa dei grandi. Anche Musetta aveva sempre mal di testa, come Ivanoe. Era un male che colpiva solo i grandi? Dovevo stare attenta: se mi veniva il mal di testa voleva dire che ero cresciuta. Non piangevo piú. Anche questo era un segno? Non piangevo piú e avevo sonno la sera. La mattina mi dovevo alzare presto per andare a scuola, in quella stanza sporca in mezzo a tutti quei bambini sporchi. Vicino ne avevo uno con la faccia tutta bucata, molto alto, quasi come un grande, e rideva sempre, e mi faceva paura. Che cosa erano tutti quei buchi? Una malattia avevano detto. Dove l'aveva presa? Lí in quella tana marcia dove insegnano solo bugie. Rideva sempre, anche gli altri ridevano sempre: perché erano tutti maschi. C'era un'altra femmina, ma stava al primo banco e non mi guardava mai. Non piangevo piú. Stavo diventando grande? Mi sentii gelare la schiena, e le mani gocciavano sudate. Diventavo grande, mia madre non veniva e a me non importava niente. Mi misi a piangere, non per le storie perdute ma perché mi accorgevo che non volevo andare in quel buco marcio dove insegnavano le bugie e a diventare grande. Era per questo che i grandi avevano quelle pelli dure, bucate e dicevano bugie: le imparavano lí e prendevano anche quelle malattie. Questo il professore Jsaya non me lo aveva detto.

Perché non me l'aveva detto? Diceva anche lui le bugie? Doveva essere cosí: era grande anche lui. Devo stare a letto: fingerò di essere malata.

Non volevo andare in quel buco che mi faceva diventare grande come Musetta, che urlava sempre e aveva i peli sulle gambe: se li bruciava con la candela. Non volevo. Come la mamma sí: aveva tutti i capelli bianchi e non si arrabbiava mai. Era meglio stare a letto e col tempo, sicuramente, mi sarei svegliata coi capelli bianchi senza diventare grande. Erano orribili quei grandi. Zia Grazia piangeva sempre e diceva: «Che disgrazia nascere femmina: si ha sempre bisogno di loro». Loro erano gli uomini alti e forti come quello che stava per ammazzare Goliardo. Come il «gigante», giú in cortile, che picchiava sempre Teresa, la mamma di Teresa, e Turi. E loro, era vero, avevano bisogno di lui: Teresa e la sua mamma gli volevano bene, avevano bisogno di lui, erano femmine. Turi invece quando il padre lo picchiò, come quella notte che svegliarono tutto il cortile, gli diede una coltellata al braccio e scappò. E sí, perché era grande anche lui e maschio: come quelli che stavano al Bar Scalia a gridare, giocare e ti fissavano tutti insieme ridendo, ridendo sempre, senza quasi aprire la bocca come l'avvocato e come quell'altro avvocato con la barba nera che veniva la sera da noi. Nell'anticamera mi aveva messo le mani dentro le mutandine, e poi se le odorò al naso. Io scappai. Si mise a ridere. «Non scappare. Dovresti essere contenta, dall'odore si sente che sei quasi matura. Quando la mela è matura, è come la femmina; basta mettersi sotto l'albero, o sotto il balcone, e quella ti casca in bocca, dritta dritta». No, non dovevo piú alzarmi, né affacciarmi al balcone, come ieri. Carmine continuava a guardarmi da sotto. Aspettava.

Anche il professore Jsaya quando gli ho chiesto se era vero che una femmina aveva da grande bisogno di un uomo, aveva risposto: «Certo Goliarda, come un uomo ha bisogno di una donna». Cosa era questo bisogno, per quei brutti uomini grossi, come quello che alla Playa si era levato i pantaloni e si era mostrato? Anche Nica era scappata. Non ero solo io a non avere coraggio. Anche Nica era scappata: poi abbiamo pianto insieme abbracciate dietro le cabine.

Dovevo restare a letto come avevo deciso, e non alzarmi piú fino a quando mi sarebbero venuti i capelli bianchi e il mal di testa. Ed ebbi mal di testa. E restai a letto con la febbre. «Anemia, anemia», diceva quel vecchio che non era avvocato ma medico, e parlava urlando perché era sordo. «Anemia, anemia». Dovevo aver dormito molto. Doveva essere domenica se mi lasciavano ancora a letto. Era domenica infatti. La sera prima, finalmente, avevo visto *La Regina Cristina* con Carlo. Era domenica e avevo ancora il mal di testa. Sicuramente ho anche i capelli bianchi. Devo andare a controllare. C'è l'armadio con lo specchio. Ma anche alzandomi a sedere sul letto non mi potevo vedere, dovevo alzarmi. Mi tremavano le gambe. Forse anche alla mamma tremavano le gambe – anzi sicuramente era cosí: era per questo che camminava tanto piano. Camminando piano come lei, andai allo specchio. Di capelli bianchi non ce n'era neanche uno, la frangia era lunga, eppure proprio ieri, prima di andare al cinema, Carlo me l'aveva fatta tagliare dal suo barbiere, che stava proprio in faccia al Cinema Mirone. Niente: il mal di testa c'era, ma capelli bianchi no. La finestra era spalancata: c'era un gran sole caldo. Mi sudavano le mani. Ieri sera pioveva quando siamo usciti dal cinema, due volte l'avevo visto *La Regina Cristina*: Carlo era l'unico che mi faceva vedere due volte il cinema. Domani vado dai Bruno – chissà come sono ansiosi –, farò un figurone: il finale sulla nave, col vento fra i capelli e le lagrime. Avrei avuto anche le lagrime: già un'altra volta le avevo avute, quando avevo raccontato *Mata Hari*. Avevo studiato molto per ottenerle: «Se quella recita, certo non piange sul serio». E cosí anche io, a furia di provare, coi pizzichi, strappandomi le ciglia, infilandomi le unghie nelle palme, avevo scoperto come fare: bastava pensare a qualcosa di triste, trattenere il fiato e aggrottare le sopracciglia tanto da farti male. Era facile, vedevo le lagrime nello specchio: avrei fatto un figurone. Ma c'era troppo caldo, e trattenere il fiato mi soffocò completamente. Forse sul terrazzino ci sarà un po' d'aria. Come mai quel caldo? Ieri sera sono uscita col cappotto. Anche nel cortile i ragazzi giocavano senza giacca, senza maglie, a torso nudo, o con la camicia e la canottiera, e le donne sbracciate lavavano nel lavatoio; e doveva essere anche molto presto, perché c'era ancora la fila davanti al gabinetto comune, e Sara – la lasciavano sempre indietro – era ancora lí, con il cantero in mano, coperto da una tavoletta. La lasciavano sempre indietro. Adesso la chiamo, le dico di venire su; ieri sera era qui con me e guardavamo giú dalle sbarre della ringhiera. Adesso mi affaccio col viso sopra il passamano, poggio il mento sul ferro arrugginito. L'odore del ferro mi diede una nausea come quando mi veniva la diarrea: non potevo chiamarla e non potevo neanche staccare il mento da quel ferro: stavo lí, guardavo da sopra il passamano e non tra le sbarre, da sopra come Musetta, come Arminio. Ero cresciuta e non avevo i capelli bianchi e il mal di testa: doveva essere il sole. Picchiava cosí forte alle tempie che dovetti, per staccarmi dalla balaustra, tirarmi con tutte le forze, tanto che battei con le spalle al muro. Quel colpo mi diede il capogiro. Ero grande e non dovevo stare lí. Carmine già si voltava in su a guardare con la bocca spalancata, già aspettava: non dovevo stare lí, dovevo andare a letto senza guardarmi allo specchio. Ora che sapevo, avrei visto quanto ero cresciuta. Senza guardarmi nello specchio, infilarmi nel letto e non muovermi piú.

15.

C'era ancora un gran sole, quando mio padre entrò nella stanza seguito da quell'uomo immenso e sordo. Rideva. Ma perché rideva sempre? «Su, Iuzza: ce l'hai fatta, fra qualche giorno ti alzerai, e presto potremo andare alla Playa». Il sole si rifletteva nello specchio e mi faceva dolere, oltre la testa, anche gli occhi. Era meglio chiuderli, fissando il sole si poteva diventare ciechi: solo Arminio poteva fissarlo, «sfidarlo» come diceva lui, senza neanche lacrimare – che paura quando faceva quel gioco! – solo lui poteva: Arminio era Arminio e maschio. Era meglio chiudere gli occhi, ma lui, sempre ridendo, me li aprí a forza: «Sei stata brava». «Sí, proprio brava», urlava quel sordo facendo rintronare le pareti: quando veniva c'erano tuoni e fulmini. «Brava, brava». Volevo anche turarmi le orecchie come quando c'era il temporale, ma l'avvocato mi aprí gli occhi a forza, e mi costrinse a guardarlo. «Brava perché?» «Brava, brava». Cosa intendeva dire? Perché ero cresciuta? Perché non piangevo con quel mal di testa? «Un mafioso non piange mai». Brava perché? Finalmente mi voltai a guardarlo. Anzi, non potei farne a meno, perché lui mi teneva il viso con le mani – mi voltai a guardarlo, e la sua bocca che rideva mi contorse le viscere come quando avevo la diarrea: rideva e le guance erano grasse, forse perché aveva la barba lunga. Non l'avevo mai visto con quei peli duri, e anche le sue mani erano dure. Era grande: rideva perché aveva capito che io, ora, ero grande e avrei avuto bisogno di lui. Anche lui si sarebbe tolto i pantaloni a quel modo? Mi strappai da quel viso duro, e mi rivoltai contro il muro. Come mai non mi ero accorta prima che era cosí grande? I capelli erano neri e le spalle grosse. Non volevo vederlo, né andare con lui e con quell'altro. Perché non c'era mia madre, se ero stata brava? Perché non c'era Licia, Olga, Musetta? Perché solo quei due uomini? Ero in mano loro. Ma io non li avrei guardati. Non avevo bisogno di loro, anche se ero una femmina. Finalmente la porta si richiuse. Non lo avrei piú guardato in faccia. E se mi avesse costretto? Allora avrei dovuto ucciderlo. Non volevo sposare quell'avvocato come Licia e andare nel continente, non volevo nessuno. Dallo specchio una donna coi capelli bianchi mi diceva, anzi scriveva sullo specchio: «devi uccidere l'avvocato, tuo padre». Sulla lavagna la maestra coi capelli bianchi scriveva: «devi uccidere tuo padre, l'avvocato». Dovetti riempire quaderni e quaderni con quella frase: devi uccidere tuo padre. Anche i muri della stanza erano pieni di quella frase. Gridai. Ma solo Ivanoe e Arminio vennero. Non erano grandi ma uomini anche loro, e non dissi una parola. Dovevo uccidere l'avvocato, ma dovevo farlo da sola: loro non avrebbero capito.

Non uccisi mio padre, ma da quella notte lo chiamai sempre l'avvocato. Lo odiavo. Quando avevo cominciato? Proprio quella sera o prima? Per me cominciò durante quella febbre che seppi dopo si chiamava difterite, e che durò quattro mesi. Ma forse anche prima. Forse è inutile ricercare il momento preciso: sembra abbastanza comune che una bambina, a un certo punto, cominci a odiare il proprio padre e, se vi interessa, consultate qualche trattato di psicanalisi. Sarà stato sicuramente quando dicono loro: le sanno loro queste cose. Io so solo che da quella sera mio padre fu l'avvocato.

16.

Agli uomini siciliani piacciono le pietre preziose: portano spille con smeraldi, rubini. Ne vidi uno, un mafioso, in anticamera dell'avvocato che portava ai polsi della camicia di seta rosa chiarissima, per gemelli, una perla nera e una bianca... Solo uomini venivano da noi: colleghi di mio padre, colleghi di università di Licia, di Ivanoe. Come seppi dopo, casa nostra era considerata un posto di perdizione: «Le donne studiano e in scuole pubbliche, anche!» E cosí, mai nessuna donna, «di un certo livello sociale», «di un certo ceto», aprí la bussola: nessun cappellino di paglia con le margherite o guantini bianchi si mostrò dietro quei vetri colorati. Solo donne con scialli neri e vestiti marrone, in lagrime o col viso rattrappito in quel sorriso di umile rassegnazione, impalate, inchiodate anzi, sulle sedie scomode dell'anticamera; fisse, senza neanche scacciare le mosche, senza parlarsi tra di loro, in attesa che l'avvocato le consigliasse come fare avere a Turi un biglietto. Come riuscire a parlare ad Alfio. Ma non è di queste donne – che ancora adesso nei sogni mi stanno intorno e mi incitano a chinare la testa, e con le mani cercano di piegarmela in una mossa di umile rassegnazione, su una spalla, e con le dita dure mi modellano le labbra a quel sorriso riverente –, non è di queste donne che vi volevo parlare. Bene: fra tutti gli uomini che frequentavano quel «lupanare» che era la nostra casa, c'era un medico, non quello sordo del quale vi ho parlato, ma uno, quasi giovane, che vestiva sempre di grigio perla in inverno, e in estate sempre di lino bianco, le unghie sempre pulitissime, laccate di rosa in estate e in inverno, e che masticava continuamente. Questo movimento della bocca mi stupí. Anche lui faceva il mio stesso esercizio per ricordare le parole? Chiesi a Carlo e la risposta fu: «Altro che parole, Iuzza, quello mastica… – Non afferrai la parola. – Altro che parole, è drogato». Naturalmente andai a guardare la notte in quel librone di medicina legale. Non mi ricordavo cosa masticasse, ma la parola «drogato» me la ricordavo. Quante cose scoprii. Come avrete capito, non era la prima volta che sfogliavo quel libro. La prima volta si perdeva nella notte dei tempi: credo ebbi la febbre. Ma ormai ero abituata a quelle immagini di donna-uomo, di uomo-donna, di crani deformi, di donne con tre, quattro seni. La parola «drogato» era bellissima. «Sono drogata». «Mi sento come una drogata». «Questo dolce è come una droga». La usai per mesi: era bellissima e faceva sempre un grande effetto. Anche sul professore Jsaya fece effetto. «E sí, Goliarda: vedo che cominci a esprimerti come un uomo, e non come un animaletto femmina. Sei come tua madre. Hai detto bene tu: sei drogata di mare. Vai al mare come se prendessi la droga. Io personalmente lo detesto: per me il mare e il sole fanno male all'animus ed al corpo –. E, non capisco cosa c'entrasse, concluse cosí: – Ma, visto che anche se intelligente, sempre femmina sei, è sempre meglio la droga del mare che la droga della messa. Vai, vai al mare, per oggi abbiamo fatto abbastanza». La droga della religione! Con che orgoglio, credendo di avere il successo che sempre questa parola riscuoteva esclamai cosí a un mio compagno di banco quando entrò il prete per l'ora di religione. Anzi, secondo le parole del mio compagno, che mi denunciò non appena il prete, dopo la preghiera, alzò gli occhi su di noi, sembra avessi detto: «Ecco, arriva la siringa con la quale ci iniettano la droga della religione». Naturalmente fui cacciata, e passai l'ora a passeggiare su e giú per il corridoio, fino a quando quella siringa nera, uscendo dalla classe, mi disse: «Pentiti! Hai dato un grande scandalo! Voglio parlare con tuo padre». «Un grande scandalo!» Doveva essere vero perché nessuno piú mi rivolse la parola. Come mai invece del successo di sempre, anche se eravamo cosí stretti nell'aula, da quel giorno vicino a me ci furono due posti vuoti? Piansi, non lí davanti a tutti, ma per la strada. E quel buco, già cosí orribile, divenne per me un posto di tortura.

Questo medico con le perle ai polsi viveva con una sorella, che naturalmente noi non avevamo mai visto: non si era mai sposato, protestava sempre miseria, non usciva mai la sera, e masticava. Quando morí, pochi anni dopo che lo avevo visto masticare in anticamera, si scoprí che non usciva la sera né con uomini, né con donne – infatti, anche da noi veniva sempre solo a colazione. «No, signora, grazie, ma questa sera ho un impegno. Se lei permette potrei venire domenica alle due». Passava la serata con la sorella a contare, accarezzare perle, zaffiri, diamanti, rubini, dei quali aveva cassetti pieni. Anche crocette antiche e rosari preziosi. «Guarda quanto è bello questo, Linuccia –. La sorella si chiamava cosí. – Toccalo: non è soave?» Cosí riferí la signorina Linuccia quando, lui morto, si presentò a mio padre per chiedere in nome della vecchia amicizia che lo legava al defunto, se poteva trovarle un posto qualsiasi: sapeva tre lingue, aveva studiato in Svizzera ed era disperata. Non voleva assolutamente vendere «nessuna delle cose care dell'amato fratello», che erano state care anche alla sua «cara madre». Preferiva lavorare, anche se sarebbe stata una umiliazione: «pur di potere, anche se disperata dalla perdita, continuare la sera a contare, custodire, pulire, accarezzare quelle gioie pensando a lui».

17.

Dunque, queste donne inchiodate intorno, sulle sedie dell'anticamera – come in attesa di essere invitate per un giro di contradanza – col sorriso che qualcuno gli aveva appuntato con gli spilli: – *non vi voglio parlare di loro, non sono ancora stata costretta ad impiegarmi all'ente del turismo: posso vivere senza bisogno di guadagnarmi il pane «col sudore della fronte»: c'è quell'uomo col quale ho vissuto diciotto anni che, oltre ad avermi salvato la vita, mi libera dalla catena di un lavoro umiliante*: – queste donne mi visitano la notte e, per un periodo della mia vita, anche il giorno: entrano dalla porta chiusa, col sole della finestra sbarrata. Queste donne, oggi lo vedo, mi hanno chiuso la bocca per tanti anni. Come? Vi spiego: essendo derelitte, vittime della società, io fui costretta ad amarle, a conoscere le loro storie, metterle in un altarino, accendere lumini e a pensare solo a loro, scrivere solo di loro. Cosí quando incominciai a desiderare di esprimermi, incominciai anche a pensare storie macchinose su di loro, a immedesimarmi nei loro travagli che solo mi sembravano degni di essere raccontati, e, essendo io nata e vissuta al secondo piano, *piano nobile*, come si diceva, che potevo saperne? Cercai, ma con terrore mi accorsi che non sapevo niente di loro e sotto quell'amore sacro che avevo per loro, si nascondeva una indifferenza affatto piccolo-borghese. Naturalmente questa scoperta mi inchiodò a letto con un'artrosi (che bel rifugio la malattia!) E se non fosse venuto il ventesimo congresso, con quello che sapete, sarei rimasta, forse, inchiodata su quel letto. Ma il ventesimo congresso venne: «La storia non si ferma», come diceva il professore Jsaya – *no, non lo diceva lui, ci risiamo, è possibile che li confondo sempre? lo diceva mia madre: era lei che credeva nella storia; il professore diceva: «Ti piace la storia? Tutte balle, è meglio che leggi "L'Avventuroso"! La storia non si ferma malgrado autorità e religione la vogliono fermare»*: – e cosí venne il ventesimo congresso e allora tutto non fu cosí bloccato, cosí concluso, sicuro: allora, forse, potevo anche parlare di un figlio di avvocato di quel *piano nobile* nel quale ero cresciuta e non dovevo per forza scendere in cortile e fingere di essere Nina la cagna, o Teresa la figlia del gigante. Potevo. E come potei, incominciai. Mi venivano poesie d'amore, storie di bambini borghesi tentati dalla religione. Io dovevo accusare. Poesie d'amore! Se mia madre mi avesse vista! Mi ributtai sul letto e queste donne – se vi devo dire la verità, ancora adesso, anzi proprio adesso che le ho accusate – sono entrate e si sono sedute sulle sedie, sul divano, in piedi contro il muro e mi guardano senza dire niente. Ma io so che cosa pensano. «Lo sapevamo che ci avresti tradite. Tu parli di te, del tuo disordine di piccola borghese, delle tue camicette marcite: – e non vedi come siamo vestite di stracci?» Come faccio a liberarmi di loro? Io voglio parlare di figli di avvocato, voglio parlare d'amore, lasciatemi in pace. Cosa avete capito? Non mi fraintendete: non l'amore che intendete voi, ma d'«amore». Anzi, già che questa parola, cosí malintesa e usata tanto che si è scolorita e sbrindellata, è caduta dalle mie labbra, ci tengo a chiarire subito: se fra voi c'è qualche appassionato di «storie d'amore», sappia che di questo argomento non parlerò. Anche a me piacciono le storie d'amore, ma il fatto è che, pur avendo avuta la mia porzione agrodolce, dell'amore non ne ho mai capito niente: l'ho solo subíto. E come posso parlare di una cosa che ho solo subita? Se ve la raccontassi, con il dolorismo che mi ritrovo, ne avreste la peggio. Per educazione non lo farò. Non so cosa sia amore fra uomo e donna: non so come nasce, perché nasce, come muore. So solo che ci sono molti fraintendimenti in questa parola. Moltissimi. Sta seppellita sotto montagne di detriti. Dovrei essere un archeologo, e non lo sono, per ripescarla nella sua purezza. Oltretutto per parlarne dovrei inventarmi qualche bugia in piú di quelle che già vi dico: e una, due, tre, quattro bugie sono la vita, la chiarezza. Ma dieci, cento sono il regno dei sogni, il paradiso, l'evasione nella fantasticheria, la menzogna sistemata in ideologia. No, non sono bugiarda fino a questo punto.

18.

Ho fatto bene a parlare con voi di queste donne. Ho fatto bene, non vedete che sono sparite? Sí, sparite. Le poltrone sono vuote, i muri bianchi, il divano libero.

Dunque, torniamo a me: non era di altro che vi volevo parlare; torniamo a me oggetto malleabile e alla mercé per fame. Il bambino è il primo operaio sfruttato, dipende dai grandi e sempre, per un tozzo di pane, si abbassa a «divertire», leccare le mani dei padroni, si lascia accarezzare anche quando non ne ha voglia: cosí comincia la prostituzione: si lascia sbaciucchiare dagli amici e le amiche, con barbe puzzolenti e rossetti nauseanti, parla con le «vocette» che piacciono tanto alla mammina, esce dalla stanza con «mossette» tanto «aggraziate». E cosí anch'io, sbattuta fra tutte quelle mani, come probabilmente lo siete stati voi, in quel secondo piano conobbi la prostituzione di cantare quando loro volevano, di imitare l'avvocato amico di mio padre, di far finta che loro mi amavano e non pensavano che a me. Di piangere, dato che piangevo spesso: di piangere qualche volta anche se non ne avevo voglia, perché loro orgogliosi, davanti agli amici dell'università: «Non ci credi? È di una sensibilità straordinaria, sta' a vedere», e Arminio iniziava a suonare il pianoforte e Ivanoe a cantare, fissandomi: «*Mamma mormora la bambina...*» «Vedi, vedi come piange?» Piangevo infatti per non perdere il pane, il favore di quei grandi capricciosi e potenti. Piangevo e soffrivo. Soffrivo per quella bambina che moriva in mezzo ai balocchi arrivati troppo tardi – o per paura di non piangere cosí bene come ieri, e di non accontentarli davanti a quegli amici nuovi. Probabilmente per tutte e due le cose. Questo delle mie lagrime facili ebbe un tale successo che, sulla lavagna in cucina dove si segnavano le spese da fare, dove mia madre si segnava i verbi latini (studiava latino e greco allora), e che Licia la notte continuava fino all'alba a riempire di numeri, quadrati, triangoli – in un canto di questa lavagna incominciò il Bollettino Lagrime Goliarda:

Ore 8. G. ha pianto perché non voleva andare a scuola.

Ore 13. G. ha pianto perché invece del riso c'era pasta.

Ore 13 e 30. G. ha pianto perché Carlo ha fatto finta di rubarle il dolce.

Ore 15. G. ha pianto perché non voleva andare a riposare per la siesta.

Ore 17. G. ha pianto perché dopo aver dormito non voleva piú alzarsi.

Ore 19. G. ha pianto perché ha visto un mendicante che dormiva contro il muro.

Quella sera che, cercando con gli occhi il mio bollettino, risultò composto di solo due righe, fui disperatissima. Possibile? Avevo pianto solo due volte? E piansi tutta la notte ma nessuno mi sentí. Ma questo avvenne dopo, ho confuso le date – questo avvenne quando già avevo capito che loro erano i padroni, e che mi avrebbero sfamata e amata solo se me li fossi guadagnati questo pane e questo affetto. Avvenne dopo quel mattino che entrando in sala da pranzo li sentii che parlavano di fame, di carestie non so se in Lombardia, dove mia madre era nata e dove i contadini mangiavano solo la polenta, e per questo avevano quasi tutti la pellagra. Veniva a questi poveri contadini una tale sete che impazzivano, e correvano al fiume a morire annegati. In Lombardia? Un'epidemia di pellagra, anche i bambini. O in India? Ivanoe aveva detto India? E quando: ieri? Oggi? Era vero? Una cosa fu vera: quando mi misero quel piatto pieno davanti, io non potei toccarlo. «Se c'è tanta gente che muore di fame, perché io ho questo piatto pieno?» A chi avrei potuto chiedere dove era quella epidemia? Purtroppo ancora non conoscevo il professore Jsaya. A Arminio forse? Ma Arminio studiava il pianoforte e si arrabbiava se lo si disturbava. Ivanoe era subito uscito dopo la colazione, con Licia. A Carlo? Sí, Carlo era lí sul ballatoio, aspettava che la signorina Jolanda, approfittando che i genitori dormivano, si affacciasse al balcone dirimpetto. Ecco: si fissarono da lontano. (Perché si fissavano tutti i pomeriggi, e, dopo, Carlo aveva sempre le guance rosse?) No, non a lui: «Non sa niente Carlo, l'unica materia che conosce sono le donne». No, a lui no. Mia madre... Avrei avuto il coraggio di bussare alla sua porta? Studiava e nessuno doveva disturbarla. Ma aveva anche detto che se c'era qualcosa di molto importante sarei potuta entrare.

«Dov'è quella carestia, e tutti quei bambini affamati dove sono?»

«Ma Goliarda, in India, in Lombardia, e anche giú nel cortile: non vedi come sono magri e pallidi i bambini, eppure ci giochi sempre insieme?»

«Ma non hanno qualcuno che pensa a loro?»

«Sí, pensano a loro, ma non sono fortunati come tuo padre che può, oltre che pensare a noi, sfamarci».

«E tu perché non pensi a loro?»

«Noi ci pensiamo, non ti preoccupare, anche se il fascismo ci ha reso impotenti per il momento, ci pensiamo, non ti preoccupare; e se domani venisse il momento di nutrire te a discapito degli altri, non esiterei a dare ugualmente a te come agli altri, a costo di vederti pallida e magra come loro. Una madre che leva agli altri per la propria creatura è una bestia criminale».

«Una bestia criminale». Allora anche io ero stata una bestia criminale riempiendo di dolci e giocattoli Licia e Goliardo, non ricordandomi di Sara, Teresa, Nica... anche io. E se fosse venuta la carestia avrei dovuto morire insieme agli altri. Io ero come tutti: come tutti, e chissà perché quella notte il soffitto del salone si spalancò, le pareti si allontanarono, e mi trovai non in letto a dormire, ma in mezzo a una piazza, accucciata sui gradini di una fontana secca come quel bambino che avevo visto dormire tutto raggomitolato, con la scoppola calata sugli occhi. C'era freddo e io uscivo dal cinema con Carlo. Non dovevo piú comportarmi come una «bestia criminale»: e subito, la mattina dopo, infreddolita da quel sonno nella piazza, non diedi piú tanti dolci e giocattoli a Licia e Goliardo, ma li portai giú nel cortile. Quelli erano felici, e Nica piú di tutti: non aveva mai mangiato la cioccolata. Ma tornata su, mentre dietro il pianoforte raccontavo le storie a Licia e Goliardo, mi accorsi con terrore di come erano diventati pallidi e magri, pallidi e magri come i bambini del cortile. Da quel giorno la gonna cominciò a diventare tanto larga che mi scivolava sui fianchi, e dovevo sempre tirarla su. «Dimagra troppo 'sta picciridda, – urlava quello. – Bisogna fare qualcosa!» «È pelle e ossa, 'sta carusa, bisogna fare qualcosa». E questo qualcosa arrivò con bocce e boccettine: ma Licia e Goliardo, malgrado questo «qualcosa», erano sempre piú magri e pallidi. «Bisogna fare qualcosa».

19.

Non ci fu niente da fare. Licia non stava tanto male: aveva, almeno, smesso di dimagrire. Ma per Goliardo non ci fu niente da fare, neanche il sangue di cavallo serví: lo beveva, ma poi lo vomitava. Lo capivo, anche a me dava il vomito: era orribile tutto quel rosso. Poi incominciò a gonfiargli il collo, a Goliardo. Per fortuna solo a lui. Licia non stava cosí male. Si gonfiò il collo anche a me, ma non molto: toccando il collo di Goliardo si sentivano delle noccioline dure sotto le mascelle. Piangeva quando gliele toccavo io o quel medico sordo. E si gonfiarono tanto che una notte il sordo venne con una grande borsa nera e, afferrando me e Goliardo, con un coltello le tagliò – quelle nocciole che ormai erano grosse come noci. Noi cercammo di scappare abbracciati, sui muri, lungo il pavimento: ma quel vecchio era sordo e non sentiva come gridavamo, e anche quando lui se ne andò, continuammo a gridare abbracciati. Con il collo fasciato andammo in giro per le stanze, il salone, il ballatoio. Ci proibirono di scendere in cortile. C'era troppo umido, dicevano. Ma io lo sapevo: eravamo impestati e non potevamo andare a impestare tutti i bambini del cortile. In casa erano tutti grandi e loro non potevano prendere questa peste. Da Carlo avevo imparato a comunicare con le mani, come lui faceva con la signorina Jolanda: e cosí potei parlare con Sara, Teresa, Nica. Quando avevo cioccolate, caramelle, le buttavo giú: avevo paura mi dimenticassero. Eravamo isolati, «in quarantena», come si dice delle navi. Una volta ne avevo vista una al largo del porto, con una bandiera gialla. «Stanno in quarantena per non appestare la città», aveva detto Ivanoe. In questa nostra quarantena c'era un vantaggio: il vantaggio di non andare la mattina in quel buco marcio. Invece la mattina veniva da noi il sordo, ci sfasciava il collo e si divertiva a trafficare nei nostri buchi con dei cucchiaini lucenti – ne aveva tanti e di tutte le grandezze, li teneva in quella borsa nera, e sorrideva quando li tirava fuori. Ma non ci guardava mai. Era molto soddisfatto dopo, una volta che aveva finito, e rideva uscendo dalla porta. E quando sentivo la bussola scattare, capivo che potevo starmene con Licia e Goliardo a raccontare storie e giocare. Ora che erano piú grandi gli leggevo anche «L'Avventuroso» e «Cino e Franco». A Goliardo piaceva Mandrake, come a me. Licia voleva sempre Gordon. Ma quella quarantena fu lunga: e c'era cosí caldo che le bende facevano sudare. «Bisogna fare qualcosa». Una mattina invece del sordo venne mio padre nella stanza del pianoforte. «Come sta Goliardo? Forse abbiamo trovato qualcosa che lo guarirà». Mi portò in un grande edificio, in mezzo a un giardino, dall'altra parte della città. C'erano ville, parchi: non c'ero mai stata di là. Quel grande edificio era pieno di suore, tutte vestite di bianco: le avevo viste solo da lontano e cosí da vicino erano bellissime, parlavano piano e sorridevano sempre. Suor Maria era la piú bella, anche piú bella di Licia e di Greta Garbo; la vidi bene perché mi teneva stretta per le spalle quando mi fece entrare in una grande stanza dove dal soffitto pendeva una grande macchina invece che il lampadario. Sotto questo lampadario c'era un letto. («Non ti scantari e sta' ferma»): «Non avere paura e sta' ferma». Era proprio piú bella di Licia e di Greta Garbo. «Non avere paura se adesso ti lascio sola, vado dietro quel vetro: vedi? dove c'è anche tuo padre». Infatti mio padre mi guardava da quel buco grande come una finestra, ma non sorrideva. Mi misero due coperte pesanti come ferro sulle gambe, e una sul petto, e quel lampadario cominciò ad abbassarsi. Forse, per il peso delle coperte, forse perché suor Maria era andata via, mi sentii soffocare. Perché si abbassava quel lampadario? Mi avrebbe schiacciata. E mio padre perché non sorrideva? Volevano schiacciarmi. Non piangevo piú da tanti mesi e non volevo fare le imitazioni, non volevo cantare: e forse quello era il posto dove si schiacciavano, come i pidocchi, le persone che non lavoravano piú. La mamma diceva sempre che la società stritolava quelli che non poteva piú sfruttare. Mi volevano stritolare. Per questo l'avvocato era cosí serio. Strinsi la mano a Goliardo e chiusi gli occhi. Quando li riapersi, mi trovai seduta vicino a suor Maria. Allora non era andata via? «E adesso niente piú bende: luce, sole, ci vuole. Prima ti daremo noi il sole artificiale, e dopo al mare. È vero che sei una grande nuotatrice?» Chi era quell'uomo che non avevo mai visto? E come mai sapeva che nuotavo bene? Mio padre mi disse dopo che era un grande medico: avevano studiato insieme, ma purtroppo era un traditore e per questo non veniva a casa nostra. Ma *bisognava fare qualcosa* e quello, con la tessera fascista poteva viaggiare: ed era tornato dalla Germania con quella macchina nuova che guariva e con quell'altra che dava il sole artificiale. Infatti la luce di quella macchina era azzurra e non gialla come quella del sole, ma il calore era proprio uguale a quello del sole. «Un grande medico». Doveva essere come Galileo Galilei: aveva anche la barba lunga come lui. Peccato che fosse un traditore. Ma mi aveva levato le bende, e non mi rovesciava le palpebre. Il sole artificiale mi piaceva, anche perché suor Maria per farmi sedere nella posizione giusta mi teneva per le spalle e a volte anche il viso. Sbagliavo sempre la posizione, e lei si chinava sempre su di me. Era proprio bella e le bende bianche le stavano tanto bene. Anche io le avevo portate, ma non me ne ero accorta. Mi dispiaceva un po' di non portarle piú, e quella sera ne trovai una non usata e me la misi, non proprio come prima: pure sulla fronte. Da quella notte, ogni sera e poi anche il giorno, me la mettevo davanti allo specchio e cercavo di sorridere come lei, di abbassare gli occhi come lei, di parlare a bassa voce, di camminare in punta di piedi. Mi dovevo allenare, come Carlo con la corda e i guantoni: per diventare bravi in qualsiasi sport bisogna fare molto esercizio e io dovevo allenarmi: dopo sarei divenuta suora come lei.

20.

Sarei stata suora con le bende, come lei. Ma chi era questo principe o imperatore che lei serviva? Sí, me lo aveva mostrato una di quelle mattine che c'erano tanti bambini prima di me che aspettavano il sole artificiale. Mi aveva portato in una stanzetta, che lei chiamava cappella, nel fondo del giardino, e me lo aveva mostrato: era un signore con i capelli lunghi, biondi, la barba bionda e un mantello azzurro – e, cosa strana, con una mano teneva un cuore, quasi a mostrarlo. Poi mi aveva fatto vedere una croce che portava alla cintura, e me la fece baciare perché, disse, quello che vedevo nella cappella era il Cristo risuscitato, ma quello che portava alla cintura, e io baciavo, era il Cristo umano torturato, e infine ucciso per la salvezza di tutti noi. Era quel Signore, il Cristo, che aveva inventato il sole artificiale che faceva guarire? Doveva essere uno scienziato come Galileo Galilei e Cristoforo Colombo. Non poteva essere, pure se si chiamava Gesú Cristo anche lui, quello di Sara, di Teresa, dei Bruno: doveva essere un altro: loro non erano come suor Maria. Anch'io l'avrei servito sempre. Ma prima dovevo sapere: anche lei l'aveva detto. Aveva detto: «Meschina, niente sai! Non sai niente!» Da lei ormai non ci potevo piú andare: quel casone era troppo lontano dalla Civita, dovevo chiedere: «Scusa mamma, è una cosa importante». «Certo Goliarda, se è importante hai fatto bene a venire. Che c'è?»

«Chi è questo Gesú Cristo?»

«Dove l'hai conosciuto, giú in cortile?»

«No, non quello del cortile, me l'ha presentato suor Maria all'ospedale: lei lavora per lui».

«Già, Gesú Cristo...»

E quella storia non letta su nessuna vetrata, non raccontata di notte, ma il pomeriggio col sole che ancora illuminava la stanza, fu la piú straordinaria che ascoltai. «Il primo rivoluzionario». «Il primo che ha detto che siamo tutti uguali». «Il primo». L'unica cosa che mi dispiaceva un po' (l'unica delusione) fu che non era stato lui a inventare quel sole artificiale che guariva.

«No Goliarda, il tuo Gesú Cristo è vissuto duemila anni fa, e questa è una scoperta della scienza di questi ultimi anni». Peccato, ma non importava. Lui era sempre stato il primo rivoluzionario, il primo ad aver detto che sulla terra ricchi e poveri siamo tutti uguali tutti, e questo bastava per servirlo. Per esercitarmi a servirlo feci un altarino come quello che suor Maria mi aveva mostrato, nella stanza del pianoforte, e Ivanoe mi portò una fotografia grandissima di Gesú Cristo, col cuore in mano. Misi vicino a lui tutte le fotografie di tutti i suoi amici e collaboratori, San Paolo ecc. Erano dodici. Accesi delle candele, misi i fiori e mi inginocchiai pensando a lui. Poi Licia e Olga, con un lenzuolo, mi fecero non solo le bende ma un vestito proprio come quello di suor Maria, e cosí vestita, pregando, chiedendo informazioni su di lui e sui suoi amici, passai ore, giorni, anni, fino a quando scoprii S. Teresa. S. Teresa che lo vedeva, e anch'io l'avrei visto: e tanto lo fissai che lo vidi staccarsi da quella fotografia e venirmi vicino col suo cuore in mano. Sarei stata come suor Maria, e anche come S. Teresa. Solo che ci fu una complicazione: Ivanoe mi disse un giorno che questo mio pregare da sola non valeva niente, e che se avessi voluto servirlo veramente (veramente diventare come suor Maria o come S. Teresa) dovevo entrare nell'esercito del Cattolicesimo (in una chiesa vera), e non continuare in questa che mi ero fatta da sola, e solo per me. «Perché non vai in chiesa? È lí la vera religione, il vero Cristo. Perché domani non vai coi Bruno: glielo chiedo io, se vuoi». «No Goliarda, io non ti posso accompagnare. Vedi, non ci credo e sarebbe un'offesa per me e per il tuo Cristo».

Andai quella mattina coi Bruno. La chiesa era fresca e profumata, mentre fuori c'era il mercato, il caldo, la puzza di pesce.

Ma dove era il Signor Gesú Cristo di suor Maria? Quello sull'altare d'oro era tutto pieno di gemme e di argento come un pupo, e non portava il cuore in mano. Aveva gli occhi duri e guardava soddisfatto tutti quei lampadari e quell'omaccio che parlava, parlava e non si capiva niente, e ogni tanto si voltava a parlare proprio con lui. Che si dicevano? E tutta quella gente coi cappellini, vestita come all'opera, e che si sventolava con i ventagli di seta proprio come all'opera? Quella sera sarei andata all'opera, facevano la *Norma* e Ivanoe mi avrebbe portata. Dovevo andare a casa a dormire, mi si chiudevano gli occhi: dovevo dormire, altrimenti come avrei fatto a essere sveglia alle nove? Anche Rosina dormiva vicino a me, ma lei non sarebbe andata all'opera. E perché quel profumo, tanto forte che non si poteva respirare, era lo stesso della signorina Jolanda che si affacciava il pomeriggio per guardare Carlo? Suor Maria non aveva quel profumo. No, quello non era il Gesú Cristo di suor Maria: ma Ivanoe diceva che era lí che ci si allenava per entrare al suo servizio. Suor Maria crebbe nella mia stima quasi come il brigante Musolino, ma per me era un'altra cosa. «Vedi Goliarda, quella è la palestra. Poi, chi è veramente bravo, diventa come suor Maria; chi è diverso diventa come quel prete». Bisognava essere bravi. «Siamo tutti diversi: c'è chi nasce musicista, chi filosofo. Per diventare come suor Maria in quella palestra ci vuole molta pazienza». Ivanoe aveva ragione: suor Maria aveva avuta molta pazienza, ma per me quell'odore cosí forte e quell'uomo che brontolava e tutte quelle colonne e quei lampadari – dovevo andare a casa a dormire – e tutta quella folla era troppo. Chissà quanta gente ci sarebbe stata la sera all'opera. Tutti i palchi pieni: e la *Norma*, la *Norma* di Bellini, la conoscevo ormai cosí bene che Arminio aveva detto che ero ancora in braccio alla donna di servizio e già battevo il tempo della sinfonia, quando lui la suonava.

21.

Dormii a lungo e mi svegliai nel palco all'opera, per mia fortuna il sipario era ancora chiuso: nel sonno avevo avuta tanta paura di non svegliarmi in tempo. Era ancora chiuso, ma la luce del grande lampadario era già spenta, mentre nei palchi le luci basse erano ancora accese. Mi ero svegliata in tempo. Era il momento piú bello, nei palchi le persone come ombre si sistemavano e il maestro già dava quei colpetti magici sul leggio, e questo, lo sapevo, produceva un grande silenzio e da quel silenzio nasceva la sinfonia. Tutta l'orchestra suonava. Non me ne ero mai accorta, quella Norma era proprio come suor Maria, come lei vestita di bianco e si inginocchiava davanti all'altare. Che signore serviva quella suor Norma? Un altro signore, perché l'altare era diverso e non parlava a bassa voce ma cantava, anche se la voce era dolce come quella di suor Maria. Dovevo sapere. Non si doveva parlare all'opera, ma non resistetti e domandai a Ivanoe. Serviva la Luna. Una signora come Gesú Cristo? O era la luna che si vedeva in cielo? Potevo anch'io servire la luna come la Norma. Quella chiesa dove lei si esercitava era molto piú grande, c'erano fiori, ma non quell'odore della signorina Jolanda, e la gente non si addormentava come quella signora nel banco davanti a me mentre l'omone brontolava asciugandosi la fronte con un fazzoletto bianco. No, lí nessuno dormiva, stavano tutti tesi, li vedevo a occhi spalancati: eppure c'era piú buio che in quell'altra chiesa dove suor Maria si era esercitata. Quanta pazienza e volontà aveva avuto: io non avrei potuto essere brava come lei, aveva ragione Ivanoe. Ognuno di noi può fare solo quello che può; e per farlo *bisogna prima conoscere i propri limiti*.

«Ti pare Goliarda che io, con questo naso aquilino che sanguina per ogni nonnulla, possa fare il boxeur come Carlo?» Aveva ragione: ma suor Maria era diventata troppo bella esercitandosi in quella chiesa. Sí, io non avevo la stoffa, ma non so perché mi trovai in ginocchio col mento appoggiato al velluto del balconcino del palco: e piangevo. Doveva essere cosí perché quando misi le mani sotto il mento, il velluto era tutto bagnato. La luce si era accesa all'improvviso e tutti ora applaudivano e buttavano fiori a quella suor Norma che sorrideva proprio come suor Maria inchinandosi. Avrei servito anch'io la Luna con il vestito che Licia e Olga mi avevano fatto: era uguale a quello di Norma. Levai quel Gesú Cristo e tutti i suoi compagni, e misi al loro posto due grosse pietre di scoglio che Ivanoe mi portò a casa. Avevamo passato tutta la mattina a cercarle all'Ògnina. Mi insegnò le parole di Casta Diva, la preghiera dell'Esercito di Norma, «i druidi». E tutti i giorni cantavo quella nuova preghiera davanti all'altare. Arminio mi accompagnava al pianoforte, e quanto applaudirono anche loro, entusiasti, quella volta che feci la mia messa davanti agli amici di Ivanoe, Arminio e Licia: nessuno si addormentò, e anche i fiori mi buttarono. Quella era la signora che io avrei servito. La signora Luna. Anche qui, quando Ivanoe mi spiegò tutto della loro religione mi trovai in un impiccio terribile. Norma, per le regole del suo esercito, non poteva avere figli: trasgredí e ne ebbe due lo stesso – e cosí era sempre sul punto di uccidere i suoi due bambini. Anch'io avevo due bambini: avrei dovuto anch'io uccidere Licia e Goliardo per essere degna di quella signora Luna? Avevo saputo che quella signora Luna era proprio la luna e cosí mi misi a interrogarla. La fissavo, ma quella non rispondeva. Era orba la luna, e forse non mi vedeva: ma a furia di fissarla, mi rispose, non con la voce: «La luna è orba e muta»: mi rispose abbassando la testa. Prima che lei mi rispondesse, credevo di poter fare il sacrificio per servirla: ma quando lei, abbassando la testa senza guardarmi, mi disse: «Sí, li devi uccidere, se vuoi servirmi», capii piangendo che anche quella religione non era per me: anche lí ci voleva una forza che io non avevo. «Ognuno deve sapere i propri limiti».

Per essere brigante, avevo troppa paura dei carabinieri. Per essere suor Maria, non avevo abbastanza pazienza. Per essere Norma, volevo troppo bene a Licia e Goliardo. I miei limiti erano tanti. Aveva ragione il professore Jsaya: anche se parlavo bene, non ero che una bestiolina femmina: una donnetta, come diceva mia madre parlando di Teresa e Nica. «Ognuno deve sapere i propri limiti». Non ero che una donnetta. Dovevo imparare a cucinare e a lavare, e cosí la mattina presto andai in cortile e chiesi alla mamma di Teresa di farmi vedere come faceva – Teresa era bravissima. Lavai fazzoletti prima, asciugamani dopo, e poi anche i lenzuoli. Cosí Teresa ora li lavava con me e non con la madre. Almeno quello dovevo imparare a farlo, visto che ero una donnetta. Ero diventata bravissima, solo che le mani mi si gonfiarono, e mi prudevano anche a letto: non dormivo per quel bruciore. Andai avanti lo stesso, ma una mattina il gonfiore si spaccò come un foruncolo, e macchiai tutto un lenzuolo che Teresa lavò di nuovo: «Sei troppo delicata, signorina». Non era arrabbiata, anzi rideva con la madre, ma io non potetti che tornare su. Anche per quello non ero abbastanza forte. Con terrore andai da mia madre. «Mamma, è importante: ho capito i miei limiti. Che posso fare? Se almeno mi insegnassi a fare l'uncinetto». «Certo Goliarda, te lo insegno. Non ti preoccupare: ognuno di noi ha tanti limiti, limiti dati dalla natura, dall'ambiente dove si è nati; ma se si ha la volontà, ognuno finisce col trovare la sua strada. Pensa a Demostene: balbettava... Quei sassolini in bocca... Che volontà quel Demostene! Quali sono secondo te i tuoi limiti?» Le raccontai di suor Maria, di suor Norma, delle mie mani. «Ma Goliarda, tu non sei forse portata per la religione, ma non sei per questo neanche una donnetta. Non puoi sapere ancora cosa sei. Cerca. Potresti diventare medico, avvocato come tuo padre: preparati a diventare sindacalista come me, per quando il fascismo finirà. O anche a essere artigiano: vieni, vediamo se hai qualità almeno per questo». E, cosa strana, rideva. Il suo ridere – non rideva sempre di tutto come papà – mi rassicurò: se lei rideva, non doveva essere grave. Se rideva non ero ancora una fallita. Certo: artigiano-femmina. Avvocato no:

ormai a scuola andavo molto male: dormivo sempre, e non riuscivo a ricordare niente. Certo, artigiano. Intanto imparavo da lei a fare quei fiori di lana colorati, e oltre a questa coperta di seta che facemmo insieme, dovevo darmi da fare; l'uncinetto non bastava. Dovevo guardare bene giú nel cortile tutti gli artigiani. No, calzolaio no: è un mestiere da uomo come il brigante, e anche per il falegname ci voleva troppa forza. Tanto guardai, mi informai, che riuscii a conoscere Anna: Anna che riempiva le sedie col finocchietto: e tutti lo dicevano nel cortile, anche Ivanoe, che era un'artigiana straordinaria. Ma come fare? Era cosí grande, e muoveva le mani con una rapidità e sicurezza da confondermi. Come fare?

22.

Non osavo. Andavo da lei la mattina presto, mi sedevo davanti a lei e la guardavo. Lavorava alla sua sedia: ne riusciva a fare quattro o cinque al giorno. Stava con la madre e con la sorella, anche lei artigiana – faceva la pantalonaia ed era sposata, ma il marito non lavorava e stava sempre al Bar Scalia. L'avevo visto molte volte, ma lí, in quella stanza dove dormivano tutti, non veniva quasi mai: – poi seppi che neanche la notte veniva: se veniva di giorno, lui e la pantalonaia si ritiravano dietro una tenda che nascondeva la cucina in un angolo della stanza, e urlavano cosí forte che perfino Anna, che parlava e cantava sempre, zitta, lasciava di lavorare, si metteva le mani in grembo. Era tonda e piena, e le mani bianche e piccole, quasi come le mie, le metteva fra quel gonfiore morbido della pancia, nel buco che fanno le cosce, e se le guardava.

Io stavo lí e la fissavo tutto il giorno senza osare di parlare di quello che volevo, e a mezzogiorno mangiavo il macco, la pasta e ceci, i limoni in insalata nei piatti di alluminio con loro: anche il vino mi davano. Fino a quando, una mattina che avevo perso ogni speranza, avvenne il miracolo, doveva essere stata suor Maria: non mi aveva detto che avrebbe pregato per me? Mentre, come al solito, la guardavo in silenzio, lei smise di cantare. «Ti piace? È venuta bene, vero? – Era una grande sedia diversa dalle solite, una sedia a dondolo. – Ti piacerebbe farle anche a te? Niente niente vuoi provare?» Mi girava talmente la testa che dovetti abbassarla. «Siediti qui, signorina dell'avvocato: è facile».

Finalmente avevo un mestiere: la mattina mi alzavo presto,

e stavo fino alla sera vicino a lei con la forcina in quei buchi: un colpo dopo l'altro. Lei cantava, non sapeva leggere, e io le insegnavo le parole a voce. «*Canta Pierrot la piú dolce canzone d'amore, canta, perché se tu piangi si ridon di me...*» Imparava subito, e dopo le cantava meglio di me. «Anche tu impari molto bene». Quella notte non potei dormire. «Anche tu impari molto bene», aveva detto. Bene o presto? Avevo un mestiere, ero un'artigiana: anche quel giorno avevo riempito una sedia. Non da sola naturalmente: la base la faceva lei; ma anche quello avrei imparato, dopo. Dopo, quando sarei stata un'artigiana vera come lei. E lo sarei diventata, se quella notte quella pantalonaia non avesse tagliato il collo a suo marito col coltello da cucina. Ci svegliarono tutti, e tutti, meno i Bruno che non scendevano mai in cortile – tutti corremmo giú. L'avvocato teneva le braccia della madre che voleva ammazzarsi anche lei: aveva in mano un coltello pieno di sangue – sangue di cavallo? La pantalonaia stava seduta con la testa rivolta al muro, quello stava in mezzo alla porta coperto con uno scialle nero e solo dei fili di rosso si vedevano tra le frange. E Anna? Anna stava seduta su un'altra sedia, le mani fra la pancia e le cosce, una nell'altra, e la piega morbida della pancia e delle cosce luceva di azzurro: aveva il vestito di raso, era domenica. Guardava ora la madre, ora la sorella, ora gli altri, con un tempo preciso e continuo. Quando mi vide, distolse lo sguardo: «Chi ci sta a fari ccà, 'sta picciridda?» Carlo mi portò via. Lei non mi aveva guardato piú! Carlo mi dovette portare in braccio e dormí con me tenendomi stretta perché, non so perché, volevo scappare. Non in cortile, ma scappare.

Quando la mattina andai giú, la porta era sbarrata (inchiodata) con due legni in croce. «Sono andati da una zia ad Acireale». «No, non quella sciagurata: quella è andata in galera come si meritava: l'ergastolo si prende». «Faceva lavorare pure la sorella per quel delinquente: il carcere si merita». Ma Anna era andata via e non mi aveva neanche guardata. Stavo diventando cosí brava, brava come lei! Mi sedetti sulla soglia, sotto quella porta sbarrata, e aspettai fino a notte. Aspettai, ma sapevo che non sarebbe tornata. Quando i grandi partivano non tornavano piú. Anche Licia, quando era partita con Olga, non era piú tornata. Perché non tornavano piú? Chi impediva loro di tornare?

23.

Non dovevo parlarvi di Anna, lo sapevo, non dovevo risillabare quella domanda che mi feci: Perché non tornano i grandi? Non dovevo. Questa domanda mi costringe a sedere su quella soglia in attesa, e la stessa disperazione mi fa sbattere la testa ai muri, piangere e gridare, come quella notte, quando Carlo mi riportò su, e per la seconda notte dormí con me abbracciandomi. «Perché non tornano piú?» «La vita è terribile, Goliarda, lo capirai da grande, anche tu purtroppo». Ancora oggi aspetto seduta su quel gradino, e ho fatto male a parlarvi di Anna e di quel lavoro che mi ero conquistata con la fatica che sapete e che mi si disfece fra le mani, come una medusa al sole. Scusatemi, ma visto che aspetto debbo lasciarvi per un po'. Non posso costringervi ad aspettare con me. Quando uno aspetta e piange, non è divertente né utile per gli altri e cosí, abbiate pazienza, se resto su questo gradino muta per qualche tempo, debbo aspettare, ma da sola.

... Devo tornare a quel gradino: solo tornando a quella soglia oggi, forse, potrò capire il senso di questa attesa, che, come tante altre cose, ci fanno subire i grandi.

... Anche oggi, come ieri, ho aspettato piangendo, seduta sulla soglia: stasera, ieri sera, tre sere fa, un anno? So solo che non ho capito. Non sono una donna di volontà, è stata una debolezza e prendetela come tale. Non volevo parlarvi di Anna, come non voglio parlarvi d'amore. Ma non sempre si possono portare a termine i piani, i progetti. Basta un nome, un'ora di sole, un albero, un viso intravisto in un cantone che a dispetto delle tue decisioni l'emozione ti afferra con le sue branche di polipo e non puoi che essere passiva sotto il suo abbraccio molle e risucchiante. Devo subire il suo abbraccio, e se non saprò morderlo in testa, affonderò con lui: non ho altra strada ormai: o morderlo alla testa o affondare con lui.

... Seduta su quella soglia piango e aspetto Anna. Perché non ci lasciano giocare con la terra? Perché non mi hanno lasciata giú in cortile a costruire con la terra l'Etna? Avevamo cominciato a fabbricarlo con Nica subito, la sera che c'eravamo incontrate. Ma lei fu richiamata in casa per la preghiera e io tornai su al secondo piano a pensare di diventare un individuo utile alla società (un medico, un avvocato, un sindacalista?) Mi piaceva cantare, ballare e si divertivano tutti quando lo facevo, anche in cortile. Ridevano e applaudivano.

Organizzammo, giú nel cortile, uno spettacolo. Tutti facevano un numero e la gente pagò per vederci: e come ridevano e applaudivano. Ma non era una cosa seria: a che cosa era utile far ridere? L'avvocato aveva detto che Charlot, che io veneravo di nascosto e imitavo sempre: «Sí, è bravo: ma non è che un buffone». Uscivamo dal cinema. Non risposi niente, ma mi strappai dalla sua mano e cominciai a correre piangendo finché mi trovai chiusa in camera, e misi anche una sedia contro la porta. E lui, l'avvocato, dietro a bussare: «Ma Iuzza, cosa è successo?» Non potendone piú mi misi a urlare: «No, non è un buffone Charlot, non è un buffone!» Non so come riuscí a entrare: «E va bene, non è un buffone, sei contenta? – Per un attimo mi sentii sollevata. Ma non si era ricreduto, scherzava come sempre e rideva dicendo: – E va bene Iuzza, il tuo Charlot non è un buffone». Non era un buffone e intanto rideva. Anche lui aveva il suo dolorismo, il suo rigido ideale, sotto quel riso. Un ideale che lo faceva guardare con occhi spenti da sordomuto.

24.

È per questo che ancora aspetto piangendo Anna la sediara sulla sua soglia. La sua assenza mi strappò dalle mani un modo di «essere utile all'umanità»: mi ricacciò in quel secondo piano a vagare per le stanze con le mani in mano. E se sono ancora accasciata su quella soglia, non è per la stessa ragione? Non è Anna che piango e aspetto, ma la Rivelazione. Di essere «utile». La rivelazione di essere una «prescelta» da Dio o da Marx per redimere, è la parola, «redimere l'umanità».

Ho morso la testa a questo polipo che mi trascinava in quel mare di vecchie emozioni, ma i polipi sono duri a morire e l'inchiostro del suo cervello mi annebbia la vista e le sue ventose tengono stretto. Prenderò il treno.

... Quasi niente è cambiato né nel cortile, né nelle emozioni che mi ha suscitato. Trascinandomi l'abbraccio di quel polipo, ho aspettato prima su quel gradino, poi come vecchi amici siamo andati di porta in porta. Gli stessi visi, gli stessi interni. Molti vicoli sono stati distrutti e al loro posto grandi palazzi stanno nascendo, ma via Pistone, via dei Tipografi, via Buda con le sue donne mezze-affacciate fra la porta e la strada e gli sguardi sospettosi d'allora, il Cinema Mirone, il Bar Scalia e quel gradino, sono ancora lí.

Quanto dovrò restare raggomitolata ad aspettare? Carlo non verrà a portarmi su a dormire. «I grandi hanno responsabilità, dolori».

25.

Anche se non aspetto piú Anna, il cortile mi attrae. In casa, le stanze vuote mi spingono giú, un po' per abitudine e un po' (e molto) perché posso ancora raccontare di Anna. Per molti mesi parlarono di quei fatti. Ma in seguito, per sentire pronunciare il suo nome, dovetti ricorrere a mille astuzie, fare domande, fino a quando Teresa mi disse: «Sai tutto, è acqua passata». Non osai chiedere piú niente. Era acqua passata, aveva ragione. Me ne accorsi il giorno che quel basso chiuso, e considerato iellato, venne riaperto e inghiottí mobili, bauli, anche una radio, e due donne alte: madre e figlia. Per entrare là dove avevo lavorato per tanto tempo, mi feci presentare alla ricciolona. Il cortile chiamava la figlia «ricciolona», e «minchiona» la madre. Entrai; la minchiona mi offrí biscotti e rosolio. Non era piú la stanza di Anna. C'era un paravento e non una tenda che nascondeva la cucina: un grande cielo blu con le stelle e il mare, e una gondola con un Pierrot che guardava le stelle con la chitarra fra le braccia. «Le piace? È la mia bambina che li dipinge». E anche i letti fatti a divano erano pieni di Pierrot con i visi bianchissimi in varie espressioni: uno rideva, uno era triste, uno aveva un fiore in mano. La ricciolona dipingeva bene, ma non era una bambina: era piú alta di Musetta e aveva tanti capelli lunghi e ricci sulle spalle, e non portava il tuppo. «Venite a ballare con la mia bambina». Invitava a ballare tutte le ragazze e le bambine del cortile, e anche del vicinato. La ricciolona si vestiva con gli abiti di suo fratello morto nel continente, e ci faceva ballare a coppie accompagnandoci con la chitarra, suonandola quasi come Arminio. Cominciava cosí, poi metteva i dischi, e anche lei ballava con noi, mentre la madre girava riempiendoci di biscotti, rosolio e marsala. La stanza di Anna non era quella stessa, sicuramente. Dove erano i piatti di alluminio, l'odore del macco? Lí c'era sempre odore come di chiesa. Ma per me i muri, la porta scrostata, l'angolo in fondo dove Anna andava a nascondersi quando si cambiava, la domenica pomeriggio, il vestito di percalle con quello di raso azzurro – e poi si sedeva sulla porta senza fare niente, o usciva, con la madre fin sul portone, o andava dalle vicine – la domenica, quell'angolo era sempre lo stesso e io andavo per guardarlo. Era domenica: la ricciolona vestita da uomo, la madre in nero, noi tutte vestite a festa. Nica con il velo da sposa e il vestito bianco. «Le piace? – ripeteva la minchiona, – è il vestito di quando andai sposa con la buonanima di mio marito. Era appuntato. Le piace?» La ricciolona si sposava anche lei: sposava Nica. Certo Nica aveva solo nove anni, ma era per scherzo. Nell'angolo di Anna c'era un altarino e Teresa faceva il prete. C'erano anche i fiori. Nica era emozionata, non credeva che avrebbe avuto lei quell'onore: perché la ricciolona aveva già sposato Teresa, Grazia, Nunziata e aveva richiesto Sara. Ma questa si era rifiutata e difatti ora non c'era. La cerimonia era finita, si scambiavano l'anello e mentre la minchiona ci intratteneva col rosolio, le paste e una torta di ricotta, gli sposi, dietro il secondo paravento, passavano la loro prima notte di nozze. Era stata una festa straordinaria. Io avevo cantato, e anche Teresa. Peccato che Nica non era venuta fuori dal paravento a vedermi, le piaceva quando cantavo e mai avevo cantato cosí bene. «*Sola piú sola, in questa solitudine, col pianto in gola...*» Grazia aveva pianto. Ero cosí orgogliosa di me che andai in cerca di Carlo: dovevo parlare con qualcuno. Dormiva, ma lo svegliai lo stesso. Lui era l'unico che capiva cosa voleva dire un pubblico, un successo: era boxeur. «Va bene Iuzza, sono felice del tuo successo: ma se questo signor ricciolone ti dovesse chiedere in sposa, dimmelo prima: se accadesse, gli faccio un regalo, è doveroso. Gli faccio un regalo, a lei e alla madre, che se lo ricorderanno finché campano». Rideva, ma io ebbi un po' paura.

26.

La ricciolona non mi chiese mai in sposa. Io un po' lo desideravo. Non le piacevo, forse perché ero troppo magra: anche a Carlo non piacevano le ragazze magre. O forse perché il matrimonio con Nica andava bene. Nica veniva sempre su da me con caramelle, e aveva anche due vestiti nuovi. La ricciolona non mi richiese in sposa, ma Nica, un pomeriggio che giocavamo alle telefoniste, mi chiese: «Mi vuoi sposare?» Ero cosí emozionata che non sapevo cosa rispondere: «Ma come si fa?» «Cosí». E cominciò a spogliarmi, e poi si spogliò anche lei. «Lei fa cosí, ho imparato da lei», e cominciò a baciarmi e a stringermi. «Ora tu fai la donna, e io l'uomo». «Ora tu fai l'uomo, e io la donna». Ma non mi riusciva: non sapevo muovermi su di lei come lei faceva. Non si arrabbiò, e fece sempre lei l'uomo. Non si arrabbiava mai. Nica era piena e mi piaceva stringermi a lei quando mi accarezzava. Ci sposammo quel pomeriggio e restammo marito e moglie fino a quando portò su Nunziata e volle che anche lei fosse un secondo marito. Sul principio rimasi male: non le bastavo piú. Ma per essere abbracciata da lei sopportavo Nunziata che era magra e mi mordeva. Certo Nica mi abbracciava ancora, ma non era piú come prima. Finché una sera mia madre entrò mentre Nica mi abbracciava. Non sembrava arrabbiata. «Vestitevi e andate giú, devo parlare a Goliarda». E appena la porta si chiuse dietro di loro, mi si mise davanti e accese la luce – c'era ancora il sole che calava: ci si vedeva: perché aveva acceso la luce? Mi guardò a lungo, poi mi diede due schiaffi, e mi lasciò lí in mezzo alla camera. Non potevo muovermi – cercavo, ma i piedi si erano incollati al pavimento. Ero stanca di stare in piedi: mi facevano male le orecchie, le spalle: caddi in ginocchio.

In ginocchio cominciavo ad avere sonno, non piangevo. Sapevo che era male quel matrimonio, e che la punizione sarebbe arrivata. Sapevo che mia madre non ne avrebbe piú parlato. «Ero responsabile di quello che facevo»: non dovevo chiedere scusa né rifarlo. E non vidi piú Nica. Non scesi piú nel cortile per paura di vederla: avevo tanta voglia di abbracciarla. Tanta voglia che non potei fare a meno di spogliarmi davanti allo specchio e cercare di abbracciarmi come lei mi abbracciava. La sua bocca allo specchio, le sue mani allo specchio: con le sue mani cercavo di ritrovare quel calore che lei mi comunicava nei giorni felici. Mi spogliavo, cercavo di abbracciarmi e di carezzarmi: ma quei due schiaffi mi colpivano e la lampadina si accendeva – dopo, nella penombra – costringendomi a cadere in ginocchio, sola, in mezzo alla stanza.

La mia natura mi costringeva a non credere a quegli schiaffi, ma a cercare Nica in quello specchio. Potevo andare oltre Nica? Abbandonai lo specchio: ormai mi bastava pensare al suo viso. Ma il suo viso divenne un qualsiasi viso di donna. E per quanto tempo mi sono fermata lí? Non conoscevo ancora il mio seno e come potevo pensare a un uomo? Come potevo avvicinarlo? Non pensate che non ho avuto uomini: li ho avuti, ma da dilettante, senza sapere, con la paura di sbagliare. Lo stadio di omosessualità o di masturbazione, se esaurito nel suo limite, non è necessario alla comprensione di se stessi, del proprio corpo? Se bloccato, come avviene sempre, può provocare un arresto a dodici, quattordici anni: nel corpo e purtroppo anche nella mente. C'è forse qualche omosessuale adulto fra voi che copre una simile mancanza di crescita con «estetismi», «vocazione di natura», «destino»? Dico solo quello che si è fatto chiaro a me, solo per me, nelle mie emozioni. Non vi arrabbiate, anche perché chi vi parla è stata bloccata a dodici, quattordici anni come voi. È una persona costretta come voi che dice queste cose. Un'omosessuale come voi.

27.

Il mio polipo se ne va giú nel mare nero dei ricordi: si spampina bianco come un fiore. L'acqua si fa chiara e le mie braccia nuotano libere, la mia nuca slegata si muove con facilità. Galleggio in questa stanza fra gli oggetti ancora in disordine. Come posso mettere in piedi il mio corpo liberato, senza piú quel punto di gravità che era l'abbraccio delle sue branche? Non ha piú peso. Quella stretta mi teneva in equilibrio – anche se fittizio: senza di lui, ondeggio fra il vecchio orologio di Ercole, e che entrò in questa casa quando Ercole morí, fermo da chissà quanto tempo – e questo mezzo decilitro di latta che mi fu regalato. Non li posso toccare: sfuggono alla mia mano. Devo trovare un altro punto di gravità. La tentazione di risuscitare quel polipo, magari in questa bottiglia di whisky è forte. Ho perso lo spago dei ricordi, e mi perdo in questo mare chiaro, pulito, di voci e di volti come in un labirinto. È inutile fluttuare cosí tra il soffitto e la finestra, guardo fuori. L'albero è l'albero; quell'autobus che passa, un autobus. Vedo con chiarezza, e questo mi fa girare la testa. Meglio buttarsi sul letto e aspettare che torni Giovanna. Viene ogni sera a dormire con me in questa stanza, sul divano, da due mesi. Aspetterò che venga e cosí potrò almeno parlare. Chi è Giovanna? Credevo di avervene già parlato. È una donna che mi fu presentata quando sono uscita dalla clinica, come «infermiera»; ma poi, parlando, improvvisamente – come qualche volta avviene – mi si rivelò come una donna dal viso preciso, il corpo saldo, una voce sicura e un riso alto che sveglia. Aspetterò Giovanna e le chiederò consiglio. Solo con lei oggi posso parlare. Da tre anni è la prima persona che vedo chiaramente, e non sono come uno specchio che riflette altri visi, altre voci, altre emozioni del passato. Chiederò a lei un altro filo di Arianna per uscire da questo labirinto chiaro e senza voci. Adesso che parlo con voi di lei, mi si fa presente alla memoria: somiglia ad Arianna.

... Puntuale, Giovanna è venuta: abbiamo cucinato, parlato di tutto e di niente. Non le ho chiesto questo filo-consiglio: non ne dà mai. Ma nelle pause della sua voce me ne ha lanciato la cima. L'ho afferrata. Lei crede in Dio, e senza saperlo ha la qualità cosí rara di non lasciarsi prendere in maniera femminile dalle occasioni della vita. Questo è il filo che mi ha lanciato la mia Giovanna-Arianna: non fare piani né aspettare un'occasione che mi riporti a quel discorso che il polipo morto si è trascinato giú col suo inchiostro, lasciando un mare cosí pulito dove gli scogli che si vedono sono scogli, le alghe, alghe, il pesce che passa, un pesce e non una sedia incompiuta, una massa di capelli neri rovesciati su un cuscino.

Un mare chiaro trasparente. Correvamo in fila lungo la fiumara per raggiungere quel mare che da lontano luceva accecante. Nica apriva il passo, e indicava, coi piedi liberi come mani, le pietre sicure che noi seguivamo attentamente. La fiumara era lunga e il sole graffiava le nuche: ma seguendo Nica sicuramente ci saremmo trovate presto in quell'acqua fresca e limpida. Le trecce nere battevano ora a destra, ora a sinistra pesanti sulle sue spalle. Battevano il passo: uno due, uno due, uno due. Un fischio strappò quel ritmo preciso: Nica si fermò, si voltò verso di noi. Era come un segnale. Il viso ci disse di aspettare. Dopo una pausa, ancora un fischio, e poi un secondo, un terzo sempre piú alto. Il sole ci teneva fra le unghie e graffiava piú forte le tempie, il collo. Girando il viso lentamente, Nica sospettava, fiutava qualcosa. Poi di scatto girò a sinistra verso il canneto. Le canne ci coprivano, ma Nica ci apriva il varco con le braccia. Il fischio si faceva sempre piú forte e piú alto, spaccava la calura e faceva gridare le canne. Agatina si mise a piangere e si fermò:

«Perché non torniamo per la fiumara?» «Zitta, se hai paura resta qua». Piangeva, e anche io avevo paura ma non avrei pianto. Le trecce nere avevano ripreso il loro ritmo e le dovevo seguire. Alla siepe di fichi d'India il fischio fu cosí alto che anche Nica si fermò. Poi trovò un passaggio e ci trovammo su un muro di lava. Sotto c'era un viottolo, dove una fila lunghissima di cavalli avanzava lentamente. Qualcuno di quei cavalli portava degli uomini alti con gli scialli e le scoppole nere. Gli altri avevano solo gli scialli neri sulla groppa. Il primo degli uomini, a intervalli, si portava le dita in bocca e rovesciando la testa verso il cielo, fischiava. Andavano al mercato? Cosa c'era sotto quelle coperte? «Uomini», sussurrò Nica. Infatti, sotto quelle coperte fumanti, venivano fuori teste abbandonate, gambe che sbattevano alla pancia dei cavalli. «Uomini». Quando l'ultimo della fila passò, con un salto ci trovammo nel viottolo, e Nica già correva per seguirli ma l'uomo, che dal viottolo sembrava un gigante, voltò il cavallo verso di noi e tirando da sotto lo scialle un bastone lunghissimo, ci allontanò, spingendoci dolcemente. «Indietro: non avete sentito il fischio?» «Indietro: non vi insegnano niente vostro padre e vostra madre?» «Veniamo dalla Valle del Bove e portiamo questi uomini all'ospedale Santo Spirito. È tifo petecchiale». Ci spingeva, e con un ultimo colpetto ci radunò come pecore, tanto che quasi ci abbracciammo. Tifo petecchiale? Cosa era? Qualcosa come la peste, e quel fischio doveva essere come la bandiera gialla delle navi infette.

28.

Il mare lucente rifletteva la mezza luna sottile come una lama. Nica remava. Il sole era molto vicino, lo avremmo raggiunto presto. A un tratto smise di remare e in piedi sulla barca, senza parlare, col braccio teso ci indicò all'orizzonte la grande testa di San Giovanni Decollato. «Affoga!» Infatti la testa rossa di sangue, coi capelli lunghi insanguinati già tirati dall'acqua, stava per cadere mozzata: la luna gliela aveva mozzata. Fu un prodigio straordinario. Nica ci aveva portate cosí vicino che potemmo vedere bene. «Era un prodigio che accadeva ogni cento duecento anni», e noi l'avevamo visto.

Dietro il muro della casa, nel buio, la camicetta di percalle bianca di Nica ci attanagliava gli occhi. Non vedevo il viso, ma sapevo che quando raccontava teneva la testa poggiata sul muro, il viso rivolto al monte. Era il monte che le suggeriva le parole, e lei si accarezzava una treccia, la destra. «Altri prodigi vedremo insieme, se mi seguirete. Domani andiamo a vedere la casa tutta circondata da un muro di lava di cento anni fa: l'ultima volta che il gigante, che sta seppellito sotto il monte, si risvegliò e vomitò fuoco e fiamme dalla bocca. Tutta la campagna fino a Catania fu seppellita, e tutti scappavano cercando di salvare oro, animali, mobili: solo una famiglia di contadini, un padre, una madre coi cinque figli, cosí poveri che non avevano niente per mangiare, pensarono era meglio per loro restare nella casa e morire. Si sedettero intorno al tavolo e aspettarono. E la lava, per prodigio – il gigante sapeva quanto avevano sofferto – scese fino al loro campo secco, e poi girò tutt'intorno formando un muro senza seppellire né il campo, né la casa. E la mattina dopo, mentre tutti erano morti o scappati, in quel campo spuntarono patate, grano, fichi, e tanti alberi di pistacchio. E cosí, furono ricchi e felici. Il gigante sa le nostre colpe, e sa chi punire». Il bianco della camicetta si era spento con la voce. Il gigante sapeva le nostre colpe? Quando si sarebbe svegliato per punirmi? Tutte le mattine uscivo fuori a sorvegliarlo: quasi desideravo quella punizione. Nica aveva detto anche che era bello e terribile quando si svegliava arrabbiato: bello e terribile piú di Orlando.

Il mare luceva trasparente e la luna gonfia come una donna ingravidata… («Poi va a partorire nella vigna topi, conigli, scorpioni») ci guardava. «Sí, ci guarda ma non ci vede, ha due soldi sugli occhi per nascondere le piaghe». «Bisogna, quando è piena, non addormentarsi sulla spiaggia, altrimenti ti ruba il cervello, come la gnà Nunzia, per questo è smemorata (non vedi che è smemorata), e porta quella cuffia per nascondere il buco dove c'era il cervello. È cosí da quando era giovane: si addormentò sull'uscio con la luna piena e da allora non si ricorda piú niente, non sa chi è, né dove sta». La voce si abbassa. «È l'ora, ho sentito il segnale, adesso viene. Guardate bene: ecco il topo gigante piú alto di un uomo: esce sempre quando c'è la luna piena e cerca con un lanternino i cadaveri degli annegati che il mare butta fra gli scogli: li cerca per strappargli il cuore e mangiarselo. Si nutre dei cuori degli annegati: è per questo che gli annegati urlano quando c'è il mare grosso!» Fissava un punto, immobile: un'ombra si muoveva in fondo. «Eccolo!» Scappammo dietro a lei fra gli scogli, lungo la fiumara, nel bosco d'ulivi. Agata mi tirava, e solo quando vedemmo la lampadina accesa fra i pampini del pergolato potemmo parlare dell'accaduto, del portento cui eravamo state testimoni.

Annegavo: poi la luna mi spingeva sugli scogli e ora il topo mi apriva il petto con il coltello e mi strappava il cuore. Mi trovai riversa fra gli scogli: o era il pavimento? E quel bagliore era la luna? Avevo dormito con la faccia rivolta alla luna? No, non avevo un buco nella testa come la gnà Nunzia, e mi ricordavo dove ero. Ero in campagna vicino al mare, era estate e non dovevo andare a scuola, non avevo piú le fasce e quell'uomo che somigliava a Galileo Galilei aveva detto: «Al mare, al mare: sole e mare pi 'sta carusa!» L'avvocato mi aveva portato dagli zii, e pagava anche per Nica. Avevo paura di andare da sola. Non ero morta annegata e ricordavo tutto. Mi alzai e mi affacciai: ero cosí contenta di non essere morta e di non aver perduto la memoria che mi misi a piangere appoggiata al balcone. Ero contenta, anche perché se fossi morta o la luna mi avesse rubato il cervello, non sarei potuta andare alla prova di Santa Lucia. Quella mattina l'avremmo fatta, cosí Nica aveva detto la sera prima.

Per assistere a quel prodigio Nica aveva cercato un punto dove c'era la sabbia. «Solo se il sole si riflette sulla sabbia può avvenire». «La sabbia è lo specchio del sole». «Il mare, il sangue del sole, e la luna, la moglie del sole e del monte; è il monte che ingravida la luna». Nica, con un'immagine di Santa Lucia con le orbite svuotate e le pupille posate sul piattino, ci mostrava come fare. Quando venne il mio turno – ero l'ultima perché prima venivano le piú grandi – a me riuscí. Né Agata né Santa c'erano riuscite: fissai talmente il viso di Santa Lucia che, quando poi guardai il cielo, vidi il suo viso nitido nell'azzurro: solo un attimo, perché mi lagrimarono gli occhi: solo un attimo, ma lo vidi. Nica mi abbracciò. Ma quando volli rifarlo, me lo impedí: «Possono cadere le pupille se si osa troppo».

Mi chinavo a raccogliere una conchiglia e le pupille mi cadevano nella sabbia: brancolando, le cercai carponi tutta la notte, e solo quando Nica sentí che piangevo, mi aiutò, le trovò e me le rimise. Anche ora, mi teneva fra le braccia e me le accarezzava, non osavo aprirle. Se non ci vedevo piú? Glielo dissi, ma lei mi aprí gli occhi con le dita e la vidi: aveva ancora i capelli sciolti sulle spalle, le arrivavano alla vita, mi piacevano molto, e considerato che potevo ancora vederli, ed ero stata cosí brava, le chiesi di lasciarmeli intrecciare per quella mattina. Mi piacevano perché erano neri come quelli di Carlo, e cosí tanti che quasi non riuscivo a fare le trecce. E, cosa che non avrei osato sperare, da quella mattina Nica mi permise sempre di farle le trecce. Da quella mattina mi svegliai molto prima, e senza piú quel dolore agli occhi che, dopo che mi erano cascati anche se Nica me li aveva ritrovati, mi facevano sempre male. Quante storie avrei ancora potuto ascoltare da lei, se quei due schiaffi che vennero dopo non mi avessero strappato alle sue mani, alla sua voce! Dove le imparava Nica? Io le mie le imparavo al cinema, al teatro dei pupi, all'opera. Proprio quella sera avevo visto *Malia* e l'avvocato mi aveva scritto le battute finali del protagonista: «Ti portu in cima di lu munti, unni a nivi s'ammisca cu lu suli e non s'astuta mai». Tutta la notte le avevo ripetute (cercando di imitare la voce di Marcellini) per essere in grado di raccontarle poi, la sera, ai Bruno. Da quando non scendevo piú in cortile per paura di incontrare Nica, andavo sempre da loro. Io quelle storie le copiavo, ma a lei chi gliele insegnava? Nessuno in casa sua ne raccontava, come a me mia madre, e non andava mai al cinema o al teatro. Una volta venne con me all'Opera dei pupi. Lí conobbe Orlando, ma non raccontò mai la storia che aveva visto: non parlava mai di Orlando, diceva solo che era bello, e che quando sarebbe stata grande avrebbe avuto un fidanzato come lui. Raccontava di questo fidanzato, di come si sarebbero incontrati e che lui l'avrebbe rapita perché i genitori di lei non avrebbero voluto. Ancora una volta non copiava, inventava. Io copiavo, lei inventava: quanto era piú brava di me, e quante storie avrei saputo da lei. Non solo il suo corpo, ma la sua fantasia mi rubarono quei due schiaffi. E solo il suo corpo e la sua fantasia?

29.

«Lo so Iuzza, che non mi vuoi piú vedere, e per questo non scendi piú in cortile, ma questa volta devi venire. Non si può fare un affronto cosí grande a un morto: quello poi ti maledice, e Carmine tu lo conoscevi. Alle undici ti aspetto dietro la porta. Domani, se lo portano via, è l'ultima notte di veglia: tutti sono venuti e anche tu lo devi salutare. Ti aspetto dietro la porta». Come potevo non andare? Uscii tremando dalla porta. Nica mi aspettava seduta su un gradino come una volta, e solo quando mi prese la mano non tremai piú. «Hai fatto bene a venire, anche per donna Carmela. L'avvocato è venuto oggi a baciarlo. Vedessi come si è rinsecchito. Lo sai che non è stato Turi a tirargli la schioppettata? È stato quel signore vestito bene che lo veniva sempre a prendere la domenica con la balilla. Si è costituito questa mattina. Chi lo crederebbe, proprio l'altra domenica gli aveva regalato un anello di brillanti». Il cortile era buio, non l'avevo mai visto cosí buio: o era perché non scendevo piú da tanto tempo? Sempre tenendomi per mano mi fece entrare nella prima stanza dove tutti gli uomini del cortile, seduti intorno alle pareti, bevevano vino dalla bottiglia passandosela senza parlare. Le donne pregavano. La mano di Nica mi lasciò e io ripresi a tremare. Tornò con donna Carmela, i capelli erano sempre lucidi. «Lo sa, signorina, come me li mantengo cosí neri e lucidi, anche se ho sessant'anni? Quando faccio la spesa per l'avvocato e per i Bruno, coll'olio della bottiglia che mi resta in mano mi passo i capelli. Lo faccia pure lei che ne ha cosí pochi». I capelli erano neri e lucidi, ma non parlava piú. Mi guardò per un po', e poi si voltò. La seguii nell'altra stanza dove c'era Carmine, steso sul letto rinsecchito e muto piú della madre, con le mani incrociate sul petto diventate piccole come quelle di Nica, che mi facevano segno di avvicinarmi. Dovevo. Sarebbe stato un affronto troppo grande. Il brillante luccicava fra le dita. Perché quel signore vestito bene gli aveva regalato quel brillante se poi se l'era succhiato cosí?

«Il suo sangue e il mio sangue s'è succhiato quel maledetto!» «Il suo sangue e il mio sangue s'è succhiato quel maledetto!» «Il suo sangue e il mio sangue s'è succhiato quel maledetto!»

Donna Carmela parlava: diceva solo questo, ma parlava. Non so se perché intesi la sua voce o perché Nica mi aveva ripreso la mano, non tremai piú e baciai in fronte Carmine. Mi parve che mi sorridesse. «Hai visto come ti ha sorriso? Adesso sei salva». In un canto del cortile riascoltavo la voce di Nica. Era diventata alta: prima la guardavo negli occhi, ora per guardarla dovevo alzare il viso: dal balcone non me ne ero accorta. «Non sono piú sposata con la ricciolona, mi è venuto il sangue, e adesso devo stare in casa e aspettare un vero marito. Anche la spesa non faccio piú, non devo farmi vedere per le strade. E tu, com'è che ancora ti fanno uscire sola? Non t'è venuto il sangue?» Non sapevo di quel sangue: da dove veniva, dal naso? «Dal naso! Sentila: che studi a fare! Da dove esce la pipí, non proprio lí, un po' piú sotto». Ricominciai a tremare. Ogni mese? Con dolori? E perché? «Perché gli uomini se non hai il sangue non ti chiedono in moglie». Tremavo tanto che mi avvicinai a Nica, ma lei si scostò. Ora aspettava un marito, ed era cosí alta che non la guardai piú in faccia. Parlava, ma non capivo. Mi riportò su e la vidi scendere le scale, non correndo come prima, ma lentamente come Musetta, Olga, Licia: era grande e non mi aveva abbracciata.

... Lei scendeva le scale e a me veniva il sangue: ogni notte lei scendeva le scale e a me il sangue cadeva e macchiava il pavimento: cercavo di lavarlo, ma quello non se ne andava. La mattina guardavo il lenzuolo e poi spiavo nel gabinetto. Cosa erano quel sangue e quei dolori? Dovevano essere forti se Nica era diventata cosí magra e seria, e non giocava piú nel cortile.

Adesso che sapevo, vedevo che non usciva piú, se non con la madre o il fratello, né alzava la testa a salutarmi quando stavo con Carlo e Arminio: solo se non c'erano uomini vicino a me mi salutava, ma senza sorridere. Dovevano essere terribili quei dolori, se lei era cambiata cosí. Doveva essere terribile. Come quando si ha la diarrea? No, io l'avevo spesso e non era cosí terribile e il sangue non c'era. Veniva quando? Nica aveva quattro anni piú di me. Veniva a tutte le femmine? Anche mia madre l'aveva? No, lei non l'aveva, lei parlava con gli uomini come un uomo. Forse non veniva a tutte. Mia madre non aveva detto forse: «Sono donnette che non sanno fare altro che aspettare un marito»? E anche aveva detto: «Tu Goliarda, non sei una donnetta». Infatti io non volevo un marito ma un compagno, come lei... Certo, non veniva a tutte, ma solo alle donnette, e a me non sarebbe venuto. Sarei stata come mia madre. Avrei parlato come lei con gli uomini, e se non aspettavo un marito il sangue non mi sarebbe venuto.

Stavo in un palco con la toga dell'avvocato e parlavo, e dopo tutti si congratulavano con me, applaudivano come in teatro, e il sangue non venne: e con questa sicurezza, per essere meno «bestiolina femmina» come diceva il professore Jsaya, da quella mattina incominciai ad allenarmi sul terrazzo alla boxe con Carlo. La sveglia era alle sei.

30.

Arianna-Giovanna *help me*! Lo so che il tuo filo è forte, ma cosí lungo e sottile che ho paura mi sfugga dalle mani: si dipana per corridoi, stanze vuote piene di sole. Ho paura di trovare dietro qualche porta quel polipo che «le donne», devono essere state loro!, mi hanno appiccicato con la saliva dietro alla nuca, nella culla. E poi crescendo, nutrendosi del mio sangue invase tanto il mio corpo che ho dovuto decidere: o io o lui. L'ho ucciso, ma «quelle donne» hanno tutti i poteri: possono risuscitare, cambiare nelle culle bambini bellissimi con bambini dementi mentre le madri dormono, rendere ciechi, sordi, muti, sfigurare anche i grandi e, per colmo di nequizia, non uccidono perché quella è una cosa dolce in Sicilia: è il riposo e l'allegria di ritornare ogni anno a portare i regali ai bambini il giorno dei morti, e la gioia di fare in tutti i momenti dell'anno qualche piccolo scherzo di nessuna gravità a grandi e piccoli: prendono il sale dalla tavola imbandita e lo nascondono in qualche posto, ti fanno cascare il sapone mentre ti lavi le mani, ti nascondono le ciabatte nella notte, ti fermano l'orologio. Hanno il potere su tutto quelle donne, ma la morte non te la danno, sanno che ti piacerebbe uscire dalla fatica della carne per trasformarti in quei biscotti duri e dolci – «ossa di morti» – che piacciono tanto ai bambini. Sgranocchiando le ossa dei morti, all'alba, circondati dai regali, nelle case, in cortile, sulle soglie dei bassi, nei vicoli ci mostrano i regali: «Il mio morto è cosí furbo: indovina dove ho trovato l'Orlando che gli avevo chiesto? Dietro il cesso». «Il mio è piú furbo, come potevo vedere il tamburello in mezzo ai piatti? E pensare che cento volte sono passata vicino alla credenza. Ma come potevo vederlo?»

«Adesso tocca a Nica fare il morto». Era quasi buio nel cortile e freddo. Presto sarebbero venuti. Era il freddo del loro giorno, il freddo di quel gioco. Nica stesa in terra con le mani incrociate sul petto, immobile come una statua: mentre tutte noi la vestivamo, le pettinavamo i capelli, le chiudevamo gli occhi. Non un muscolo si muoveva, anche a farle il solletico – era permesso nel gioco – non un muscolo vibrava. La sollevammo e la trasportammo dentro una cassa del falegname, nell'angolo opposto del cortile e la mettemmo dentro: era pesante come il ferro. Non si era mossa neanche quando il prete le fece il segno della croce, e neanche adesso che la madre l'abbracciò per l'ultima volta piangendo. Si rizzava, improvvisamente ridendo. Aveva vinto e chiedeva a Sara un nastro, a Teresa due soldi, a Nunziata di arrampicarsi sul cancello, correre dieci volte il cortile senza fermarsi mai. A me chiedeva sempre di cantare. *Ramona*, *Ivana*, fino a cinque sei canzoni, e seduta su un gradino, le trecce fino a terra, il mento sulle mani poggiate sulle ginocchia non si muoveva piú, fino a che interrompendomi: «Adesso tocca a Sara fare il morto». Ma Sara soffriva il solletico. Era noioso il gioco con lei: finiva subito, e dopo doveva fare lo «scecco» (l'asino) e portarci tutte a nostro piacimento in giro per il cortile. Anch'io soffrivo il solletico quando ero piú piccola, ma ora avevo capito come si doveva fare: bisognava pensare a quello che avevo fatto il giorno prima, a ogni particolare. E anche se Nica, piangendo su di me, mi mordeva l'orecchio per farmi ridere non la sentivo – i morti non sentono niente: – presto sarei balzata su come lei, e cosa avrei chiesto? Cosa avrei chiesto? Avevo vinto e non sapevo cosa chiedere.

«Sei una minchiona: vinci, e chiedi delle cose cosí stupide! È difficile vincere, e quando ci si riesce bisogna chiedere il piú possibile: non capita sempre. – Nel vano del portone Nica mi suggeriva quello che si doveva chiedere. – Che fai, piangi? Ma sei proprio una minchiona! Non devi essere troppo buona, i buoni muoiono presto». Disperata scappai su per le scale. «I buoni muoiono presto». «Era troppo buono per campare in questo mondo di lupi». «Goliardo era troppo buono: si vedeva che doveva morire». Non volevo fare la fine di Goliardo. «Carlo, mi porti alla Villa Bellini?» «Arminio, mi dai la tua penna?» «Carlo, mi porti sulle spalle giú di corsa per le scale?» Era vero, Nica aveva ragione: chiedendo, loro ti davano. «Carlo, mi porti a vedere *Il Segno della Croce*?» «Ma, Iuzza, l'hai già visto ieri sera con Ivanoe!» «Lo voglio rivedere, non l'ho capito bene». Carlo aveva il vestito blu e le scarpe nuove: aveva un appuntamento? «E va bene. Vestiti e andiamo: ma prima devo fare una telefonata». A chi aveva telefonato? Era stato un'ora nello studio dell'avvocato. Perché non sorrideva? Forse perché il film era triste? Dove doveva andare? Non riuscii a vedere neanche il viso di Elissa Landi che mi piaceva tanto, e quando finalmente mettendomi a letto mi sorrise, lo abbracciai. Volevo chiedergli perdono ma non si poteva. Glielo chiesi quando lui uscí dalla camera gridando, e gridando chiesi anche a Goliardo di non portarmi i regali che gli avevo chiesti, ma di venire a prendermi e portarmi con lui. Non potevo chiedere, ero come lui e se dovevo morire era meglio subito, e che fosse lui a portarmi via.

Ma Goliardo, non venne a prendermi in quell'alba che avevo atteso piú di tutte le albe.

La luce si accese e Ivanoe entrò, e poi Carlo, Arminio, l'avvocato. Goliardo non c'era, mi spingevano per le stanze: trovai tutti i regali che avevo chiesto, con le «ossa di morto». Ma non trovai Goliardo (avevo avuto speranza che si fosse nascosto in qualche angolo). Pensava che se non sapevo chiedere era perché ero una vigliacca? Non ero buona come Nica diceva, ma ero una vigliacca. Carlo mi aveva detto: «Su, fammi il piacere, va' dalla signorina Jolanda e chiedile di affacciarsi nel pomeriggio. Ti vergogni? Che vigliacca che sei». Anche Goliardo pensava cosí? Se loro pensavano cosí, doveva essere vero, e se era vigliaccheria mi sarei vinta. Se non morivo, dovevo vincermi. «È meglio essere ciechi che vigliacchi» e chiesi. Quando loro sembravano seccati, facevo il morto (come si fa nel gioco del morto): pensavo a quello che avevo fatto il giorno prima. Era cosí faticoso che: «Ma Goliarda, è ora di finirla: non fai che capricci. Non si può chiedere tutto e piangere cosí, se non si può accontentarti!» Fu una liberazione. Ivanoe si era arrabbiato e mi aveva lasciato lí davanti al Bar Scalia, sola, ma la strada fu leggera e correndo mi immaginai di incontrare Nica, e di dirle: «Non si può chiedere troppo, non hai ragione, non si può chiedere troppo...» Nica era davanti al portone, le andai vicina decisa, ma non so perché non le dissi niente: forse perché avevo corso ed ero tutta sudata. Forse perché lei: «Giochiamo a lassa e pigghia?» Era un gioco bellissimo, e a lassa e pigghia giocammo fino a che il lampione accese il suo cerchio intorno a noi e in quel cerchio giocammo ancora ore e ore.

31.

... Nica stesa sul letto, immobile come una statua mentre la madre, le sorelle, finivano di vestirla. La pettinavano, le mettevano un po' di rossetto: «È cosí pallida povera figlia mia, cosí pallida».

«È cosí pallida povera figlia mia...» Quella cantilena mi ricordò Carmine nel suo letto, le mani rinsecchite col brillante. Le mani di Nica mi facevano segno di avvicinarmi. Non tremai piú quando la baciai sulla fronte e mi sorrise. Mi aveva perdonato? Faceva il suo gioco, come sempre in maniera perfetta. Era pallida, ma le guance, le spalle piene come quando mi abbracciava comunicandomi il suo calore. Mi aveva perdonato di averla lasciata senza difesa? «Tu sei la sola che mi parla quando vengo su. Perché non torni? Quando vengo dal papà e vedo quelle tue cognate, mi faccio malu sangu, non ci verrei piú se non fosse che la mamma mi costringe». «Il suo sangue e il mio sangue s'è succhiato quel maledetto!» Chi si era succhiato il sangue di Nica? Quella bambina che urlava nell'altra stanza? Quel marito che l'aveva sposata solo perché l'avvocato l'aveva riconosciuta come figlia e le aveva dato il nome? Le mie cognate col loro Sapienza legale spiaccicato sul sorriso ironico come una sanguisuga? «Mi fai stare vicina a te? Quelle mi hanno proibito di stare coi parenti». Il corteo funebre si allungava per tutta via Etnea. Era domenica, ma i negozi erano tutti aperti. Era mattina ma le luci tutte accese: «In onore di Peppino Sapienza». Davanti le bandiere rosse erano allegre, e anch'io nel fondo del mio sangue ero allegra. Davanti alla sua bara mi era caduto quell'odio verso di lui, che per anni mi aveva impedito di ascoltare il suo ridere di lama. Lo sentivo adesso, monotono e rassicurante come il suono del marranzano. Non si pensa a niente quando qualcuno suona il marranzano: *aliena* – che in siciliano significava: diverte, scaccia i pensieri. «Mi fai stare vicina a te, quelle mi hanno proibito di stare in prima fila». Le presi la mano: era lei che tremava adesso. La tenni stretta con riconoscenza e non tremò piú. Quel tremore mi ricordò il mio e cominciai a piangere. «Piangi per papà? Allora gli volevi bene?» Volevo dirle che non piangevo per l'avvocato: ma davanti alle sue tempie, al suo naso affilato dalla morte non potei.

Le tempie e il naso affilato lucevano come lama alla luce delle candele, ma la bocca e le spalle erano piene e morbide.

Le tempie e il naso della luna lucevano come lama, il mare limpido traspariva le meduse fosforescenti. Chissà quali storie Nica avrebbe raccontato su quelle meduse dai cento occhi. Cercai di immaginarne qualcuna. Non ne ero capace e dovetti piangere forte. «Perché piangi?» Dino mi prese il polso, e me lo tenne fino a quando arrivammo ai tre massi che il gigante Polifemo aveva buttato per uccidere Ulisse. No, questa storia me l'aveva raccontata mia madre non Nica. Non riuscivo a ricordare la sua voce, dove era adesso? In cortile? Pei vicoli? Tornavamo ora, ed era Dino che remava, si sentiva dallo sbattere sicuro e regolare dell'acqua ai fianchi della barca. Arminio sedeva vicino a me e parlava con Musetta. Avevo freddo ai polsi e alle mani, le mani di Dino erano calde come quelle di Nica. «Non mi pare il caso che tu rimanga piú qui, Carlo ti riaccompagnerà a Catania. Ti sei comportata come una screanzata. – La voce dello zio rimbombava come quando la pasta era scotta. – E quello screanzato lazzarone di Dino, non ti preoccupare che avrà la sua parte! In collegio lo mando! Quanto è vero Dio che in collegio lo mando...!» Sulla corriera Carlo guardava fuori dal finestrino e mi rivolgeva le spalle come Arminio sulla barca. Per la strada camminava un po' avanti e non sorrideva: neanche salendo le scale sorrideva. «Che ho fatto?» «Dovresti saperlo, non ci si fa tenere cosí le mani da un uomo, sei una signorina ormai. Ti credevo diversa. Sei come tutte le altre». Fra la porta e la bussola, nel buio, i baffi neri lucevano appuntiti come lama, non l'avevo mai guardato bene. O lui era cambiato? Anche gli occhi taglienti e duri come i baffi, e le mani che mi spinsero nell'anticamera. «Va' da papà, ti vuole parlare» sorrideva adesso, davanti al commesso e mi abbracciava. Ma i baffi, lí alla luce, tagliavano piú forte, e lo respinsi con tutte le mie forze, tanto che dovetti poggiarmi alla porta dello studio prima di entrare per riprendere fiato. L'avvocato stava dietro la scrivania. Si alzò – non si alzava mai quando io entravo nello studio: si alzò come in tribunale. «Senti, Goliarda. Ho saputo. Non vorrei che ti scordassi che siamo in Sicilia. Non vorrei che pensassi che anche se ti lasciamo la libertà di andare e... Sei una signorina ormai. Devi sapere che è pericoloso, gli uomini cercano sempre il loro piacere. Gli proibirò di venire, ma tu devi promettermi che non lo vedrai piú». «Chi?» «Non fare la finta tonta». Non avevo nessuna voglia di vederlo, lo sapevo che era un uomo come lui, ma quel «finta tonta» mi sferzò la fronte e mi strappò dalle labbra: «E invece lo vedrò!» Si avvicinò con lo sguardo acuminato di Carlo – avevano gli stessi occhi – non me ne ero mai accorta perché lui non aveva baffi. Si avvicina e alza un braccio. Voglio arretrare ma quel «finta tonta» mi spinge in avanti, mi costringe ad alzare il viso e a guardarlo negli occhi. «Se mi dai degli schiaffi, scappo e non mi vedrete piú, né tu, né Carlo, né Arminio!» Chiusi gli occhi in attesa degli schiaffi. Passò un treno sulle rotaie lungo il mare, mi assordava: aprii gli occhi. L'avvocato sorrideva, e il brillante si abbassava fino a posarsi sulla giacca scura. «Bene, Goliarda, lo faccio per il tuo bene: mi fido di te». Si fidava lui, ci aveva fatto della sua carne e si fidava: con gli schiaffi si fidava. Mi trovai in ginocchio, abbracciata al cesso, e vomitavo un liquido scuro e amaro. Vomitavo, e qualcuno mi schiaffeggiava: era una donna, e a ogni schiaffo quel liquido si versava dalla mia bocca. Il treno faceva tremare le pareti, stava per partire; da lui non mi sarei fatta schiaffeggiare. Da quella donna sí, lei ne aveva diritto: ma lui, Arminio e Carlo no. Eravamo figli suoi, lui ci aveva fatto della sua carne, ed era colpa sua se avevo lasciato che Dino mi tenesse il polso: era colpa sua se ci aveva impastato con la sua carne, carne di puttana.

32.

«È piú colorita cosí, vero Iuzza?» Era piú colorita, infatti. Chi le aveva succhiato il sangue? L'avvocato suo padre? Aveva schiaffeggiato anche lei facendole vomitare la sua vita nel cesso? Le sorelle la mettevano dentro la cassa nell'altro canto del cortile e la madre piangeva ora, su di lei, ma presto sarebbe balzata in piedi, ridendo. Aveva vinto? A me avrebbe chiesto sicuramente di cantare: se mi guarda cosí mentre canto vuol dire che mi ha perdonata. Al funerale non c'erano né i miei fratelli, né bandiere rosse. Un prete nero cantava qualcosa di cosí lugubre che a bassa voce mi trovai a cantare per lei: «*Ramona, tu brilli come il sole d'oro, Ramona tu sei la luce del mio cuor. Sei tanto bella che tutto è bello intorno a te. Ramona ti voglio per me*».

Il treno si metteva in moto. Un giorno e una notte: e sarei stata a Roma. La casa venduta con tutta la bussola, le vetrate colorate e il cesso ancora sbreccato dove avevo vomitato quasi tutto il sangue dell'avvocato e la mia vita, quasi come Nica. Non sarei piú tornata: il professore Jsaya era morto leggendo, e via Gambino cominciava a essere demolita. Ramona tu sei la luce del mio cuor, Ramona. «Adesso tocca a Iuzza fare il morto!» e in quella bara in movimento mi stesi con le mani incrociate sul petto. Non ero brava come lei. Le sue lagrime mi solleticavano il collo e la sua voce mi faceva tremare di paura. «Adesso il cielo si abbassa. Tutta l'estate, non ha piovuto, i morti hanno sete. Si abbassa e piange lagrime, cenere e scorpioni». «A mezzagosto, se potessimo andare sul monte, potremmo assistere al portento delle cento braccia: il cielo ha cento braccia e a mezzagosto, a mezzanotte, le tira fuori dallo scialle di seta nera, e si abbassa ad abbracciare la terra: da questo abbraccio incestuoso, perché il cielo e la terra sono fratello e sorella, nascono vipere, serpenti viziosi e tutti gli esseri molli e traditori che strisciano sulla terra e in fondo al mare». «Non accendere luci quando annotta: la tua anima seguendo quella luce può trovare la strada della tua porta e presentarsi a te in tutte le sue malformazioni». «Al tramonto copri lo specchio con lo scialle nero: se il sole al tramonto ci si specchia vedrai la tua immagine e te ne innamorerai». «Non uscire al tramonto nel giardino di zagara quando è fiorita: la prima ombra, forma, animale, uomo zoppo, cieco, storpio che incontrerai ti farà innamorare di lui per sempre». «Non passeggiare, senza tuo fratello, tuo padre, tuo marito a fianco sulla sabbia, quando tramonta il sole, la tua ombra può restare seppellita nella rena e staccarsi da te: vivrai sola tutta la vita». «Non andare fra le viti nel filo di mezzogiorno: è l'ora che i corpi dei defunti, svuotati della carne, con la pelle fina come la cartavelina, appaiono fra la lava. È per questo che le cicale urlano impazzite dal terrore: i morti escono dalla lava, ti seguono e ti fanno smarrire il sentiero e: o morirai di sete fra gli sterpi disseccati dal sole – sterpo secco pure tu – o penserai sempre a loro smarrendo il senno». «Non sostare sotto l'ombra del fico, le sue foglie sono velenose». «Non guardare negli occhi la lucertola, ti spingerà al vizio e all'assassinio». «Non toccare la gardenia con la tua mano: muore sotto le tue dita e con lei un bambino appena nato». «Non fissare nel sonno la persona che ami cercando di capire i suoi sogni: per sempre ti odierà». «All'alba disegna sulla sabbia con un dito il viso tondo della luna: se al tramonto il vento l'avrà cancellato, sarai libera dai suoi malefizi e non la temerai piú; ma attenta: perché se non avrai il favore del vento quella ti perseguiterà per sempre». «Il monte s'è nascosto, lo sapevo, è tornato Melo il traditore. Quando un suo figlio, noi siamo tutti figli suoi, va lontano e lo rinnega, lui ogni volta che il suo figlio traditore mette piede nell'isola si ammanta con lo scialle di nuvole e non si mostra».

Non ero brava come lei. Lei inventava e io tornavo a Roma a imparare a memoria e a ripetere su quella pedana le storie degli altri a pappagallo, anche quelle brutte. Gigliola – dovevo studiare quella scena insulsa per il saggio ma mi avrebbero applaudita quando avessi gridato con le mani nel sacco di serpenti. Nennele – ma mi avevano applaudita quando avevo abbracciato tremante mio padre nel finale. Non ero brava come lei! «Iuzza! Sorella mia! Sei venuta! Lo sapevo sai, che eri a Catania, e questa notte ho sognato che tu andavi a trovare i Bruno e non scendevi in cortile per non vedermi. Avevo paura che non mi volessi piú bene come le tue cognate che mi odiano da quando porto il vostro nome. Com'è Roma? Lo so, Iuzza che non mi vuoi vedere e che non scendi piú in cortile, ma questa volta devi venire, non puoi fare un affronto cosí grande a un morto». «Se un fratello e una sorella escono al tramonto, o si incontrano nel giardino quando la zagara è fiorita, si innamorano e poi la sorella resta gravida e sicuramente partorirà un bambino con la testa di coniglio, o con la coda di scorpione, o con la bocca di topo come la luna». Il riquadro della finestra, bianco di luna, mi apriva gli occhi. Sudavo, dovevo scendere dal letto e chiudere le imposte, la luna si poteva affacciare. Se mi avessero sentita? Quando Musetta mi aveva chiamata piano dalla porta, come ogni notte, per vedere se ero sveglia, avevo fatto finta di dormire. E se quelli mi sentivano? Si erano incontrati nel giardino di zagara? Musetta già urlava e il letto scricchiolava nell'altra stanza. «Ora tu fai il maschio e io la femmina». «Ora io faccio la femmina e tu il maschio». Era Arminio che faceva il maschio ora, su Musetta. Si scambiavano le parti? No, Arminio era il maschio, e Musetta la femmina. E se Musetta restava gravida del fratello, cosa sarebbe nato? «Come mai non si vedono per le strade questi bambini-coniglio?» «Perché le mammane li ammazzano appena escono dalla pancia della partoriente». In quel paese c'era una mammana. Quando sarebbe venuta? Devo alzarmi a chiudere le imposte, anche se sudo. Devo chiudere. Musetta non grida piú. Avrebbero ricominciato? Anche Nica, poi ricominciava. Nica era mia sorella: Carlo, me l'aveva detto: «Adesso porta il nostro nome: e non sai quante altre sorelle e fratelli abbiamo che portano il nostro nome. Io ne conosco altre tre». Anche io avevo fatto la donna come Musetta con mia sorella. Il letto era tutto bagnato. Musetta gridava di nuovo nell'altra stanza. Soffocavo. Anche se c'era la luna, uscii in giardino e mi buttai sotto l'albero piú grande, i rami facevano un tetto e la luna non si vedeva. Anche io avevo fatto la donna come Musetta, con Nica mia sorella. «Sangue caldo questi Sapienza». «Tutti con la stessa bocca. Tutti dello stesso stampo». Per questo sudavo cosí. L'erba bruciava dietro la schiena: era meglio camminare. Andai fin dove il giardino finiva e cominciava il bosco d'ulivi. «Lo sai che non c'è un ulivo uguale all'altro in tutto il mondo? Sono tutti diversi, come gli uomini». Ne cercai tutta la notte uno uguale a un altro, ma non lo trovai. Nica aveva ragione. «Se lo fissi bene, scoprirai che somiglia a qualcuno che conosci: sono gli unici alberi che hanno l'anima. Non vedi come sono contorti anche nel corpo? Sono gli unici alberi che hanno l'anima contorta come quella degli uomini». «Guarda, questo sembra Carlo!» «E questo sembra il tuo ritratto». Aveva i capelli e le spalle di Nica. L'abbracciai, era proprio come lei. Lo sentivo dal calore che mi dava fra le gambe. Era Nica e faceva l'uomo e io la donna come Musetta.

33.

... Ogni notte quel treno cominciava a muoversi. Mi svegliava col fragore delle ruote: mi svegliava mentre vomitavo abbracciando il cesso. Mi svegliava se cantavo, se ero al cinema con Carlo. Tutte le mattine passando dalla stazione mi fermavo e lo guardavo. Cominciai a pensare che mi chiamava. Anche se l'avvocato non mi aveva schiaffeggiata, un giorno ci sarei salita sopra e non sarei tornata piú. Era per questo che mi svegliava: mi chiamava. Ora che avevo capito, e che tutte le mattine, andando a scuola, gli dicevo che sarei andata con lui, non mi svegliava piú: aveva capito che sapevo quello che voleva, e che l'avrei accontentato.

Su quel treno, sveglia, partivo ancora una volta, l'ultima: non sarei piú tornata.

Su quel treno torno adesso per ritrovare quel gradino, quei vicoli che mi svegliano la notte, e che presto non esisteranno piú. Quasi tutto il quartiere della Civita è stato demolito. Via Pistone larga resterà intatta. Via Pistone che si restringe in un vicolo sarà distrutta. Le donne sulle porte con gli scaldini e le labbra rosse sono ancora lí. Aspettano a demolire i vicoli delle donne e degli uomini in vestaglia con le calze nere e le giarrettiere rosse: aspettano a demolirli. Sono comodi. Una volta sparpagliati per la città nuova, sarà piú rischioso e caro da cercare, per gli avvocati, i medici, i marinai. «Andiamo a vedere le donne». Nica mi trascinava correndo e guardando fra le porte socchiuse dei bassi. Io la seguivo, ma tremavo tanto che non vidi mai niente. «Anche noi possiamo finire cosí; basta uno sbaglio per una femmina». Anch'io sarei finita in quel vicolo perché avevo sbagliato con Dino? E fu per riparare allo sbaglio di Nica che l'avvocato le aveva dato quel nome che le aveva succhiato il sangue ormai annacquato dall'umiliazione? Prima era come tutte le altre giú nel cortile, ma era stato quel nome a scatenare l'ira delle mie cognate. «In quel balcone pieno di gerani, vedi? abita quella signora che fa all'amore col figlio. Sí che lo conosci, esce sempre con Ivanoe». Non volevo saperlo quella sera in un canto del cortile. Ma adesso mi ricordo: non volevo sentire, eppure sapevo. Era un amico di Ivanoe. «Vanno d'accordo perché hanno tutti e due il sangue freddo. Non sono dei Sapienza». Veniva da noi a studiare: parlava e discuteva con Ivanoe fino a notte: a volte fino all'alba nella stanza sotto la terrazza, dove io, dopo la difterite, sono vissuta. Parlavano e fumavano, io leggevo. Avevo trovato un libriccino con tutte le poesie di Leopardi, e abbandonai Dostoevskij, Kuprin e il librone di medicina legale. Quel piccolo libro mi piaceva: era di pelle rosso scura, con i fregi d'oro. In quel periodo leggevo sempre *A me stesso*. «Posa per sempre stanco mio cuor, perí l'inganno...» Leggevo e svuotavo il portacenere quando era pieno. Se c'era qualche cicca piú grossa la conservavo – mi avevano ammaestrata a questo: – un giorno o l'altro Ivanoe me le avrebbe chieste, e con le cartine si sarebbe fatto delle sigarette nuove. Ivanoe non aveva mai soldi in quel periodo, e anche in cucina c'era solo pane e qualche arancio.

Questo amico di Ivanoe era pallido e cosí magro che faceva paura. Poi sparí, e Ivanoe studiava da solo e faceva i cerchi con il fumo della sigaretta. Ma una mattina l'amico tornò: lo vidi in anticamera. Non l'avrei riconosciuto, se lui: «Leggi sempre Leopardi?» Ero confusa: era diventato alto, un gigante. O era soltanto ingrassato? «No, Leopardi non mi piace piú. Adesso leggo solo Marco Aurelio». Infatti leggevo solo Marco Aurelio in quel periodo. Il professore Jsaya me lo aveva regalato: «È ora che la smetti con quel pessimista di Leopardi. Agli antichi pagani bisogna tornare!» Non sapevo che dire, ero confusa. Era cosí alto! E cercava l'avvocato, era avvocato anche lui adesso. Era stato cosí gentile, e aveva i baffi neri come Carlo che cominciai a informarmi e seppi. Era figlio unico di un avvocato e aveva una madre bellissima, ma lui era sempre malaticcio e non faceva che litigare col padre e studiare, e non andava mai né con donne né con uomini. Quando il padre morí, prese lo studio del padre e la sua toga, cominciò a irrobustirsi e non cercò piú Ivanoe ma Carlo, e insieme andavano nel vicolo. Dopo, ancora, seppi il retroscena di quella metamorfosi. Morto il padre aveva preso non solo lo studio e la toga, ma anche la madre. Dormiva nel letto grande con lei e per dieci anni vissero cosí, come marito e moglie. Poi si fidanzò, si sposò e la madre andò a dormire nella stanza che era stata del figlio, ed era sempre bellissima. Quando la nuora restò incinta, quella signora che sempre andava all'opera, ai ricevimenti, non uscí piú di casa. «Lavorava al corredo del nascituro». Quando il bambino nacque, usciva solo per andare alla Villa Bellini con la carrozzella: faceva la maglia su una panchina, e alzava lo sguardo solo per guardare la carrozzina. Anche quel giorno che l'avvocato la salutò – dovemmo andarle vicino perché ci rispondesse – sembrava una vecchia. Non si tingeva piú i capelli, e faceva la maglia solo per quel nipotino che si chiamava come la buonanima del marito. Nel canto del cortile non volevo ascoltare Nica. Quanti bambini aveva ammazzato la mammana a quella signora? Se tra fratello e sorella nascevano bambini-coniglio, bambini-topo, bambini-scorpione, a una madre e un figlio che mostri dovevano nascere? Infatti quella notte che Teresa partorí con urla che riempirono tutto il cortile – urlava come la luna – la mattina presto non erano venuti gli uomini con una piccola bara, e non ci avevano messo dentro quel mostro che era uscito dalla sua pancia, e che la mammana aveva sicuramente ucciso subito? Non lo fecero vedere a nessuno, neanche a Teresa. Che mostro aveva partorito Teresa che da tanti anni dormiva nel letto col padre – e la madre invece nella stanza piena di letti, dove dormivano le sue figlie piú piccole? «È colpa sua, se l'è voluto! Un uomo se non te lo tieni attaccato alle gonne e non lo segui sempre, ti lascia». La madre di Teresa non era mai uscita dalla Civita. Lí era nata e lí voleva morire. «Il mondo di fuori è pericoloso, signorina!» Il Gigante urlava sempre e la picchiava. Quella notte voleva che andasse con lui alla festa di Sant'Agata. L'aveva obbligata a mettersi il vestito nuovo, ma lei piangeva, e non si voleva muovere dalla sedia sulla quale si era buttata. «Sei un'ignorante! se non vieni alla festa con me, mi porto Teresa!» E siccome quella non rispondeva, le fece levare il vestito nuovo, e lo fece indossare a Teresa: e uscirono dal cortile a braccetto. Teresa era bellissima e quel vestito di seta le stava bene: sembrava piú alta. «Al ritorno, – cosí ci raccontò Teresa, – al ritorno avevo paura che la mamma avrebbe pianto, o mi avrebbe picchiata. Ma il letto grande era vuoto: se ne era andata nel mio letto nell'altra stanza. Sapessi come è comodo quel letto grande: i materassi sono di lana!» Non volevo sentire, e scappavo quando Nica e Teresa cominciavano a parlare del Gigante. Ma ora, qui davanti alla sua porta, devo bussare? «Che desidera?» «Non abitano piú qui i signori X?» «No, io non li ho mai intesi nominare». «Scusi, se l'ho disturbata». Sbirciando fra lei e la porta socchiusa vedo la stanza: non ci sono piú i cinque letti delle figlie del Gigante, ma un solo letto grande con una vecchia coricata a braccia conserte. «Chi è Nunzia, per carità, chi è?» «Scusi», mentre la porta si chiudeva davanti a me intesi la voce di questa Nunzia che diceva: «Non vi agitate madre, non è nessuno: è una straniera». Con quella parola, «straniera», che in siciliano suona piú dura e definitiva, capii che il mio curiosare fra quei vicoli era finito, e ho ripreso il treno per il continente. Non sarei piú ritornata in quel cortile, in quei vicoli. Ero una straniera. Finalmente l'avevano capito e non fingevano piú di credere che li amavo: come io non fingo piú di amarli. Avevano capito che è una nemica che viene a sfottere e curiosare, e poi se ne torna al secondo piano a studiare, e suona il pianoforte.

34.

Da un mese sono tornata qui nella mia stanza, con quella parola – *straniera* – che mi ha liberato dal dovere di tornare. Quel treno mi ha riportata qui: sono entrata dalla porta che dormivo ancora. Ho dormito tutto il viaggio. È la prima volta che dormo in treno. Non ci sono mai riuscita. Forse perché so che non tornerò piú. Non aspetterò piú Anna su quel gradino.

Teresa non dorme piú in quel letto grande e comodo. «Ha i materassi di lana vera, di quelli di prima dell'autarchia». Quella signora, forse, cuce ancora per il nipote; o forse adesso che sarà grande anche lui e come il padre elegantissimo, si farà vestire da un sarto di grido e la signora sarà morta...

Il suo compito è finito
Il suo compito è finito
Il suo compito è finito

«Compito» deve essere la parola-chiave, dato che mi torna tanto alle labbra. E ripensando a lei bella e serena, quando la vedevo all'opera accanto al figlio, vestita di pizzi neri e dopo, vecchia e serena, mentre sorvegliava la carrozzina del nipote, mi viene un dubbio che non oso formulare nemmeno a voi. Mi viene il dubbio di non aver mai capito niente dell'amore, perché di tutte le parole, essendo essa la piú vitale e libera, può diventare una leva pericolosa per la ricerca di se stessi, e quindi lo strumento attraverso il quale si smascherano falsi concetti, false leggi, false limitazioni, fisiche e morali. È questa la ragione per cui «amore» è la parola piú snaturata, incarcerata fra le sbarre dei codici legali, da censori, uomini politici e medici venduti all'*ordine*. Stendhal l'aveva detto, ma come sempre quando un vero ribelle alza la voce, la società, seguendo l'esempio della chiesa, lo giubila con note, studi, saggi, riconoscimenti ufficiali: lo mette sotto vetri preziosi, cornici ingemmate, in un bell'altare molto alto, per cui pochi possono avere l'agilità di fare il salto a raggiungerlo, tirarlo giú e guardarlo negli occhi. Cosí filtrato, il suo grido ci arriva come luce morta, staccatasi da un morto pianeta dieci, ventimila secoli fa. Anche l'amore ha subíto la stessa sorte. Non parliamo di Musetta e Arminio che scoprii dopo (a casa mia non si parlava mai di cose concrete) non essere fratello e sorella: Arminio era figlio di mio padre e della sua prima moglie, e Musetta figlia di mia madre e del suo primo marito. Non parliamo di questa storia che è una storia quasi normale. Ma quella signora bella ed elegante cosa fece una volta morto il marito? Cosa fece (mi ricorda adesso una eroina di Stendhal) se non accettare l'amore del figlio che si distruggeva e deperiva per non essere da lei corrisposto? Non lo portò alla salute e a essere padre? Oggi vedo che il suo atto è stato giusto, dato che la natura bizzarra aveva acceso in lui la passione per lei. Lo ha ripartorito una seconda volta facendolo uomo pronto a generare. Fu a quel punto che ella invecchiò all'improvviso, perché aveva assolto il suo compito di madre fino al fondo. E Teresa col Gigante? Dopo molti anni che vivevano insieme, lei si innamorò di un soldato che veniva da Messina. Pur sapendo il fatto (il passato di Teresa tutti lo sapevano nei vicoli) la richiese in sposa, ma il Gigante lo bastonò e lo cacciò fuori di casa. Teresa e il militare scapparono. Il Gigante restò a letto, non lavorò piú e presto fu portato all'ospedale. Quando uscí trovò al cancello Teresa ad aspettarlo, e tornarono insieme in quel letto grande. Tornò con il bambino dell'altro che il Gigante accolse come nipote – anzi mi fu riferito che lo chiamava papà. Come mai? L'attrazione carnale e della fantasia non sopporta limiti e non ne nascono mostri né sventure se non come in tutti gli accoppiamenti. Non userò piú la parola «incesto»: o meglio, la userò per me quando per consuetudine, compassione continuerò a vivere con un uomo che non mi attrae piú e che non è piú attratto da me. La userò per te quando per pietà, per dovere, abitudine, continuerai a rotolarti nel letto di tua moglie che non ti dice piú niente. Questo è il vero incesto dal quale nascono sicuramente mostri, dolori, sventure umilianti. Ma quella signora, oppure Teresa: – penserò ai vostri abbracci come a un terribile fatto di natura, come la nascita e la morte.

35.

Quel grido: «Non la stuprare!» che mia madre ripeteva legata nel letto al manicomio, era rivolto a mio padre. Oggi riesco ad ascoltarlo e a capire quello che non volevo accettare. Probabilmente l'avvocato si era innamorato di qualcuna delle figlie di mia madre, e per questo le due ragazze scapparono verso il continente. A me sembrò terribile quel grido, tanto da seppellirlo nel fondo dello stomaco, intatto, senza averlo ascoltato. Ma è cosí, oggi lo vedo. Era cosí e piaccia o no, a te e a me che abbiamo le carni ammorbidite e pallide delle tante vergini Marie che ci hanno fatto fissare troppo a lungo. Sono riuscita a riascoltare quel grido e mi sono fatta coraggio, ma ho una paura terribile, anche perché è primavera e fuori tuona e piove ed è quasi buio. Giovanna-Arianna vieni presto, nella tua paura saprò di non essere sola; in questa ombra che si china dalla finestra perdo il tuo filo. Mi smarrisco tra i corridoi e le stanze di questo labirinto dove quel grido si sente nitido, uscendo dalle mie labbra e scuotendomi dalla testa ai piedi.

Sotto l'immagine di S. Agata mutilata, in una mano le tenaglie, nell'altra la palma e gli strumenti del suo martirio, davanti a sé i seni mozzati sul vassoio d'argento, Nica difendeva con tutte le sue forze il suo cliente. In giro, intorno a lei, c'erano i giurati, il pubblico ministero, la madre dell'assassino. Io sedevo fra il pubblico e sudavo al pensiero che Nica non ce l'avrebbe fatta. Era chiaro che quel gatto, legato per le quattro zampe al selciato, era un assassino. Stava lí con le zampe allargate, spiaccicato in terra, con i tendini del collo tesi. «Il collo teso del colpevole», aveva detto il pubblico ministero. Il processo durava da molto: era quasi buio, ma Nica non mollava. Finalmente i giurati si ritirano: «Colpevole di assassinio; deve essere impiccato». Teresa e Nunziata, che facevano i carabinieri, lo presero e seguimmo la processione fino al cesso comune dove il boia (avevano pagato Melo per fare il boia – doveva essere un maschio), con una corda, impiccò l'assassino a un chiodo. Lo vedemmo penzolare mentre il prete lo benediceva. «Giustizia è fatta», disse il boia, e Nica mi riaccompagnò. Mi accompagnava sempre su per le scale. Sulla porta il pensiero di tutte le stanze buie che dovevo attraversare da sola mi fece una tale paura che scoppiai a piangere. Con meraviglia mi accorsi che piangeva anche lei. Non l'avevo mai vista piangere, neanche quando la madre la picchiava con la corda. Piangeva perché non aveva vinto, o piangeva per il gatto? No, non avrei fatto l'avvocato. Era difficile vincere una causa, e adesso capivo perché mio padre certe volte, quando tornava dal tribunale, non sorrideva. E anche se non piangeva come Nica, restava per ore a fissarsi le mani, facendo girare l'anello, seduto nella poltrona di cuoio, invece che dietro la scrivania. «È spaventoso Maria, sono sicuro che era innocente: ma non ce l'ho fatta». Una volta aveva detto cosí: non ce l'aveva fatta. Per questo la domenica andava sempre a trovare i carcerati. Mi portava con sé. Lui entrava da tutti quelli innocenti che non era riuscito a liberare, e io lo aspettavo nella piazza sotto gli alberi seduta su una panchina. La casa-prigione di quei carcerati era grandissima. Poi mi portava al cinema o al caffè Quattro Canti, in mezzo a tutti i suoi amici che parlavano di processi, carceri, leggi inadatte. Mussolini aveva ristabilito la pena di morte. Pertini rischiò. Non avrei fatto l'avvocato, e piangendo rinunciai a quella bella toga che un pomeriggio, di nascosto da tutti, mi ero infilata.

Nella toga, fra i garofani rossi, le bandiere rosse, sorrideva con gli occhi bassi, circondato dai giovani della sezione. Sorrideva: era riuscito a fare assolvere qualcuno? «Meglio cento assassini per le strade, che un innocente in prigione». Era riuscito invece a tenere uniti i sindacati, dopo la scissione del partito socialista, e aveva ottenuto il permesso di aprire uno stadio di calcio a Catania. Ma, adesso, immobile, sembrava piú grande. Sembrava zio Nunzio quando aspettava seduto nell'anticamera col suo bastone fra le gambe. «Ti piace, Iuzza? Ti piace, eh? No, non è un bastone: è una cosa piú utile di un bastone: è lo stocco». Fece scattare il manico. Ebbi paura e scappai via.

36.

Fu la sola volta che ebbi paura di Nunzio. Lo scatto di quella lama mi rivelò il suo corpo immenso, i suoi denti bianchi, abbaglianti. «Ti scantasti, eh? Ti scantasti? Tieni questi quattro soldi e comprati quel giornale che leggi sempre. Leggi, leggi: solo leggendo non ti metteranno le mani addosso, e non avrai bisogno dello stocco». Rideva e aveva gli occhi *biunni*, come si dice in Sicilia. Accettai i quattro soldi. Proprio oggi esce «L'Avventuroso». Mi precipitai all'edicola per aspettare la nuova puntata: Gordon lottava con gli uomini Ming: era in grande pericolo, e Mandrake stava in mezzo agli uomini-pietra. «Ti scantasti eh? Ti scantasti? – Non avevo piú paura, e gli chiesi che la lama scattasse, ancora tagliente. – Vedi, Iuzza...»

E qui cominciò la leggenda di mio padre e mia madre.

Solo lui me ne parlava, e tutte le mattine lo trascinavo di forza nella sala del pianoforte. «Quando papà nacque, la sua mamma cosa voleva? E come era il nonno?» «Vedi, Iuzza, nostro padre buonanima aveva un piccolo negozio come quello che c'è qua davanti al portone. Vendeva ceci, cera per i morti, lacci per le scarpe: proprio come don Cecè che ti dà sempre la *sorpresa cà bumma*. Solo che la buonanima non era piccolo e magro come don Cecè: era grande e grosso e con la barba rossa e non regalava mai niente a nessuno, nemmeno a noi figli. La nonna buonanima, che tu nemmeno hai conosciuta, era stata vivandiera con Garibaldi, e s'era istruita bazzicando quelli del continente: aveva idee moderne e ogni volta che le nasceva un figlio, tutti maschi li faceva, andava da suo marito e diceva mettendosi in ginocchio: “Fatemelo studiare quando è grande”. Allora si dava del voi al marito, al padre, al nonno. Ma il marito si metteva a urlare e la picchiava dicendo: “Se fai studiare un figlio, questo dopo si rivolta contro di te”. Era ignorante, pace all’anima sua. Quando venne alla luce Peppino, noi eravamo in quattro e tutti calzolai, e nostra madre, invece di andare da nostro padre, ci riuní. Giovanni era già sposato. Ci chiese di farglielo studiare noi, quell’ultimo che le era nato in vecchiaia. Ce lo fece giurare sulla testa dei nipoti che c’erano, e di quelli che sarebbero venuti. Cosí ci tassammo d’un tanto per uno, e Peppino poté andare a scuola. Nostro padre s’era indebolito: beveva come noi tutti beviamo nella nostra famiglia, e accettò. Ma pretese che Peppino, anche andando a scuola, il pomeriggio lavorasse nella bottega, e la sera, quando studiava, lui gli spegneva il lume a petrolio. Non c’era la luce elettrica allora: Peppino studiava fuori, estate e inverno sotto il lampione. La mamma voleva che si facesse prete e lo mandò in seminario, come esterno naturalmente: ma lui s’accorse di che razza di maiali mangiapane a tradimento sono i preti, e non ci volle andare piú: ormai era cosí bravo che si pagava i libri e le tasse insegnando ai figli dei signori. Poi si iscrisse alla massoneria: questo non lo devi dire a nessuno...» Quando mi diceva queste cose che non si dovevano dire a nessuno, si abbassava fino all’orecchio e mi fissava negli occhi, tanto che tremavo un po’. «Diventò socialista: siccome era pericoloso diventarlo, io gli insegnai a maneggiare lo stocco. Imparò subito, e una volta, facendolo mulinare, tenne lontana tutta una piazza di gente... Sí, con questo pezzo di legno qua».

«Qual era la prima bottega di scarpe, che Peppino (lo chiamavo anch’io cosí con lui) assaliva durante gli scioperi?» Lo sapevo, ma mi piaceva sentirlo ancora e anche a lui piaceva raccontarlo. «Quella di Giovanni. Io ero già in America: me lo scrisse Giovanni indignato. Era avaro come il padre, avaro e bugiardo. Se ti dice che siamo figli di grandi commercianti – lo dice a tutti – non ci credere. Ti ci porto io a vedere il negozio di quel grande commerciante che fu nostro padre, poveretto. È piú piccolo di quello di don Cecè. Ora ci sta un carbonaio amico mio. Dunque, per tornare a bumma. Quando c'era uno sciopero, Peppino le prime vetrine che rompeva erano quelle di suo fratello Giovanni. Ne aveva tre di negozi Giovanni, e tutt'e tre glieli rompeva. Poi Giovanni veniva e lo picchiava. Peppino si lasciava picchiare, perché Giovanni era il piú grande di noi: poi faceva finta di pentirsi. E Giovanni gli scuciva i soldi. Ci ha sempre saputo fare tuo padre. Sennò, come poteva stampare il giornale per i lavoratori? Con i soldi di Giovanni, cornuto e mazziato! Non li hai mai visti quei giornali. Sono murati nel corridoio: poi ti faccio vedere dove. Ma è un segreto questo, mi raccomando. Quando cascherà il fascismo, come dice Maria… Maria impareggiabile, intelligente piú di un uomo e coraggiosa piú di un uomo: non vedi che tutti sono avviliti come pecore, e dicono che il fascismo non cascherà mai? Solo lei è sicura… Li smureremo, sono documenti preziosi. Li smureremo noi se saremo vivi, o sennò tu, Carlo e Arminio se noi saremo morti». Tutte le mattine, andavo a toccare quel punto del corridoio, proprio vicino a una porta. E poggiando le palme sul muro, pensavo: «Quando cadrà il fascismo, sono preziosi». Fu la mia seconda preghiera.

37.

«Perché sei andato in America?» «Perché qui non c'era lavoro: a cercare fortuna». «E l'hai fatta la fortuna?» «Sí che l'ho fatta; ma siccome non so né leggere né scrivere, me la sono fatta fregare. – A questo punto abbassava gli occhi e non parlava piú. Ma poi si cercava nelle tasche. – Tieni, va' a comprarti il giornale e leggi, leggi come tua madre». Chiesi al professore Jsaya della sua fortuna fatta in America.

«Nunzio ha ragione. L'hanno fregato, non tanto perché non sa leggere né scrivere, quanto per il sentimentalismo, la nostalgia che prende i poveri quando sono lontani da casa. I pregiudizi. Ha ragione: non sapendo leggere né scrivere, come lui dice, è piú difficile levarsi di dosso tutte queste cose. Nunzio andò in America del Sud, e lí le donne bianche erano poche ed emancipate. Lui aveva fatto un sacco di soldi con le sue scarpe, ma voleva una donna del suo paese. Cosí si fece mandare una cugina che aveva conosciuto da piccola, molto bella, sana e onesta. Arrivò, armata di unghie come tutte le donne, specialmente quella senza macchia: gli sfornò tre figlie femmine, e quando queste furono grandi fece intestare il patrimonio a lei e alle figlie, con la scusa di nozze, corredi: le loro armi da quando mondo è mondo. Nunzio beveva: lei andò al consolato, disse che lui la picchiava, mostrò lividi e ammaccature che chissà chi le aveva fatte, giustamente, a quella cagna di Maria Vergine, e lo fece rispedire in Italia col foglio di via». «E lui perché non l'uccise?» «Nunzio non ammazza una mosca. Solo per Peppino l'ho visto usare lo stocco. Cominciò a bere sempre piú. Nunzio è un uomo superiore. Quando arrivò a Catania non parlò piú di quella moglie e di quelle figlie. Se qualcuno gliene chiedeva, rispondeva: "Mia moglie? Le mie figlie? Vi risulta che ho avuto una moglie e delle figlie? A me, no!" Adesso lasciamo stare quest'uomo d'onore, e dimmi la poesia di quel cazzone che parla degli assassini suoi signori sbavando. Anima di servo! Coraggio. Ben altre cazzate ti faranno uscire dalla bocca. Su: "Romagna solatía, dolce paese, cui regnarono Guidi e Malatesta, cui tenne pure il passator cortese, re della strada re della foresta..." Sputa quando fai quei nomi: sputa, sennò ci credi. Il passator cortese! Io glielo avrei dato in mano al suo passator cortese! – E, correndo alla finestra, sputava giú in strada, costringendo anche me a farlo: – Cosí pigliamo due piccioni con una fava: ci puliamo la bocca, e sputiamo su quei cornuti di militari che escono dalla caserma». «Ma non sono bastardi come i cani e i poliziotti?» «No, i militari sono cornuti e contenti come i fascisti». «E i preti? Sono bastardi o cornuti?» «I preti sono piú speciali. I preti sono mezze femmine con le gonne sporche».

Dopo il racconto del professore Jsaya, Nunzio crebbe in me quasi come il brigante Musolino. Gli chiedevo: «Come fu che Peppino andò incontro al proprio funerale?»

«Come fu che Peppino andò incontro al suo funerale?» Nunzio parla, ma non mi riesce di sentire la sua voce. Non riesco perché una gioia me lo ha allontanato. Eppure in questi giorni, parlandovi di lui, mi è sempre stato accanto con la mole pesante e serena del suo corpo e il suo stocco, e come sempre – loro, i morti quando li rievochi per chiedere regali – mi ha fatto molti scherzi: mi ha fatto cadere piú di una volta il pettine dalla mano, mi ha nascosto in qualche posto la versione definitiva di una novella alla quale avevo lavorato per una settimana. Nunzio, Nunzio, non sento la tua voce. Non ho possibilità di parlare se tu mi suggerisci cosí piano. Questo perché ieri è venuta Franca, non la vedevo da molto tempo. E come posso con questa gioia tornare nella stanza del pianoforte e domandarti, Nunzio, le cose che so a memoria? Gli occhi neri di

Franca si sono sovrapposti agli occhi *biunni* di Nunzio. Franca studia. Qualche volta abbiamo avuto discussioni furiose. Non so dire altro di lei. Studia come un chimico. È sottile e dolce, ma a volte gira gli occhi e ti seziona come un chirurgo. Non posso dire niente di lei. Ora capisco il perché, quando parlando si sfiora il mondo dei concetti, ha la stessa chiarezza e crudeltà di mia madre. E ha la fronte alta e arcuata di mia madre. Come posso parlarvene, se ancora, oltre la leggenda, oltre le sue parole, mia madre non riesco a capirla veramente? Questa gioia, che mi ha svegliata stamattina con la voglia di correre, e saltare, è ancora la gioia che mi prendeva quando mia madre, cosí severa e inappellabile diceva: «Questo è stato fatto proprio bene, Goliarda». Non potrò parlarvi di Franca: è come se mia madre si fosse interessata a un discorso che temevo le potesse dispiacere. Non mi resta che tenere stretta fra le braccia questa gioia e camminare, visto che a quarant'anni correre per le strade sarebbe ridicolo. Andrò a fare una passeggiata e mi sforzerò di tenere per me questa gioia. Gioia e dolore non espressi, ma buttati in faccia allo stato grezzo, non sono che maleducazione. A piú tardi.

38.

Ho camminato per due ore e, cosa che non mi succedeva piú da venti anni, la gente si voltava e mi sorrideva. L'ultima volta che mi avvenne di andare in giro per Roma quasi correndo dalla gioia, anche allora, malgrado la guerra e la fame, qualcuno si voltò e rispose al mio sorriso. Ero stata ammessa all'accademia di arte drammatica, anzi alla Regia accademia d'Arte drammatica, con una borsa di studio, e pensando a quella passeggiata ho scoperto che la gioia chiudeva in sé l'ansia, il terrore di non essere in grado di sostenere quella borsa di studio, e le congratulazioni della signora Carini. Anche ora, sotto lo strato leggero di questa gioia si nasconde il fuoco dell'ansia. Saprò continuare *la cosa fatta proprio bene*? Vengo presa anche io nella rete sottile del perfezionismo. Riuscirò io, tu, a staccarla questa rete fine fine che si è incollata sulla carne? Franca. Ricordo tutto di lei: la prima volta che la vidi. Me la presentò l'uomo col quale ho vissuto diciotto anni: «È una ragazza molto intelligente, ma molto crudele». Stava all'angolo della Rinascente con un paltoncino da bambina – molto piú giovane di me: – il lampione la illuminava tutta e non so perché, anzi ora so perché, diventammo amiche. So perché: quella sua fronte alta e arcuata, quel suo parlare scandendo sicuramente i concetti, quella sua «crudeltà», mi riportarono alla «crudeltà» di mia madre, che è poi, oggi lo capisco, il tentativo, da donna, di essere piú rigorose degli uomini. Rigore di idee, di ricerca, di vita. Avete notato quanto le grandi soliste di pianoforte o di violino curano la tecnica, che a volte soffoca con la sua perfezione l'estrosità, la fantasia? Franca. Franca. Franca. Riuscirai a staccarti quella resistente pellicina di plastica? Quando ridi – e tu ridi: mia madre non rideva mai – la tua fronte si distende luminosa, e le tue labbra si gonfiano di carne affamata e calda. Peccato che non ci sia Michel, mi avrebbe aiutato a trovare la paternità e la maternità immaginaria di Franca. Dunque… Ma sí, è chiaro: Franca è figlia di Natascia e di Pierre. È chiaro: la figlia di Natascia e di Pierre. Franca.

Questo gioco è veramente illuminante. Con quella passeggiata ho ripulito la mia gioia dall'ansia che la rendeva spastica, paralizzante. E Nunzio si rifà vivo, gira per la casa e mi ha fatto scivolare un bicchiere dalle mani. Vuoi parlare Nunzio, vuoi raccontare? «Come fu che Peppino andò incontro al proprio funerale?» «Devi sapere Iuzza che nel venticinque, quando il fascismo sembrò non dovesse cascare piú, Peppino e Maria facevano ancora il loro giornale, a Palermo. La redazione era stata bruciata due volte. Peppino andava in galera per insulto alla morale, insulto alla religione eccetera: – tutte quelle scuse che pigliavano i fascisti. Maria allora si firmava direttrice responsabile. Se era Maria ad andare in prigione, si firmava Peppino: andavano avanti e indietro, dentro e fuori. Una notte – non credere che fosse un giornale ricco: avevano due stanze: nella prima stampavano, e nella seconda dormivano, ed era una stanza piccolissima, il letto grande prendeva quasi tutto lo spazio davanti alla porta: per paura di visite, come diceva Peppino, la notte chiudevano la stanza con un paletto di ferro – una notte i fascisti entrarono piano piano, e traverso la porta spararono per dieci minuti filati in direzione del letto. Maria li aveva sentiti, era sveglia – è la troppa intelligenza che non la fa dormire mai: – aveva svegliato Peppino e coi lenzuoli, ancora prima che quelli cominciassero a sparare, si calarono dal balcone. La casa era al piano rialzato, e siccome c'era un giardino, si nascosero fra gli alberi. Peppino dormí tutta la notte e la mattina, appena sveglio, se ne andò saltando il muro del giardino in cerca dei compagni. Che ti sente a un certo punto? Un canto fascista, con la musica di un accampamento funebre: dicevano che Peppino Sapienza era morto chiedendo perdono e tremando. Era un funerale vero e proprio, con la bara portata da quattro con la camicia nera. Che fece Peppino? Lo puoi credere? Uscí dal vicolo sulla strada che il corteo stava imboccando, e con le braccia spalancate si mise a ridere e a mulinare lo stocco. Non ti dico che parapiglia; scapparono tutti e buttarono la bara in mezzo alla via. Peppino la baciò tre volte ridendo: poi si consegnò alla polizia chiedendo protezione. Questo era lo stratagemma usato una volta per salvarsi dai mafiosi pagati dai baroni per ammazzare i sindacalisti; e per salvarsi dai fascisti, dopo. Tante volte lui e Maria l'avevano scampata cosí: con tre mesi di carcere in attesa che sbollissero i vapori. Ma quella volta il fascismo aveva cominciato a intimorire, corrompere funzionari e magistrati, e non vollero dargli asilo. Allora lui sputò in faccia a un carabiniere: e lo misero dentro per insulto alla forza pubblica. Ci fu un grande processo: tutta Palermo andò come a teatro. Avevano accusato Peppino e Maria di avere sparato per primi attraverso la porta. Ma Peppino, che si difese da sé, provò che tutte le pallottole erano entrate in direzione del letto e nessuna dall'altra parte: la pallottola fa un buco piú grosso e bruciacchiato da dove entra, e molto piú piccolo da dove esce».

39.

Dai dieci ai sedici anni corsi sempre finché una maniglia mi fermò. Correvo per la casa vuota, giú per le scale, su verso il terrazzo, dove per anni mi ero allenata con la corda e i guantoni facendo il verso a Carlo. L'avvocato stava sempre fuori, mia madre nella stanza in fondo leggeva o sgranava dalle dita tranquille scialli, coperte di fiori colorati: sgranava come un rosario interminabile quelle lane. Era la sua preghiera. Le sue dita fra i fili colorati: le sue dita aggrappate tra i lacci al ferro del letto del manicomio.

Correvo per le strade vuote di Roma, piene solo di carte bianche, i negozi vuoti, polverosi. Perché tutte quelle carte bianche sull'asfalto? Presi dal panico avevano buttato dagli uffici carte, pratiche, note compromettenti, ora che il fascismo era caduto. C'erano fiori di carta ritagliati da mani che pregavano prima tranquille. Ma lei perché gridava e si incolpava? Perché si chinava cercando la sua merda, e se la portava alle labbra? Non mi riconosceva. Ripeteva che per colpa sua i fascisti torturavano i suoi figli. Quali figli? I tedeschi fuggivano da Roma. I muri tremavano per i carri armati che incolonnati prendevano la strada del nord. Perché questa tua ossessione? Perché ora, dopo cinque anni dalla fine della guerra, ora che scendi dal palco dopo aver parlato a una folla finalmente non raccattata all'uscita della messa? Perché proprio ora, con ancora le mani piene di garofani rossi con i quali ti hanno dato il benvenuto? Perché proprio ora quell'ossessione ti riafferra e ti respinge fra queste pareti bianche, ti serra in questa camicia di forza e mi grida in faccia strappandomi gli occhi, le labbra? Oggi, 10 maggio 1965, compio 41 anni e ho quasi finito questo mio libro che se riuscirò ad impararlo a memoria – io non so improvvisare: ho fatto l'attrice e devo, per parlare, avere un copione – sarà il mio parlare a voi. Oggi rinasco o forse nasco per la prima volta. Ho un anno, solo un anno: e muovo i primi passi, apro gli occhi su questo albero che sta davanti alla mia finestra, su questa poltrona, sul monte che finalmente tornando una settimana fa da Catania con la parola «straniera» tatuata sulla fronte, finalmente, per la prima volta mi si è mostrato, ha lasciato cadere il suo scialle di nubi e mi è apparso dal finestrino. Tornerò. Ora che mi si mostra la mammella mozzata e serena di S. Agata poggiata sul vassoio d'argento della Sicilia, tornerò. Apro le mani e tocco il tuo scialle, comincio appena a riconoscere i colori delle tue lane; apro gli occhi e vedo la tua ossessione. Pazzia, come la chiamarono quegli uomini bianchi senza sguardo. Adesso vedo perché ti è scoppiata tra le mani proprio quando il tuo nemico cadde distrutto come tu pregavi. Cadendo lui, ti si ruppe la tensione d'acciaio per la quale hai vissuto estraniandoti da te stessa, dalla tua carne; cadendo il contraddittore, sei restata muta e sola, con i fatti della tua vita denudati della corazza che ti permetteva di non ascoltare i particolari, le virgole della tua vicenda. E nuda con te stessa, le passività femminili, le emozioni tenere delle tue spalle morbide, del tuo seno grande, si ruppero le dighe che la tua intelligenza aveva alzato fra te e te, spalancando una fiumana di paure, che avevi ignorato di avere. Come tutte le donne, essendo intelligente, dovevi esserlo piú di un uomo; coraggiosa piú di un uomo. Ma non si sfugge alla propria natura: puoi sí affamarla, costringerla al silenzio anche per molto tempo; ma prima o poi la sua fame la spinge fuori coi denti, le unghie affilate e ti dilania le carni e le vene.

40.

Davanti alla sua carne lacerata, mi chiedo oggi, con timore: sono stata una buona madre per mia madre quando lei – per magia di quell'antico gioco – regredí a cinque, sei anni, quasi demente, paralizzata su una poltrona? Ho assolto il mio compito? Mentre la lavavo, le pettinavo i capelli, le tagliavo le unghie, rispondevo alle sue domande sempre uguali come se fosse la prima volta che me le poneva, per non umiliarla; quando portavo l'urina e il sangue per le analisi? Ho creduto di sí. Ma quando morí, il rimorso di non averla curata abbastanza mi assalí notte e giorno. Ci vollero dieci anni perché capissi il senso di quel rimorso. Ero stata una buona madre, mi rimordeva però di avere, con le mie cure, prolungata la sua agonia di due e forse tre anni. Il mio curarla era vendetta. Finalmente l'avevo in mano quella donna che tutta la vita mi aveva dominato: la potevo lavare, tenere fra le braccia, accarezzare: lei che prima era cosí schiva di tenerezze. Le potevo impedire di mangiare: era l'unica cosa, avendo il diabete, che ormai le dava gioia. Mi vendicavo di avermi tradito con la pazzia. Mi vendicavo facendole vedere com'è che si cura una figlia: facendolo vedere a lei, che occupandosi solo della mia mente mi aveva per il resto trascurata in tutti i modi. Questo era il rimorso. Rimorso di costringerla a tenere in vita quel suo corpo già morto. E lo sapeva. Mi disse un mese o due prima di morire: «Perché parlano di paradiso e d'inferno, Goliarda. Come sono sciocchi. Il mio paradiso è qui vicino a te, ma sono molto stanca e vorrei, morendo, finalmente riposare...» All'alba mi disse tre volte: «Scusami Goliarda, scusami». Anche lei era stata madre. Mi chiedeva scusa di sottrarre alle mie mani quella bambola-bambina che da tre anni credevo di cullare con amore di madre.

41.

Dai dieci ai sedici anni non camminavo mai, saltavo i gradini a quattro a quattro, come Carlo mi aveva insegnato: «Devi poggiare la mano leggermente sul passamano, e slanciarti in avanti e toccare terra solo con le punte dei piedi». La prima volta caddi fra le sue braccia ridendo. Poi diventai bravissima. I gradini si fondevano sotto i miei occhi, fino all'ultima rampa dove il salto si faceva piú lungo, e prendeva praticamente tutta la rampa. Quest'ultima rampa era molto buia anche a mezzogiorno e, quando riuscivo a volare su quei sette gradini, la targa d'ottone nell'angolo della posta «Studio legale Avv. Giuseppe Sapienza» luceva piú forte. Correvo per l'androne, per via Pistone, per le stanze, il salone, il ballatoio. La casa era vuota, l'avvocato stava sempre fuori; mia madre nella stanza in fondo leggeva e sgranava dalle dita tranquille i suoi scialli, le sue coperte. I letti non piú toccati, ora si riempivano di cimici. Le donne di servizio cominciarono a sfilare, una dopo l'altra per quelle stanze. Un esercito di visi ottusi e scontenti mi passò davanti come gli alberi fuori dal finestrino della balilla. Quando ne afferravo una, mi facevo aiutare a trascinare la rete sul terrazzo e con la benzina la bruciavamo: per una settimana dormirò! Ma non importava. A scuola non ci andai piú, dopo che una sera, tornando a casa con la divisa di piccola italiana, incontrai nelle scale l'avvocato: «Che fai con quella maschera schifosa?» Andai in terrazza e la bruciai con le cimici, e non tornai piú in quella quarta ginnasio piena di pidocchi. Leggevo tutto il giorno – studiare non potevo, mi veniva sonno – leggevo e imparavo a memoria tutti i lavori teatrali che trovavo per casa. La notte poi li recitavo da sola facendo tutte le parti, come i pupari. Il commendatore Insanguine mi aveva detto che, solo facendo tutte le parti come il puparo, si imparava a conoscere i personaggi diversi da noi. Imitando le loro voci, ora da uomo ora da donna, ora del vile ora del valoroso, si diventava attori veri come Giovanni Grasso il Grande che era stato puparo. «Non lo sapeva signorina? Ha imparato a conoscere gli uomini e le passioni degli uomini manovrando il pupo, come fanno questi miei ragazzi». Aveva una schiera di ragazzi: panettieri, falegnami che andavano a esercitarsi da lui finito il lavoro. «Io per capirli meglio gli uomini, me li scolpisco da solo i miei pupi. Mi guardo le mani e le copio; guardo le mani di mia moglie e faccio le mani di Angelica. – Io non sapevo scolpire, ma la voce mi usciva forte. – Vede signorina, bisogna parlare piú forte e scandire bene per farsi sentire fino in fondo, dagli spettatori degli ultimi posti: pagano anche loro e devono sentire. Recitare è finzione; non è come nella vita: ci vuole tecnica». Mi avrebbero sentito quelli dell'ultima fila, o è la stanza piccola che mi dà l'illusione di gridare tanto forte a Oreste? Scesi giú e buttandomi in ginocchio in mezzo al salone gridai le battute di Elettra dieci, venti volte. La porta si aprí e l'avvocato col gelsomino all'occhiello, fermo sulla porta, applaudí. Era quasi l'alba, sapevo che tornava tardi. «Brava, gridi proprio bene, solo un po' troppo di testa. Qualche volta l'hai azzeccata, ma l'ultima volta, non ti offendere, sembravi una gallina. Lo diceva anche Giovanni Grasso alla Bragaglia. Sei rimasta male? Ti senti piú brava della Bragaglia? Se te lo senti, lo diventerai, ma Elettra è troppo difficile per cominciare». Prendendomi per mano mi portò nel suo studio, e mi mostrò Verga, Pirandello, Capuana. Mi lesse il dialogo di Santuzza con compare Alfio facendo le due voci, proprio come un puparo; e lesse anche il monologo di Ersilia Drei già avvelenata, che viene a morire in scena al terzo atto. Finché il sole mi raggiunse le gambe: avevo freddo. Mi portò in braccio nella mia stanza e tornò con tutti i libri che mi aveva mostrato. Non potevo dormire. Le cimici mi camminavano di nuovo sulle braccia, sul petto e, aperte le imposte che lui aveva chiuso, vidi il letto pieno di righe nere: marciavano incolonnate come un esercito. Cominciai a vomitare, seduta in terra, fra le mie gambe, col sole che mi batteva e pesava alle spalle.

42.

Cercando di abbassare la voce fino al fondo dello stomaco gridavo ora, tutte le notti: «La mala pasqua a te!» Finché lui entrava – tornava prima adesso – e recitavamo insieme. Una sera – ero già a letto – venne a prendermi: «Vestiti. Ti porto da qualcuno che sa come si recita».

«Signora Melissa, vuole vedere si 'sta carusa è un'attrice?» Tutti i pomeriggi andavo dalla signora Melissa e scivolavo nella sua voce bassa come un pozzo, con tale intensità che – per lo sforzo o perché lei aveva quel profumo dolce delle chiese – mi girava la testa.

Camminando trattenevo il fiato, poi lo espiravo per inspirarlo fino a gonfiare il torace. Anche quando ero a letto mi girava la testa, e anche quando correvo per le stanze vuote. Sulle scale, quel pomeriggio, correndo dal salone alla cucina, rimasi impigliata per un braccio a una maniglia. Mi si infilzò da una parte all'altra nell'incavo del gomito. «È rimasta appesa come una pecorella al macello! Come una pecorella!» gridava la donna di turno. Infatti cercai di alzarmi, ero scivolata in ginocchio, e cercai di tirare il braccio: ma ero legata a quella maniglia. Carlo mi slegò ed ebbe le mani piene di sangue e la divisa – era tornato in licenza dal fronte. Dormiva sempre e urlava nel sonno. Mi portò in braccio, giú per i gradini delle scale a quattro a quattro, come mi aveva insegnato. E mentre mi ricucivano, mi tenne abbracciata, quasi steso su di me, sudando tanto da avere il collo e il viso bagnato come la sera prima. Uscendo dal cinema, avevamo corso sotto la pioggia: «Corri, corri»: rideva nella sua divisa con le decorazioni al valore avute in Abissinia.

Quando arrivammo al portone ci fermammo. «Che bella corsa abbiamo fatto. Con la pioggia anche un ufficiale decorato può correre, no? Aspetta che mi levo queste medagliette, se no papà mi guarda brutto. Che tipo! Io le ho avute perché sotto il fuoco nemico raccoglievo i feriti... – Aveva le mani piene di sangue e sudava. – Grida, grida, Iuzza, grida che ti aiuta. Ti hanno messo quaranta punti, venti dentro e venti fuori, come un vero soldato: brava Iuzza, brava, sei stata brava come un soldato». Col braccio fasciato al collo gridavo le battute con la voce fonda della signora Melissa. «Brava, brava: è matura per recitare su un vero palcoscenico». Il braccio si muoveva, ma le dita sulla tastiera del pianoforte avevano perso ogni agilità. Non avrei piú studiato il pianoforte, ma solo gridato su un palcoscenico vero. E urlai: «La mala pasqua a te!», nei teatri di provincia, a Siracusa una volta, e in giro negli ospedali militari.

Da anni ormai gridavo, piangevo e parlavo ad alta voce: il rumore dei bombardamenti ogni notte si faceva piú forte. Quel treno sembrava non chiamarmi piú. Nel portone ogni notte le donne sedute in terra, una stretta all'altra, pregavano, gridavano, invocavano nomi. I vecchi, seduti coi cappelli in mano, tacevano, e io spinta da quei tuoni e lampi artificiali ripetevo con le donne, seguendo i gesti di disperazione con tutto il mio corpo, le loro invocazioni, i loro gridi. Dovevo imitarle perfettamente, essere un puparo ed entrare nella loro carne, nella loro voce. Presto sarei stata una di quelle donne ossesse, in una compagnia vera, accanto a un attore vero come Marcellini. Quel pomeriggio l'avrei incontrato dietro quella porta, in quella stanza profumata di zagara e cannella. L'avvocato si alzò in piedi di scatto quando entrai. Era già arrivato e fissava la signora Melissa e lei fissava lui come Carlo con la signorina Jolanda. La signora Melissa parlava dandosi dei colpi distratti alla gonna. Muoveva la bocca, ma non sentivo. Era il treno che cominciava a staccarsi dalla banchina, e cancellava con lo stridere delle rotaie quella voce fonda di pozzo. Mi sentii liberata. Senza saperlo, avevo aspettato gridando e piangendo quel richiamo, e correndo fuori da quella stanza, giú per le scale, attraversai il piazzale della stazione e mi aggrappai alle sbarre della passeggiata a mare. Era lí. Non era partito. Il vento era freddo e sferzava. La cancellata sotto le mie labbra sapeva di sale e di ferro: il ferro delle rotaie, il sale del mare.

43.

Non urlavo piú le battute, che ormai mi uscivano sicure e fonde come da un pozzo, «il pozzo dello stomaco». «È un pozzo senza fondo l'animo degli uomini, e la voce deve uscire di lí per sembrare vera», diceva il commendatore Insanguine. Non gridavo, studiavo storia, geografia, storia del teatro. A Roma, per entrare alla Regia accademia d'Arte drammatica, non c'era bisogno del diploma di quinta ginnasiale: bastava sostenere un esame di cultura generale e di recitazione. Studiavo e lasciavo riposare nel pozzo le battute che avrei recitato durante l'esame. «Un attore deve seppellirsi, tacere un lungo periodo, per digerire bene le battute e lasciare che la voce, le intonazioni decantino dentro di lui come il vino. Dopo si vedrà se è vino buono o no». Seppellita aspettavo. Mia madre sarebbe venuta con me e chiudeva i suoi libri, le sue lane colorate nelle valigie. «Lo vedi che sono tutti avviliti come pecore? Solo Maria impareggiabile, intelligente piú di un uomo, è serena e sa che quel burattino cadrà». «Ho piacere di venire a Roma con te, Goliarda: anche perché lo potremo vedere da vicino, quando lo chiuderanno in una gabbia come un gorilla vanesio». Quelle parole caddero nel mio sangue di pecora senza eco: «Non si sfugge: siete la generazione del fascismo; non ci hai colpa Goliarda, ma non sfuggirai all'essere nata nel ventiquattro». Il professore Jsaya aveva ragione. Cercavo di capire la sicurezza di «Maria impareggiabile, intelligente piú di un uomo», ma non capivo. Seppellita fra i libri di storia del teatro e in quel mio sangue di pecora senza echi, con gli occhi bassi, non guardavo piú l'avvocato, i vicoli, il monte. Finché una cartolina con una data – andavo alla guerra anch'io – mi richiamava come Carlo, Arminio e Ivanoe erano stati richiamati sei, sette anni prima. Sarei morta come Ugo, Luigi? O avrei resistito come gli altri stavano resistendo sparsi per il mondo? «Finalmente ha fatto l'errore: questa guerra lo distruggerà. Non è mai stato un politico, è troppo vanitoso. Andare a combattere per lui è come combattere contro di lui». Forse capivo adesso: dovevo andare in quella scuola di stato e combattere anch'io. Ma sarei riuscita a tornare, come Carlo aveva fatto durante la guerra in Abissinia, con la pistola piena di segni incisi che, seppi poi, erano altrettanti ufficiali della milizia uccisi quando andavano all'attacco? Sarei andata a combattere anch'io.

44.

Cosí, su quel treno, con quella cartolina, il mio fucile. Con mia madre ancora «a tutto tondo», integra e disumana nel mio sangue di pecora, seduta vicino a me. Finalmente avevo preso quel treno.

Affacciata al finestrino non sapevo ancora quante ossa di morto dure e zuccherose mi sarei dovuta sgranocchiare. Ma ero sul treno: avevo fatto il mio primo atto da adulta. Ed entravo cosí nel tranello della sicurezza: ero io che lasciavo qualcuno per la prima volta, lasciavo Nica, i Bruno, i vicoli, l'avvocato e, come avevo imparato da loro, non sarei piú tornata. Perché la mia decisione era stata presa in piena libertà, da persona ormai cresciuta, irriducibile. A Roma con la borsa di studio fra le mani, che mi dava la prova tangibile che ero diventata grande, senza capire che quei soldi erano il prezzo che paga la società per prepararci a passare dalla parte dei guardiani del campo, entrai nel compromesso, mi rattrappii nel servaggio di avere successo ai loro occhi, di piacere. Credevo alla loro serietà e alla mia, e per venti anni rimasi anchilosata a servirli, a dire parole ambigue. A fare finta di non avere paura e a non dormire per paura dei loro atti, delle loro decisioni che, come una volta, subivo. Con la sola differenza di agire come se le capissi e approvassi incondizionatamente (come giuste e ragionevoli), mentre l'antico terrore annidato nel mio sangue ancora bambino gridava la notte svegliandomi. Riuscii a farlo tacere, a imporgli la mia volontà di adulta: e cominciò una lotta di venti anni fra questo bambino e il grande conformista nascosto nelle mie vene, nel mio intestino, riducendomi a una agonia che mi invadeva piano piano le gambe, le mani, i pensieri, spingendomi alla morte vera, in clinica. Là mi svegliai cadavere con quei due dentro di me che ancora lottavano e non riuscivano a mettersi d'accordo. Davanti a tanta lotta cominciai a dubitare di me, degli altri. Pensai di dover fare un po' d'ordine, lavarmi la faccia, soffiarmi il naso, rovesciare il cassetto, mentendo o no.

Vi lascio per un po': con questo poco di ordine che sono riuscita a fare intorno a me. Vorrei tacere per qualche tempo, e andarmene a giocare con la terra e con il mio corpo. Arrivederci.

Il filo di mezzogiorno

Non andare fra le viti nel filo di mezzogiorno: è l'ora che i corpi dei defunti, svuotati della carne, con la pelle fina come la carta velina, appaiono fra la lava. È per questo che le cicale urlano impazzite dal terrore: i morti escono dalla lava, ti seguono e ti fanno smarrire il sentiero e: o morirai di sete fra gli sterpi disseccati dal sole – sterpo secco pure tu – o penserai sempre a loro smarrendo il senno.

1.

Nica diceva che le imparava nelle notti buie, perché lei se c'è la luna non esce dal ventre della terra dove abita. «Vedi Iuzza, la vita e la luna si odiano perché sono sorellastre, e avendo gli stessi difetti non si possono vedere. Lo sai che per andare d'accordo bisogna avere difetti differenti, e qualità e bellezza differenti? E allora per non vedere la sorellastra e farsi malu sangu, nelle notti buie la vita impara l'arte leggendo nello sguardo sapiente e antico della lucertola. Se schiacci una lucertola non apprenderai mai l'arte della sapienza, della prudenza della malizia e dell'audacia. Schiacciandola schiacci in te il bocciolo di queste arti e non possiederai mai niente, né poderi, né donna, né figli, né lenzuola e sarai sempre un pupo manovrato dagli altri».

«E se la lucertola è cosí vecchia da insegnare alla vita, la vita quanto è vecchia?»

«Solo dieci e dieci e dieci e poi ancora diecimila anni: 'na picciridda». E sí, Nica: deve essere cosí. E se Nica mi parla è segno che la mia decisione, o meglio la mia accettazione di dover tornare indietro per andare avanti, è giusta: sensata, come diceva lei. Da mesi e mesi non sentivo piú la sua voce piena di dolci risucchiamenti e il ritmo del suo passo libero, il passo sicuro che traccia sempre nuovi, impensati sentieri sull'erba incalpestata del bosco dell'avventura. E perdere la sua voce e il ritmo delle lancette delle sue trecce, che mi aprono il varco fra i cespugli spinosi delle emozioni, è perdere me stessa, la mia voce, la mia ombra – in questa passeggiata solitaria: e che la scimitarra affilata del sole al tramonto, approfittando della mia solitudine, può staccare da me e vederla risucchiata dalla rena infida e sterile, avida, in attesa, nella sua morte perenne, di altre morti. «La rena è come una donna sterile: non ha figli, né latte e mai ne avrà, e come la donna sterile chiama la morte perché solo la morte conosce e solo la morte la sazia». E sí, Nica, se non mi stai accanto, Nica, ombra mia. «Vedi, Iuzza, come vuole la tradizione degli antichi da oggi, che siamo marito e moglie, tu vedrai con i miei occhi, respirerai per la mia bocca e io vedrò per i tuoi occhi e respirerò per la tua bocca»: solo se mi starai accanto potrò ripercorrere carponi il vicolo buio e tortuoso che si spalancò davanti a me sette e sette e sette e ancora sette mesi fa alla notizia che il mio analista era impazzito.

Con mia madre ancora a tutto tondo, integra e disumana, ma rassicurante, col suo seno grande e la sua fronte alta e limpida senza una ruga e con il ritmo placato di quel treno che cantava dentro di me di libertà sconfinate (rotaie vibranti, sferzate dal vento di libeccio odoroso di ferro e di sale), protetta dal vestito di seta nera, fatto a uncinetto da lei, con quel grido «La mala Pasqua a te» che, dopo averlo ripetuto, assaggiato, masticato fino a capirne il sapore piú recondito, dormiva in me sepolto da inverni e inverni e che adesso cominciava a risvegliarsi: – doveva essere come il grido di vetro del gallo scagliato contro l'aria del mattino e che ricade sbriciolato (frantumato in tanti piccoli pezzi lucidi, palpitanti di brina): – aspettavo nel ridotto del piccolo teatro in via della Croce, il teatro Eleonora Duse a Santa Cecilia, smarrita in quei nomi favolosi, stranieri, e da quel grido che batteva alle tempie, aspettavo, in quella giornata illuminata dal sole di lampadari brillanti con tante piccole luci minute tintinnanti, il mio turno. Dalla mattina alle otto una fila interminabile aveva sfilato davanti a me inghiottita dal buio di una porta spalancata e muta. Certamente in quella sala c'era il palcoscenico, un palcoscenico del continente, Accademia di Santa Cecilia, via della Croce. Il teatrino Eleonora Duse. La Regia accademia d'Arte drammatica, il direttore Silvio D'Amico, un grande critico teatrale del continente, la signora Carini era stata una grande attrice. Aspettavo. Quel buco inghiottiva giovani e ragazze che entravano baldanzosi per riuscirne a testa bassa o in lacrime o spavaldi per qualche parola o sguardo rassicurante della commissione d'esami. Una ragazza uscí correndo e strappandosi i capelli: mi passò accanto urlando. «Non sono stata ammessa. Bocciata! Bocciata! Sono stata bocciata, lo so! Mi ammazzo! Mi ammazzo! Mi ammazzo!» Qualcuno mi spinse. «Tocca a te, a sognatrice! Ohi, dico a te, morta di sonno: svegliati ch'è l'ora. Ehi, che sei sorda? Non senti che tocca a te? Non ci badare a quella pazza, sono quattro anni che si presenta e ogni volta fa queste scene. Io dico, con la pratica che ha fatto in tutti questi anni, ci dovrebbe essere abituata a essere bocciata». Bocciata, pazza forse. Gridai con la voce di quella pazza: «La mala Pasqua a te!» Mi dolevano le ginocchia sulle quali, nel grido, mi ero buttata e il torace come squarciato. Avevo gridato troppo forte? Le mani che mi rialzavano ora erano tante e calde, rassicuranti. Dicevano brava? O dicevano talento? «Certo, la dizione è spaventosa, l'accento pazzesco ma temperamento... temperamento». Con le ginocchia e il torace rotto ero stata ammessa alla Regia accademia d'Arte drammatica con la borsa di studio.

2.

Ma quella borsa di studio era provvisoria. Allo scadere di tre mesi avrei dovuto dare un altro esame per mostrare se la mia dizione era migliorata. Altrimenti, niente piú borsa di studio, e senza borsa di studio voleva dire: tornare in Sicilia. Mio padre poteva mandarmi qualcosa ogni mese, ma non avrebbe potuto darmi tutta la somma necessaria. «Talento, talento, ma l'accento spaventoso». Non sapevo che c'era un accento buono e uno brutto, ma lí eravamo all'estero e per loro, quelle «o» sdolcinate e protratte in una lunghezza, come in una coda di sospiro languoroso, quelle «e» aperte che aprivano la bocca a mostrare tutto senza ritegno, era l'accento buono e dovevo piegare le mie mascelle e le mie labbra a quei suoni impudichi che non conoscevo negli uomini, ma solo nei piccioni o nelle «signorinette leziose e narcise». Scoprii cosí, la notte davanti allo specchio corroso dall'umido, in quella stanza sformata, dai muri sgangherati e appannati da fiati e fiati di fame e umiliazione, sospesa paurosamente in bilico, su quelle cataste di casse-stanze tarlate dalla miseria rassegnata di impiegati e piccoli funzionari in pensione di via Gioberti, scoprii che quelle «e», malgrado le ripetessi senza sosta, restavano tenacemente chiuse perché il suono nasceva dal fondo aperto del palato, quasi vicino all'ugola. Con le dita scoprii anche che per spalancare il fondo del palato, le mascelle, quasi vicino alle orecchie, si aprivano come due cerniere, e spalancandole la prima volta, veramente fino in fondo, per poco non rimasi con la bocca scardinata dal dolore. Mia madre, già a letto, leggeva, per fortuna, perché feci molta fatica a richiuderle, e mi infilai nel lato del letto che lei mi aveva scaldato: era del Nord e non soffriva il freddo: entrava prima lei dal mio lato e scaldava, anzi asciugava, i lenzuoli umidi. Ero proprio una bastarda: a Catania avevo troppo caldo e lí nel continente troppo freddo. Da bastarda, sospirando rassegnata, mi raggomitolai nel calore di mia madre senza guardarla: temevo che vedesse le lacrime che mi scendevano dagli occhi per quel dolore. Confortata dal suo calore, che asciugava piano piano anche le mie lacrime, mi stesi e lentamente ricominciai, con piú cautela, a cercare di aprire queste cerniere, assicurandomi che si aprivano con le dita, per trovare quella «e» aperta. Pensai: se io ho diciassette anni e pronuncio queste «e» chiuse e queste «o» aperte è perché le ho pronunciate per diciassette anni. «Tecnica ci vuole, signorina Sapienza, per recitare! Tecnica! Recitare è finzione!» Quindi se fossi riuscita (adesso che avevo scoperto che dipendeva da quelle cerniere e che ero riuscita ad aprirle una volta), se fossi riuscita a pronunciare le parole con le «e» aperte, mettiamo, duemila, tremila volte, l'equivalente insomma dei diciassette anni che ero al mondo *sarei riuscita*. Sarei riuscita! Bastavano tre mesi. «Quando si impara un mestiere, signorina Sapienza, non si deve guardare alle difficoltà: bisogna ignorarle e con tenacia e pazienza affrontarle giorno per giorno, come Orlando che disperdeva con l'astuzia i nemici, cosí da non doverli affrontare tutti insieme, ma uno per uno con pazienza, fino a che si faceva il suo mucchietto di nemici infilzati dalla spada. Pazienza ci vuole, pazienza: e provare e riprovare, senza guardare né davanti né indietro, né i risultati. Poi l'arte, come la primavera che ha maturato tutto l'inverno nel ventre della terra, fiorisce da un giorno all'altro». Pure con quel dolore, tre mesi non erano un inverno, incominciai subito: *è è è*. «Maria, ti disturbo?»

«No, Goliarda, sai che quando leggo non sento niente, fai pure il tuo lavoro. E poi, il rumore di un lavoro non può disturbare nessuno. Che bel rumore la linotype, non puoi immaginare che bel rumore pieno di forza e di vita, non lo puoi immaginare, tu non lo conosci». *È è è è è ò ò ò ò ò cièèèèlo cièèèèlo Giòòòrgio Giòòòrgio Giòòòrgio*... giorno e notte inseguivo quei suoni per la volta del palato, nel torrente precipitoso della saliva anche se cascavo dal sonno notte e giorno. Non potevo dormire. Dovevo fare di tre mesi diciassette anni. «Sangue vecchio fa forti nella mente ma deboli nel corpo». Ma lei, per essere all'altezza della valentia di Goliardo, davanti agli occhi di Nunzio e solo per lui, aveva mangiato molto pane e fichi quell'estate, con i piedi nudi fra la sabbia infiammata di Scicli, il pane d'oro fra le mani e i fichi di quegli alberi giganti che «per prodigio affondavano le radici nella sabbia invece che nella terra». È un regalo di Santa Maria delle Milizie agli abitanti di Scicli, che sono virtuosi e valenti e che non si persero d'animo né si spaventarono quando, cacciati dalle loro terre fertili dai saraceni, arrivarono qua: erano poche famiglie riuscite a scampare al ferro e al fuoco dei saraceni neri come la notte e coi denti affilati e lunghi come sciabole. Queste poche famiglie arrivarono qua nude come vermi e affamate come leoni e trovarono, invece di terra, sabbia e lava. Non si persero d'animo e scavarono: scavarono la lava in terrazze, rubavano la terra oltre la montagna e la mettevano dentro le terrazze, e mentre gli uomini la trasportavano a braccia notte e giorno, le donne piangevano notte e giorno, e cosí, col lavoro dei maschi e le lacrime delle femmine, la lava e la sabbia si tramutarono in terra fertile che dà i fichi piú dolci e il grano piú duro e colorato del mondo. «Vedi come è biunnu e dolce il pane qui? A confronto, quello della chiana di Catania pare segatura»: e con il pezzo di pane che zi' Carmine ci distribuiva come solo cibo giornaliero, biunnu e croccante come biscotto, arrampicate su quegli alberi giganti che ci tenevano come braccia forti e nodose, sedute o stese mattina e sera su quei tronchi ampi come letti, protette da quelle foglie alte e folte come volte di saloni verdi, stavamo. Ma non c'era tempo per riposare a lungo, bisognava tornare a fissare il mare: sorvegliarlo, come diceva Nica. L'aria era limpida, forse era il giorno che l'Africa si sarebbe avvicinata alla Sicilia. «La viene ad abbracciare, sono sorelle, ma un malifizio ha buttato il mare in mezzo a loro, e le condanna a stare lontane, meno un giorno dell'anno: ma nessuno dei vivi e dei morti sa quando viene questo giorno, è per questo che bisogna sorvegliare sempre». Fissando l'orizzonte la mano nella mano, i piedi nel fuoco sbriciolato della rena – Nica, sorella mia, quale malifizio ci condanna a non abbracciarci mai? «Dove corri? Tosta, tosta come Goliardo. Mi compiaccio, Goliarda, stai diventando forte e robusta, mi compiaccio». «Mi compiaccio, signora: fa dei progressi straordinari» – non è Nunzio. È un signore distinto e senza età, seduto vicino a me sul divano... Perché quel divano? Nella camera del pianoforte non ci sono divani: e perché mi costringe a leggere i titoli di quel giornale? «Talento, talento, ma la dizione che orrore!» «Bene, signora. E la parola mamma cosa significa? Cosa le ricorda? Non le ricorda niente?» sudando e vergognandomi. Perché mi chiama signora? Non capisco quello che dice. Se si accorge che non capisco, si arrabbia e si mette a urlare. Un'altra volta s'era arrabbiato e s'era messo a urlare, e io, a quegli urli, avevo cominciato a tremare.

«La sedia, vede, signora, questa è la sedia. Questo invece è il bicchiere».

«E questa donna chi è?»

«Brava, sí; questa fotografia riprodotta sul giornale è la fotografia di una donna. Una madre. Brava, capisco che è faticoso, ma non pianga cosí. Va già benissimo: non si preoccupi, va benissimo. Ancora un piccolo sforzo e per oggi finiamo». Per oggi finiamo: la lezione è finita. Mi potrò grattare le caviglie. Le pulci mordono, ma io non devo chinarmi e grattarmi: devo stare attenta. «È un grande intellettuale, Goliarda. È un favore che fa a darti lezioni. Quindi mi raccomando: immobile e attenta». La lezione è finita. Ma la mamma dov'è?

«Si calmi, signora, si calmi: non ci pensi. Non pensi a sua madre».

«Ah, sí: è giú che fa le valigie. Dobbiamo partire per Roma. Credo domani...»

«Certo, signora. Ma non pensi a sua madre, adesso: cerchi di fermare l'attenzione a se stessa, a questa stanza. Le pare somigli a una stanza di casa sua a Catania?»

«No. È vero, no».

«Non si spaventi cosí. Piano, dunque: sua madre fece le valigie e poi partiste. Non si ricorda di un treno?»

«Oh sí, e la mamma portò anche delle uova sode per il viaggio e del pane e... No, il caffè no. Non c'era molta roba, e il caffè non si trovava: c'era la guerra. La mamma lo desiderava tanto. Io non capivo che senso avesse quel desiderio. Non avevo mai bevuto caffè, credo».

«Bene, signora. Prendeste quel treno e arrivaste a Roma, e poi?»

«Ah! Sí, feci l'esame all'accademia. Sí, avevo la febbre a quaranta quella mattina. A Roma faceva tanto freddo. Venni ammessa lo stesso, con la borsa di studio, sí, ma...» Sentii quagliarmi il sangue in grumi di ghiaccio. Non dovevo parlare: ancora non sapevo se la «o» di borsa è aperta o chiusa. Non devo parlare. Si può accorgere che so pronunciare solo macchinalmente: che le parole di quella breve scena... (già! la vecchia pazza della *Pesca* di O'Neill). Se se ne accorge, ritorna sulla sua decisione di confermarmi la borsa di studio, e me la toglie. Lui comanda qui. Passerò per scortese, ma non devo aprire bocca. «Bene, bene, ragazzina: hai fatto dei miracoli. È incredibile! Brava, la borsa è confermata. Be', non dici niente? Puoi essere contenta...» Quel padrone taceva, con un occhio mi fissava e con l'altro spiava fra i visi in silenzio, in attesa rispettosa dietro i tavoli. Era il padrone, e si vedeva da come lo guardavano, e lui aveva occhio per tutto. («I padroni hanno cento occhi»). Aspettava una risposta, ma non potevo ringraziare. La «e» di *sono contenta* è aperta o chiusa? Potrei dire sono emozionata, ma le «o» di *sono emozionata* erano chiuse o aperte? Non devo aprire bocca.

3.

Avevo fatto bene a non aprire la bocca, anche se ero passata per ingrata e scortese davanti a questo signore distinto e senza età. («Tutti i padroni sono senza età, sono antichi quanto il potere»). Mi sta fissando immobile. Aspetta e guarda con cento occhi. Mi spia e intanto controlla gli angoli bui della stanza. Il letto grande c'è, ma non c'è piú il comò con lo specchio sbrecciato. Quella padrona ogni giorno toglie qualche cosa. Noi, la stanza, l'avevamo affittata ammobiliata. Eppure. Paghiamo cosí poco, e tutto aumenta giorno per giorno. Che si può dire? E poi non importa per quello specchio. Non ne ho piú bisogno per controllare la bocca: ormai so come aprire queste maledette cerniere, e non mi fanno piú tanto male. Il letto grande c'è. Maria deve essere fuori a fare la spesa.

«Brava, signora. Sí, la borsa di studio è stata confermata». Perché insiste tanto su quel *signora*? Mi innervosisce. La borsa è stata confermata, ma solo perché ero stata furba, e non avevo risposto, a quest'uomo serio e distinto. E adesso devo leggere bene. (No, non bene bèèène, non si sa mai. «I padroni sono capricciosi»). Devo leggere bèèène!

«Fa molti progressi signora, ma deve sforzarsi un tantino di piú. Dunque, vediamo: la borsa di studio è stata confermata e adesso lei pronuncia bene tutte le parole. È veramente stupefacente. Ha perduto la minima sfumatura di accento siciliano. Perfino io che sono siciliano non sento, né un'inflessione, né...»

«Perché non apre le cerniere? Se vuole, le insegno».

«Certo signora, grazie. Gliene sarei grato, ma dopo, dopo. Adesso dobbiamo occuparci di lei e solo di lei». Occuparsi di me? Che significa? Basta che mi abbia confermato la borsa di studio. Perché occuparsi di me? A quello ci penso io. Parla. Già! È siciliano. Non apre le cerniere. Non me ne ero accorta prima, forse perché non aveva mai parlato con me prima: lui era il direttore e non parlava. Ascoltava: e ora si vuole occupare di me. «Tra siciliani si aiutano sempre»: meglio cosí. Lui è potente. Devo accontentarlo e leggere bèèène.

«Bene. È molto brava e coraggiosa. Dunque, vediamo un po': ora che lei pronuncia bene le parole, vediamo un po'... mi dica, mi racconti. Lo sa che lei racconta molto bene? Mi dica un po', dopo che avvenne? Che ruolo scelse per il saggio finale? Si ricorda? Cerchi di ricordare. È molto importante per noi, ora che leggiamo cosí bene, ricordare».

«Sempre la vecchia pazza della *Pesca* di O'Neill. Erano tutti cosí entusiasti di come sapevo fare la pazza. Io non so perché, ma i pazzi li ho sempre capiti. O meglio, ho capito fissando una pazza che ho conosciuto. Di solito gli attori strabuzzano gli occhi, si agitano... Stava, questa pazza, immobile, con lo sguardo fisso sempre a un punto, mettiamo cosí alla sua fronte o alle sue mani, non in viso come i sani di mente – e muoveva la testa, la oscillava come a seguire un ritmo, interno. È sufficiente che questo movimento oscillatorio sia sempre uguale, meccanico, come... come si chiama... sí, come si chiama quell'apparecchio che sta sul pianoforte per scandire il tempo? Nella stanza del pianoforte ce n'era uno, si ricorda?»

«Il metronomo. Lei studiava il pianoforte?» È vero: studiavo il pianoforte. «Sí, e anche l'arpa, mi piaceva molto l'arpa. Mi piaceva perché non è come il pianoforte che lo possono studiare tutti, anche le persone stonate. L'arpa se non hai un orecchio perfetto non ne cavi niente, neanche le note, è ancora piú difficile del violino».

«L'arpa! Molto grazioso. Avevate allora anche l'arpa?»

«Anche un violino. Magari non c'era da mangiare ma per mia madre e per mio padre quelli erano, come diceva Ivanoe, scherzando, "cibi di prima necessità". Ivanoe era stonato, ma sapeva suonare lo stesso. Tutti a casa studiavano qualche strumento.

Libero suonava il violino, il mandolino, la chitarra, il tamburello: suonava tutto. Anche i bicchieri e le forchette. A tavola riusciva a creare dei suoni, dei ritmi come quelli della musica giapponese. Aveva un grande talento per la musica. Peccato che andò in guerra e non poté piú continuare a studiare, a suonare. Chissà perché mi viene da piangere a pensarci...»

«Forse, perché non pensava a lui da tanto tempo, signora».

«Già, deve essere cosí. Lui andò in guerra e io mi ruppi il braccio e non potei piú essere agile come prima. Smisi di esercitarmi con lui: tanto sarei rimasta una dilettante... Detesto i dilettanti».

«Lei è un po' troppo severa. Sua madre era severa? Ma non è questo che ci interessa sapere ora. Tutto questo avvenne tanti anni fa, in Sicilia, adesso è Roma che ci interessa. Lei è a Roma e si prepara per il saggio finale, è su questo che dobbiamo concentrarci. Mi dica di quella pazza. Mi stava dicendo, mi pare, che erano entusiasti di come lei la imitava...»

«Sí, loro erano entusiasti, ma non era difficile, gliel'ho detto. Bastava oscillare la testa da un lato all'altro, cosí. Loro si meravigliavano, ma io avevo visto una pazza e l'avevo studiata molto... No, non ricordo dove... non ricordo...» Perché faceva tante domande? Che gliene importava? «No, non ricordo dove la vidi, ma ebbi tanta paura: mi pare che non dormii per mesi. La vedevo sempre...» Con terrore vidi la stanza spalancarsi in corridoi bianchi dove file di donne correvano mute sbattendo alle maioliche bianche dei muri. Mi spingevano e mi tastavano il viso con mani gonfie e sudate. «No signora, si calmi, lasci stare, non ci pensi piú. Non pianga cosí. Non importa dove l'ha vista. Sarà stato un sogno. È stato sicuramente un sogno. Non pianga. Mi dica invece di...»

«La mamma è a fare la spesa, vero?»

«Sí, signora».

«E perché non torna?»

«Verrà presto, si rassicuri. Mi dica, piuttosto, lei andava all'accademia e sua madre faceva la spesa, e cucinava anche?»

«Sí, molto bene. Avevamo l'uso di cucina e lei cucinava. Dovevamo risparmiare. Non so come riuscisse a farmi da mangiare. Dovevamo farcela solo con la borsa di studio. Settecentottanta lire al mese era poco per due. Tutto rincarava. Già...»

«Come, signora? Già, cosa?»

«Sí, mio padre è stato arrestato. Il telegramma, ieri, diceva cosí. L'ho letto sulle scale; diceva: Peppino arrestato non contate piú su nessuno aiuto. Sulle scale ebbi una paura cosí terribile che dovetti sedermi sui gradini. C'erano sei piani da salire. Non c'era l'ascensore. Avevo paura di dirlo a Maria, ma quando mia madre lesse il telegramma mi passò la paura. Anche se non capivo, le sue parole mi rassicurarono».

«Cosa disse?»

«Disse: "Bene Goliarda, è proprio la fine. Se arrestano tutti, è perché sanno che è la fine e si incarogniscono come tutte le bestiacce che capiscono di essere condannate a morte. Non ti preoccupare. Ce la faremo con la tua borsa di studio, e, se si farà un po' di fame, sarà condita dalla gioia di vederli affogare nel terrore che hanno seminato. Vedrai che non avranno nessuna dignità. Sarà uno spettacolo divertente"».

«Ah sí? Disse proprio cosí? E dopo? Dopo cosa avvenne?»

«Ma lei lo sa! – Perché mi chiedeva quello che già sapeva? – Lo sa: è venuto a trovarmi quando ero in prigione. Lo sa. Arrestarono anche me, e mi torturarono come papà... no, non proprio come lui. Lui lo picchiavano, a me mi mettevano sotto una macchina che mi faceva sbattere contro dei ferri aguzzi. Vede come sono ancora piena di lividi? E poi mi immergevano nell'acqua calda. Ma io non ho parlato. Non vi ho traditi. Avevo tanta paura quando Citto veniva a trovarmi. Ma non mi preoccupavo di quella paura. Papà mi aveva detto che anche lui aveva paura, ma questo non gli aveva impedito di non tradire nessuno... "Tutti abbiamo paura, Goliarda. Ma col tempo si impara a vincerla": è proprio vero. E quando Citto veniva, facevo finta di non conoscerlo come Peppino aveva fatto con i suoi compagni. Lei è un compagno, vero? L'ho capito subito, quando Citto la portò nella cella. Anzi, mi scusi se allora non le dissi niente: ma volevo essere sicura. Ma perché, se è un compagno, mi chiama signora? Mi scusi, ma glielo devo dire: questo mi ha sempre insospettito».

«Già. Cercherò di spiegarglielo. Io faccio un mestiere che... Sono medico, e cosí, frequentando per ragioni di lavoro persone di tutti i ceti e di tutte le ideologie, sono costretto a dare del lei. Non è come voi che, vivendo in un ambiente piú spregiudicato, potete...»

«Fa il medico dei bambini?»

«In un certo senso, sí».

«Deve essere bello. Anch'io volevo fare il medico dei bambini, ma a scuola dormivo sempre. Come siete riusciti a tirarmi fuori?»

«Be', Citto è stato molto abile».

«Citto è un compagno fedele».

«Ma anche suo marito signora, non si ricorda?»

Mio marito? Io non aspettavo un marito. Non ero una donnetta e per questo il sangue coi dolori a me non veniva: quell'uomo medico, o compagno che fosse, mentiva. Era un bugiardo. Non dovevo vederlo piú, e glielo dissi. Non dovevo vederlo piú! Io non ero una donnetta e non avevo bisogno né di lui né di nessuno. Come si permetteva, con quel signora e signora, quei baciamani, quell'aria distinta, di insinuarmi quelle cose! Citto era un mio compagno e: «Vada via! Le ho detto di andare via!» Lui andò via, ma l'indomani si presentò col giornale e con le parole incrociate. Era veramente un tipo strano. Voleva adesso far le parole incrociate insieme: volevo cacciarlo via ancora, ma quella mattina il lenzuolo macchiato di sangue mi fece vomitare lí sul letto: e poi lavai la camicia e i lenzuoli. Era la seconda volta che veniva quel sangue, e mia madre mi aveva assicurato che non era una cosa cosí terribile – la natura, è bello essere donne, essere donna non voleva dire essere una donnetta: piangendo come la prima volta, non era valso a niente allenarsi con Carlo su in terrazzo con corda e guantoni: non era valso a niente: mia madre aveva ragione: ero una donna e Citto non era solo un compagno.

«Stiamo insieme da sedici anni, dice?»

«Sí, signora».

4.

«Ne è sicuro?»

«Certo, signora. Da sedici anni».

«Ma io non ricordo quando ci siamo sposati. Ho cercato nei ricordi tutta la notte: non ricordo nessuna cerimonia, nessun...»

«Si calmi, signora. Non si sforzi cosí. Lei la notte deve dormire. Lasci che i ricordi vengano piano piano. Lasci che io l'aiuti: cosí lei si massacra. La notte deve dormire. Abbia la bontà di lasciare a me il compito, di giorno, di farle ricordare. Lei non può ricordarsi di nessuna cerimonia, perché nessuna cerimonia c'è stata. Non siete sposati in quel senso; ma vivete insieme come marito e moglie». «... *vivete insieme come marito e moglie...*» Adesso Iuzza, noi ci sposiamo e vivremo insieme, per sempre, come marito e moglie. *Adesso tu fai il maschio e io la femmina... Ma io non so fare il maschio, Nica: non ti arrabbiare.* Non era arrabbiata e fece il maschio sempre lei. Non era arrabbiata, rideva dicendo: «Sei troppo buona, Iuzza, troppo buona: morirai presto come Goliardo, o andrai in prigione».

Oh, meno male: in quella prigione mi devono aver fatto qualcosa che mi ha fatto perdere la memoria. Sono bene attrezzati e progrediti, questi fascisti. A furia di scimmiottarli, hanno imparato parecchie cose dai loro amici nazisti. Meno male! Temevo di scoprire, non solo che mi ero sposata, ma che mi ero sposata anche in chiesa, magari con velo bianco, benedizione e tutto. Non si sa mai. Parecchi amici miei, *ribelli*, lo hanno fatto con la scusa della mamma che muore di crepacuore, il nonno, lo zio, il portiere, che so io! Aveva proprio ragione il professore Jsaya. Siamo la generazione del fascismo. Giulio dice la generazione d'oro: io dico la generazione di merda. Il ventiquattro: mi sono ricordata che sono del ventiquattro come diceva il professore Jsaya: «Eh, Goliarda, non si sfugge a essere nati nel ventiquattro. Meno male».

«Ma è proprio cosí convinta che se vi foste sposati come tanti, magari soltanto al municipio, sarebbe stato un guaio cosí grosso, signora? Non le pare di esagerare un po'? A me sembra che forse le avrebbe dato un senso maggiore di sicurezza, di protezione. Lei è una donna, signora, anche se per anni si è allenata alla boxe con suo fratello...»

«Ma che dice? Ma chi è lei? Lei non è un compagno, se parla cosí. Non ci si deve sposare, finché non ci sarà il divorzio. Non si devono accettare queste leggi barbare».

«Queste erano idee di sua madre?»

«Queste sono idee di mia madre. Perché dice erano?» Era proprio strano quell'uomo, senza età e composto. Cosí composto che... Troppo composto! Dovevo diffidare. Che sia uno che fa il doppio gioco? C'è qualcosa che non va: porta la fede. È sposato, e anche in chiesa magari. Devo diffidare: ho già parlato abbastanza con lui.

«... Buon giorno signora. Finalmente la vedo in piedi. Mi fa piacere, proprio piacere».

«Non sono in piedi. Sono seduta. Mi devono aver crocchiata proprio per bene in quel carcere. Non sto in piedi».

«Ma seduta, vestita: è già un progresso. Dunque, non mi dice niente oggi, signora? Lo sa che è un piacere la sua conversazione? Racconta molto bene». Eh! Lo credo bene che gli piace quando parlo! Devo diffidare. Chissà cosa pretende che io spifferi. Ma se sto zitta, si insospettisce: l'unica cosa è parlare di cose frivole. Ma lui non parla: è furbo.

«Come lei sa, studio per diventare attrice: cosí è logico che almeno so parlare. A furia di imparare a pappagallo tutti quei discorsi, anche se non sei molto intelligente o spiritosa, qualche briciola degli altri ti resta sulla lingua, e la puoi far passare per tua. Ma vedo che lei crede nel sacramento del matrimonio: vedo che porta la fede. Anche questo, oltre i suoi *signora* e *bacia-*

mani, lo fa perché è medico? Ne è costretto dalla sua professione di medico? Mi pare che lei sia costretto da parecchie cose».

«Bene, bene. Vedo che comincia a ricordarsi delle nostre conversazioni, e di quello che le dico. Bene».

«Certo che mi ricordo. È stato ieri che mi ha detto della sua professione».

«No, signora, non ieri: tre mesi fa».

«Tre mesi fa? E lei, è venuto spesso in questi tre mesi?»

«Tutti i giorni, meno il sabato e la domenica».

«Ma io... mi ricordo solo di due, tre volte. E perché tutti i giorni?»

«Suo marito mi ha chiesto di occuparmi di lei».

«La finisca per piacere di chiamarlo cosí, e si levi quella fede. Mi fa schifo! E poi perché lei si dovrebbe occupare di me? Non sono una bambina!»

«In un certo senso, diciamo temporaneamente, sí».

«Non voglio piú parlare con lei! Non credo che Citto le abbia dato questo incarico, e senza chiedermi se ero d'accordo o meno. Quando torna glielo chiederò. Vada via».

Andò via. Andava via sempre quando glielo chiedevo, e anche se glielo gridavo in malo modo non si offendeva: non sorrideva, né dava mai in altro segno cattivo. Non sorrideva, ma si vedeva che non si offendeva. Chi era, e perché non si offendeva? Cosa era successo in quella prigione? Mi avevano fatto qualcosa che mi aveva fatto perdere la memoria: era chiaro ormai. Non sapevo a chi chiederne. A Citto non osavo. Forse mi avevano rovinata per sempre. Anche Caggegi, quando uscí dalla pensione Iaccarino rimbecillito, non si riprese piú. Mi avevano rovinata per sempre, come lui, e quel signore medico doveva essere una specie di aguzzino. Speriamo che non si sia offeso: e che torni domani.

Nessuno rispondeva, parlavano sempre loro, e sempre ad alta voce, ed erano cosí alti... Solo il professore Jsaya rispondeva alle mie domande, solo a lui potevo domandare. Speriamo che non si sia offeso e che torni domani. Citto, anche lui prima rispondeva alle mie domande, ma ieri, quando gli ho chiesto se era vero che stavamo insieme da sedici anni, era scoppiato a piangere. Cosí non potevo piú chiedergli niente. Dio, come aveva pianto! Che mi avranno fatto? Io devo studiare il monologo della *Pesca*. Ho poco tempo. C'è poco tempo per l'esame finale. Si sentiva nell'aria che c'era poco tempo. Si sentiva nell'aria, fatta improvvisamente calda, febbrile, che si stava uscendo da quel lungo inverno insonne di aule e pedane polverose. Quel lungo inverno finiva: si avvertiva dalla luce che si faceva sempre piú persistente, dal cielo che si faceva sempre piú alto e lucido. Il cielo di Roma alto e senza peso: non sapevo che il cielo potesse essere cosí leggero, che fosse cosí facile portarlo sulle spalle. Il cielo del Nord. Il glicine nel giardino dell'accademia, dove si usciva nei dieci minuti di pausa fra una lezione e l'altra, era fiorito in una notte: in una notte era uscito dalla crudeltà dell'inverno. La polvere delle pedane, il profumo polveroso del glicine, mi entrava in bocca dolce e amaro mentre parlavo con Silverio, Vittorio, Tonino, Valeria. Chissà se studiava ancora il pianoforte Valeria? Mi entrava in bocca il profumo asciutto di cipria, di quei fiori: (Roma era piena di quei fiori) mi entrava in bocca e aveva un buon sapore sconosciuto come quelle *o* aperte e quelle *o* chiuse e lunghe come il colore e il profumo di quei fiori romani. Potevo assaporarlo ora, potevo parlare. Avevo sempre un po' paura, ma le poche parole che mi servivano per rispondere agli amici le sapevo pronunciare. Avevo poco tempo per perfezionare quel monologo – e se mi hanno fatto perdere la memoria con quelle torture, come faccio a recitare? Io sono un'attrice, e un'attrice senza memoria non può piú essere un'attrice. Per un'attrice la memoria è la dote essenziale. «Un'attrice, signorina Sapienza, può avere talento, fantasia, bella voce, bel portamento, ma se non ha memoria è meglio che non cominci nemmeno in quest'arte. E non solo la memoria delle parole: deve avere memoria dei visi che ha visto, delle espressioni che ha notato; bisogna spiare tutti e tutto: anche la gente che si incontra sul tram. Vedere e incamerare, mettere da parte, dentro di sé, tutte quelle espressioni e gesti. Come si parlano quegli innamorati, come piange quella vecchia alla stazione salutando – per poi ritirarli fuori al momento e rifarli, copiarli cosí come si sono visti». Cosa m'hanno fatto? Chi mi diceva tutte queste cose? E come faccio a ricordare, a recitare, se non ricordo il viso di chi mi parlava cosí? Come faccio a ricordare se non ricordo la sua espressione?

E tutti questi vestiti? Citto ha detto che sono miei. Non li riconosco. Ieri avevo una gonna marrone e un golf grigio e non portavo questi tacchi alti: anzi, per non portare le scarpe ortopediche che si usano oggi, proprio ieri mi sono comprata un paio di scarpe da ragazzo. La misura di un ragazzo di dodici anni e a tutti, in accademia, sono piaciute. Non so però come ho potuto comprare tutte queste sete con sole settecentottanta lire. Basta. Devo ricordarmi tutte le parole di quel monologo. Non c'è tempo: fuori, l'aria è impaziente, febbrile, in attesa. Il cielo alto, leggero. L'aria e il cielo libero e profumato. Il profumo di Roma: il profumo di quel giorno viola, vibrante. Il profumo del saggio finale.

5.

... cercando di ricordare mentalmente le prime parole del monologo e la loro pronuncia esatta, il resto sarebbe venuto da sé: lo sapevo: confortata dal rumore ovattato, come un ansito profondo, sotterraneo, della folla dietro il sipario ancora chiuso. Finalmente un pubblico, un teatro vero, dopo quell'anno di pedana mortificante. Mia madre era tra la folla. Non c'era piú pericolo per la borsa di studio, ma io dovevo essere piú che brava. C'erano i critici, gli attori piú importanti del continente, e se qualcuno mi avesse notata avrei potuto entrare in una vera compagnia, da professionista. Ormai sapevo parlare, e con quella borsa di studio solamente la fame era diventata insopportabile. Maria dimagriva, e non aveva piú un libro da leggere: aveva letto anche i gialli del figlio della padrona di casa che marcivano nella polvere di quel corridoio buio fra soldatini di piombo e bomboniere intoccate, coi loro confetti di cerimonie e cerimonie di stracci e senza gioia. Dovevo essere notata e guadagnare per lei. Il fascismo non cadeva e Peppino dal carcere non scriveva piú, forse lo avevano ucciso. «Non sappiamo piú niente. Quando lo hanno fatto uscire nel cortile per l'ora d'aria la prima volta, tutti i detenuti comuni che lui aveva difeso un tempo e che andava a trovare mentre io lo aspettavo seduta nel giardinetto davanti al carcere, avevano cantato per lui l'*Internazionale*, urlando e gridando tanto che non lo si vide piú neanche nell'ora di passeggiata. Dopo non ne abbiamo piú saputo niente». Niente. L'avevano ucciso di sicuro. Tremando per quella sicurezza che lievitava nel mio sangue, fissai un punto indefinito ma preciso della platea e cominciai quel tentennare del capo che aveva quella pazza: quel tentennare continuo, preciso e monotono appena accennato si trascinò dietro un applauso lungo, compatto, di tutta la platea. Maria commossa si avvicinò tra i visi che mi si porgevano per congratularsi. *Si avvicinava, fissava un punto indefinito ma preciso sulla mia testa: gli occhi infossati senza orbite, sbriciolati nella fronte e le tempie ossute e gonfie di serpenti agonizzanti: oscillava la testa, ora senza guardarmi dal fondo del corridoio bianco di maioliche, tappezzato di corpi e visi contorti di donne dalle bocche spalancate, dalle gambe divaricate, le mani annodate in cento nodi una alle altre, i capelli morti e frementi come fili ad alta tensione. Mi parlava, ora: «È inutile che lei continui a venire qui a raccontare bugie pietose. Non ho bisogno di conforti inutili, ingannatori. Goliarda è stata presa dai fascisti come Licia, Olga, Ivanoe e la stanno torturando, lo so. Vada via. Cosa crede di fare? Non ho bisogno delle sue bugie pietose, della sua falsa compassione. Dica, è pagata bene per fare questo lavoro di conforto? Lo spero per lei, non deve essere un lavoro divertente, ma non ne ho bisogno: non temo la verità. È la verità che voglio. Solo quella voglio. Vada via!»*

«Ma mamma, sono io, Goliarda. Sono qui: non mi vedi? I tedeschi non mi hanno presa. Il fascismo è caduto e i tedeschi fuggono da Roma, non senti le ruote dei carri armati che scappano a nord?»

«Non sia sciocca, lei non è Goliarda. Goliarda non piange mai e non ha quegli occhi lagrimosi e melensi. E questo è il rumore delle bombe americane. Goliarda la stanno torturando nell'altra cella. Non sente come grida? Tutta la notte ha gridato cosí. Morirà. Ma anche loro moriranno sotto le bombe degli alleati. – Oscillando il capo e fissando un punto indefinito e preciso sulla mia testa si avvicinava, la bocca sfrangiata da un sorriso umile, spalancata dai denti ossidati, dal fiato arso dell'ossessione: – È colpa mia se il fascismo ha mietuto tante vittime e se Goliarda, Licia, Olga sono morte. Non sono stata abile abbastanza per ucciderlo, quel traditore. Dovevo ucciderlo subito, quella sera stessa, appena pronunciò quel "chi mi ama mi segua", ma il compagno Carlo Civardi passò dall'altra parte, e gli si mise a fianco, e la mia attenzione fu presa da questo tradimento che non credevo possibile in quell'uo-

mo leale, nel padre dei miei figli. Il tradimento si annida nel tuo uomo, nei tuoi figli, in lei, in me. Non sono stata abile abbastanza e ora mi punisco. Non tocco cibo ma solo merda. È la mia punizione, fino a quando, piena di merda, mi daranno in pasto ai gatti. Vede quanti ce n'è nel cortile?» Mia madre si avvicinava ora tra la folla, e sorridendo del suo vecchio sorriso ironico e fiducioso: «Sei stata brava Goliarda. Sei una vera attrice. Tutti lo dicono. Tutti lo dicono».

«Racconta proprio bene signora, è un piacere stare ad ascoltarla». (Chi era quest'uomo?)

Sí, il fascismo era caduto e io avevo imparato quell'oscillare ritmato e sempre uguale dalla testa di mia madre.

«Mi dica la verità, cosa è successo? Mi dica la verità. Io non ho paura della verità. Il fascismo è caduto e allora perché quelle torture? Mi dica la verità. Sono stata rinchiusa perché ero pazza? Pazza come mia madre? Mi dica la verità».

«No, signora, si rassicuri. È solo stata molto malata». Molto malata. Perché Citto adesso mi guarda col viso che avevo io quando andai a trovare la prima volta mia madre in quella clinica? Mi guarda nello stesso modo e gli fiorisce fra i lineamenti quel sussulto sbiancato che suscita la vista della pazzia. Mentono per pietà, sia lui che quel medico. Mi guarda col mio viso d'allora, in quella clinica fuori Roma, e sicuramente adesso che si è alzato ed è uscito dalla porta a precipizio, correrà per le strade piangendo: senza autobus, dovrà fare chilometri e chilometri a piedi piangendo per arrivare all'accademia e quando sarà lí, non potrà aprire bocca e continuerà a piangere davanti a tutti e lo cacceranno via. «Ma cosa è successo, signorina Sapienza, che non ricorda le battute? Sta male? Vada, vada fuori a prendere un po' d'aria. Signorina Curci, l'accompagni per piacere...» No, non mi avevano cacciata via, ma rischiavo ogni giorno di essere cacciata.

Ma Citto non deve rischiare. E se sono stata pazza: anche se adesso sto meglio: riavrò un altro attacco. Sapevo, riaccompagnando Maria dentro quei cancelli, che m'ero illusa: non si sarebbero spalancati piú davanti a noi con le loro fauci contorte e affamate. Dio! Quante volte l'avevo accompagnata, con gli arti contorti in un ammasso pesante e rigido, annodati dall'ossessione come il ferro di quei cancelli, e quante volte l'avevo vista uscire di là col suo passo di un tempo, lento e morbido, e il sorriso ricomposto, ironico e dolce. Ma non speravo piú: ormai sapevo, e non restava che aspettare. Spiavo giorno per giorno, ora per ora. Quei lineamenti pacificati in onde calme di bonaccia nascondevano sferzate di libeccio: sapevo che presto si sarebbero scomposti: non mi facevo ingannare piú dalla loro quiete: sapevo che sarebbero stati frantumati dalle plumbee raffiche della follia. Non riuscivo piú a imparare a memoria quelle parole che, ora, spiando, aspettando lo scomporsi di quel viso, mi restavano in bocca come cibo senza sale impossibile a inghiottire o a vomitare...

Ero stata pazza: era chiaro: ma non avrei piú subíto quelle torture che dicono possano guarire e che invece distruggono lentamente, slabbrano i tessuti e il pensiero, solo prolungando l'agonia. No, non le avrei piú subite e non avrei piú fatto subire a Citto chissà quale volto distorto che aveva dovuto fissare. Non doveva piú correre per le strade piangendo. Ma ora, mi guarda come io guardavo mia madre.

Non potevo sopportare quello sguardo. Dovevo sparire.

6.

E per sparire, sottrarmi al nuovo attacco che sicuramente sarebbe venuto, dovevo raccogliere la sera quelle pasticche che mi davano per dormire. Era facile: le facevo scivolare sotto la lingua, fingevo di ingoiarle e, spenta la luce, era facile raccoglierle e nasconderle. Al buio le facevo entrare nella custodia del libro che stava sempre sul tavolo sotto la fronte serena e confortante di Čechov. Restava l'amaro di quelle piccole pillole bianche in bocca, ma la fronte sorrideva, proteggeva la salvezza. Ci voleva del tempo: una notte, due notti. Contavo le notti e le pillole: «Su, brava signora, vogliamo contare da capo? Uno due tre quattro cinque, e cinque piú cinque quanto fanno?» Čecov nascondeva cinque pillole, cinque notti ancora cinque notti e sarebbero state... «Dieci».

«Bene, fa dei progressi straordinari». Dieci notti dieci pillole, ma ci voleva troppo tempo. Se almeno avessi potuto uscire; ma avevo le gambe troppo magre: non mi reggevano in piedi. «Bisogna fare qualcosa. Dimagra troppo 'sta carusa; è pelle e ossa 'sta carusa. Bisogna fare qualcosa». Suor Maria si piegava su di me: era piú bella di Licia, e anche di Greta Garbo: mi teneva il collo, e la luce azzurra del sole artificiale era proprio come il sole vero. Erano strani quei grandi: prima mi avevano schiacciato sotto la macchina che s'abbassava dal soffitto, e ora mi tenevano sotto quel sole che guariva, o mi rinforzava a loro piacimento. Dopo, quando fossi stata piú forte mi avrebbero riportata in quello stanzone immenso e mi avrebbero schiacciata un'altra volta. Si divertivano, come Lino. *«Vieni giochiamo al medico e all'ammalata... adesso tu ti stendi... aspetti un bambino e io te lo faccio uscire da sotto la gonna... levati le mutandine... non sai da dove escono i bambini?»*

«Certo che lo so, dall'ombelico!»

«Scema... altro che ombelico: guarda». La bambola usciva da sotto la gonna. «È malatissima sua figlia, signora: bisogna operarla immediatamente...» col coltello tagliava ora la pancia, e ne tirava fuori fili e fili. «Ecco gli intestini: bisogna tagliarli... Ed ecco il cuore...» Tremando gli volevo strappare quel cuore lucido che schiacciandolo diceva mamma mamma. Ma lui, ridendo, con uno spintone mi fece cadere contro la porta: «Scema... femminuccia... se continui a piangere opero pure te!...»

«Iuzza, scendi a giocare?»

«No, non voglio farmi operare».

«Non ti voglio operare. Ti voglio dare la bambola. L'ho risanata: guarda». Infatti, la pancia era cucita, ma quando la presi fra le braccia non diceva piú mamma.

«Ma non parla piú!»

«Certo, dopo un'operazione c'è sempre qualcosa che non va a posto. Vieni, dammela: vediamo se con un'altra operazione...» Gli strappai la bambola dalle mani e corsi in camera mia: ma lui le aveva già spaccato la pancia con le unghie e gli intestini e il cuore muto saltarono fuori: era morta. Non volevo vederlo piú. Lino era cattivo come i grandi. Eccolo che mi chiama dal cortile. Ma quello non è il cortile di via Pistone: non ci sono i bassi al posto delle pile per lavare: ci sono alberi, aiuole. Allora non sono nata nella Civita, non sono una *intranghiti*. A chi posso chiedere?

«Professore, scusi, sa se sono nata in via Pistone numero venti?»

«Buon giorno, signora, come sta? La vedo turbata. Come mai mi chiama professore oggi?»

«Non si chiama Jsaya?»

«No signora, io non sono un professore: sono un medico ma... mi dica, mi interessa, mi dica, chi era questo professore Jsaya?» Già, lui è il medico dei pazzi e non il professore Jsaya.

«Era il mio professore, mi dava lezioni private e gli volevo chiedere... vede... Mi sono ricordata di una casa con un giardino: temo di non essere nata nella Civita, perché quando Lino mi chiamava per giocare ero molto piccola... Per me è importante sapere, io sono una *intranghiti*? Mi scusi, ma devo informarmi, chiedere...»

«Ci informeremo. Non si preoccupi. L'aiuterò. Cerchi di ricordare: sono qui per aiutarla».

«Quando i miei fratelli mi volevano far piangere per mostrare come ero sensibile ai loro amici, o mi cantavano *mamma mormora la bambina*, sa quella canzone? O, senza guardarmi, cominciavano a parlare di me, di dove ero nata, Libero diceva: "Come non lo sapevi? Sí, Iuzza è nata a Carrupipi"; e Carlo rispondeva: "Ma no? Non è possibile! Non è possibile! Meno male che non lo sa nessuno, sarebbe una vergogna per la nostra famiglia..." – io naturalmente mi mettevo a piangere e a gridare. Ma era uno scherzo, me lo disse Licia raccogliendomi da terra, e cacciando Carlo e Libero e i suoi amici dalla stanza. Quando qualcosa non andava mi buttavo in terra: mi pare di non avere fatto altro da ragazzina. Buttarmi in terra e piangere. Poi qualcuno mi rialzava e io mi ributtavo in terra. Non ho fatto altro. Anche con Citto. Deve essere stato un mese fa: non qui... Dove eravamo? Mi buttai in terra... ha ragione eravamo in un albergo e dormivamo insieme e lui mi disse... no, non che ero di Carrupipi: mi disse... non mi ricordo. Ma cosa facevamo in quell'albergo?»

«Forse ci siete andati per lavoro. Lei lavora con suo marito, signora. Non si ricorda? Non si preoccupi cosí. Mi dica invece perché sentire di esser nata a Carrupipi la faceva piangere?»

«Non lo sa? Carrupipi è Caltagirone, dove è nato Scelba: è il paese dei preti e dei *cantri*, quindi gli abitanti sono tutti figli di *parrini* e petono sempre. Ma era uno scherzo». A chi potevo chiedere? Questo era un medico: il professore Jsaya non lo conoscevo ancora. A Nunzio, forse, seduto nell'anticamera col suo stocco: certo:

«È vero che sono nata a *Carrupipi*?»

«Ma che dici, Iuzza! Quelli sono tutti figli di parrini! E anche se si sono cambiati il nome della città non sono riusciti a fare piazza

pulita di tutti i preti che crescono in quei paraggi come il papagno, e sempre cantri fanno...»

«Ah meno male! Ma prima di qua, io mi ricordo una casa con un giardino: non è che sono nata là?»

«Ma che dici! Tu sei una vera intranghiti *come Goliardo e tutti noi. Anzi, piú di noi, perché sei nata in piazza Cappellini, in quella villa davanti alla pescheria. Ti ricordi? Un giorno di questi ti ci porto. Hai imparato a camminare in mezzo ai pescatori. Quella casa col giardino era una casa dove Peppino andò per un po' di tempo dopo che nascesti tu. Ma non era posto per lui: lui voleva stare fra i suoi, e cosí comprò questa casa che gli si addice meglio, e dove i lavoratori e i clienti non hanno soggezione a entrare».* Non avevano soggezione a entrare, era vero. Dalla porta e dalla bussola spalancata entravano uno dopo l'altro uomini con la scoppola marrone e donne con gli scialli neri: e uno dopo l'altro si fermavano davanti alla bara ricoperta di garofani rossi. I ragazzi della sezione parlavano nella stanza del pianoforte e si passavano la bottiglia del vino. Nica piangeva in un canto. E quel prete di Carrupipi sicuramente voleva convincere Libero a far passare il funerale davanti alla chiesa del quartiere perché la bara sostasse un momento, un momento solo per la benedizione. Nica si fa il segno della croce. Libero si alza, afferra quel prete nero, e lo fa ruzzolare fuori dalla bussola di peso. E giú per le scale! Un applauso sbocciò dal silenzio della veglia come in un teatro. La fila di gente davanti alla bara applaudiva senza alzare gli occhi, solo qualche donna si fece il segno della croce.

«Dunque, signora, ha saputo se è nata nella Civita? La vedo piú sollevata».

«Sí, ma era una sciocchezza: solo che mio padre è morto, e fra qualche giorno dovrò andare a Catania per la vendita della casa».

«Bene. Come sta, signora? Ha pianto ancora: vedo che ha gli occhi rossi. È per suo padre?»

7.

«Per mio padre? No, perché dovrei piangere per lui? È morto come voleva. Noi Sapienza moriamo tutti giovani, di cuore, e questo è niente: ma mio padre era ossessionato, era forse l'unica paura che avesse, di restare paralizzato come zio Giovanni. Per dieci anni è rimasto su una sedia ad aspettare la morte. Come diceva zio Nunzio, noi Sapienza siamo gente d'azione e se ci manca l'azione è meglio morire. Anche mio padre mi disse, credo l'anno scorso, "Vedi Goliarda, se dovessi morire, preferisco morire in piedi; non per niente, ma io, anche se ho studiato, non sono un intellettuale, e su una sedia per dieci anni che farei? Non ho mai avuto il tempo di gingillarmi con un libro per il piacere di leggere". Un mese fa ricevetti una cartolina – chissà dove l'ho cacciata – c'era scritto: «fammi le congratulazioni, ho rubato sei mesi alla vita e al pessimismo iettatorio di un medico sciocco». Adesso ricordo, s'era fatto visitare in segreto, e il medico gli aveva detto che se continuava cosí poteva campare al massimo un anno, ma se cambiava vita, chissà! Forse dieci. Chi me l'ha detto? Ah sí, Libero al funerale era il solo che sapesse: e cosí è morto in piedi, come voleva; e ha anche rubato sei mesi alla morte. Perché dovrei piangere? È morto fra le braccia di una bella ragazza, in un albergo a Palermo, dopo aver fatto un bel discorso alla Camera. Libero e io ridevamo quando siamo arrivati a Palermo, davanti a quel poveretto incaricato di dettagliarci la morte. Imbarazzato e tutto rosso in faccia ci disse che era presente al momento del decesso una nostra cugina. Altro che cugina: Stava lí e piangeva come una vitella: era molto bella. È morto come voleva. Io gli volevo bene, ma lo odiavo anche».

«Lo odiava? Era sua madre che la spingeva, a questo?»

«Ma che dice? Mia madre non spingeva a odiare nessuno, solo i fascisti».

«Ne è sicura?»

«Senta, sicura o no, io mio padre lo odiavo, solo perché ho sempre avuto paura di somigliargli».

«E invece a chi voleva somigliare?»

«A nessuno. Volevo e voglio diventare un'attrice e col tempo incominciare a scrivere».

«Scrivere come sua madre? È sicura di non volere assomigliare a lei, a sua madre?»

«Sí, mia madre scrive, ma lei scrive di politica. Io voglio raccontare: è diverso». Somigliare a mia madre. Aveva capito qualcosa? Io non volevo somigliare a mia madre, ma purtroppo era chiaro che le assomigliavo se ero stata pazza come lei. Ma non avrei aspettato il secondo attacco. Ci voleva tempo, tanto tempo che il pavimento si spalancò in un abisso di notti interminabili di attesa, e io precipitavo in quell'abisso buio. «Non pianga cosí, si rialzi. Non ne parliamo piú. Vogliamo, adesso che abbiamo imparato a contare, scriverli anche, insieme, questi numeri? Si segga qui». Era meglio contare. Avevo parlato abbastanza. Dovevo contare di notte le pillole, e soprattutto non far capire a Citto e a quel signore che *sapevo*. Altro che medico dei bambini, medico dei pazzi era!

«Uno due tre, continui lei».

«Quattro cinque sei».

«E sei piú sei quanto fa?»

«Dodici».

«Bene. E questo che cosa è?»

«Un bicchiere».

«E questa?»

«Una sedia».

«Quante sedie ci sono in questa stanza?»

«Non sedie, poltrone vuole dire?»

«Brava, poltrone. Quante ce n'è?»

«Due». Nella stanza del sole artificiale c'erano due poltrone di pelle nera, e dopo avermi messo sotto la lampada che mi doveva irrobustire, per poi rischiacciarmi di nuovo sotto il lampadario, suor Maria si sedeva e mi guardava sorridendo. «Brava picciridda! Brava! Lo vedi che non fa male?» Aveva le pieghe della sottana candide come la neve, la neve che non avevo mai visto. Ne parlava sempre Maria. Tirava fuori delle piccole pasticche bianche. Sapeva che mi avrebbero schiacciata e conservava per me quelle pillole. La fronte di Čecov era candida come la neve. Un giorno l'avrei vista la neve di Maria. Sotto quella neve le pillole si accumulavano. Se almeno quel medico non fosse piú venuto, non avrei dovuto anche fare lo sforzo di mentire. Ma eccolo che sale le scale, eccolo che ricomincia con questa presa in giro dei numeri. Cosa sono tutte quelle macchie? Ogni giorno ne inventa una.

«Questo che colore è?»

«Azzurro».

«Bene, e questo?»

«Verde».

«Ma è bravissima. E questo?»

«Nero. Il colore dei fascisti. Non è che lei è o è stato fascista?»

«No, signora. Ho l'aria di un fascista? Mi dovrei offendere? Ma non ce la fa a offendermi: anche perché mi dà la gioia di constatare che parla dei fascisti al passato; il che vuol dire che si è ricordata che è caduto il fascismo. Non è cosí? Si è ricordata, ma non mi vuole dare la soddisfazione di farmelo capire. Ma non ce la fa. Io capisco». Capiva, e dovevo stare attenta.

«Lei non capisce niente. Ed è un bugiardo perché non mi dice la verità. Se crede che non mi ricordi che mia madre è al manicomio di nuovo a Catania e che devo partire per andarla a prendere, si sbaglia. Il papà è morto, ma lei sta meglio: cosí diceva il telegramma. È per questo che non si vede per casa… Si immagina che bella coppia faremo madre e figlia qui? Ma perché non mi dice la verità, una buona volta?»

«Lei mi deve dire la verità».

«Io non dico mai la verità».

«E allora perché la pretende da me?» Non si può pretendere

la verità, sempre. Come poteva dire che ero stata pazza? Anche io non dissi niente a Maria quando tornò a casa e mi chiese cosa era successo.

«Dimmi la verità, Goliarda: cosa ho avuto?»

«Diabete, mamma, diabete».

«Cosa ho avuto, Citto?»

«Intossicazione renale, Iuzza».

Ero stata pazza e dovevo fare presto. Ogni giorno aspettavo la sera. Quel sapore amaro in bocca: per contare le pillole e i giorni contavo i numeri, i colori: imparavo il nome dei fiori. Ce n'erano tanti, sotto lo sguardo di Enzo.

8.

Ce n'erano tanti intorno a quella piccola casa: prati sconfinati, degradanti come cascate giú a terrazze fino al mare, e dietro la casa su per quei gradini verdi su, su, fino alla grande mammella serena e mozzata di Sant'Agata posata sul vassoio d'argento della Sicilia. Ogni giorno sotto lo sguardo di Enzo imparavo i colori. «E questo che colore è, Iuzza?»

«Giallo».

«Che brava che sei. E questo giallo piú scuro come si chiama?»

«Girasole».

«Brava, vieni». Per mano, fra il grano spazzato dal vento che faceva delle onde alte come quando il mare si sveglia, mi conduceva tra le spighe, e mi raccontava dei colori: il rosso come sangue dei papaveri, il giallo chiaro delle margherite, il bianco trasparente dei papagni, diverso dal bianco vellutato dei mandorli, il giallo dei fichi d'India, il blu fondo dei fiori di carciofo. «Guarda il blu delicato del carciofo. E pensare che poi diventa cosí bruttino, povero figlio. Come me: lo sai che quando ero piccolo come te ero carino e biondo?»

«Ma tu sei bello, non sei un carciofo».

«Bontà sua, signorina Sapienza». Dovevo chiedergli come si chiamava quel fiore (rosso piú rosso dei papaveri) di quegli alberi alti. «Sono i fiori del melograno. Hanno il colore dei chicchi. Ti piace il melograno?» Sapeva tutti i nomi dei fiori e dei colori, e questo non perché lui era alto come Libero o Carlo: loro non sapevano niente di quei colori. Quando mi vedeva, si piegava sui ginocchi, e cosí lo potevo guardare nelle pupille. Era per questo che non mi faceva paura come Giuseppe o Nicola. Veniva tutti i giorni e io aspettavo paziente. Sapevo che dopo aver parlato coi grandi avrebbe parlato con me. «Come sta, signorina? È disposta a fare una passeggiatina con me?» Per tutta risposta gli mettevo le mani aperte sul viso, e lui non le levava spazientito come facevano gli altri. Lasciava che fossi io a toglierle. Sapeva che non avrei resistito a lungo all'assenza del suo viso nascosto dalle mie mani. Doveva essere un grande amatore. Io lo amavo molto.

«Lo amava, signora?» Avevo parlato forte. O quel medico dei pazzi mi leggeva nel pensiero come Ivanoe?

«Lo amava, signora?» vergognandomi allontanai le mani dal suo viso e mi accorsi che non era senza età e aveva le efelidi e sorrideva. Non avrei mai creduto che un medico dei pazzi potesse sorridere.

«Mi scusi. Non so quello che faccio».

«Piange? Non è niente. Il suo è il gesto tipico dei bambini quando cominciano a prendere contatto con il mondo esterno. Devono toccare per essere sicuri di possedere quello che vedono, e di poterlo allontanare se vogliono. Mi spiego meglio: nascondendo il viso del padre o della madre misurano la loro volontà sull'oggetto. Lo nascondono per essere sicuri che quando avranno deciso potranno *riafferrarlo*, *riaverlo*. È un gesto tipico».

«Ma io non sono una bambina. Che è successo?»

«Non pianga cosí, non si preoccupi. Lei è stata molto male e si è indebolita. Non ci pensi: adesso io sono qui per aiutarla... aiutarla a ricordare. Solo ricordando...»

«Ricordando cosa? Mi dica la verità una buona volta».

«Se le dico la verità, lei mi promette di lasciarsi aiutare, dopo?»

«Io non prometto niente e non ho bisogno di saperla da lei la verità. Sono stata pazza».

«E vorrebbe per questo suicidarsi, sparire? – *Come aveva fatto a capire?* Era meglio voltarsi contro il muro e non parlare piú. – Se pensa questo, come sospettavo, è il momento di avvertirla che l'ha già tentato».

«L'ho già fatto?»

«Sí».

«Ma non me lo ricordo».

«Non può, perché nella clinica dove l'hanno portata le hanno fatto degli elettroshock e cosí ha perso la memoria...»

«Allora non ho avuto un attacco di pazzia? Ho solo cercato di morire?»

«Certo, signora. E poi non è stato un vero e proprio suicidio: ha preso delle pasticche per dormire. Non c'è stato neanche bisogno della lavanda gastrica. Era stanca, piangeva e cosí quei signori che credono nell'elettricità hanno ritenuto opportuno farle dimenticare tutto per un po'. Io personalmente non credo in questi mezzi: credo nella memoria. Lei mi deve aiutare. Si fidi di me. Non voleva morire, solo riposare. Ha dei problemi...» Parlava, parlava; prima non aveva quasi aperto bocca, adesso non riuscivo a seguirlo – forse per quel fiore di gioia che sbocciava nel mio petto e mi accecava col suo profumo intenso di gelsomino. Lui parlava, ma io non potevo ascoltarlo. Non ero stata pazza: avevo voluto morire: ma questo non è pazzia, può essere debolezza. Tanti lo fanno e non sono pazzi.

«Sí signora, tanti lo fanno e non sono pazzi. D'accordo. Ma questo indica dei problemi. – Mi aveva ancora letto nel pensiero, o questi elettroshock mi facevano pensare ad alta voce? – Capisco la sua gioia, ma proprio questo mi conferma che lei ha dei problemi e se lei vorrà io la potrò aiutare».

«Ad acquistare la memoria? Sí, certo».

«Ma anche...»

«Sono cosí felice che basta per oggi: non posso stare ferma. La prego». Corsi giú e su per la casa; il terrazzo era abbastanza grande da poter correrci. Peccato non poter uscire: nel parco sicuramente il profumo del gelsomino sarebbe stato piú forte. «Tosta! Tosta! Come Goliardo: sempre a correre su e giú. Tosta! Tosta! Sangue vecchio fa forti nella mente, ma deboli nel corpo». Ero cosí debole che dovetti buttarmi sul terrazzo guardando in alto il viola dei glicini. Il loro profumo mi tocca le braccia, le gambe. Le gambe erano cosí magre che il profumo si allontanò per un attimo, ma il vento di Roma me lo riportò dall'alto dei grappoli viola. Dovevo mangiare molto pane e fichi, dovevo diventare forte come Goliardo: e questo solo per Nunzio, e solo agli occhi di Nunzio. «Per diventare forti, Iuzza, bisogna mangiare, e soprattutto dormire». «Sí, Nunzio», e da quella sera ingoiai la pillola, e non ci fu amaro tra le labbra, ma solo un lungo sonno senza sogni.

9.

Un lungo sonno la notte senza sogni… una lunga ora nel sole della finestra spalancata a cercare i colori che lo sguardo di Enzo mi indicava. «E questo che colore è?»

«Biunnu».

«Sí, certo: biunnu in siciliano, ma in italiano si chiama castano chiaro, e in francese beige, come queste righine della mia cravatta». Toccavo la cravatta e poi gli mettevo le mani sul viso. Aspettavo che le togliesse e aspettai un secolo. Non le toglieva. Il desiderio di rivederlo allungava il tempo in anni e anni, ma dovevo resistere: volevo sapere.

«E questo, signora, che colore è?»

«Biunnu».

«Biondo vuol dire beige».

«Perché fa finta di non capire il siciliano? Nunzio aveva gli occhi biunni e anche Enzo e anche lei». Con terrore mi accorsi che le mie mani si staccavano dal suo viso. Era passato un secolo, ma lui non le aveva levate. «Non si disperi cosí, gliel'ho detto: non è niente. È solo un momentaneo ritorno all'infanzia. Mi parli di questo suo amore. Si chiamava Enzo, ha detto?» Rincuorata dal suo sorriso: «Sí, Enzo Vacca». E non solo sorrideva, ma rideva adesso: e i denti erano candidi e la bocca piena. Fino ad allora mi era sembrato che non avesse bocca: fui cosí sorpresa di quella scoperta che non potei fare a meno di fissarmi le mani.

«Come ha detto? Vacca? Ma è incredibile. Lo ha detto con umorismo. Recitava spesso in ruoli comici».

«Mai. Vacca soffriva per quel nome, perché suscitava sempre l'ilarità che suscita adesso in lei. Certo, non ridevano a voce alta, ma nello sguardo. Lui ne soffriva, ma era bellissimo: forse un po' esile e pallido ma bellissimo. Lo capii in seguito. Lo amavo molto: peccato che amasse Licia. Me lo disse Carlo una mattina che ci trovò insieme in quella posizione, disse: "Eh, Iuzza Iuzza, guarda che lo dico a Licia che fai la smorfiosa col suo fidanzato". Carlo aveva sempre l'abilità di farmi scoprire la verità. Anche in seguito fu cosí».

«Perché si abbuia cosí? Quando sorride è piú graziosa. E lei cosa fece quando Carlo le disse questo?»

«Scappai. Mi ricordo che tremavo tutta nel buio: era calata la notte improvvisamente».

«E lui che fece?»

«Mi corse dietro. Non lo vedevo, ma sentivo la sua voce. Mi assicurava ridendo che amava anche me. Mi rassicurava, ma rideva anche. E non volli vederlo piú. Quando veniva, mi chiudevo nel gabinetto o continuavo a guardare le figure di un libro. *Il cestello*, me lo aveva regalato lui. *Primavera vien danzando, vien danzando alla tua porta: vuoi sapere cosa ti porta? Un cestel di bionde pesche, vellutate appena colte*...»

«Si ricorda ancora? Ma non sapeva leggere?»

«No, vedendo le immagini della primavera, una ragazza paffuta, vestita di rosa, mi ricordavo i versi che lui mi aveva insegnato. Un giorno li avrei scritti io...»

«E poi?»

«E poi niente. Sono stanca».

«Lo capisco. Ma proprio non lo volle vedere piú?»

«Credo. Ma perché mi fa tante domande? Perché non se ne va?»

«Mi caccia via di nuovo? Tra pochi minuti me ne vado, ma non mi faccia andare via con la curiosità. È colpa sua. Lei racconta bene».

«Cose da bambini... Quando mi disse, piegandosi sul libro: "Be', signorina, la finiamo con questa guerra? Tanto vedo che, anche se non mi guardi, leggi sul libro che ti ha dato il tuo fidanzato..."»

«E lei?»

«Fu una scena terribile: mi misi a urlare che lui non era il mio fidanzato, che era un bugiardo, e strappai quel bel libro. Vada via! Le ho detto di andare via! Non lo posso sopportare, con quella fede ipocrita al dito, e con le sue domande ipocrite!» Avevo strappato il libro, ed ero scappata a chiudermi nel gabinetto. Mi sedetti decisa a non uscire piú, ma la nostalgia di quel libro perduto mi trascinava per i muri del corridoio, lungo le volte del salone. Non c'era niente da fare: era tutto a pezzi. L'inverno era una vecchina tutta bianca con un cestello di neve. «*E l'inverno vien bussando vien bussando alla tua porta vuoi saper cosa ti porta? Un cestel di bianchi fiocchi*... Iuzza, facciamo la pace». Perché non se ne andava? Alzai gli occhi: erano secoli che non lo vedevo. Il viso era alla mia altezza, e non potevo resistere. «Meno male, mi hai fatto soffrire molto, sai? Tieni, ecco un altro cestello. Lo so che hai raccolto le pagine stracciate, e le tieni sotto il cuscino».

«Le riportò il libro?»

«Sí, ma non fu piú come prima».

10.

Non fu piú come prima. Era tornato: erano secoli che non lo vedevo.

«Spero non si sia offeso l'ultima volta. Ieri non è venuto e temevo proprio...»

«Ma è stato ieri che mi ha cacciato via, signora. Cerchi di ricordare; è stato ieri, e non c'era ragione che mi offendessi».

«Ieri? A me sembra almeno un mese».

«Forse perché ha sognato?»

«No, non sogno mai».

«Non è che non sogna. Tutti sogniamo. Solo che a volte non ci si vuole ricordare dei sogni. È una difesa». Non capivo bene cosa dicesse, anche perché teneva le mani in modo diverso da prima, e le dita erano lunghe.

«Sa che lei ha le mani come certi adolescenti di Antonello da Messina?» E anche lo sguardo, ma non glielo dissi, lo sguardo dei preti di Antonello – non glielo dissi perché temevo si offendesse.

«Forse perché sono di Messina. Che ne dice? Stessa città e stesse mani e...»

«Stessa crudeltà».

«Stessa crudeltà?»

«Sí, nello sguardo».

«Lo debbo prendere per un insulto? Mi devo offendere? È inutile, non ce la fa. Tanto io torno e le porto un altro cestello». Rideva e le mani: no! Non le teneva in modo differente.

«Perché si è levato la fede?»

«L'ho perduta a mare. Ieri sono andato a fare una nuotata a

Ostia. Era diventata larga: sono molto dimagrito in questi dieci anni!» Rideva e nuotava pure.

«Non è vero!»

«Mi dà del bugiardo?»

«No, scusi. Non credevo che lei, be', sí, che un medico dei pazzi avesse tempo di andare al mare».

«E invece, come vede, anche un medico dei pazzi nuota e gli piace il mare».

«Anche a me piace il mare. Alla Plaia Enzo mi portava sulle spalle, e camminava fino a quando l'acqua non gli arrivava al mento, mi piaceva vederlo dall'alto il mare, – solo che quando l'acqua gli toccava il mento avevo paura che affogasse».

«Aveva paura che affogasse Enzo o lei?»

«Enzo. E poi come vuole che a quella età...»

«Lei aveva paura che annegando, Enzo la trascinasse con sé. Non è stata molto protetta da bambina. Enzo era la sua casa, suo padre, sua madre, che lei sentiva instabili e senza mura. Dovremmo incominciare a ricordarci i sogni, signora. Lo sa che c'è un linguaggio dei sogni?»

«Certo: Freud».

«E lo sa, in questo linguaggio, cosa rappresenta il mare?»

«No».

«L'inconscio. Sa cos'è l'inconscio?»

«Lo sappiamo tutti pressappoco».

«In che anno siamo?»

«Nel 1962.

1962! Cosa ho fatto in tutto questo tempo?» L'inconscio: un mare nero si alzava e oscurava la finestra, mi sferzava il viso: annegavo: mi aggrappai a Enzo: non volevo affogare con lui. «Ma no, non anneghiamo. Non si preoccupi, signora. Si tenga a me, e vedrà che usciremo da questo mare sani e salvi. Io sono un buon nuotatore. Ecco, beva un po' d'acqua e tenga la testa su, ecco, cosí. – Come mai gli baciavo le mani? – Lo sa signora che anche quando la venni a trovare in clinica mi prese le mani a questo modo? Il suo gesto mi spinse a occuparmi di lei. Questo è un gesto di chi vuol vivere. Ci sono suicidi veri e suicidi, come è stato il suo, che non sono altro che un'azione vitale, un gesto per uscire fuori da una morte lenta, da una situazione difficile. Cerchi di ricordare: lei non voleva morire, voleva solo cambiare».

«Sí. Non ricordo, ma mi pare. E da quale situazione volevo uscire?»

«La causa apparente, l'occasione, il falso motivo sembra fosse un pittore. Ma se lei vorrà, lavorando insieme, scopriremo la vera causa, la vera matrice del suo gesto. Adesso le devo dire che tipo balzano di medico sono».

«Lo psicoanalista».

«Le ripugna?»

«Niente affatto. Ma ho conosciuto molti psicoanalizzati e... be'! Avevano l'aria di... be' sí! Di capire tutto, spiegarsi tutto con quattro regole abbastanza accomodanti, come posseduti da un'illuminazione mistica. Io sono stufa di religioni, mi sono appena liberata dal sindacalismo».

«Ha paura che la voglia convertire? E sa perché ha tanta paura di essere convertita? Perché lei è religiosa. La psicoanalisi non è una religione, è una scienza».

«Quando mi ha detto della sua visita in clinica mi sono ricordata del suo viso. È ridicolo, ma aveva tutt'intorno una cornice d'oro e cosí, in virtú di quell'oro, proviamo, perché no...»

In virtú di quella cornice d'oro... Non posso andare avanti: mi devo fermare: non posso andare avanti in questo passato: è difficile crescere dall'erbe appassite del passato: non crescerò piú: resterò ferma, chiusa in un oggetto muto senza emozioni. Non ci è dato cancellare visi-anni occhi-secondi che sono nati-morti dentro, e che nutrono la loro morte col nostro sangue. Non posso andare avanti: i corridoi sotterranei di questi quattro anni che si spalancano dentro di me sono troppo bui e non posso ripercorrerli a ritroso. Ho paura del buio. Ho fatto male a evocare la sua voce. Oggi 27 marzo 1966 è un anno che uscí dalla mia porta. Non l'ho rivisto piú: ho fatto male: dovevo inventarmi una storia di fantasia, finire di scrivere quel dramma che avevo cominciato per la Magnani. Ho fatto male a rievocare la sua voce. I morti quando li evochi ti si siedono vicino e ti fissano e lui è entrato e mi fissa e io non posso camminare in questo passato sotto il suo sguardo. Non mi riportate alle teorie di questo medico e dei suoi simili: non mi riportate a questo nuovo codice di regole che dà la perfezione o meglio, come lui diceva, l'integrità psichica. Ti muore un figlio? Soffri? È sano. Sí: è sano se soffri tre quattro mesi per la sua perdita: ma un anno! Un anno e un mese! Herzog caro, hai ragione: in questo secolo di religiosità scientifico-tecnica, l'emozione, l'amore, la scelta morale, la fedeltà e finanche la memoria cadono in sospetto di malattia. Ma a te confido qui a quattr'occhi che anch'io in questo lungo inverno-galera ho scritto un sacco di lettere a mia madre, a questo medico stesso, ai suoi colleghi, a Garibaldi e se vuoi te le farò vedere. Ma ti dico: se siamo morbosi, malati, pazzi, a noi va bene cosí. Lasciateci la nostra pazzia e la nostra memoria: lasciateci la nostra memoria e i nostri morti. I morti e i pazzi sono sotto la nostra protezione.

11.

Sono stata stesa sul letto due giorni, due mesi, due ore. Non lo so. Non volevo crescere e il soffitto s'abbassava, e il sapore della calce mi alitava sugli occhi. Era il soffitto che si chinava su me (o ero io lo stesso soffitto?) Io ero il soffitto stesso. La mia carne era di lana, senza emozioni: le mie mani piegate, il lenzuolo, le mie gambe, affondavano nella lana del materasso: erano di lana molle e senza forza. Ma almeno l'ho tenuto lontano e non ho dovuto ascoltare le sue spiegazioni su questo tempo-coma. «Vede, signora, quando lei è presa dalla depressione, è perché vuole inconsciamente tornare nel grembo di sua madre. Che posizione prende in quei momenti? È la posizione esatta del bambino nel grembo materno. La pulirò di questo inconscio desiderio. Le strapperò sua madre da sotto il cuscino...»

No! Questo viene dopo: questa è la sua voce di tanto tempo dopo. Adesso non ha quella voce contratta, spastica. Parla piano, senza intonazioni.

Devo crescere: devo alzarmi e parlarvi: aiutatemi: illuminate con le vostre espressioni i corridoi bui di questo mio passato. Enzo per mano mi portava nel ventre della terra: con la lampada elettrica illuminava le pareti muschiose di quella caverna che si perdeva in un buio senza fine. «Vedi, Iuzza, sembra che, se si potesse camminare per anni e anni e arrivare alla fine di questa galleria che gli antichi costruirono mille e mille e mille anni fa, ci si troverebbe nella pancia del gigante che giace addormentato sotto il monte. I suoi intestini sono corridoi di corallo tappezzati dei teschi e degli scheletri d'oro, con gli occhi di diamanti e i capelli d'argento di tutti gli eroi che morirono per strada cercando di trovare il tesoro: le montagne di zaffiri e diamanti e perle che l'Etna custodisce da quando mondo è mondo. Il loro cadavere, a contatto dell'aria prodigiosa di queste caverne, si tramuta in oro e argento. Se si potesse arrivare almeno alle ultime gallerie, senza penetrare piú giú saremmo ricchi, e potremmo arricchire tutti quelli che amiamo, per tutta la nostra vita e la vita dei nostri figli e dei figli dei nostri figli». Mi strinsi a Enzo. E non era Enzo: era Nica e non aveva una lampadina, ma fiammiferi che accendeva uno dopo l'altro per farmi vedere il colore dorato e rosa e rosso del muschio. *Nica si era fermata e l'occhio nero era grande e fondo come la volta della grotta. «Perché ti fermi? Perché non cerchiamo di andare avanti?»*

«È inutile. Tanti ci hanno provato ed erano uomini e forti eppure per strada sono morti. Figurati noi che siamo femmine. Non c'è niente da fare. Ancora deve nascere l'uomo che sarà cosí valente da arrivare a quei tesori. Noi siamo femmine e questo non è compito nostro, il nostro compito è di fare tanti figli maschi nella speranza che vi sia fra questi quello che potrà, con l'aiuto di Dio, arrivare a quei tesori».

«E non aveva paura di seguire Nica in quella grotta? Lei soffre di claustrofobia e in maniera abbastanza grave».

«Sí, ma questo dopo: allora non avevo mai paura».

«E sa perché?»

«Non so, ma mi fidavo. Era bella, coraggiosa e forte».

«Certo, signora. Ma non è solo per questo. Lei fidava in se stessa, nel suo lato sano e vitale. Le spiego meglio: lei si fidava di Nica perché in Nica identificava il suo lato come le ho detto vitale e sano».

«Sí, può essere, ma questo anche perché la sua persona, la sua intelligenza e fantasia me lo permetteva».

«Ma fino a un certo punto. Lei, come tutti i bambini nella ricerca infantile di un modello perfetto, lei l'arricchiva, le prestava doti che forse non aveva».

«Ma era bella e coraggiosa, e mi voleva molto bene».

«Certo: ma anche in questo suo percepire il bene che Nica le voleva, non sente, non avverte una mitizzazione? Un'esagerazione? Certo: Nica le avrà voluto bene, ma come tutti, probabilmente. Come in tutti, sicuramente, in questo bene c'erano anche gelosia, senso di inferiorità eccetera. Lei doveva apparire a Nica una privilegiata, doveva... ma non s'abbui cosí, io non dico niente che non traspaia dai suoi racconti... lei senza rendersene conto, inconsciamente, dice a volte cose che poi smentisce o attenua: e questo per rimuoverle, per non prenderne atto: e io non faccio che ricordargliele perché lei si metta in grado di leggere nel suo passato e nelle sue emozioni, e liberarsi di mitizzazioni e di sensi di colpa che la opprimono. Si ricorda che mi raccontò una settimana fa che in quella grotta, dove andavate a giocare una volta, Nica, che era piú grande di lei – questo è molto importante – la lasciò, e lei ebbe molta paura?»

«Sí, ma le dissi anche che tornò subito, appena la chiamai. Mi abbracciò e mi consolò».

«È sicura che tornò subito? Quante volte la chiamò?... Su, lasci, lasci: non importa quante volte la chiamò, non mi guardi con quegli occhi da bambinella spaventata. Anche se Nica aveva un pizzico di crudeltà verso di lei, questo è umano. Ma lei lo deve riconoscere. Solo cosí si potrà liberare di questa claustrofobia che non l'abbandona perché lei non vuole ricordarsi: rimuove che fu Nica, in parte, a farla spaventare lasciandola nella grotta. E poi c'è una cosa piú importante ancora: se lei non riconosce in Nica aggressività, amore e gelosia mista al bene che le voleva, come c'è in tutti, lei continuerà ad avere questo senso di colpa cosí forte che prova, anche se non lo vuole riconoscere, nei confronti di Nica. Senso di colpa, accentuato dalla scoperta che era una sua sorella naturale e che non portò il vostro nome che dopo, troppo tardi. Si ricorda che mi disse che quando morí lei si sentí in colpa di averla lasciata in Sicilia senza difesa? Lei deve portare al livello della conoscenza che non era lei che poteva salvare Nica. Lei si chiede troppo. Anche restando in Sicilia, non avrebbe potuto salvarla, non avrebbe che sacrificato se stessa. Ma non pianga, non pianga, siamo esseri umani e Nica era di carne e ossa. Non era un angelo, come lei se la raffigura nelle proprie emozioni rimaste infantili: per questo il suo senso di colpa diviene automaticamente terribile, – se Nica aveva tutte le qualità, le bontà eccetera. Con questa immagine di Nica, lei si trasforma, ai suoi stessi occhi, nel confronto, in un mostro di egoismo che non volle salvarla. Siamo esseri umani, signora, e Nica era di carne e ossa, di carne e ossa come lei. Adesso si calmi e dorma. Deve dormire signora: lei è di carne e ossa. Deve riposare. Ci vediamo domani».

Perché se ne va? C'è buio: i corridoi si aprono piú bui del buio che li circonda. Perché se ne va? Nica! Nica! *«È inutile, Iuzza: è meglio tornare. Non ce la potremmo fare mai, non siamo che delle femminucce»*. La devo seguire, ma mani d'oro mi afferrano alle caviglie e l'ultimo fiammifero si spegne in lontananza fra l'oro del muschio. Non mi posso muovere. Quelle mani mi trascinano nel fondo umido e molle del muschio adesso diventato nero. Affondo trascinata. Solo la testa fuori. Perché mi hanno lasciata con la testa fuori? Era meglio che mi facessero affogare nell'umido muschio che cresce: si gonfia ora come un lago melmoso. *«La morte non la danno, sanno che è dolce uscire dalla fatica della carne: la morte non la danno»*. Ecco con mani di vento e di grandine mi infilano uno di quei teschi. Non è d'oro! Nica mentiva: è di ferro, e con una vite stringono in quella calotta di ferro il mio cranio: stringono fino a quando, sicuramente, il cervello ne spruzzerà fuori. Devo stare attenta a non sporcarmi.

12.

Devo stare attenta a non sporcarmi. Stringono. Stringono.

«Ma che c'è signora? Si è addormentata. Si tiri su. Si tranquillizzi: non è sola: ci sono io». Nica è tornata: ha acceso un fiammifero.

«Su, signora, si tiri su. No: Nica non c'è. Ma ci sono io. Spero non le dispiaccia. Si svegli».

«Oh! È lei? Si è sporcato?»

«No, non mi sono sporcato. Crede che il suo viso sporchi?» Era tornato: non mi aveva abbandonato nella caverna: e le mani che mi liberavano dalla calotta di ferro erano morbide e calde. Per fortuna non si era sporcato.

«Non si preoccupi, non mi sono sporcato». Sorrideva, e le labbra chissà se erano calde come le mani... Si sarebbe arrabbiato se gliele avessi toccate? Carlo si arrabbiava sempre. No, non si arrabbia: sorride ancora.

«Perché sorride?»

«Prima di tutto perché anche lei sorride. Sa che ha un sorriso molto comunicativo? E poi perché finalmente ha sognato. O meglio si è ricordata di aver sognato, e questo, anche se lei non ci crede, è un gran progresso. Mi vuole raccontare? Perché gridava?»

«Sí, se lei mi tiene la testa».

«Va bene. Ma se mi lascia la bocca libera, potremmo parlare meglio, non crede? Cosí mi pare di balbettare».

«Scusi».

«Non c'è da scusarsi: non è niente: non è che un gesto per cercare nutrimento. Tutti i bambini cercano con le dita nel caldo morbido del seno della madre. Lei è stata allevata artificialmente?»

«Sí, da mio fratello Ivanoe: non si fidava degli altri perché prima di me era nato un altro bambino, ma mia madre era quasi vecchia e non aveva latte e questo bambino non digeriva né il latte della balia né quello di pecora, e cosí morí. Quando nacqui io, fu lo stesso: e allora Ivanoe si spaventò. Era il piú grande dei figli di mia madre».

«Come, dei figli di sua madre?»

«Quando mia madre si mise a vivere con mio padre, era vedova di un certo Carlo Civardi, un socialista che poi divenne interventista. Aveva sette figli, e mio padre era anche lui vedovo e aveva tre figli. Lo scoprii dopo: a casa mia non si parlava mai di cose concrete. Scoprii che io ero l'unica nata dal secondo matrimonio. Piansi molto quando mi dissero che Licia, Olga, insomma tutti erano fratellastri. Non mi piaceva quella parola».

«Lo capisco. Mi parli di questo Ivanoe».

«Era convinto che questo bambino non fosse morto solo perché non digeriva, ma perché c'era troppo caldo ed erano sporchi. Cosí si fece mandare dalla Svizzera il latte artificiale e me lo preparava sempre lui: non permetteva neanche a Licia, Licia me lo disse: lavava e sterilizzava tutto. Licia me lo diceva scherzando: sei stata fortunata ad avere un fratello nato medico. Tanto ha fatto che ha trovato il latte per te. Sei stata la prima in Sicilia».

«Già. È chiaro che le è mancato il latte materno e probabilmente non avendo una mammella da toccare lei toccava le labbra di suo fratello come ora fa con me. Si accorge che non vuole, inconsciamente, staccare le dita? Teme di perdere il nutrimento e di morire di fame. Tutti i bambini hanno paura di morire di fame: e in un certo senso hanno ragione. Se la madre volesse non avrebbe, cosí come fanno in molte tribú e in Russia fino alla rivoluzione, che da negargli la mammella». Facevo fatica a parlare, e cercai di staccare le dita, ma cominciai a tremare. Avevo freddo senza il contatto di quelle labbra calde.

«Ho freddo».

«Non è freddo. Ha paura. Si rassicuri. Io non le toglierò la mammella, si rassicuri, non la farò morire di fame. Si rassicuri e si riposi. Prima che me ne vada mi deve raccontare il suo sogno. Me lo ha promesso». Ma continuavo a tremare: non potei parlare fino a che con le sue mani non mise le mie dita sulle sue labbra, e il calore tornò a scorrere nei miei polsi fin su, su per le braccia, le spalle. Avevo sonno. *La finestra era buia: la grotta immensa: Nica non c'era piú ma non avevo piú freddo, un calore dolce come il sole artificiale mi scioglieva il collo e i polsi. Doveva essere uno scienziato come Galileo Galilei e, quando fosse tornato…*

«Oh, meno male è tornato, lo aspettavo da tanti giorni. Avevo paura che non venisse piú!»

«Ma, signora, sono passati solo due giorni, sabato e domenica. Vorrà pure che mi riposi. Il mio mestiere di medico dei pazzi, come dice lei, è piuttosto stancante: si rassicuri. Come vuole che non torni piú proprio ora che siamo riusciti a sognare, e che lei mi deve raccontare? Sono molto curioso. Se lo ricorda ancora?»

«Certo. – Non avevo voglia di parlare, volevo solo toccargli le labbra ma ebbi timore che si arrabbiasse. Mi feci forza e senza guardarlo, per vincere la tentazione, dissi: – Mi trovavo in una caverna, non simile a quella dove andavamo con Nica a nasconderci per parlare ma…»

«Signora, questo sogno conferma in parte quello che le dissi venerdí, si ricorda? E ci dice anche delle cose nuove. Dunque, come le dissi, lei si identificava con Nica, cosí come ancora oggi si identifica con Haya, Titina eccetera. È per questo che cerca le amicizie femminili e le idealizza…»

«Ma Haya e Titina sono donne straordinarie, questo lo so».

«Certo, sono straordinarie, ma il sogno ci dice che lei se le raffigura un po' piú straordinarie di quello che sono realmente, in carne e ossa. Lei le mitizza, come avvenne per Nica. Lei le veste delle sue qualità, lega magicamente il suo esistere a loro, tanto che, come si legge nel sogno, se Nica l'abbandona – e Nica racchiude in sé la parte migliore, sana e vitale di lei, e che lei, per sensi di colpa, vuole disconoscere di avere – se come dicevo, questi suoi lati migliori raffigurati in Nica l'abbandonano, lei si perde nella caverna; e questo perché non crede in se stessa. Ma avendo nello stesso tempo bisogno di esistere, per dover prendere coscienza delle sue qualità, le deposita in un'immagine femminile che le è vicina, e lega la sua vita, il suo essere, a questa immagine cosí da averne un bisogno sproporzionato e assoluto. Nello stesso tempo, dietro questa immagine di donna perfetta e piú intelligente di lei, dietro Nica, dietro Haya, dietro Titina, si nasconde sua madre, che lei non poteva prendere a modello altrimenti ne sarebbe stata schiacciata. Cosí, per un verso, questa idealizzazione le ha permesso di vivere senza troppi rimorsi. Ma, per un altro, la opprime, le imprigiona la testa, il cervello tanto da umiliarla e torturarla. Questi, in parte, sono i suoi mal di testa, la sua claustrofobia. Noi dobbiamo ripulire queste immagini di perfezione e fare tornare Nica come era. Dobbiamo ripulire Nica di tutte le doti che lei le ha prestato. Lo voglia o no, quelle doti erano e sono sue. Solo cosí non avrà piú questo bisogno eccessivo d'amicizia di donne che lei...»

«Ma io non ho nessun bisogno eccessivo...»

«Crede di non averlo, ma inconsciamente, ne è succube. Poi l'amicizia fra donne è sempre un po' ambigua».

«Ma che dice? Parla come un piccolo borghese! L'amicizia femminile è ambigua e quella maschile no?»

«Be', è diverso».

Malgrado il freddo che mi aveva preso e la nostalgia per il suo calore mi sorpresi a gridare:

«Ma che dice? Fino a quando parla di Nica o di mia madre possiamo essere d'accordo, ma Haya Titina Franca Marilú sono mie amiche, e ci aiutiamo a vicenda, e lei parla come tutti gli uomini che non sanno, o non vogliono ammettere che le donne hanno un cervello e possono avere amiche come voi avete degli amici. – Perché gridavo cosí? Avevo sempre freddo. Dovevo tacere. – Vada via! Vada via con le sue teorie da ufficiale di cavalleria del Quarantotto! Mi lasci in pace!» Ormai era fatta, avevo perso per sempre quel calore. Non mi restava che chiudere gli occhi per non vederlo almeno andare via. Ma non un rumore si sentí. Doveva essere andato via in punta di piedi.

Non faceva mai rumore. Anche quando veniva, non riuscivo a sentire il suo passo leggero.

«Si è calmata? Non se la prenda cosí, anche se questa sua rabbia ci dimostra che qualcosa di vero c'è nelle mie teorie da ufficiale di cavalleria». Non era andato via, per fortuna non era andato via: volevo toccargli le labbra, ma quell'ufficiale di cavalleria sorrideva sicuro di sé, tanto che gli tirai due ceffoni che gli fecero ondeggiare la testa come un papavero sul gambo esile. Lo fissai terrorizzata. Vidi il viso tornare diritto sul collo.

«Bene. Vedo che reagisce. È buon segno. Sa che ha una bella forza, non si direbbe. In seguito dovremo capire la ragione vera di questi schiaffi. Sarà cosí buona da aiutarmi?» Aveva detto *aiutarmi*, con viso che non aveva smesso un attimo di sorridere: mi spinsi con le braccia verso l'alto. Questa volta il capo non ondeggiò sotto le mie mani e rimase fermo a fissarmi ancora sorridendo. Era forte anche lui, e sembrava tanto esile.

«Vede, signora, che c'è un'altra ragione? Mi aiuterà a scoprirla?»

13.

La mano nella mano, Enzo con lo sguardo mi indicava i colori. Si chinava vicino a me, era della mia altezza, e io gli potevo passare il braccio attorno al collo e le sue guance erano calde e morbide. *Era il sole artificiale a guarirmi?* «Signorinella, vedi che stelo esile ha il papavero? Come un collo sottile che deve reggere una testa troppo pesante. Vedi come si piega il collo sotto il peso di quel testone?» Anch'io ho la testa troppo grossa per il collo: vero, Enzo? «Zia Grazia lo dice sempre».

«Ma che dici! È un po' grossa, ma aggraziata, molto aggraziata anche, proprio come un papavero. E poi come il papavero sei un po' rossa di capelli. – Mi staccava da sé, e mi sorrideva. – Vediamo un po', signorinella. Ecco, da oggi ti chiamerò papaverino. – Per essere il suo papavero piegavo la testa su una spalla. – Brava. Lo imiti benissimo: ma sorridi. I papaveri sorridono sempre. Il rosso è il colore del sorriso, e della bandiera rossa». Per fortuna il gambo esile non si era spezzato: per imitare meglio il papavero posai la mano sulla testa rossa pesante. «Attenta, non lo toccare: gli spezzi il collo!» Tremando ritirai la mano. Per fortuna il gambo non si era spezzato: non era poi cosí esile. Le guance davano un calore che guariva. «Signora, cosa fa? Si addormenta ancora?»

«Non so perché, ma ho sempre sonno il pomeriggio. Eppure non ho mai avuto l'abitudine di dormire il pomeriggio. A meno che in questi ultimi anni, dei quali non mi ricordo niente, abbia preso questa brutta abitudine. Lei ne sa qualcosa?»

«No, Citto mi ha detto che lei non dorme mai il pomeriggio, altrimenti non avrei fissato quest'ora per lei. Dobbiamo ricordare, signora, riempire questi anni che gli elettroshock hanno cancellato».

«Ho sonno».

«Non è sonno. Vuole sapere cos'è? Quello che lei chiama e percepisce, nelle sue emozioni, come sonno è una difesa infantile. Lo sa che i bambini quando non vogliono captare una brutta impressione dal mondo esterno si addormentano e cosí si difendono dal subirla? Cosí fa lei: si difende da me perché sente che io la porto a ricordare: e lei inconsciamente non vuole. Cosa non vuole ricordare?» La guancia era morbida e calda. Il gambo s'era spezzato. Chiusi gli occhi e vidi un campo sterminato di grano, e su quel grano il sangue del papavero che io avevo spezzato.

«Piange?»

«Sí».

«Perché?»

«Perché ho tagliato la testa a un papavero. Sono un'assassina». Sotto la fronte sentivo il caldo di quel gambo che non si era spezzato sussultare. Rideva.

«Lo sa che lei è proprio graziosa, quando scherza? Ma anche in questo scherzo si nasconde un qualche senso di colpa. Chi le ricorda il papavero che avrebbe assassinato?»

«Lei».

«Bene. Non ci conosciamo ancora e già mi vuole assassinare. Ma io non sono io. Chi le ricordo? A chi associa la mia persona?»

«A un papavero».

«Ma nel gioco che facevate con Enzo, lei era il suo papavero, no?»

«Sí».

«Allora è chiaro che assassinando me lei voleva e nello stesso tempo aveva rimorso di assassinare se stessa. Ecco un'altra ragione dei suoi schiaffi di ieri. Usa dare schiaffi spesso? Non è che mi dispiacciano, sono abbastanza masochista da non dispiacermi. In passato chi ha schiaffeggiato?»

«Naturalmente Citto».

«Naturalmente. E donne mai?»

«No, mai».

«Naturalmente».

«La finisca di scherzare».

«Non scherzo. Con lei sto capendo molte cose. Per esempio, non sospettavo di possedere un lato tanto masochista. Temo che lei mi costringerà di nuovo all'analisi. Ho fatto a suo tempo l'analisi con un torinese e, conoscendo lei, mi rendo conto che è proprio vero quando diceva che l'Italia per noi siciliani è l'estero. Se lei si farà forza, e scaccerà questo sonno, che come le ho detto non è che una difesa verso di me, capiremo i suoi problemi e la cosa mi aiuterà. Vuole farlo per me, di non dormire? Lo sa che da quando abbiamo cominciato a lavorare insieme, nei miei sogni, e anche da sveglio, stanno affiorando cose nuove? Un analista deve sempre continuare l'autoanalisi. Se lei mi aiuterà, io la guarirò e lei guarirà me. Questa mattina mi sono ricordato un canto dei pescatori delle isole Eolie che non ricordavo neppure di sapere. Dice così:

Non era natu e nasceri vulia,
ora su natu e nun vurria campari
ci curpa la tiranni sorti mia,
idda mi fici e non m'avia a fari.
Mi fici riccu di malincunia
e puvureddu di roba e di dinari.
Non appi beni di la carni mia,
comu ni pozzu aviri di li strani?»

Sapeva il siciliano. Nel dire i versi, le labbra gli si muovevano in modo strano; i denti gli si sbiancavano a quei suoni taglienti: brillavano bianchi, gelsomino o mandorla. Forse avevano anche il sapore delle mandorle.

14.

«Nel sogno lei si identifica con Wozzeck. Questo ci dice che lei ha subíto a causa di una dieta di ceci che sarebbe una carenza di affetto da parte di sua madre, ha subíto dicevo un'alimentazione insufficiente che le fa a volte perdere il senso del suo corpo: una svalutazione della sua personalità che la rende insicura specialmente nei rapporti affettivi. Avendo subita tanta fame, il ricordo di questa fame subita non le permette di saziarsi, e qualsiasi affetto le si possa dimostrare non riesce a colmare il ricordo di quella vecchia fame. Vede signora, il bambino ha bisogno di affetto come di cibo, e quando questo viene a mancare si hanno le forme di depressione che lei ha: che altro non sono che una svalutazione di se stessi, un sentirsi abbandonata dagli altri che non è altro che il riproporsi lo stato di abbandono rimosso, subíto apparentemente nell'infanzia. Sa come si chiama questo tipo di nevrosi? Abbandonica».

«Ma io sono anche stata molto malata, forse quasi viziata in certe cose...»

«Già, ma questo dopo. Noi parliamo del primo anno di età, e forse anche di prima». *Forse anche di prima*... mi piaceva come parlava, ma mi piaceva piú *come prima*. Quando era stato? Una settimana fa? Un mese fa?

«E come parlavo prima?»

«Non lo so, ma parlava... una volta...»

«Ma certo... due giorni fa... in siciliano... la poesia...»

Sí, il gelsomino e le mandorle... mi prese una nostalgia cosí forte che non potei...

«Me la dica un'altra volta... adesso ricordo... la vorrei imparare...»

«Gliela posso scrivere».

«Sí, ma prima me la dica un'altra volta». *Nun eru...* fra i suoni duri e fondi... *e nun vurria campari...* l'odore del gelsomino sbiancava i denti facendoli luccicare... *idda mi fici e nun m'avia a fari...* o erano mandorle?... *e puvureddu...* chissà se avevano il sapore delle mandorle... Non c'era che allungare la mano e Nica m'avrebbe dato quella mandorla bianca; lei le sbucciava sempre per me. Alzai il viso, e con la bocca cercai quelle mandorle. La bocca profumava di mandorle, e le efelidi si confusero in una caduta di stelle a mezzagosto. Era venuta la notte. Aprii gli occhi e incontrai il sole: mi fissava immobile, bianco: non mi ero accorta che avesse la pelle cosí bianca (o era impallidito?). L'odore di gelsomino mi sollevava dolcemente e mi forzò ad aprire la bocca. Soffocavo. Che diceva? Anch'io so una poesia: parlava ma non potevo ascoltarlo. Quella poesia mi premeva alle tempie, urgeva... *Si scurdarunu di essiri puvureddi e pi lu munnu sinni ieru vestuti i strazzi poi si ficiru giacchi cui giurnali e cu' cartuni un tabbutu pi ripusari...* le piace?

«È bellissima. E chi sono questi puvureddi?»

«Ma io e lei... i siciliani... dove l'ho letta?» Non respiravo: anche con la bocca aperta il profumo mi soffocava. Mi faceva girare la testa. Dove l'ho letta?

«Non è che l'aveva scritta, e ora se l'è ricordata?»

«No, non l'ho scritta. Ne ho scritte tante in italiano, ma in siciliano mai. M'è venuta cosí...» La mia voce diceva «ne ho scritte tante». Ne avevo scritte tante, e «Ma io scrivo... Sí, scrivo da tanto poesie e anche novelle. Dove sono? Le debbo cercare...» La mia voce forte mi svegliò strappandomi a quel profumo caldo, e, in mezzo alla stanza, nella luce del sole, fogli bianchi su fogli bianchi, coperti da una calligrafia piccola, ridevano. Scrivevo, sí. Dal pozzo di quegli anni senza memoria quei foglietti ammucchiati mi parvero un regalo impensato e favoloso. Sí, non facevo piú l'attrice. Quando era stato? Ah sí! Una notte. Quanti anni fa? Mi decisi. Presi un pezzo di carta, e scrissi qualcosa: tre, quattro pagine. Citto dormiva accanto a me profondamente, e non si svegliava mai quando io accendevo la luce per leggere, ma quella notte sí, quella notte, senza rivoltarsi, mi chiese: «Scrivi?»

«Sí». «Una poesia?» «Sí». «Bene».

Naturalmente era brutta, e la buttai in terra, ma la mattina Citto la lesse e fu entusiasta. Citto mi spinse, come tanti anni prima: per mano mi condusse fuori da quel cerchio sordo che la pazzia di mia madre aveva sigillato intorno a me. Le battute non avevano piú sapore nelle mie labbra, come cibo senza sale: i gesti di quei personaggi senza contorni sbiadivano fra le mie mani. Non recitai piú: perché dovevo continuare ad appassire, schiacciata fra quelle battute e quei gesti polverosi e scoloriti come fiori di carta? Avevo Citto: mi portava stretta per le strade di Roma, e senza lasciarmi mai un attimo mi insegnava i colori i palazzi i visi inquadrati dalla macchina da presa, commoventi nella luce di quei riflettori che avevano nomi favolosi, il cinquemila il diecimila l'arco. Mi portava e mi raccontava di abbandoni, di amici che si affollavano intorno a lui e che ridevano con noi. E nacquero storie da lui e me abbracciati per le strade di Roma, la notte abbracciati nel letto lunghe notti senza sogni e di giorno abbracciati cercando di far coincidere io il mio passo al suo lui il suo passo al mio: ci raccontavamo storie di bambini, di fioraie, eccetera, che lui poi metteva dietro la macchine da presa e per un prodigio straordinario dopo vivevano di vita propria su quel quadrato di bianco opaco che trasaliva di vita nel buio della saletta. Il materiale plastico il primo piano il piano americano il trentacinque il dolly… «Sí, sí, signora… ma si calmi adesso… Si sdrai…» E come potevo? Dal buio di quel pozzo senza ricordi una fiumana ridente di acqua limpida mi travolgeva. «Mi calmo, non si preoccupi: ma lo devo vedere». «Vada». Eccolo che sale le scale. Mi precipitai sulle scale: «Che c'è, Iuzza? Ridi? Finalmente ridi?»

«Sí, mi sono ricordata… mi sono ricordata che scrivo e tu fai il regista…» Ci abbracciammo, ma quando lo staccai da me grosse lagrime gli colavano sul viso. Quando aveva pianto cosí, dove e perché? A un funerale… e di chi?

«Citto, la mamma dov'è?» Il pianto era diventato singhiozzi:

un'altra volta aveva singhiozzato cosí. «Ma Iuzza, se ti sei ricordata che scrivi, dovresti ricordare che questo avvenne dopo, dopo, quando andammo via da via Tripoli». Via Tripoli piena di gente: la porta spalancata ancora una volta, ancora una volta le bandiere rosse e i garofani, e ancora una volta Citto piange vicino a me. Al funerale di mia madre piangeva cosí. Una pace sorda come allora mi fece prendere per mano Citto e lo condussi dentro e come allora ci abbracciammo! Stretti nel letto del nostro abbraccio senza ricordi.

15.

Restammo abbracciati per notti e notti e giorni e giorni e ancora giorni e notti, fino a che l'odore dolce del gelsomino liberato dal sole della finestra spalancata mi svegliò tra i fogli candidi: poesie, novelle, appunti. Io avevo fatto tutto quel lavoro.

«In quanti anni dottore?»

«Cinque».

«È straordinario, non riesco a capacitarmene. E ancora piú straordinario è che qualcuna di queste poesie e novelle mi piaccia... Anche se sono quasi tutte solo un esercizio, le tenga: penso che le serviranno per conoscermi piú dei miei sogni». Glieli porsi e vidi i miei polsi risvegliarsi bianchi come il gelsomino per l'odore delle sue dita che si aprivano come stelle brillanti nel buio fondo della notte. La sua vicinanza schiudeva sempre una notte calda d'estate intorno a me, rischiarata dalle stelle cadenti delle sue efelidi. «E adesso che sogno sempre, e anche oggi le ho raccontato questo sogno terribile, e ho ascoltato la sua spiegazione o lettura come dice lei, ancora piú terribile, se è possibile, del sogno stesso... Mi lascia contare le efelidi? Devono essere cento e cento e cento e ancora cento, come diceva Nica quando mi voleva far capire l'infinito». Non erano cento e cento e cento ma si aprivano in cento e cento e cento sotto le mie dita.

«Lo sa che lei ha il tocco dei ciechi? Sembra che senta con le dita. Un tempo ebbi una paziente...» e non parlava solo per leggere nella favola dei sogni, raccontava anche favole di incontri impensati, di emozioni insospettabili, delle sue esperienze di medico, poi di psichiatra.

Ascoltavo e contavo quelle stelle che si staccavano da quel cielo bianco senza contorni e mi scivolavano fra le palme come brina. Le accarezzavo contando: era la notte che ormai calava ad abbracciarmi, calda e fresca notte di mezzagosto.

«No signora, no, ora lei sta meglio e non deve continuare ad accarezzarmi come una bambinella. Lo sa che a volte ha l'espressione di una bambinella spaurita? Ma lei è una donna forte anche, e intelligente: deve uscire da queste emozioni infantili... – Qualcuno aveva spalancato la finestra: un vento freddo schiaffeggiò le mie spalle e i polsi. – Che c'è signora? Perché s'è ammutolita cosí? Mi stava dicendo di Nica».

«Ho freddo e ho paura».

«Lo sapevo».

«E se lo sapeva perché me lo chiede?»

«Per sentirmelo confermare. E sa perché questo freddo e questa paura improvvisa? Perché lei è un'abbandonica, e da buona abbandonica ha afferrato l'occasione per sentirsi abbandonata solo perché le ho detto che qualcosa deve cambiare fra noi. Ha sentito un rimprovero, si è sentita non accettata come probabilmente non è stata mai accettata carnalmente, diciamo, da sua madre, e ha pensato che volessi abbandonarla. Ma io non l'abbandono, né voglio che cambi perché mi piace cosí com'è: voglio solo che si rinforzi un tantino, che prenda coscienza di sé, prenda coscienza che lei è una donna di valore che nessuno vorrebbe mai abbandonare. Si deve rendere cosciente, deve portare alla coscienza il meccanismo abbandonico che la fa troppo paziente e paurosa con gli altri. Lei non ha bisogno degli altri, o almeno non cosí come nelle fantasie infantili si è raffigurata. È lei che vuole essere abbandonata, per questo lo teme tanto. Vuole provare quell'emozione che nei suoi primi anni si identificava con la vita stessa. Lei ha conosciuto la vita attraverso questa emozione e la vuole riprovare perché nel suo inconscio non c'è vita senza questa emozione. Si ricorda il sogno che fece di essere abbandonata da sua madre per la strada? Per lei la vita, le strade sono quell'emozione. Sa come si chiama il meccanismo del riesumare nel presente situazioni passate per ritrovare quelle emozioni, negative o positive che siano, perché solo quelle si sono conosciute e sperimentate e si identificano quindi con la vita stessa? Destino coatto». Era giustissimo quello che diceva: «destino coatto», sí. Forse. Ma io avevo freddo: anche la notte quel gelo che era caduto improvviso sulle mie spalle e sulle mie mani dalla finestra che qualcuno aveva spalancato mi tenne sveglia: tutta la notte sveglia, o dormii seppellita fra due lenzuoli di ghiaccio.

16.

Ero sveglia, o dormivo in piedi fra quelle due pareti di ghiaccio? Un cielo di neve si intravedeva in alto. O era un mare gelato appeso al soffitto? Un vento gelido. O erano le dita di vento e di grandine delle «donne»? Mi spingevano lungo quelle pareti e ora che mi ero fermata mi tiravano, mi tiravano in una stanza immensa bianca di maioliche. No, non erano le «donne»: il professore Jsaya mi portava per mano nel fondo di quello stanzone finché si fermò e senza parlare (non aveva né bocca né età) mi indica il muro. Fra le maioliche bianche c'era in una nicchia un cavallo incastrato con le zampe davanti sollevate, il muso fra gli zoccoli aveva occhi grandi umani, il torace e il ventre proteso quasi a mostrarlo. Il professore Jsaya con un coltello lungo affilato cominciò lentamente a staccare la pelle flaccida e giallastra come gonfia di pus di quel cavallo. Volevo voltare il viso per non vedere ma le palme di vento e di grandine mi tenevano il viso eretto in direzione degli occhi del cavallo. Erano neri e fondi... cosí grandi che si allargavano in un solo occhio scuro e vellutato come un cielo notturno. Da quell'occhio umano spuntavano lacrime mentre il professore Jsaya staccava la pelle pezzo per pezzo e poi il primo strato di grasso e carne, lagrimava... volevo gridare ma anch'io non avevo bocca... l'occhio lagrimava e le lacrime scorrendo sul collo del cavallo si tramutavano in perle... seguendo il cadere di quelle perle vidi che il mucchio di pelle e di carne molle e flaccida che dal coltello cadeva in un mucchio in terra ai piedi del professore Jsaya si tramutava al contatto di quelle perle in fogli di carta pieni di una scrittura minuta e fitta... «Ecco, l'operazione è fatta... guarda come è riuscita bene». Alzai gli occhi dal mucchio di carta al torace del cavallo: sotto quella pelle e carne flaccida che il coltello aveva asportato, una trama di tendini e vene e nervature e filamenti d'argento elastici e vibranti brillavano nel rosso vivo della carne pulsante di vita...

«Questo sogno, ci dice, signora, parecchie cose interessanti: intanto che lei ha afferrato nel suo subconscio il meccanismo del destino coatto: infatti lei mi identifica, finalmente, non piú con un commissario di polizia, con un ladruncolo siciliano o con un indiano che la insegue con un coltello per ucciderla, come è stato in passato, ma con una persona che ha avuto grande importanza emotiva nella sua fantasia infantile: questo professore Jsaya... che l'ha abbandonata e per questo teme che io la voglia abbandonare, ma anche questo professore Jsaya era probabilmente già un pretesto per celarsi, per coprire – un sogno di copertura come si dice in linguaggio psicoanalitico – la persona che per prima le diede questo senso di abbandono... probabilmente sua madre. Vedremo dopo. Anzi sarà lei a dirmelo nei prossimi sogni. Oltre questo, che è già un passo avanti, nel sogno si legge che lei ha preso coscienza che l'analisi non è una confessione o una pratica rassicurante e confortativa ma una vera e propria operazione – giustamente come lei ha sognato una laparatomia, dato che il cavallo del sogno è lei, lei ama i cavalli come mi disse... il cavallo è come lei vorrebbe essere e infatti questo cavallo ha gli occhi di Nica, altra parte di lei... ma la cosa piú importante che emerge da questo sogno è che lei ci dà la diagnosi della sua nevrosi, qui indicata nella pelle e carne piene di pus che, staccate, diventano fogli di carta scritta con la sua scrittura, quindi: primo, lei pensa che il suo lavoro fin qui – e per questo non ne è contenta – è stato contaminato dal pus e dalla carne flaccida della sua malattia; secondo, ci dice che le lacrime che indicano la sofferenza, per questa operazione che abbiamo incominciato, si tramutano in perle che, toccando la pelle e la carne tolta, cioè il suo lavoro, le indicheranno come scartare, staccare, pulire il suo lavoro di emozioni idee morbose e fine a se stesse. Ma la cosa piú importante di questa sua diagnosi è che, levando solo pochi strati di pelle e di carne, si arriva presto alla sua psiche sana che è quella carne rossa e viva che tiene legati saldamente vene e nervi del corpo del cavallo: il suo corpo psichico. Questo è rassicurante e credo che lei abbia ragione nella diagnosi che ci dà del suo male... vedremo... Come mai se ne sta rannicchiata come un gatto? Lei è un cavallo, a quello che mi ha detto col sogno. Ha sempre freddo? Come mai lei soffre il freddo? Almeno cosí mi ha detto, credo. Non è riuscita a staccare da sé, obbiettivare, questo freddo e capire che non è che il vecchio meccanismo abbandonico che la prende e la imprigiona in uno stato di impotenza. Che poi non è altro, come le ho detto, che un senso di svalutazione di se stessa appena sospetta: crede di percepire un allontanamento?»

«Sí, sono riuscita, mi pare, in parte, ma... questa paura è... sí, dottore: ho paura perché mi sto innamorando di lei... glielo devo dire subito, perché lei sappia, si regoli... Mi mandi da un suo collega».

«Sí, lo so, ma perché si spaventa tanto? È stata brava a dirmelo. Generalmente le pazienti cercano di nasconderlo... lei è molto coraggiosa, forse un po' troppo per una donna... questo le impedisce di abbandonarsi e... lei è una donna... signora anche se l'hanno costretta ad agire come un uomo è una donna... non crede?»

«Non mi pare ci sia tutta questa differenza che lei mi dice fra uomo e donna, si tratta di individui e individui. E poi, senta, mi scusi... ma mi mandi da un altro...»

«E da chi? Non vedo nessuno oggi in Italia, scusi la mancanza di modestia che rivelo, non ho false modestie inutili. Ho imparato a liberarmene, come emozioni sporche che nascono da inibizioni e falsi concetti di onestà. Ho imparato a liberarmene come lei imparerà insieme a me. Non vedo nessuno che la possa curare, e poi questo che lei erroneamente percepisce come "amore" non è che transfert, si ricorda del transfert? Ne abbiamo parlato. Ebbene questo transfert ci sarà di grande utilità nell'analisi: perché attraverso il filtro dei trasferimenti di altri visi, altre emozioni che lei farà sulla mia immagine (si ricordi quello che le dissi: io sono per lei uno schermo bianco che lei riempie a volta a volta delle sue emozioni, visi del passato), su questo schermo bianco coglieremo le emozioni esagerate, i sentimenti esasperati che lei crede si nutrano del presente e che invece si nutrono nel suo inconscio di vecchie emozioni stantie, vecchie fantasie infantili deformate e paralizzanti. Attraverso questo transfert sapremo quali desideri frustrati, quali richieste non esaudite, lei ha subíto da sua madre e da suo padre. Dica, signora, in questo trasporto che lei accusa verso di me non c'è qualcosa di impalpabile, sfumato, nebuloso, incerto? A chi le pare io somigli?»

«A nessuno che abbia mai conosciuto e anche se capisco quello che dice e lo trovo giusto e mi scusi la parola poetico... detto da lei Freud mi pare un grande poeta, transfert o non transfert, io ho paura... anche perché non sento nessuna astrattezza o nebulosità nella sua presenza e lei lo sa... sa che mi accorgo di tutto quello che le avviene».

«Sí, è vero, ma questo perché lei ha una sensibilità straordinaria e una possibilità di associazione e sintesi delle espressioni negli individui. Lo sa che lei avrebbe dovuto fare il medico? Ed è appunto per questo che lei è una paziente particolarmente difficile e interessante. Io solo posso guarirla».

«Non è per questa sensibilità che lei mi attribuisce che capisco... è perché mi sto innamorando di lei, mi accade sempre...»

«E non pensa che anche le altre volte che è stata innamorata, come dice lei, che questo amore non era esagerato, contorto e forse non vero, ma solo transfert? Ne è cosí sicura?»

«Senta, sicura o no, fossero stati tutti solo transfert, a parte che un transfert di sedici anni con Citto mi pare già prenda un'altra coloritura. E poi anche se lei insiste a dire che sono una bambina che si è nutrita solo di transfert, bene o male ho trentott'anni e le assicuro che il trasporto che ho per lei è tangibile e quello che è strano, che forse non ho mai provato... molto... be' sí... molto carnale... ho freddo... mi mandi da un altro...»

17.

... avevo freddo, dovevo sfuggire a quel gelo che ormai mi assaliva da tutte le parti quando entrava nella stanza, nel sole...

«Mi mandi da un altro. No, non ho sognato niente. Mi mandi da un altro».

«Facciamo lo sciopero del non sogno?... Lei è proprio una sindacalista nata!»

«Non scherzi, mi mandi da un altro».

«Fossi pazzo! Signora, si svegli dal torpore di "sentimenti" che non sono che vecchie difese che oggi non le sono piú di nessuna utilità. Si svegli, cerchi di portare alla coscienza che questo sentimento che lei crede di percepire per me è una sua invenzione per... vede, lei si finge amore per me per difendersi, crede di non volermi piú vedere per sfuggire a questo sentimento che reputa immorale perché io sono medico e sposato e ho tre figli ma...»

«E perché si è levata la fede? Diceva che gliela stavano rifacendo ma sono passati sei mesi e...»

«Lasci stare, quella è una mia dinamica che devo seguire, lei non c'entra niente. Lasci stare: come le dicevo, lei, per difendersi, si finge di dover fuggire a questo sentimento e invece questa fuga nasconde ancora una volta una difesa contro di me che è come dire contro l'analisi; lei come tutti i malati non vuole guarire e protegge la sua malattia che ormai, nella lunga connivenza è divenuta in lei, nelle sue emozioni, si è confusa con la vita stessa... teme, perdendola, di non avere altra possibilità di vita, lei si è identificata con la sua malattia. Teme, liberata da questa, di non trovare altra forma e cosí, come tutti i malati, protegge la sua malattia da me, con questa falsa emozione. Generalmente il paziente trova delle difese piú infantili, improbabili, come la mancanza di soldi per curarsi... la mancanza di tempo... i piú narcisi dicono chiaramente che si piacciono cosí e non vogliono cambiare. Lei è troppo intelligente e sana di fondo, e con in parte una visione della vita molto tangibile, reale direi, quasi scientifica, e cosí non potendo dire a se stessa: non mi voglio curare, dice: io mi curerei, ma dato che mi sono innamorata, è logico che io non debba piú frequentare l'oggetto di questo mio amore impossibile e senza futuro...»

«Ma io le piaccio, dottore... lo sento...»

«E con questo? Certo che lei mi piace. E se anche mi piacesse al punto da dire, come lei dice, che sono innamorato, crede che questo mi potrebbe impedire di curarla? Lei ha una visione distorta, esageratamente tragica e brutale dell'amore, e questo perché nell'ambiente nel quale è vissuta le manifestazioni d'amore, d'erotismo intorno a lei si manifestavano in tinte brutali e tragiche. È questo che l'ha portata a difendersi chiudendosi, negando in sé queste emozioni e impulsi, fingendosi di non averne nessuna necessità per paura di esserne schiacciata. Le pare logico, naturale che una ragazza quale lei doveva essere ed è, viva e sensibile, non abbia mai avuto nessun rapporto, anche solo di baci o di passeggiate mano nella mano come avviene nell'adolescenza e prima giovinezza?»

«E Citto, allora?»

«Ma il suo rapporto con Citto è venuto troppo tardi, a ventidue anni e, come lei stessa mi ha detto, ancora oggi dubita che se non avesse trovato Citto, tutto sarebbe stato piú difficile, forse impossibile a risolvere. Citto, sempre come lei ha detto, ha una personalità eccezionale; una dolcezza e una mancanza di volgarità che le hanno permesso di abbandonarsi a lui... lei si è rifugiata in lui... in lui le è stata possibile una fuga dalla realtà che le ha permesso di sopravvivere. Ma dopo? Dopo dieci anni, quando ha ritentato di entrare nella realtà? Al primo incontro, la vecchia paura verso gli uomini seppellita in lei, ma non risolta, è riaffiorata, e si è trovata frigida, come lei dice. Mi scusi se le ripeto queste cose che in parte lei mi ha detto, non vorrei le perdesse di vista. Si ricorda cosa mi disse a proposito del suo tentato suicidio e di quel... pittore?»

«Mi ricordo benissimo e lo confermo... non ho cercato di morire per lui; mi tormentava sí, con la sua brutalità... ma capii subito che era un malato e quell'anno quel rapporto non fu che un ricacciare il sentimento che m'aveva preso per lui ma che sentivo nato morto senza possibilità di sviluppo, per la differenza che c'era in tutte le manifestazioni di vita e intellettive, fra lui e me... fu quello scoprire, come le dissi, che ero frigida come una bambola che mi smarrí, insieme al fatto che mi allontanavo da Citto, Citto da me... il ventesimo congresso... il mio tentativo di uscire da una costruzione ideologico-religiosa che, a casa mia, mi avevano imposto, e che si era strutturata nelle mie ossa diventando il mio scheletro stesso. Non per niente incominciai a scrivere dopo il ventesimo congresso, ma rifarmi una verginità come si dice... rifarmi una libertà... anche questo mi confuse... e non me sola... molti si smarrirono a quell'epoca e girano ancora come individui che hanno perso la voce e le mani e che non riescono a rifarsi un linguaggio, un modo di gestire... mi scusi, dottore, ma oltre i traumi infantili, il padre e la madre, c'è anche la storia...»

«Certo, certo la storia è una realtà, ma una realtà che subentra dopo, quando l'individuo è già formato. Ma noi dobbiamo attenerci al periodo primo della sua formazione, che va dal ventre materno ai sei anni. Non dobbiamo farci fuorviare. È lí, che dobbiamo scavare, è lí che troveremo la matrice di queste sue difese che allora lei dovette costruirsi per sopravvivere, come leggiamo nella sua storia e come sempre avviene: queste difese le furono necessarie per allontanare, combattere forme di vita che allora l'avrebbero schiacciata; ma, come sempre avviene, se queste difese infantili non si modificano col tempo al contatto della vita non si diviene adulti, e si resta imprigionati in queste difese che divengono catene e calotte di ferro che stringono il cervello spappolandolo come lei ha sognato e che la schiacciano a letto dandole un senso di impotenza che non è altro, ora che lei è adulta, che sentire che le sue gambe sono rimaste fragili come da bambina, la sua voce esile... Cosí sente il mondo sfuggirle dalle mani troppo piccole per le cose dentro e fuori di lei che sono cresciute... queste difese le hanno servito... la fuga dalla realtà in Citto le ha servito fino a due anni fa, ma adesso continuare in quest'ovattamento che Citto le dà con la sua protezione e le sue favole sarebbe un mutilarsi volontariamente per lei e per Citto. Perché, come sempre avviene negli incontri, lei fuggiva la realtà in lui, lui in lei, e sarebbe un male anche per lui. Lei si deve svegliare. Io demolirò a una a una queste vecchie difese marce che la trascinano a marcire insieme a loro. Una a una le smonterò e vedrà, si fidi di me, troverà altro, troverà altro»... avevo freddo... cercai uno scialle... non scaldava piú... fuga dalla realtà... era bellissimo... dovevo scrivere una novella su questo... una novella o una poesia? Ma la penna tremava nelle mani... avevo troppo freddo... anche scrivendo la calligrafia era cosí tremante che nessuno avrebbe potuto decifrarla... nessuno avrebbe potuto decifrarla... lo scialle non scaldava piú, era meglio entrare sotto le coperte e aspettare che quel tremito passasse...

18.

E anche adesso quel freddo nel sole della finestra spalancata fa tremare le parole che si compongono in geroglifici scuri di paura, graffito intelligibile ma senza passato né futuro. Nessuno sarà in grado di decifrare i segni chiusi di questa mia paura... nessuno, quello che sto scrivendo, nessuno... a tre anni da quel freddo che si insinuò nelle mie ossa da quando qualcuno, mani invisibili (le mani di vento e grandine delle donne?), spalancò la finestra e via via che la sua voce tornata senza bocca e senza età si svolgeva monotona in un lungo fiume gelido trasparente, rivelando uccelli marini di abissi dal becco crudele, dirupi di rocce vertiginose, aguzze... si faceva piú tagliente, come lama affilata entrava nelle connetture piú profonde dei miei nervi segando tendini, legamenti, vene... chi decifrerà queste mie righe? Può un freddo durare cosí a lungo? Ha smontato, ha scalzato col suo coltello le mie difese... ma solo questo? Forse mi ha staccato anche la pelle, la prima carne, la seconda, col suo bisturi psicoanalitico e cosí la trama sottile dei nervi e delle vene, scoperchiati, tremano a ogni soffio d'aria, a ogni nuvola, ombra che s'abbassa in questa stanza... riuscirà la mia natura a far rigermogliare la mia pelle? O dovrò tremare cosí tutta la via? È primavera... riuscirà?... È primavera, hanno spento i termosifoni e dentro i muri sono freddi mentre fuori l'aria è colma di sole caldo... devo scendere in terrazzo... devo controllare... due giorni fa i termosifoni furono spenti e lo stesso freddo mi spinse giú in terrazzo... no, fu il giallo dei tulipani sbocciati nel buio di una sola notte a chiamarmi giú in terrazzo. Mirella in autunno me li portò, sconcertata dal fatto che in questi anni non li avevo piú piantati. Mi richiamava in vita, fuori da questo lavoro, dal lutto che prendeva tutte le mie forze? Sí, mi richiamava a sé, Mirella, il giallo è il suo colore... quella fioritura gialla mi richiamò e scesi, almeno per un attimo dovevo rispondere al suo richiamo, almeno per un attimo dovevo guardarli tutti, uno per uno... erano tanti che mi ci volle tutta la mattina... «Per capire il senso remoto, la memoria ancestrale, il significato, il segreto magico dei colori, bisogna guardarli a lungo, studiarli. Il colore, anche se è cosí appariscente, non rivela il suo messaggio piú profondo immediatamente, ci vuole pazienza e costanza. Vedi, Goliarda, io studio botanica, voglio diventare un botanico anche se mio padre vuole che io faccia il medico come lui».

«Ma tu studi nella stessa classe di Licia, lei studia per diventare medico, m'ha promesso che se mi ammalerò un'altra volta, sarà lei a curarmi e allora io guarirò sicuramente: lei è intelligente come Galileo Galilei e come Pasteur... Ivanoe lo dice sempre...»

«Sí, studio nella classe di Licia, che all'università si chiama facoltà, ma questo solo per non dispiacere a mio padre. Non bisogna mai dispiacere ai vecchi. Anche se non li si capisce, anzi non bisogna capirli ma accettarli, non bisogna amareggiarli in questi ultimi momenti carnali che la natura gli ha concesso, bisogna accettarli e avere fiducia nella propria giovinezza. Io sono giovane e non ti pare che posso studiare medicina per tranquillizzarlo e botanica per mio piacere? Sono forte e basta dormire qualche ora di meno... e poi ho scoperto che studiare le trame delle vene, il colore del sangue mi fa capire meglio i fiori gli alberi le erbe. Non sono la trama delle vene come alberi? E come avrei potuto capire che tu sei un papaverino, se non avessi anche studiato il corpo umano? Sei un papaverino nel torace, non vedi? Hai rami azzurri che si allungano, si biforcano, si svolgono e fioriscono in forme fantastiche...»

«Ah, sí? Dove?»

«Non vedi le vene azzurre per le spalle e anche su per il collo? Vedi, questo ramo che si apre in due e si allunga fin su la gota e la tempia?» Non dissi niente ma fui molto orgogliosa di avere tutti quei rami. Volevo dirlo a tutti, ma era un segreto fra Enzo e me, e la gioia di quel segreto cancellò il desiderio di dirlo a Carlo Libero Ivanoe... Sí, Enzo, è vero, il colore non si rivela cosí facilmente e li guardai a lungo tutta la mattina uno per uno... in uno di questi tulipani c'era un piccolo animale dal corpo blu scuro macchiato di marrone e dalle ali azzurre che si nutriva del polline giallo... ieri sono tornata e stava ancora là... oggi sono tornata ed era immerso nel polline che faceva ormai dune di nutrimento dolce e caldo! Non si muoveva quasi, era sommerso dal giallo il blu e l'azzurro del suo corpo, non si scorgeva piú. Spaventata lo toccai per riscuoterlo da quel letargo di cibo, si mosse appena, pigramente, infastidito... moriva soffocato dal cibo che lo nutriva? Dovevo farlo uscire? No, sembrava felice e sazio... «Il destino si deve compiere». Sí, Nica, il destino si deve compiere... era nutrito e felice. Il polline lo soffocherà? Morirà del nutrimento che lo nutre? «Il destino si deve compiere in gioia e in morte»... morte per dolcezza, pienezza di nutrimento dolce giallo e profumato di vita come il pane di Scicli: giallo e croccante, scolorato del lavoro delle braccia vigorose dei maschi e delle lagrime fresche e dolcemente salate delle femmine. Io tendo alla morte secondo lei, dottore? Sí, oggi quindici aprile 1966 le dico sí, io non solo tendo ma aspiro alla morte come nutrimento, pienezza raggiunta in gioia. Sí, morte per gioia. Ma devo tornare su nel freddo della stanza, devo finire di compiere questo lavoro del lutto, questa fatica di panni neri, di gonne, camicette, calze e scarpe nere. O scrivere una novella su questo tema «fuga dalla realtà»? O una poesia?...

19.

... una novella o una poesia?... No, debbo finire questo lavoro del lutto prima... non posso fare, fingermi di avere la pelle, di non avere freddo. Forse sotto i panni neri di questo inverno di lutto la mia pelle ricrescerà... Fuga dalla realtà... Sí, fuggivamo insieme dalla realtà di visi, di visi distorti, tatuati dal ricordo atroce di una guerra inutile, protesi a depredare quella pace fittizia di abbondanza... palazzi sconnessi deliranti di miseria secolare che le unghie dei bombardamenti avevano liberato della vernice appariscente e labile dell'ordine del Ventennio... bocche spalancate in risa stridenti... bocche ruminanti il falso nutrimento del ciuingum... grappoli di mani avide ammucchiate spasmodicamente a graffiarsi l'una sull'altra: quell'opulenza di pane bianco impastato di vento sui tavoli di latta dei caffè... via Veneto... piazza del Popolo... Cinecittà... fuggivamo insieme; il suo braccio intorno alla mia vita mi guidava, il suo fiato diceva fiabe, mi guidava per le strade sicuro, raccontando...

«Citto dov'è che m'hai trovata?»

«Be', è stato un caso, un vero caso, non sapevo che fare quella mattina e decisi di andare alla Rinascente a comprare dei lapis colorati americani che avevo visto, avevo pochi soldi ma speravo che mi sarebbero bastati e cosí entrai tutto contento, lo sai quanto mi eccita entrare nei grandi magazzini e comprare tutte quelle cosette che poi si rivelano assolutamente inutili, con pochi soldi ti riempiono le braccia di pacchetti e questo dà un senso di ricchezza, e ti fa sentire un signore. Ma quella mattina sapevo cosa comprare, quelle matite mi avevano affascinato, erano grosse, non ne avevo viste cosí prima, ma avevo pochi soldi e cosí per prolungare la gioia mi misi a girare per gli stand: era una buona occasione per curiosare. Se non hai soldi non puoi entrare, ti senti sospettato, ma quei pochi soldi mi davano la sicurezza di fermarmi a mio agio: mi fermavo dappertutto e osservavo e su un banco vedo tante scatoline di cellofan legate con un nastrino, ogni scatola aveva il nastro di un colore differente, fra queste la mia attenzione fu subito attratta da una piú piccola delle altre, aveva un nastro rosa cosí tenero... e prendendola chiesi alla commessa: "Cos'è?" "Legga, ce l'ha gli occhi, mi pare! E che si crede che siamo qui per dare informazioni? Se si dovesse dare informazioni a tutti..." Aveva ragione. C'era tanta di quella gente, sempre a correre su e giú, che diritto avevo che si occupasse di me. Lo sai che detesto quelli che se la pigliano coi camerieri, i commessi, sí insomma quelli che vogliono assolutamente imporre i loro diritti di avventori, come mio padre... non si può andare in un ristorante che... be', lasciamo stare e torniamo a quella scatolina: la volto e dietro c'è scritto: «Iuzzetta tipo lusso, cresce facilmente in tutti i climi purché sia nutrita di carezze e baci». Particolarità: timidezza, orgoglio siculo, lagrima facile, dolcezza, forza fisica, distrazione, assoluta mancanza del senso del denaro, infruttuosa ma anche economa. Possibilità di sviluppo: attrice, buffona, aiuto regista, ballerina, scrittrice. "Quanto costa?"

"Cinquanta lire". Era troppo, la posai, non mi sarebbero bastati i soldi per le matite. Ma appena mi allontanai, quel nastro rosa mi pare ebbe un sussulto e cosí tornai indietro e al diavolo le matite e intascai quella Iuzzetta e me ne andai in giro tutto contento... certo subito, appena rassicurata di essere nella mia tasca e non piú in quello stand squallido, in mezzo a estranei, cominciò a farsi sentire e qualsiasi cosa facessi, con chiunque stessi parlando, dovevo, per non farla piangere, mettere la mano in tasca e accarezzarla... ma si quietava subito... Mi quietavo subito... affrontavo la gente... le sale di doppiaggio paurose e maleodoranti di fumo marcito e di fiati stantii di secoli... l'odore di bisturi e pus di quella clinica, le mani di vetro di quel medico che frugava nelle piaghe sotto le mie ascelle, nel collo...

li affrontavo sapendo che anche stavo nella tasca di Citto che a quell'ora doveva essere da Zavattini, con la sicurezza che qualsiasi discorso o conversazione, per importante che fosse, se mi mettevo a piangere lui mi avrebbe accarezzata nel fondo della sua tasca che ormai era per me la mia casa... Poi la sera, quando stava con gli amici, aveva tanti amici, non credevo si potessero avere tanti amici, che ormai mi conoscevano e mi avevano accettata, uscivo fuori dalla tasca e parlavo con Aggeo, Rinaldo, Gigi... mi vollero bene presto...»

«E già, è chiaro, signora, che questi amici divennero tutti in lei, nelle sue emozioni, suoi fratelli e sue sorelle e lei si diede in pasto. Ma di questo parleremo dopo. Dunque, mi diceva di questo gioco, molto grazioso. Tutti gli innamorati si inventano di questi giochi, certo che voi ne inventavate uno al giorno. Ma nella realtà come vi incontraste? Lei faceva teatro e Citto era di un altro ambiente, mi pare. Non faceva ancora del cinema? O sbaglio?»

20.

«No, si preparava per dare l'esame al centro sperimentale e fu anche per questo che credetti che avesse diciotto anni come mi disse, non sapevo che fu ammesso per meriti speciali, ma... che importa... è una storia come tante, l'annoio».

«No signora, si sbaglia, non è una storia come tante. Mi dica, mi interessa, cos'è questa storia dell'età?»

«Be', le dirò, è molto buffo. Quando diventammo amici lui mi disse che aveva diciotto anni c io ci credetti, ma lui, cosa che mi sembrò strana ma che poi mi passò dalla mente, mi volle assolutamente mostrare la carta d'identità... risi molto e gli dissi: "Be'! Hai diciotto anni e con questo? Ne dimostri molto di piú..." Solo che dopo, ogni anno compiva sempre diciotto anni e cosí sebbene ero, e sono, molto distratta, dopo cinque o sei anni di questi compleanni immobili... gli chiesi la ragione e mi confessò che quando c'eravamo incontrati ne aveva solo sedici e mezzo e per paura che non lo prendessi in considerazione mi disse quella bugia... "E la carta d'identità?" gli chiesi. Mi rispose: "Be', quella l'avevo falsificata per andare al casino..." Ridemmo tutta la notte ma... anche adesso non sono piú sicura dell'età che ha... ho sempre paura di scoprire che quando ci mettemmo insieme avesse, che so, quindici, quattordici anni...»

«Certo è buffo... ma come vi incontraste?»

«Be', è stata tutta colpa di Titina...»

«Come di Titina? Titina la sorella di Citto?»

«Sí... ecco io avevo conosciuto Titina perché suo marito, Toti Scialoja che era pittore anche lui... anzi adesso che ricordo fu il primo che mi disse che dovevo scrivere e che mi ci fece pensare seriamente... chissà come l'aveva capito, non lo vedo piú, ma un giorno o l'altro lo devo ringraziare... già mi disse di scrivere e mi fece conoscere Cézanne, io allora non sapevo niente di pittura, lo devo ringraziare... mi scusi divago... sí, Toti voleva fare uno spettacolo d'avanguardia, sa, di quelli che fiorivano già appassiti come gramigna nell'immediato dopoguerra, poi non se ne fece niente... ma non fu inutile, io ebbi il regalo di conoscere Titina...»

«Regalo? Perché?»

«Perché fu la prima donna che ho conosciuto. Le spiego, vede, per me essere una donna intelligente si identificava come direbbe lei, comincio a copiarla vede? Sí, si identificava con l'essere mascolina, in tailleur, coi tacchi bassi, senza trucco, insomma il solito errore che imperversava a quell'epoca, eredità delle femministe del primo Novecento. Ma vedendo lei ebbi la rivelazione di come una donna può essere intelligente, impegnata e nello stesso tempo femminile... da lei ho imparato a usare i colori... mi ricordo che dopo una settimana che l'avevo conosciuta mi andai a comprare un paio di scarpe con nove centimetri di tacco e mi misi il rimmel anche nella vita, non solo per recitare».

«E com'è questa Titina».

«Com'è? Com'è? Non posso descriverla, Nunzio avrebbe detto: "Eh! Iuzza, non si può descrivere, come non si può descrivere una meraviglia della natura quando ci ha il capriccio di fare una cosa in 'modo fino'"».

«Be', questo dice tutto in un certo senso, ma troppo poco per quello che serve a noi. Mi dica piú precisamente com'è?»

«Non saprei dire piú precisamente, è... la vita».

«È attiva, mascolina?»

«Ma niente affatto, è anzi molto femminile anche se è forte, eh sí, è forte e fragile, molto sottile, con le mani da ragazzetto di quattordici anni sempre agitate, come ali di un uccello protese ad afferrare tutto quello che può nutrire, arricchire... come dire una donna dalla pelle bianca, pallida, malinconica, con gli occhi neri e la bocca rossa come un fiore... già il rosso della gioia. Sí, Titina è bianca, nera e rossa...»

«Vedo, una bandiera... lei si è fatta una bandiera di questa Titina...»

«E perché no? Una volta tanto una buona bandiera... ma sarebbe meglio dire i colori per i quali una volta i cavalieri entravano in campo per battersi. Vede, Titina spinge sempre all'azione, è sempre proiettata nel futuro, parla quieta e mentre con la pelle bianca, col corpo si lascia prendere dal presente, dal momento, con gli occhi e le mani agitate la si sente già in cerca, in questo presente, attimo, momento, che cerca il futuro che ne può nascere...»

«Un po' stancante...»

«Forse per chi non ha buone gambe, come diceva Nunzio...»

«Sí certo... le ricorda Nica?»

«Già è vero... mi ricorda un po' Nica... forse perché il suo modo di essere è avventuroso... sí, spinge all'avventura come Nica».

«Già. Lo pensavo... ci dovremo pensare insieme... vedremo... dunque... Mi dica di Citto adesso».

«Niente, lo incontrai a una mostra... non lo conoscevo, ma lui si avvicinò, mi disse che mi conosceva attraverso i racconti di Titina e che mi aveva visto recitare e... sí, le solite cose... ma fu abile perché se non mi avesse detto che era il fratello di Titina non mi sarei mai fatta accompagnare a casa...»

«E dopo?»

«Dopo diventammo amicissimi e per un anno andammo in giro per Roma come amici, poi una sera, avviene nell'amore, ci abbracciammo e lui mi disse che voleva stare con me quella notte e io lo portai a casa... proprio la mattina mia madre mi aveva detto col suo fare distratto: "Senti Goliarda, se succedesse qualcosa fra te e Citto, non andate a umiliarvi in qualche stanza d'albergo squallida, portalo a casa". E cosí la mattina mia madre entrò nella stanza con il caffè per tutti e due... non può immaginare la faccia di Citto, avevo paura che svenisse. Ma mia madre si mise a parlare di cinema, di politica e lui si rassicurò. Da quel giorno visse con noi, come mi aveva raccomandato mia madre, non facemmo la sciocchezza di sposarci o solo di pensarci, facemmo il patto di stare insieme cosí fino a quando la gioia di stare insieme sarebbe durata... ed eccoci, a sedici anni... sembra impossibile...»

«Ah, fu sua madre: a imporle questo?»

«Impormi? Ma che dice? Era giusto, perché fare contratti disumani e bestiali?»

«Ed è cosí sicura che sia stato un bene? Lei è una donna, signora, e forse si sarebbe sentita piú protetta...»

«Ma che dice? A volte mi sembra un piccolo conformista, un...»

«Bene, non ne parliamo piú. Non si arrabbi, non vorrei mi schiaffeggiasse... sebbene, un poco, lo desidero...»

... Schiaffeggiarlo? E come potevo? Ormai le mie mani si erano anchilosate in quel freddo, i miei polsi legati dal filo tenace del ricordo di quel calore profumato di gelsomino... avevo freddo e in quel freddo aprendomi un varco fra la neve alta senza odore e senza ombre che ci assediava andavamo... fuggivamo da un paese scavato profondamente nel centro di un monte coperto dalla neve. C'erano vetrine, alberghi, una piazza, scale bianche scavate nella roccia bianca: c'era neve? Io lasciavo tutto dietro di me, tutto quello che mi apparteneva. Al fondo di una scala scavata nella roccia abbagliante, ma non era il sole che faceva brillare cosí la roccia o la neve, non era il sole perché non c'erano alberi né ombre, decidemmo di tornare. Dovevo riprendere il piumino per la cipria, lo specchio, il pettine, la spazzola per i capelli... come mi sarei altrimenti spazzolata i capelli, data la cipria? Quella sera dovevo andare a teatro con Citto. Bianca, Marilú, Eleonora acconsentirono a venire con me, ma mi seguirono solo fino alla merceria che si apre sulla piazza e lí caddero bocconi con visi gonfi di vermi viola, le labbra piene sussultanti di vermi bianchi, o era saliva? Qualcuno mi diceva, mi sussurrava all'orecchio: «Hanno paura, gli stranieri, di questo regno, hanno paura». Io non ero straniera, ma anch'io avevo paura. Anche perché nel buio di una porta senza battenti né vetri, vedevo schiene curve su corpi bianchi di bambine che con tenaglie estraevano dalle orecchie, dall'ombelico, lunghi fili rossi come budella, e piccole uova senza forma sanguinanti che raccoglievano in catini. Io avevo paura, ma ormai avevo il mio specchio, il piumino della cipria, il pettine, la spazzola e correvo giú per le scale. Sarei uscita. Ma la porta si apriva davanti a me lentamente e su una macchina che avanzava quattro visi uguali di donne vecchie mi fissavano. Non potevo uscire. Avevo la spazzola, il piumino della cipria, il pettine e lo specchio ma loro erano lí, davanti alla porta e mi fissavano con orbite senza pupille piene di neve. I capelli si rizzavano in rami di neve e ostruivano la porta spalancata facendo buie le scale... c'era un gran buio, i gradini non si vedevano piú...

«Vede, signora, in questo sogno abbiamo la conferma di quello che le dissi ieri, cerchi di non arrabbiarsi... non sono io, è lei con i suoi sogni che mi dice quello che con l'intelligenza cerca di negare a se stessa, è lei che mi dice che...»

21.

«... questo paese scavato nel monte è il ventre di sua madre, freddo, coperto di neve, cosí come lei lo ha percepito nella sua fantasia infantile, che è come dire non caldo, protettivo, accogliente. La neve è simbolo di sudario, di morte. E questo ci dice la ragione vera, e non apparente, della sua paura per la neve, e non, come lei mi disse, perché è nata in un paese dove non nevica mai. Lei si dava questa spiegazione di copertura nel timore di dover scoprire che lei non aveva confidenza in sua madre, timore di scoprire che l'affetto che lei percepiva verso sua madre fosse solo un mezzo per cattivarsela, per conquistarsela, cosí che questa autorità la guardasse con occhio benevolo e non si sfogasse su di lei, le risparmiasse le sue ire e punizioni. Vede, signora, spesso l'amore non è che timore mascherato (come avviene nelle religioni il dio è potente quindi per stornare le sue ire bisogna passare dalla sua parte e adorarlo). Questo timore lei lo porta in sé e lo traduce in amore anche con le sue amiche. Ma per tornare al sogno, lei associa la neve alla freddezza e alla rigidezza ideologica di sua madre. Si ricorda che una volta mi disse: la neve di Maria? Bene, questo paese è governato da un esercito di vecchie. Quelle vecchie sono ancora sua madre, il suo super-io. Lei ci dice anche nel sogno di sapere di appartenere a quel paese, ma ne ha paura e cerca aiuto per strappare a questo super-io i simboli di femminilità, che sono poi la sua femminilità, raffigurati nello specchio, il pettine, il piumino per la cipria, la spazzola per i capelli. Per essere in grado di strapparli a questo super-io lei cerca l'aiuto di Marilú, Eleonora, Bianca che mi pare lei, nella realtà, percepisce come le piú dotate di femminilità genuina, mi sbaglio? Bene, acconsentono di venire con lei ma non ce la fanno e cadono carponi decomponendosi. Questo a un livello ancora piú profondo, significa che malgrado lei nella realtà cerchi di essere come Marilú, Eleonora, Bianca, quando queste vengono a contatto con la figura di sua madre... si decompongono e cioè: lei nel profondo sente questa femminilità come materia marcia, piena di vermi. Dove eravamo?... Ah, sí... loro cadono ma lei prosegue da sola. Probabilmente in tutti questi anni e specialmente legandosi a Citto – nel sogno è con Citto che deve andare a teatro la sera – lei ha cercato di sfuggire a questo super-io che la forzava a essere un maschio, come da bambina la spinse ad allenarsi con Carlo per diventare un uomo, ed è per questo che non ha mai accettato le mestruazioni. Nel sogno lei procede sola e riesce a prendere questi simboli e probabilmente anche nella realtà lei è riuscita, almeno a prendere in mano, a toccare questi simboli della femminilità. Infatti, temendo di non essere femminile, temendo che il rito magico che fece da bambina allenandosi alla boxe con suo fratello fosse veramente riuscito a cancellare seni e dolcezza con muscoli, si veste di pizzi e si finge di amare le sete, le vestaglie, le collane per nascondere il disprezzo che sua madre le inculcò per queste cose e che porta in sé intatto. Ed è chiaro che in lei questo atteggiamento, essendo reattivo, ha una coloritura, accentazione di esagerazione, spastica, sottolineata, come uno scongiuro, un rito magico che possa annullare il primo. Come dicevamo, nel sogno lei riesce a prendere in mano questi simboli ma il suo super-io, sua madre qui sdoppiata in due sacerdotesse (con questo lei ci dice che sente il suo super-io molto forte potente) le sbarra la porta dalla quale potrebbe scappare. Un'altra cosa importante che emerge dal sogno è che lei ci indica l'età nella quale lei ha subito questo processo di defemminilizzazione. Quelle bambine torturate che si intravedono dalle porte quanti anni potevano avere secondo lei?»

«Non so, sette otto anni...»

«Già. Quindi a sette, otto anni lei ha subito, come quelle bambine del sogno, un'operazione di sterilizzazione. È chiaro che le orecchie e l'ombelico sono il simbolo, stanno nel sogno, per l'utero dal quale vengono estratti e buttati in catini i fili rossi che rappresentano il flusso mestruale e quelle piccole uova sanguinanti che rappresentano le ovaie. Nel suo inconscio lei teme di essere stata sterilizzata e quindi di non essere una donna e per questo cerca di supplire, per nascondersi questa operazione che ha subíto da sua madre; per salvarla ai suoi occhi, cerca di dirsi con sete e pizzi che questa operazione non c'è stata anche perché non sopporterebbe l'immagine di sua madre come torturatrice e cosí cerca di supplire (compensare, come si dice) con sete e pizzi e con un desiderio enfatico, non a parole, ma dentro di lei, di figli. Ha mai avuto gravidanze interrotte?»

«No».

«Ha preso precauzioni?»

«Sí, ma non eccessivamente... le ho detto, Citto era troppo giovane per caricarlo di pesi, responsabilità e poi, sia lui che Titina non vogliono figli...»

«Sí, certo, questo apparentemente, ma nel profondo non è stato Citto l'ostacolo... l'ostacolo è dentro di lei... il suo superio, sua madre che le fa percepire, nel suo inconscio, queste cose come cose da donnetta. Ma lei, non potendo accettare un'immagine di sua madre mutilizzante, ancora una volta come fece nell'infanzia lei per salvare l'immagine di perfezione che si fece di sua madre accusa il caso, il lavoro instabile di Citto eccetera. Vede, signora, il bambino per crescere, appena viene alla coscienza intellettiva, si fa un modello e lo vuole perfetto e cosí attribuisce a questo modello tutte le virtú, e scarica sugli altri i difetti, le imperfezioni che non sopporterebbe di scorgere in questo modello. Lei ha fatto cosí con sua madre, Nica, e continua a farlo con Titina, Franca... Lei, signora, deve portare alla coscienza questo meccanismo... deve finirla signora di fare all'amore con queste immagini di donna femminili che crede di amare e invece solo teme»... perché aveva acceso la luce? Il sole non era ancora tramontato... le mani, ora, di ghisa, nel cerchio della luce, immobili sulle ginocchia mi schiaffeggiavano... deve finirla di fare all'amore con... Nica... la luce mi faceva dolere gli occhi... ero stanca di stare in piedi e caddi in ginocchio in mezzo alla stanza... non scesi piú in cortile... avevo paura di incontrare Nica... avevo tanta voglia di abbracciarla... ma non dovevo... E quel pomeriggio quei due schiaffi psicoanalitici mi strapparono dalle braccia di Nica... Titina... Haya... sorella mia dagli occhi come ali buie di uccello notturno, Haya quale maleficio ci tiene lontane?... Nica, non ci vedremo piú?

22.

… non scesi piú in cortile… avevo paura di incontrare Nica… e il freddo di quelle mani, ora di ghisa, posate compostamente una sull'altra, sulle ginocchia senza età, mi comunicavano un freddo che mi spogliava di ogni abbraccio e nuda sbattevo ai muri di quella stanza illuminata solo dalla luce gelida della lampadina… c'era ancora luce fuori, perché avevo acceso quella lampadina?…

«Che bella macchinetta da scrivere… vedo vedo… muove anche i tasti, chi gliel'ha regalata?»

«Citto, me l'ha comprata stanotte a piazza Navona e anche questo anellino di latta e questo violino rosso…»

«Lo sospettavo… signora, lei non deve piú indulgere in questi giochi infantili, non può piú continuare a restare nella tasca di Citto. Non può andare avanti passando dal ventre di sua madre alla tasca di Citto. Lei è una donna… Deve portare alla coscienza il fatto che è una donna e importante anche, che non ha piú bisogno di questo ovattamento che la rattrappisce e che la rende debole, fragile, e che anche se non ne vuole prendere coscienza sa dentro di sé che la umilia davanti a se stessa»… Perché aveva acceso la lampadina? Dava una luce fredda che faceva battere i denti… non dovevo giocare con quella macchinetta… tremando la buttai nella cassapanca… non dovevo giocare con quella macchinetta… Citto si allontanava con la macchina, lo chiamavo ma non avevo bocca né età… mi lasciava in quel campo sterminato di terra bruciata dal gelo… non c'era ombra né alberi, non un filo d'erba solo il gelo della lampadina accesa, non c'erano case intorno… come sarei tornata in fondo a quella casa dove la sua mano, se piangevo, mi poteva accarezzare per quietarmi?... Mi misi a piangere... dune di terra brulla all'infinito tutt'intorno a me... girai tre volte su me stessa piangendo e chiamandolo ma non rispose. Mi buttai bocconi fra quelle dune di terra... ma non era terra, erano lenzuoli, una pianura sterminata di lenzuoli e sotto il mio corpo diventato piccolo, sotto il lenzuolo che cercavo di abbracciare ma non riuscivo, le mie braccia erano troppo corte, si intravedevano i capelli bianchi di mia madre, la sua fronte le sue braccia... mi aggrappai a lei e...

«Vede come tutto viene alla luce piano piano, signora? In questo sogno è chiaro che lei percepisce sua madre come una terra sconfinata e brulla senza vita, senza alberi, gli alberi sono simbolo di vita, un campo sconfinato, brullo, impossibile a possedersi, ad abbracciarsi, e in questo tentativo che lei fa nel sogno di abbracciare questi lenzuoli (i lenzuoli sono letto, casa) probabilmente il ricordo di quando dormiva con sua madre... dormiva con sua madre da bambina?»

«No, mia madre come le ho detto era molto pudica e non amava gli abbracci, il dormire insieme, gliel'ho detto, non l'ho mai vista neanche in sottoveste...»

«Appunto... allora questi lenzuoli stanno alla fantasia che fece, al desiderio non esaudito di dormire con sua madre: tutti i bambini desiderano dormire con la madre perché in questo atto si sentono accettati anche fisicamente...»

«Ma io non ricordo di averlo mai desiderato. Mi piaceva la discrezione di mia madre... era affettuosa, ma senza smancerie, bussava sempre alla porta quando entrava nella mia stanza, anche quando ero piccola e non ha mai aperto una lettera indirizzata a me».

«Già... sua madre usava la parola smancerie? Non gliel'ho mai sentita pronunciare prima».

«Sí».

«Lo sospettavo. Vede, lei si è assunta da piccola sua madre cosí completamente che anche oggi usa le sue parole per difenderla ai miei occhi. Ma questa difesa che lei crede di fare di sua madre ai miei occhi lo fa per difenderla ai suoi occhi. Lei non ammette la piú piccola critica di sua madre dentro di lei. Ma deve ammettere che lei è stata educata da sua madre troppo rigidamente. Lo sa che non ha niente dell'educazione italiana, che sembra figlia di protestanti?»

«Sí, lo so, ma che poteva fare? Lasciarmi in mano alle zie, ai fratelli che tendevano, da buoni siciliani, a ridurmi una femminuccia? La storia esiste, dottore».

«Certo che esiste, ma ciò non cancella che in questo tentativo di darle un'educazione diversa sua madre era troppo dura. Del resto, come tutte le piccole comunità isolate che vanno contro il costume corrente. Ma come le ho detto, questo non cancella il male che le fece questa durezza e che lei si porta dentro a tutt'oggi non risolto. Per tornare al sogno, che del resto ci dice tutto questo molto chiaramente, nel tentativo, come dicevamo, di possedere questa terra smisurata – questa immagine materna inaccessibile – questa terra smisurata e brulla, lei ridiviene piccola, bambina, che, è chiaro, significa che una parte di lei è rimasta quella bambina esclusa dal calore materno ed è continuamente sminuita dal confronto di sua madre. E quel movimento che fa nel sogno su sua madre per abbracciarla lo associa per caso a un amplesso?»

«Sí».

«Appunto, questo ci dice un'altra ragione per la quale lei teme nelle sue emozioni di non essere donna, femminile; lei da bambina sentendo di non potere possedere sua madre – nel bambino essere accarezzato si raffigura coll'accarezzare, prendere possesso, possedere, cosí lei sentendo di non potere possedere sua madre cosí potente e distante, si identificò con suo padre, e questo perché sentiva oscuramente che solo lui poteva possederla... questa è anche una chiave, a un livello, del suo odio per suo padre, che altro non era che il desiderio di essere come lui. Ma sentendo anche che questo era impossibile, ne era gelosa e mascherava questa gelosia con l'odio. Lei voleva essere come suo padre per possedere questa donna che non si concedeva e che l'opprimeva con la sua statura ferrea e la sua intelligenza».

23.

«Buon giorno signora. Non mi dice niente? Nemmeno risponde al mio buon giorno».

«Scusi, è tanto che non la vedo...»

«Tanto, signora? Sabato e domenica, come sempre! Dobbiamo acquistare il senso del tempo signora, dobbiamo staccare il tempo da queste emozioni infantili, senza tempo, che l'afferrano... ma lo sa che lei è curiosa, un momento mi caccia via, un momento mi guarda come se non mi conoscesse... lei mi farà venire un infarto!»... Rideva... «Ma Iuzza, è possibile che ogni volta che parto anche solo per pochi giorni sembra che non mi riconosci piú? Mi farai morire di un colpo, quando ti rivedo ho sempre paura che tu mi abbia dimenticato, mi dai la mano con un'indifferenza che mi fa accapponare la pelle».

«Scusa, Citto, hai ragione, cercherò di vincermi, ma ogni volta che non ci vediamo anche per poco... mi sembrano secoli... e poi lo sai, non so esprimere la gioia di rivederti e mi vergogno, scusami, imparerò... voi sapete abbracciare... dare in esclamazioni... imparerò...»

«E ha imparato? Con me non sembra».

«Con Citto sí... a furia di sforzarmi imparai a essere gentile con lui, Titina, gli amici. Con lei...»

«Con me torna alle origini, no? Ho capito. A casa sua, a quel che posso intuire, tutte queste affettuosità erano... smancerie, vero o sbaglio?»

«No, non sbaglia... e feci molta fatica con Citto, ma poi...»

«Che fa, ride adesso? Certo lei è proprio graziosa e imprevedibile, prima sembrava una statua di ghiaccio ora ride come una bambinella… perché ride cosí?…»

«Oh, niente! Mi sono ricordata di una notte che…»

«Che c'è da ridere nella notte?»

«Niente, una cosa buffa, una sciocchezza, mi vergogno…»

«Signora, la deve finire di vergognarsi di ogni sentimento e poi mi ha incuriosito… non vuole far ridere anche me?»

«Be', niente, solo che a casa mia non si poteva dire ti voglio bene, è bellissimo, straordinario: erano frasi esagerate e leziose e non si potevano dire parolacce o bestemmiare Dio, la Madonna. Una volta che mi scappò un porco Dio che avevo sentito a scuola, mia madre, cosí seria che ancora tremo a pensarci, mi disse solamente: "Perché importuni quel signore, Goliarda? È maleducato. E poi se non ci credi perché lo chiami in causa? Spero di non sentirti piú ripetere una sciocchezza simile". E cosí, quando lo dissi a Citto e che anche dire "stupido" era una parolaccia per i miei… be', sí, lui per tutta la notte mi costrinse a dire "porca puttana", mi ci volle tutta la notte per dirlo e che fatica, sudavo e Citto rideva e be'… poi lo dissi… e niente… che mi fa dire? Una sciocchezza, vede, e poi neanche cosí spiritosa, cose da bambini».

«Non tanto, Citto sentiva di aiutarla cosí. Anche se il mezzo era un po' primordiale. Dunque, anche dire ti voglio bene era… Citto spero la costrinse anche a dire ti voglio bene?»

«Sí, quello venne col tempo e… ma solo quello…»

«Solo quello? Ma è incredibile e ti amo, mai?»

«No, mai, ma la prego, cambiamo argomento…»

«Si vergogna? E invece ne dovremo parlare, signora, lei deve liberarsi da questa vergogna».

«Oh, ma adesso, con gli altri… sono affettuosa, dico ti voglio bene e… anche le parolacce… solo che con lei…»

«Con me torna alle origini vero? Bene. È quello che si deve fare. Solo cosí, riprovando le vecchie emozioni che credeva risolte in lei, lei guarirà di queste regole ferree che la inibiscono e, su, non si abbui di nuovo, prima era cosí graziosa, ma che c'è? È stanca? Ha il viso sbattuto. Non ha sognato niente?»… Dopo secoli e secoli ora mi prendeva il viso per guardarmi… il suo sguardo mandava come un'eco di quel calore, ma una nube scura passò sul sole distogliendo lo sguardo e lasciando cadere il mio viso in quel buio.

«Non ha sognato niente?»

«No, niente. Anche perché sono andata a letto alle cinque e non ho potuto chiudere occhio».

«Come mai, signora? Lo sa che deve dormire. Ha chiacchierato con Citto? Dovrebbe far capire a Citto che questo passare le notti in bianco non le fa bene e neanche a lui... questo lo spinge sempre piú a perdere il senso del tempo, e il tempo esiste signora, non potete continuare...»

«No, Citto non c'entra o meglio... sono stati tutti qua, sí, ieri sera ho fatto una cena per tutti... da quando sono uscita dalla clinica, otto mesi, vede che ho il senso del tempo? Non li avevo piú invitati e mi sembravano un po' tristi, prima venivano cosí spesso... cosí ho approfittato che era domenica e ho preparato la cena per tutti».

«Quanti erano?»

«Credo... venti... siamo stati bene, come ai vecchi tempi: erano tutti cosí contenti! Gigi ha anche fatto le imitazioni, e poi abbiamo litigato come sempre, ha scoperto un nuovo mezzo per azzittirmi e devo dire che è efficace».

«Ecco che ride di nuovo... che mezzo?»

«Be', si mette a fare delle pernacchie e cosí mi azzittisce, ne approfitta perché io non le so fare... mi viene da ridere e perdo il filo della discussione».

«Molto grazioso anche se...»

«Spero che non stesse dicendo volgare. Gigi non è mai volgare, è sempre scientifico, anche quando fa le pernacchie, le chiama... aspetti non ricordo... con tanti nomi... ah, ecco, uno è pernacularii di Ballaecia...»

«Sí, certo, certo, capisco... erano contenti... lo capisco, lei gli dà da mangiare e non solo cibo, ma anche... non pensa che li vizia un poco? Che li nutre un po' troppo? Che si stanca?»

«Macché stanca! È l'insonnia che mi stanca... capirà, che ci vuole a preparare una cena!»

«Ma lei signora, scusi se insisto, ma è un aspetto molto importante della sua nevrosi che dobbiamo chiarire, scusi ma lei non prepara, non fa solo la cena, non solo cibo; lei si dà troppo e questo, probabilmente anche perché teme sempre di non essere abbastanza affettuosa, calda, e sa perché teme questo? Perché teme di essere come sua madre e cosí compensa questa sua manchevolezza che lei presume in sé, dandosi continuamente in pasto a tutti. Lei si fa mangiare... dovrebbe darsi di meno, sforzarsi di proteggersi... ci pensi bene signora, noi dobbiamo venire a capo di questo, io le insegnerò a non darsi in pasto, a economizzarsi, a non essere sempre qui ad aspettare che qualcuno le chieda... le chiedono troppo perché sanno che lei non sa rifiutarsi. Io le insegnerò»... mi davo in pasto... proteggermi? A me piaceva cucinare, la loro gioia mi dava gioia... proteggermi?... cacciarli via se avevo sonno? Anche Citto?... avevo sonno... non potevo andare da Franca... non potevo entrare in quella stanza tappezzata d'ovatta bianca (o era neve?) Non potevo e poi non mi ricordavo la parte... qualcuno mi spinse e mi trovai nel mezzo di quella sala bianca, tutti erano seduti intorno e non avevano testa... sí quelle erano le mani di Gigi, di Marilú, di Giulio, di Rinaldo... ma le loro teste affondavano nel muro d'ovatta, erano bianche d'ovatta, senza lineamenti e io dovevo recitare per loro e per ricordare le battute che sfuggivano alla mia memoria mi misi a marciare... «Soldaten, Soldaten»... se dovevo recitare Wozzeck bastava marciare e poi le battute sarebbero venute da sole, lo sapevo ormai, recitavo da tanto tempo, sarebbero venute da sole, lo sapevo, era sempre cosí. Cominciai a marciare intorno intorno e tutti applaudivano e ridevano... la recita andava bene, la memoria funzionava ma, man mano che dicevo le battute e marciavo sentii le mie gambe al ritmo della marcia diventare rigide, di legno, scricchiolavano e anche le braccia... la carne stoppa... le gambe scricchiolavano sempre piú forte e caddi a terra rotta in pezzi... mi toccai e frugando fra la stoppa del mio torace trovai... al posto del cuore avevo un orologio fermo senza lancette lo sapevo... con terrore mi frugai dentro il legno della fronte... lo sapevo con terrore al posto del cervello trovai una matassa di lana bianca o era una matassa di capelli bianchi? Dovevo tirarla fuori e dipanarla... fra le mani la matassa man mano che la dipanavo cresceva... cresceva, riempiva tutta la stanza schiacciandomi al pavimento soffocandomi...

«Vede signora... in questo sogno lei si rompe e cioè la costruzione delle sue vecchie difese si rompe ed è per questo che la vecchia depressione si è fatta cosí forte ieri e oggi. Ma non si spaventi, anche se non sembra è un passo avanti. Lei perde le vecchie difese marce e noi ne faremo altre sane e forti... la sua depressione non è che un momento di depersonalizzazione che lei crede di percepire perdendo le vecchie difese... ma il sogno ci dice anche che... o meglio ci spiega piú chiaramente l'altro sogno che fece, dove lei si identificava con Wozzeck. Si ricorda?»

24.

«Sí, perfettamente».

«Brava... dunque questo sogno ci conferma chiaramente che lei da anni e anni, anzi dall'infanzia – quella stanza ricoperta d'ovatta sta per l'infanzia – e i visi dei suoi amici sono confusi in quell'ovatta e cioè: sono nelle sue emozioni visi d'infanzia innestati nei corpi di questi amici che lei percepisce ancora come i suoi fratelli e sorelle quindi... Lei non è mai uscita da questa stanza-emozione infantile e si costringe, come dicevamo, a recitare la parte di Wozzeck per divertire i suoi amici e amiche che chiaramente, scusi se mi ripeto, ma bisogna che capisca chiaramente, sono ancora nel sogno e nella realtà i suoi fratelli e le sue sorelle. E da bambina lei era costretta, per non perdere il loro favore, a divertirli, essendo l'ultima nata e temendo di aver rubato loro l'affetto dei genitori, temendo di aver preso loro il posto. Questa è un'emozione comune, frequentissima nella patologia degli ultimi nati: temono di aver rubato il posto, di essere degli intrusi ed essendo gli altri fratelli e sorelle piú grandi e quindi forti fisicamente, cercano di conquistarseli perché temono – come per magia – che se quei grandi volessero potrebbero ucciderli. Quindi da questa paura la necessità, per salvarsi, di non dar fastidio, non dimostrare maggiore intelligenza di loro, né bellezza né altre qualità che potrebbero infastidire. È questo che lei ha fatto e continua a fare e cioè: come Wozzeck, si nutre di ceci, dieta debilitante che sminuisce le sue qualità e possibilità, che potrebbero anche malgrado se stessa farle avere successo. È per questo che lei non sopportò il successo in teatro, appena questo si è profilato all'orizzonte, e ora non vuole pubblicare e si tiene nell'ombra. Lei ha paura, inconsciamente, che uscendo fuori dall'ombra i suoi amici e le sue amiche e Citto stesso si ingelosiscano e le neghino, le tolgano il loro amore. E in questo perdere il loro amore lei sente la potenza magica che intese coi suoi fratelli e sorelle e cioè: che non amandola o smettendo di amarla, lei che era un'intrusa, con una posizione provvisoria, piccola e debole al loro confronto, potevano, smettendo di amarla, negarla, cancellarla, ucciderla. Ma nel sogno ci dice anche che questa condizione di Wozzeck che lei si è imposta – dentro di lei le appare ora una parte, quindi una finzione, che ormai le pesa e infatti dimentica le battute – comincia insomma a percepire questa parte che lei si è imposta come una costrizione che la riduce a un pupazzo di legno e stoppa che si rompe. L'orologio fermo senza lancette che trova al posto del cuore, altro non è che questa condizione di stasi nelle sue emozioni. Il cuore indica sempre le emozioni, che in questo caso sono rimaste identiche in un tempo indefinito senza possibilità di crescita e di sviluppo. Lei deve smettere, signora, di divertire gli altri, di farsi strumentalizzare, di subirli. Lei non ha piú bisogno dell'affetto dei suoi fratelli e delle sue sorelle, è cresciuta e ha la forza di essere autonoma. Se ne renda cosciente. Non può continuare a darsi in pasto agli altri, lei muore di fame. Lei deve mangiare. Io le insegnerò a mangiare, le insegnerò a difendersi anche da Citto e da me stesso. Lei si dà in pasto»... mi davo in pasto? Non dovevo piú fare la pasta a Citto la notte, quando lavorava e aveva fame? Dovevo dormire? Come potei non mi diedi piú in pasto, ma il pane diventava stoppa quando lo portavo alla bocca e l'acqua viscida, senza sapore. Non potei mangiare piú... solo bere whisky... aveva un sapore aspro... almeno un sapore... per fortuna c'è il vino, vero Nunzio? Per fortuna c'è il vino... «Eh sí, Iuzza, quando sarai grande e la vita ti comincerà a restare in gola senza poterla né inghiottire né sputare te ne accorgerai... ti accorgerai che regalo ci hanno fatto gli antichi»... per fortuna c'era il whisky... per fortuna nessuna legge moralistica o scientifica mi impedisce di tornare nella stanza del pianoforte e sedendomi sul puf posare le braccia sulle tue gambe dure come quercia e guardare le tue pupille che mentre raccontano si dilatano quasi a coprire tutto il bianco e sferzano lamine d'oro nel sole, che scapolando la tenda della finestra ci isola ora dalla polvere e dai mobili neri... meno male, uno zio e una nipote possono stare cosí ore e ore, non temo schiaffi, non perderò le tue storie. E poi lo stocco al tuo fianco mi rassicura, il professore Jsaya non aveva detto forse: «No, Goliarda, Nunzio non farebbe male a una mosca, solo per difendere Peppino l'ho visto usare lo stocco». E, se aveva difeso Peppino, sicuramente avrebbe difeso anche me all'occorrenza... io ero la figlia del «suo Peppino», lo diceva sempre... gli chiesi di rifare il movimento nel manico col desiderio e la convinzione che lo faceva per difendere me... «Vedi, che bella lama, nuda snella e vibrante come una fanciullina appena uscita dal bozzolo di legno dell'infanzia? Eh, sí, Iuzza, anche tu uscirai da questa tua secchezza che ti tiene ancora per poco, credo ti si stanno rimpolpando le braccia, vedi? Ancora per poco e uscirai e darai colpi a destra e a manca e quante teste farai saltare, mi pare di vederle, quante teste e quanti cuori spaccare... A me la testa me l'hanno fatta saltare e saltare e saltare tanto che certe volte m'è sembrato di vederla ballare davanti e intorno a me come una testa d'anguilla appena decapitata. Lo sai che quando all'uomo tagliano la testa questa continua a vivere e a correre per ore e ore? È lo spirito che non vuole morire».

«E lo spirito dov'è?»

«Per quelli che credono in Dio e che la chiamano l'anima sta nel petto. Per Maria sta nella mente, nell'intelligenza, per me, come dicevano gli antichi, lo spirito sta nel sangue; è per questo che il sangue si muove sempre come il mare... lo senti come batte alla fronte, nel cuore? È questo movimento che mantiene il corpo vivo. Tutto quello che si muove è vivo. Quello che si ferma, si ferma e muore. Tutti ci fermeremo ma basta che tu abbia corso sessant'anni come me, che corse ne ho fatte, che cominci a capire che fermarsi un po' non è cosí brutto come dicono. Poi dopo quaranta, cinquant'anni di questo riposo fra i lenzuoli della terra, sempre a stare a quello che dicevano gli antichi, il corpo a poco a poco ricomincia a muoversi, a poco a poco diventa concime, il piú fertile che ci sia sulla faccia della terra e può rendere fertile pure la lava di prima caduta... e nutre gli alberi di frutta, il frumento e l'olivo e cosí, attraverso questi frutti si nutriranno quelli che verranno... niente che è vivo si perde...»

«E lo spirito dove va?»

«Eh, lo spirito si trasmette da vivi, parlando, guardandosi negli occhi, tramandandosi le storie dei saggi e dei poeti, oralmente, come dicevano gli antichi. Allora non si sapeva leggere e scrivere tutti come oggi, solo i ricchi potevano, imparare era un lusso, e in parte anche oggi, come dice Maria. E cosí, a voce, si tramandava il proprio spirito, l'arte che hai imparato e, se sei stato valente, hai perfezionato. E cosí l'arte che hai perfezionato, le cose che hai capito a voce, le tramandi come insegnamento e conforto, anche il conforto è un insegnamento a chi ti sta a sentire. Io l'arte di piegare le pelli l'ho data a tanti e tanti carusi qui a Catania e in America, certo non è gran cosa, ma qualcosa è. Certo Peppino lascia cose ben piú importanti, ma pure le scarpe servono e se sono tagliate bene e in una forma fatta in modo fino, che rallegra la vista è meglio, un conforto pure quello. Per diventare belli e buoni, cose queste che vanno sempre a braccetto, bisogna, sempre a stare alle parole degli antichi, pensare sempre a cose, pensieri gentili e guardare sempre cose aggraziate. Se ti viene un cattivo pensiero, scaccialo, se ti cade l'occhio su una rana alza l'occhio e guarda invece le foglie di melo che sono le foglie piú belle di tutti gli alberi. Perché credi che Cosetta sta diventando cosí rinsecchita e verde? Era carina prima, è che pensa sempre cattivi pensieri e questo le contorce le membra e le secca il colore della carne... e io che faccio quando vengo qua? Non te ne sei accorta?»

«Che fai?» sapevo cosa faceva, ma come quando sentivo la *Norma* che conoscevo da sempre, le sue parole mi entravano nel sangue calmo, in attesa sicura di quella melodia.

«Ma sí, che te ne sei accorta! Tosta, tosta che sei! Quando entro e incontro Cosetta, come stamattina, la saluto certo, ma per volgere lo sguardo presto, presto, per non restare attanagliato da quegli occhi duri e quel sorriso acido. Cerco te e li poso sulla tua fronte e cosí mi sento buono e bello. Non è la giovinezza che fa belli, un vecchio può anche essere bello, anche piú di un giovane, guarda Maria, con tutti quei capelli bianchi ha la fronte limpida e questo perché pensa e legge sempre di cose pulite e buone. Non è facile certo, io... sí, io ho incontrato tante cose brutte e non ho avuto la sveltezza di allontanarle... eh, sí, non è facile, anche perché le cose brutte, come un precipizio che sprofonda nel buio, attraggono... una tempesta che sradichi alberi e alberi e colture, la lava che cola e semina morte dietro di sé per secoli e secoli hanno sempre un aspetto attraente... come certe donne che pure se sono cattive hanno avuto carne vellutata e occhi dolci come miele...» Quando diceva cosí si abbuiava e io ormai sapevo perché, ma sapevo anche che non dovevo chiedere perché: non me ne avrebbe parlato. Pensava alle sue figlie che Carlo mi aveva detto erano bellissime. Dopo una pausa, alzandosi: «Eh, sí, Iuzza, lo vedi che non ci ho abilità a cambiare strada quando faccio un brutto incontro? Lo vedi? Anche ora, invece di stornare dai brutti ricordi mi ci appiccico e ti parlo di... e mi sento brutto e sporco...» si chinava per salutarmi ora, e i suoi occhi abbuiati mi precipitarono in un precipizio oscuro che chiamava, o era il sole che era calato? Ebbi paura di cadere in quel precipizio nero e mi aggrappai a lui gridando: «No, non sei brutto! Tu non sei brutto mai!»

«Ti scantasti eh? Ti scantasti! Veni 'ccà picciridda, non ti scantari, vedi è passato? Vedi? Ora che ti guardo, vedi come la bruttezza è scappata via? L'hai fatta scappare tu, guarda come scappa muru muru da quella vile rancida femmina che è, basta cacciarla che lei scappa, scappa e vedrai che non torna piú...» Eh, sí, Nunzio...

25.

... Sí, adesso so perché mi scantai cosí nel buio di quel tramonto che precipitava intorno a noi, mi scantai perché lessi nelle tue parole... sí, anch'io non so stornare lo sguardo impigliato a quell'eco di calore lungo, profumato di miele... «Sa dottore, ho rivisto gli occhi di Nunzio, lei li ha piú biunni, biunni come il miele...»

«Crede signora? Ma parliamo di questo Nunzio... se lo ricorda cosí bene da vederlo?»... tutto quello che si muove, vive, non si perde...

«Certo. Io ho guardato a lungo, mi pare di aver passato piú tempo con lui che con tutti gli altri».

«E sa perché?»

«Perché mi voleva bene e io gli volevo bene».

«Non solo per questo... perché lei si rifugiava in lui per sopravvivere alla mancanza di calore dei suoi... lei mi ha parlato della tenerezza che suo padre le dava prima che lei fosse stata costretta a odiarlo... sa chi era quella maestra coi capelli bianchi che le diceva di uccidere suo padre? No? Non vuole saperlo ma era sua madre... sua madre le ha trasmesso la sua aggressività, il suo odio per gli uomini e lei, costretta a odiare suo padre, colmò questo vuoto riversando su zio Nunzio il suo bisogno di una figura paterna che la proteggesse e che lei potesse amare senza con questo essere obbligata a disobbedire a sua madre. E cosí, libera da questo obbligo, si costruí nella figura di questo zio, un padre perfetto, forte, coraggioso, senza la passionalità eccessiva di suo padre, che a lei appariva volgarità in confronto alla freddezza di sua madre, senza la sensualità scatenata che la spaventava... questo zio Nunzio somigliava a suo padre suppongo, no?»

«Sí, certo, ma era anche molto diverso... aveva una sua personalità e presenza fisica molto particolare, precisa e molto differente da quella di mio padre... scusi dottore... ma oltre ai nostri transfert, compensi, esiste anche l'individuo che ci si presenta con il suo peso, che si staglia nell'aria sempre in modo diverso da chiunque e che suscita emozioni diverse da chiunque altro, e Nunzio era Nunzio anche se come lei dice e capisco che ha ragione in parte... e poi mi voleva bene veramente...»

«Certo, certo, ma lei lo ha idealizzato troppo... certo questo zio Nunzio le fu molto utile per sopravvivere alla negazione di suo padre che fu costretta a fare, ma ormai... certo è incredibile che lei ce l'abbia fatta, data la famiglia esplosiva che aveva, ma ormai lei deve abbandonare queste difese, che se le furono necessarie, oggi la soffocano; e per fare questo dobbiamo sradicare dalle sue emozioni questo bisogno infantile di perfezione che lei, inconsciamente, ricerca sempre negli uomini e che essendo un ideale costruito sull'astrazione di una fantasia infantile, appena viene in contatto con un uomo di carne e ossa, umano, al minimo difetto che scorge – ancora con l'occhio terrorizzato che aveva da bambina – si ingigantisce nelle sue emozioni precipitandola nel vecchio odio che sua madre le ha inculcato, inconsciamente, e che la spinge a fuggire, negarsi. Lei, con Citto, ha fatto lo stesso, ha ricercato un padre perfetto. E con Citto le è stato facile. Citto le ha permesso di vivere questo processo inconscio perché è una persona, come abbiamo già detto, eccezionalmente non maschile nel senso brutto che lei intende, che lei scorge in questa parola. Citto esce, si distanzia nettamente dal collettivo maschile e questo ha calmato le sue paure per parecchi anni, ma quando ha voluto uscire da questo stato d'infanzia, dalla protezione di questo secondo padre che lei si era creata per sfuggire alla realtà, cosa accadde? Al primo uomo, con delle particolarità piú maschili, piú immerso nel collettivo maschile lei si è terrorizzata e per difesa si è irrigidita in quella che lei chiama frigidità. Questo a un livello, a un livello ancora piú profondo: frigidezza e paura coprono l'odio e il disgusto che sua madre le ha trasmesso per l'uomo e per il sesso... anche in me lei tenta questo processo di crearsi un padre, sebbene il suo transfert per me sia essenzialmente materno. Dobbiamo uscire da questo, signora, dobbiamo scalzare, buttare via questa immagine perfetta e rassicurante di padre, lei deve crescere, dobbiamo sbarazzarci di questo Nunzio, ridimensionarlo. Lei non può continuare a risuscitarlo ogni qualvolta le faccia comodo per sfuggire alla realtà. Nunzio è morto, purtroppo, troppo presto, e cosí le ha lasciato intatta quell'immagine di perfezione ai suoi occhi che se fosse vissuto fino a che in lei si fossero affacciate, nate altre armi, le armi della critica, del confronto, forse avrebbe potuto in parte rileggerlo, staccare in parte quello che lei aveva costruito su lui. Ma è morto e i morti ingigantiscono nelle nostre emozioni, nel ricordo, e non si possono contraddire, e nell'impossibilità di contraddirli, loro prendono possesso di noi piú di quanto non fosse stato da vivi. Ma anche se Nunzio si è cosí ingigantito in lei, dobbiamo rileggerlo insieme per liberarla da questa connivenza coi morti, cosí da farlo morire veramente. I morti sono morti e noi siamo vivi»... i morti sono morti e noi siamo vivi... sí, Nunzio, anch'io non ho la destrezza di stornare lo sguardo da... devo fuggire... ma... dove?

26.

... dove? In cortile non potevo piú scendere, avevo paura di incontrare Nica... Citto si allontanava sulla macchinetta rosa. Enzo non si vedeva piú per casa, doveva essere partito per il continente, e Nunzio? Nunzio era morto all'alba. L'avevano trovato steso sul letto, composto tutto vestito con lo stocco vicino. «Non piangere Iuzza, non piangere, è morto bene. È morto nel sonno. La natura volesse che quando sarà il mio turno finissi anch'io cosí!»... Era morto bene... ma tornando da scuola passare per l'anticamera e non vederlo seduto fra i clienti quieto e paziente... tutte le mattine speravo di scorgerlo e sempre il sangue si quagliava a quel posto vuoto. Non dovevo piú passare per l'anticamera. Passerò dalla porta di servizio... non c'era piú nessuno... ma quel pomeriggio non avrei aspettato che la porta si aprisse a quel colpo di vento gelido che ormai entrava sempre col suo passo nel sole e mi investiva le spalle, i polsi, quando si chinava a salutarmi. Non avrei aspettato. Tremando mi vestii, corsi giú per le scale... ma dove andare? Era tanto che non uscivo da sola... mai avevo visto tante macchine e tanto rumore. Dove andare? I negozi a quell'ora erano chiusi. E anche se fossero stati aperti? Le vetrine svuotate, spazzate dal vento della guerra, polverose, i vetri appannati da aliti affamati, non trasparivano né fiori né vestiti né pane. Antri di polvere coagulata sul vuoto... il fornaio all'angolo di via Piave, dietro il vetro, nel centro della vetrina sterminata, su un vassoio unto sospeso nel vuoto e nella polvere mostrava pochi pezzi di castagnaccio. Misi le mani in tasca: sarebbero bastati? Entrai e chiesi. «Tre lire l'etto». Non avevo che una lira e mezzo... potevo comprarne mezzo etto. Aprii la bocca, ma il sorriso sdentato, ironico del vecchio che mi fissava dietro il bancone viscido di muffa mi gelò nella vergogna. Scappai da quell'antro e da quel vecchio... non c'erano che vecchi e donne senza età, mutilati che camminavano rasenti i muri screpolati, baluginanti solo di editti e editti, che ogni notte sbocciavano della loro fioritura selvaggia... fiori carnivori. Vecchi, mutilati che camminavano rasente i muri mostrando, quasi porgendo le loro mutilazioni a tutti, che non li si scambiasse per uomini validi... i campi di lavoro, fauci affamate, aspettavano al Nord... quel ragazzo spinge avanti a sé il moncherino, si è avvoltolata la giacca sul polso mutilato che si veda bene la sua mutilazione e malgrado questo gli occhi spalancati dalla paura che quella mutilazione non fosse sufficiente... dilatati gli occhi interrogavano: basterà? Le donne in grappoli senza forma aggrappate alla fontanella... non c'era piú acqua, da mesi non mi lavavo, le suore avevano razionato l'acqua... devo scappare... ma dove? All'accademia non ci potevo andare, i fascisti mi avevano cercata... il presidente mi aveva chiamata... quanti mesi, anni fa? «Eh, sí, purtroppo Goliarda per quest'anno non potrai frequentare le lezioni né fare il saggio finale. Ti hanno cercata, cercano tuo padre e tua madre, ma non ti preoccupare, terremo conto di questo anno, quando l'inferno sarà finito faremo un piccolo esame pro forma e ti ammetteremo al terzo anno, come se avessi frequentato le lezioni. In quanto alla borsa di studio non ti preoccupare perché te la daremo lo stesso. Solo che, per sicurezza, non puoi piú stare in quella pensione, non si sa mai. Ti porterò in pensione da certe suore che conosco e che nascondono parecchie persone. Allora domani mattina alle otto e mezzo in via Gaeta numero 40, ti accompagnerò io stesso. Non ti faccio coraggio, vedo che non hai paura». Paura di che? Peppino era scappato dal carcere ed era venuto a Roma pochi giorni prima che gli americani sbarcassero in Sicilia... e adesso sicuramente correva per le strade... «No, Iuzza, Goliardo non l'hanno mai preso, sgusciava come un'anguilla», certo correva per le strade e sgusciava come un'anguilla... la resistenza si organizzava... fuori dal carcere non l'avrebbero piú preso, lo sapevo. Maria era al sicuro in casa di Adelina. Non avevo paura… non mi lavavo da mesi e avevo fame… dove andare? Le mattine erano lunghe… nelle classi a quell'ora tutti recitavano… forse Edda recitava in quel momento Maria Stuarda, chissà con chi faceva adesso Maria? Chi recitava Elisabetta? Chi aveva preso il mio posto? La Curci? Valeria? Mi sedetti su una panchina dei giardinetti davanti alla stazione e a bassa voce, per calmare la nostalgia, recitai con Edda tutta la mattina fino a che qualcuno mi urtò lo stomaco… non c'era nessuno, no, era la fame che urtava cosí. La lezione era finita, non avevo sentito il campanello… con terrore vidi che il sole era calato. Dovevo tornare dalle suore, il coprifuoco era alle cinque, corsi… mi aggrappai alla porta. Ce l'avevo fatta, il legno sotto le palme mi rassicurò, ce l'avevo fatta, la suora apriva la porta adesso e l'odore di fango e di muffa, di minestre e minestre sempre uguali che dall'alba al tramonto quelle suore cucinavano con mani di rami morti ossidati da rosari e penitenze, mani di fango… il colore della minestra… quell'odore mi chiuse lo stomaco e mi fece girare la testa, era la nausea, bene, la fame era passata, meglio la nausea che la fame. Meglio la nausea che la fame…

«Perché piangi? È successo qualcosa a tuo padre? Tua madre? Goliarda, in nome di Dio, perché piangi?»

«Piango? Non me ne ero accorta, è che, sí, ho camminato tutto il giorno, sono sfinita e…»

«Hai fame?»

«E che tu no? Signorina selfcontrol? Che credi, anche col tuo selfcontrol non si vede che hai fame?»

«Come l'hai detto bene, Goliarda, impari subito –… aveva detto bene o presto?… – Questa sera facciamo un'altra lezione, ma prima vieni… lo sai che sono proprio contenta che tu abbia fame? Vieni. Ma sei tutta bagnata, Dio mio! Piove? Vieni».

Non capivo quello che diceva, ma le sue braccia mi scaldarono come a una buona notizia… non capivo niente, seguivo i movimenti delle braccia lunghe e bianche… le mani lunghe bianche e venate… aveva rami azzurri lunghi che si snodavano dalle spalle alle mani, adesso mi toglievano le scarpe... mi asciugavano i piedi... «Hai dei piedi bellissimi».

«Anche tu –... mi copriva con il suo cappotto di lana morbida... di giorno lo metteva lei, di notte copriva me... – Su, Goliarda, su, non fare complimenti, a me la coperta basta. Io non soffro il freddo».

«And now, sincerely, hai veramente fame?»

«Su, Jane, non scherzare!»

«E tu guarda!» In una scatola di cartone per le scarpe davanti a me c'erano uova, un salame, pane... non potevo parlare, la bocca mi si era riempita di saliva amara e non potei aprire la bocca...

«Ti ho aspettata per mangiare insieme»... non potevo aprire la bocca, tagliò un pezzo di pane e ci mise il salame dentro e me lo mise nella mano e con la sua mano guidò la mia mano alla mia bocca che si aprí. Si aprí perché mi guardava? O perché diceva: «Dài, coraggio, basta il primo boccone e il crampo ti passa»... il crampo passò anche perché i suoi occhi azzurri erano cosí trasparenti quella sera che si scorgevano chiaramente scogli alghe stelle marine... si vedevano cosí chiaramente che non potevo distogliere lo sguardo e: «Ma chi ti ha dato tutte queste meraviglie?»

«Un amico di mio padre, passava da Roma per andare al Nord e mi ha portato questo. Peccato che non resti, ma intanto per qualche giorno...» sí, Jane, per qualche giorno sfuggimmo alle minestre delle suore, a quella sala da pranzo buia, muffita di aliti preghiere e litanie, al muschio di sospiri di vecchie piegate a masticare con denti radi, colli tesi, a sfuggire alle dita della morte, contorte in un ultimo sforzo avido di vita... «È strano come non si rassegnino a morire...»

«Eh, sí, Goliarda è strano, ma come si possono capire i vecchi? E soprattutto questi vecchi? Certo è strano, sono malati, paralitici, urlano tutta la notte, sembra sempre che stiano per morire e la mattina... hai visto come si svegliano presto e trafficano... con gli stracci, quelle scatole e valigie che aprono e richiudono... anche tu hai paura della vita, vero?»

«Yes, Jane, terribly».

«Ma come sei brava! Vieni, studiamo un poco», e fra i lamenti e il boato lontano dei bombardamenti un temporale estivo lontano, giú all'orizzonte che man mano, si avvicina rotolando sull'acqua calma del mare?... Gli alleati bombardavano Anzio... nella notte lei passava nel mio letto, chiudevamo i lenzuoli neri di polvere e ragnatele che separavano letto per letto... «Le tende? Non chiudete le tende... signorine! È proibito chiudere le tende! Solo in caso di malattia!» Chiudevamo le tende intorno a noi per almeno non vedere l'immensità di quel dormitorio ansante di capelli bianchi, occhi spalancati che fissavano il buio, lamenti, invocazioni... studiavamo...

«What is this?»

«This is a flower».

«Do you know the name of this flower?»

«Yes, its name is geranium».

«Come si sente forte il rumore delle bombe questa notte... presto saranno qui... And, do you like this flower?»

«Yes, I like it very much, but I prefer...»

27.

«Buon giorno signora, come sta? Icri non l'ho trovata. Cosa è successo? Non mi vuole rispondere? Non mi saluta nemmeno?»

«Buon giorno».

«Scommettiamo che io so cosa è successo? È fuggita, vero? Lo sa che questa stanza è molto triste quando lei non c'è? Anzi, mi devo scusare con lei per essere entrato lo stesso. Ma ero preoccupato e ho chiesto al portiere di aprirmi. Ho aspettato... è stato molto triste. Perché è fuggita? Mi voleva punire?» Per fortuna era venuto. Non era arrabbiato. Non sorrideva, ma non era arrabbiato... gli occhi erano sereni e anche se restava serio e anche se la bocca restava chiusa, gli occhi sorridevano... lo sguardo scaldava... non sarei piú fuggita, le strade erano fredde piú della stanza e nei suoi occhi affiorava un'eco di quel calore che aveva legato il mio sguardo al suo.

«Dunque, proprio non mi vuole dire perché è fuggita? Scappava da sua madre? È mai scappata da bambina?»

«Mai».

«Ma probabilmente da bambina ha sognato di farlo, mi sbaglio?»

«Tutti i bambini sognano almeno una volta di fuggire quando si sentono trascurati, o di morire anche. Non mi dirà che anche questo è patologico, spero!»

«No, no, sebbene anche in questo c'è una differenza da bambino a bambino... dipende dalla densità di questo desiderio. E da quanto il ricordo di questa fantasia permane in noi, oggi che siamo adulti. Lei non è piú una bambina, signora. E mi dica, perché è fuggita? Pensa che la trascuro? Crede di essere fuggita perché pensa di essere innamorata e di non essere corrisposta?»

«No, lo so che lei non mi trascura e che mi vuole bene».

«Ebbene, se lo sa, allora perché fugge? Anche adesso, vede come si allontana? Vede che questa fuga nasconde altre cose? Vede che non sa spiegare razionalmente questo suo stato emotivo? Lei non fugge da me... ma lasciamo stare, vedremo poi. E mi dica, dove è stata tutto il giorno? Citto mi ha detto che è tornata tardi. Cosa ha fatto di bello?»

«Ho camminato tutto il giorno e ho visto Jane».

«Ah! E chi è questa Jane? Glielo posso chiedere? Non me ne ha mai parlato. Dove abita?»

«No, non abita a Roma, adesso è in America, proprio ieri mi ha scritto dopo tanti anni... solo che camminando mi sono trovata a piazza Croce Rossa, sui gradini dell'accademia al sole c'erano molti ragazzi e ragazze in tuta marrone. È la stessa tuta che portavamo noi durante la guerra, è strano che non l'abbiano cambiata, è molto triste, il marrone è un colore molto triste e...»

«Ebbene?»

«Niente, gliel'ho detto... vedendo quei ragazzi... sono stata un'ora a guardarli... bene, mi sono ricordata di quel periodo di Jane e sono andata in via Gaeta a guardare attraverso il cancello delle suore... il giardinetto era come allora, solo con qualche fiore in piú, certo adesso l'acqua c'è».

«E chi era questa Jane? Non me ne vuole parlare?»

«Si immagini. Era una ragazza americana, nascosta dalle suore... La vidi subito il primo giorno perché stava seduta davanti a me fra due vecchie... cosí vecchie che... è terribile, pensi che una, non avendo denti affatto, aveva uno strano apparecchio, non so com'era... ah, ecco, come una pinza, una forbice grande con alle due punte attaccata una dentiera e cosí si masticava il cibo sul piatto e poi posava questa pinza e con la forchetta mangiava come se niente fosse. Era cosí strano vedere un viso giovane fra tutte quelle vecchie... anche le suore erano tutte vecchie e storpie e...»

«Che c'è, perché ride?»

«Niente, è che poi scoprimmo con Jane, dopo la guerra, il perché di tutte quelle vecchie suore...»

«Ah sí? Perché?»

«Andammo a ringraziarle, ma non ne trovammo che poche vive e al posto di quelle morte altre vecchie zoppe, sorde... e cosí chiedemmo e ci fu chiarito quel mistero! Era un convento dove mandavano tutte le suore ormai inservibili ad aspettare di morire, una specie di vacanza al sole di Roma... insomma una sorta di cimitero degli elefanti».

«Ma guarda! E questa Jane?»

«Niente, la vidi subito naturalmente e la fissai anche, perché era l'unico viso sul quale si potesse posare lo sguardo e anche lei mi fissava, probabilmente per la stessa ragione, e quando ci alzammo mi si avvicinò e mi disse: "Mi piace molto come porti il cibo, se cibo si può chiamare, alla bocca e come hai fatto finta di non accorgerti di quelle pinze e di quella poveretta, vuoi essere mia amica?" Naturalmente dissi di sí e lei aggiunse: "Allora per dimostrarti che mi fido di te e ti sono già amica, ti dico subito, vedi io sono cittadina americana e sono nascosta qua, solo che per adesso non ti posso dire il perché mi trovavo in Italia e perché parlo l'italiano come un italiano e chi è mio padre. Non ti dispiace, spero?... Ma per adesso non posso parlare di questo"».

«E diventaste amiche?»

«Certo, era molto simpatica... soffriva molto...»

«Soffriva, come?»

«Be'! Tutte le notti sbatteva la testa a destra e sinistra sul cuscino e si lamentava, all'inizio fu difficile ma poi mi abituai...»

«Una nevrotica, chiaramente».

«E con questo? Siamo tutti nevrotici piú o meno!...»

«Sí, certo, ma lei ha una predilezione per quelli che queste nevrosi ce le hanno un po' piú del necessario. Ed è chiaro, è sempre cosí, piú si è ammalati e piú si cercano malati...»

«Allora è chiaro, dato che lei dice che tutta la mia vita ho amato e mi sono finta di amare solo dei nevrotici, è chiaro che anche lei, dottore...»

«Certo, anch'io sono nevrotico, solo che so qualcosa di piú in questo campo, e questo di piú che so mi dà la possibilità di aiutarla».

«E di che nevrosi soffre?»

«Be', vedremo... in parte lo so e con lei sto scoprendo parecchie cose... ma torniamo a questa Jane. Questo ci chiarisce in parte la sua fuga di ieri. Lo sa perché fuggiva? Lei fuggiva da me prima perché ha sentito in me un rimprovero. Difatti si ricorderà che le dissi che quel suo non salutare quando vengo da lei mi stupiva, dato che lei è molto educata... l'ha sentito come un rimprovero, vero?»

«Sí».

«Sua madre quando la rimproverava cosa le diceva?»

«Maleducata».

«Ecco, vede? Io non le ho detto maleducata ma ho detto che mi stupiva questo suo atteggiamento... chiaramente provocatorio verso di me per sentirsi rimproverare, dato che lei è cosí bene educata, direi quasi eccessivamente. Dunque, lei ha colto l'occasione per sentirsi abbandonata. Un'altra cosa che copre questa fuga! Avendo noi col nostro lavoro riletto le figure di Nica eccetera, lei non ha resistito a questo dover prendere coscienza di cose reali su questi personaggi ed è fuggita in cerca di questa Jane, quasi per oppormela. Ma altro non è che la vecchia immagine femminile, perfetta, che lei costruisce appena trova una figura di donna che glielo permette. Anche qui c'è un'idealizzazione, un'esagerazione. Era un po' morbosa, questa Jane? L'accarezzava?»

«Assolutamente, era anzi distaccata, mi piaceva anche per questo, con lei non c'era bisogno, non mi costringeva a quei bacetti e moine delle donne in genere che avevo conosciute».

«Già, questo ci dice, che oltre il lato Nica, Titina eccetera, in questa Jane lei faceva rivivere sua madre... infatti le dava da mangiare, la copriva, e lei trovava un compenso a sua madre che l'ha nutrita solo di intelligenza e disciplina ferrea. Cosí lei è fuggita per Roma, ha riesumato questa Jane per opporre una resistenza al lavoro di presa di coscienza nei suoi meccanismi che è costretta a fare con me... ma dobbiamo sbarazzarci di queste immagini femminili, signora, dobbiamo sbarazzarci di questo passato, anche perché il suo passato essendo stato cosí atroce, riesumandolo continuamente lei lo fa rivivere e resta in queste sofferenze. Lo teme sí, ma nello stesso tempo lo vuole riprovare. Lei cosí condiziona il futuro. Dobbiamo sbarazzarci del passato, prendere coscienza che il passato non torna, che viviamo proiettati nel futuro…»

28.

Non sarei fuggita piú, fuori le strade erano piú fredde di quella stanza e poi avevo paura di incontrare, Jane... avevo tanta voglia di abbracciarla ma non dovevo vederla piú... senza il suo paletot di lana morbida la notte avevo freddo. Mi voltai nel letto a cercare con le mani, le braccia tese... un vuoto sconfinato di lenzuoli di neve... un campo sconfinato di lenzuoli di ghiaccio... Citto dormiva nello studio nuovo che aveva affittato per sé... «Sí, dottore, ho capito che Citto ha bisogno di maggiore libertà, di farsi una casa sua, non ha mai avuto una casa sua, forse gli farà bene. In questi ultimi anni gli ho fatto passare tali guai che... e poi non voglio che assista... sto sempre peggio, dottore, queste depressioni sono sempre piú forti e l'insonnia sempre piú...»

«Dobbiamo pensare a questa che lei chiama insonnia... dobbiamo parlarne... cosa pensava questa notte? Cos'è che le ha impedito di dormire?»

«Avevo freddo».

«Solo freddo?»

«No dottore, il fatto è che non ce la faccio piú... ho aspettato che questo trasporto che sento per lei, questo transfert, come lei lo chiama, passasse, ma è passato quasi un anno e... lei mi aveva detto che in tre o quattro mesi si sarebbe risolto in sede psicoanalitica e...»

«Si fidi di me signora, vedrà che dipaneremo questa matassa imbrogliata di sentimenti ed emozioni confuse che lei crede sia amore. L'amore non esiste. Si fidi di me...» Mi fidavo, ma quella matassa chiusa nel mio petto gelato si faceva sempre piú compatta e mi faceva dolere giorno per giorno sempre piú il torace... doveva essere di filo spinato. Non ne parlavo piú, aspettavo che le sue parole si avverassero, spiavo il suo sguardo che ancora come un sole in agonia scaldava con raggi tenui, ricordo del calore d'un tempo, ricordo e rimpianto prima di annegare trascinato nel fondo dalle braccia del mare... anch'io in agonia affondavo trascinata dalle cento braccia dei sogni in un mare di gelo... mi aggrappavo con mani intirizzite al suo sguardo... ma le braccia affondavano pesanti, le gambe pesanti, due colonne di ghiaccio... «Vede, signora, questo che lei percepisce come freddo è un processo di depersonalizzazione del quale lei è succube. E mi dica? Si sente anche brutta quando cade in questo stato?»

«Sí?»

«Già, lo immaginavo. E sa come avviene questo processo di spersonalizzazione? È molto semplice, comune a molti depressi che non hanno un minimo di narcisismo che li possa difendere. Vede, signora, il narcisismo è come il sale: se non si mette nei cibi il corpo muore, se se ne mette troppo si hanno le forme piú irriducibili, inguaribili di nevrosi. Lei manca assolutamente di narcisismo e cosí quando crede di aver disubbidito a sua madre, di aver fatto qualcosa che a sua madre possa dispiacere, si sente rimproverare, come se questo rimprovero significasse anche: non ti voglio piú. Il bambino percepisce il rimprovero come abbandono, lei si sente negata, si nega, si spersonalizza e non avendo il minimo di narcisismo, la minima possibilità di piacersi, di opporre la sua individualità contro la negazione di sua madre, lei si spersonalizza e come se non avesse braccia e gambe, non può muoversi né gestire: nei casi piú gravi si hanno vere e proprie paralisi. Sa perché si sente brutta in questi stati di depressione? Perché nel bambino la parola "brutto" sta a indicare le cose cattive che fanno male, infatti al bambino si dice, generalmente, brutto, o: non toccare quel cibo, quello fa male, è brutto, è cacca... quindi il bambino quando sente di dispiacere alla madre associa la parola cattivo a brutto, e cosí fa lei, nel timore di disubbidire, di dare dispiacere a sua madre si sente brutta come pensa sua madre la veda in questi momenti.

Ma vedrà che piano piano io la aiuterò a levarsi questo freddo di dosso... dobbiamo sciogliere questo ghiaccio con l'intelligenza». Ma anche lui aveva freddo, lo vedevo diventare ogni giorno piú bianco, un viso di neve, le labbra serrate in una linea nera a volte tremavano, le dita snudate dalla fede fiocchi di neve... *e l'inverno vien bussando, vien bussando alla tua porta vuoi saper cosa ti porta? Un cestel di bianchi fiocchi...* quei fiocchi a volte tremavano? Lo sguardo mi fissava a volte bruciato dal gelo... mi fissa ora ma non mi vede... non mi vede trema e si alza, ora va via... no non va via, ha freddo e trema, si spezzerà per il freddo... e cadde fra le mie braccia spezzato e cercò calore da me. Sentii sulle sue labbra affiorare quel calore, si scaldava alle mie labbra... un cerchio di colori, l'arcobaleno si chiuse intorno a noi e i colori di quel cerchio roteante si fondevano fino a comporsi nel nero fondo di una notte d'estate senza stelle. E non ci furono piú né giorni né notti né albe né tramonti ma solo quella notte calda di mezzagosto sigillata intorno a noi, e in quella notte le sue dita di gelsomino fiorivano dalle mie mani, le mie labbra fiorivano al suo fiato e guardai per i suoi occhi, respirai per il suo fiato, una carne a me sconosciuta ancora, viva e vibrante, mi cresceva nutrita dal calore delle sue palme.

29.

E anche ora, 10 maggio 1966, riandando con voi carponi lungo quei corridoi scavati nel ghiaccio di questo mio passato, anche ora a tre anni da quell'abbraccio, un cerchio di colori, l'arcobaleno si chiude intorno a me e i colori di questo cerchio roteante si fondono fino a comporsi nel nero fondo di una notte d'estate senza stelle e non ci sono né visi né voci né giorno né... ma solo questa notte calda di mezzagosto sigillata intorno a me dal ricordo del suo viso invetrato nelle mie pupille, e in questa notte le sue dita di gelsomino fioriscono dalle mie mani, le mie labbra fioriscono al suo fiato, guardo per il colore dei suoi occhi, respiro per il suo fiato, una carne a me sconosciuta ancora viva e vibrante mi cresce nutrita dal calore delle sue palme... restare in questo cerchio? Smettere qui? Tacere il resto? Fare di questa notte una bara foderata di raso e profumata di gelsomino? No. Mi hanno messo al mondo. Oggi, 10 maggio 1966, compio quarantadue anni. Quarantadue o solo due anni? No, devo nascere ancora una volta, nasco con sangue e carne stracciata intorno alla mia testa, urli alle mie orecchie, mani immense sconosciute mi tirano fuori la testa schiacciata, il collo chiuso in cordoni ombelicali soffocanti, il mio cranio ancora molle ha resistito al cappio dell'utero, ha resistito alla presa di vento e di grandine delle donne. Mi trovo in uno spazio smisurato, freddo, insospettato, il vetro della luce mi graffia gli occhi, tremo al contatto del marmo dell'aria, ombre giganti si chinano su di me, ho paura, che posso fare se non piangere e urlare, graffiare l'aria, cercare un appiglio, ho paura dell'aria, ho paura di precipitare, che posso fare se non piangere e urlare la nostalgia di quel calore di linfa soffice e calda dove ho galleggiato dolcemente cullata dal ritmo costante e sicuro di un cuore?... Ancora una volta sono nata, ancora una volta crescerò fra gridi e pianti, devo spezzare il cerchio sigillato oggi intorno a me dalla tua assenza, devo crescere, camminare pei corridoi sotterranei del mio passato... devo camminare, correre, cascare, rialzarmi, ripercorrerli tutti fino alla fine, dove rincontrerò ancora una volta il viso senza tratti dagli occhi di corallo della mia morte... quante volte c'è dato morire e rinascere fra l'alba e il giorno di questa nostra breve ora carnale?

30.

Non ebbi piú freddo, e da lui seppi che la carne ha sapore di pane caldo appena sfornato, che la saliva disseta, le lagrime nutrono col loro sale... il sale... senza il sale il corpo muore, dalle sue mani seppi che le mie braccia avevano forza, la mia pelle era terra ricca, fertile... non avere fretta Goliarda, non avere fretta di ricordare, si può morire soffocati dal profumo delle viole marcite dei ricordi, non avere fretta di ricordare. Quello che da lui seppi e persi... insieme seppi e persi... persi e seppi... ma niente che si muove, che vive, si perde, niente che si impara si dimentica, niente che si dice non viene raccolto, niente che si è dato viene perduto, il sole scolora in rossi viola il lutto degli scialli di seta nera parati contro il sole, inchiodati sugli specchi, sui muri, sulle porte, e si muore per rinascere, si rinasce per morire... le impronte non si cancellano, la luce cresce all'orizzonte come fiore abbagliante per essere spampanata, inghiottita dal buio... il buio persiste, si aggruma in cento neri per essere sfaldato risucchiato dalle labbra sottili bianche assetate dell'alba... dalle sue labbra seppi che i seni nutrono, che il corpo dell'uomo è forte e fragile, che le spalle, le labbra, le guance sono montagne, dune di sabbia calda, il sudore ha sapore di resina, le occhiaie laghi freschi colmi d'ombre... l'ombra delle ciglia bosco di tigli bosco d'acacie, il ventre un oceano solcato di fiumi, le mie braccia colonne che reggono il vuoto sanno proteggere una testa abbandonata, indifesa nel sonno, lo sguardo il sole che fertilizza la superficie incontenibile, il campo senza limiti del mio corpo la mia carne si apre in solchi umidi di terra concimata, può raccogliere il seme, generare... dal suo sguardo seppi che si può sostare, riposare all'ombra di un torace, albero, protetta dalla calura fra le braccia, rami... dalle sue labbra mute seppi che si può ascoltare il silenzio, un canto sottile come filo di seta che si snoda all'orizzonte, che fende le cento e cento e cento volte del cielo, il disegno imperscrutabile d'un volo d'ali... dal battito delle sue tempie seppi il battito del mio polso, una corrente sotterranea che trascina i persistenti pensieri, le memorie verso un mare invisibile che attende dietro la notte... dalle sue dita seppi i cammini assolati dei miei nervi, il disegno segreto delle mie vene... nei suoi occhi lessi il mio corpo, un campo di verde assorto verde di segala all'infinito un campo di grano d'oro e papaveri rossi... il rosso del sangue... sangue rosso, il rosso della gioia il verde della segala verde assorto di quiete... dal suo respiro quieto seppi che ci si può fermare, non correre sempre, ma sostare e disegnare sulla sabbia delle emozioni, cerchi e linee e quadrati... sostare e meditare, tempo di dire tempo di ascoltare tempo di guardare e di tacere di assaporare fra le labbra la brina fresca dei minuti le gocce dei minuti che dilatano in acque sconfinate in suoni lunghi insoliti in fiori bianchi senza contorni il bianco vellutato dei minuti, la carezza bianca e morbida dei minuti, faro di porto sicuro nel mare nero tempestoso del tempo.

Non ebbi piú freddo né paura... per fortuna è venuto... non si è arrabbiato...

«Buon giorno, signora, come sta? Come mai quegli occhi da bambinella spaurita? Che c'è? Non lo vuole dire?»

«Oh, niente... solo che se non la vedo, anche solo per un giorno, ho sempre paura che non venga piú».

«Eh sí, lo so, signora. Ma non si preoccupi, faremo sparire questa paura, ma dobbiamo parlarne. Già molte cose si sono chiarite in lei, ma non basta e questo sa perché? Perché lei è affezionata a questa paura, la conosce e in fondo preferirebbe che questa sua paura si rivelasse fondata, si scoprisse realtà e cioè: che il suo presentimento di perdermi si realizzasse e cosí liberata da me che le do una sicurezza che lei non conosce, e quindi teme possa nascondere, essere fonte di dolori diversi a lei sconosciuti e quindi paurosi appunto perché nuovi, come le dicevo lei preferirebbe soffrire delle sofferenze che avendo sperimentato sa di poter in qualche modo dominare vincere o almeno poter controllare. Lei deve portare alla coscienza che le morti, la pazzia di sua madre che lei ha percepito come abbandoni, sono cose del passato che lei vuol far rivivere nella mia persona. Lei ha subíto troppe perdite, ha assistito a troppe morti e per sopravvivere non si è piú giustamente affidata a nessuno. Ma ormai questa vecchia difesa non le è piú di nessuna utilità, lei la deve abbandonare, lei deve prendere coscienza, intanto che non tutti e specialmente io siamo segnati dal destino – il destino non esiste, ce lo facciamo noi – non tutti andiamo solo verso la pazzia o verso la morte... porti alla luce questo, signora».

«Sí, lo capisco, ma a volte ho ancora un po' di paura». Sapevo cosa mi avrebbe detto, ma per sentirglielo dire ancora, ripetei, ho paura, e aspettavo tranquilla quelle parole che entravano nel mio sangue quietato come una melodia conosciuta da sempre, forse ancora prima di nascere...

«Non deve avere paura, io vengo sempre, vede? E verrò fino a che lei non avrà piú paura di perdere nessuno, io le darò la coscienza di se stessa, la coscienza che lei oggi è adulta e che non ha tutto questo bisogno degli altri che lei si figura di avere».

E non ebbi piú freddo né paura.

31.

«Non dice niente?»

«Cosa debbo dire? Se lei crede sia bene cosí, cosa devo dire?»

«Lo sapevo e mi sono deciso a prendere anche Citto in cura, non tanto perché lui ha molto insistito ma proprio per vedere, constatare la sua reazione, che sapevo sarebbe stata passiva».

«Come, passiva?»

«Sí, passiva. È possibile, non una protesta, non uno scatto di gelosia? Questo non è sano, signora, lei si mette da parte come se non volesse esistere, lei crede sia una scelta della sua intelligenza e invece non è che la vecchia paura di prendere il posto ai suoi fratelli... lei si nutre di ceci, lei ha sempre troppo subíto tutte le esigenze di Citto, e questo non perché gli vuole bene ma perché lei, come le ho detto, come i sogni ci hanno confermato, essendo l'ultima nata ha il rimorso costante di prendere il posto degli altri. Si rende conto che Citto è nelle sue emozioni inconsce suo fratello?»

«Certo, e non ci vedo tutto il male che lei dice in questo, e se Citto come lei mi dice ha dei problemi molto gravi e che potrebbero col tempo aggravarsi, distruggerlo, so che lei lo può aiutare; e dato che Citto non vuole andare da nessun altro e... guardi, dottore, cerco di capire quello che dice ma non trovo nessuna ragione non solo nelle mie emozioni, come dice lei, ma neanche nella mia intelligenza che mi possa spingere a questa ribellione... perché dovrei ribellarmi? Io sono una persona... mi scusi il termine caduto di moda, morale, dottore, io voglio il bene di Citto cosí come voglio il mio e poi, è stato lei a premettere che ci può curare tutti e due, che altre volte l'ha fatto con risultati soddisfacenti e allora perché dovrei?»

«Perché lei deve portare alla coscienza che questo non è naturale, questa sua remissività, essendo eccessiva, non è essere morali, ma essere terrorizzati, non avere coscienza di se stessi. La sua mancanza di aggressività è la sua malattia. Lei deve lasciare che le unghie le crescano, deve imparare a lottare, imparare a farsi valere. Dice di essere innamorata di me, ma non una parola, non una domanda su mia moglie, non una protesta. Questo non è naturale, non è genuino, è artefatto, non è naturale».

«Perché secondo lei viviamo secondo natura? Io le voglio bene cosí e sentendo che lei mi vuole bene perché dovrei uccidere gli altri? Averla tutta per me? Mi scusi, ma proprio questo atteggiamento possessivo che lei mi vuol far passare per genuino, sano, mi pare malato e immorale. E poi le parole genuino, naturale, non mi piacciono, io amo cosí e sentendo che anche lei mi ama...» che dicevo? Non avevo mai pronunciata quella parola a un uomo e avevo detto anche «sentendo che lei mi ama»... che avevo detto? Lo smarrimento per quella parola sconosciuta che si era versata dalle mie labbra con un sapore cosí dolce... latte e miele, mi stordí. Chiusi gli occhi, che dicevo?... Aspettavo, sicuramente avrebbe protestato, e invece: «Ha detto l'amo? E anche che io l'amo?... Lo sa che è la prima volta che dice questa parola?»... Sí, era la prima volta e non dovevo dirla piú, ma una fame di quella dolcezza mi fece aprire la bocca che mi forzavo di tenere chiusa e... che dicevo?

«Sí, l'amo...» adesso sicuramente avrebbe protestato, non osavo aprire gli occhi ma con le mani mi costrinse a guardarlo e ridissi quella parola una due tre... quante volte? Sfamava... non sapevo che il sapore di latte e miele miele e latte miele e pane il pane nel latte sfamava.

«L'amo, dottore, mi aiuti, non mi lasci mai!»... l'amo, mi aiuti, non mi lasci mai, che dicevo? Per vincere quella fame mi staccai con forza dalle sue mani...

«Ma che fa, piange? Ha fatto peccato? Su, su, si tiri su... non è un peccato...» Mi tirai su e lo guardai, due lagrime fecero nei suoi occhi come un lago limpido delle sue pupille biunne...

mi avvicinai a bere a quel lago, acqua e sale dissetava… acqua e sale… il sale, senza il sale il corpo muore…

«Non mi aveva mai chiesto aiuto, signora… be', mi sono un po' commosso… questo è un grosso progresso. Sí, io l'amo come dice lei, ma devo arginare questo mio amore. Io le voglio dare il meglio di me, la mia parte di medico e la farò forte, farò sí che le crescano le unghie, la porterò a graffiare con le sue unghie Citto e me. La guarirò e quando sarà guarita capirà che si può, anzi si deve vivere senza dipendere dagli altri». Non dipendere dagli altri… non sentire piú quel calore che le sue palme mi comunicavano… non bere piú la sua saliva…

«Ho paura dottore. Ho paura…»

«Ancora la paura? – … rideva adesso… – Lei è proprio una depressaccia come direbbero i nostri psichiatri che credono nell'elettricità. Proprio un'abbandonica incallita. Su, su, non abbia paura, lo sa che qualsiasi cosa accada io non la lascerò mai. Aspetterò che sia lei annoiata a cacciarmi e graffiarmi… su, su, le vogliamo sí o no far crescere, queste unghie?» Non la lascerò mai… nessuno me l'aveva mai detto né mio padre né mia madre né… sí, forse aveva ragione… quella era una paura antica che riaffiorava in me dal fondo del mio passato… «Non si deve chiedere troppo».

«Sei uguale a tutti… se sapessi di dover nutrire te a scapito degli altri bambini… non lo farei a costo di vederti pallida e magra come i bambini del cortile».

«Lei mi dà troppa fiducia dottore. Come può essere cosí sicuro? Lei potrebbe cambiare… tutti cambiano…»

«Io non cambio».

«Potrebbe morire».

«Non si muore se non si vuole. Lei ha paura perché quando è nata sua madre era quasi vecchia e… le sembro cosí vecchio anch'io? D'accordo che lei mi identifica con sua madre, ma vecchio poi no… si scuota da queste paure, mi guardi bene, abbiamo quasi la stessa età… non si preoccupi, io non ho nessuna intenzione di morire e non la lascerò mai». Aveva ragione… nessuno me l'aveva mai detto, rassicurata mi lasciai cullare da quella frase sconosciuta… dalla sua voce che aveva intonazioni che non conoscevo… parlava… i sogni rincorrevano le notti… le sue parole la luce del giorno… per mano mi portava nei vicoli bui dei simboli disegnati sui muri della notte dalla luna… era come un linguaggio straniero e pure noto da sempre, piano piano le sue mani calde si sostituirono a tutto e a tutti, entrarono nelle suture piú remote del mio corpo… ero sola… sospesa nel buio, ma quel buio era caldo e profumato, e le mani mi tenevano stretta. Cullata dallo sguardo dorato di sole fra le sue palme di gardenia, dal bianco sicuro che guidava, apriva un sentiero fra le ombre del bosco dei sogni fiorito di alberi millenari, di fiori sconosciuti dai colori fondi come il sangue, dal profumo sotterraneo, persistente di memorie secolari… i sogni rincorrevano le notti… la sua voce calda, la luce, il mio viso fra le sue palme non avevo piú paura. Le mie labbra si erano nutrite a quel ti amo che non sapevo si potesse pronunciare senza vergogna e lo ripetei ti amo ti amo ti amo, non sapevo si potesse chiedere, non lasciarmi mai, non lasciarmi mai, non lasciarmi mai, di giorno, di notte sola sul cuscino riscaldato dal suo viso ti amo ti amo ti amo non lasciarmi mai non lasciarmi mai non lasciarmi mai e anche il suo nome di notte, di giorno no, lui era il medico e mi dava del lei.

32.

... e non ci furono piú né inverno né estate né freddo né calura ma solo quella notte calda di mezzagosto... non ebbi piú paura del silenzio né del rumore né del buio né della luce in quel cerchio vivido di colori... l'arcobaleno? Che si fondeva fino a comporsi nel nero fondo di una notte calda d'estate senza stelle sigillata intorno a me dalle sue braccia e fu sempre estate:

dicembre
gennaio
febbraio
marzo
aprile
maggio
giugno

e quel calore a giugno divenne un fuoco, i vestiti bruciavano, soffocavo, il collo serrato in una sciarpa di brace. Mi slacciai la camicetta e «Non sopporto i vestiti... Ho caldo».

«Vedo. Ma non è caldo che percepisce signora».

«No, lo so, ma mi vergogno... mi vergogno, ma quando lei mi tiene fra le braccia ho voglia di spogliarmi...»

«È inutile che lotti cosí... questo la fa soffrire. Si spogli. Non è niente, le dirò cosa racchiude questa sua sensazione. Non è niente, non lotti cosí con se stessa, dobbiamo venire a capo di questa vergogna». Tremando mi levai la camicetta, la gonna, le calze, le mutandine...

«Non porta sottoveste né reggiseno vedo».

«No, mai».

«Già. Non potendo vincere la vergogna di spogliarsi almeno si tiene nuda sotto...» la sua voce sorrideva o tremava? Volevo guardarlo per vedere, ma non osavo... sorrideva o tremava? Tremava come il vento di scirocco trema della sabbia africana che ruba al deserto... o ero io che avevo troppo camminato fra le dune della Plaia e la sabbia mi era entrata nelle orecchie negli occhi nella bocca? Non potevo guardarlo, il sole bruciava le ciglia. Mi stesi e chiusi gli occhi come allora e come allora il primo sole si posò sulle mie spalle, sul mio collo, sul mio seno... sotto le sue palme di vento di calura scoprivo di avere anch'io le spalle il collo i seni la vita sottile... quel vento tremante di sabbia si chiudeva intorno alla mia via, la conteneva... aprii gli occhi ma dovetti richiuderli, il sole mi guardava...

«Lo sa perché ha sentito il bisogno di spogliarsi?» Non potevo rispondere, la sabbia mi chiudeva la bocca, mi soffocava...

«Perché vuol sapere da me se è fatta bene, lei si rifà la domanda che si fece da bambina e alla quale non ha mai avuto una risposta, dato che sua madre, come lei mi ha detto, non l'ha mai vista nuda, questa non considerazione del suo corpo in lei, nelle sue emozioni infantili si raffigurava in una non accettazione, da parte di sua madre, del suo corpo. Il bambino ha bisogno di carezze, di sentire dagli occhi e dalle mani della madre di essere accettato, di piacere anche corporeamente. Lei vuole sapere da me come è fatta, si rifà quella domanda e vuole sentire da me la risposta, vuole essere accettata...» Chissà perché piangevo, mi guardava e mi sentivo piena, di una pienezza che non avevo mai provata, perché piangevo? E che dicevo riprecipitando nel vuoto di vergogna che si apriva intorno a me. Che dicevo? Sentii la mia voce... era la mia voce? dire: «E come sono fatta?»

«Molto bene, direi che lei è molto bella». Che aveva detto? Precipitando nel pozzo senza fondo della vergogna mi aggrappai a lui per non cadere in quel vuoto o per nascondermi, che non mi guardasse piú?

«Non pianga cosí, non è niente, non succede niente. Non si spaventi, lei è molto bella. Vede, è che lei non sa come è fatta, ha paura di essere fatta male, ecco perché quando un uomo la spoglia, come lei mi ha detto, si raggela in quella che lei chiama vergogna o frigidezza e che cancella nelle sue emozioni ogni attrazione erotica per quanto forte che lei potesse sentire prima. Non è vergogna né frigidezza, si rassicuri, è solo paura di non essere fatta bene, di non essere accettata come non è stata accettata da sua madre. E questo perché, non essendo stata, nell'infanzia, guardata, accarezzata da sua madre lei deve aver sospettato o fatto la fantasia, come si dice, di essere un mostro, di essere deforme. E sa perché questo? Lei avrà pensato: se mia madre, che mi vuole bene, non mi accarezza come fanno tutte le mamme con i loro bambini è certamente perché sono ripugnante, deforme. Si calmi signora, su, non è vergogna quello che percepisce, è paura di essere un mostro, deforme e forse anche di non esistere carnalmente»... Le palme del sole scendevano adesso dalle spalle alla vita e quel calore sciolse quella mia vergogna e potei guardarlo...

«Allora le piaccio anche nuda?»

«Lei non può non piacere, signora, è fatta bene, si rassicuri, è molto bella». Lo guardavo e non avevo vergogna, sentivo sotto il suo sguardo di avere le braccia le spalle il seno... non avevo vergogna e potevo chiedere e guardarlo... ora il suo viso si apriva davanti a me, potevo leggere i colori di quel viso, le ombre i prati le distese di campi verdi su, su verso la montagna, giú il degradare del verde delle vigne a terrazze, giú giú fino a che quel verde si fondeva con il verde piú scuro del mare di settembre... ora le sue efelidi erano una caduta di sabbia calda, l'ultimo calore d'estate trattenuto dalla sabbia... il calore degli ultimi bagni... il mare era già un mare d'inverno freddo e duro ma rotolandosi nella sabbia ci si scaldava a quell'ultimo calore d'estate che persisteva impigliato alla rena come un ricordo un rimpianto di calura... ora le sue ciglia erano boschi d'ombra, le sue occhiaie grotte che rifrangevano il sole dello sguardo in verdi scuri, verdi teneri, grigi, viola... la bocca schiudeva un pozzo d'acqua... acqua di pozzo fresca, e profumata di profondità, una sorgente scaturita dal fondo della lava di mille e mille anni fa? Per questo sicuramente era cosí fresca e profumata di roccia... non sapevo che la saliva disseta... non ebbi piú sete.

33.

… e non ebbi piú sete né vergogna, veniva e quando il sole dall'alto della sua massima altezza dominava incendiando l'aria e i colori mi spogliavo e all'ombra delle sue braccia di tiglio mi riparavo dal calore e dalla luce…

«Che c'è signora? Le ho fatto qualcosa? Eh, sí, è inutile che neghi, le devo aver fatto qualcosa se non sogna già da… quanti giorni sono? Vediamo un po'. Ah, sí, ben quattro giorni. Perché mi punisce? Lo sa che inconsciamente, quando crede che la trascuro o la sgrido non sogna? Un modo come l'altro per punirmi… su, mi dica, cosa ho fatto di cosí grave per essere punito cosí?»

«Niente… solo che ho sognato e gliel'ho nascosto e…»

«Me lo ha nascosto? E perché? È un sogno cosí terribile?»

«No, è che mi vergogno… volevo tacerglielo… ma non posso, le ho sempre detto tutto e cosí mi sento in colpa, credo, perché non le ho raccontato questo sogno e cosí mi tormenta, lo rifaccio tutte le notti da… eh sí, questo sogno torna a tormentarmi, a rimproverarmi, questo che sento come una colpa…»

«E allora me lo dica, cosí ce ne liberiamo… Lo vede come siamo andati avanti nel lavoro? Vede come comincia a leggere nelle sue emozioni? La spiegazione che si è data e ora dà a me del suo senso di colpa perché mi ha taciuto un sogno è perfetta. Solo che anche in questo lei è vittima del suo super-io in maniera eccessiva… io non sono sua madre, signora, lei può anche non dirmi delle cose… tacermi. Cosí si tormenta inutilmente… questo super-io è veramente implacabile, vediamo se riusciamo a non dargli ascolto almeno una volta. Non mi dica di questo sogno e vedrà che io, che in questo caso sono il suo super-io, non mi arrabbio, non la sgrido, non la uccido levandole il mio affetto e la stima... o non muoio, non mi ammalo, non divento pazzo anche se lei per una volta ha disubbidito. Su, vediamo di disubbidire almeno una volta a questo super-io intransigente. Vede, signora, quando lei dice che si sente in colpa perché non ha fatto il suo dovere raccontandomi un sogno lei si sente in colpa perché il bambino che disubbidisce percepisce questa disubbidienza al padre o alla madre come un delitto, o meglio un rito magico che può uccidere uno dei genitori: è questo il senso di colpa, non il dovere eccetera; lei probabilmente, da bambina, ogni volta che aveva l'impressione di disubbidire a sua madre pensava che questo potesse uccidere sua madre o che sua madre l'abbandonasse. E probabilmente quando sua madre impazzí, dal fondo di questa visione magica infantile, lei se ne addossò inconsciamente la colpa, come se quel rito magico di un tempo si fosse avverato. Questo è in parte il senso di colpa che l'afferrò, tormentandola, quando sua madre morí, anche se l'aveva curata come poche figlie fanno. Dunque, vogliamo disubbidire almeno una volta? Non mi dica niente, mi racconti invece... perché si abbuia cosí? Non ce la fa? Lo sapevo...»

«Non ce la faccio... è meglio che glielo racconti. E poi non capisco perché mi debba vergognare tanto di questo sogno, in fondo forse, è una cosa sciocca naturale e... be', sí, ho sognato che avevo un bambino da lei».

«È tutto qua? Ma lo sa che lei è proprio imprevedibile, mi racconta cose che tutti si vergognano in generale di raccontare e poi... ma che fa? Perché si nasconde cosí contro il muro, su, venga, non mi punisca ora anche nascondendosi, lo sa che mi piace guardarla, su...»

«È che, non è solo un sogno, è che anche nella realtà... dottore mi dia un bambino...» Non so se perché mi ero staccata con forza dalle sue braccia o perché per non guardarlo fissai la luce abbagliante della finestra la pelle e gli occhi bruciavano, scottati a quelle lame di fuoco... il sole era alto...

«Bene, questo è un sogno positivo, confermato da un'emozione positiva che lei ha nei miei confronti. Questo ci dice che lei comincia a prendere coscienza di esistere e quindi, esistendo, di poter generare, nutrire. Ma questo suo desiderio di un figlio che lei sente è un simbolo, lei non desidera da me un figlio, diciamo biologicamente, lei comincia a sentire che il nostro lavoro psicoanalitico sta avendo un frutto e vorrebbe affrettare il momento che questo frutto venga alla luce. Lei non desidera un figlio carnale ma un figlio diciamo, be', sí, è un po' ridicolo a dirsi, ma chiaro, lei desidera da me un figlio psicoanalitico... e che fa ora, piange? Come, comincia a vivere, ad avere reazioni sane e piange?»

«Ma io...»

«No, signora, è come le dico io, vedrà. E poi lei non sopporterebbe da me l'atto completo... vorrebbe... ma non dobbiamo farci trarre in errore da questo suo desiderio, che se è positivo a un livello, a un altro livello piú profondo nasconde la paura di guarire e quindi di farmi fare un atto che potrebbe disgustarla e che le permetterebbe di scacciarmi e di ritornare alla sua malattia che anche se non lo sa, desidera ancora... Lei non è ancora guarita. E sa come si chiama questo meccanismo inconscio? Fuga nella guarigione. Sí, lei per fuggire da me, adesso che comincia a percepire di stare meglio e quindi vede senza speranza la perdita di quella malattia che, anche se la faceva soffrire, era il suo modo di essere che teme di non poter rimpiazzare con un altro modo di essere, fa un ultimo tentativo di fuga da me facendo finta di essere guarita. Sí, fuga nella guarigione. No, signora, lei da me non sopporterebbe l'atto completo. Io voglio guarirla, le voglio dare il mio lato migliore, il mio lato di medico e vedrà che quando questa guarigione verrà lei potrà avere da qualsiasi uomo quello che da me non sopporterebbe e figli anche... qualsiasi uomo le potrà dare...» Qualsiasi uomo?... quelle parole bruciavano piú del sole, mi scorticavano la pelle... qualsiasi uomo?... Volevo scappare da quel bruciore...

«Su, non scappi, ora che abbiamo smascherata la sua fuga nella guarigione, in una fuga vera, venga qui, si calmi, so che per lei è una frustrazione ma cerchi di capire, io non l'ho abbandonata dicendole questo, anzi la proteggo e le sono piú vicino di prima. Io la devo proteggere da lei stessa e da me stesso, venga cerchi di capire vede? La tengo fra le braccia e non l'abbandono...» Fra le sue braccia i pampini di tiglio allontanarono il sole, la luce, le sue palme di brina calmarono il bruciore del collo, delle braccia, del seno, il mio seno si apriva a quella frescura che s'abbassava su me, vento di mare fresco che scioglie i grumi neri assetati di una notte di mezzagosto senza stelle e non ci fu piú afa né calura in quel giugno

luglio
agosto
settembre.

In ottobre con Citto andammo in giro con la macchina per le Puglie, che non conoscevamo. Citto non dormiva piú da me, ma ci vedevamo sempre, e per quattro giorni andammo in giro per le pianure danzanti di sole caldo e ulivi assetati negli ultimi rantoli d'agonia di quell'estate affocata, condannata a morte, che non voleva morire ma io portavo con me una calma notte di mezzagosto cullata dall'alito fresco del mare profumato di mosto e di sale.

34.

... con gli occhi abbacinati dai gridi di agonia di quel sole condannato a morte rantolante fra gli ulivi squassati da una sete prolungata, protesi al cielo a implorare la tempesta di quella morte liberatrice... morte per acqua morte dissetante... acqua, sangue di quel sole condannato... entrai in quella stanza piena di luce, sicura, presto il vento di mare notturno profumato di sale e di mosto avrebbe schiuso la porta, non c'era che da aspettare, presto quella frescura avrebbe calmato i solchi aridi che la calura aveva aperto nella terra. Non c'era che aspettare... ecco che già bussava alla porta... *e l'inverno vien bussando vien bussando alla tua porta vuoi saper cosa ti porta un cestel di...* chi aveva acceso la lampadina? Perché aveva acceso la luce? Fuori c'era ancora il sole e nel cerchio nitido tracciato dalla lampadina vidi... Volevo muovermi, avvicinarmi, ma quella luce che era scattata improvvisa rivelatrice, mi legava al pavimento o erano radici che spuntavano dal pavimento e crescevano su alle caviglie, avvolgendosi fino alle ginocchia? Perché aveva acceso la luce? In quella luce, che cadeva dall'alto, gli occhi biunni erano ora due cavità nere senza fondo scavate nella roccia, orbite vuote. Chi gli aveva succhiato il colore e le pupille? Era calata la lava? Il gigante si era svegliato e aveva mormorato, quelle orbite, la bocca contratta, ossidata dalla lava, vomitava vuoto, una voce sotterranea saliva dal magma pietrificato di mille e mille e mille anni fa, su calate e calate stratificate di secoli...

«Che fa lí impalata?»

«Ma dottore, cosa è successo?»

«Non cominciamo con le domande. Cosa vuole che sia successo. Non è successo niente. La finisca piuttosto di occuparsi di me, sono io che debbo occuparmi di lei. Lei è la paziente. La finisca!» Strappandomi almeno le braccia dalle radici che mi legavano al pavimento e succhiavano il mio sangue, mi svuotavano le vene, volli cadere. Ma la luce mi tirava su per i capelli e il sangue colava giú succhiato... non potevo cadere né... con le mani cercai di afferrare... forse era una maschera... forse potevo strappargli quella maschera, che qualcuno gli aveva appiccicato al viso...

«Dottore... cosa ha?»

«Lei piuttosto, cos'altro c'è?» Quella maschera era dura... mani dure mi respinsero, volevo cadere, ma non potevo, le vene svuotate ora di ferro mi tenevano dritta in una morsa, potei solo dire... credo...

«Mi scusi dottore... forse è solo l'emozione di rivederla dopo tanto tempo...»

«Macché tempo e tempo! Quale tanto tempo. Sono solo quattro giorni. Si svegli! È ora di finirla con queste moine da bambina viziata. La finisca di aggrapparsi cosí come una bambina viziata. Dopo due anni e mezzo di analisi sta ancora a questo punto. È ora di finirla. Da domani tre volte la settimana e nel mio studio».

«Ma dottore... io, io... volevo da sempre venire nel suo studio... è stato lei... lei diceva che ormai avendo cominciato qui...»

«Sono stato io a dire! Sono stato io a dire! È possibile che sono sempre gli altri a dire? E lei? È possibile che si faccia sempre sballottare... e se anche fosse? Ora basta. So quello che faccio».

«Ma cosa è successo?»

«Le ho detto di finirla di occuparsi di me e di comportarsi come una bambina viziata. Lei è una maleducata. Buon giorno e da domani il lunedí mercoledí e venerdí alle sedici nel mio studio. Buon giorno...» Le radici crescevano nutrite del mio sangue, si avviluppavano ora alle ginocchia, su, a spirali, alla vita legando le braccia i fianchi i polsi e le dita, volevo cadere ma le radici crescevano al collo, volevo gridare ma radici legavano la mia bocca, volevo aprire gli occhi ma radici umide di muschio muravano ormai le mie ciglia... non lo vidi piú sentii che scendeva le scale... correva... prima scendeva piano senza rumore... sbatté la porta... prima la accostava dolcemente senza fare rumore, chiusa in quell'albero piantato con radici tenaci nel pavimento... che cresceva attorcigliato al mio corpo o ero io l'albero e crescevo? Con le mani già toccavo il soffitto, quell'albero sarebbe cresciuto tanto fino a restare soffocata dalle mura che premevano già al mio petto, alle mie spalle sarei rimasta incastrata fra quelle quattro mura di legno che già tastavano alla mia fronte con tocco duro sordo di bara...

35.

… nella bara legata da cento radici le quattro pareti buie di legno mi schiacciavano la fronte le labbra… dovevo cadere…

«No, Iuzza, no, sta' ferma, cosí ti strapperai le vene, ti prego sta' ferma…» Non dovevo cadere dovevo stare ferma… il coperchio si abbassava sempre piú sulla mia bocca, sapeva di terra e di muschio… no, erano capelli e lagrime che mi scendevano sul viso… «Corri corri, Carlo!…» «Grida grida, Iuzza! Grida, ti fa bene! Grida, ti aiuta!…» No, non era Carlo…

«Grida grida, Iuzza, ti fa bene, ma non ti muovere… non sono radici Iuzza… non è niente, è l'ipodermoclisi non è niente…» non era Carlo era Citto, adesso che sollevava la testa, lo vedevo… sul suo viso la luce singhiozzava scossa dall'agonia abbagliante di quel sole condannato a morte che non voleva morire… la luce sbatteva ai vetri agonizzante… gridi sbattevano dietro i muri dietro le porte di quella bara che si era spalancata intorno a me schiodata dal pianto di Citto?… Chi gridava cosí? Erano gridi leggeri di vetro bianco sbattuto… era Libero che suonava con i bicchieri? No, erano i gridi di Mariuccia… gridava cosí nelle braccia di Nica…

«Citto, è nato? Dov'è? Perché non me lo fanno vedere? È una femminuccia?» Citto ora si chinava su di me e piangeva… ancora quelle lagrime… perché piangeva se avevo avuto un bambino? «Ma Iuzza, sí, sei in una clinica materna… ti abbiamo portato qua… era pericoloso portarti in una clinica psichiatrica». Parlava e piangeva, non capivo quello che diceva… piangeva come… ero stata pazza un'altra volta? No, non ero stata pazza… non avevo avuto un bambino… avevo visto una maschera dagli occhi svuotati e da quelle orbite e cavità senza fondo uscivano dei serpenti sussultanti alle tempie insozzate… non era la prima volta che vedevo quei serpenti di ossessione, dove li avevo visti? Cento, duecento anni fa, o ieri? No, non ero stata pazza, non avevo avuto un bambino, avevo cercato di morire e questa volta veramente… ricordai come lo avevo voluto…

«Come mi hanno trovata?»

«Ti ho trovata io, Iuzza, dovevo partire ma poi ho cambiato idea e sono passato a salutarti… credevo che dormissi, sembravi cosí tranquilla, ma poi mi sono impensierito, tu non dormi mai il pomeriggio e poi erano le otto di sera…» Ancora lui, ancora lui che dormiva sempre profondamente senza svegliarsi mai… che tardava agli appuntamenti a volte non veniva affatto… telefonava… la sua voce al telefono «Scusami Uccettino, ma proprio non posso liberarmi, proprio non posso»… lui che dormiva sempre profondamente… anche quella notte sentí che accendevo la luce e «Iuzza che fai, scrivi?»

«Sí».

«Una poesia?»

«Sí».

«Bene»… sí, ancora una volta s'era svegliato e mi guardava ora sorridendo… il bambino che era nato doveva sicuramente avere i suoi occhi…

«Citto».

«Dimmi»… non potevo parlare, gli volevo chiedere: dammi un figlio, ma come potevo? Come potevo chiedergli un figlio se amavo suo padre e se Citto l'avesse sospettato era in cura anche lui… il transfert paterno aveva detto… poteva… un trauma… rompersi… impazzire?

«Dimmi Iuzza…» dovevo tacere era chiaro che non avevo detto niente, lui era in cura e quell'uomo era un medico…

«Niente Citto, solo grazie».

36.

... e sperai... se quell'uomo che era anche un medico aveva detto che la mia malattia era dovuta alla pazzia di mia madre e che avevo per lui un transfert materno... se l'avevo visto pazzo, forse nelle mie emozioni, e per questo avevo voluto morire, allora, adesso qualcosa avrebbe dovuto cambiare. Sperai dentro di me di non desiderare che venisse, cercai dentro di me una briciola di odio o di transfert negativo, come loro dicono, o di indifferenza, sperai ma... «Signora, la lascio in mano del suo medico». «Signora, ora la lascio in buone mani... ecco il suo medico». Entrò e la speranza sparí, assorbita dai suoi tratti ricomposti. Gli occhi avevano la luce bionda di un tempo, solo ora agitata come il grano ondeggiante sotto il vento... onde alte come quando il mare si sveglia... ma piccoli serpenti si agitavano nell'ombra delle occhiaie, alle vene, alle tempie scosse da quel serpente, dell'ossessione che conoscevo... conoscevo quel serpente d'ossessione che dorme nelle nostre vene e che si può sempre svegliare. E malgrado questo... non odio, non ripulsione, non indifferenza, volevo solo con le mani accarezzare quei serpi che gli si erano svegliati, con le mani riaddormentarli e tornare all'ombra quieta e fresca delle sue braccia di tiglio... spaventata chiusi gli occhi, per fortuna il braccio legato dal filo dell'ipodermoclisi mi impediva di muovermi... con gli occhi chiusi vedevo nel suo sguardo che mi avrebbe ricacciata con mani dure...

«È stata colpa mia, signora. Ho avuto dei problemi. Ma di questo parleremo a suo tempo. Lei non c'entra niente, è una mia dinamica che devo seguire. La mia colpa è stata quella di sottovalutare la potenza di sua madre. Si ricordi: non esistono suicidi, ma solo assassini, e ancora una volta è sua madre che ha cercato di richiamarla a sé e questa volta c'è quasi riuscita. Glielo hanno detto che c'è quasi riuscita? Si ricordi: otto ore di coma. L'hanno salvata per miracolo. Non ha paura a pensarci?»

«No. E non è stato per miracolo, perché usa questa parola? Prima non la usava mai. È stato Citto».

«Lasci stare. Dovremo in seguito parlare di questa sua non paura, questo non è sano. Adesso riposi e ci pensi. Quando uscirà di qui continueremo le sedute».

«Se vuole posso venire io da lei».

«Dove vuole venire? Non vede come si è ridotta? Verrò io e parleremo di tutto. Questa non paura di quello che ha fatto non è sana... ne parleremo».

E ne parlammo... «Sono molto contento che sia voluta venire via da quella clinica cosí presto, signora, questo è un segno positivo... lei tende, inconsciamente, a seguire sua madre, a diventare pazza come lei o almeno a raggiungerla. Ma io le sfilerò sua madre di sotto il cuscino».

E ne parlammo...

«Vede signora, quando lei è presa dalla depressione, gliel'ho detto e glielo ripeto, è perché lei vuole inconsciamente tornare nel grembo di sua madre... ne prenda coscienza. Il suo lato sano l'ha spinta a uscire presto dalla clinica ma adesso la desidera, desidererebbe riandarci perché la clinica è sua madre... è per questo che da quando è uscita questa depressione non l'ha lasciata un momento. Che posizione prende quando è depressa?... Eh sí, vede è la posizione del bambino nel grembo materno. Lei si è mangiata sua madre, ma io gliela farò vomitare».

E ne parlammo...

«Vede, signora, ho avuto dei problemi. Non sono diventato pazzo come lei ha creduto, né l'ho abbandonata, anzi le sono oggi piú vicino di prima. Solo, devo rivedere tutto di me. Bisogna tornare al primo Freud. La mia crisi, e glielo devo dire perché lei capisca ed esca da questo stato di abbandono che ormai da quando è uscita dalla clinica non la lascia piú, è dipesa da... vede, ho scoperto che il mio maestro da anni usa andare a letto con le sue pazienti... sono venute fuori molte cose. Chiama questo suo metodo di cura "le pratiche"... stiamo facendo un'azione contro di lui... lei capisce che questo mi ha un po', come dire, scombussolato... ho capito anche, rileggendomi, di avere subíto un'autorità che mi ha portato a tradire me stesso... mi hanno sposato perché secondo loro un medico è meglio che sia sposato... io avevo solo una relazione, e, a proposito, dal prossimo mese cambio studio. Ecco il numero nuovo, ho lasciato mia moglie».

«Aveva solo una relazione? Perché dottore usa questa parola orribile. Sarà stato innamorato di sua moglie spero».

«L'amore non esiste... tutti questi sentimenti sono feci che ereditiamo... ne parleremo in seguito».

E ne parlammo...

«Lei tende alla morte e alla pazzia... non ci si uccide perché si perde un amore... a parte che lei non ha perso il mio amore come dice lei, solo che questo è un sentimento che devo arginare, io le voglio dare la parte migliore di me, la mia parte di medico. Come le dicevo: un organismo sano quando perde un amore deve, al massimo, essere un po' triste, al massimo, niente piú... l'amore inteso cosí sono feci... dobbiamo sbarazzarci di tutte queste feci».

E ne parlammo...

«Non esistono suicidi ma solo assassini. Lei è succube di sua madre... e fa del male anche a me... lei mi mette in contatto con l'aggressività di sua madre... con l'odio per gli uomini che sua madre le ha inculcato... lei mi leva la possibilità di pensare... mi spreme come un limone... deve vomitare sua madre, signora... io gliela farò vomitare».

E ne parlammo...

«Lei deve diventare una persona autonoma. Deve portare alla coscienza che non ha bisogno né di me né di Citto... cosí lei è un sacco... non è possibile continuare cosí. Lo vede? Si rende conto che come un sacco, se mi vede si riempie, e quando non mi vede si svuota? Lei deve diventare una persona autonoma...»

E ne parlammo...

E quelle parole spalancarono un baratro davanti a me e capii come è difficile l'arte di non sperare piú... la piú difficile delle arti... e con quella speranza di carta velina morta ripiegata nel mio petto che vibrava come foglia secca a ogni sguardo, appena un po', piú come prima, a ogni movimento delle sue mani, appena un po', piú come prima...

37·

... Cercai di imparare l'arte di non sperare piú e ne parlammo... una bestia selvaggia era nata nel mio sangue e correva urlando per le vene... come potevo fermarla? Fermarmi? Mi trascinava nella sua corsa di animale accecato sbattendomi ai muri della stanza diventata piccola per contenere quella corsa. Una gabbia. E in questa gabbia aspettavo la frusta del suo sguardo che sferzava questa bestia rincorrendola dai polsi al petto alle caviglie. Dove andare? Ormai ero legata alla fuga di quella bestia che m'era nata dentro di me. Dovevo seguirla in quella sua corsa cieca per dirupi fra massi e sabbia rovente. Sarebbe morta schiantata dalla sua stessa corsa? Sarei morta con lei? Non c'era che da attendere e seguirla per cigli di dirupi... sarei precipitata con lei in quel burrone di massi abbaglianti snudati da quello sguardo di sole affilato come lama bianca che incalzava? Ma anche lui fuggiva inseguito dal suo sguardo di vetro, fuggiva e sbatteva e le sue mani ora spastiche erano agitate dallo stesso furore. Dovevo resistere. E quella fuga fomentata in lui e in me dallo scudiscio del suo stesso sguardo lo faceva tacere... ora non leggeva piú nei sogni... non guardava... il suo sguardo correva per la stanza sbattendo ai muri la finestra. Veniva sempre e stava muto. Io parlavo nel silenzio, sarei precipitata. Parlavo ma la fonte dei sogni sempre uguali s'era seccata nelle notti sempre uguali, ferme senza vento né pioggia. Fonte seccata da una notte arida di specchi deformanti. Una notte senza fine di veglia di specchi deformanti. Per paura del silenzio che mi poteva far cadere nel sonno e nel sonno potevo precipitare in quel baratro che le sue parole avevano spalancato davanti a me... Stava muto... nel silenzio sarei precipitata e cominciai a inventare sogni fino a che... «Dottore ho sognato che...» unico sogno vero in quell'inverno di veglia...

38.

… «Ho sognato che parlavo con lei in questa stanza, lei era seduto come adesso sul divano e man mano che parlavamo il suo viso si copriva di una maschera di raso nero che rendeva le sue espressioni, nell'ascoltarmi, smorfie stilizzate e sinistre, poi piano piano questa maschera si tramutava in una celata di latta… sa, come quella dei pupi… io le chiedevo ancora qualcosa e lei senza rispondere abbassava la testa e io vedevo con orrore che al posto del cervello lei aveva un vuoto buio senza fondo, era tutto vuoto dentro, un cranio di latta vuoto…» un silenzio e poi…

«È un sogno molto importante, ma ora non le posso dire niente. Ho bisogno di pensarci bene… lavora?»

«Sí, prendo appunti. Vorrei scrivere un romanzo…»

«Bene. La lascio al suo lavoro. Ci vedremo fra dieci giorni».

Uscí e tornò dopo dieci giorni… stavo imparando l'arte difficile di non sperare piú e mi seppellii in quella speranza che moriva fra appunti e appunti… Tornò dopo dieci giorni con una donna che fece aspettare nella stanza dove un tempo Citto dormiva… salimmo le scale…

«Come va il lavoro?»

«Non tanto bene… mi batto… non ho mai scritto un romanzo e…»

«Bene. Senta signora, ho molto pensato al suo sogno e mi pare chiaro alla lettura attenta dei particolari, che lei percepisce il nostro rapporto psicoanalitico come solo formale, questo ce lo dice la maschera stilizzata di raso nero, svuotato di ogni contenuto, questo ce lo dice il vuoto nel mio cranio… lei mi dice con questo sogno che il nostro rapporto psicoanalitico è finito».

«Certo».

«Bene. Allora io adesso la lascio al suo lavoro. Ma per sicurezza le ho portato un'infermiera specializzata, vedrà, non le darà nessun fastidio, è molto intelligente e sa le lingue. Le potrà anche, se vuole, fare da segretaria. Almeno per i primi mesi dovrà avere la pazienza di sopportarla. Per i primi mesi mi terrò in contatto per avere sue notizie... Citto è d'accordo».

«Bene».

«Allora arrivederci per adesso e... buon lavoro...» Non so se risposi o se caddi in terra. Non so. L'infermiera saliva su per le scale e mi sorrideva? Si chiamava Giovanna... sí, sorrideva e parlava e rideva alto... un riso alto che sveglia. La guardai bene. Cosa sapeva? Niente... da come si muoveva e parlava si vedeva che non sapeva niente. Faceva il suo mestiere... la sera dormiva sul divano del sonno leggero delle infermiere e dava notizie a quell'uomo, dovevo stare attenta, quell'uomo era anche un medico e aveva in mano Citto... Citto era nelle sue mani... mani di medico?... Quella donna sorrideva... a chi rivolgermi? Non c'era piú nessuno... da chi andare?... Citto era distante... adesso capivo... distante isolato da... i muri disertati. Nunzio, Nica, mia madre, mio padre, cadaveri sezionati a pezzi, buttati nella cassapanca... Titina, Haya, Franca, Marilú, Tonello vivi sezionati a pezzi, buttati nella cassapanca. Anch'io, camminavo, mi muovevo ma ero a pezzi in un mucchietto, sul pavimento, in mezzo alla stanza... dove andare? Dovevo vederli, cercarli, almeno parlare di loro, chiamare i loro nomi che un tempo evocavano colori e profumi, emozioni vive del passato, guidavano il mio presente a leggere visi nuovi a riconoscere il profumo di incontri nuovi... e una notte girandomi nel buio di quella stanza disertata in cerca dei loro fiati...

«Che c'è signora? Non può dormire? Vuole che parliamo un po'... oggi sul tram ho fatto un incontro...» parlava e la sua voce era viva... parlava di incontri vivi... il tram... era la prima voce viva dopo tre anni di sussurri seccati dalla grandine d'odio della voce di quell'uomo... era odio quella voce? Perché quella parola mi si era presentata alla mente? Grandine d'odio… era un medico… cosa odiava?… Terrorizzata, per non rispondere a quella domanda, accesi la luce… volevo vedere la bocca, il viso di quella voce calda e viva… la vidi, era un viso forte e dolce. E quel viso non sezionato dal bisturi di quel medico mi spinse a raccontare di Nica di… Giovanna ascoltava e dalla curiosità e stupore che muoveva la sua carne viva in onde di emozioni confuse vidi dietro di lei una folla di visi ignoti… una folla di amici nuovi che avrebbero ascoltato come Giovanna se solo avessi saputo raccontare… io ero un'attrice… sapevo ancora raccontare? E cosí per avere il coraggio di aprire quella cassapanca piena di cadaveri e di vivi a pezzi mi rivolsi a voi e… Cari lettori, non è per importunarvi… scrissi a voi ancora assenti ma presenti affollati intorno al viso proteso di Giovanna dischiuso ad ascoltare… dovevo ritrovare mio padre, mia madre, Nunzio, Nica, i miei fratelli, le mie sorelle, dovevo ritrovarli e ricostruirli in una vita loro cosí che nessuno avrebbe piú potuto… e nella gioia di liberazione… nella gioia di riaprire quella cassapanca e risentire le loro voci, rivedere i loro visi, toccare le loro mani, guardare il colore dei loro occhi… in quella gioia di liberazione la carta velina della speranza morta nel mio petto ebbe un sussulto… ancora una volta sperai che forse quel medico… non era uno dei piú grandi medici d'Italia? Sperai che quel medico forse aveva avuto ragione, che forse, se malata ero stata, ora ero guarita e…

39.

Per mesi vissi con loro e con la gioia di vedere i loro tratti, le loro membra ricomporsi sulla carta e intorno a me... poi imbucai quella lettera che vi avevo scritto e fui convinta di avere ritrovato il mio corpo e il mio passato... e andai al mare... ma il mare era troppo freddo e salato per il mio corpo senza pelle. Con terrore nell'acqua mi accorsi che non avevo piú pelle né carne. I nervi e le vene snudate vibravano dolorosamente, graffiati dal sole troppo forte. No, non potevo giocare né col mare né col mio corpo. Cercai fra le braccia di un amico carissimo che la lunga amicizia, la consuetudine della sua presenza calda e senza volgarità, la tenerezza del conoscersi fino in fondo rasentava quasi un'emozione d'amore... tentai, ma con terrore mi accorsi che il vecchio nodo di pudore, paura e odio come lo chiamava quel medico, si era aperto in una piaga sanguinante. Non era solo frigidezza, come era stato una volta, ora la vista di quella piaga suscitava nei miei sensi disgusto e nausea e vomito, se mani maschili mi spogliavano e in quella notte di vomito e smarrimento capii che quel medico, nello smontarmi pezzo per pezzo, aveva portato alla luce vecchie piaghe cicatrizzate da compensi, come lui avrebbe detto e le aveva riaperte frugandoci dentro con bisturi e pinze e che non aveva saputo guarire... mi ricordai la fretta, quanta fretta di richiudere, ricucire quelle piaghe alla meno peggio... e in quella fretta spastica aveva dimenticato dentro qualche pinza. Il torace e il ventre mi dolevano... e Citto era nelle sue mani... e come mai, non una briciola di odio per quell'uomo? Non una briciola di transfert negativo, come loro dicono, possa seguire la fine di un'analisi? Non un briciolo di indifferenza ma sempre piú insistente man mano che i giorni passavano la nostalgia di quella caduta di sabbia che erano le sue efelidi, la nostalgia di quelle palme di sabbia calda ora che il mare aveva già il colore dell'inverno, mare d'inverno grigio e duro?... Tornai a Roma smarrita, coi nervi e le vene scoperchiati che dolevano a ogni piú lieve vento, ombra, voce che si levasse intorno a me. E Citto? Citto in mano a quell'uomo. Chi era quell'uomo? Con ansia aspettavo in quella stanza senza muovermi e quando le nuvole del sospetto si coagularono nella cappa di piombo della certezza di un temporale all'orizzonte... Citto aveva il colore, la pelle morta e senza luce attraversata dalle onde viola dello smarrimento che quel bisturi imprimeva... e:

«Citto, come stai?»

«Oh, Iuzza, malissimo. Non so se faccio bene a dirtelo... ma tanto tu ormai sei fuori, hai finito l'analisi... non credo ti possa nuocere sapere...»

«Cosa?»

«Mah, cose da non credersi, inimmaginabili, ancora non ci credo. Il dottore ha lasciato la professione, non crede piú nella psicoanalisi... hai capito? Va dicendo che non esiste neanche la psicologia, puoi immaginare! Sono un po' sbalestrato. Mi ha liquidato con una circolare comune per tutti i pazienti. Non ha piú voluto rivedermi. Sta in casa barricato e quanto arrabbiato, puoi capire, ho insistito, mi ha fatto la grazia di vedermi e mi ha liquidato con quattro parole che non stanno né in cielo né in terra. Naturalmente gli ho detto quello che pensavo, ma non si è scomposto e quando gli ho chiesto il nome di un altro medico mi ha dato il nome di... un giovane freudiano ortodosso dicendo: "Non è di nessuna utilità, ma se proprio insiste..."» Scherzava... Citto scherzava, ma la sua pelle era grigia... si sentiva abbandonato dal padre? Transfert paterno?... Non era piú in cura... non so perché, ma mi sentii liberata. Aspettai qualche giorno, non sembrava tanto abbandonato, era indignato e perplesso. Questo mi fece coraggio e... «Citto, sono uscita dal gorgo per raccontartelo? Sí, i miei capelli sono divenuti tutti bianchi, la voce solo un sussurro, ma se avvicini il tuo orecchio alle mie labbra forse riuscirò a farmi sentire da te…» E raccontai tutto. Citto non si smarrí, non si ruppe… cos'era allora questa storia del transfert?… Rimase solo sbalordito e liberato come se il mio racconto avesse sciolto un grumo di presentimento che gli abbuiava la pelle e quel vetro sottile che da due anni si era rizzato silenziosamente fra noi allontanando le nostre immagini, ovattando le nostre parole, si frantumò disperdendosi assorbito dai nostri aliti ora confusi uno nell'altro e ci prendemmo le mani come un tempo… come un tempo mi prese fra le braccia e mi protesse e fu il mio uomo mio padre mio fratello il mio amico come un tempo. Era giusto cosí. Cosí doveva essere.

40.

Ma fuori dell'abbraccio di padre fratello amico di Citto la trama dei miei nervi e delle mie vene messe a nudo doleva a ogni benché minimo vento, ombra, suono intorno a me. Non potevo né dormire né stare sveglia né guardare né essere guardata. Dovevo sapere di che metallo era quel bisturi che nel sezionarmi luceva come l'oro. Dovevo sapere. Aveva lasciato la professione... non credeva piú nella psicoanalisi... gli scrissi una lettera per sapere se avevo fatto un'analisi o cos'altro. Non rispose. Aspettai una settimana e quella sera andai a bussare alla porta del suo studio. La porta si aprí era lui, la camicia bianca, il viso piú bianco della camicia, mi fissò a lungo con occhi di vetro piú bianchi del suo viso. Quel bianco mi abbagliò... mi fissava... cercando di svincolarmi da quel biancore... «Dottore... io...» Mi sbatté la porta in faccia. Il legno risuonò con tonfo sordo di bara contro la mia fronte. Appoggiai il viso e le mani a quella porta... era pazzo... non ero io che l'avevo visto pazzo... era pazzo? Non potevo muovermi, le palme spalancate inchiodate al legno di quella porta... Non dovevo cadere... cominciavo a capire... l'ascensore saliva. Sicuramente aveva chiamato il portiere per cacciarmi. Infatti, l'ascensore si fermò al piano. Il portiere in divisa, sorridendo ironico, si avvicinava: «Desidera qualcosa, signora? La posso aiutare?»

«Sí, cerco il dottore».

«Non abita piú qui. Prego, l'accompagno». Mi accompagnò sorvegliandomi con lo sguardo sospettoso di un poliziotto e sul cancello aspettò sorridendo a bocca chiusa che mi allontanassi... non dovevo cadere... sbattevo ai muri, o i muri cadevano trascinati dalla valanga? Sbattevo ai fari tempestosi delle macchine... c'era buio. Dovevo correre... quel poliziotto mi seguiva... il coprifuoco era alle otto... dovevo correre e corsi trattenendo il fiato corsi... il portone era aperto. Ce l'avevo fatta, potevo anche non correre piú, salii le scale lentamente... Giovanna scendeva le scale a precipizio... Perché correva? Ce l'avevo fatta.

«Goliarda, per l'amor di Dio, cosa è successo? Ha telefonato quel pazzo e mi ha detto che eri dietro la sua porta e mi ha dato questo nome, capirai, il nome di uno psicoanalista... Ero cosí sbalordita che puoi immaginare... ma gliel'ho detto a quel pazzo. Gli ho detto: ma dottore, se lei non crede piú nella psicoanalisi... ma lui asciutto asciutto, come se niente fosse: "So quello che faccio, Giovanna, su, non fare domande e scrivi..." – Lessi il nome, era lo stesso nome che aveva dato a Citto. Strappai il biglietto e: – Ma Goliarda, che fai, piangi? Sei tutta bagnata... piove? Vieni. – Mi prese fra le braccia e mi portò su... mi stese sul letto... le sue mani piccole e forti, i polsi teneri di bambina, adesso mi levavano le scarpe... – Devi bere qualcosa di caldo, sei tutta gelata. – Con le sue mani guidò le mie mani che tenevano la tazza alle mie labbra... non potevo aprire la bocca, un sapore amaro mi serrava i denti... – Su bevi... basta il primo sorso e poi passa». Sí, la bocca si aprí e il liquido scaldava. Le mie labbra si scaldavano perché il liquido era caldo e profumato o perché mi guardava e gli occhi lucidi di castagna appena sgusciata, dal mallo verde e spinoso trasparivano luci calde d'oro e marrone... luci filtrate dalle foglie di un bosco autunnale?... Conoscevo quelle trasparenze sí... Jane Giovanna... sí, era giusto. È giusto cosí, Giovanna Jane... E quegli occhi che mi guardavano, come Jane mi aveva guardata erano occhi di madre, di sorella, di amica. Sí, era giusto cosí, e Giovanna fu mia madre mia sorella la mia amica... è giusto cosí. Riuscirò io a essere per lei sua madre sua sorella la sua amica? Rimparerò a essere madre e figlia sorella e amica?

41.

Non dovevo cadere... ricrescerà la mia carne?... In quella sera di pioggia lontana e presente... finalmente un temporale! Temporale d'autunno, di luci calde filtrate dai rami dorati, e le foglie brune negli occhi di Giovanna Jane... dietro a quegli occhi che mi porgevano un liquido caldo e profumato che scioglieva le mie labbra intravidi altri occhi, altri visi di amici sempre nuovi e sempre conosciuti, sconosciuti e conosciuti, da sempre insospettati e noti da sempre... sempre nuovi e sempre saputi... che avrebbero ascoltato e volli parlare, raccontare, essere confortata e guidata, e un po' vergognosa di ripresentarmi a voi, cosí presto dopo quell'arrivederci cosí baldanzoso e sicuro, vergognandomi di ripresentarmi a voi, cosí vestita a lutto... alla meno peggio, tremando... mi avreste ascoltata ancora? Cominciai questa mia lettera perché mi aiutaste a rimparare a essere amica, madre, sorella e non solo questo, ma anche, per rientrare in possesso del diritto alla mia morte che quell'uomo nella sua autorità di grande medico mi ha tolta. Infatti, quando mi svegliai in quella clinica lessi il verdetto negli occhi dei medici, delle infermiere, di Citto stesso, nei miei occhi stessi che mi fissavano dallo specchio con uno sguardo fermo muto spento a me sconosciuto: s'è suicidata perché pazza, e se l'ha fatto, essendo in cura da uno dei piú grandi medici d'Italia, la sua pazzia è inguaribile. E anche dopo fuori, lessi questo verdetto che quel medico mi aveva appiccicato sulla fronte in un cartellino, negli occhi dei miei amici e conoscenti... ora non devo cadere, non posso né morire né vivere se non rientro in possesso di questo diritto che è il primo diritto dell'uomo e che nessuna religione, legge morale o scientifica, gli possono togliere e se per mia madre non esistevano suicidi ma solo assassini della società e per questo medico non esistevano suicidi ma solo assassini del padre e della madre... ma solo questo? Ogni individuo ha il suo segreto che porta chiuso in sé fin dalla nascita, segreto di profumo di tiglio, di rosa, di gelsomino, profumo segreto sempre diverso sempre nuovo unico irripetibile, segreto di impronte digitali graffito inesplicabile sempre nuovo diverso sempre unico irripetibile. Segreto di occhi azzurri, eco del segreto dello spazio segreto di occhi neri, eco del segreto della notte segreto di occhi grigi, eco di segreto di disegno di nuvole sempre dissimile, impensato segreto di occhi verdi, eco del segreto di profondità marine danzanti di alberi di corallo, alberi di sangue? Segreto di sangue pietrificato... ogni individuo ha il suo segreto... non violate questo segreto, non lo sezionate, non lo catalogate per vostra tranquillità, per paura di percepire il profumo del vostro segreto sconosciuto e insondabile a voi stessi, che portate chiuso in voi fin dalla nascita sconosciuto e insondabile a voi stessi. Ogni individuo ha il suo segreto, ogni individuo ha la sua morte in solitudine... morte per ferro, morte per dolcezza, morte per fuoco, morte per acqua, morte per sazietà unica e irripetibile. Ogni individuo ha il suo diritto al suo segreto e alla sua morte. E come posso io vivere o morire se non rientro in possesso di questo mio diritto? È per questo che ho scritto, per chiedere a voi di ridarmi questo diritto... e quando, finito questo lavoro del lutto e sotto la fatica di panni vestiti scarpe e calze nere, una carne fragile e forte, calda e vulnerabile al gelo, che sicuramente mi ricrescerà e chiederà affamata aria, luce, carezze, pane... chiederà strade per camminare... voci da ascoltare... visi da guardare, vento pioggia sole e frescura e se camminando nel bosco sconosciuto della vita avrò voglia di correre e morrò schiantata da una corsa felice nel sole, controvento... se morirò per la sorpresa di qualche nuovo viso-incontro nascosto dietro un albero in attesa, se morrò fulminata dal fulmine della gioia, soffocata da un abbraccio troppo forte, annegata in una tempesta di emozioni trascinanti verso un mare che invisibile attende dietro la notte, se morirò svenata dalle ferite aperte di un amore perduto non piú richiuse, se morirò pugnalata dalla lama affilata di uno sguardo crudele vi chiedo solo questo: non cercate di spiegarvi la mia morte, non la sezionate, non la catalogate per vostra tranquillità, per paura della vostra morte, ma al massimo pensate – non lo dite forte la parola tradisce – non lo dite forte ma pensate dentro di voi: è morta perché ha vissuto.

Io, Jean Gabin

I.

Io, che con Jean Gabin ho imparato ad amare le donne, mi trovo ora con la fotografia di Margaret Thatcher davanti – sul giornale, beninteso, che da buona cittadina postrivoluzione francese compro tutte le mattine –, e comincio a pensare che qualcosa non è andato per il verso giusto in questi ultimi trent'anni di democrazia. Jean Gabin non ne sapeva niente di lady di ferro, donne poliziotte, soldate e culturiste. I suoi occhi azzurri – di Jean intendo – sognavano una donna che fosse come un fiume, un grande fiume languido e vertiginoso che andava a nutrire con le sue acque limpide il mare. Questo ho imparato da lui, e per me la donna è stata sempre il mare. Intendiamoci, non un mare delineato da un'elegante cornice dorata per fanatici del paesaggio, ma il mare segreto di vita, avventura magnifica o disperata, bara e culla, sibilla muta e risposta sicura; spazio immenso in cui misurare il nostro coraggio di individualisti incalliti, ladri al ricco e donatori al povero, tutti d'accordo su una precisa breve frase: «Sempre fuori da tutti i poteri costituiti», soli, ma con l'orgoglio di sapere la rettitudine che soltanto nell'outsider alligna.

Sola, bilanciandomi su passi brevi ed energici sprizzanti coraggio altezzoso, adattavo i miei piccoli piedi alla camminata piena d'autosufficienza virile di Jean Gabin, fissando gli occhi bui della mia casbah di lava e tramutandola istantaneamente nell'intricato nitore della Sua, gli occhi attenti al confidente-spia che sempre, fra i tanti visi sorridenti e fidati, poteva nascondersi o sbucare fuori a ogni cantone piú buio, a ogni basso piú socchiuso degli altri.

Ma l'attenzione continua al pericolo, divenuta ormai per me (da quando andavo al Cinema Mirone) una seconda natura, non mi impedí mai di sognare della mia donna, che un giorno avrei incontrato in circostanze piene di suggestione: lei fragile, schiva, muta e misteriosa, forse un po' ambigua, certo, ma pura, fondamentalmente pura e celestiale, perseguitata da qualche bruto che la plagiava con miraggi di vite lussuose, città sfavillanti, collane e bracciali di perle, o la ricattava inesorabilmente per una qualche lontana colpa commessa dal padre o dalla madre o dal fratello di lei, senza colpa ma nata per espiare. Questo solo perché la natura-destino l'aveva creata troppo bella, troppo sensibile e perfetta per la ciurmaglia comune che, invidiosa, la voleva possedere e distruggere.

Questo doveva essere il punto, e soddisfatta della mia scoperta acceleravo il passo accennando a un dolce fischiettio. Altro che destino, il diavolo, le madonne! Ecco la colpa della mia donna, essere troppo bella e pura, di conseguenza: monito involontario alla bruttezza e crudeltà meschina della massa. Bastava staccare gli occhi dallo schermo dove lei, bianca e ovattata, soffusa dalla luce-splendore dello sguardo di Jean, si faceva forza per non piangere e fare il nome del suo torturatore (sapendo la potenza di questi, desiderando che Jean non corresse rischi per difenderla); bastava staccare lo sguardo, dicevo, da quegli occhi tristi appena velati di lagrime trattenute e guardarsi intorno nella platea per capire che tutti quei mostriciattoli, femmine e maschi, nascondevano sotto la falsa ammirazione l'odio per la perfezione di quel viso che li umiliava.

Infatti la piccola deforme beghina Concetta aveva osato sussurrare fra una pausa e l'altra della scena alla sua mamma, scema come lei:

«Quella non me la conta giusta, quella cosí lo fa ammazzare, – concludendo: – Non mi piace. È una gatta morta!»

Certo, io alla frase dell'occhialuta Concetta, mi ero voltata di scatto, e con uno sguardo di fuoco le avevo sputato in faccia un:

«Zitta, scema! Non ti permettere di disturbare la pellicola!» che l'aveva ammutolita, anche se fremente d'odio vigliacco. E dopo, uscendo, quando madre e figlia mi si erano parate davanti minacciose, con uno spintone mi ero aperta un varco, senza tremare, pronta anzi a lisciarle di brutto. Certo, nessuno poteva in mia presenza ridere o parlar male di lei, ma queste sono bazzecole – non vedo perché ne parlo –, ben altro furore sentivo montare nel mio petto lasciando quelle scimunite (la madre, detta la Cagna, era quasi caduta sotto la mia spinta, la figlia si teneva un braccio stretto stretto) urlanti e furiose, ben altro avrei fatto per proteggere lei, il mio miracolo della natura. Avrei sfidato folle urlanti di Concette, vicoli interi di folla, poliziotti e fascisti, bruti travestiti da signori, pur di avere uno sguardo, una carezza fuggevole, al massimo una notte d'amore in un alberguccio povero ma lindo là in fondo, alla fine dei portici, in quell'angolo remoto dove il porto finiva e cominciava il mare aperto libero insondabile. Per assaporare questa breve notte d'amore forse sarei morta, ma poi si rinasceva ad altre avventure... Dietro la grata sottile appesa in alto sul muro di lava, le grandi fotografie sbiadite dal sole, sbarrate dalla striscia misera del Cinema Mirone già annunciavano: «DA SABATO 21 *Il porto delle nebbie*».

2.

Ma Concetta, appoggiata dalla Cagna, sua madre, mi aveva già denunciato. Lo sentii nello spingere la bussola di quel casermone che era la mia casa, il fiuto del pericolo a distanza è prerogativa di noi ribelli, e rallentai il passo poggiando però sempre piú duramente i miei tacchi al suolo per essere sicura di non venire spiazzata da un assalto, uno sparo, un'urlata improvvisa. Davanti al faccione da pallone sgonfiato del commesso, raggrinzito dalle umiliazioni, mi congratulai con me stessa del mio fiuto e non battei ciglio al suo:

«L'avvocato esige la sua presenza nel suo studio, subbito!» Con due bi.

Meditando quanto fosse duro vivere nella casbah dove tutto si sapeva in un battibaleno, sempre con cento occhi addosso che ti spogliavano di ogni privacy e possibilità di avere dei segreti, primo attributo per essere veramente un uomo, attraversai le due immense stanze sempre strapiene di clienti cenciosi ma parati dignitosamente come per apparire a un funerale, ed entrai nello smisurato salone vuoto tappezzato torno torno solo di vetrine affollate di libri splendenti al sole; quei libri sotto vetro erano messi lí ad arte per confondere il povero cliente – l'avevo capito da tempo –, a me, Gabin, non la si faceva!

Ma il salone era lungo, le gambe tremavano un poco e mi fermai un attimo per sognare la metropoli, la sterminata metropoli dove era possibile nascondersi, essere anonimi, avere un segreto... Sarei mai riuscita a sfuggire alla casbah e tornare a Parigi? Anch'io avevo appiccicato un biglietto immaginario del metrò della mia immaginaria Parigi sul muro a calce vicino al guanciale del mio giaciglio, su in alto nella mia stanzetta sotto i tetti vicino al cielo. Bastava voltarsi sul cuscino e fissarlo, quel minuto cartoncino visibile solo a me, per sognare.

«Ma perché, Goliarda, vuoi traslocare dalla tua bella stanza in quella topaia sotto i tetti, non è che una soffitta. Un forno d'estate e d'inverno una ghiacciaia! E poi bisognerà levare tutto quel guazzabuglio».

La voce delicata di mia sorella Licia si opponeva. Sempre lei temeva per la mia salute, anche se con tatto squisito. Quel tatto doveva provenirle – oltre che dall'avere, beata lei, conosciuto la metropoli – dall'alta statura e dalla fronte arcuata e serena (un po' troppo a bauletto, sussurrava invidiosa sua sorella Musetta), per me regale. Ma io ero stata ferma, non avevo céduto al suo fascino e da sola – «lo farò da sola il trasloco, non ti preoccupare» – avevo abbandonato – finalmente! – quella stanza piena di stucchi e ninnoli al primo piano (piano nobile), che mi appariva ormai assolutamente ripugnante e borghese per un giovane perseguitato e solo quale ormai ero.

Ma questo era stato prima, ora dovevo affrontare l'avvocato, mio padre, del quale non vale parlare perché tutti lo conoscono qui o giú nella Civita: amato dai poveri e odiato dai fascisti, mio padre, ma da tutti rispettato e temuto.

«Allora, picciridda, com'è che si danno spinte a destra e a manca? Lo sai che la madre di Concetta asserisce di essersi slogata una caviglia? – eccetera, eccetera. E poi: – Perché l'hai fatto?»

Io, ditemi voi, se potevo rispondere in altro modo:

«Jean Gabin avrebbe fatto lo stesso».

E lui, fissandomi con occhi di fuoco – ma non c'era da preoccuparsi, mio padre sia che ridesse o fosse arrabbiato aveva sempre uno sguardo di fuoco –, lui, dicevo, mi fa:

«Ah, se l'avrebbe fatto Jean Gabin, non dico niente. Vai ora che ho tanto da fare. Con Concetta ci aggiustiamo».

Era il mio avvocato in quel momento e per un attimo ne fui orgogliosa, ma il dubbio, salendo per le scalucce ripide che portavano alla mia stanzetta, che Jean non avesse mai avuto avvocati a difenderlo mi assalí fortemente. Devo rivedermi tutte le pellicole, pensai, buttandomi nel letto-branda, e mi rivoltai contro il muro per riposare dalle fatiche della giornata e per venire a capo di quel dubbio. Rivedere le pellicole di Jean Gabin: sapevo come fare. Chiudendo gli occhi ripassavo una per una tutte le scene davanti allo schermo della memoria che possedevo fortissima come tutti quelli del resto che si guadagnano il pane e la libertà giorno per giorno. Per essere bandito, ladro, o solo ribelle, bisogna avere soprattutto memoria, altrimenti sei fottuto!

Non chiusi occhio. L'avvocato non doveva assolutamente rappresentarmi perché, come avevo sospettato, Gabin non aveva soldi per permettersi un avvocato del calibro di mio padre. Morivo dal sonno, ma volevo che fosse presto mattino per andare dall'avvocato a diffidarlo dal prendere le mie difese, quando mi ricordai del cartellone del Cinema Mirone… quel *Porto delle nebbie* non l'avevo ancora visto. Forse in quella pellicola Gabin, esattamente come me, incontrava per caso un uomo d'onore che lo prendeva a ben volere comprendendo l'onestà di fondo del suo essere, o forse anche lui senza saperlo aveva un padre avvocato. Chissà.

Decisi quindi di rimandare la mia decisione e di dormire un po' in santa pace. Tutto poteva essere con quel Jean Gabin. Quante vite e che esperienze! Altro che mio padre, il professor Jsaya, Carlo… Forse lo zio Alessandro, che aveva – con l'aiuto delle sue sole mani (perché girava sempre disarmato, anche lui era contro la violenza) – ucciso ben cinque fascisti. Cinque, oh! Come era stato? La voce cullante di Ivanoe me lo raccontava mostrandomi la sua fotografia:

«Vedi Goliarda, lui era ingegnere agronomo e stava – al tempo delle squadracce – nelle cantine a controllare il vino quando la nonna, donna dura, severa ma atea e che fu la prima in Italia a educare sua figlia come un uomo… Ricordati che tu sei la quarta generazione di atei (chissà se Gabin era ateo? Ecco un'altra cosa da appurare), lo andò a chiamare ma senza fretta, dicendo solo:

"Alessandro, sopra nell'aia, ci sono quei signori coi manganelli che spaventano i nostri contadini, vai su e vedi di fare qualcosa".

Alessandro salí all'aria aperta, levò il manganello dalle mani di uno di quei signori e con lo stesso spaccò la testa a lui e ai suoi camerati. Quando Alessandro ebbe finito di dare una lezione a quei signori, la nonna, tenendo col braccio teso la lanterna alta sulla testa per illuminare la scena – nel frattempo era caduta la notte –, gridò ai contadini che in circolo avevano assistito muti e tremanti al combattimento:

"E ora ripulire l'aia di tutta questa porcheria che per vostra viltà Alessandro ha dovuto fare. Forza al lavoro!"»

No, Gabin non spargeva sangue e non aveva nonne, lui; al massimo, afferrando per la collottola qualcuno di veramente infido, lo sbatacchiava nell'aria per impaurirlo e basta. E poi lo zio Alessandro era di un'altra epoca, si vedeva dal giallo degli anni che invadeva il lucido della fotografia, mentre Gabin era di oggi, moderno. Le fotografie semoventi (lo sapeva Goliarda che nondimeno erano fotografie) avevano tutto lo smalto e la nitidezza del momento stesso in cui la vita-azione sboccia, fiorisce, cresce, cresce ancora, muore.

3.

Avevo appena chiuso gli occhi per dormire che il mattino bussò forte alle mie palpebre richiamandomi al dovere. Con mossa energica m'infilai un maglione sulla camicia del pigiama (quando ero oberata di fatica non mi spogliavo nemmeno, questo lo potevano fare le ragazzette pigre e melense), e buttandomi con mossa altrettanto rapida una sciarpa al collo – le scale e i corridoi di quel casermone erano gelati –, mi precipitai fuori dal mio covo per agire. Nel dubbio, mancavano troppi giorni perché potessi sapere qualcosa della faccenda *Porto delle nebbie*, dovevo braccare l'avvocato e dirgli che si facesse i fatti suoi senza intralciarmi ulteriormente.

Tina la pazza, la donna di servizio (noi non dicevamo serva come facevano i Bruno), padrona del cucinone, vero antro di banditi dove si poteva ottenere un piatto di spaghetti, due salsicce e il latte, beninteso quando c'era questo bendidio perché in generale o la banda dei miei fratelli si era già pappata tutto, o le provviste non erano state fatte, o non c'era il becco di un quattrino e ognuno doveva arrangiarsi come poteva... Tina, dicevo, con gli occhioni nero seppia sempre terrorizzati – la sua pazzia era causata, sembra, dall'avere ucciso la sorella e il suo fidanzato che se la faceva con la sorella eccetera, eccetera, bazzecole all'ordine del giorno nella nostra casbah –, mi fa, sbattendomi una tazza di caffè e latte sotto il muso:

«Povera picciridda, la signora Maria ti voli parrari, mancia prestu e curri nna so stanza».

Mangia, presto, corri... anche lí disperazione come nero di seppia scorre fra le sillabe cantilenanti. Mah, chi ci capisce niente con le femminucce, pensai mentre ingoiavo il mio latte annegandoci quasi, come sempre quando qualcuno mi comunicava che mia madre Maria voleva conferire con me. Di Maria non mi soffermo a parlare perché anche lei, esattamente come mio padre, è conosciutissima qui nella Civita e io non ho tempo da perdere, lei mi aspetta e deve essere importante se cosí di buon'ora ha deciso di sacrificare il suo tempo con me. Studia sempre.

Davanti alle sue parole mi infurio con me stessa pensando: «È possibile, Iuzza, che tutte le volte ti fai prendere dalla paura, o dall'ansia che sia, quando sai esattamente quello che ti dirà?» Ma poi (sempre mentre lei parla) il ricordo di come anche lui, Gabin, si emoziona quando deve conferire con la donna che ha scelto di amare mi consola un po'. Tutti gli uomini diventano deboli davanti al proprio amore. Anzi, piú sono duri, maschi come lui, piú si sciolgono teneri e silenziosi davanti al viso dell'amata. È questo il guaio, io amo quella donna che con dolcezza certo, ma con una fermezza terrorizzante, mi sta dicendo che sono colpevole. Non solo colpevole verso Concetta, questo sarebbe niente, ma colpevole verso tutta l'umanità povera, ignorante e umiliata, perché io col mio gesto sono passata dalla parte del padrone ricco e seviziatore.

Mi metterei a piangere davanti a questa mia colpevolezza se la sonorità splendente della voce di Maria, la grazia sapiente con la quale infila frasi su frasi fino a comporre un disegno magnifico di forma e contenuto, non mi entusiasmasse a tal punto da desiderare di buttarle le braccia al collo e dirle t'amo.

Ecco la donna che avrei potuto amare! Ecco la donna che Jean non avrebbe potuto non amare se l'avesse incontrata. Ma per me è diverso, è mia madre, e serrando le braccia al torace per non fare gesti incauti mi stringo a me questo amore che non posso esternare e soffro a piene mani come tutti gli uomini degni di questo nome soffrono per un amore a loro negato, e cioè profondamente, perdutamente ma in silenzio.

«Perché taci, cara? Forse non credi che io abbia ragione? Se è cosí dillo: non devi subire nessuno e meno che meno me o tuo padre. Se qualcosa non ti convince ribellati sempre. Non rispondi? O forse stai male con lo stomaco che ti stringi cosí le mani al pancino?»

Cosa potevo rispondere a tanta dolcezza e altruismo? A ogni parola, a ogni curva armoniosa della sua voce ella s'ergeva davanti a me e dentro di me nella mia ammirazione, come la vara di sant'Agata in processione (noi eravamo atei, nondimeno tenevamo in gran conto le usanze popolari che hanno radici nel profondo della Storia e che quel pivellino di Cristo aveva solo sfruttato per il suo progetto), sempre piú in alto col suo mantello di cielo tempestato di stelle... su, a raggiungere il cielo nero affocato d'estate, mentre petardi e campane mi squassavano la testa e il petto gridandomi: «È troppo bella e pura per te, non l'avrai mai!»

In poche parole sprofondavo muta nell'ignominioso cinismo e spocchia, passionalità bestiale e indifferenza al grande dolore del mondo, dei Sapienza. Questo era il male di noi Sapienza, levantini libidinosi, protesi solo alla ricerca del nostro io, incalliti individualisti, dalla parola sferzante sempre pronta e dallo stocco a portata di mano per farci valere. Eravamo merda in confronto a lei. Certo lei – odiosa condizione della natura umana, anche della piú celestiale – amava mio padre, con lui mi aveva concepito facendosi sbattere in un letto (ero stata educata modernamente io, e sapevo, non ero una di quelle bestioline oppiate dalla menzogna che pullulano per le strade del mondo, almeno cosí diceva il professor Jsaya). Ma questo non significava niente. Jean l'aveva avvertito che è proprio dell'essere puro, della colomba, essere braccata dal falco.

E se lei non fosse stata mia madre avrei sacrificato la vita per liberarla da questa fascinazione che la teneva inchiodata alla terra impedendole di librarsi nei cieli...

«Vedo che non te la senti di parlare e non insisto. È nel tuo diritto anche non dire niente, se questo ti può servire per venire a capo di qualche tuo problema. Ma abbi pazienza, ho parlato con Peppino...» (sentire che nominava il suo amante, il falco mio padre per la leggibilità del testo, mi riportò sulla terra con la velocità del suono che è prerogativa dell'ira, per mettermi in guardia, *quartiàrimi* – come si dice da noi –, non mi piaceva che parlassero di me, in mia assenza).

«Hai ragione, Goliarda, non è delicato parlare di chiunque sia assente. Ma c'è una cosa che non mi piace e te la devo dire: non devi lasciare che Peppino interceda per te. Mai delegare un uomo per risolvere, lasciatelo dire, in modo comodo, i nostri pasticci. Va' tu da Concetta, chiedile scusa e ripara. Se vuoi, dovresti avere ancora degli spiccioli che ti sei guadagnata qui in casa...»

Sempre per la chiarezza del testo, a casa mia se si voleva avere soldi si poteva lavorare: aiutare il commesso nel fare i pacchi, le consegne, o aiutare la donna di servizio a lavare i vetri, i piatti, eccetera. Come a Londra, asseriva mio fratello Ivanoe, dove anche i figli dei piú ricchi andavano a vendere i giornali all'alba per le strade per guadagnarsi qualche penny.

«...Fa' un piccolo sacrificio e passali a Concetta se è vero che s'è fatta male, cosí che possa curarsi. Vedo che ti s'illuminano gli occhi. D'accordo allora, piccola. Adesso va', ho tanto da fare».

A casa mia avevano sempre tutti tanto da fare. Cosí tanto che eri costretta anche tu a inventarti cento cose da trafficare, sbrigare, leggere, giocare, perché anche giocare e fantasticare a casa mia era considerato un «fare».

Malgrado si fosse rimessa gli occhiali già dimentica delle mia presenza, malgrado non volessi assolutamente dimostrarle l'amore colpevole che poteva offenderla, mi sentii dire andandole vicino:

«Mi dai un bacio se ti prometto di andare da Concetta?»

«Certo cara, ma non c'è bisogno di promettere, io fido in te. Vieni. Ecco un bel bacio su questa bella fronte serena. Oh, lo sai, Goliarda, che ti stai facendo una fronte spaziosa a bauletto come quella di Licia?»

4.

Il bacio lieve mi rimescola il sangue come quando il mare viene frustato dal libeccio, tanto che, dannazione!, non ci fu modo di godersi quel bacio nemmeno nel ricordo, dannazione! Lo cercavo nel ricordo, ma un mare denso, di piombo, alzava le sue onde e lo cancellava. Ma questi sono sentimentalismi da donnette e io avevo tanto da fare... Cercare i soldi, dove cavolo li avevo messi? Purtroppo dovevo nasconderli alla lunga mano lesta di Musetta che con la scusa che a casa nostra c'era il socialismo e che il tuo era il mio eccetera, si impossessava di tutto quello che il suo occhio era in grado di scovare. Ecco, trovati! Li avevo nascosti tra le lane del mio cestino da lavoro. Ma nello spostare le matasse le mie dita tremarono: i soldi erano spariti! Eh, Musetta non aveva solo occhio di falco, aveva anche un fiuto cosí sottile da eludere fascisti e socialisti in men che non si dica.

«Basso intuito femminile, – come diceva Ivanoe aggiungendo: – intendiamoci, non connaturato ma sviluppato nei secoli per imbrogliare il padrone maschio che l'ha sempre tenuta in prigionia...», e finiva sempre questo tipo di discorsi col naso aquilino in alto e storcendo la bocca aristocratica che pur piegandosi agli angoli in maniera eccessiva restava sempre bella ed elegante. Come faceva? Tante volte avevo cercato di imitarlo davanti allo specchio, ma ne veniva fuori qualcosa di tragico e pagliaccesco, assolutamente plebeo. Questo «assolutamente plebeo» era il ritornello di Musetta che lo appioppava indiscriminatamente a un mobile come a una persona. In verità io avevo la bocca troppo grande che m'impediva di imitare quel sorriso sardonico di Ivanoe. Musetta aveva ragione, io ero una Sapienza, figlia di avvocato, sicuro, ma nipote di calzolai, i quali a loro volta erano figli e nipoti di certi – non si capiva bene se turchi o greci – venditori ambulanti, trafficanti o ladruncoli calati da poco da regioni nominabilmente indegne: il Levante, quindi levantini. L'ho detto! Quello che mi consolava, allo specchio intendo, era che anche Gabin aveva quelle labbre affilate e dure pronte ad aprirsi – raramente però, molto raramente – in un sorriso splendente e tenero.

Sorridendo del sorriso di lui, mi fissavo allo specchio pensando molto male delle labbruzze a cuore e dei dentini di perla di Musetta che, a dirla col professor Jsaya, erano degne solo di una lercia cartolina espressamente creata per piacere alla bassa forza dell'esercito. Se stava zitta, forse le sue labbra – sempre a dirla col professor Jsaya – potevano apparire attraenti, un piccolo fiore palpitante «chiamabaci», ma se apriva bocca... ecco tutto il veleno di tutte le femminacce castigo di Dio. Vomitavano invidie, e quello che era peggio piccoli pettegolezzi, per spargere zizzania nella nostra comunità. Anche con me, per esempio, perché continuava a magnificarmi il padre di Ivanoe come fonte di tutte le squisitezze che questo mio fratello aveva ereditato e portava in giro con calma e senza ostentazione, e che a volte si degnava di liberare improvvisamente intorno a sé come una coda di pavone marezzata di colori abbaglianti e misteriosi?

La nobiltà antica, sindaco a venticinque anni della sua città, grande pensatore e matematico che quella stronza di mia madre aveva abbandonato (come poteva averlo fatto se era vedova quando incontrò mio padre? illogicità prettamente femminile sottolineo) per quel filibustiere di mio padre che rispondeva al nome di Peppino Sapienza. E questo è niente, sentite, sentite!, per poi, dopo solo un attimo e sotto i miei occhi allibiti, andare da Ivanoe e di punto in bianco urlargli dietro:

«Non sei che il figlio degenere di un bastardo fascista!»

Le donne! Chi ci capiva niente con le donne. Quel ch'era chiaro è che a me una donna aveva sottratto il denaro dal quale dipendeva il mio riscatto morale e la possibilità, nel mio prossimo futuro, di entrare al Cinema Mirone. Per poco non mi prendo a schiaffi, nello specchio, nel vedere lagrime che a mia insaputa se ne vanno in giro per le mie gote rivelando a tutti la mia impotenza (per me lo specchio era lo «schermo» e il pubblico), reazione questa da signorinella scema, e con uno scatto riassetto il mio equilibrio, per un attimo perduto, sul cardine sicuro dell'orgoglio sprezzante. Con uno scatto, dico, fulmineo della schiena mi stacco dallo specchio per scovare quella signorinella da quattro soldi degna solo della truppa e riempirle il bel musino di tutti i ceffoni che con cento pizzichi di spilli mi urgono alle palme.

Ma nell'aprire la porta mi sovvengo che «una donna non si picchia nemmeno con un fiore». E io che, anche se nata femmina, ho spalle larghe, braccia lunghe e nodose, e passo rapido, do una sterzata rapida al manubrio della mia macchina emozionale (come Carlo alla guida della sua Balilla) e decido di cercare un modo piú consono a me e a Gabin – non si abbasserebbe mai lui Gabin a piccole litigiosità con una femminuccia – di trovare i soldi che mi abbisognano.

Districandomi tra corridoi e corridoietti per uscire all'aria aperta – per strada si pensa meglio –, mi trovo proprio (in anticamera credo) faccia a faccia con la mia nemica. La fisso un attimo senza vederla e passo oltre altera, indignata, ma con uno sguardo, il sorriso no, non me lo posso permettere (scopro che si può imitare il sorriso sardonico di Ivanoe con lo sguardo), uno sguardo dico cosí sferzante che – lo vedo, diavolo come lo vedo! – la inchioda alla porta terrorizzata e senza parole. S'era preparata la boccuccia a cento menzogne la piccola ladra! Ma io con un gesto le ho dimostrato che con me le sue moine non attaccano.

Quante volte ho visto Jean volgere il viso indifferente condito di un pizzico di noia davanti alle smancerie di una pupa qualsiasi... lo vedo grande, davanti a me, in un primo piano magnifico, allontanare con un impercettibile luccichio degli occhi tutto quello che non è una vera gemma, una perla, uno zaffiro, un viso di gardenia o d'orchidea... Eh già! è anche ladro Gabin. È nel suo mestiere riconoscere uno zaffiro vero da uno falso. I suoi occhi azzurri, probabilmente – la pellicola è in bianco e nero –, scendono lentamente dall'ovale bianco del viso al collo della sua donna dove le perle brillano... Sarà la sua donna non perché le perle incantano lo sguardo del ladro che c'è nel fondo di Jean Gabin – come di tutti noi nati non dal privilegio ma dalla strada –, ma in quanto quel volto puro si rivela nella sua bontà dalla pietra di paragone che lei porta indosso senza temere il confronto.

Rivedere *Pépé*, subito domani, la mia voce ripete scendendo a quattro a quattro i gradini di marmo della mia casa. Ma appena in strada mi ricordo che devo andare a scuola. Dopo un attimo di dubbio capisco che non posso, almeno quel giorno, devo assolutamente trovare quei maledetti soldi, altro che studio! Quello era un privilegio che noi cresciuti per la strada non sapevamo cosa fosse, vero Jean? Anche mio padre e il professor Jsaya, cresciuti in quei vicoli, sballottati fra la miseria dei bassi e il lerciume fisico e morale degli orfanotrofi, lo dicevano: «Lascia i pallidi rampolli della borghesia come i Bruno e compagni baloccarsi e venire a patti con false idee, false parole, storia e avvenimenti storici travisati a comodo dal potere... solo le date sono giuste... e forse neanche quelle... lascia ai Bruno quella brodaglia di cultura».

Che altro potevano fare cosí sdilinquiti da madri spaurite, schiave e per conseguenza privati di qualsiasi talento che ogni individuo ha in sé, fosse solo saper costruire delle belle sedie, toh! Andate, andate a scuola, voi! Che altro potete fare se non trovarvi un piccolo o grande impiego statale dove ingrassare oscenamente in mezzo a tutti i parassiti, ladri legalizzati, dello stato fascista! Io almeno un padre ribelle, anche se non della statura di Jean, ce l'avevo, e una madre pure, che non faccio per dire era stata anche e ripetutamente in galera per il bene dei poveri e degli oppressi.

Ecco l'ultimo rampollo della casata di notai, i Bruno, che rotolava fuori dal portone per andare a scuola – era cosí grasso che lo chiamavano Bombolo – seguito dal fratello piú grande Nino, ma nano, e cosí secco che sembrava un vecchietto e che già soffriva di convulsioni. Lo credo io, non potevano mai uscire, non dico la sera, ma neanche il pomeriggio, sempre cuciti alle gonne della madre e delle sorelle, in una nebbia perenne di fumo di fritto – non cucinavano che arancini, focaccette, panzerotti quelle donne. O friggevano o pregavano. Guardalo lí sbilenco e tremante di prima mattina! Le convulsioni! E certo, senza l'esercizio della strada, degli incontri, del cinema e del bar anche a me sarebbero venute le convulsioni.

«Oh, Iuzza, eri tu? Mi sono spaventato! Sembrava che uno squadrone di cavalleria scendesse per le scale».

«È vero, Nino, che non s'addice a una signorina quel galoppo continuo con tutte le gambe di fuori?»

E l'altro, fissandomi con la boccuccia corrucciata della madre:

«Che a te pare una signorina questa?»

«Mi meraviglio di te che ancora ci fai caso».

«Ti pare una signorina? Un maschiaccio!»

E io, sbrigativa per tagliare quel ritornello che a loro sembra intensamente offensivo ma che a me fa ridere, semplicemente ridere:

«Signorine siete voi due! Dove andate a mostrare le vostre grazie verginali?»

«A scuola, come di dovere».

L'avevano detta la parola «dovere» che mi permette di infilare un'altra cattiveria di prammatica:

«Dovere fascista, dovevi dire, Bombolo!»

«Il dovere è dovere, e non ha partiti!»

Stavo per seminarli annoiata quando Bombolo mi afferra per la giacca (eh sí, portavo una giacca, non proprio da uomo ma un facsimile, Licia e Olga me l'avevano ricavata da una di Carlo sotto mia precisa richiesta), e mi fa vago:

«Sei stata al cinema ultimamente?»

«Certo! Per la precisione ieri».

Al mio ieri anche Nino mi fissa interessato.

«E che hai visto?»

«*Il bandito della Casbah*, in francese *Pépé le Moko*».

«Ma l'avevi già visto!»

«A me piace rivederle le pellicole, studiarle!»

«È bello come *La regina Cristina* che ci raccontasti?»

«Anche di piú!»

«E quando ce lo racconti?»

«Ve l'ho detto, quando raccogliete due lire, la spesa del biglietto».

«È troppo», fa Bombolo tutto tremolante nel suo grasso, goloso di cinema e mettendosi però una mano in tasca.

«Non è troppo per niente! Tanto costa al Cinema Mirone e voi siete in cinque: vi costa niente».

«Ma è una pellicola che anche le nostre sorelle possono sentire? Non è che ci sono porcherie?»

«È moralissima, la possono sentire anche tua madre e tua zia».

«Ma due lire sono troppe!»

Taglio corto con un arrivederci cantato tipico dei Sapienza – non ho tempo da perdere – quando Bombolo riafferrandomi per la giacca sempre allo stesso punto (questo me la strappa!) mi fa aprendo l'altra mano:

«Eccoti le due lire».

La vista dell'argento mi ferma dal dargli un colpo sulla mano che gualciva la mia giacca e intascandolo me la svigno calmando le loro proteste con:

«Quando volete sono a vostra disposizione».

Me la svigno perché altrimenti devo assistere ai loro piani sul giorno da consacrarsi al cinema: non può essere di sera perché le fanciulle sono stanche e poi il papà non vuole visite la sera, non può essere questo perché il giorno dopo c'è compito in classe e non può essere quello perché devono… Uffa! Se la vedessero loro! Io volo per le strade felice, certo non sono le cinque lire che avevo, ma è qualcosa. La strada! la strada apre tutte le occasioni e le avventure!

5.

Due lire le avevo intascate alla prima boccata d'aria. Anche mio padre, cosí diceva zio Nunzio, da piccolo dopo aver studiato se ne andava in giro e non c'era volta che non tornasse con qualche centesimo in tasca. Ma chi poteva immaginarselo mio padre piccolo? Forse voi. Io no.

Correndo, l'argento canta nella tasca! È dolce quel canto ma lo devo far tacere e tenendolo fermo nel palmo scivolo lungo il muro. È pericoloso il rumore dell'argento su quei marciapiedi affollati e quei bassi socchiusi in agguato. Qualche bambino piccolo e bruno, snello e scattante come mio padre, poteva assalirmi e con occhi scintillanti alleggerirmi del bottino. Ecco Rosa col suo cappottino blu fornito di grandi tasche, che da via dei Tipografi viene su verso di me. Attenta ai suoi gesti, Goliarda!, quelle grandi tasche dove sempre lei affonda innocentemente le mani contengono o una pistola ad acqua con la quale – in men che non si dica – ti acceca per poi spogliarti di tutto, o una manciata di rena che è forse piú sgradevole negli occhi e nella bocca.

Non a caso la chiamano Rosa la pistolina. Deve avere pochi anni piú di me, ma una forza da gigante. Stringo ancora piú le due lire nella mia tasca e passo oltre con un leggero brivido di paura retrospettiva. Non sono due mesi che in pochi secondi e senza nemmeno usare le sue armi micidiali mi ha spogliata della cartella da scuola con la colazione e tutto, del paltò e della sciarpa… il paltò poco male, ma la sciarpa mi dispiacque un po', era di un azzurro cosí dolce che sembrava un pezzo di mare dell'Ògnina in piena estate.

Sorpassata Rosa il peggio si può dire superato anche se Tatò, il mendicante senza mani, sempre appostato all'inizio di via Buda non è da meno: se ti scorge si para davanti, ti infila sotto il naso i suoi moncherini luridi e ti costringe sibilando lamentele paurose fra i denti marci ad avere pietà di lui.

Mattinata fortunata. Tatò non c'è. Si vede che ha soldi abbastanza per il vino: o sta bevendo o dorme ubriaco in qualche panchina di Villa Pacini con la coppola calata sugli occhi e col suo fiasco accanto.

In via Buda sono popolare quasi come Jean nella sua casbah. Le donne e gli uomini che fanno mercato di loro stessi – non si dice puttana, è spregevole, è un mestiere come un altro, vecchio quanto il mondo –, seduti davanti ai loro bassi o sui balconcini dalle balaustre bombate a forma di cestino, si volgono verso di me e si passano la voce: «C'è la signorina dell'avvocato», e chi mi invita a entrare, chi mi dà messaggi per mio padre, chi mi dice cose tipo: «Beato chi l'avrà quando sarà il momento!» oppure: «Quando sarà il momento vieni da me che ti istruisco su come rimbecillire l'uomo». Questa frase mi sorprende sempre perché è un ragazzo vestito da donna che la dice e non c'è volta che qualche donna non rimbecchi: «No! da me deve venire, io sono femmina come lei e la posso istruire meglio!»

Sentite lui-lei come risponde:

«Eh no! comare, in questo sbagliate. Solo io uomo so come trattare l'uomo!»

«Ma va' che te lo sei scordato il mestiere di uomo!»

Questa voce fonda è della mamma che con quelle grandi mani pallide (a furia di lavaggi e spirito prendono il colore di quelle dei chirurghi, dice Ivanoe) a volte mi accarezza protettiva e regala confetti. È sempre piena di confetti quel dèmone, forse a causa dei bambini che fa nascere e dei matrimoni che combina. Già, combina anche matrimoni. Ma io ormai ho deciso – solo per questo non ho piú paura di lei –, ho deciso: farò in modo di non diventare mai grande, cosí non avrò bisogno dei loro consigli e non mi sposerò mai!

«Sentitela! Non si sposerà mai! Vedrai quando la carne ti crescerà fra le cosce e si metterà a tirare...»

Le mie uscite li fanno sempre discutere e ridere, e sull'eco delle loro risa entro nel basso del gelsominaro, che come un pozzo umido di afrori dolci e marcescenti mi alita alle narici. Lí c'è da guadagnare porgendo uno per uno, con dita delicate, i piccoli boccioli di gelsomino ancora chiusi alla ragazza grassa che con rapidità li infilerà uno per uno negli steli secchi in forma di rosa. La notte s'apriranno a centinaia quelle rose, accendendo di luce bianca profumata le strade di Catania.

Il gelsominaro, un ometto striminzito dalla testa candida e lo sguardo da prete, si stringe nel suo vestito nero liso, ma sempre stirato e in ordine, dicendo: «Il gelsomino non è ancora arrivato, se può passare in serata...» La voce ha come tremiti leggeri che si comunicano al corpo gentile. Qui c'è qualcosa di cosí misterioso che sempre mi fa tremare di paura: sembra sia proprio la corolla carnosa e profumata del gelsomino a infondere un veleno sottile che imprimendosi col tempo nel sangue dà una febbre costante e senza speranza. Si dice nei vicoli che decine e decine di gelsominari, e le ragazze, siano morti di quella febbre strana.

Se non c'è da guadagnare scappo da quel pozzo stregato e, sempre, nel risalire i cinque alti gradini verso la libertà, ho l'impressione che la ragazza mi lanci sguardi imploranti, come se mi chiedesse di liberarla e portarla via con me. Deve essere solo una mia impressione ma non posso fare a meno di fantasticare che lui, il padrone, è un mago che tiene incantata la fanciulla, e che volendo si potrebbe con un atto di forza liberarla dal veleno bianco del fiore... Ma per fare questo bisognerebbe amarla, solo l'amore può liberare. Mi fermo un attimo sulla soglia e mi volgo a guardarla. Eh sí, Tonina chiede aiuto con i grandi occhioni scialbi. L'ho detto: scialbi. Non si può amare una ragazza cosí scialba. È terribile, lo so, non è giusto, non è da socialisti né da anarchici. Mi arrabbio con me stessa, mi maledico, ma non si può amare una ragazza cosí. Forse nemmeno il grande cuore di Jean sarebbe capace di un sacrificio cosí grande.

Sono talmente presa dalla lotta che si svolge dentro di me fra quello che è giusto e quello che è ingiusto, che non mi accorgo di stare impalata senza forza (le lotte della coscienza sono le piú dure) in mezzo al negozio di scarpe lucente di specchi e lampadari di mio zio Giovanni.

Zio Giovanni possedeva tutto quello splendore. Quando ero proprio piccola mi aveva strappato una frase che fece ridere tutti i miei fratelli: «Piú che una bottega sembra un salone da ballo».

«Ma che ne sai tu di saloni da ballo?»

«Oh, ne ho visti tanti nella mia vita anteriore!»

Già! a quell'epoca ero convinta che si viveva tante volte. Non erano balle come dicevano gli abitanti del mio cortile, gli indigeni, giuro che non erano balle, è che mi ricordavo esattamente di quando ero stata una schiava licia, e poi principessa e poi... poi la memoria di quelle vite passate si era spenta. Colpa di quel paradiso e di quell'inferno, o meglio, di quel Gesú del quale tutti parlavano – meno che a casa mia intendiamoci – che mi aveva quasi convinto che anch'io ero nata per la prima e l'ultima volta e che come tutti ero destinata a morire per la prima e l'ultima volta. Certo c'era il paradiso se eri valente, però che noia quel paradiso di angeli e canti... ma lasciamo andare le cose passate.

Zio Giovanni mi fissa burbero con i suoi occhi blu notte che hanno la capacità di ridere e rimproverare nello stesso tempo. Le sopracciglia mefistofeliche di un biondo cenere rendono quello sguardo lontano. O è l'altezza? è cosí alto che la criniera bionda sembra una nuvola soffice abitata da tanti angeli musicanti.

«Come sei alto! Forse piú alto di Nunzio, zio? Com'è?»

«Tutti alti e biondi noi Sapienza, meno quel lazzarone di tuo padre che chissà con chi l'ha generato sua madre».

«Ma sua madre era anche tua madre, credo...»

«Certo. Ma al momento dell'avvento di Peppino se ne deve essere scordata».

Anche questi discorsi fra me e mio zio avvenivano prima, quando ero piccola, ora non avevamo che rapporti da uomo a uomo, che è come dire d'affari.

«Allora che c'è, picciridda?»

«Sono sul lastrico».

«Ma se ieri ti sei guadagnata proprio qua un sacco di soldi! Come a suo padre, oh! Cento ne ha mille ne spende!»

«A parte, zio, che la mancia di quella signora non era né di cento né di mille ma solo di mezza lira... ho bisogno di denaro!»

«Sentitela come lo dice: denaro! Ma che ci fai? Non risparmi? Non è che stampi pure tu un giornale clandestino come faceva tuo padre?»

«Può essere!»

«E che ci scrivi su 'sto giornale?»

«Che tu sei un padrone despota che affama i suoi lavoranti».

Ecco che ride mio zio con tutta la criniera e gli angeli che sghignazzano da tutte le parti e con le mani chiama i suoi carusi, sempre belli ed eleganti, e li invita ad ascoltare la degna figlia di suo fratello l'avvocato:

«Sentitela, come a suo padre! Che vi affamo forse, ragazzi?»

E loro in coro fessi, azzimati e affamati:

«Noohhh!»

«Li senti? È tuo padre che affama i suoi figli con tutte quelle balle del socialismo».

«Noi non siamo affamati! E se qualche volta ci mancano i soldi è perché non sfruttiamo nessuno, caro zio. E poi anche Marx soffriva la fame per scrivere *Il capitale*».

«Meno male che la Provvidenza ci ha mandato il Duce che vi fa stare zitti!»

«Approfittane del Duce e in fretta. Corri corri padrone, perché presto finirà e noi verremo qua a prendere le tue scarpe e poi le distribuiremo ai poveri».

La risata cresceva e lui con tutta la sua mole si chinava su di me e m'abbracciava: aveva un buon odore di tabacco, ma anche se quella querelle non era che scherzo di parenti non mi piaceva del tutto. C'era qualche cosa nei suoi occhi blu che minacciava perennemente me e i suoi garzoni, come un vento furioso che avrebbe potuto spazzare lontano, noi esili parassiti, dal suo genio di forgiare e vendere le scarpe. L'unica volta che veramente l'avevo amato era stato un pomeriggio che mi aveva portato nel suo laboratorio e mi aveva fatto vedere come si scelgono le pelli, come col dito si sente il verso per modellarle sulla forma di legno, prima di cucirle... ma era stata cosa di pochi minuti e non si era ripetuta piú. Invano gli avevo chiesto di riportarmi nel suo regno e di farmi lavorare con lui... ma lui con un: «Le donne sanno solo indossarle, queste scarpine» mi aveva liquidato.

Devo aver taciuto troppo a lungo visto che lo zio sempre ridendo dice ora:

«Niente, carusi, la ragazza non mi perdonerà mai di non averle insegnato il lavoro di calzolaio».

Questa frase scatena una tale ilarità che quasi mi incazzo veramente. Lui se ne accorge e volge al patetico:

«Ma su, Goliarda, tu sei figlia di un avvocato. Studi, beata te! Non è una fortuna, ragazzi, avere la possibilità di studiare? Hai il mondo nelle mani. Su, che ti abbisogna? Oggi pacchi da consegnare non ce n'è. Ma se vuoi, ti basta una lira?»

La manona già sparisce nella tasca, ma mi sento dire altera, con una voce che quasi spaventa me stessa:

«Sono venuta a cercare lavoro, non l'elemosina».

La mia voce è cosí definitiva (purtroppo) che non posso che seguirla fuori da lí con passo fiero e indignato.

6.

Mi trovo nella piazza del Duomo sterminata nel sole di mezzogiorno che dritto picchia le sue saette rossigne sul dorso di lava del monumento all'Elefantino; mi piace quell'elefantino sempre sonnacchioso e indifferente sia al traffico infernale del giorno sia alla quiete paurosa della notte. In quell'ora poi che tutte le saracinesche si abbassano furiose una dopo l'altra creando come all'opera un gran finale di piatti e strumenti a percussione, lui per un attimo agita la proboscide per poi ricadere nel suo sonno perenne di calura.

In chiacchiere con mio zio ho perso la mattinata inutilmente e non mi resta che volgere le spalle al mio elefante e correre a casa. La fame già si fa sentire, dev'essere tutto quel fracasso frettoloso di saracinesche abbassate che mi comunica la fame di tutti. Se non fosse per questo, io non sono carusa che quando s'è messa uno scopo in testa ceda alla fame o al sonno prima di averlo raggiunto, questo scopo, per dio Ulisse! Io sono cosí, decisa e senza mollezze, ma nondimeno spero proprio che ci sia qualcosa da mettere sotto i denti. Non vorrei, dopo la mattinata quasi infruttuosa, dover intaccare pure le due lire per comprarmi qualche crespella o un arancino alla friggitoria Stella sotto casa, aperta notte e giorno in barba agli sbirri in quel quartiere di favola che è il mio quartiere, dove tutti e in tutte le ore possono fare quello che vogliono a dispetto dell'ordine costituito e del fascio.

A casa non c'è nessuno, o meglio sono già tutti chiusi nelle loro stanze. O mi sono persa in fantasticherie moralistiche perdendo l'ora del pasto (non aspettano i ritardatari a casa mia), o loro oggi hanno deciso di non cucinare. Può capitare qualche volta a casa Sapienza un giorno di digiuno purificatore dell'organismo. Se è cosí, mia madre se ne sta nel suo studio con un mucchio di frutta da un lato e un mucchio di libri dall'altro, Musetta col suo latte e pane nero, Arminio e Carlo – sempre si defilano in queste occasioni – in qualche camera da pranzo perbene di qualche zia a rimpinzarsi di tutte le leccornie dell'isola. Peccato, se arrivavo prima, giusto il tempo per ascoltare la parola d'ordine di Arminio: «Penso sia il caso di portare i nostri omaggi a zia Grazia», li avrei seguiti senz'altro. L'esercizio della strada mette addosso una tale fame che quasi mi trovo a piangere al ricordo di bianchi tovaglioli di lino fantasmagoricamente (che bella parola!) accesi di posate d'argento e cristalli sottili come l'aria giovinetta di primavera… Lascia perdere le parole, Goliarda, anche le piú preziose non si possono mettere sotto i denti. Va' in cucina e forse troverai qualcosa di piú solido su cui fantasticare.

In cucina un vuoto insensato mi s'apre nello stomaco. È cosí sterminata e deserta che quasi non mi accorgo di Ivanoe che siede in un angolo del grande tavolo ovale, la fronte ripiegata nella palma, sprofondato su un librone. Un'eco di allegrezza mi scorre nelle giunture, dove c'è Ivanoe, che legga o no, c'è cibo. Infatti voltando la pagina con le sue belle dita forti e lisce sempre pulite, senza alzare lo sguardo fa:

«Che c'è, piccolo scoiattolo, che stai lí muta muta a soffrire… hai fame?»

«Molta!»

«Torni da scuola?»

«No».

«Oh!»

«Avevo da sbrigare qualcosa di molto urgente».

«E ci sei riuscita?»

«No».

«Questo è male. Se non si va a scuola si deve almeno riuscire in quello che ci si è prefissi. Guarda Arminio, al liceo si annoiava e decise per la musica. E musica fu. In soli due anni è il primo al conservatorio di Palermo».

Ivanoe ha cosí ragione che i tentacoli della fame si risvegliano nel mio stomaco col rimorso (la fame sveglia i rimorsi, questo ormai lo so). Quasi grido:

«Ma insomma, non si mangia mai in questa casa!»

«Povera piccola, hai ragione anche tu. Vieni che ti friggo la polenta, ne è rimasta tanta ieri sera».

Ecco che, come dice zio Nunzio quando tutto va a scatafascio – e lui ne sa di scatafasci –, la vita, se ci credi alla vita, ti viene incontro. La polenta fritta da Ivanoe è la cosa piú fantastica e saporita che si possa desiderare e, quieta quieta per essere il suo scoiattolino, mi seggo su un alto sgabello vicino alla cucina economica e mi preparo a godermi i suoi gesti sapienti nel tagliare quelle belle fettine color oro, immergerle nell'olio e friggerle tanto da farle diventare proprio tanti pezzetti di sole gustosi e profumati. A volte dà a qualcuno di questi pezzetti la forma tonda perfetta di un sole al tramonto. Quando questo avviene è la felicità. Uno dopo l'altro i pezzetti spariscono nella mia bocca e se anche lui ne mangia qualcuno il silenzio complice si fa cosí intenso che mi spuntano le lagrime dalla gioia.

«Che c'è, formichina, che piangi? Hai saputo? Ma non è grave, non ti preoccupare».

«Cosa non è grave Ivanoe, che c'è?»

«La solita porcheria. Sono venuti, hanno messo a soqquadro la casa e si sono portati via Carlo e Arminio. Dannazione! glielo avevo detto che quel cicisbeo non mi piaceva. Sembra che sia andato a denunciarci con quella traduzione di Bakunin che Arminio gli aveva prestato. Io ero dal barbiere, Musetta con una scusa se l'è svignata e mi è venuta a cercare – per fortuna le donne per loro non contano, non sono degne d'essere arrestate. Sono corso a cercare papà, papà è corso in questura eccetera... sono due ore che è là e vedrai che fra poco torneranno. Anzi lo sai che facciamo? invece di piangere come un agnello mi devi aiutare: andiamo a comprare tanti bei pezzi di carne e facciamo un bel bollito per tutti. Arminio va pazzo per il bollito e quando tornano facciamo festa. Ti va?»

L'azione calma l'ansia e la paura, si sa. Correndo dietro a Ivanoe per la Civita a comprare carne, verdura, pane di semola fragrante cosí soffice che devi tenerlo con delicatezza come i babà, e vino, tanto vino, l'attesa si accorcia e quasi non credo ai miei occhi quando l'avvocato ancora fremente di rabbia contenuta – si vede che si sforza di sorridere come quando ha vinto qualche causa difficilissima – si presenta in cucina con i suoi due figli a fianco.

«Allora, c'è qualcosa da mangiare? Meno male, siamo affamati, vero Carlo?»

Certo, Carlo ha un occhio ridotto a cotoletta, come si dice da noi, e io corro a prendere una bistecca da mettergli sulla parte ferita (come lo sapeva Ivanoe che bisognava comprare anche le bistecche oltre al lesso?), e Arminio zoppica stranamente, ma sono tornati e non sto in me per una curiosa gioia mista a un dolore cosí straziante in tutte le giunture che appena Carlo, con un occhio tappato dalla bistecca, si porta goloso la tazza di brodo alle labbra (se mangia è vivo!) mi addormento di botto lí sul tavolo fra i rumori di voci, di vino versato nei bicchieri, di coltelli e forchette che battono sui piatti.

7.

Qualcuno deve avermi spogliata e messa a letto. So chi è quel qualcuno e non mi meraviglio. Quello che mi meraviglia è come la vita, quella vera e cioè le preoccupazioni finanziarie, i fascisti, abbiano il potere di affossare anche i sogni piú belli. In quel dolore ho dimenticato Jean e per ritrovarlo devo fare un grande sforzo. Non bisogna lasciare che la vita distrugga il sogno, diceva sempre il professor Jsaya. Come diceva precisamente volando da un angolo all'altro della stanza inseguito dalle pulci? Ah sí: «La vita è economia e sogno, e se si riesce a staccare nettamente questi due campi e tenerli a bada in modo che nessuno dei due prenda il sopravvento sull'altro si ha la grandezza».

«Non capisco, – sento ancora la mia voce che sussurra timida, – non capisco».

«È chiaro! Se l'economia prende il sopravvento sul sogno si diventa come De Matteis...»

«E chi è De Matteis?»

«Non lo conosci? E va bene, si diventa come tuo zio Giovanni. Se invece si lascia che il sogno invada tutto il tuo essere si diventa come tuo padre».

«Com'è mio padre?»

«Un pazzo! Ma detto fra noi i pazzi sono piú simpatici».

Il professor Jsaya! Quanto tempo era che non lo vedevo! Mi aveva liquidata con una frase cosí misteriosa che solo dopo mesi e mesi e con l'aiuto di Ivanoe avevo potuto venirne a capo. Aveva detto: «Non ti posso piú ricevere, ragazza. Troppe donne in questa casa, l'odore di mestrui con relativi isterismi mi leva la voglia di vivere e di morire».

«Cosa sono i mestrui, Ivanoe?»

«Chi ti ha parlato cosí crudamente di un fenomeno biologico complicato e forse un po'... be', diciamo, all'apparenza non proprio delizioso ma profondamente necessario? e per molti aspetti pieno di fascino misterioso?»

«Il professor Jsaya».

«Asino! dire quella parola cosí riduttiva a una bambina. Non è che sei andata a cercarla come al tuo solito sul vocabolario?»

«No, ho avuto paura...»

«Meno male! Dunque... vieni andiamo a fare una passeggiata lungo il mare, e visto che quell'asino procede sempre all'impazzata facendo azioni terroristiche su tutto, io fra un anno o due te ne avrei parlato in maniera piú disinteressata... Ma perbacco! è possibile che questo Jsaya non sappia mai attenersi al suo compito?»

«Qual è il suo compito?»

«Le declinazioni perbacco! La storia. Su, vieni, andiamo al mare, si parla meglio di natura al mare».

Davanti a un mare bianco d'inverno che torceva il suo corpo fra artigli di lava seppi la storia piú incredibile della mia biologia di bambina... un sangue a volte doloroso ma necessario per la perpetuazione della specie striava le nuvole al limite estremo del mare, dove il mio corpo del futuro – chi poteva immaginarlo? – possente e delicato, cosí diceva Ivanoe, sarebbe divenuto, come quello di nostra madre, la fonte, culla, matrice di tante vite belle e forti se avessi voluto.

«Sí, sí, – ripetevo presa dal freddo del vento che s'era alzato potente e gelido intorno a noi alla notizia di questo nuovo compito che attendeva il mio corpo. – Sí, certo, ma a parte che non so come sia possibile, sono cosí magra! che c'entra tutto questo con il suo divieto di andarlo a trovare?»

«Non c'entra niente. È solo che sua moglie e sua figlia vengono a stare da lui».

Che il professor Jsaya avesse una moglie e una figlia fu per me una sorpresa tale da dimenticare di botto tutti i mestrui e i compiti sublimi che attendevano il corpo della donna e non pensai piú a lui. Lo cancellai con disprezzo dallo schermo dei miei pensieri come avrei cancellato tutti i film di Jean se lo avessi visto alla fine di un *Pépé le Moko* accasato e pasciuto intento a sculacciare o dare il biberon a dei mocciosi indecenti. A parte che Gabin non odiava i marmocchi e le donne come il professor Jsaya che ripeteva spesso: «Piuttosto che assistere alla crescita inutile e dolorosa di un marmocchio, giuraddio che mi castrerei! Crescere è inutile e doloroso! Credi a me, piccola!»

«Ah ma ho capito, Ivanoe! ho capito perché mi ha licenziata, il nostro professor Jsaya».

«E perché, sentiamo?»

«E certo, che stupida che sono! Mi aveva sempre parlato tanto male del matrimonio, dei figli, che non voleva che conoscessi la sua famiglia... che dici, è cosí?»

«Potrebbe essere ma non credo. Vedi, Goliarda, il professor Jsaya ha un grande pregio nei confronti di tutti noi piccoli italioti imbastiti di grandi ideali e di pensieri abbietti. Non nasconde le sue contraddizioni. Lui le vive e le mostra con un coraggio da leone. È questo che lo fa completamente folle ma magnifico».

Insomma tutti erano folli per tutti, e io me ne stavo lí seduta sul letto a pensare e pensare con la testa a pezzi fra le mani affondando nei ricordi del passato mentre ci si doveva attenere al presente sempre! Era questa forse la mia contraddizione? Sapere perfettamente quello che mi abbisognava, avere deciso una linea d'azione e nello stesso tempo lasciare che tutto andasse in malora per qualche morso della fame o per una visita dei fascisti? Come se fosse la prima o l'ultima! Troppe ne avevamo avute di quelle visite... La prima, a quello che ne so, ero cosí piccola che mi ricordo del mio corpo come di un pacco trasportato da grandi braccia nell'aria e posato in posti precisi dove restava passivo in attesa che altre braccia venissero a rimuoverlo... Quella volta era buio alla finestra e qualcuno in fretta mi sollevò dal caldo del letto e mi posò sul balcone grande del salone, chiudendo poi bruscamente vetri e tende sul mio viso ancora caldo di sonno. Dietro quei vetri, proprio come a teatro quando gli attori cambiano la scena, rumori sordi, tramestii, colpi di martello ovattati. Fino a che il sole dietro di me cominciò ad accarezzarmi la nuca costringendomi ad abbassare la testa e a cadere in un dormiveglia ondoso come quando si ha la febbre. Poi il sipario si sollevò muto e dentro era tutto cambiato: i vetri delle librerie distrutti, i libri, monti di libri accatastati nel centro del salone, le poltrone rovesciate e sfondate.

Dormii a lungo dopo quel terremoto e solo quando Carlo tornò con qualche cerotto sulla fronte ma sorridente e con un grande pacco di cioccolatini per me mi svegliai. La casa era noiosa quando non c'era Carlo a rallegrarla con i suoi canti ora lenti e cullanti, ora alti e argentini come il rincorrersi dei ciottoli smossi dalla risacca.

E anche ora, come vincere la gioia di vedere Carlo precipitarsi nella mia stanza sbarbato, allegro, le braccia lunghe remiganti verso la finestra a spalancare i vetri lasciando al suo passaggio un buon odore di lavanda. D'estate la lavanda, d'inverno usa il bergamotto quello stracciacuori di caruso, perenne minaccia a tutte le femmine del quartiere! Tranne me, penso, per fortuna sono sua sorella. Ma come vincere lo stupore di vedere il viso del tutto risanato – meno un elegante cerotto appena visibile sul ciglio destro – e come non ascoltare il suo:

«Su, picciotta, è l'ora dell'allenamento, ti do tre minuti e poi su! pugni a tutta forza contro il nemico».

Il nemico era per lui il grosso punching-ball, per me uno piccolo che gli aveva «fatto sudare cento camicie per farselo approntare».

Nel mezzanino sferro pugni su pugni attenta a seguire ogni sua istruzione. Non devo prendere difetti, sembra, nell'allungare il braccio, la spalla alzata, è da lí che viene la forza, il gomito all'infuori. Un attimo per trovare la giusta direzione del corpo... ecco, ttum! la testa del nemico traballa sotto il mio piccolo guantone ben foderato.

«Dopo su in terrazzo, carusa, all'aria a saltare la corda con salti fitti fitti, elastici ma ben piantati da vero pugilatore».

Dovrei dire di no, che ho da fare... Il mio debito d'onore con Concetta aspetta e domani iniziano le proiezioni del *Porto delle nebbie*. Ma non ce la faccio a dire di no a Carlo quando ride sotto i baffetti neri e mi solleva da terra facendomi volare. Non ce la faccio a «volere proprio». Questa dev'essere la mia contraddizione intima.

«Pensa, carusa, come sarà dolce la colazione dopo questo po' po' di fatica».

Il desiderio di burro e marmellata conditi dalle ciance del mio fratellone mi vince completamente (non si dà sempre di averlo a disposizione faccia a faccia intorno a un tavolo... corre sempre lui, vola) e mi rappacifico nel pensiero con il professor Jsaya e le sue contraddizioni. La stima per lui e il suo sapere immenso, come ripete Licia, la sua brillantezza di linguaggio, anche se un po' venata di pena per qualche difettuccio, torna quella che era.

Finita la colazione sto per scattare dal mio posto e lanciarmi alla mia personale avventura, che sapete, quando Carlo mi fa:

«Non mi dire che vai a scuola con Arminio in quelle condizioni? Mi ha detto che s'annoiava a letto. Sai, è un po' indolenzito, quelli lo hanno strapazzato nei reni, vederti lo allieterebbe un po'. Avvicinati a lui prima del pranzo. Su, lui è quello che piú ti sta vicino e ti legge quando hai la febbre...»

Decisamente non solo sono piena di contraddizioni ma non ho un briciolo di volontà, se soltanto l'idea di passare una mattinata a leggere o canticchiare con Arminio mi sembra qualcosa di paradisiaco. Poi magari se sono abile riesco a strappargli qualche suonatina – se non soffre troppo – certo non al pianoforte, non può stare seduto bene, ma chissà! alla chitarra, al mandolino. Ricacciando tutti i rimorsi per la mia causa lasciata in sospeso in un saccone buio dentro di me, dove puoi far finta di non averli, i rimorsi, passo vertiginosamente, proprio come al cinema da una scena all'altra, nella stanza magnifica di Arminio che muto muto, accucciato con la testa verso il muro, ancora non mi ha visto e per questo è triste.

Questo mio fratello ha una curiosa particolarità: è il piú scatenato di noi nel raccontare, divertire, ridere, infervorarsi quando è con gli altri, e quando è solo si sgonfia come un palloncino, si raggomitola su se stesso e prende un'aria cosí malinconica da fare proprio pena. Quel che è peggio, quando è con gli altri sembra bellissimo pure nella sua magrezza e nei lineamenti a scarabocchio che ha, ma quando è solo diventa anche bruttino: gli occhi si allargano dolorosamente e le labbra si stringono in una linea troppo sottile e amara. Eppure ha la stanza piú bella della casa – Maria ha voluto che la abitasse lui –, piena di finestre, di bei legni pregiati e di strumenti luccicanti anche quando non c'è il sole.

Nel letto sembra piccolissimo oggi, eppure non è meno alto di Carlo. Non è che a furia di picchiarlo lo hanno mutilato? No, mutilato è quando manca completamente un braccio, una gamba, le due mani come Tatò... Toccandolo sento che c'è tutto sotto il lenzuolo.

«Che cerchi, tesoro?»

Arminio era l'unico in casa che usava le parole tesoro, dolcezza, celestiale eccetera; leziosaggini diceva il professor Jsaya, ma che in lui – checché ne dicesse quel cumulo di contraddizioni – non stonavano e lo rendevano il prediletto delle donne. Proprio l'avvocato aveva detto un giorno a tavola: «Ma per carità, lasciate ad Arminio i suoi aggettivi, suppliscono alla bellezza che non ha... senza questi come farebbe a incantare le donne?» La mamma poi lo difendeva a spada tratta con una semplice parola bellissima e misteriosa: «È un artista».

Io sapevo il significato di quella parola: un «intoccabile», uno che al pari dei politici poteva fare del bene, arricchire l'umanità eccetera. E poteva anche far cadere dittature e far fallire rivoluzioni. Non era forse provato che la rivoluzione russa era fallita perché avevano osato uccidere tutti i loro artisti? Anche la Balabanoff, che io non conoscevo se non attraverso i racconti della mamma, non era forse dovuta fuggire dal suo paese dopo aver contribuito alla riuscita della rivoluzione perché «negano la causa della donna e dell'arte e in questa negazione strangolano la rivoluzione»?

«Non ti preoccupare, tesoro, per questa volta ci sono tutto, ma ho molta sonnolenza, dev'essere quell'iniezione. Se hai pazienza... dopo parliamo, no, non te ne andare, mi fa bene il calore del tuo corpo».

Doveva fargli proprio bene perché mentre prima voltandosi verso di me aveva tutto il viso rosso e affannava, ora si era addormentato e il viso si era schiarito e rasserenato. Con un brivido scoprii che quanto raccontava Musetta doveva essere vero... Non volevo pensare a quella storia, ma con l'evidenza del prodigio davanti agli occhi – Carlo mi aveva detto che aveva smaniato tutta la notte –, senza sonno e costretta a stare ferma, la storia rifluí nella mia mente per poi diramarsi in cento brividi di terrore lungo i torrenti vorticosi delle vene.

Sembra che in un paese lontano nell'interno piú fondo dell'isola, fra montagne cosí alte che gli abitanti delle vallate non vedevano mai il sole, ci fosse un castello piú antico di tutti i castelli del mondo, abitato da un vecchio signore senza età dal viso fresco di fanciullo e le membra contorte di una vecchiezza secolare. Questo signore per tenersi in vita aveva bisogno della carne fresca di una giovinetta di primo pelo bellissima e senza macchia. Non faceva niente a questa fanciulla quando i suoi servi – ne aveva mille sguinzagliati per tutta l'isola – gliela portavano. Solo ci dormiva abbracciato, ma nel sonno lui ringiovaniva e lei pian piano, man mano che il giorno si alzava, invecchiava rapidamente fino a spirare a mezzogiorno decrepita, cieca e senza piú fiato nell'alma raggelata.

Sentivo il sangue scivolarmi via dalle vene per entrare in quello di Arminio, ma cosí dolcemente che mi addormentai o morii anch'io.

«Certo che Iuzzetta è proprio un esserino fantasioso e imprevedibile, quanto è veriddio! Lo sapete che mi dice appena si sveglia un'ora fa? "Sono morta, Arminio, ma ti ho salvato!"»

Tutti ridono intorno a noi, ma io non sono ancora tanto convinta d'essere viva anche se ascolto il loro ridere e il loro scambiarsi opinioni serissime sulla mia fantasia, sul rischio e i pregi che questa può comportare per la mia salute fisica e la mia riuscita nel mondo.

8.

L'intensità con la quale avevo cercato di aiutare Arminio era stata tale che mi ci volle ancora una notte di sonno per tornare alla realtà.

Sul cartellone ingabbiato – con le grate dei pollai per l'esattezza –, al posto della grande striscia «Prossimamente» se ne era sostituita una che diceva «OGGI *Il porto delle nebbie*». E io non avevo che due lire. Una furia infernale contro il mio lato amorevole «troppo dipendente», come diceva Arminio, aggiungendo – che vergogna! – «morbosamente dipendente», mi prese a tal punto da costringermi a dare calci e pugni nell'aria contro non so chi. Ero ancora lí che scalciavo come un mulo quando sentii il tocco leggero di qualcosa di duro sull'omero sinistro. Non mi allarmai a quel richiamo, sapevo di chi era quel bastone e voltandomi di scatto mi buttai fra le braccia piú care che mente umana possa immaginare.

«Si può avere l'onore di sapere con chi ti battevi cosí furiosamente, bella pupa? Giuraddio ca Angelica parevi, tutta capelli e furia come a lei quannu s'appressa a dare sfida...»

Angelica! Quanto avevo desiderato di diventare come lei da grande, ma ora che ero cresciuta i tempi nel frattempo erano cambiati, non si usavano piú la spada, la corazza, i cavalli e con dolore avevo dovuto abbandonare lo scudo e il mantello. Ormai grandi uccelli di ferro che trasportavano persone volavano nel cielo, e le pistole e le macchine erano piú veloci del piú veloce cavallo del passato.

«Non sarò mai un guerriero, zio!»

«E com'è 'sto fatto?»

«Troppo dipendente affettivamente».

«Che vuole dire? Sono felice ca parli cosí bene l'italiano... ma Nunzio non è all'altezza. Che vole dire dipendente affettivamente? A quello che so, si dipende da un padrone, da...»

«Appunto, dipendente dall'affetto degli altri... non sarò mai come Ulisse».

«E perché?»

«Conosci Ulisse?»

«Ne ho sentito parlare. Che hai tu di meno di Ulisse il viaggiatore?»

«Lui aveva la volontà di non curarsi della moglie, dei figli e solo al suo scopo pensava, ai suoi viaggi, la sua conoscenza... Io basta che Carlo o Arminio o Licia mi facciano un cenno, corro appresso a loro come una mentecatta qualsiasi».

«E che vuole dire mentecatta?»

«Locca».

«Ah, vedo che la crisi è proprio generale!»

«Proprio generale, zio. È meglio che mi lasci al mio destino».

«Come vuole lei, signorina Sapienza. Ci vediamo. Maria m'ha invitato a pranzo... Non è ca non vieni a pranzo, ah?»

«Non ti ci mettere pure tu. Non posso dipendere da tutti in 'sta maniera, se posso vengo se no no!»

«Brava! Questo è parlare da uomo, ma ricordati ca Nunzio trova il pane piú gustoso in tua compagnia».

Gustoso, non gustoso! Tutti contro di me. Tutti a chiamarmi, a volermi... Ma anche Ulisse era voluto da tutti eppure ce la faceva sempre a ripartire. Ecco qual era il punto! Era il destino greco che ti sottoponeva a quelle prove mandandoti tante richieste d'affetto e questo proprio per metterti alla prova, insomma per vedere se eri valente o solo una mezza tacca tutta intenzioni e parole ma senza sostanza. Basta con le parole, e come prima cosa non ti volgere a guardare zio Nunzio, il suo passo potrebbe affascinarti come il canto delle sirene e spingerti a seguirlo. Il passo di Nunzio! solenne come una vara davanti alla quale tutti si ritraevano con rispetto e con un poco di timore anche. Quante teste aveva addormentato col suo stocco ai tempi eroici del socialismo. Non aveva ammazzato mai nessuno: «Se sei abile non c'è bisogno d'uccidere, basta intimorirli. È piú difficile, certo, ma piú consono al credo dell'anarchia».

Già, lui era anarchico e qualche volta litigava – scherzosamente s'intende – con Ivanoe che lui definiva leninista sanguinario. La cosa piú divertente di queste litigate era che Ivanoe cercava di parlare siciliano, in quei frangenti, e niente c'era di piú buffo delle parole pronunciate da quella dura voce lombarda adatta solo a cori montanari gelati e nostalgici. Nei cori Ivanoe era imbattibile con la sua voce di basso profondo, sembrava di essere all'opera quando lento e solenne dal fondo del palcoscenico parte «Va' pensiero...»

Nella mia rabbia solitaria e nel colloquio con Nunzio deve essere passato un sacco di tempo perché i vicoli si sono affollati in modo incredibile. Ecco un altro difetto imperdonabile per un condottiero, un uomo di scienza, un ricercatore: perdere tempo a ciondolarsi senza meta. Sicuramente Madame Curie non si trovava suo malgrado a sbirciare nelle vetrine o a seguire nella folla qualcuno dall'aspetto interessante. Ecco un altro difetto ancora: ero curiosa di tutto... Perché diavolo seguo cosí intensamente questa bella ragazzina dai capelli biondi mai vista prima in giro? E ora che è entrata nella merceria, perché sto lí impalata, urtata dal traffico di donne e uomini con la sporta, come una locca qualsiasi? Cosa comprerà? Potrei appurarlo subito entrando e comprando qualche sciocchezza, ma non ho spiccioli e non voglio intaccare le due lire che pesanti giacciono nella mia tasca. I soldi sono proprio strambi, finché li lasci interi possono durare un mese ma se li cambi in tanti spiccioli che sembrano lí per lí una montagna si dileguano in un batter d'occhio.

Ecco Nica carica di sporte che già mi fissa, l'occhio grande vellutato sembra un pezzo di notte estiva palpitante anche in pieno giorno. Se non sto attenta mi chiede di aiutarla a fare la spesa. È sabato, ecco il perché di tutta questa folla ansiosa di non restare senza pane, pesce fresco, verdura... Se lascio che quella mi si rivolga col suo sguardo commovente e la sua voce ancora di piú, addio! C'è qualcosa in Nica, nel suo passo aggraziato, nelle lunghe trecce nere pesanti, che attrae in maniera che non vi dico. Anche lí in pieno sole il nero dei suoi capelli è cosí lucido che pare il velluto portato in regalo a Licia dal suo amoroso da Parigi. Già, Enzo Vacca va sempre a Parigi, beato lui! E si vede da tutto che non è un provinciale come noi poveri antifascisti condannati al supplizio dell'isola.

«Chi bieddu! È tantu ca nun ti si viri...»

Attenta Goliarda, non farti commuovere dalla dolce cadenza del dialetto di Nica.

«...Veni cu mmia, finemu 'nzemmula di fari a spisa e poi nni ni iemu a casa tua a abballari... Arricordati ca ancora u tangu m'hai a 'nsignari».

Dolcezza di quelle sillabe scivolanti nel sangue come carezze... o forse è la voce del sangue, come dicono i pupi del commendator Insanguine, che m'illanguidisce cosí? Nica è mia sorella carnale, l'avvocato l'ha avuta qualche anno prima che io nascessi con una popolana di Acireale e solo da poco lei e la madre sono venute in città. La voce del sangue non si deve ascoltare, il proprio sangue tradisce piú del forestiero e con una virata di tacchi rispondo:

«Non posso piccola, ho una commissione da fare».

«Piccatu! io ca spiravu... Chi commissione?»

«Dal commendator Insanguine per l'avvocato».

«Ah sí, è accussi?...piccatu però... nni putivamu allianari»[1].

«Peccato sí, ma il dovere è dovere. Nni viriemu»[2].

Avete sentito che voce decisa. Con molta fermezza – per tutta via Lincoln mi congratulo con me – abbandono la bionda e la bruna per seguire la mia strada. Con guadagno questa volta. Il nome Insanguine pronunciato da me stessa mi fa venire l'idea che forse da lui – è tanto che non lo vedo – c'è qualche soldo da guadagnare.

Infatti nell'antro carico delle passioni di tutte le anime dei paladini che Insanguine portò alla vita, fra bagliori di latta, odore di velluto polveroso, di sete, ferro, lamiere, trovai il mio da fare che mi avrebbe fruttato almeno altre due o tre lire.

[1] Ah sí, è cosí?... però peccato... potevamo divertirci [*N.d.C.*].
[2] Ci vediamo [*N.d.C.*].

Come se mi aspettassero, con un breve: «Entra, entra, c'è travagghiu oggi», mi andai a sedere sul mio sgabello vicino a mamma Insanguine e le figlie. La Civita, grande quartiere! che dico, grande città nella città dove tutto ti poteva accadere e dove tutti trovavano il modo d'imbrogliare, rubare, creare, competere, e anche guadagnarsi il pane onestamente se onesti si nasceva... grande Civita dalle straduzze intagliate nella lava, colma di personaggi vivi, acuti e saettanti fra teste di meduse, draghi alati, leoni, elefanti scolpiti anch'essi nella lava ma vivi della vita muta e perenne della scultura. Questa vita tracciata senza interruzione da basso a basso, da balcone a balcone, di giorno taceva ma la notte col muoversi delle fiamme dei lampioni intrecciava storie di passione, di delitti e di gioie improvvise.

Anche lí torno torno ai muri secolari, i pupi appesi dormivano a occhi aperti per riprendere la forza perduta nel grande combattimento della sera prima. Riposa il pupo durante il giorno, si lascia andare a una morte apparente per rinascere ogni notte all'avventura.

Rammendavamo punto dopo punto gli strappi dei manti causati dalla gran tenzone della sera prima. Da mamma Insanguine avevo imparato quell'arte di sanare piaghe aperte nelle vesti, nei manti, nei calzoni e non solo per fare apparire nuova da lontano una gonna stracciata, ma anche per riparare i vestiti comuni: a ritessere i fili strappati di calze, camicette, cravatte. Come soffriva Carlo per il buchetto causato da una scintilla della sigaretta che aveva fatto scempio della sua cravatta nuova, per ore ero andata a cercare il colore esatto della seta nelle mercerie e poi dopo pochi minuti erano tutti impegnati a cercare il punto dove la cravatta s'era bruciata. Non si trovava piú, perfino il commesso s'era congratulato della mia maestria.

Mentre noi donne eravamo intente all'ago e al filo, i carusi con colpi di martello ora forti ora lievi, sincopati, riparavano gli elmi ammaccati, le corazze, gli scudi e le scimitarre. Quanti pupi aveva messo al mondo il commendator Insanguine! E tutti con visi, corpi e psicologie diversi. Solo le mani di quei pupi si somigliavano in maniera occulta per chi li vedeva per la prima volta, ma a me ormai – habituée delle serate e delle prove – la cosa era chiara.

«Com'è, commendatore, che le mani si somigliano tanto?»

«Sempre figli dello stesso padre sono...»

Era vero, ma c'era sotto qualcosa di misterioso che lui non voleva dire.

«Visto che proprio la vuoi sapere tutta, una ragione c'è. Ragione profonda, personale e che non sarebbe il caso di sviscerare cosí al primo venuto».

M'ero quasi offesa a quel «primo venuto» quando lui, accorgendosi del mio mutamento d'espressione, aggiunse in fretta come a scusarsi:

«Oh, non dico che tu sei un'estranea qui... è solo che anche se sei affezionata ai nostri spettacoli non sei proprio – come posso dire? – be', non fai parte del nostro mistero».

«Mistero?» mi sentii dire disperata.

«Eh sí, il mistero dell'arte, picciridda».

«E non potrei, commendatore, entrare anch'io nella schiera degli eletti?»

Quasi piangevo. Lui se ne dev'essere accorto perché commosso, posandomi la bella mano forte e leggera allo stesso tempo sull'omero e guardandomi negli occhi – era piccolo il commendator Insanguine e non doveva piegarsi troppo per incontrare il mio sguardo – mi sussurrò:

«Non è che non ne sei degna, non mi fraintendere, è che ci vuole tempo. Tempo e fatica e tu sei destinata ad altri progetti. Ognuno ha il suo destino unico e tu per altro nascesti... Ma per mostrarti ca non è che ti ritengo indegna di quest'arte, per prima cosa farò una pupa col tuo profilo e il tuo sguardo. È tanto che ci penso. Di profilo sei bella, davanti meno, o meglio davanti sei bella solo se sorridi. E non è cosa da pupe guerriere sorridere. Ma di profilo sei un'Angelica quasi perfetta. Farò di te un'Angelica coi fiocchi da mostrare a tutti con orgoglio».

«E il mistero?»

«È mistero, come dice la parola», rispose lui lasciandomi a bocca spalancata.

Cucivo punto per punto senza fiatare col naso pieno di polvere che pizzicava, ma ancora – erano passati anni – non avevo saputo niente di quel mistero. Certo Ivanoe mi aveva detto che Insanguine senza saperlo usava una parola antica – «mistero» – per indicare il segreto delle botteghe d'artigianato, il «mestiere»: come un rame si potesse piegare in modo piú perfetto, un colore restare lucido e intatto con lo scorrere degli anni. Ogni bottega aveva i suoi misteri e solo i ragazzi di bottega potevano col tempo arrivare a saperli.

«Pensa, Goliarda, – aggiunse, – che ancora oggi non si riesce a capire con che razza di materia prima i pompeiani impastassero il loro rosso».

Certo la spiegazione era dotta, come avrebbe detto il professor Jsaya, ma non spiegava il mistero che, appena mettevi piede nell'antro dei pupi, ti veniva incontro avvolgendoti tutta, carezzandoti la pelle e i pensieri come il vento di favonio in certi giorni d'estate.

Dentro non si sentiva piú né la fame né la sete, tutti i pensieri venivano afferrati in un'unica direzione, i sentimenti stralunati dai cento ritmi e voci e lamenti dei pupi immobili. Tutto si dimenticava... anche Jean, e non dico poco. Invano al margine dei miei pensieri lui mi richiamava all'oggi, alla rapidità e precisione dei quadri, delle sequenze della sua vita smaltate e nitide come la vita stessa mentre la vivi. La voce d'Insanguine era piú forte.

«Tu sei destinata al domani, Goliarda. A imprese, arti diverse, non c'entri niente col nostro mistero. Noi... la nostra lingua e le nostre storie sono destinate a morire, ma qualcosa, visto ca carusa di fedeltà e ricordo sei, te la voglio dire...»

«Anche delle mani, commendatore?»

«Anche, ma piano, con calma. Lo vedi come affretti i tempi, vuoi correre, sapere tutto, abbrancare tutto in un botto. Non te ne faccio una colpa ma tu, per la logica del tempo, ti sei staccata da noi e sempre piú te ne distaccherai, è destino della storia. Tu sei nata quando le automobili già correvano vertiginose per queste vecchie strade strette, quando il cielo era già stato ferito dalle ali spietate degli aeroplani, quando per avere un sole come di giorno non c'era bisogno di aspettare tutta una notte ma bastava girare un piccolo interruttore... tu non lo crederai ma per la gente come me tutto questo fa ancora meraviglia e confusione».

Quasi piangevo – o era la polvere negli occhi che me li faceva lagrimare? –, quella voce presentiva la sua morte, quella di mio padre e di Maria e forse dei miei fratelli e sorelle, anche loro erano tanto piú grandi di me. Carlo, che era il piú piccolo, era già un ragazzo quando io ero nata. E Nunzio?

«Oh no, commendatore, per carità! non parli cosí. Lei e Maria non dovete morire mai».

«Che dicevamo, Goliarda? Ah sí, parlavamo dei pupi e dell'ambiente dove sono destinate ad agire le loro passioni. Io come mio padre e mio nonno scolpisco i loro visi, e nei loro lineamenti faccio in modo che l'anima s'intraveda. Come ho imparato questo? con l'occhio e col fiato, spiando giorno per giorno il fiato e i pensieri di mio padre quando faceva gli stessi gesti, ascoltando il battito del suo cuore quando, mettiamo, colorava un occhio grande stellato, respirando il sudore dei suoi muscoli quando con fatica spingeva i pupi sulla scena e li faceva camminare. Poi con lui andavamo in campagna. Oh, non credere ch'andavamo lontano, non c'era tempo per andare lontano e poi allora bastava uscire dalla Civita, attraversare la città di marmo e mattoni che subito si trovavano i campi di grano, le colture verdi. Con lui imparai a fissare bene la natura. Tutto c'è in natura, non c'è bisogno di inventare niente, basta fissarla fortemente e poi rifarla sulle tele... In quanto a carpire l'anima degli uomini è la stessa cosa, basta ascoltare la loro voce, i loro racconti, seguire lo sguardo, una piega nelle labbra, la curva d'un collo, per entrare dentro di loro e rubargli l'anima e i pensieri, anche quelli piú segreti che loro stessi non conoscono ma che sortono, se sai tacere e ascoltare bene, dalle pause e dalle reticenze delle loro voci».

«E le mani, commendatore? Perché si somigliano tutte le mani dei suoi pupi?»

«Non ti dai pace se non puoi sapere tutto, eh picciridda? Bene! È segno d'intelligenza questo... e io voglio appagarla questa intelligenza... Quello è il mio difetto come scultore... ma difetto d'amore e, come si sa, con l'amore non si ragiona. È colpa della saetta ca mi colpí tanti anni fa uscendo da questa bottega per andare a farmi un goccetto dietro l'angolo da zio Mulé il turco».

«Ah, qua vicino».

«Proprio accussí! Chi s'aspettava di ricevere colpo mortale in casa propria, nel tragitto familiare su lastroni che sanno i tuoi passi di quannu eri bambino? Proprio all'angolo della via presso la fontanella del drago e il grande androne di palazzo Musumeci, quello coi due mori per colonne che sorreggono tutto il primo piano, vidi le mani piú belle che mente umana possa immaginare, posate con grazia e calma reale sull'orlo d'un cestino pieno di panni lavati, stirati e profumati di tutti i fiori di zagara della Chiana. Queste mani, se possibile, erano piú bianche e delicate del lino dei fazzoletti e delle camiciole che quella ragazzina portava nel cestino poggiato su un fianco come in un abbraccio a sostenere il suo tesoro, l'altra mano posata sopra a proteggere... Non fece niente, lei, sostò solo un attimo davanti a me, lí il vicolo come sai si stringe. O passava lei o io. Anch'io non feci niente, insospettito, ma lo strale d'amore come un fulmine rapido calò dal cielo e mi chiuse in una morsa. Non potevo piú muovermi come incantato da quelle mani e non ebbi pace finché non furono state mie sempre, colombe da contemplare nelle notti di luna. Fu cosí ca arrivando alle mani di un mio pupo per quanto mariuolo o valente sono riuscito a scolpirlo, per quanto so ca uomo l'ho fatto vile o valoroso, arrivato alle mani – può cambiare solo la misura –, ecco che sempre le "sue" mani rifioriscono nel legno senza ca niente la mia mente può fare per correggere quella disposizione dell'anima che da trent'anni mi possiede».

Rimasi cosí impressionata da quel lungo discorso – il commendator Insanguine non parlava mai, probabilmente risparmiava la voce per darla tutta ai pupi la sera – che quasi non mi accorsi delle due lire che dalle sue mani passarono a raggiungere le altre due in fondo alla mia tasca, né del buio fuori che si era sostituito alla grande luce di quando (parevano passati anni!) ero entrata nell'antro. A ogni cantone tremavo (o lo desideravo?) pel timore di vedere spuntare una soave donzella col suo paniere tutto panni e mani bianche cosí pure da lasciare basiti.

La saetta poteva afferrarmi in ogni momento e dopo sarei stata schiava di quel fulmine che inchioda e rivela una vita al suo destino unico. Sempre.

9.

Imboccando via dei Tipografi, la mia casa – unica a quell'ora – mi venne incontro nel buio come una nave in festa. Non era niente di insolito per me. Di giorno tutti i componenti sparivano nelle loro cellette a sbrigare i fatti loro e non si poteva mai – non dico entrare – nemmeno bussare a quelle porte. Di notte c'era sempre una scusa per fare baldoria.

«Ma quannu dormunu a casa tua, mai?»

«La gente attiva, piena di vita, magra e scattante, insomma, in una parola, antifascista, dorme poco e non si annoia mai».

Con questa risposta lasciavo a bocca aperta piccoli e grandi conformisti del palazzo di via Pistone e se qualcuno piú ardito osava replicare allora la lama del mio stocco verbale usciva dal legno a graffiare:

«Non viviamo di marcia rendita borghese noi! né lasciamo che il Duce o un santo qualsiasi pensi a noi. Prova a vivere libero, tu, e vedrai il tempo che ti resta per dormire».

Ma lo strale d'amore poteva colpire tutti, fascisti e antifascisti, borghesi e no, e nemmeno il ricordo di quella mia risposta riuscí a rincuorarmi. L'unica cosa era correre su, raggiungere quel battello pieno di luci e musica e dimenticare.

Di parlare con qualcuno d'amore non ci pensavo nemmeno. Tutti a casa mia, anche le donne, erano contrarie a quella parola. Era difficile, molto difficile ottenere dei chiarimenti in proposito. Licia diceva: «Melensaggini!» Arminio: «Cose da donnette». Il professor Jsaya addirittura: «L'amore, piccola?

Vuoi una mia definizione dell'amore? Eccotela e medita: una sporca faccenda!»

Musetta poi insisteva che era l'arma che usavano gli uomini non solo per ridurre in schiavitú le donne ma per annientarle completamente. L'unica che ammetteva che l'amore era qualcosa degno di essere preso in considerazione era mia madre, ma la faceva cosí complicata: doveva essere un amore libero da convenzioni, da ricatti psicologici o finanziari eccetera. Insomma la faceva cosí ufficiale che era meglio stornare il discorso sulla Grecia antica, la politica o la filosofia che, anche se difficili, applicandosi almeno si potevano capire...

Come sempre quando a casa mia si faceva baldoria, qualsiasi cruccio mi potesse tormentare svaniva talmente al vociare gioioso accompagnato spesso da qualche strumento – come ora – che quasi mi faceva rabbia. Stavo lí immobile cercando di ricordare di che diavolo soffrivo solo due minuti prima, ma non c'era niente da fare: tutto era sparito, perso davanti a quei signori – mi sembravano proprio dei signori tornando dai vicoli – disposti elegantemente in gruppi a parlottare sottovoce o muti, la testa ripiegata, intenti ad ascoltare i musicisti.

Arminio accompagnava col violino un suo amico al pianoforte. Non conoscevo questo amico dalla camicia di seta bianca che sembrava una vela smossa appena da un vento gentile di maggio. Le facce nuove non m'impressionavano. I miei fratelli e le mie sorelle avevano tanti di quegli amici che nessuno avrebbe potuto tenerli a mente tutti. Anche adesso Olga e Musetta, le zazzere di capelli neri lucidi ordinate come cuffiette intorno ai bei visetti tondi, le guance di gardenia (Olga poi anche a toccarla si sentiva come una consistenza tenera e resistente sotto i polpastrelli), parlano fitto fitto con uno spilungone che smarrito fra tanto bendidio non sapeva decidersi – si vedeva benissimo – su quale delle due affondare i denti affamati. Eh! nella nostra isola non capita tutti i giorni di assaporare almeno l'odore – anche se a tre spanne di distanza, intendiamoci – di due caruse in primo fiore quali erano Olga e Musetta. Licia era diversa o, come diceva mio padre, di una bellezza piú difficile, segreta:

«Per intenderci, Goliardo[3], oh scusa! ecco che ti chiamo Goliardo! scusa, ma sei il suo ritratto e a volte... lasciamo andare».

Quando mi confondeva con Goliardo due lagrime gli appannavano gli occhi giallo miele.

«Che dicevo?»

«Hai detto che Licia...»

«...Devi sapere che la vera bellezza nelle donne si nasconde, non si mostra subito. La vera bellezza ha come una pudicizia innata, una difesa che la natura mette accanto a qualcosa che ritiene prezioso e degno solo di chi è degno di apprezzarla».

Era vero, mai come in questo momento capisco le parole di mio padre. Licia, la testa sempre un po' piegata indietro, la grande fronte candida appena corrugata da un travaglio segreto, le lunghe gambe accavallate, fissa davanti a sé ascoltando e no le ciance di quel bellissimo Cesare che – lo si vede – arranca per raggiungerla, è perfino affannato per lo sforzo, ma non ce la fa... È bello Cesare, certo, intelligentino anche, ma come dice Licia: «di idee cosí ristrette che quando mi parla mi sembra di entrare in un tunnel offuscato da luoghi comuni».

Per aiutarla a uscire dal tunnel e per sentire il suo profumo (com'è il suo profumo? non c'è definizione, anche il suo profumo è segreto, imprendibile perfino con le parole) le vado vicina. Lei appena mi scorge mi si aggrappa come naufrago allo scoglio e dimenticando completamente Cesare mi trascina vicino a lei nel divanetto. Una vampa d'orgoglio mi stravolge talmente che tutta la fatica del giorno mi cade addosso e quasi ho voglia di dormire lí abbracciata a lei respirando il suo profumo dopo tutta quella polvere dell'antro dei pupi. Ma non devo dormire, voglio godermi sino in fondo la mia vittoria su Cesare e senza guardarlo ma seguendo il suo odio per me, che mi sazia come il pane di Modica appena sfornato, rispondo alle domande del mio «segreto vivente».

«Ma dove sei stata tutto il giorno? Nunzio ti cercava».

[3] Il primo dei tre figli di Giuseppe Sapienza e Lucia Musumeci, morto annegato a quattordici anni nelle acque della Playa di Catania in circostanze rimaste oscure [*N.d.C.*].

«A guadagnarmi il pane».

A questa mia frase l'intelligentissimo idiota scoppia in una risata. Non l'avesse mai fatto! Licia lo rimprovera con un: «Non disturbare la musica» che avrebbe impalato anche un moro senza vergogna e io lo fisso dritto negli occhi dimostrandogli chiaramente che se lui mi odia io lo straodio e che sarei capace di infilzarlo al mio fioretto se i duelli si usassero ancora. Battersi per una donna! Con la spada, il fioretto, la pistola! Quelli sí che erano tempi!

«E te lo sei guadagnato?» sussurra Licia stringendomi a lei e accarezzandomi i capelli.

«Non c'è male».

«Brava, ma ricordati che devi anche studiare», risponde un po' severa, ma vedendo che ho afferrato il mezzo rimprovero, per cancellarlo mi bacia sulle guance e per me è il paradiso. Arminio che suona e Licia che mi bacia è il paradiso, anche perché Licia come avete capito non è una sbaciucchiona o altro. Vorrei restare lí abbracciata a lei per sempre. Ma come si sa queste cose non durano e infatti la musica cessa e un grande applauso generale ci costringe a separarci.

Sempre l'applauso evoca in me stucchi, ori, lampadari sfavillanti, velluti rossi. L'opera! Il teatro. Quanto tempo è che non ci vado.

«È colpa del cinema se i carusi si allontanano dalla vera arte!»

Ma io la amo la vera arte anche se mi concedo qualche evasione con Jean. E poi anche lui, Jean – ne sono sicura – l'avrebbe amata la vera arte se avesse avuto la fortuna di nascere in una famiglia di intellettuali. Ma è sempre stato povero, affamato, senza affetti.

«La miseria è una dannazione senza riscatto!» urla la voce del professor Jsaya all'orecchio della mente:

«Non credere alle balle liberali di tuo padre e di tua madre! Balle! Utopie di intellettuali viziati! Dalla miseria alla gloria... Nessuno esce dalla miseria, sinonimo di ignoranza, e diventa un genio. Se non ci credi, va' a guardare da dove vengono tutti i loro scrittori, pittori, musicisti... Da famiglie agiate, se non ricche, agiate! Hai capito!? Per non dire di tua madre che era di una famiglia ricca. Anche tuo padre che si vanta tanto della sua origine plebea, lo sai come è riuscito a uscire dalla schiavitú dell'ignoranza? lo sai?»

«No, professore, no, non si arrabbi».

Sento ancora la mia vocina di un tempo belante come una pecora.

«E mi arrabbio invece! Mi arrabbio e basta! Tuo padre, essendo il piú piccolo, ha beneficiato del lavoro dei fratelli che pur di farlo studiare si sono scannati a lavorare notte e giorno! A dare il sangue notte e giorno!»

Povero Gabin senza riscatto, lo vedo solo per le strade altero e temerario ma senza riscatto... Le sue strade girano in spirali buie senza sbocco, lui lo sa, è per questo che i suoi grandi occhi ceruli sono sempre cosí tristi anche quando sorride.

In quel bel teatro tutto oro e stucchi mi trovo a singhiozzare per lui, mentre le mie mani continuano ad applaudire.

«Ma che ha 'sta carusa? Che è successo?»

La voce di mio padre, sempre ironica anche nei momenti piú drammatici, mi riporta alla realtà. Non sono all'opera ed è inutile che continuo ad applaudire cosí, sul palco non ci sono attori sconosciuti ma i miei fratelli, e...

«Dimostrarsi troppo entusiasti degli intimi non è, diciamo, educato, può apparire non vero entusiasmo per un talento, ma apprezzamento preconcetto, di parte, in una parola: mafioso. E la mafia si deve odiare se possibile piú dei fascisti e sradicarla da sé con tenacia».

È mia madre che parla nella mia testa, secondo lei la mafia come il fascismo sta dentro di noi – retaggio antico –, acquattata, pronta a trascinarci verso il male. Il ricordo di quelle parole mi fa piangere piú forte e gridare mentre braccia mi sollevano:

«Non sono mafiosa, papà, lo giuro!»

«Ma certo che non sei mafiosa, Goliarda!»

«E neanche fascista, giuro!»

«E come potresti esserlo, piccola?»

«Eh, tutti coviamo un germe di queste porcherie dentro di noi!»

«Queste sono le parole di Maria. Troppo severa la mamma certe volte, vero Nunzio?»

«Eh sí! ma lo fa a fin di bene... con tutto 'sto fascismo ca sguazza intorno».

«Ma perché piangevi cosí prima, eh? Che c'era da piangere? Ho saputo da Insanguine che hai lavorato tutto il giorno da lui, ca ormai rammendi proprio come una vera pupara».

«Sí, sí, ma questo non redime Jean, i poveri, gli oppressi».

«E chi lo dice? Intanto fa sí che tu li conosca, e conoscenza è già azione buona».

«Giurami una cosa, papà».

«Come, cosí al buio?»

«Al buio, sí».

«Se viene da te ha da essere buona. E non ho timore a giurare».

«Giuralo su Goliardo, tuo figlio, che tu amavi sopra tutti».

«Giurare su un morto amato è vero giuramento, Iuzza. Mi fido di te. Giuro su Goliardo che farò quello che vuoi. Cos'è ca ti preme tanto?»

«Giurami ca anche se il fascismo diventerà il piú potente dei potenti dei potenti tu lotterai sempre per i poveri, ca anche loro possano studiare come a mia e non essere piú umiliati dagli altri».

«Lo giuro, Goliarda! Lo giuro sulla tua testa che mi è oggi cara come mi fu la testa di Goliardo».

«E ora cantami l'*Internazionale*».

«Te la canto piano però, perché di là c'è tanta gente ca non conosciamo, vero Nunzio? Lo sai ca Nunzio è rimasto fino a notte per vederti e ca ora dorme con noi?»

«Che bello! cosí domani ci vediamo, è bello vedersi la mattina. Ma ora canta, papà, tu canti e io penso a Goliardo».

Appena la bella voce fonda iniziò la melodia proibita, la pace che avevo perduto ricominciò a fluire nel mio sangue dolcemente.

O fu il calore delle braccia che mi tenevano – l'avvocato aveva sempre le mani calde anche in pieno inverno –, o la rosa di gelsomino all'occhiello che emanava un odore forte da stordire, certo è che mi sentii sprofondare in un grande sonno. Volevo tenere gli occhi aperti per seguire bene le parole fissando le labbra carnose, i denti sfavillanti di mio padre, ma non ce la facevo a resistere alle carezze dell'oblio che con dita acquose tiravano giú, e nel chiudere le palpebre vidi lacrime che scorrevano sulle guance dell'avvocato. Com'era possibile? Quell'uomo di ferro che piangeva? In un ultimo sforzo rivoltando la testa verso Nunzio lo fissai: anche lí lacrime grosse come perle colavano lungo le guance arrossate dal vino, i baffi, la barba fitta e rossa da gigante. Un gigante che piange? pensai. E mi addormentai di botto.

10.

Per giorni a casa Sapienza non si fece che parlare della mia scena madre: «L'avessi vista, Amilcare (un altro individuo piú o meno indecifrabile della schiera degli amici dei miei fratelli), una vera attrice, un tempo incredibile... il volto ispirato, le mani che continuano ad applaudire mentre lagrime e singhiozzi...»

«Ma io soffrivo veramente!» osai scioccamente replicare.

«Ma certo, certo. Questo non toglie che tutto il dolore era cosí perfetto da parere finto. Scommetto che sapresti rifarlo».

«Certo che saprei, Arminio, ma non subito. Hai presente quando rifaccio la paura che mi prendeva da piccola del professor Jsaya e dei morsi delle sue maledette pulci? Lo sai che ti dico, quello le addestrava apposta per scagliarle dietro a quegli animaletti scemi e troppo nutriti dei suoi allievi... Col tempo potrò fare pure quel pianto di ieri sera».

«Ma che forse hai letto l'*Attore* di Diderot?»

«Che cos'è, Ivanoe, un romanzo?»

«Quasi...»

«Me lo dai?»

«È un po' difficile».

«Difficile? Quando non capisco vengo da te».

«E certo! Cosí cominci a darmi il supplizio come fu per il *Dizionario* di Voltaire».

«Tu mi devi educare, cosí ha detto la mamma, anzi ha detto che devi correggere l'educazione che a scuola m'impartiscono».

«Dannazione! Che male ho fatto a salvarti dalla sporcizia di quest'isola?»

Quando Ivanoe imprecava cosí era segno che era orgoglioso

della sua bambina, specialmente poi se, come adesso, mi prendeva in braccio e si avvicinava verso la libreria per cercare «il libro tesoro» da farmi conoscere. Le sue braccia erano cosí sicure nel trasportarmi da una stanza all'altra che mi ci sentivo come in una culla e cosí dall'alto tutto mi sembrava possibile e non avevo piú paura di nulla, nemmeno del mare, anche se era un po' mosso... Quante volte l'avevo visto, il mare, da quell'altezza, mentre lui camminava verso l'orizzonte e cercava di spaventarmi. Vedevo l'acqua salire ai suoi fianchi, al torace, alle spalle, e proprio quando l'onda cominciava a sfiorargli il mento forte leggermente sporgente lui diceva: «Ora affondiamo». Mi sollevava in aria e mi lasciava e io, riguadagnata già la riva, vedevo i suoi capelli riaffiorare piú neri e lisci in capo e sulla fronte.

«Il mare ti ha fatto una frangetta, Ivanoe!»

«Eh già, il mare è femmina, si sa».

«Con la frangetta somigli a Olga e gli occhi ti diventano verdi verdi come quelli di Musetta».

«Se continui a somigliarmi a una donna apro le braccia e ti lascio in preda alle onde».

Non era vero. Mai Ivanoe mi avrebbe fatto cadere in terra o altro. Già, io sono stata allattata da un uomo – il mio primo ricordo sono due braccia forti e pelose che mi sollevano –, intendiamoci non alla sua mammella, al biberon che lui, solo lui, sapeva farmi succhiare. Già quando ero piccola, cosí piccola da poter stare dentro a una pancia di donna, non ne volevo sapere di mangiare. Sembra che svariate forme di mammelle e tipi di latte mi furono sottoposti senza risultato, finché Ivanoe che studiava medicina seppe di un certo latte in polvere che si approntava per i casi disperati come il mio (io sono sempre stata per tutti e sotto tutti i cieli un caso disperato) in un paese lontano, evoluto e nitido, ricco di tutte le scoperte e le bellezze... che stava (non poteva essere diversamente) nel continente. Già, tutte le bellezze, i progressi, in una parola le meraviglie, stavano là nel continente lontano, non a caso sia Ivanoe sia mia madre erano nati là fra verzure e palazzi di marmo e d'oro... Anche l'avvocato, nato nel fondo piú fondo di vicolo puzzolente di piscio di cavallo e zolfo e pesce, non di rado esclamava estasiato: «Il continente! Il verde dei boschi del continente! Roma, Iuzza, Roma!»

Anch'io avevo il mio pezzo di continente lassú in alto tra le braccia di Ivanoe, lontano dalle puzze e dagli sputi, e maledetto sia il momento che crescendo (dolore dell'uomo crescere) fui scaraventata giú nel pavimento a guadagnarmi il pane col sudore della mia fronte... A tradimento mi buttarono giú, a tradimento... Non avevo ancora realizzato quanto grande era la sventura di reggersi sulle proprie gambe che una marea di voci dure, dinieghi, occhiatacce e chi piú ne ha piú ne metta m'impalarono col culo al pavimento, decisa nel mio piccolo intimo (non credete che anche i piccoli hanno un intimo?) a non muovermi piú per l'eternità. Sembra infatti che ci vollero secoli per convincermi a fare almeno qualche passo. Stavo cosí bene accovacciata sul picco sereno delle spalle di Ivanoe con la fronte nell'incavo odoroso fra il collo e l'omero:

«Su, Goliarda, ti assicuro che camminare sulle proprie gambe è bellissimo. Pensa, puoi andare dove vuoi... fare quello che vuoi... Su va'... Guarda, Arminio ti aspetta a braccia spalancate... prima di cadere ti prende in braccio».

Il pavimento come una voragine precipita sotto i miei piedi, non faccio in tempo ad afferrarmi alle dita di Arminio che già un vento mi gira e mi risospinge verso il punto di partenza... Io fatico come un mulo e loro ridono... maschiacci, si sa. Ma questa è acqua passata, non è da «ommini» sguazzare nelle sofferenze e ormai sono in grado, appena aperti gli occhi, di balzare dal letto e sussurrando a me stessa: «Piccole insulse traversie di picciriddi», accantonare i pensieri fastidiosi, con gambe salde andare su e giú per la mia soffitta e fronteggiare il presente.

Mammella di maschio o di femmina sono senza il becco di un quattrino e per colpa di una femminuccia dallo sguardo assassino e la mano lesta... In piedi in mezzo alla stanza sto per ricadere sul pavimento in preda all'antica tentazione di restarci attaccata per sempre, quando scorgo la mia giacchetta di velluto color bosco d'autunno e mi ricordo delle lire da me guadagnate. Oppure ho sognato? No, eccole qui tutte intere nel fondo della tasca pronte a rispondere al sole del mattino col loro tinnire. Il buon giorno si vede dal quattrino, come asserisce Ivanoe da buon materialista, altro che dal mattino nudo e spoglio anche se bellissimo... Certo non sono ancora le cinque lire tutte intere che avevo ma è già qualcosa per cominciare la fatica del giorno.

I quaderni tranquilli nella cartella sono lí in attesa. Dovrei andare a scuola – almeno Licia lo sostiene fermamente – ma è solo lei ad avere queste idee, gli altri o non si pronunciano o sbadigliano annoiati quando io cerco di appurare se questo problema scuola è un problema grave o no... C'è sempre tempo per la scuola! Non è che una fabbrica di disoccupati, o anche peggio ad ascoltare la voce dell'avvocato, una fucina di fascisti ottusi e crudeli...

Con la giacchetta sotto il braccio corro giú rapida per la scala a chiocciola. In fondo Ivanoe aveva ragione, è stato faticoso ma ora è bello saper usare le proprie gambe e andare dove si vuole.

Il cucinone è vuoto e la grande stufa economica spenta... Ecco che le femmine sono sparite di nuovo come ai tempi dei miei primordi, i miei primordi tempestosi, sballottata fra braccia e petti duri pieni di peli. Sarà la mia impressione ma le guance ancora mi pizzicano per tutte le barbe che per secoli mi hanno sbaciucchiato. Loro, i guastafeste, dicono che è stato un male, ma io ci stavo bene fra quelle braccia e peli. Come dice Ivanoe: «Dov'erano tutte quelle donzelle che ora "a cose fatte" sentenziano e cercano il pelo nell'uovo?» Dov'erano loro nei miei primordi? a ritoccarsi le labbra sicuramente o ad arricciarsi i capelli. Eccola là Musetta sul balcone che si asciuga i capelli al sole, ci vorranno ore perché tutti quei ricci incartati si secchino.

Come allora non c'è tocco femminile in quella sequela di stanze spalancate severe e polverose traboccanti di libri, fogli, penne, scartafacci... Ci sto bene io coi miei fratelli a prendere manate e urlacci, ma come si sa c'è sempre qualcuno messo apposta dalla natura che ti insinua dubbi, incertezze. Nel mio caso fu la signora (assignorata dalla testa ai piedi) Maria Grazia Sapienza in Diacono, sposatissima in chiesa e con organo che suona l'*Ave Maria* di Schubert, a ripetere ogni giovedí:

«Povera figlia, che unghie! Non è possibile che tua madre non te le tagli mai! Sembrano a lutto quelle unghie! Oh, ma che razza di mutandoni porti? Sembri incinta, povera figlia! È possibile che tua madre...»

Mia madre chi? Ivanoe? Invano cercavo di replicare: «Ma Ivanoe deve dare tre esami...»

«Esami, esami! Non si lascia una creatura cosí!»

Il viso di gardenia di zia Grazia si dilata in un'indignazione cosí profonda che il cuore mi si strizza in un dolore sordo che poi scopro è umiliazione e offesa per il mio Ivanoe che non si merita tanto disprezzo. La odio, ora che sono grande, la odio e non vado piú il giovedí a subire la sua goccia di miele doloroso che scava le montagne, ma il danno l'ha fatto, lo vedo da come mi tremano le gambe nell'attraversare i saloni vuoti di «presenze femminili». «Una donna non può divenire una vera donna se non è curata da mani di donna!» Eppure pochi momenti fa mi compiacevo della saldezza dei miei muscoli. Maledetta! sempre bianca immacolata nelle sue sete e velluti neri.

«Ma che è a lutto, Licia?»

«Ma no! Il nero le sta bene, mette in risalto la sua carnagione che bisogna dire è veramente eccezionale e poi forse come quasi tutte le donne del Sud ha una vera vocazione per il lutto».

La vocazione del lutto, questa sí che era una bella definizione degna proprio dello «spirito libero e ironico» del professor Jsaya, me la dovevo ricordare quella espressione, sempre, un giorno sarebbe servita.

In un quaderno trascrivo frasi su frasi, parole, poesie dei poeti preferiti... forse col tempo sarei diventata poeta. Saffo, volevo essere come Saffo o almeno, che so? pupara, cantastorie.

Torno su nella mia soffitta – quando è stato? –, l'ho fatto tante volte di tornare su, cercare il mio quaderno e scrivere qualche frase che il tempo mischia in un solo ammasso di righe ora rosse ora blu ora nere... Già, c'erano inchiostri di tanti colori a casa mia. Sarei stata poeta come un giorno beffardo il professor Jsaya mi profetizzò?

«Non sei che una bugiarda, cosí bugiarda che forse sarai poeta».

«Ma è una cosa cosí brutta, professore?»

«Oscena, piccola, oscena!»

«Ma io, professore, non dicevo bugie. Lei mi ha chiesto di raccontare e io ho cercato...»

«Nel raccontare bisogna attenersi alla realtà! Che minchia mi frega a me del colore che aveva il sole al tramonto o il vento che spirava... cose oscene e inutili che insozzano il mondo... paesaggismo da quattro soldi! Va', almeno scrivile queste porcherie, che divengano bugie vere sulla carta...»

11.

Sul mio quaderno pieno di bugie vere raccontate dai piú grossi bugiardi che mai mente umana poté immaginare, m'incanto e dimentico la fame, la sete, i tedeschi... Già, quel quaderno mi seguí fino alla soffitta delle suore francesi di via Gaeta a Roma, mi seguí fino alle parole di Jean, che non era Gabin, era un'americana rifugiata in quello stesso convento durante l'occupazione nazista.

«Devi distruggerlo questo quaderno, Ester (mi sarei chiamata cosí un giorno da partigiana ricercata dalle SS), è pieno di nomi, se venissero a fare una perquisizione... Che dici, lo brucio?»

«Ma sí, brucialo, Jean».

«Peccato, certe pagine sembrano un disegno di Pollock».

«Chi è?»

«Oh, un grande pittore del mio paese. Quando saremo liberate te lo farò conoscere... Anche noi americani cominciamo ad avere i nostri pittori».

Brucia il quaderno fra le mani delicate di Jean, il tempo si dissolve in rivoli di fumo... e io resto senza tempo con l'impossibilità di contare le ore, di muovermi, di andare avanti o indietro sul mio orologio bloccato a quel maggio del 1944 senza ricordi e senza futuro, le carni doloranti per la fame:

«Eppure, Jean, la fame si sente...»

«Perché dici "eppure" Ester?»

«Senza ricordi e senza futuro, siamo involucri che vagano per strade deserte, eppure la fame morde alla bocca di quello che deve essere stato lo stomaco, come quando ti tagliano una gamba, un braccio e il dolore continua, dolore fantasma dell'arto amputato».

«Veramente dici?»

«Sí, nel mio cortile, una sera d'agosto limpida e stranamente fresca per la nostra isola, il marito della biondina...»

«...l'*abbirsata*[4]? quella che lavava sempre tutto con la varechina?»

«Sí, Jean».

Jean sa tutto di me, forse per questo l'amo tanto? È la prima alla quale ho raccontato il mio passato, o meglio la prima con la quale ho scoperto di avere un passato.

«Sono già vecchia, Jean, se posso raccontarti tante cose?»

«Be', certo fra poco avremo vent'anni, la prima giovinezza è passata, non so quando comincia la vecchiaia... Ma dimmi della tua isola, quando finirà la guerra ci ritornerò e forse finalmente la capirò. Non conoscevo nessuno la volta che ci andai. Non si capisce niente dei posti se non si conosce qualcuno che li ha vissuti, è come fare una raccolta d'insulse cartoline».

Jean parla un italiano cosí espressivo che m'incanto – o è la fame? – al cadere dolce di quelle vocali, gocce di miele sul miele del tramonto di Roma, e non ho piú voglia di raccontare. Al confronto della sua lingua, dei suoi ricordi di seta profumata, il mio cortile ha tinte cosí truci e volgari che scoppio a piangere.

«Che c'è, Ester?»

«Dev'essere il fantasma del mio stomaco che torna a tormentarmi».

«Ah sí, dicevi del fantasma della gamba...»

«Ecco, il marito della biondina... lavava anche le mele con lo spirito, poveraccia! era ossessionata dalla sporcizia... Te l'ho detto che poi finí in manicomio?»

«No?!»

«Dicono che anche lí si lavava sempre le mani e se le strofinava con l'alcol fino a che divennero tutte piaghe. La ricciolona diceva che per disinfettarsi tanto doveva avere qualche colpa nascosta... qualche colpa notturna, come l'accoppiarsi con gli animali o altro. Ma questo viene dopo, prima era felice

[4] Detto di persona esatta e precisa. Brava nelle faccende domestiche [*N.d.C.*].

nelle sue due stanzette tutte scintillanti e profumate. Ci andavo volentieri, era l'unico posto dove si poteva respirare come in campagna. Ma da quella sera che il marito si mise a urlare, nessuno poté piú varcare la sua soglia. Urlava, il marito, per un dolore al ginocchio, urlava sempre notte e giorno... Di giorno si sentiva meno per via del fracasso di via Pistone ma la notte era qualcosa di orribile. Poi sembrò che tutto finalmente dovesse finire. Avevano deciso di tagliargli la gamba infetta e lui gridava: "Sí, tagliatemi questa gamba, non è la mia gamba, è un cane che morde a sangue notte e giorno, staccatemi 'sto cane dalla coscia, staccatemelo!"»

«Terribile!»

«Sí, glielo staccarono quel cane e...»

«In ospedale?»

«Macché, lí, sempre nel basso, e per un po' di tempo ci fu silenzio. Ma dopo, non so quanto dopo, il morso del cane tornò a lacerargli la coscia. Ma solo la notte. Di giorno parlava, fumava, seduto davanti al basso, ma la notte il dolore ricominciava e lui lo chiamava il fantasma della mia gamba morta che torna a mordere».

«Suggestione, Ester?»

«Non so, ti dico solo quello che ho visto con i miei occhi».

«Sí, dobbiamo farci forza, non solo ora... molta forza anche per il futuro».

«Sí, lo so, Jean».

«Abbiamo pensato la stessa cosa, vero? Dobbiamo farci forza perché anche quando finirà la guerra il fantasma delle SS tornerà sempre a morderci la notte... anche tu pensavi a questo?»

«Sí».

Pensare le stesse cose. Non mi era mai accaduto con una carusa e per questo l'amavo. Finalmente capivo Gabin, non solo nella fantasia ma nella realtà vera della giornata. Avevo la giornata per poi la sera, quando tutti dormivano, raccontarla a lei fissandola negli occhi. Avevano la capacità di spalancarsi immensi e raccogliere le mie esperienze, le mie fatiche, i miei sogni, la mia vita stessa e ridarmela attraverso un sorriso quieto piú ricca e viva.

«Andremo insieme nell'isola, Jean».

«Oh sí, insieme, non come sciocchi turisti, e anche tu verrai con me nel mio paese. Vedrai le grandi praterie, i corsi d'acqua infiniti, le mandrie di cavalli, i cavalli, Ester... tu non sai la bellezza di un cavallo che corre libero per pianure smisurate, vedrai. Per quanto ami l'Europa... – sono metà scozzese, lo sai – ma qui in Europa si sta stretti, si soffoca ammassati uno all'altro, le città una dietro l'altra senz'aria... Oh, il vento delle grandi distese, l'odore del vento libero, non soffocato da chiese e campanili, libero e giovane vento delle mie praterie...»

Piange Jean in silenzio, un po' mi si stringe il cuore, ma so anche che le fa bene. Potrei prenderla fra le braccia ma sarebbe un atto troppo carnale, lei non si aspetta questo, Gabin non l'avrebbe fatto. Da qualsiasi amore sei posseduto devi scrutare l'altro, sapere quello che la sua natura vuole, rispettarlo. Questo sentimento di rispetto ha in sé un compenso cosí grande che scalda il cuore e dilata i polmoni.

Non venisti con me, Jean, fra i vicoli della mia casbah, né io potei seguirti nella tua corsa per praterie sconfinate percorse dal fiero nitrito dei cavalli. Quella che uomini falsi e spergiuri poi chiamarono Pace, ci divise con divieti, doveri. Tu, americana, figlia di un uomo di stato, dovesti dimostrare agli altri e – sorte ancora piú atroce – a te stessa d'esserne degna e sbagliare cosí la tua vita. E per me – piccola outsider sempre braccata – la divisa purissima di antifascista, figlia di antifascisti senza macchia, che a forza volevano farmi indossare, fu come un saio di spine che invano, per anni di tetra clausura, cercai di stracciare in cento pezzi e buttare alle ortiche.

Ci rivedemmo certo, dopo vent'anni, in quella via Veneto di pace della tua infanzia che tanto mi aveva fatto sognare durante quel '44 di morte: due figurette spaurite piú svuotate e affamate che al tempo della guerra, sedute a un tavolino davanti ai grandi vetri d'acquario del Bar Doney. Al posto di rari gruppi d'ufficiali tedeschi compassati nelle loro divise, folle osannanti una libertà mangereccia ora sguazzavano nell'oro calante del tramonto romano.

«Non avrei mai immaginato, Goliarda, che potesse fallire tutto in questo modo... Il grande sogno americano, ti ricordi? è fallito».

«E tuo figlio, Jean? tuo figlio?»

«Un piccolo nevrotico conformista... E tu sei tornata in Sicilia?»

«No, Jean. Hanno demolito il mio quartiere e non ci tornerò piú. Quello che non hanno fatto i fascisti, sono riusciti a farlo i democristiani».

«Questo mi addolora enormemente... Ma perché non sei venuta quando t'ho scritto?»

«Non mi hanno dato il visto per entrare negli Stati Uniti».

«Ti chiedo cose che so, ma che spero sempre non siano vere».

«Sei sempre bellissima Jean, piú magra ma bellissima».

«Anche tu sei sempre uguale alla mia Ester... piú robusta ma proprio il suo ritratto. Ti ho amato tanto, Goliarda».

«Anch'io, tanto».

Jean paga per me la consumazione da Doney. Come allora non ho il becco di un quattrino e lei ha sempre un pezzo di pane o una manciata di zucchero da mettermi in bocca... l'amore è anche questo, saper accettare di essere nutriti senza sentirsi umiliati. Come tu dicevi, vero Jean?

12.

... La vocazione del lutto.

Segnata la frase di Licia sul mio quaderno magico – o era del professor Jsaya? chi lo sa! – mi accorgo di avere una fame tremenda. Come è possibile? eppure pochi momenti fa ero già quasi fuori dalla bussola a vetri pronta ad agire. Quanto tempo si spreca a sfamarsi! Non c'è volta che, intenta a qualcosa di superiore, questa maledetta necessità non venga a distrarti.

Il commesso mangia pane e cipolla seduto dietro la grande scrivania fissando la bussola con sguardo vuoto eppure allarmato, il cassetto semiaperto pronto a chiudersi se qualche cliente entra: nel cassetto tiene due cartocci, in uno c'è il pane e nell'altro la cipolla tagliuzzata. Lentamente, con dita da uccello rapace prende un pezzetto di mollica e una fettina di cipolla e se li porta alla bocca. Non ha denti, per questo la sua mamma gli tagliuzza la mattina la cipolla. L'ingresso, anche se lui per ordine dell'avvocato tiene la finestra sempre aperta, puzza talmente che mi viene il voltastomaco o meglio lo stomaco mi si chiude tanto che la fame sparisce.

Meglio cosí, non ho tempo da perdere. Ho le ore contate, i debiti d'onore non si possono protrarre e io pur sapendolo devo aver perso tutta la spinta su quel quaderno. Sempre cosí quando lo apro, il tempo si sfalda e il serpente delle emozioni si srotola a spirali di parole su per i muri, le finestre, il cielo. Lí per lí è come se s'allungasse all'infinito, ma di botto ti accorgi che sono passate ore e non hai fatto niente per la tua sussistenza. Dannazione! Ha ragione il professor Jsaya, essere poeta è insano. Non toccherò piú né libri né quaderni, io voglio vivere, agire. Non voglio trovarmi improvvisamente da un giorno all'altro vecchia come Faust senza aver vissuto. Anche perché lui aveva un diavolo al quale rivolgersi, ma ormai siamo nel Novecento e come dicono Ivanoe, mio padre, il professor Jsaya, Carlo, tutti in una parola – è la sola cosa sulla quale sono tutti d'accordo a casa mia e dintorni –, Dio è morto e s'è portato – logica fina – con sé nella tomba tutti i diavoli del mondo.

«Signorina Sapienza, – fa il commesso chiudendo il cassetto con la colazione puzzolente con una tale rapidità che il rumore del legno sembra un colpo di pistola, – signorina Sapienza, c'era l'eccellenza suo zio Nunzio che la cercava».

Per il nostro commesso dal passato radioso ma sfortunato di piccolo ladruncolo di portafogli e biciclette, casa mia era piena di eccellenze, maestà, commendatori eccetera. A questo punto vi devo chiarire una faccenda, altrimenti non si va avanti: l'avvocato aveva il vizio dell'assistenza, i piú lerci delinquenti mancati – quelli riusciti, si sa, se ne stavano in panciolle in ricche ville alla fine della loro vita – lui li raccoglieva all'uscita dal carcere e li sistemava o a casa propria o in qualche ufficio... o chissà dove... cosí noi avevamo sempre qualche avanzo di galera che puliva i vetri o lucidava le scarpe o accendeva il fuoco, già anche le donne... Proprio in questo momento Tina dalle occhiaie vedovili fa il suo ingresso carica di sporte e fagotti e mi fa:

«Signorina, visto ca stamattina non ho trovato soldi nella credenza mi sono permessa di avvicinare a casa mia, eh! qualcosa si deve ben avere in casa... Se non ha fretta faccio una bella frittata. Quante uova hanno fatto le galline di mio padre stamattina!»

Questa voce la sentite? È di una delle piú grosse assassine che mai la Civita abbia avuto l'onore di mettere al mondo. La nostra Tina nella sua giovinezza gloriosa ha ucciso mentre facevano l'amore il suo fidanzato e la sorella a colpi di lupara. La voce è cosí dolce e anche la frittata, che sempre le chiedo se è vero.

«Eh, signorina, ma che vuole fare? è la vita! a chi vive accade...»

«Ma lo rifaresti?»

«E certo! si sfugge alla vita? No, non si sfugge. Quando la

vita si storce non c'è verso di raddrizzarla, con la testa penso che non lo farei ma il cuore solo a parlarne s'agita perché sa che dovrei rifarlo».

«Anche perché sai che poi c'è mio padre che ti fa passare per pazza e ti tira fuori», replico afferrandomi alle battute di Ivanoe.

«Questo non lo sapevo quannu sparai, la vita fu a spingere il dito. E poi è colpa di me patri».

«Questa è buona, perché tuo padre?»

«Lui perché m'insegnò a sparare? Ca s'insegna a una picciotta a sparare? Certo lui dice ca non avennu maschi qualcuno lo doveva spalleggiare al podere... Ho paura ca ora ca vene la bella stagione devo andare a dare una mano a me patri per la campagna... Sapesse che fioritura di mandorli! Pare ca si prepari per lo sposalizio la terra, è tutta un velo bianco. Mi dispiace, si sta bene qua cu vossia... tanti picciriddi da sfamare come pulcini... (i picciriddi erano i miei fratelli). Oh, lo sa che quel pulcinone di suo fratello Carlo sei uova ieri si mangiò, sí, sei uova fritte e ancora aveva fame... Che fa, signorina, si rattrista perché forse vado via per un po'? Vado per una settimana, un mese, poi torno... Io qui ci sto bene. Là al podere mi guardano strano, sempre, come se fossi na ladra. Qui no, qui proprio si sta bene, nessuno ti guarda, nessuno ti dice cosa e l'avvocato poi! Come farebbe senza di me? Chi glieli lava i calzini?»

Sono tante e tali le volte che ho sentito queste ciance che mi viene sonno. O è perché ho mangiato? Questo nostro lato animale è veramente un problema. La maggior parte del tempo della vita si spreca a mangiare e dormire. Eh, Tina, sono proprio disperata!

«Perché me ne vado, picciridda?!»

Lo dice con tanta ansia d'una conferma che non mi sento di deluderla. Jean non lo farebbe mai, di deludere una donna fragile indifesa. È sempre meglio una piccola bugia che una verità crudele, come dice mio padre, e mi sento dire:

«Eh sí, mi dispiace che parti».

Avevo intenzione di dire una bugia ma, complessità della natura umana!, nel dirla capisco che è vero, mi dispiace e in un batter d'occhio, proprio come al cinema, mi trovo abbracciata alle sue spallone immense – sembrano cuscini, oh! – a singhiozzare e, cosa veramente vergognosa, a implorarla di non partire, di non lasciarci nella polvere che a ogni sua partenza si ammucchia sul pavimento, sui mobili, sul mio corpo stesso.

Anche lei piange con piccoli sospiri monacali. Il pianto di un'assassina è dunque cosí, penso, ed estasiata la fisso in viso per vedere che faccia fa. Incredibile, se quando è serena ha un viso luttuoso e pallido, ora che piange un po' sorride ed è quasi bella con gli occhioni neri che fissano qualche angolo del soffitto con lagrime che schizzano da tutte le parti. Dove ho visto quella immagine? Ah sí, sembra la santa Cecilia appesa all'ingresso del conservatorio di Palermo.

Dopo essersi goduta tutto quel grosso pianto s'asciuga il viso proprio come un commensale saziato, si ripiega sulle cosce il fazzolettone di lino bianco ricamato – è vestita manco a dirlo sempre di nero come una suora povera, ma ha fazzoletti finissimi di tutte le dimensioni – e osa dire:

«E poi, picciridda, non restate soli, Zoe mi ha detto che subito da domani viene a darmi il cambio».

In un altro impeto incontrollato – la vita mi s'è storta ormai e potrei anche uccidere – urlo ricadendole fra le braccia:

«No, Zoe, no! È meglio soli!»

«Questo che dice mi riempie d'orgoglio signorina, ma che ci ha Zoe che non la vuole?»

Ecco l'assassina che si mostra. Non le basta la conferma della sua bravura a pulire, cucinare, stirare, vuole il trionfo assoluto. Rovescia la testa per godersi questo trionfo sentendo parlare male della sua rivale e io sto per crollare completamente quando lo sguardo severo di Jean mi ferma.

«Eh no, Tina! non si parla male di un'assente soprattutto se è una disgraziata come Zoe!»

«Eh! proprio disgraziata, ha detto bene».

Una mattinata di merda, penso, tra la fame di prima, la fame saziata di poi e lacrime femminili, e annuncio che da domani si entrerà nel clima di terrore di Zoe. Altro che rivoluzione francese! In una parola *merde merde merde*, come direbbe Jean scrollando le braccia e facendo un piccolo peto ironico con le labbra sottili appena arcuate. Meglio prenderla a ridere, eh Jean!, allontanando le braccia di tutte queste donne – una folla, Jean – che ti braccano, ti vogliono, ti allacciano con mille carezze e graffi.

Allontanando le braccia paffute di Tina che in verità in quel momento se ne stava quieta a fissare la finestra – so cosa significa quello sguardo, ha desiderio di campi, di verde e vento –, a un certo punto affogo, me ne devo andare anch'io all'aria. Decido che basta, che tutto mi fa un baffo, che non mi curerò di debiti d'onore e d'altro e alle due, cioè fra un'ora, me ne andrò al Cinema Mirone a rivedere Jean, a perdermi con lui in quel *Porto delle nebbie* che non conosco ma avrà il potere, lo so, di farmi dimenticare tutti i dolori grandi e piccoli che la società, accordandosi al lato cattivo della natura, ti butta fra le ruote – le mie gambe in questo caso – per intralciarti la strada del sogno, unica strada possibile. Tenersi stretti al sogno sempre, e sfidare anche la morte per non perderlo mai.

13.

Alle due meno cinque ero davanti alla biglietteria con le mie lire fra le palme che si scioglievano per il sudore, e il fiato mozzo che appannava il vetro di separazione fra me e il bigliettaio. Quell'uomo fa finta d'essere annoiato e non desiderare di lasciare il suo posto per correre ad abbacinarsi di sogni davanti allo schermo danzante, mentre dietro le mie spalle cento fiati affamati di pellicola già urtano alla mia nuca. È chiaro che è costretto per sfamarsi a stare lí impassibile a staccare biglietti e contare denaro, ma se solo si levasse quel vetro e sentisse l'eccitamento del mio fiato e degli altri non potrebbe resistere e verrebbe con noi.

Dentro sono la sola nella prima fila della galleria. È l'unica raccomandazione di mio padre: «Solo in galleria mi raccomando, non è per disprezzo del popolo, è che ancora il popolo è quello che è, col tempo vedrai». Col tempo quei veri e propri animali che sputano in terra e in aria (fanno a chi fa il tiro piú alto), si danno pacche, a volte si levano anche le camicie – se camicie si possono chiamare –, le sventolano, urlano, si chiamano con parole che solo a ricordarle le gambe tremano, si sdraiano in terra o russano oscenamente, è possibile che cambieranno? Non mi sembra possibile ma ognuno ha il suo sogno e io rispetto il sogno di mio padre come lui rispetta il mio. Se non fosse cosí vi sembra che un avvocato di grido permetta che la sua carusa vada al cinema sola alle due del pomeriggio – anche se in galleria – e ce la lasci fino a sera tardi? Anche se lassú c'è uno di quei dolcissimi delinquenti falliti che mio padre ha «sistemato» come sorvegliante e che con la lampadina tascabile ogni tanto nel buio illumina un cerchio intorno a me per verificare che nessuno mi tocchi. Alla fine dell'ultimo spettacolo col suo furioso battimani sveglia gli ultimi affezionati del sogno ipnotico e volenti o nolenti li sbatte fuori dalla sala ormai puzzolente di fumo e strano sentore di fritto, dolciumi, sudore.

Ma perché corro alla fine del giorno piú bello della mia vita, il giorno dedicato all'umana avventura di Jean per il quale ho perso l'onore non pagando il mio debito? Fremente per l'attesa non riesco nemmeno a poggiare la schiena sul velluto liso della poltrona. Le luci non si vogliono spegnere oggi, penso – come alle prime –, lo fanno apposta per rendere l'attesa piú spasmodica. Anche Insanguine fa cosí, aspetta che il clima dell'antro sia proprio ben arroventato per sguinzagliare il suo primo pupo sull'asse polverosa del suo piccolo palcoscenico: come è piccolo il palcoscenico del commendator Insanguine in confronto a quelle sale enormi attrezzate per dare gioia e cultura. «Il cinema col tempo diventerà un mezzo formidabile per diffondere cultura e progresso, Goliarda... – queste, ormai l'avete capito, sono frasi di mia madre, – cultura e progresso non ai soliti, pochi privilegiati, ma a masse intere di popolo». In America sembra ci siano già sale da diecimila persone, incredibile! per la musica, lo sport, il cinema appunto... Quelle meraviglie gli americani le dovevano a Roosevelt, il piú grande dei democratici viventi, diecimila persone che godono e si nutrono di cultura per uscire dallo stato di semibestie come queste qui sotto e mutarsi in cittadini modello con giacca stirata, camicia pulita e cravatta di seta!

Mi pare impossibile, e fisso Ganu nelle prime file della platea che mi fa le boccacce e urlando un allarmante: «Comincia! oh carusi, comincia!» prima di sedersi con la rapidità di un giocoliere si sbottona i calzoni e mostra a tutti, ma soprattutto a me, un grosso culo bianco e molle che sembra una pagnotta prima di essere infornata. Una strana pagnotta cosparsa di pisellini verdi. Quella visione ormai familiare sempre mi pone interrogativi: come mai quei foruncoli verdi? A quello che so, sono rossi nei carusi normali. Mah, tutti strani i carusi della Civita. Il culo mi fa ridere, non è come quei grossi cosi che hanno davanti, flaccidi topi violacei sembrano, che continuamente ti mostrano a scuola, nei parchi o nel buio fondo dei numerosi cantoni del nostro quartiere tutto giri e giravolte nere di lava. Loro hanno l'aria di fare un gesto necessario e consueto: quello di fare la pipí, ma si vede che lo fanno apposta, altrimenti perché ti fisserebbero con quello sguardo ironico e duro che pare un colpo di stocco o di pugnale?

Ma lasciamo le manie che tutti i cittadini di una città hanno e vediamo di capire «perché non cominciano... stasera», come sussurra un ragazzetto di buona famiglia al suo amichetto dietro le sue spalle. Quello non mostra il culo ma, si sa, è una femminuccia, piú femminuccia di me se, come mi ha confessato, è innamorato di Jean tanto che piú volte gli ha scritto firmandosi al femminile, e invece io – lui l'ha detto! – vado lí per somigliare a Jean, per imparare da lui a vivere, ad avere il mio sogno di una vita diversa. Questo lo dico dentro di me... Lui quando credette di scoprire il mio segreto, intelligentone!, insinuò:

«È inutile ca cammini come a lui, t'ho vista all'uscita del cinema, io a lui lo sposerei, a te no!»

«Allora, Dante... – dico io. Ma perché l'hanno chiamato Dante? per sfotterlo sicuramente, eh già, – i bambini non sono che animaletti che vanno sfottuti e comandati, solo cosí si abituano a fronteggiare le traversie della vita e a vincere...» Questo fuori di casa mia, naturalmente. A casa mia come nel continente anche i piccoli sono individui coscienti che i grandi aiutano a crescere e a scegliere la propria identità. Vuoi essere donna? lo sarai, vuoi essere un giornalista, un monaco buddista o una monaca cattolica? lo sarai, basta che studi e cerchi dentro di te qual è veramente la tua vocazione. Ancora non l'ho detto a nessuno ma il mio sogno è diventare proprio come Jean. Ma questo lo avete già capito.

«Allora, Dante, ti ha risposto Jean Gabin?»

«Ancora no...»

«Peccato!»

«Eh sí, peccato! Ma zitta, zitta Goliarda, comincia finalmente! Non ne potevo piú».

Fra schiamazzi di gioia e di sedili precipitosamente abbassati, grida di evviva! evviva! abbasso minchioni, *camurrusi*[5]!, «Viva il Duce!», ecco le grandi lettere bianche abbaglianti dei titoli. Qualcuno con voce acuta di eccitazione scandisce le sillabe una per una esasperando l'attesa.

«*Il por-to del-le neb-bie*».

«Zitto, coglione!»

«Zitto tu ca non sai leggere!»

L'ultima voce si spegne sotto il colpo sordo della lunga pertica maneggiata dal sorvegliante. Come nell'antro dei pupi, penso, c'è sempre il sorvegliante che per smorzare l'eccitazione di qualche caruso gli sferra un colpo sulla testa, per questo è lunga piú di due metri quella pertica... Ecco, il colpo è arrivato a destinazione se un breve gridolino di dolore rassegnato spegne la grande gazzarra lasciando libera la melodia appena graffiata dai violini, che preannuncia le gesta di Jean e che sempre dopo ne sottolineerà i momenti piú significativi. Anch'io sillabo sottovoce quel *Porto delle nebbie* che sulle mie labbra diviene invocazione, estasi, preghiera.

Al motivo dei titoli sempre solenne, pieno come all'opera, segue una sterzata rapida come di automobile sportiva. Con Carlo tante volte ho provato quell'emozione, sono gli strumenti a percussione che ti sbattono subito nel vivo del dramma con frastuono di ruote sfrenate a velocità pazza fra strade d'asfalto mitragliate di nera pioggia, di fari abbaglianti, ululare di cani, fischi acuti di poliziotti neri come la pece, dagli occhi di mastini addestrati ad azzannare qualcuno che il potere ha costretto a errare derelitto, affamato, al margine della strada... Ma questo qualcuno ha il passo calmo, equilibrato e pieno di forza orgogliosa malgrado la fame, la mancanza di sonno e d'amore.

So cosa perderà il mio Jean, so ormai tutto, eppure attendo con ansia l'ennesimo amore che segnerà la sua fine, se non fosse per questo suo umanissimo bisogno che tutti ci accomuna, poveri, ricchi, fascisti e antifascisti e forse anche i reali. Che forse

[5] Fastidiosi, noiosi [*N.d.C.*].

lei, la grande regina Cristina, non fu colpita dal bisogno d'amore come il semistraccione Gabin? Eh sí, l'amore deve essere qualcosa cosí essenziale alla nostra natura da non poterne fare senza, qualcosa come il pane, l'acqua, il sale... Senza sale l'organismo muore, e in fondo non è grande danno, ma senza amore si diventa assonnati, fragili, avari, larve d'uomo come quell'avvocato amico-nemico di mio padre, del quale non faccio il nome, che va in giro come un monumento di pietra, pieno di decorazioni e allori, ma cosí tombale che ogni volta che entra nel salotto un freddo di bara inchioda tutti e qualsiasi gioia sparisce. No, non sarò mai come lui, anche se è straricco.

Allora ero convinta che questo signore dalle mani inanellate – se le empiva d'anelli per nascondere le macchie di sangue altrui? – fosse l'unico sulla terra, ma poi presto capii che non era un'eccezione. L'eccezione era Jean e – come non l'avevo sospettato prima? – solo l'eccezione entusiasma come la famosa conchiglia marina incanta e fa sognare la mente del fanciullo...

Ecco l'idea d'amore che perderà Jean, nel bar buio e nebbioso, offuscato di fiati d'alcol, di fumo e passione, eccola quell'idea che avanza indecisa, rinchiusa come accartocciata in un impermeabile lucido di pioggia e vento. Un faro – nascosto in qualche posto – indica allo spettatore solo lo sguardo triste e la fronte immacolata.

Qualcuno grida indignato, sicuramente Ganu, è l'unico fra quelle bestie che bene o male sa articolare qualche parola, gli altri grugniscono solamente in un linguaggio antico quanto la carcassa dell'isola:

«Ma è 'na sarda salata, una cosa secca secca, un'indecenza di donna! Che minchione quel Jean, io manco la guarderei giuraddio! Vuoi mettere le minne di Maria Rosaria!?»

Cretino! rispondo dentro di me, non capisci che quella figurina striminzita dal freddo è un'idea? Non c'è niente da fare, inutile replicare, discutere, nessuno è all'altezza di quella pellicola. Altre volte ho provato quel vuoto terribile di non poter comunicare un entusiasmo. È strano, addolora di piú l'impossibilità di comunicare una gioia che una sofferenza. Dev'essere perché la sofferenza ti dà tanto da fare per smaltirla che nella fatica di sbarazzartene dimentichi gli altri. Ma una gioia? Una gioia è qualcosa che urge subito d'essere riconosciuta dagli altri, condivisa. È per questo forse che tutti i poeti si attengono cosí strettamente (poverini) a raccontare di sventure sempre? Può essere. La consapevolezza di non essere capiti è un tranello mortale per sé e per gli altri. Anch'io forse caddi in quel tranello… Fermati Goliarda, non ascoltare il tuo futuro che s'apre come una fossa di fangose bugie tue e degli altri, non disturbare la bellezza di quelle gesta entusiasmanti, classiche in bianco e nero… Classica la musica in bianco e nero si svolge fra la pioggia fitta fitta punteggiata di bianchi sorrisi, sguardi chiari appena accennati, gesti lievi di colomba nel momento piú furente del dramma, quando il destino per atroce che sia si conclude in pochi gesti sobri.

Esco che è già buio da tempo e fuori – potenza dell'immaginazione o forza del mito? – cade una pioggia cosí fitta e nera da essere sicuri a ogni cantone d'incontrare due piccole figure bianche disperate allacciate l'una all'altra per farsi forza e sfuggire al destino che questa volta ha il volto del vecchio nero libidinoso e potente nemico di tutte le cose belle e pure. Cammino lenta sotto la pioggia come lui, Jean, non temo il ghigno del vecchio diavolo e glielo voglio dimostrare non tremando alla visione di quei corpi lunghi di draghi neri scolpiti nella lava sotto i balconi, né ai sussulti dell'orbite vuote del mascherone che spia sempre… ma sto per cadere veramente fulminata quando una mano viscida di pioggia mi afferra per il braccio. Chiudo gli occhi per non affrontare l'orrore di quel viso ironico e scurrile che sicuramente con bocca lasciva quasi sepolta da una barba d'inferno sta biascicando menzogne e minacce.

«Oh, Iuzzetta, ma che sei pazza a camminare cosí piano sotto 'sto diluvio? Sei tutta zuppa! T'ho cercato dentro ma… da dove sei uscita?»

«Dall'inferno, Carlo, l'inferno, te l'assicuro».

«E lo credo! Ma perché non vai al Sangiorgi? almeno è piú vicina al purgatorio quella sala».

«Ma non danno mai le pellicole di Jean!»

«Ah, c'era Jean! Per questo non sei tornata a cena, io ti aspettavo per sapere...»

«Era una pellicola molto difficile, Carlo, c'è voluto molto per capirla».

«Lo vedo! Su, corriamo ora... Senti piccola, se domani hai la febbre io non ti guardo nemmeno».

«Era cosí difficile! Non torneresti con me a vederla cosí poi ne parliamo?»

«Se corri, invece di stare impalata come una mentecatta, può essere che domani andiamo insieme. Ma perché dici che è difficile?»

«È difficile. Oh, a me è piaciuta anche piú di *Pépé le Moko*, ma nessuno la capisce. Non credo che ci potrò guadagnare molto su questa pellicola».

«E che t'importa? Tienila per te, vedrai che il guadagno sarà superiore».

Di Carlo in casa si diceva che non era intelligente, ma io non condividevo quella loro convinzione. Forse non parlava un italiano perfetto, non sapeva polemizzare, non leggeva abbastanza, ma nei fatti della vita era imbattibile, sapeva tutto. Che anche questa forse non era intelligenza? A volte li odiavo, come adesso che lui mi aveva preso in braccio e mi teneva cosí stretta che quasi spariva il tremore causato dalla pioggia o dal vecchio diavolo inanellato. Chissà perché veniva sempre da noi a pavoneggiarsi del suo sapere e dei suoi anelli? Perché veniva in casa del suo nemico, mio padre, che riusciva a far assolvere anche i casi piú disperati dalle accuse di quel vecchiaccio sempre affamato di condanne? Ma perché s'affannava cosí a buttare in galera piú gente che poteva? Tutti sanno che le prigioni sono cosí zeppe che neanche un filo di paglia...

«Quello è cosí ricco ca s'annoia, e non avendo coraggio di darsi al vizio s'è fatto l'alibi della legge, te lo dice Carlo ca di uomini se n'intende».

«Ma la mamma dice che ha un intelletto fino».

«Maria in fatto di vita è un'ingenua, Iuzzetta mia, un'ingenua. Ne ho conosciuti a bizzeffe di questi ricchi che per svagarsi si fanno il passatempo di cambiare la società, servire il popolo, e giú a tagliare teste e opprimere».

«Ma tu, Carlo, io non ti capisco, sei socialista o no?»

«Purtroppo lo sono!»

«E perché purtroppo?»

«Perché purtroppo di tutte le porche menzogne che girano per il mondo è la meno porca, ecco tutto!»

«Forse è per questo che dicono che tu non sei intelligente come gli altri?»

«Può essere, piccola, ma io intelligente fino a fissarmi in un'idea tanto da diventare ingiusto non ci voglio arrivare. Io voglio vivere il mio scopo e far vivere bene quelli che amo».

«E chi ami tu, eh Carlo?»

«La mia Iuzzetta ca ora si mette a letto e non pensa piú a tutte quelle schifezze francesi ca oggi s'è sorbita».

«Dici ca sono schifezze, Carlo?»

«Ma sí, troppe complicazioni, disperazioni inutili...»

Sapevo perché Carlo sfuggiva le disperazioni inutili o inventate, lo sapevo perché mi portava solo a vedere commedie, operette. È che lui da piccino, piú piccino di come sono io ora, fu lasciato per anni, dopo che la sua mamma morí e il papà era in esilio, da un compagno contadino che non per cattiveria ma per povertà vera gli faceva soffrire la fame. Ed era costretto, perché i figli di questo compagno non diventassero invidiosi di quel nuovo bambino – è naturale, che sapevano loro del perché il padre se lo teneva in casa? – a farlo lavorare al mercato cogli altri. Me l'aveva raccontato Arminio, lui era capitato meglio da zia Grazia, là si mangiava tutti i giorni: «Puoi capire, Iuzza, il mio dolore, quando un giorno andando alla Pescheria per qualche commissione lo vedo là sporco, magro, allampanato che urlava come un ossesso. Quasi non lo riconoscevo piú. Non sapevo niente. Andai a parlare con Goliardo – lui pure non sapeva niente, e stava a quell'epoca ospite da don Salvatore, il parroco di Mascali – per vedere come fare a liberare Carlo da quella condizione. Ma non avevamo una lira, né una casa».

«E come fu che poi lo liberaste?»

«Eh! Fu Goliardo che a furia d'insultare zio Giovanni e di litigare lo convinse a intervenire. Era suo nipote alla fin fine. Finché quel cuore di ghiaccio s'inteneri – cosí credeva Goliardo, io penso per paura vera e propria di lui che un giorno lo minacciò di rompergli la testa –, s'inteneri e se lo portò a casa».

Goliardo. Come può Carlo non amarlo da quel giorno piú di tutti gli altri?! Arminio era gelosissimo, e cosí non replicai niente. Ma lui capí.

«Tu pensi che ormai che Goliardo è morto non dovrei essere geloso di lui, eh? Non ci crederai, mi sento pieno di vergogna, ma da quel giorno della disgrazia la gelosia mi è cresciuta tanto da farmi impazzire. Con la sua morte è diventato ancora piú amato, il vero idolo di Carlo e papà. Lo sai che fanno quando parlano fino a notte?»

«Che fanno?»

«Parlano di lui, sempre, e a me pare di impazzire perché il terribile della gelosia, Iuzza, è che al dolore che questa già in sé provoca si aggiunge il rossore per la vergogna dell'ingiustizia che commetti, in una parola ti senti un vile malfattore degno solo di cadere in mano all'avvocato Castiglione, fargli fare bella figura con un'arringa e farti condannare all'ergastolo».

Ecco che il nome del vecchio inanellato è uscito fuori mio malgrado e la paura quando questo avviene si fa cosí densa che si potrebbe tagliare con il coltello. A casa mia quando c'era da spaventare qualcuno per gioco o no, per esempio quando Tina – a volte le accadeva inspiegabilmente – si metteva a piangere silenziosa seduta vicino alla grande stufa economica (e non si mangiava), Ivanoe le diceva: «Guarda che chiamo l'avvocato Castiglione», le lagrime sparivano in un battibaleno e tutto era pronto per mangiare. Terrore scaccia terrore... qualcosa come chiodo scaccia chiodo insomma; non avendo nessun diavolo o castigatore al quale appellarsi, tutti i membri di quello strano branco avevano consacrato quel signore a questo compito ingrato.

E pensare che proprio quel pomeriggio – o erano passati secoli? – avevo visto la vera essenza di quel signore. Probabilmente anche lui cosí distinto con le sue camicie bianche di seta d'inverno e di lino d'estate, con la sua mamma che sempre ricorreva nei suoi discorsi (non si era mai sposato per non detronizzare questa regina che nessuno aveva mai visto e che forse non esisteva), lui che aveva studiato per diventare papa là a Roma, probabilmente la notte diventava come quel Simon Mago d'inferno, e non contento di avere tutta la giornata fatto condannare miriadi di poveri cristiani che per mala sorte erano caduti nel piccolo errore di uccidere qualcuno o rubare qualcosa, la notte se ne andava in giro pei vicoli a squartare bambini, rubargli il cuore, andarselo ad arrostire a casa e papparselo tutto solo. O in compagnia della mamma?

14.

La Civita la notte, quando tutti i bassi erano chiusi, svegliava i suoi mostri scolpiti in quella pietra affilata e nera d'inferno e cominciava a risuonare tutta di gemiti, grugniti, fiati lunghi di serpenti, mori, meduse, melusine. Le cento bocche dischiuse di quegli animali mezzo uomo e mezzo cavallo mezzo donna e mezzo serpente mezzo serpente e mezzo uccello agitavano le code e le ali nere producendo un sibilo cosí terrorizzante che piú di una volta si trovava poi la mattina qualche sventurato morto di paura per avere udito quei rumori o aver visto qualche capitello staccarsi dal corpo di un palazzo e venirgli incontro con movimenti sconosciuti.

Noi c'eravamo nati, eravamo vaccinati ma loro, quei mezzi catanesi che abitavano fuori nei palazzi di marmo tra i giardini, non potevano entrare nel recinto magico costruito da un diavolone di architetto[6] uscito fresco fresco dalle viscere del Monte insieme alla lava ribollente, e deciso a farsi un piccolo inferno per se stesso e per i suoi simili. Appena la lava calma e solenne era calata a purificare il vecchio quartiere malfamato, questo quasi duecentocinquant'anni prima che io nascessi, e s'era composta, immensa bara purificatrice, lui magro magro tutto in smoking, dicono, con pochi gesti della mano inanellata aveva fatto spuntare in una notte sola tutto quel guazzabuglio di stradine, piazzette, vicoli e angiporti, una vera selva di costruzioni bizzarre e piene di nascondigli dove il male poteva nascondersi facilmente

[6] Giovanni Battista Vaccarini (1702-1768), uno dei maggiori architetti siciliani, fu il principale artefice della ricostruzione di Catania devastata dal terremoto del 1693 [*N.d.C.*].

e vegetare tranquillo in barba a tutte le leggi e i poliziotti. Correva voce che lui, l'Architetto di lava, ogni tre lune usciva dalla sua tomba di via dei Crociferi e se ne veniva a passeggiare per le sue vie del male. Ma era difficile incontrarlo, lui si mostrava solo a chi era degno del suo sogno... Con questi sembra che si trattenesse a parlare. Molti erano segnati dai suoi discorsi, come Tonino di via Buda, che da ragazzo normale, dopo l'incontro e le quattro chiacchiere con l'Architetto, era diventato mezzo uomo e mezzo donna. Eh sí, aveva il pene e un seno grande di donna e rideva sempre con una bella bocca turgida da ragazza e due ombre di baffi.

Ganu asseriva di avere anche lui parlato con l'Architetto, è per questo che mostrava il culo, e quando lo incontravi nei cantoni schiudeva le labbra esili coralline e agitava la punta della lingua come fanno i serpenti. Aveva capelli biondi e ricci e gli occhi neri la notte, ma al tramonto si coloravano di una patina dorata come le castagne. Io con lui non ci parlavo. Ero nata alla Civita, sí, ero vaccinata, ma lui voleva presentarmi all'Architetto, e questo proprio non lo volevo. Sembra che venisse la febbre alta dopo una conversazione con lui e poi... poi avveniva la metamorfosi, da triste potevi divenire qualcuno che ride sempre, da stupido potevi diventare intelligente o viceversa. Non avevo nessuna intenzione d'incontrarlo perché mi andavo bene cosí com'ero, lui serviva agli scontenti, ai disperati.

Cesare, proprio quella sera – era per questo che Carlo non mi aveva trovato –, mi aveva trascinato al Bar Scalia, e mi aveva pregato di presentarlo a Ganu. Si era deciso a fare la conoscenza con l'Architetto... per un suo segreto, segreto di pulcinella! Era chiaro, voleva diventare una ragazzina. Io avevo cominciato a tremare tutta a quella richiesta. Già tremavo per come era finito Ganu e questo viene a chiedermi una cosa cosí importante e pericolosa! Appena mi passa la febbre li devo cercare e vedere cosa è sortito dall'incontro che io ho procurato. Quando mi passa la febbre...

Già, non ve l'avevo detto, proprio come Carlo aveva capito – capiva tutto Carlo dei fatti della vita, altro che poco intelligente –, l'indomani del tanto atteso *Porto delle nebbie* mi svegliai con un febbrone da cavallo. Ero tutta un brivido, un sudore e tutto uno schermo pieno di immagini. Al posto del cervello avevo un grande schermo illuminato in maniera allucinante dove a cento all'ora passavano visi, macchine in corsa, animali in fuga inseguiti da vecchi con barbe nere, fari della polizia e colpi di pistola...

«Allora carusa, oramai p'aviri l'unuri d'aviriti tocca aspettare c'hai la febbre? Ma che è stato?»

È Nunzio, ormai lo conoscete, questo è il bello di parlare a vecchi amici, non c'è bisogno di spiegare troppo, di raccontare tutto da capo. Dunque Nunzio, dicevo, con tutta la sua mole ripiegata su di me – quanto è grande, oh! oscura il sole – mi scocca un bacio lieve come un volo di farfalla. Come fa a trasportare quel corpaccione ossuto senza rompere niente? Scivola come un angelo o meglio pare un transatlantico di quelli che da vicino sembrano palazzi e da lontano sirene bianche e nere dalle chiome di fumo e di gabbiani.

«Prenderò quel grande *Rex*».

«Come? Manco ci guardammo nell'occhi, picciridda, ca già voi salpare?»

«Parli bene tu ca cento volte attraversasti l'oceano. È cosí grande veramente l'oceano, zio?»

«Granni ca non si può descrivere, granni come una grande moralità, una grande beltà, un grande amore».

«Oh, tu non sei nemico dell'amore?»

«E perché dovrei essere nemico dell'amore?»

«Non lo so, tutti sono nemici di questa parola. Dicono ca il Novecento è un secolo scientifico e l'amore, dicono, non c'entra niente con la scienza. Ivanoe sostiene che l'amore è l'esatto contrario e perciò ha solo una prerogativa: far perdere tempo».

Ride Nunzio, e la sua testa di transatlantico tutto fumo e gabbiani sussulta proprio come l'oceano.

«Allora piccola, perché 'sta febbre da cavallo, eh?»

«M'inzuppai tutta ieri sera all'uscita del Cinema Mirone. E poi ho un debito d'onore ca mi tormenta».

«Un debito d'onore? Non è ca iochi a carte pure? Per carità picciriddа, vacci piano con le carte. È un vizio nascosto di noi Sapienza, le carte, il vino... Io alle carte ho resistito ma il vino... ne sappiamo qualcosa».

Quanti vizi i Sapienza, penso, e rabbrividisco all'idea di crescere ed essere costretta ad affrontarli tutti.

«Allora, se non sono le carte, che è 'sto debito?»

Gli sto raccontando l'incidente con Concetta, quando mi rendo conto che questo lo può spingere a darmi soldi. E non lo voglio. Già mi dà sempre i soldi per «L'Avventuroso» e la mamma è contraria: «Un individuo deve guadagnarsi da sé i soldi che gli abbisognano, altrimenti si diventa parassiti della società, che è come dire piú vigliacchi dei vigliacchi».

«Ma se è per questo posso farti un prestito».

Lui la mette cosí perché sa come la penso.

«È gentile da parte tua, zio, ma il debito è mio e lo devo pagare col mio lavoro».

Nunzio appartiene a quella razza svagata e dolce sempre, meno che per prendere la pistola e ammazzare ogni tanto qualche tiranno, che è quella degli anarchici, e ha leggi morali diverse da mia madre, Ivanoe, Arminio, leggi affascinanti ma pericolose, almeno a sentire loro.

«Lasciamo andare, zio, quando cominci a parlare dell'anarchia mi fai paura... un mondo dove non esiste piú la carta d'identità e dove la persona viene creduta sulla parola, un mondo senza prigioni e senza guerre».

«Che ti ripugna questo, Goliarda?»

«No, mi affascina... troppo. Tu dici che se uno, mettiamo me in questo caso, non è capace di lavorare o, che so? non c'è portato ma è portato a dire bugie...»

«Bugie? ma tu non dici bugie».

«No, no, volevo dire: a scrivere poesie, cantare, ballare... può accettare senza essere un reprobo soldi da chi l'ammira?»

«Ma certo! che non si deve pagare chi ti dà gioia? I poeti, i giocolieri, i musicisti, e le donne di vita danno gioia e anche la gioia si deve pagare».

Miracolo dell'anarchia, penso, ascoltando il discorso di Nunzio che diventa lungo lungo, chiaro chiaro, e in italiano quando parla delle regole magiche del suo sogno anarchico.

Dopo una mezz'oretta lui mi lascia sul lenzuolo cinque lire lucenti come un sole pallido d'inverno – le cinque lire erano d'argento allora – che mi scalda talmente da farmi passare febbre, tormenti, malumore. Le lascio lí per godermele tutte e sognare il mio domani di riscatto – con tre lire me la cavo con Concetta – e fare piani sul come spendere in tutta gioia vertiginosa le altre due che, se la matematica non è un'opinione, come diceva Carlo, mi restavano belle intatte nelle mani.

La febbre passò rapida com'era venuta ma, potenza del mito, stormi di nubi continuarono a volare basse per giorni e giorni tramutando la mia casbah nera in grandi spazi desolati colmi di nebbie appena stracciate dallo sferragliare lontano di rotaie, dalle sirene di navi braccate dal temporale come cieche balene che annaspavano sfiatando umori neri puzzolenti per le banchine del porto cercando asilo.

Lo schermo in bianco e nero del Cinema Mirone proietta nebbie e io non ho che da seguire passo passo il mio Jean che tutto chiuso in se stesso – il suo passo si fa piú breve e meditabondo in quei momenti – mi cammina davanti. È braccato e io con lui. Sento gli artigli lunghi del fato sfiorarmi da tutte le parti ma non me ne curo. Vago senza fretta in cerca della salvezza o della perdizione assoluta e con gesto distratto porto una sigaretta immaginaria all'angolo delle labbra, dove resterà appiccicata anche rispondendo al saluto di Bombolo – e anche non rispondendo alle sue solite ciance lamentose, ora che mi si è affiancato e mi cammina presso presso come una sanguisuga.

«Io ti ho pagato in anticipo. Tu devi venire a farci il film! il film! L'hai promesso!»

«Che vuoi capire tu, – sibilo duramente, – di quest'ultimo Jean piú favoloso, misterioso e doloroso di tutti i Jean mai visti? che solo io – ormai lo so – posso apprezzare e condividerne la sorte?»

«Ma hai promesso!»

«Ma sí, verrò!» mi tocca dire per levarmelo dai piedi, ma lui niente, non c'è modo. Accelero il passo e lui con me accelera talmente il suo motore che girando l'angolo non s'accorge d'un micetto che gli scivola fra le gambe. Solo la mia mano possente ha il potere di fermare la corsa cieca di quella bomba pesante che è il corpaccio di Bombolo. Non schiaccerà coi suoi piedoni immensi come copertoni di autocarro quel micio! E quando fermo e pallido, smarrito dall'autorità e forza con le quali gli ho afferrato il collo per immobilizzarlo, mi sussurra conigliescamente: «Ma che fai? mi strozzi ora?» posso finalmente sputargli sul viso la celebre battuta di Jean Gabin:

«Un cane è un cane!»

Che posso farci se nel film non c'è un micio ma un cane? Senza guardarlo né tantomeno salutarlo mi volgo rapida, lo lascio lí di stucco, e riprendo la mia passeggiata solitaria fra nebbia e nubi – cosí rare da noi. Non posso perdere un attimo dei miei sogni gabiniani.

Quando il malo tempo passò, la mia convivenza con Jean si era ormai approfondita talmente da farmi sussultare dalla sorpresa ogni qualvolta il mio viso mi appariva nello specchio del bagno o nei cento specchi dei bar e dei negozi scintillanti di via Etnea.

Avevo tanto passeggiato conversando con lui che la sua pelle m'era calata addosso facendomi capire tutto del suo sogno e del suo dolore. Quel sogno d'«essere» era cosí coraggioso e libero che l'idea di andare a raccontare anche solo qualche pezzetto di quelle meraviglie a quei borghesucci del primo piano mi disgustò in tal modo da farmi fare quella che forse mi appariva come la prima vera presa di posizione verso la volgarità, la norma: non guadagnare riducendo il sogno a raccontino commerciabile, non accettare compromessi. Sudavo a quella decisione perché questo voleva dire ridare i soldi che avevo avuto in anticipo. Conversando con Jean avevo – poteva essere diversamente? – dimenticato tutto e le cinque lire intatte erano lí a spingermi con miraggi di gioia... Rivedere il film, comprare tanti giornalini, offrire a Nica tante gale e pettinini. Ma un cane è un cane, e un uomo è un uomo, e noncurante del sudore doloroso che mi danzava per le spalle, di corsa per non perdere la forza morale che è la piú facile a perdersi, andai da Concetta che già s'era sbendata il braccio che doveva essere rotto – come se bastassero pochi giorni a rincollare le braccia! – e lavava i panni.

«Eccoti tre lire per l'offesa e siamo pari», dissi altera.

«Oh, grazie grazie», bela lei con quella smorfia umile e nello stesso tempo golosa che prende tutti i miseri alla vista del denaro.

«Niente grazie, cara, dammi le due lire di resto o non ti do niente».

Quel mio «non ti do niente» spazza la smorfia sdolcinata e finalmente il suo vero viso d'uccello rapace si mostra. Muta, circospetta e artigliosa come un corvo, comincia una danza sul suo corpo per trovare gli altri soldi in qualche anfratto fra le sottane o nel corpetto, che dura piú di un tempo di pellicola. Finalmente le due lire escono da qualche parte e io senza guardarle busso alla porta dei Bruno. Senza aspettare di vedere nessuno di quei piccoli bastardi consegno le due lire alla donna, sacco nero sformato, che le riceve nelle mani umide di farina – o prega o frigge – mentre un odore di sfincione di riso mi sbatte in faccia con un'impudenza che quasi urlo al suo: «Ma Goliarda, non puoi fare cosí! saranno addolorati, si stanno preparando per la tua rappresentazione...» quasi urlo dicevo:

«Ho detto che non posso e basta! Questa è la mia ultima parola».

La porta mi si chiude dietro lentamente – sono molto educati i Bruno –, cosí lentamente purtroppo da non riuscire a sfuggire alla sua voce che dice:

«Peccato, sto preparando anche gli sfincioni di riso che ti piacciono tanto».

Anche gli sfincioni! urlo scendendo le scale a precipizio per sfuggire al dolore della perdita. Non solo le due lire, anche gli sfincioni! Ecco come la borghesia emissaria del potere corrompe chi li diverte, con lo sfincione corrompe. Non è che ti dice: se tu mi racconti quello che voglio io cosí che mi possa divertire ti do, mettiamo, mille lire... messa cosí sarebbe facile perché tu artista risponderesti: eh no! ti racconto quello che diverte me e non mi vendo. Ma con lo sfincione di riso fritto croccante passato poi nel miele fuso dorato come seta...

Lascio che quella beli le sue profferte e me ne scendo giú in strada a braccetto con Jean. Non ti venderò piú Jean, non ammorbidirò piú la tua immagine e le tue tragedie per fare piacere a «loro». Da oggi che sono scesa con te nelle nebbie del tuo fato, o ti racconterò com'eri, bello e atroce, onesto e disonesto, crudele e dolce come un gabbiano e come la vita stessa che è un grande gabbiano vorace ed elegante, o non aprirò piú bocca anche a costo di morire di fame nel cantone piú buio delle arcate del porto, là in fondo verso la Pescheria, dove tutti i poveri si trascinano, e per anni e anni riescono a sopravvivere di frutta marcia e pesce putrido fino a che quell'andazzo un po' indigesto li distrugge con cacarella e vomito. Cosí va il mondo.

15.

Cosí va il mondo, si sa. Fra passeggiate nella nebbia, alti proponimenti e conversazioni faccia a faccia con lo spettro della fame, mi ritrovai a pezzi e per giunta con un sole di tigre che graffiava terribilmente il viso, il collo e le mani. È cosí la mia isola, dopo quei brevi temporali urlati a perdifiato come un addio alla bella stagione (per intenderci, da noi la bella stagione è l'inverno dove almeno si respira e si sentono meno le puzze), il grande sole fa l'ultimo gradino del cielo e si installa nuovamente sul suo trono da dove immobile e saettante si diverte a schiacciare tutti e tutto alla grande carcassa millenaria e rugosa, emersa dal caos in un punto sperduto del mare lontano da tutto ciò che è umano.

Scricchiola la nostra carcassa battuta dalle cento fruste del vento e del sole, scricchiola e invoca la sua sorella di latte, Creta. Arminio sognava sempre di raggiungerla, Creta dolente popolata di giganti gentili che passavano il tempo a suonare lunghi pifferi, chitarre arcuate e sottili come esili lune, e non so quali altre meraviglie di strumenti dei quali il mio fratello musicista si riempiva la bocca. Il suo sogno era di approdare a quello scoglio lontano e con i suoi studi mettere in salvo quei pezzi antichi condannati alla distruzione dai tempi moderni che ineluttabili avanzavano. Il commendator Insanguine aveva ragione, io appartenevo al futuro, alla tecnica e alla scienza; piangendo lo dovevo riconoscere ogni qualvolta Arminio mi parlava del suono delicato di quei fantomatici lunghi liuti.

Eh sí, io appartenevo a Jean, ai tempi a venire, perché in confidenza, non l'ho mai detto a nessuno, in quanto a strumenti privilegiavo il sassofono... Carlo lo suonava al tramonto seduto su qualche scoglio bianco grande e comodo come uno scanno di cattedrale, poco distante dalla casetta linda e profumata di zia Grazia posta fra il verde degli aranci e la scogliera.

Potrei andare da quelle parti, penso, e godermi un po' di quel lindore profumato di lavanda che sempre si spande dentro e fuori la casa della zia. Ma lí dovrei assistere all'amoreggiare continuo snervante (almeno per chi se ne sta con le mani in mano a osservare) di Arminio con lei... appena il marito s'allontana con la sua macchina potente sulla strada polverosa travolgendo carretti e muli (la gente minuta viaggia ancora cosí nella mia isola), e via, in virtú di quella velocità, a mietere soldi ovunque – facile! con la sua macchina arriva prima e fa gli affari. Ma non è di questo cornuto contento che mi preme al momento. Urge fuggire dal caldo arroventato dei vicoli e respirare un po' dopo tanto travaglio morale.

Come avete capito non mi va di assistere agli sdilinquimenti, le carezzine, i bacetti, l'uovo sbattuto eccetera di quella coppia clandestina. Se ad Arminio va bene cosí non tocca a me giudicare. Ma io sogno un altro amore libero e smagliante da cantare in bocca a tutti senza sotterfugi e nascondigli. Eh, per noi materialisti classici, antichi quanto Epicuro e compagni, è cosí. Infatti Arminio mi piace quando scioglie le sue lunghe dita sulle corde della chitarra ma, come dice il professor Jsaya, è rimasto cattolico suo malgrado e questo lo spinge a cercare il piacere nel peccato. Eh, materialisti si nasce e non si diventa, come si nasce anarchici e non socialisti.

«Com'è c'addiventasti anarchico zio?»

«Per un istinto naturale come mangiare, bere, respirare... Quannu con la mamma, tua nonna per intenderci, andavamo a messa io non potevo inginocchiarmi, le gambe mi restavano fisse come bastoni duri, le ginocchia non si volevano piegare, e cosí dopo anni di 'sto supplizio un giorno – avevo nove anni – all'entrata della chiesa mi fermai, non volli entrare. E devo dire che la buonanima della mamma capí subito e mi chiese: "Non puoi, Nunzio?" E io: "Sí, non posso mamma". "Allora non entrare caruso, pregherò io per te"».

No, non andrò a reggere il moccolo ad Arminio e zia Grazia. Poi c'è sempre il pericolo dell'arrivo di Musetta, che amando anche lei Arminio riamata, almeno quando questo mio fratello viene a Catania, si diverte ogni tanto a irrompere nella linda casetta e a fare scenate. Eh, cosí va il mondo, chi non lo sa!

Seduta nell'angolo piú buio e fresco del cucinone aspetto tutta sudata con le mani in mano che qualcosa avvenga. La mia decisione di non vendere Jean ha scombinato tutti i miei piani e le mie fonti di sostentamento, ma la grande morale materialista – morale di comportamento e non dogmatica – è cosí: ogni tanto ti costringe a rimescolare tutte le carte della partita che credevi eterna e riorganizzare il gioco, in poche parole a rifarti tutta, prendere un'altra direzione, buttarti allo sbaraglio: una cosa difficilissima e straziante. La grande libertà di se stessi e dei propri pensieri non è una cosa straziante da non dire? Oh, essere uno di quei piccoli insetti ammaestrati e sicuri che sfilano nelle parate tutti attillati nelle loro gonne nere a pieghe e camicette bianche (anche il basco e la cravatta hanno!) e non pensare piú a niente! Oh, sogno di delegare tutto a un grande padre o a un dio! Ma la mia divisa di «piccola italiana» è stata bruciata su un terrazzo – come vi dissi[7] – e dalle sue ceneri il mio materialismo è sortito limpido intatto. Anche questo si sa, il fuoco purifica, o non è cosí?

«È cosí, Goliarda! Solo che non si può piú dire perché l'ha detto quel coglione di D'Annunzio. Bisogna trovare un altro modo per esprimere questo concetto».

Il professor Jsaya ha ragione e io cerco un altro modo, altre parole per dire quello che mi sta a cuore. Ma il sudore cresce e nella cucina vuota e sterminata nessuno viene a portare qualche buona novella.

Già Tina se n'è andata e già dune di polvere rossastra si mostrano nei cantoni. A sera arriverà Zoe, quell'altra ex galeotta

[7] Episodio riportato dall'Autrice in *Lettera aperta*, il primo dei romanzi autobiografici [*N.d.C.*].

condonata – oh! piú commetti reati grandi e piú ti condonano –, quella spilungona segaligna dal portamento di regina con la sua treccia nera avvolta intorno al cranio scarno proprio come un diadema… Verrà, e con lei l'epoca del terrore notturno. Di giorno Zoe è affidabile, e un poco cucina per noi, ci lava il minimo indispensabile ma qualche fazzoletto lo lava. La notte, parata in un enorme camicione bianco stretto al collo e ai polsi come quello delle suore che non conosco ma che Licia ha conosciuto molto bene nella sua infanzia sballottata fra zie e suore e nonne… tutti sballottati gli agnellini del branco Giudice-Sapienza. Eh già, il grande montone Sapienza e la sua Signora stavano piú in galera che nel mondo, cosí i figli venivano catapultati fuori dal gregge e cadevano dove potevano, poveri animaletti senza colpa nati da coppie ribelli – ma quella era colpa dell'ideale –, e poi a sentire Ivanoe non era una grande novità: branchi e branchi erano cresciuti cosí. Marx aveva cominciato a sacrificare i figli, non so se tre o quattro gliene erano morti di fame per scrivere *Il capitale* e dare pane all'operaio… l'operaio dalla grande bocca spalancata stava lí a ricevere in pasto figli di marxisti e mai si saziava…

Ma torniamo a Zoe, monaca del delitto. Una notte m'entra nella stanza, i capelli tutti sparsi intorno al viso, lunghi sino ai fianchi e lucenti d'un fuoco nero d'inferno, e comincia fissandomi negli occhi un pianto muto e abbondante come quattro fontane.

«Perché piangi, Zoe?» faccio io tremante e fissando i movimenti delle mani, che non s'alzassero all'altezza del seno abbondante. In mezzo a quei due seni – l'unica cosa che sporgeva nella figura – sembra portasse un coltello affilato, la «misericordia», per difendere il suo onore di fanciulla pura.

«Perché piangi?»

«Perché sono figlia di brigante, signorina».

«Briganti siciliani, Zoe?»

«Sardi, signorina!»

«Ma non sei torinese, Zoe?»

«Mia madre era torinese, signorina, mia madre che mi tenne nell'errore…»

«Quale errore?»

Con gli assassini bisogna essere pazienti, come dice l'avvocato. Sono terribilmente suscettibili anche piú delle persone oneste, per un nonnulla si sentono offesi e mettono mano a pistole e «misericordie».

«...di dirmi che mio padre era morto da tempo, che era persona dabbene, e cosí io m'innamorai di un carabiniere, dieci anni di fidanzamento, come lei sa i carabinieri devono raggiungere una certa età per potersi sposare».

«Lo so!»

«Non ne dubitavo, lei è tanto istruita signorina... La casa qui è piena di maschi... i maschi sono sempre istruiti, ma tradiscono. Io...»

Ecco che si porta la mano sui seni carnosi. Per moto involontario arretro un poco e questo mio arretrare le fa spalancare gli occhi immensi e chiudere la bocca in un muto sospetto terrorizzante. Aspetto cercando di non abbassare gli occhi fino a che Zoe, riconquistando il territorio perduto col mio arretrare, mi soffia sulla fronte – è molto alta anche seduta – un fiato gelido che dice:

«C'è qualcosa che non va, signorina?»

«No, Zoe, tutto perfetto, non ti allarmare».

«Tutto perfetto dice lei? Imperfetto direi io... Tutto imperfetto... Io mi fido dei suoi fratelli perché sono figli di suo padre che è un gran signore, ma li tengo d'occhio. Qui, vede? c'è qualcosa che mi ha protetto e sempre mi proteggerà. Quasi quasi adesso vado in terrazza a prendere un po' d'aria, si soffoca in questo paese. Lassú a Torino avevamo una casa in mezzo al verde ai piedi delle montagne e l'aria non mancava mai».

A quel che pare tutte le assassine amano molto l'aria fresca. Seguendo il consiglio di Ivanoe cerco di spedirla in terrazza sussurrando: vai, vai Zoe. Ma lei si riprende:

«Le stavo dicendo della mia tragedia, grande tragedia, che se sapessi raccontarla potrebbe apparire in un bel libro rilegato in pelle e oro come quelli che legge sempre suo fratello Ivanoe, anche lui me l'ha confermato che ho avuto una storia degna di un grande scrittore... Senta, senta: dieci anni di fidanzamento pulito senza litigi o porcherie come tanti che so io, e poi al momento di sbrigare le carte si scopre – come piangeva mia madre! – che sono figlia di briganti e che un carabiniere non mi può sposare. Che faccio, io Zoe qui presente a lei, che faccio?»

«Non so, Zoe!»

«Intanto do una coltellata a mia madre perché m'ha mentito e poi a lui il resto. Non mi chiede come è finita, signorina?»

Allo stremo delle forze cerco di chiedere quello che già so nella maniera piú disinvolta possibile, e devo esserci riuscita perché lei alzandosi e non curandosi piú di me, come all'improvviso fossi diventata trasparente, biascica a bassa voce:

«Mia madre morí, ma non perché io l'ho colpita, morí per rimorso, ne sono sicura, ma lui... dev'essere perché l'amavo tanto e la mano mi tremava... lui non ne ricavò che una piccola ferita al torace... del resto che colpa aveva? Non poteva sposare una figlia di briganti, è nella legge divina e degli uomini».

Si alza, Zoe, e sparisce, perfetta nel comportamento e nel ragionamento. Mio padre ha ragione, quella monaca del delitto è molto intelligente.

«Ma carusi, è innocua, ve l'assicuro! L'hanno rilasciata dopo solo otto anni per buona condotta, appunto perché è innocua».

«Ma papà, – fa Carlo, – porta un coltello in seno e una notte su tre s'aggira per la casa».

«E che vi fa? Voi chiudetevi dentro. È una buona donna, non facciamo le femminucce isteriche, vi spaventate di una poveraccia che non si sa nemmeno se ha ucciso la madre... L'ha solo spinta col coltello in mano e a quella s'è fermato il cuore. Su, andate!»

Alla nostra delegazione composta da Carlo, Arminio, Ivanoe eccetera non resta che fare dietrofront, accettare quella poveraccia di Zoe e barricarsi ognuno nelle proprie stanze. Per me è una festa grande, con la scusa della paura posso dormire a volta a volta con Arminio, Carlo, Licia, Olga e non aspetto altro che la sera per giocare al rituale del barricamento. Ivanoe poi è cosí buffo quando spinge dietro la porta il comò dicendo: «Misericordia! misericordia! non voglio essere purificato dalla tua lama d'acciaio incorruttibile...» Infatti questo speciale pugnale era destinato solo all'uomo; con noi donne, quando eravamo sole, Zoe mai accennava a quell'oggetto. Se lo faceva era solo per spiegare la bontà della sua lama e convincerci a possederne uno. Secondo lei una donna, una fanciulla e perfino una bambina dovevano, per essere sicure davanti all'«uomo», averne uno.

«Anche quando sta coi fratelli?»

«Fratelli! Fratelli! Che vuol dire questa parola? Sempre uomini sono!»

Fu per questa frase che Musetta cominciò a stravedere per Zoe. Era il suo idolo. Stava sempre con lei a confabulare sui vari modi di autodifesa della donna contro l'uomo. Musetta asseriva che Zoe era la punta estrema del movimento per la causa della donna. Altro che suffragette o quelle sciocche delle Balabanoff, Kuliscioff, Zetkin, eccetera, che speravano di abbattere la tirannide sanguinosa dell'uomo combattendo coi fiori...

Eccole che arrivano: Zoe, allampanata e lenta; Musetta, piccola, tutta tonda e scattante come una gatta che non sai mai se accarezzarla o allontanarla; imprevedibile Musetta, non studia niente e sa tutto, sembra sempre in ozio e scatena azioni cosí plateali da far rimbombare tutta la Civita.

«...Il mio scopo, Zoe, è smascherare la vera natura dell'uomo! La mia vita è consacrata a questo. Ninetta diventò pallida pallida quando le dissi che il suo fidanzato aveva fatto porcherie con me, ma dopo pochi minuti il segno della ribellione sana, l'ira sana si mostrò... questo è il mio compito! per questo ho raggirato quel vile di Francesco... per questo se telefona o viene gli devi dire che non ci sono. Io non lo voglio, ho fatto finta di volerlo per poi denunciarlo, adesso che vada al diavolo e mi lasci in pace!»

«Capisco, capisco, – fa Zoe tetra ma mossa da un ardore sotterraneo che le fa balenare i grandi occhi scuri di pece, – capisco ma fa pena. Questa mattina piangeva qua in cucina».

«Non ci credere, non piangeva per me, Francesco, era tutta scena per convincere se stesso e quell'altra che l'ha tradita per un grande amore... mentre invece qualsiasi donna avrebbe potuto portarselo a letto».

«Questo non lo capisco, signorina».

«È colpa mia se non capisci, ho formulato il mio concetto in maniera indiretta, da intellettuale, ma tu sei intelligentissima, Zoe, e io ti porterò ad agire per la nostra causa».

«La nostra causa, signorina? E in cosa consiste?»

«Spazzare via l'uomo e il mondo cattivo che ha costruito!»

«E con chi ci sposiamo, chi ci mantiene?»

«Questo si vedrà dopo... prima di costruire bisogna distruggere».

«Ah!»

«Vedi, se tu avessi ucciso quel carabiniere avresti fatto un'azione rivoluzionaria, cosí hai fatto qualcosa a metà, ma non ti amareggiare, si può riparare».

Per fortuna non si fermano in cucina e passano via come due sagome imprecise solo sognate. Per fortuna non m'hanno vista e io posso avvicinarmi al grande tavolo ovale e frugare nei pacchi che hanno portato: c'è tutto un bendidio di frutta, pane, formaggi, salami. Musetta è molto generosa e trova sempre soldi dappertutto. Come farà? E perché, azzannando un pezzo di pane e primosale che mi permetterà almeno per un giorno di non fare la fine dei figli di Marx, grosse lagrime mi scendono sulle labbra, sul pane e formaggio e le mani?

Saziata la fame, si sa, il desiderio di agire torna in tutta la sua forza, masticando pane e primosale ricordai in un lampo che nel fondo della tasca della giacchetta c'erano ancora le due lire che avevo guadagnato lavorando dal commendator Insanguine. Sono salva, penso, assaporando l'ultimo boccone profumato di latte e spighe, ecco, il sapore del primosale piú che formaggio ricorda il liquido fresco delle spighe di grano un po' verdi appena raccolte nei campi, sapore di libertà. Sono salva, tutta la vastità di verde e oro che lambisce come un mare le porte nere di Catania è mia. Andrò libera e sola come Jean in cerca del senso, della ragione o del perché di me stessa e del mondo, lontana da Musetta e Zoe che complottano contro di te, Jean, e per conseguenza logica contro il mio lato onirico in sviluppo.

Rassicurandomi con la mano della presenza delle due lire dimenticate nel fondo della tasca, filo via in cerca della mia vita. Ma io l'ho vissuta già la mia vita, penso, almeno tre quattro volte! e per quanto faccia, per quanta volontà, intelligenza, fantasia sprigioni intorno a me per incanalarla e sottometterla al mio volere, mi si delinea davanti in quell'unico teorema possibile che è il risultato di mia madre, mio padre, mio zio, i miei fratelli eccetera. Risultato matematico o destino, essa è lí e io ci giro intorno come un asino bendato intorno alla macina.

Asino o non asino, con scatto agile salto sul tram in corsa che mi porterà lontano dalle maledizioni di Musetta e di Zoe, lontano dalle loro unghiacce e strilli acuti come lamine, lontano in salvo con Jean sottobraccio tutto felice di prendere finalmente una boccata d'aria dopo tanto fetore di vicoli e angiporti.

16.

Tina, sul cancello del suo podere sbriciolato di vecchiaia, quasi sviene dalla gioia nel vederci, e sento Jean dentro di me che sospira felice:

«Finché vi saranno delle Tine grassottelle e generose siamo in salvo, Goliarda, da tutte le guerre possibili, da tutti gli astii e le intolleranze... Mi ricordo, alla fine della guerra, sperduto e affamato, fu proprio una donna come questa che mi salvò la vita con un pezzo di pane e il sogno – cosa importante come il pane – e con un sorriso. Sapessi com'era bella! Portava una treccia bionda intorno alla testa a mo' di corona e ogni volta che sorrideva era come se un faro le si accendesse davanti e la illuminasse tutta. Guardarla dava l'illusione che una grande pace fosse scesa sulla terra. Breve illusione certo, ma cos'è la vita se non una breve illusione? una sorsata d'acqua fresca, una carezza breve e infinita che travolge tutto con la sua dolcezza trascinante?»

Ragazzi, fu magnifico! Da Tina si dormiva su materassi di crine fresco in un silenzio cosí completo che solo la sazietà era capace di svegliarci. In quel piccolo dado bianco di calce sperduto nel verde degli aranci si mangiava all'ombra della pergola fichi freschi, ulive e miele. All'alba e al tramonto poi, quando la luce era dolce, si correva fra gli alberi o giú a perdifiato per i valloni verso il mare. Fu lí, seduti fianco a fianco su uno scoglio, le gambe penzoloni nel vuoto parlottando di problemi cosí intimi che solo fra veri amici si ha il coraggio di sviscerare, che assistemmo allo «spettacolo». A sentire Nunzio e Insanguine solo una volta nella vita è concesso e solo se credi nella materia e sei puro di cuore, vicino a un amico puro come te. Il mare si rimestò e si fece buio come per un presagio di maremoto seguito da un muggire tonante di numerosi armenti sguinzagliati nelle viscere della terra.

«Nasce il toro lunare! – gridò Jean. – Senti come cerca di uscire dal ventre della madre terra».

Per attimi tirati all'infinito restammo muti a osservare i vortici plumbei delle onde fino a che il cielo cadde con gran frastuono nero nero fitto senza interruzione sul mare. Io tremavo un poco, ancora non ero grande come Jean e poco sapevo della vita, ma lui mi passò il braccio sulle spalle e solo questo mi permise di non fuggire su per la scarpata. Ancora un attimo di buio completo e poi ecco l'immensa groppa bianca del toro sollevarsi lenta e ansimante fra mille rivoli di schiuma illuminati dalla luna che improvvisa era emersa dal nulla e ora stava lí ferma tonda perfetta in attesa. Non facemmo in tempo a fissarla che ecco spuntare la mascella quadrata taurina, i grandi occhi dallo sguardo limaccioso che roteavano dal basso in alto. Che cercava quello sguardo? Cercava noi? Un avvertimento? Una condanna? Un'assoluzione? Si era mostrato a noi per provare la nostra forza d'animo, o solo per legarci a un'esperienza unica e incancellabile e saldare cosí la nostra amicizia con un segreto? Certo il toro appariva solo agli amici che bevendo uno il sangue dell'altro si univano in una sola persona, anche piú di un fratello a una sorella, un figlio a una madre. In poche parole «dopo» non parlammo d'altro sviscerando tutte le possibili modalità manifeste e no della materia e delle sue metamorfosi.

Stavamo ancora dissertando sul perché e come di quell'apparizione, quando la voce dell'avvocato ci richiamò alla realtà. Non era proprio la sua bella voce sicura e tonante quasi d'attore, ma la vocetta fessa e indecisa del farmacista che possedendo un telefono giú al paese ci teneva al corrente degli avvenimenti cittadini e nello stesso tempo teneva informato Peppino degli avvenimenti della campagna.

«In Città! – strillava. – In Città!» con la C maiuscola. Per il farmacista Squittieri, ultimo esausto rampollo di una non ben definita razza di intellettuali esiliati dai Borboni nel deserto barbarico di quelle contrade, l'unica città che potesse vantarsi di portare questo nome in Sicilia era Catania. Sognava sempre di poterci andare, anche per questo non s'era sposato: «L'amore lega, distrugge la volontà e la fantasia», diceva, ma non ci andò mai. Esile e lungo come una canna, sempre vestito di lino sbiadito, col passo senza peso e la pupilla scialba, lui che aveva giurato di non occuparsi di politica ma solo di musica e libri, era diventato antifascista, poi, dopo la guerra, separatista. Dopo ancora – quando la sua Catania sognata era divenuta fascista –, comunista, e ultimamente – quando lo vidi l'ultima volta? – borbonico.

Sul principio Jean e io non lo notammo nemmeno in mezzo alle canne urlanti per il gran vento, canna su canna tremava tutto andando su e giú col suo bastone dal pomo d'argento.

«È un'ora che l'aspetto, signorina! Stavo per chiamare la forza pubblica! Tina è svenuta quando ha sentito che il vento s'alzava dal mare... abbiamo temuto il peggio! Dio santo, sulla scogliera cu stu presagio di tempesta! Ma che faceva laggiú?... no, non dica niente, per ora corriamo dalla signorina Tina che ci muore... Che serata, ah! Ero venuto per comunicarle una telefonata di suo padre. Dice che deve tornare a Catania, dice che c'è festa grande domani, per nostra fortuna! Non s'offenda, signorina, è un supplizio starle dietro. Domani riprende la corriera e amen... lo devo dire a Peppino ca a sua figlia ci badi lui. È troppo tosta e... amen».

Fra pianti di Tina e borbottii di farmacisti e contrabbasso d'appuntato dei carabinieri che come un sottofondo ripeteva: «Eh, non si fa accussí! Non si fa... fa... fa...» presi la corriera ben felice di allontanarmi da quei provincialotti che per una breve sparizione la facevano cosí lunga. Eh, la campagna è bella, ma solo per pochi giorni... noi nati cittadini col vizio velenoso sí, ma magnifico della rapidità, delle insegne luminose, dei teatri e dei cinema sempre aperti, dell'urlare dei rivenditori, delle radio a tutto volume, delle sirene del porto e chi piú ne ha piú ne metta, non ci possiamo accontentare a lungo della pace dei campi (se pace è) e della lentezza dei cervelli. In città!

Jean non diceva niente ma io sentivo che fremeva di arrivare là dove la strada in grandi curvoni cominciava a planare rapida verso le insegne colorate, i lampioni smaglianti, il brusio vitale di voci, gesti, sguardi. Infernali dite? Che bell'inferno d'emozioni però essere portati dal vento di folle che spingono per sorbire un gelato all'aperto, discutono dell'ultimo spettacolo, raccontano, chiedono, spargono notizie che spalancano le quinte dell'intelligenza.

«Cosí dici, Goliarda, che ti piace sí il mare, la campagna, ma preferisci la città? E che male c'è? Ognuno è padrone di avere i propri gusti».

Sempre cosí a casa mia, quando cercavi di comunicare un tuo travaglio, morale o mondano, te lo ricacciavano in faccia un po' stizziti (anche se avevi, che so? mal di denti o male alla pancia), facendoti capire che il problema era tuo e che te lo tenessi senza fare troppe storie perché «loro» avevano cose ben piú importanti e vitali: «Il bene del popolo», «Il progresso», «Il dolore del mondo».

A parte questa piccola delusione di non poter comunicare a nessuno il mio nuovo dilemma città-campagna, la festa fu qualcosa di cosí sublime da farmi credere che veramente il mondo sarebbe diventato migliore se – a quello che asserivano –, caduto il fascismo, ogni anno il Primo Maggio tutti, e di ogni condizione, avessero avuto quel bendidio di dolci, fiori, musica, danze, abbracci e canti. Gli invitati – tutti clandestini – quell'anno erano cosí numerosi che nella casa si stava come sul tram a mezzagosto per andare alla Playa. Donne e uomini a mo' di riconoscimento portavano un garofano rosso vero o finto: le donne al seno o nei capelli, gli uomini naturalmente all'occhiello. Il mio, a detta di tutti, era il piú bello, Licia me lo aveva ricavato da una vecchia gonna di organdis rosso. È inutile sottolinearlo, era scicchissimo all'occhiello della mia giacchetta nuova di velluto nero a coste finalmente della mia misura, non ricavata da una dei miei fratelli e tagliata dal sarto di fiducia dell'avvocato.

La sera, dopo la grande festa che fece parlare per anni tutta la città – anche critiche, pettegolezzi, ironie, che credete? a

Catania è cosí, tutto viene passato al setaccio dell'arguzia e lavato con aceto, ma chi ci bada? l'importante è fottersene e che sparlino pure –, presi Jean per mano – aveva tanta nostalgia del suo passato – e lo portai a rivedere la sua avventura fra le nebbie del porto. Il caso volle che il film dal Cinema Mirone fosse passato alla grande Arena Bellini, e cosí lui, sudato e rosso per la calura, ubriaco di profumo di gelsomino – c'era stata una fioritura abnorme sui muretti dell'Arena –, riandava al suo amore con Michèle – gli occhi immensi sbiancati dalla nostalgia fissi sul grande schermo – e io imparavo come ci si comporta con le donne, come le si fa innamorare e come le si protegge e, cosa ancora piú importante dell'etica di Jean, come si impara la vita da loro che come un fiume sanno scrutare la strada fra massi taglienti, dirupi e spine verso le braccia spalancate del grande mare.

Nelle scene con quel diavolone di Michèle Morgan cercavo di stare piú attenta che potevo per capire sino in fondo come si contrasta il male, lo si abbatte o si muore pur di non esserne coinvolti: «Meglio morire, – gridano gli occhi glauchi di Jean, – piuttosto che subirti solo un attimo!» e in quei momenti di altissima tensione l'azzurro del suo sguardo si affila in cento spade di esile ghiaccio che niente può abbattere.

Cacciati dall'Arena all'una di notte, morti di sonno, affamati scendiamo per i vicoli di quel quartiere insonne dove sempre a tutte le ore si trova qualcosa da mangiare. Compro qualche crespella e un cestino di gelsi neri e poi su nella mia stanzetta a sviscerare il senso di tutto quello che lui ha fatto, il perché l'ha fatto, dove ha sbagliato, come si potrà in seguito nella vita scansare l'errore e non perire.

Jean approva i miei consigli, accetta i suoi errori e mi sprona ad andare avanti senza chiedere alla vita immediate gratificazioni o medaglie:

«La vita è lotta, ribellione e sperimentazione, di questo ti devi entusiasmare giorno per giorno e ora per ora. Vedi me, sono morto tante volte combattendo, eppure sono qui con te tranquillo a ricordare e gioire delle mie lotte, pronto a rinascere e a ricominciare.

Ricominciare, – sussurra sorridendo Jean dal grande schermo, – questo è il segreto, niente muore, tutto finisce e tutto ricomincia, solo lo spirito della lotta è immortale, da lui solo sgorga quella che comunemente chiamiamo Vita».

L'università di Rebibbia

A sirene spiegate (o io sono diventata una criminale molto importante, o loro – sono quasi le dieci – hanno solo fretta di tornare alle rispettive case), percorriamo la città che mi appare piú sontuosa e immensa.

La vicinanza di quei carabinieri dai corpi scattanti già protesi alle loro vite private allenta la morsa dei nervi che, ora comprendo, era solo paura della loro forza fisica. Un'altra volta ho provato quel terrore d'essere fra uomini ostili. Quel poco di sicurezza che la donna crede d'avere, tutta la superiorità che a volte t'attribuisce un amante, l'amico, il figlio, spariscono davanti all'inferiorità muscolare – semplicemente muscolare – avvertita in mezzo a due o tre uomini che non hanno piú bisogno di fingere rispetto, ammirazione, pietà perché sei femmina e piú debole.

Un'altra volta mi sono trovata in una situazione come questa, ed è stato sotto i tedeschi. Come ho potuto dimenticare il silenzio minaccioso rinchiuso nel breve spazio d'una macchina come questa, l'odore acre del panno delle loro divise, misto al sentore metallico delle fibbie, dei bottoni... Era difficile associarli ai tedeschi questi carabinieri: non portano divise.

Varcato il grande portone verde cupo, con leggere spinte indifferenti mi rotolano giú dalla macchina, depositandomi come pacco di poco conto sotto gli occhi di due donnine sorridenti e misere nei loro grembiuloni blu, troppo larghi e sgraziati, di bidelle di scuola elementare. Finalmente i passi pesanti di quegli uomini s'allontanano rimbombando nel grande ingresso vuoto, su verso l'uscita. Sono fra donne. Probabilmente questo pensiero mi fa sorridere, e il mio sorriso confonde la donnina nel largo grembiule da bidella che, con gesti traballanti d'uccello affamato, perquisisce la mia borsa accuratamente. Non devo sorridere, intralcio il suo lavoro. Lavoro duro, mi dice con lo sguardo, mentre l'altra piú in carne mi intima: «Su, su, si spogli! Tutto si deve levare, tutto!»

I miei vestiti nelle loro mani vengono frugati con solennità impressionante. Poi mi fanno fare una flessione a ginocchi divaricati, e capisco: è per la droga, potrei averne nascosta nella vagina.

«Ma che porta, la parrucca? I capelli troppo belli sono: Teresa, guarda un po'...» Teresa è il primo nome femminile che sento al posto di: «Maresciallo, la faccia passare!... Mi chiami il brigadiere Mancuso».

«Agli ordini, capitano!» eccetera.

Sono persone che mi scrutano, e non agenti senza emozioni come fino a quel momento m'erano apparse quelle curiose stampelle sommariamente vestite e come appese alla luce incerta di quello stanzone vuoto. Mentre Teresa mi tira un po' i capelli e fa: «No, no, sono veri», mi rivesto in fretta improvvisamente intimidita come al primo giorno di scuola davanti alla maestra (sento il mio corpo tornato bambino mettersi impalato su un attenti goffo).

Perché quella sensazione puerile? Ormai non ho piú paura fisica. Con un manrovescio potrei abbatterle tutte e due in men che non si dica. La risposta viene immediata quando, affiancata dalle due bidelle, mi si ordina di andare avanti. Come allora, nel primo giorno di scuola, sto cadendo in preda alla sensazione panica di dover entrare in un luogo misterioso e potente del quale non so niente, e dove niente ormai dipenderà piú dalla mia volontà.

Infatti quel lungo corridoio largo e basso, rischiarato ogni dieci, quindici metri da fioche lampade verdastre, è cosí nuovo per le mie emozioni consuete che per un attimo arretro. Anche le due donne si fermano e mi fissano, il loro sguardo dice: non puoi che seguirci.

Questi camminamenti d'immersione alla pena sono di una

perfezione gelida. Un lungo budello scivola inesorabilmente verso il fondo senza un appiglio per le mani della fantasia al quale potersi aggrappare. Dopo il primo corridoio, svoltando a destra, si scende ancora, si scende sempre. A ogni passo senti che vai verso il basso e che non potrai piú tornare a essere come prima. Quei camminamenti sotterranei parlano di morte e conducono a tombe. Infatti, per la legge dell'uomo un tuo modo di essere è stato cassato, la fedina penale macchiata, le mani insozzate dall'inchiostro per le impronte digitali: quella che eri prima è morta civilmente per sempre.

Camminando a passo svelto (è notte ormai, anche le secondine hanno fretta), prima cosa che l'istinto ti suggerisce, proprio come a scuola, è: non irritare mai i superiori. L'autodegradazione che genera quella lunga discesa e, dopo, il passaggio d'un grande cancello e dopo ancora – sempre piú in basso – la vista d'una diecina di portoncini metallici sbarrati tutt'intorno a un piazzale buio, è cosí potente da apparirmi come una sorta di piacere al quale abbandonarsi e farla finita con le angustie minute della vita, le varie etiche, l'orgoglio, la rispettabilità.

Davanti a uno di quei portoncini di ferro, tarchiato e solido, le due donne si fermano. Una tira fuori le chiavi dalla grande tasca sformata e si accinge ad aprire la porta. Il gesto è antico, evoca ricordi ancestrali: convento, segreta, cappella mortuaria, ripostiglio buio dove bambina ti chiudevano.

Brividi di freddo salgono alle caviglie. Fuori era tiepido. Il caldo vento dell'autunno romano danzava scherzoso per le strade, le piazze, i colonnati. Timido vento ancora rispettoso dell'agonia delle grandi foglie dei platani. Per settimane e settimane durerà. Poi bruscamente lo spiro lieve d'ottobre si farà tagliente e una marea di foglie ossidate invaderà il grande viale di casa mia. Ma non è tempo di ricordi.

La porticina attende aperta davanti a me, il freddo ormai dalle caviglie ha invaso tutto il mio corpo, e con voce a me estranea di bambina spaventata (o di mendicante?), sento che dico affannata: «Non avete niente da mangiare, per piacere? È da stamattina che...»

«È tardi ma vado a vedere. Entri adesso, vado a vedere».

Appena entrata, non oso guardare il luogo che le donne hanno aperto e poi richiuso dietro di me con un rumore di ferro cosí forte da far sobbalzare tutta quella tenebra morta. Di scatto mi rivolto con le palme verso la porta sbarrata. All'altezza del mio viso incontro quel riquadro a sbarre di metallo, unica fessura sempre aperta nel «tutto chiuso» di tutte le celle conosciute attraverso libri, racconti, film: quel simbolo d'isolamento che tutti conosciamo, e che ricorre a volte nei sogni. Lo spioncino è all'altezza del mio viso, mi avvicino quasi a toccarlo e guardo fuori: non si vede niente nella penombra, appena appena un'altra porta davanti a me, chiusa. Il mio corpo forse resterebbe lí per sempre come un sasso se un grido inumano (a stento riconosco il timbro femminile) non accendesse il silenzio come un fulmine facendo vibrare il buio. Aspetto quasi con ansia il ritorno di quel grido ma niente, tutto s'è ricomposto in quell'immobilità innaturale come se l'urlo non si fosse mai fatto sentire. Ecco cos'è terrorizzante di quel complesso di celle: l'innaturalezza del loro silenzio.

Desideriamo spesso il silenzio, ma quello della vita è sempre sonoro, anche in campagna, al mare, anche nel chiuso della nostra stanza. Qui dove mi trovo il non-rumore è stato ideato per terrorizzare la mente che si sente ricoprire di sabbia come in un sepolcro. Senza accorgermi mi sono aggrappata con le mani alle sbarre; lo noto solo quando il viso della donnina dal collo d'uccello affamato e lo sguardo lacrimoso mi si para davanti e mi sussurra: «Come va, signora?»

«Bene, grazie».

«Ecco, abbiamo trovato solo questo».

Non dice buonanotte perché forse ha già infranto molte regole portandomi qualcosa e rivolgendomi la parola. Dev'essere cosí perché fugge via sparendo dalla mia vista come un fantasma risucchiato dallo stesso buio che l'aveva materializzato.

Al contatto del pane la fame si fa piú forte, e questo mi dà l'ardire di rivoltarmi e affrontare il luogo dove starò... Non devo pensare a quanto ci starò. Giro gli occhi solo verso destra dove intuisco ci dev'essere la branda. Fissando solo quella mi seggo: fra le mani ho pane e un pomodoro. Mangio piano, che duri il piú a lungo possibile. Mangiando la tensione s'allenta, e quando ho finito cerco, scrutando in giro il meno possibile, d'infilarmi sotto una coperta ruvida al tatto.

Non la devo guardare, basta l'odore quando la tiro su verso il mento. Basta questo a scatenare una sfilza di fantasie insopportabili. Devo riuscire a fermare la fantasia e attenermi solo ai gesti e ai pensieri che mi possono aiutare a superare tutto con il minimo di sofferenza. Non tuffarsi nella sofferenza, altra tentazione quasi voluttuosa in confronto alla solitudine che senti intorno, ma che porta a quel grido ascoltato prima. Infatti c'era anche voluttà in quel grido.

Fermare la fantasia. Ripeto questa frase nella mente come al tempo della scuola quando si mandava a memoria una poesia che non si capiva. Io che ho fatto uno strumento della fantasia, che l'ho studiata tutta la vita per acuirla, liberarla, renderla agile il piú possibile, mi trovo ora a doverla uccidere come si farebbe col peggiore dei nemici. Eppure è cosí. Da questo momento essa mi può essere maligna.

Anche adesso che ho lasciato libera la mente a teorizzazioni astratte e con esse mi sono portata fuori da questo luogo, lo scoppiare di un: «Voglio uscire! M'ammazzo, voglio uscire!» mi sconvolge talmente da farmi scattare seduta in preda a un panico maggiore di prima. No, mi dico ad alta voce, da oggi per me la fantasia è nemica.

Fisso la luce in alto che, è inutile raccontarsi favole, di sicuro resterà accesa tutta la notte. Entrando, è logico, la cella m'era apparsa molto buia, ma ora è come se un sole si fosse acceso davanti a me, un sole immobile, maligno che riapre le palpebre ormai troppo stanche per non desiderare di chiudersi. Avessi la sciarpa la potrei stringere intorno agli occhi come quando sono in viaggio, ma – è noto – tutto meno l'indispensabile per coprirti ti viene levato quando entri qui dentro. Quando m'hanno spogliata per perquisirmi pensavo che m'avrebbero dato una divisa, invece m'hanno lasciato i miei vestiti. Forse domani.

La luce di quel sole artificiale rivela la nudità di quattro mura dipinte di un azzurrino opaco che dà la nausea, poi un cesso di colore dubbio senza tavoletta e un lavandino grigiastro. Nella parete di fronte all'ingresso una finestra rettangolare con vetri molto spessi, di colore simile a quelli delle latrine di terza categoria, s'apre a bocca di lupo ma solo di quindici centimetri, cosí che in nessun modo (anche se fosse all'altezza d'uomo) si può vedere fuori.

Mente progressista doveva possedere l'architetto che ideò quella finestra: niente sbarre per carità, troppo crudeli, si può vedere il cielo. Quella finestra s'apre per mezzo d'una leva o manico. La prima «cosa» che vedi appesa a quel manico è la tua testa penzoloni. Ecco perché si impiccano cosí facilmente da qualche anno a questa parte: un tavolino c'è, anche una sedia da metterci sopra, un lenzuolo – lo sento sotto la coperta – c'è pure per fare il cappio. Lassú la forca è già pronta.

Distolgo gli occhi dal manico annotando dentro di me l'ulteriore lusinga delle sirene carcerarie; tutti i luoghi antichi hanno sirene e quindi anche qui se ne aggirano. Le scoverò. Mi addormento, credo con gli occhi aperti, le palpebre appese a quel sole maligno.

Quando mi sveglio il sole non c'è piú. Al suo posto una luce biancastra da cesso pubblico spande una specie di aurora boreale. Non riesco a muovere gli arti: il desiderio di richiudere gli occhi, non fare piú un gesto, è immenso. Ecco le sirene carcerarie che tornano all'attacco: hanno lunghi capelli bianchi di luna e mani algose. Abbandonarsi a loro, rifiutare l'acqua, il cibo, e lasciare che gli altri – finalmente – se la sbrighino loro con questo corpo che non fa che richiedere sforzi, gesti, appetiti insopportabili.

Invece salto in piedi, anche se la tazza del cesso non ha nessun significato per il mio intestino bloccato. Come un bravo soldatino mi lavo le mani fin sopra il gomito, come diceva Rilke, e il viso. Mi rivolto verso il letto per rifarlo. Il letto non si muove: è inchiodato saldamente al pavimento. Mi tremano le gambe, non c'è pensiero logico che mi possa calmare. Inutilmente mi dico: lo fanno perché potresti servirtene in caso di rivolta per barricare la porta. Non c'è niente da fare: il voltastomaco, il senso di claustrofobia che ero riuscita fin qui a dominare mi si scaraventa addosso con onde di panico. Come un naufrago mi getto sulla branda cercando la salvezza nel non pensare.

Devo aver dormito a lungo perché quando apro gli occhi la finestrella dà piú luce e dietro la porta, dopo tanto silenzio, si sentono scalpiccii di passi affrettati, stridere di chiavi nelle toppe, rotolío di ruote metalliche. Scorgo allo spioncino un carrello immenso con due donne che ci trafficano intorno. Di una vedo solo la schiena enorme, l'altra, giovanissima e paffutella, i modi bruschi da contadina, mi porge un bicchiere di plastica una volta bianco ma ormai divenuto marrone dall'uso: «Latte, signo'?...»

Prendendo rapida il bicchiere – ormai è chiaro che hanno sempre fretta e non bisogna irritarle – sfioro la sua mano e sento che dico «Grazie». Due occhioni incerti se offendersi o ridere mi fissano per un attimo: «C'hai detto?»

«Grazie».

Gli occhioni spariscono muti, ma a me il contatto di quella mano ha dato vigore. Bevo il liquido marroncino che la contadina ha asserito essere latte. Il liquido è caldo e fa bene.

In qualche modo il mio grazie deve aver fatto effetto perché dall'aria misteriosa – quasi complice – con la quale mi richiama allo spioncino capisco che sta facendo qualcosa di insolito per quel posto: «Guarda, signo', c'oggi nun te fanno usci' all'aria, domani forse, datte 'na regolata».

Per sapere se è stato il mio grazie a farmi ottenere quella informazione, ripeto: «Grazie». È stato quello il movente della sua premura perché questa volta sorride con tanti bei dentoni un po' accavallati ma bianchissimi.

Avvertita, non mi dà dolore seguire allo spioncino figurette che scivolano rapide nell'ombra come pesci colorati in un acquario, alcune lente e pesanti. Richiami, sospiri, un fischiettio duro e sonoro come quello di un ragazzo: deve essere di quella ragazzina piccola e snella in jeans e giubbotto nero che passa svelta, le mani in tasca, la zazzera all'aria. Ha detto «all'aria»! Non c'è aria ma lei probabilmente se la sta inventando. Fino alla fine mi godo quel movimento, dà vigore dopo tanta immobilità. Solo quando l'ultima gonna colorata sparisce mi decido a stendermi sulla mia branda a «non pensare», o a incanalare i pensieri su cose che non rischiano di ferirmi, ne ho tutto il tempo.

Perché, per esempio, hanno deciso di sopprimere le divise? Avranno pensato di rendere cosí meno dura la condizione della detenzione. E poi perché me ne meraviglio tanto? Anche i militari di leva non hanno piú l'obbligo in libera uscita di indossare la divisa. È piú democratico e lo Stato risparmia. Anche su questo risparmio che lo Stato ricava posso soffermarmi. E butto lí cifre su cifre.

In questo ring mentale, tirando pugni e saltellando e spiazzandomi a ogni sinistro dei pensieri molesti, non ci crederete, le ore passano rapide (anche perché ogni venti minuti mi alzo e passeggio almeno per altri venti su e giú). Quasi mi sorprendo quando arrivano con il pasto di mezzogiorno: riso al burro, due fettine di prosciutto cotto accartocciato in carta oleata, un grappolo d'uva e pane. Mangio solo pane e uva: stando fermi è meglio non appesantirsi. Un po' d'ansia mi prende la sera quando ridò indietro il riso e il pacchettino, ma vedo che non gliene importa niente.

La cena viene passata alle diciannove, quindi è l'ultima volta che vedo le secondine. Fino all'ora del latte – alle otto del mattino – fanno tredici ore di silenzio sepolcrale e solitudine. Il fatto di non avere un libro, dei giornali... e neanche una biro e un pezzo di carta, mi sgomenta davanti a quella seconda notte da affrontare. La cella si fa piú stretta alle mie spalle e probabilmente il mio corpo deve avere un qualche atteggiamento sospetto ai loro occhi. Io non voglio questo, ma lui – il mio corpo – sta lí duro e impalato nei dieci centimetri di porta aperta che servono per passare la minestra, il pane, la frutta.

«Dobbiamo chiudere», fa una voce dura, la prima voce veramente dura che sento lí dentro. Con un balzo salto indietro e la porta mi si abbatte quasi addosso con violenza. Quella violenza ferisce il mio viso come uno schiaffo ma non mi umilia. Me ne meraviglio, mentre il sospetto atroce che questa mia non-umiliazione sia dovuta al fatto che mi sento «condannabile», teppa ormai degna di ogni insulto da parte di chi è a posto con la legge, mi allarma. Ecco un'altra tentazione da vincere: il piacere masochistico di sguazzare nell'orgoglio di essere teppa e divenire bersaglio dei loro sfoghi. Perché è noto che ci può essere soddisfazione autolesiva nel sentirsi perduta completamente. Ancora una volta ricaccio le sirene carcerarie che mi insinuano le dolcezze dell'autocommiserarsi, e decido di non dimenticare che anche se sono lí per pagare la mia trasgressione, loro – «personalmente», dico – non hanno alcun diritto di umiliarmi.

Questo pensiero mi riporta l'orgoglio che per vie sinistre era sgusciato via dal mio corpo, e decisa mi attacco allo spioncino in attesa. Non mi ero sbagliata: due occhi duri e beffardi mi osservano nel buio. Per molti secondi ci fissiamo attraverso la grata, e potrei andare avanti cosí tutta la notte se quella, fingendo un'espressione di noia, non cedesse: «Se vuole le accendo la televisione».

Parla l'italiano con buon accento. Riafferro con gli occhi il suo sguardo e la faccio aspettare un attimo in piú prima di sibilarle in viso con voce gentile ma gelida: «Ecco sí, mi accenda la televisione se non le dispiace».

La voce o lo sguardo devono essere andati a segno perché sparisce, mentre sopra di me un fragore di colpi d'arma da fuoco, di zoccoli lanciati in una corsa indiavolata con relative grida di indiani sbatte alle pareti troppo strette della cella. La piccola televisione è posta cosí in alto sulla porta che per vederla devo stendermi sulla branda e trasferire il cuscino ai piedi. Non si può abbassare il volume né cambiare canale né spegnere. Dopo pochi minuti il tedio delle immagini di quell'ennesimo western comincia a scuotere cosí fortemente la mia forza di resistenza che quasi scoppio a piangere dalla disperazione. Come se non bastasse il quadro «salta» continuamente (che lo facciano apposta?), cosí che quel senso di nausea che, ormai ho capito, è, almeno per me, la condizione di essere chiusi, ne viene potenziato tanto che se non faccio in fretta ad alzarmi rischio di vomitare.

In piedi cerco di seguire, ora che la battaglia è finita, un'insensata conversazione fra due esseri in divisa che gareggiano in sguardi d'orgoglio, botte sulle spalle, ammiccamenti virili. Impossibile. Tutto è meglio della televisione, e premendo un campanello spero che qualcuno mi tolga da quel supplizio. Qualcuno deve avermi ascoltata perché il silenzio ritorna. Per quanto innaturale possa essermi sembrato il giorno prima, quel silenzio mi ridà la pace e con essa un sonno cosí profondo da farmi sospettare per un attimo di aver passato la giornata a lavorare nei campi.

All'alba mi sveglio serena. Non mi meraviglia piú la poca luce che quelle lastre opache della finestra spandono all'interno, né l'idea di non poter aprire la finestra o la porta e uscire come facevo ogni mattina.

Al contrario di quando ero fuori (non ho mai avuto molta cognizione del tempo), so perfettamente che ore sono: un'ora prima dell'arrivo del latte (non dico colazione perché la mattina passano solo il latte). Ho tutto il tempo di stare stesa sotto le coperte a proteggermi dall'umido che ogni ora è diventato sempre piú forte, e io sono in pantaloni e camicetta di seta. I vestiti cominciano ad appiccicarsi al corpo non lavato. Oggi cercherò di lavarmi di piú, anche se l'acqua è fredda e la bocca è amara e raschiosa perché non ho né spazzolino né dentifricio. Quando l'ho chiesto, all'arrivo, non hanno risposto ma lo richiederò. Ecco una cosa da fare.

Sulla coperta ruvida, da caserma, finalmente sono in grado di contare i buchi e non mi sconvolge osservare due minuti scarafaggi che passeggiano pigramente su e giú. Quei due esserini non mi fanno né caldo né freddo, anzi man mano che li osservo comincio a essere grata alla loro misera vita di animali nati nel buio. In tutti gli esseri viventi c'è coerenza e quindi beltà (che cos'è la bellezza se non coerenza?) Mi distrae l'essenzialità delle forme e dei movimenti dei miei compagni di cella. Decido di sopprimerli soltanto prima che ritorni la notte (possono lasciare scie di malattie a loro innocue ma a me nocive).

La porta si schiude di un palmo e il latte insaporo scalda. Lo bevo quasi masticandolo, ipotizzando quale sapore possa avere e perché la porta non è stata richiusa. La spalanco ancora un po', osservo le altre celle che cominciano a vomitare i loro piccoli esseri colorati. Non sono tanti come la mattina prima avevo creduto, ma cosí diversi uno dall'altro da destare meraviglia. Felice alla voce spazientita della donna dallo sguardo duro della sera prima: «Non ha capito che può uscire all'aria?» attraverso quella soglia preparandomi a dover percorrere corridoi e corridoi in salita per giungere fuori.

Con stupore mi accorgo che, attraversata la piazzetta notturna illuminata notte e giorno da rare lampadine protette da grate come nella mia cella, girato l'angolo di un breve corridoio, solo una porticina mi divide dalla luce esterna. E io che pensavo di essere scesa nelle viscere della terra!... L'architetto di Rebibbia doveva conoscere molto bene le sorprese che hanno la forza di atterrire o almeno smarrire le emozioni degli arrestati.

Ma non ce l'ho piú con lui ora che sono all'aperto! La luce mi abbaglia e un calore di primavera avanzata mi avvolge. Avevo dimenticato che siamo in ottobre, l'ottobre romano...

«Che ottobrata, oh! E dire che dieci giorni fa ero ai giardinetti con mio nipote!»

Una donna né bella né brutta né giovane né vecchia mi passa accanto lasciando una scia acre dell'inverno eterno che stagna là sotto, e si va a sedere in una panchina posta all'altro lato del breve cortile cintato da mura massicce... Dieci giorni, annoto nella mente: quella donna anonima dal viso cosí abituale nei mercati ortofrutticoli non può aver commesso niente di grave... Prepariamoci al peggio.

I denti non lavati danno un sapore amaro, ma rare soffici nuvole galleggiano in un azzurro cosí intenso che dimentico tutto e comincio ad andare su e giú a passo veloce. Cammino tanto che improvvisamente, stanca e sudata, alla prima panchina che scorgo mi ci butto a sedere. La testa poggiata al ferro dello schienale, noto una torretta. Dentro, una donna col grembiule riposa la fronte sui vetri fissando lo sguardo su di noi. È cosí immobile che sembra un manichino della Rinascente con indosso l'ultima moda del personale del carcere-modello di Rebibbia. Dopo qualche minuto anche lei si stacca dal vetro e comincia a camminare lenta, avvilita nel camminamento che corre intorno alle quattro mura. Piú che una secondina sembra anche lei una carcerata, le spalle curve, l'andatura dimessa...

Devo aver parlato forte perché sento una voce che mi risponde: «Non se chiamano piú secondine, pe' carità! 'Sta parola le fa incazza' de brutto. Guardiane se chiamano ora...»

La donna né bella né brutta ride adesso ripetendo con ironia: «Guardiane!» La sua risata è sgradevole ma non devo farlo notare né alzarmi e andarmene, come avrei fatto una volta davanti a qualcuno la cui volgarità ferisce.

È bastato il mio leggero trasalire al suono della sua voce a metterla in sospetto: mi fissa infatti con negli occhi un interrogativo astioso. La mia prima ora d'aria già mostra i suoi problemi. Le sorrido nel modo piú simpatico che riesco a riesumare dai miei modi di un tempo. Ma quel modo che fuori si usa normalmente con successo qui non funziona e resto lí imbambolata e scoraggiata senza sapere che cosa fare.

Dopo un silenzio penoso lungo quanto tutta la mattinata (dopo avrò questa impressione), che offusca aria, cielo e nuvole poetiche, finalmente lei con lo sguardo che dice chiaramente: «Non mi convinci per niente, cara la mia signora», si alza di scatto e riprendendo il suo ridere (che adesso è diventato uno sghignazzare furioso) esclama: «Ma che sciccheria, oh! E chi la riconosce piú Rebibbia! E già c'aspettamo pure la Loren, quella figlia de 'na mignotta de su' madre!»

Quella frase mi precipita in una tale ambascia che quasi sono grata alla guardiana che con gesti muti ha aperto la porta e ci richiama dentro.

L'inverno immobile mi risucchia rapido ma mi dà sicurezza. Fra quelle brume perenni posso nascondermi da quella voce sghignazzante che adesso insulta tutto e tutti taccheggiandomi.

La guardiana le intima di stare zitta (non capisce che «quella» ce l'ha con me).

Prima della chiusura delle porte purtroppo s'aspetta il pranzo, e quella – che sta proprio nella cella davanti alla mia – ha quasi attraversato lo spazio che ci divide. Ha l'aria di chi ha deciso di fare una visitina a una nemica. Per fortuna il mastodontico carrello sopraggiunge a separarci e, riempiti i miei due piatti in dotazione (che ho sciacquato alla meglio), li poso sul tavolino e sento il chiudersi sordo della porta come un sollievo.

Finalmente posso concentrarmi e fare il punto sulle mie prime ore d'aria. All'inizio mi sembra una disgrazia avere avuto per unica compagna d'aria quella donna, ma subito capisco che è una fortuna. Non tutte saranno cosí, spero, e quell'incontro brutale mi servirà di insegnamento per il futuro. Probabilmente senza quell'incontro avrei accumulato errori su errori fino a inimicarmi tutta la popolazione di quella che ormai, volente o non volente, è la mia città.

Tralasciando di prendere in considerazione una brodaglia al pomodoro nel piatto fondo e dei pezzetti di carbone unti in quello piano (dovrebbe essere lo spezzatino), mangio l'uva che m'è rimasta dal giorno prima e il pane fresco. Mangiando cerco di mettere a punto quello che ho capito quando la donna mi s'è rivoltata contro (solo a parole, ma dalla qualità dello sguardo è facilmente intuibile che ci mettono poco a passare alle mani).

Il mio modo di essere qui non va. Saranno i vestiti, anche se sporchi, di lusso; qualsiasi donna capisce il taglio di un paio di pantaloni e di una camicia, il taglio dei capelli… O è solo il modo di muovermi? E poi ci sono le scarpe: non c'è niente da fare, si vede che sono scarpe da ottantamilalire. Tutto questo non lo posso cancellare, ma il mio modo di muovermi, di gestire sí. Come? Su questo è inutile teorizzare, la prossima volta devo capirlo da come mi guardano e agire in conseguenza. L'unico errore è stato di abbandonare le mie emozioni alla bellezza del cielo e delle nuvole.

Appena all'aria, invece di vedere chi c'era e chi non c'era mi sono buttata in un'esaltazione poetica come una forsennata, e ho camminato, il mento in su, come persona che si gode da sola una passeggiata in mezzo ai campi. Non è posto questo... Qui il reale è cosí possente, i dolori di tutti cosí al limite della resistenza, che basta un atteggiamento di eccessiva serenità per farti apparire fuori posto e sospettabile.

La guardiana spalanca la porta, il suo urlo mi fa sobbalzare. «Aria! – grida. – Aria!»

Frastornata, la parola «aria» mi si configura nel faccione né giovane né vecchio di quella donna che mi toccherà rivedere. Per un attimo ho la tentazione di restare lí, ma la guardiana grida con la porta in mano pronta a sbattermela contro il muso: «Allora s'esce o non s'esce?»

L'idea di quella porta chiusa fino all'indomani mi fa fare un balzo e mi ritrovo sulla soglia della porticina che dà all'esterno.

La sorpresa di quanto poco tempo sia passato (ci vorrebbe uno studio di anni e cento pagine per sviscerare soltanto il «tempo carcerario») mi blocca, tutto il corpo in allarme. Il cielo è là, esattamente dell'azzurro di prima con le sue nuvole elegantemente distanziate, sornione: non le devo guardare quelle forme, non sono che il travestimento momentaneo delle sirene carcerarie. Tappandomi le orecchie al loro canto, invece di buttarmi nel moto – i miei muscoli scalpitano esattamente come quelli di una cavalla – mi avvio lentamente guardando per prima cosa dove è seduta la mia donna e che intenzione la possiede, se di guerra o di pace.

Non la vedo, e lí non ci sono alberi, angoli o altro per nascondersi. Sollevata, mi appoggio al muro – che mi si noti poco – e mi accendo l'ennesima sigaretta. Ho fumato tanto che ho dimenticato di annotarlo: il fumo qui, per chi ne abbia il vizio, diviene qualcosa di cosí continuo e naturale che non conta parlarne, è come respirare. Fortuna che te lo lasciano fare.

Attraverso la cortina delle prime boccate prendo visivamente contatto con le persone con le quali il dio del carcere ha deciso di mettermi alla prova. Scorgo una ragazza alta e robusta in salopette, dal viso di tutte le ragazzine passata da poco alla condizione di donna, le guance ancora paffute, una bella zazzera marrone, folta e vigorosa, e relativi occhiali di foggia maschile pesanti su un naso severo.

Sta facendo un esercizio di respirazione lento e un po' sgraziato. Si capisce subito che è una persona che passa molte ore al tavolino sui libri e che è la prima volta che si decide, incalzata dall'immobilità forzata della cella d'isolamento, a prendere contatto con la ginnastica. Non c'è pericolo apparente in quelle membra incordate che si muovono brancolando nell'aria, anche se passandole vicino finge di non notarmi in maniera un po' troppo ostentata. Forse vuole stare sola. Rispettando questa sua esigenza anch'io comincio a passeggiare facendo finta di non vederla: cosa difficile in uno spazio cosí minimo e per una natura come la mia.

Alla decima volta che vado su e giú i muscoli cominciano a scaldarsi, e col calore torna la gioia di guardare quel cielo di un azzurro cosí intenso da sembrare di lacca. Tutte le nuvole a forma di sirena sono sparite.

Quando riabbasso la testa vedo sulla soglia della porticina della «semilibertà» una minuscola donna tutta ingoffata in una vestaglia zeppa di margherite gialle e azzurre. Ha preso un pezzo di prato dal mondo di fuori e se l'è portato appresso, ma ne ha strappato troppo per il suo piccolo corpo. Questo mi fa sorridere, ma non lo faccio con la bocca. La donnina è in lacrime, devo imparare a sorridere solo col pensiero: non è posto questo per il mio senso dell'umorismo che già era eccessivo fuori... Non ho sorriso, giuro che non ho sorriso, eppure gli occhi della donnina mi fissano ora con sospetto.

Mentre avanza verso di me (non potrebbe, anche volendo, cambiare strada) prende un aspetto chiuso, contegnoso, lanciando però sguardi alla ragazza in salopette che per un attimo ha smesso il suo esercizio. Fingo di non notare niente e riprendo la passeggiata. Sento gli occhi della donnina-prato che mi seguono per un po'. Se mi volto lei ruota il capo verso il cielo o verso un muro, o su alla torretta delle guardiane. Preferisce le guardiane a me. In altri tempi le sarei andata incontro. Ma qui non devo.

Comincio a maledire queste ore di aria. Mi decido a sedermi sulla panca ma lontano da dove giace la donnina. Giace, dico, perché adesso che ha smesso di spiarmi si è cosí accasciata che da prato si è tramutata in un grande cuscino a fiori, buttato là come nei divani solo per decorazione. Fa pena, ma anche questo è meglio non mostrarlo. Ha una testolina piena di onde color biondocenere e il viso delicato anche se precocemente invecchiato; non è raro osservare questo fenomeno. Forse Marilyn Monroe se avesse superato i cinquant'anni sarebbe divenuta cosí. Lei continua a ignorarmi, ma per me da oggi sarà la mia piccola Marilyn invecchiata. C'è molta bellezza tenera nella decadenza di un certo tipo di donna, peccato che la società non l'accetti questa bellezza.

Seduta lí all'ombra, brividi di freddo cominciano a dissolvere il calore accumulato nel moto, e riprendo ad andare su e giú non piú come una passeggiata ma come un lavoro che mi permetterà di dormire bene. Stancarsi il piú possibile quando si è all'aperto, solo questo fa dormire. Se fuori l'insonnia è un disastro qui dentro non dormire la notte diviene una vera tragedia.

Quando rientro in cella casco dal sonno e riesco a malapena a mangiare trasognata un pezzo di mozzarella e un'insalata. Butto la solita minestra nel cesso, chiedendomi quando il mio organismo si deciderà ad accettarlo, il cesso, e lavo quei piatti, quel bicchiere e forchetta di plastica che portano impressi migliaia di porzioni di cibo, migliaia di bocche non lavate come la mia.

Ma tutto questo non mi interessa, né la televisione che «salta» e che ostinatamente qualcuno accende ogni volta che la sera chiudono la cella. Suono il campanello e la faccio spegnere. Sto per buttarmi nella branda, non sogno altro, quando una voce scura – dello scuro melodioso delle romane – mi chiama allo spioncino. Un visetto da bambina – due sopracciglia fitte e nere su un naso minuto e aggraziato – mi appare allo spioncino. Deve essere piccola di statura perché non scorgo che il labbro superiore carnoso e pallido appena ombrato da un sospetto di baffi, gli occhi immensi ma come stropicciati. Ha sonno anche lei?

«Ciao, signo'. Tu da quann'è che stai qua?»

«Da due giorni, credo...»

«Ah! Io so' arrivata oggi. So' incinta. Me conoscono qua, è pe' questo che nun me chiudono subito dentro. E poi, so' incinta... Be', ce semo conosciute! Volevo solo dirti ciao».

«Ciao, – mi sento dire, – e buonanotte».

«Speriamo, buonanotte».

Solo il latte la mattina dopo mi sveglia. Devo aver dormito quattordici ore. Mi sento tutta sudata, ma non ho voglia di lavarmi, ho solo voglia di scappare fuori e ritrovare quell'amica che mi ha dato la buonanotte. Nella piazzetta sotterranea delle celle non c'è, né fuori all'aria. Forse l'ho sognata.

Il cortile è vuoto. All'inizio questo mi rallegra, posso fare quello che voglio. Ma sfogati i muscoli e liberata la fantasia dietro le nuvole, una malinconia nuova mi prende in quei pochi metri quadrati, sorvegliati dall'alto da quel manichino in grembiule senza espressione. Il bisogno deluso di rivedere almeno, che so?, la donnina col vestito a prato mi fa accasciare sulla panchina, la testa fra le mani: meglio lo scontro che questa solitudine.

Resto lí finché un freddo terribile mi prende e mi costringe a correre avanti e indietro nel tentativo di scacciarlo. Scaldata, fuggo dal cortile. Anche il sole, la luce, il cielo non sono che sensazioni relative, mai e poi mai avrei potuto immaginarlo. Fuggo a quella scoperta per intombarmi nella mia cella quando vedo, proprio in mezzo alla «piazzetta», una ragazza piccola e tonda (deve essere quella della buonanotte, ma mi offre le spalle e non vorrei sbagliare). Abbagliata dal sole aspetto prima di avvicinarmi: lei fa un giro come di ispezione a tutte le celle chiuse e no. Poi si va a mettere sulla soglia di quella che deve essere la sua, appoggiata allo stipite, le mani nelle mani come una comare di Trastevere (di una volta!) Finalmente mi scorge e mi sorride impercettibilmente. Accostandomi le dico: «Grazie per essermi venuta a trovare ieri sera».

«Ci avevo bisogno de compagnia. So' incinta e quanno so' in questo stato me sento piú sola. Chissà perché?»

Il carrello del pranzo dal fondo viene verso di noi. Questo significa che dobbiamo separarci.

«Magna qua nella mi' cella, te va?»

«Sí ma...»

«Tu va' a prenne' i piatti, alla guardiana ce penso io...»

Corro a prendere quello che mi serve. Quando torno lei è già seduta davanti al tavolo, la guardiana di turno che non conosco (quante sono? Mai la stessa faccia) mi dà il cibo e io mi posso sedere al tavolo con la mia compagna che già mangia masticando lentamente. Quanto tempo è che non mangio con qualcuno accanto? Mi sembrano anni ma non me ne importa niente, non voglio guastarmi questa gioia con considerazioni inutili, perché è gioia, gioia vera se mi fa divorare ogni cosa, anche se non ne sento il sapore, come avessi una fame da lupo.

Saziata di cibo, una fame piú ansiosa di parole mi spinge a dire: «Sai che cosa ho fatto per finire qui?... Un lungo viaggio in Russia e in Cina che ha finito per spazzare via quel poco d'etica che m'era rimasta... Da dodici anni non riuscivo piú a pubblicare una riga, ho lavorato per dieci anni a un lungo romanzo e nel frattempo tutto cambiava, tutto: amici, situazioni, rapporti... L'inferno della società italiana di questi ultimi anni... Poi lo sfratto, la miseria, o comunque l'indigenza davanti a me sicura! Ma devo dire: m'ha fatto bene, m'ha aperto gli occhi... Ero scivolata da ultimo in un ambiente pseudolibero, pseudoelegante, pseudotutto... Ho cercato d'uscirne, ma anche il mio linguaggio s'era corrotto... I giovani giustamente diffidano di noi vecchia guardia di sinistra, e cosí ho rubato a una di queste pseudosignore per punirla. O per punirmi? Insomma un bell'*acting-out* da manuale...»

«Ma che stai a di'? 'Na pazza me pari! E chi t'ha chiesto cotica? Guarda che qua solo l'anziane ci hanno diritto a chiede', io nun so' 'n'anziana. Se, Dio ce scampi, se mettono in testa che me do l'arie d'anziana, me schizzano fora dall'ambiente, che al limite è pure peggio dell'isolamento... cioè... qua se voi salvarte l'integrità te tocca sta' zitta e muta... E mo' che fai, signo', piagni? Io nun ce l'ho co' te. Ho alzato la voce pecché ci ho paura, pe' me ci ho paura... E mo' famo finta de gnente e conversamo, qua puro li muri ci hanno l'occhi e l'orecchi… Su, parla! E di'!…»

La paura che ha preso Giovannella mi si è comunicata talmente che mi ci vuole qualche secondo per trovare un motivo di conversazione: anche con gli altri devo fermare la fantasia, realizzo con amarezza. «Che significa "schizzare fuori"? Questo te lo posso chiedere, o…»

«A me sí, coll'artre starei attenta… cioè… significa che tutte te ghettizzano, nun te se filano piú insomma… Nun parli piú? E dài, parla che passiamo il tempo!»

«Come hai fatto a ottenere dalla guardiana di farmi cenare qui con te?»

«So' incinta, te l'ho detto!»

Lo dice come una sorta di vendetta. Anche qui dentro l'essere incinta è un momento di rivalsa per la donna: nel suo corpo gonfio e tranquillo, nelle mascelle sicure c'è la decisione di trarre tutti i vantaggi che la sua condizione le offre.

«Se vede?» mormora.

«Cosa?»

«Che so' incinta».

«No, sembri solo un po' piú grassa del normale».

«Ma fra poco se vedrebbe, altro che se se vedrebbe fra poco!…»

«Perché dici se vedrebbe?»

«Perché ho da aborti'. So' qua pe' questo. Me piacerebbe de tenermelo, ma come faccio?… So' 'na ragazza madre, capisci? E sí… cioè, ci ho già un fijo de quattro anni che nun posso mantene'. Lo tiene mi' madre – e questo nun è neanche dello stesso padre, capisci? Che je dico ar padre? Quell'artro, cioè, il padre del mi' primo… ogni tanto se fa vede'. Al limite lo potrei tene', ma sai che scazzo! E chi se la sente de ricomincia' lo scazzo nuovamente. Nun lo posso tene', e speriamo che qui se sbrigheno a mannamme all'ospedale pecché so' grossa… cioè nun so, ho perso er conto… Se vede?»

«No, te l'ho detto…»

«No, no! L'occhio, dico, l'occhio ammaccato, se vede? O nun se vede?»

«Altrocché! Ch'è stato?»

«Oltraggio alla forza pubblica. So' dentro pe' questo. Un vigile m'ha fatto incazza' e io je ho dato un calcio. Lui nun se lo fa di' due vorte e me sgancia un pugno. Io pure so' manesca e splash... mo' dicono che lui è ricoverato all'ospedale! Figurate! Dicono che je ho rotto un dito. Il dito se l'è rotto qua, sulla mia capa. E certo che ce l'ho dura, senti, senti...»

Improvvisamente ride e sembra cosí giovane che non posso non domandare: «Ma quanti anni hai?»

«Diciassette. Se me potevo tene' questo, a diciott'anni n'avevo due de fiji, proprio come a mi' madre. Io so' nata dopo, che mi' madre era vecchia, trent'anni ci aveva... cioè nun vecchia, avanti coll'età, io so' la terza. Mi' madre ha fatto venti aborti. Venti oh! Li fa come se beve 'n'aranciata, oh! Esce de casa come se annasse a fa' 'na passeggiata e quanno torna nun se vede gnente, né un capello fuori posto, gnente, oh! Pe' me è differente. Io ce soffro, nun so com'è! Ma ce soffro. Mi' madre dice che la razza s'è rammollita, che noi donne de oggi ce avemo tutti li vizi. Io nun so, al limite può da esse', ma a me è la troppa fantasia che me fa 'st'effetto – nun è paura dei ferri, è che anche se nun ce vojo pensa' a 'sto coso che porto qua dentro, me lo vedo già granne che cammina, che me ride. Insomma come il mi' Paolo, il primo. Se vedessi, signo', quant'è bello, ci ha l'occhi granni granni come i miei. So' granni i miei occhi o no?»

«Grandi e molto belli».

«Parli bene tu... Ah! Eccola c'arriva la portinaia! Ce pensi, oh!, a sta' tutto er santo giorno qua ad apri' e chiude' 'ste porte? Prenni i tuoi piatti, ora hai da anna' nella tua cella. Ce vedemo piú tardi... Oh, nun t'ho detto come me chiamo: Giovannella...»

Quando la guardiana che ha permesso a Giovannella di invitarmi a pranzo riapre per farmi uscire e poi richiude la cella, e dopo dieci passi riapre la mia, mi fa entrare, e la richiude ancora una volta, un attacco di riso mi sale dallo stomaco cosí furioso che faccio appena in tempo a buttarmi nella mia branda e soffocarlo. La guardiana mi guarda con sospetto. Dopo momenti di vero e proprio mal di pancia per non ridere mi addormento di botto continuando a ripetermi che non ho mai dormito tanto in vita mia, se non da bambina.

Il carcere regredisce all'infanzia, penso svegliandomi. Lo fa a tutte o solo a me? L'ansia d'appurarlo con le altre detenute mi fa venire la nausea. L'ansia è nemica in carcere come sulle navi, non c'è spazio sufficiente per sfogare il ritmo precipitoso di questa emozione. Noto con quale ansia la guardiana ha riaperto la porta, cd è comc un pugno nello stomaco per me: lei vive mezzo fuori e mezzo dentro, e di conseguenza l'ansia che porta con sé da fuori ferisce noi che già abbiamo preso un ritmo senza tempo.

Alzandomi e uscendo dalla cella (che viene subito richiusa) cerco di portare alla coscienza il fatto che non devo assolutamente farmi turbare dal ritmo «di fuori» che queste donne si portano dietro.

Appena all'aria – oggi c'è pienone – tre donne si muovono lente nel sole, i loro movimenti non mi turbano, né le loro voci che hanno una intonazione duratura; sanno che nessuno squillo di telefono o di campanello, nessuna novità s'attende. Sedendomi sulla panca capisco, ora, il perché dell'ostilità di quella donna all'inizio: il mio passo era ansioso, ancora carico di elettricità di fuori, strade, traffico, fretta...

Dopo essere stata una buona mezz'ora quieta sulla panca, mi alzo e comincio ad andare su e giú. Non sento sguardi intorno a me, il mio ritmo deve aver preso il loro ritmo. Per esserne ancor piú sicura mi fermo e le osservo, apparentemente distratta da un ciuffetto di cicoria che si sta aprendo un varco fra i lastroni della pavimentazione. So cosí poco delle erbe che mi immalinconisco. Quando uscirò mi metterò a studiare tutto sulle piante...

«Quando uscirò»! Altra cosa da fare: non pensare mai al futuro in questo posto, il futuro è sempre pieno di porte immaginarie di cui credi di avere le chiavi, qui le chiavi le hanno inequivocabilmente gli altri. Anche quelle di casa mia, penso con panico improvviso, cercandole meccanicamente nelle tasche della giacca. Le tasche sono vuote. Le mie chiavi sono rimaste nella borsa con un numero, fra migliaia di numeri polverosi in qualche ufficio sotterraneo. Il fatto di sentirsi un numero non piace a nessuno.

Per vedere se «consisto», se ho peso, mi avvio verso l'altra panca. Le gambe funzionano... Una donna grossa che ci sta seduta si allontana per farmi posto. Mi ha vista quindi esisto. Mi guarda ancora sorridendo, forse mi parlerà.

«Ehi Tina, che dici? Da quanto tempo è qua 'sta signora?... Nun te preoccupa', signo'! È un gioco che famo sempre, nun è pe' sfottere, è che qua la noia se taja cor cortello... 'Na notte dici? No, te sbagli, pe' me ha già bollito nella pentola almeno pe' tre notti...»

Una terza donna magra, vestita a tal punto di nero da sembrare in lutto da sempre si alza, e venendomi proprio sotto, dopo un'ispezione da medico, esclama: «Per me è arrivata solo ieri sera, non vedi che i pantaloni hanno ancora la piega e le mani sono pulite?»

«A' scema! Come sempre non capisci gnente: nun vedi che i pantaloni so' de seta? Proprio nun l'hai mai vista la seta se nun sai che nun se ciancica... È vero che nun se ciancica, signo'? Le mani certo danno da pensa'... T'arricordi quella francese, quella dentro pe' traffico di droga che dopo dieci giorni ci aveva le mani pulite e profumava? Che se' francese, signo'?»

«No, ma c'è l'acqua e il sapone e me le sono lavate...»

«E zitta! Cosí rovini er gioco... e addio divertimento».

Anche Tina si avvicina e mi annusa: «Profuma pure questa, oh! No, è arrivata ieri sera e tardi pure perché in una notte qui fra patemi e tutto se puzza...»

«Allora chi perde paga, oh! Che ce giocamo? Mille lire? Io dico che è qua da tre notti. E tu signo', di' la verità perché dopo noi ce informamo, e nun ce piace d'esse' sfottute».

Cerco di fare il calcolo, ma non mi viene. Ho paura di sbagliare. La donna grossa nota il mio malessere: «E nun t'emoziona', nun semo mica er giudice noi, calmate...»

Il mio smarrimento è totale: sono tre giorni e sembrano anni. E il resto quanto sarà? Una vita: mi resta ancora una vita da passare in carcere.

Per fortuna la donna grossa che ha vinto la scommessa mi batte amichevolmente sulle spalle: «M'hai fatto vince' mille lire, signo'! Allegra, dopo ce le bevemo insieme». Vorrei chiedere: «Dopo quando?» ma temo di apparire sfottente. Per dimostrarle che gioisco della sua gioia dico: «Certo, sarò felice di bere con lei».

«E l'artre che dice, l'invitamo?»

Ricomincia a celiare, come si diceva una volta, le devo dare corda: «Si vedrà, se saranno buone e ragionevoli».

Questa battuta scatena nelle mie tre compagne risate cosí frenetiche che mi lasciano di sasso – perfino il manichino di guardia s'è sporto a guardarci. Come può una battuta cosí sciocca provocare in loro contorsioni e boccacce bambinesche? Anche quelle vecchie donne in quel quadrato cintato di reti ricadono nell'infanzia piú ebete. Cerco di prendere un tono piú adatto: «Ma com'è che ogni giorno qui ci sono sempre persone nuove che poi spariscono come ingoiate da qualcuno?»

Non l'avessi mai detto! La donna «tutto lutto» tenendosi la pancia comincia a fare salti – non ho le traveggole – mentre la mia donna grassa, rotolandosi accanto a me sulla panchina, aggiunge: «È il lupo mannaro che le inghiotte. Prima ce fa sta' qua in parcheggio a ingrassa' e poi: aaummete!!!, fa de tutte un boccone».

«A te ce vole poco pe' esse' a punto giusto», dice l'altra.

«Me sa c'uno de 'sti giorni ce mettono come li polli a magna' notte e giorno co' la luce sempre accesa e la radio a tutto volume. A magna', magna', magna'!» fa Tina.

«È certo! Dicono che c'è stata un'interrogazione alla Camera. A come vanno ora le cose lo Stato spende troppo pe' facce magna'...» risponde la donna grassa.

Come a scuola quel bailamme non finirà piú a meno che non intervenga una bidella. Come evocata la bidella appare dalla porticina gridando solenne: «Sapienza dal Giudice!» con la G maiuscola, lo giuro. È la prima volta che qualcuno mi chiama col mio cognome e questo mi fa balzare in piedi sull'attenti. La guardiana magra e tutta ricci neri mi chiede: «Sapienza o Goliardo?»

«Sapienza», rispondo.

E lei felice come avesse vinto alla lotteria: «L'ho detto io che Goliardo non era il cognome».

«Non Goliardo, Goliarda...»

«Ecco Goliarda è il nome, avevano scritto Goliardo Sapienza, forse (insiste con aria da prima della classe) lei è la prima volta che viene qua, cosí ha detto prima il nome e poi il cognome: prima il cognome si deve dichiarare e dopo il nome...»

Mi piace come si interessa alla mia persona e spero che continui a parlare, cosí noto meno le giravolte di tutti quei corridoi che affrontiamo. Mi tengo il piú vicino possibile alla mia guardiana: i riccioli neri hanno un buon odore che nel tanfo buio che ci circonda lascia come una scia di luce.

Dopo i corridoi, scale e scale spoglie ma almeno illuminate da finestroni opachi, fino a che arriviamo davanti a una porta a vetri. Dietro c'è una donna che apre sollecita e mi prende in consegna. Mi trovo dentro uno stanzone inondato dal sole, che ha l'aria familiare di un'aula di scuola comunale. Posso guardare dalla finestra finalmente – attraverso le grate – (se non il cielo almeno il cortile e qualche albero si vedono).

Non mi staccherei piú. Ma il giudice mi aspetta e con lui «il mio avvocato», cosí sussurra con una sfumatura di rispetto la donna che mi ha preso in consegna. Già, perché non tutte le detenute si possono permettere un avvocato proprio – questo lo sapevo. Non tutte? Quasi nessuna dovrei dire: infatti quella marea di donne spinte verso la galera dal bisogno (la parola lo dice) non hanno i soldi per pagarsi un uomo di legge. Il mio, che qualcuno dei miei amici mi ha procurato da fuori, come sarà «il mio»?

È alto, asciutto, con due grandi occhioni da bambino che «ha visto tutto», è impaziente. Non mi conosce e teme che faccia qualche errore irreparabile. Attraverso lo sguardo chiaro si sforza di suggerirmi: attenzione, parlare poco, rispettosamente, eccetera... Aspetta che mi sia seduta per sedersi a sua volta, e indicarmi cerimoniosamente la presenza del giudice.

È proprio un giudice con la G maiuscola. Un viso da studioso, un corpo magro chiuso in un vestito sobrio; l'unica cosa che vibra in lui sono le mani, due lunghe mani parlanti che mi indicano cosa devo dire. Seguo quelle mani e parlo. Confesso il mio reato.

Quando lui mi domanda perché non ho confessato ai carabinieri sento la mia voce rispondere: «Perché mi hanno fatto paura». La paura del carabiniere – si sa – ce la portiamo addosso fin dalla culla e forse anche da prima di nascere. Sorride. È un po' umiliante per una persona adulta portare cosí alla luce il suo lato infantile. Ma è anche liberatorio. Chissà quanti uomini e donne hanno avuto questa sensazione di scioglimento da tutti i falsi pudori: poter finalmente confessare le proprie debolezze a un proprio simile. Grandezza della legge se questa fosse applicata giustamente, grandezza di una società governata da giustizia dove anche la punizione sarebbe un obolo sacro da pagare per il quieto vivere e per il benessere di tutti gli altri. Per una volta nella vita voglio abbandonarmi al sogno e immaginare che questa società che quel giudice rappresenta sia giusta. Senza giustizia terrena è dura la vita per noi laici.

Non so se ci siamo salutati. So solo che appena fuori dalla stanza volo (liberata?) fino a trovarmi nella piazzetta sotterranea e nel suo silenzio.

Il grande carrello già luccica in un angolo buio e Giovannella fuori della sua cella, le mani nelle mani, mi rivolge lo sguardo. Temo (si è fatto tardi) di dover subito rientrare nella mia cella, ma la mia guardiana accompagnatrice si allontana lasciandomi sola. Questo vuol dire che posso avvicinarmi a Giovannella: «Hai visto er giudice?»

«Sí».

«Allora passeggiamo un poco... Nun me va de cammina' sola. Non ho mai camminato sola. Ci ho tre fratelli».

Comincio a capire le «usanze», ma per tutta sicurezza chiedo: «Dopo che hai parlato col giudice non ti rinchiudono piú?»

«Allora è vero che è la prima vorta che vieni qua!»

Mi squadra tutta come qualcosa di bizzarro mai visto prima.

«Nun piagnevi ieri sera... Io pensavo che nun era la prima vorta... cioè nun ci avevi l'aria de 'na pivellina... E perché t'avrebbero da chiude' dopo?... Quanno arrivi te chiudeno pe' impressionatte, fatte cuoce' ner tu' brodo, cosí che al limite sbrocchi e parli».

«Sbrocchi? Che vuol dire?»

«Sbrocchi, te ne vai a pezzi pe' la fifa e confessi tutto. Se poi al limite sospettano che butti fumo su quarcuno so' capaci de tenette a mollo pure 'na quinnicina... Ora te portano su ai camerotti... eccole c'arrivano. Me sa che te ne devi anna' subito, c'è pienone oggi qua all'isolamento».

«Ma all'aria non ci sei andata?»

Non risponde, fissa la guardiana che si avvicina. «Non ci vai mai all'aria?» ripeto.

«Te l'ho detto: nun me va da anna' a passeggio sola».

La guardiana è ora davanti a me, fissa Giovannella negli occhi, poi senza guardarmi dice: «Va bene, mangiate insieme, ma dopo deve sloggiare».

«Nun se potrebbe aspetta' domani?»

La guardiana fa dietrofront senza rispondere. Giovannella, prendendomi per mano mi conduce verso la sua cella.

«Te va de magna' co' me per l'urtima vorta? Cosí ce tenemo compagnia. E poi tu ci hai le sigarette».

«Sí».

«E io li fiammiferi... Che stronze, oh! Quanto te fanno pena' pe' 'n fiammifero! Quanno sei sopra, chiedi 'n accendino, dura de piú. A te forse lo danno... sei cosí calma. E nun te lo fa' ruba'. Rubano tutto ai camerotti...»

«Che sono i camerotti?»

«Bracci, quelli che 'na vorta se chiamavano bracci».

«Che peccato, Giovannella, – mi sento dire quasi col suo stesso accento, – che non c'eri quanno so' arrivata, m'avresti informato su tante cose!»

«Nun parla' romano che nun te dona. Cioè, tu parli cosí bene... Eh, se c'ero prima! Ma prima nun m'avrebbero permesso de parlarte: cioè a loro serve che tu non sai gnente, su questo giocano pe' sape' le carte tue, capisci? Uno solo solo ripensa a tutto, se spaventa e la probabilità de sbrocca' è sicura...»

Non devo fingere un'identità carceraria o proletaria che sia. Ha ragione, e anche se a me il romano piace tanto che vorrei parlarlo proprio come una romana, mi costringo a tornare alla mia «classe». Non si sfugge alla propria classe, penso con amarezza, e la bocca mi si chiude umiliata.

«Che te sei offesa? La mia non era una critica, era solo... sí... cioè, tu sei piú tu quanno parli come magni... E poi a me me piacerebbe parla' come a te... Al limite, nun è proprio 'na schifezza 'sta minestra...»

«Non mi sono offesa, anzi ti ringrazio».

«E de che?»

«Be'...»

«Ah, ho capito! Della compagnia... Eh, qui è tutto avecce 'na bestia qualsiasi pe' tenesse compagnia! Quanno so' qua me sogno sempre d'avecce un micetto vicino, e nun penso che a un micio... che quanno sorto me ne prenno uno e me lo porto a casa... ma poi quanno so' fora me lo scordo. Eh, fora! Comincia sí la libertà ma co' tanti scazzi e tanti che te scordi de tutti li proponimenti... Al limite se una fosse 'na persona de parola potrebbe arricordarsene, ma io so' pigra... Che dici? So' cosí pigra!... Cioè me scordo tutto... E facce fuma' 'sta sigaretta, no?»

La guardiana s'è affacciata alla porta. Mi sono abituata ormai a questo misterioso dialogo muto che Giovannella ha con le guardiane. Anche questa volta quella guardiana sparisce e la mia amica si accende la sigaretta con languore: «Senti, io ci ho quattro cerini, te ne do due... Tu me lasci 'na sigaretta pe' la notte? Io nun fumo la notte, ma nun se sa mai».

Tiro fuori il mio pacchetto. Sul tavolo dividiamo tutto: ho sei sigarette quindi tre per ciascuno; per me due fiammiferi e anche un pezzetto di scatola per poterli accendere. Compiuta la divisione, la guardiana è di nuovo davanti a noi. «I piatti, le forchette e il bicchiere li deve prendere». Obbedisco e poi la seguo.

A metà della «piazzetta» vedo che anche Giovannella ci segue, cosí che formiamo un terzetto sbilenco e annaspante nel vuoto di quello spazio cieco. Sulla soglia della mia cella la voce della guardiana detta il da farsi: «Prenda la scopa e pulisca. I piatti li sciacqua e li lascia qui, poi quando ha finito si deve portare con sé i lenzuoli, la federa e le coperte». Se ne va.

«Dove è la scopa?» penso smarrita, ma Giovannella l'ha raccolta da qualche angolo oscuro e me la porge. Io scopo, lavo i piatti mentre lei mi segue con lo sguardo meticolosamente, come se il mio corpo stesse facendo qualcosa della massima importanza.

Quando la guardiana ritorna, ho le braccia ingombre delle cose che mi ha ordinato di portare via. Non so come prendere la scopa e la paletta colma d'immondizia, impensatamente ce n'era tanta in quel buco, ma Giovannella raccatta lei la scopa e la paletta, dicendomi con lo sguardo: «A questo ci penso io».

La guardiana ha chiuso la porta della mia cella come se qualcuno «nuovo» fosse già dentro (forse ci sono ancora io là dentro?) dicendo: «E ora in fretta, vada su...»

«Su dove?» mi chiedo fissando Giovannella, giacché la guardiana dopo l'ordine è di nuovo sparita, ma lei mi sussurra: «Mo' vene 'n'altra a prenderte, nun te preoccupa'. – Ci guardiamo un attimo, io ho le braccia piene di lenzuola, lei la scopa e la paletta. Non ci possiamo né abbracciare né dare la mano. – Ora segui quella, signo'... Me dispiace che vai via... Ciao signo'...» Mentre si volta e s'allontana è come se avessimo passato insieme anni.

Quella che devo seguire è arrivata con due anziane detenute che imbuca rapidamente, una nella mia cella e l'altra lontana chissà dove. Aspettando il suo ritorno mi avvicino e scruto attraverso quello che fu il mio spioncino: un viso grigio, senza sguardo, mi viene incontro fra le grate. Anch'io dovevo avere quel colore quando sono arrivata qua.

«Come sta, signora? Stia su, non si spaventi». La mia voce è come l'eco di quella voce che mi parlò la prima sera. Due occhi grati si accendono a queste parole, mentre una voce indescrivibile balbetta: «Grazie, grazie». Anch'io avevo quel viso miserabile, quella voce, penso con vergogna, ma non c'è tempo qui per l'orgoglio, per un'opinione esagerata di sé... tutte cose coltivate «là fuori»... Anche quel mezzo strattone con il quale la mia ennesima guardiana (ma quante sono? Piú delle carcerate? Una vera industria) mi spinge a seguirla, non accende nemmeno un'eco dell'emozione sgradevole che sicuramente mi avrebbe invasa solo qualche giorno prima.

Davanti a un mastodontico cancello, al mezzo di un corridoio identico agli altri ma piú buio, termina la nostra corsa. La guardiana ha suonato un campanello e aspettiamo. Per la prima volta mi guarda e mi è chiaro che né il suo strattone di prima, né i suoi modi bruschi sono per me. È il solo modo che qui possono tenere per difendersi e riuscire a fare il lavoro dal quale dipende il loro pane.

Infatti il suo viso di santa paesana (adesso che lo guardo bene) non è sgradevole, anzi è pronto a essere coinvolto dalla pietà. Come potrebbe quel viso resistere all'altrui pena se non si trincerasse dietro quei gesti duri? Non mi sorride, né mi parla, ma gli occhi intensi dicono: «Scusami, ma sto lavorando». Il massiccio cancello si spalanca e vengo data in consegna a una donna cosí alta e robusta che devo alzare la testa per guardarla in viso, anche lei ha quello sguardo professionale: «Goliardo?»

«No, Speranza... Speranza è il cognome della signora», s'affretta a dire la mia accompagnatrice. Non so se è nei miei doveri correggerla: quella è già sparita dietro il cancello... Resto lí appesa a quel nuovo viso a mezzo metro, credo, d'altezza sopra il mio. Devo sembrarle cosí piccola e confusa che sorride (sto entrando in un posto dove è permesso sorridere? O lei è cosí alta e robusta da non temere di essere coinvolta, né fisicamente né emotivamente?)

«Allora, Speranza, entriamo».

«Sapienza», dico.

«Come?!»

«Mi chiamo Sapienza».

«Ma guarda un po'!» fa lei quasi ridendo e muovendo il suo grande corpo con un ondeggiamento da vara sacra portata dai fedeli su in alto con ceri e tutto il resto... Intorno c'è anche il brusio di una grande folla (una processione?) che snocciola a bassa voce preghiere... O sono stata troppo a lungo nella regione del buio e del silenzio, o quella seconda piazza dove le sirene del carcere hanno designato di farmi approdare è cosí vasta (e alta) che sono costretta a chiudere gli occhi per vincere un capogiro tipico del mal di mare.

Anche con gli occhi chiusi quell'immenso pozzo roteante sul cardine di un brusío continuo mi resta attaccato alla retina: contiene due piani con mastodontici ballatoi e un terzo piano punteggiato torno torno di porticine cosí minuscole e sigillate da sembrare loculi.

«Presto! Sapienza o Speranza...»

Mentre la mia guardiana apre il cancello per il quale si sale ai ballatoi, oso alzare ancora una volta lo sguardo verso l'alto... Ecco cos'è che ondeggia sul mio capo: una rete metallica molto fitta (ci sono due reti, una per ballatoio). Una detenuta ha scavalcato la ringhiera del primo ballatoio e ora giace stesa sulla rete – un acrobata caduto dal trapezio o solo una vestaglia vuota dai colori sgargianti? È invece un corpo scheletrico che ora schizza in piedi e comincia a saltare sulla rete gridando qualcosa di incomprensibile. A me deve sembrare una visione eccezionale perché mi trovo con le gambe bloccate al pavimento, mentre non deve essere cosí per la guardiana gigante che mi spinge verso le scale senza nemmeno dare uno sguardo.

Mentre saliamo il brusío cresce a tal punto che al secondo cancello, che immette nel primo ballatoio, non sento nemmeno il rumore delle chiavi né la voce della mia guardiana. Vedo le labbra che si muovono con calma rivolte in basso verso di me – sicuramente mi sta dicendo qualcosa – e poi la vedo allontanarsi. Ho capito che devo aspettare.

Stringendo piú fortemente le mie cose fra le braccia, quello che vedo quasi mi fa venire la voglia di mollare coperte e lenzuoli per scavalcare anch'io la ringhiera e mettermi a saltare sulla rete con le altre che vi stanno entrando come in un arrembaggio fra le risa, gli urli di tutta la popolazione di quel pozzo! Cosa è successo? La processione si è tramutata in un sabba di streghe volanti dai vestiti multicolori o sto uscendo di mente? Non è niente di eccezionale, mi dice il mezzo sorriso della mia guardiana che è ritornata, aggiungendo (dovrei dire gridando): «Aspettiamo qui che si calmano prima di procedere alla sua sistemazione, Speranza».

Per calmare il mio stomaco che continua a spostarsi su e giú mi avvicino alla mia grande guardiana. Vicino a lei c'è qualche protezione, infatti il suo braccio invece di scostarsi da me come temevo mi dà un colpetto amichevole: «Che spettacolo, eh!»

«Succede spesso?» rispondo felice che qualcuno dopo tanto mi parli.

«Per fortuna no!»

«Ma non hanno la divisa?»

«No! Da tanto... La riforma carceraria!»

«Ah! – faccio io un po' ebete. – Come i militari in libera uscita che non hanno piú l'obbligo della divisa...»

«Che c'entrano i militari?» Mi fissa improvvisamente con uno sguardo duro che finisce di rovesciarmi lo stomaco completamente. Non voglio perdere la sua bonomia, la prima che ho incontrato qui dentro. Per riconquistare il terreno perduto grido quasi (il nostro dialogo è stato tutto un urlio): «No, non volevo dire! È che sono stanca, mi scusi!»

«Non si preoccupi, adesso arriva la Santomauro, eccola là! Che donna! Sa come farsi rispettare... – e aggiunge piano quasi al mio orecchio: – È siciliana...»

Seguendo il suo sguardo cerco di distinguerla fra le tante vestaglie colorate che garriscono a un vento fantasma: vele stracciate di un vascello misero ma allegro. Ecco, è quella macchia blu che saettando nel ballatoio di fronte fa schizzare tutte quelle sagome sgargianti dentro le celle dove spariscono. Il vento cala improvvisamente, una bonaccia infida subentra nell'aria fattasi cosí muta che l'unica voce che si sente pare una coltellata.

«Ma è possibile che non posso assentarmi un attimo, è possibile?»

La domanda è assolutamente retorica perché nessuno osa fiatare né muoversi. La mia guardiana è però scattata quasi sull'attenti nel voltarsi verso la Santomauro, e quel movimento risveglia nel mio stomaco il topo della nausea che ricomincia ad andare su e giú. Serrandomi fortemente la mia biancheria contro lo stomaco per fermare quel topo, mi volto anch'io e incontro un donnino piccolo quasi come me ma ritagliato nel ferro: occhi, capelli, curva della fronte e del mento del ferro antico forgiato da tutti i libecci che hanno cara la mia isola. La riconosco immediatamente. Da secoli conosco quel tipo di donna che non ammette mezza parola in piú di quello che è necessario. Con gli occhi a terra, sento il suo sguardo che in pochi secondi m'ha squadrata, rigirata da tutte le parti conquistando ogni centimetro quadrato del mio corpo e del mio pensiero.

«E questa dove la metto ora?»

Silenzio.

«E dove la metto?...»

«Ci sarebbe la cella 31».

«Siamo pazzi! A pezzi la fanno... È meglio alla 23... Su, su, sono le otto meno cinque, facciamo presto, alle otto in punto deve essere tutto sotto chiave. Non è serata! Mi segua e presto, non è serata!...»

Silenzio.

La cella 23 è a due passi. Uno spazio di tre metri e mezzo per quattro, con tre brande in fila davanti a me, una finestra a tre luci, il vetro opaco e il solito manico – ottimo per forca – che ammicca sempre in attesa.

Dalle due brande laterali due visi che mi sembrano enormi – il silenzio li dilata a quel modo? – mi fissano con una ostilità cosí potente che indietreggio tanto da sbattere al grande seno della mia guardiana, la quale posandomi le grosse mani sulle spalle mi respinge verso la branda di mezzo, mentre la voce della Santomauro scandisce: «La signora sta qua».

I due visi hanno come uno scatto di ripulsa e poi simultaneamente, con una sorta d'intesa sotterranea, si voltano ciascuno dalla parte del proprio muro ignorandomi.

Silenzio.

La guardiana mi dà ancora una piccola spinta che mi fa cadere sulla branda con tutto il mio corredo fra le braccia: rotolo nel silenzio ostile di quelle due presenze. Mi assesto in qualche modo affondando il viso nel materasso grigio e portandomi le mani alle orecchie per non ascoltare piú quel silenzio che a poco a poco sta tramutando l'aria in un blocco di granito.

Quando trovo la forza di rivoltarmi a pancia all'aria i miei occhi si scontrano con un sole piú imponente di quello conosciuto nell'isolamento. Non si tratta piú di una semplice lampadina difesa da una grata, ma di una ampia plafoniera a losanghe di spesso vetro biancastro.

Cerco di riprendere il filo dei miei pensieri concreti per non ascoltare il silenzio ostile che proviene da destra e da sinistra. Non devo guardarle. Non ho assolutamente idea di quale possa essere il «modo giusto» da tenere in una circostanza simile.

Il fetore sordido che stagna nell'aria è forse piú pesante dello sprezzo minaccioso che lievita dai loro corpi, e certo non m'aiuta i pensieri. Mi stendo la coperta sul corpo ricordando i miei due piccoli amici scarafaggi quasi con nostalgia. Nel voltarmi a sinistra – non riesco a dormire supina – l'occhio mi cade sulla branda che sembra vuota: solo un respiro rancoroso che smuove le coperte, e lunghe ciocche di capelli unti dove dovrebbe essere la testa. Sento che è a me che sta pensando, fissa al muro, questo mi è chiaro come una giornata di sole.

Uno sbadiglio misto di nausea e indignazione si abbatte alle mie spalle come un'onda immensa. Di scatto mi volto verso destra dove l'altra, con movimenti da ippopotamo, ha smesso di fissare il muro (c'è una vera affezione per i muri) e ora fissa il soffitto. Pochi secondi a muso duro contro il soffitto, e poi tira su in tutta la sua lunghezza un corpo smisurato: spalle tre volte le mie, un seno piccolo e massiccio da eunuco poggiato direttamente sopra una pancia da Buddha. È completamente nuda. E ora che, scesa dal letto, si avvia chissà dove, ha l'andatura di tanti vecchi marinai distorti nel corpo.

Per un attimo sparisce dietro un tramezzo dove deve esserci un cesso perché sento un lungo pisciare a cavallo. Quando riemerge sono in grado di valutare la vera altezza e robustezza di quella donna o ragazza: circa un metro e settantacinque per almeno novanta chili di muscoli e grasso. Trascinando le gambe (è stanca o lo fa per spaventarmi?) torna alla sua branda senza mai guardarmi. Improvvisamente sia da destra che da sinistra due modi di ronfare completamente diversi ma perfettamente armonizzati mi fanno meraviglia per l'intesa segreta che lega quelle due al punto di addormentarsi allo stesso momento. Cado anch'io in un sonno profondo ma agitato da improvvise valanghe, immersioni di ippopotami, incombere di alte onde nere.

Quando esco da quel mare notturno pieno di animali preistorici, in una frazione di secondo il mio corpo realizza dove sono e subito si assesta in posizione di difesa. Sto aggrappata al mio cuscino che chissà come si trova sul mio torace. Vorrei fingere di continuare a dormire, ma un frastuono generale di porte che si aprono annuncia che stanno portando il latte. Una sete da naufrago me lo fa desiderare come fosse miele – ma devo aspettare.

Qui nei camerotti il rito del latte non è rapido e silenzioso come giú all'isolamento. È un bailamme insensato, dissonante, al limite dello strazio auditivo. Il rumore delle linee di montaggio di una grande fabbrica di automobili è al confronto armonioso. La mia mente si smarrisce davanti alla scoperta di quello che sarà il mio futuro auditivo. Non potrò nemmeno pensare, mi dico, mentre le orecchie già afferrano – per istinto di sopravvivenza – qualche nota, qualche parola indicativa isolandola dal contesto. Afferro cosí alcuni muggiti che dovrebbero significare: latte, vuole latte, una parolaccia, un nome...

La cella è vuota, la porta spalancata... Il letto dove giaceva l'ippopotamo è tutto pestato proprio come deve essere il giaciglio di quell'animale; il piccolo tavolino poggiato al tramezzo che separa le brande dal cesso, ingombro di vario lerciume: rimasugli di frutta, pane, carta igienica stropicciata, una ex bottiglia di birra da un litro piena di latte. Mi alzo e cerco il mio bicchiere per versarmene un po' (è verde, sono di vari colori nell'illusione che ognuno possa riconoscere il suo).

Il fracasso che martella le mie orecchie deve avere il potere di risvegliare il mio palato. Il latte è fresco ma è pieno di bromuro, il vecchio caro bromuro che abbonda in tutti i manicomi, nelle caserme. Il bromuro calma, lo bevo come fosse nettare finché la sete da naufrago non si estingue completamente.

Dissetata, finalmente mi faccio il letto. Nel girare il materasso mi accorgo che la mia vicina di sinistra, o meglio il breve rigonfio della coperta, è ancora lí. Che sia morta? Mi avvicino e la fisso: «Respira, per oggi non è morta» penso, e questa idea mi dà un'allegrezza che mi fa fare in uno slancio festoso anche le poche pulizie personali che posso dietro quel tramezzo, incitata dal desiderio di uno spazzolino da denti (devo conquistarmelo ora che sono libera). Libera? Sí, la porta dopo il latte è rimasta aperta, e questo vuol dire che almeno per qualche ora resterà cosí. Non è libertà questa dopo l'isolamento? Non è ironia: sono libera.

Appena fuori dal mio basso – sembra proprio di stare in un basso di vicolo – mi trovo in mezzo a una folla incredibile che corre, si urta, si saluta sbracciandosi con quella del secondo ballatoio. C'è chi porta sacchetti di plastica pieni di «spesa», scope, secchi per lavare per terra, bacinelle stracolme di piatti e bicchieri di plastica.

Mi appiattisco al muro della mia cella-basso, il cuore in gola, per cercare di capire gli itinerari di tutta quella folla di donne, che dalla sera prima si è centuplicata. Conto approssimativamente una sessantina di quelle celle-basso, ognuna contiene tre persone… facile fare il conto: centottanta, con relative voci, gesti, emozioni… tutto stipato dentro a un contenitore che sembra sempre sul punto di schiantare per la pressione delle energie che vorticosamente si espandono, ma che non avendo fuoriuscita alcuna ricadono addosso con impeto moltiplicato.

Sono in una centrifuga: correre, avere fretta, urlare come loro, non mi porterebbe ad altro che a essere assorbita dalla furia passionale di questa centrifuga (in questo momento un viso mi ride accanto in maniera cosí forzata che sembra uno stridio di dolore).

Staccandomi cauta dal muro, passo alla ringhiera del ballatoio e mi ci appoggio saldamente osservando il pianoterra attraverso la rete metallica: anche lí un viavai che pare di stare al Corso. Dalle lunghe code che stazionano in tre punti si possono immaginare relativi negozi, sportelli, agenzie di viaggio... «Per l'inferno...» mi trovo a pensare ridendo.

Sento che in mezzo a tanta follia l'umorismo torna a ridermi nelle vene. Rido ancora quando alzando la testa incontro – di fronte, sul secondo ballatoio – un visetto truce a triangolo con una zazzera scura. Mi sta fissando con occhi che vorrebbero essere terribili. Guarda un po'! È la ragazza in jeans e giaccone nero che con passo alla James Dean usciva dalla cella d'isolamento fischiettando nel mio primo giorno di carcere.

Anche qui la zazzera nera sembra smossa dal vento: ha un suo vento personale che si porta appresso quella piccola James Dean, e una statura di un metro e cinquanta circa che agita come fosse quella di un bullo di uno e novanta... Si rizza tutta in quella che vorrebbe essere la sua gigantesca statura e accenna a uno sputo verso di me (crede che ho riso di lei). Quello sputo mi fa ridere ancora di piú, mentre la mia James Dean con gesti inenarrabili (urla qualcosa ma ancora non capisco nulla della lingua della «centrifuga») mi sta dando un appuntamento per spaccarmi la faccia di culo o altro che mi ritrovo... «All'aria» penso, sta gridando «all'aria». Infatti un terzetto che mi sfila alle spalle si sta recando all'aria. È tutta una nuvola soffice di capelli biondi e ricciuti. Il primo cancello viene immediatamente aperto dalla guardiana. Le seguo, ma giú per le scale quasi le perdo. Al secondo cancello (che immette nel pianoterra) un piccolo ritardo della seconda guardiana mi consente di raggiungerle. Quasi le sfioro, ma quelle deità sono cosí immerse nella loro tangibile superiorità che non mi notano, né attraversando il pianoterra pieno di code né quando – improvvisa – una porticina ci fa passare alla luce esattamente come avveniva all'isolamento.

All'aria la nuvola dorata si rinserra come a fare muro contro «le altre». Quelle deità si dispongono in un angolo a prendere il sole come se nessuno esistesse intorno a loro. Il cortile è piú grande di quello dell'isolamento ma la forma è la stessa: un semplice rettangolo. Le osservo, e per un attimo mi sembra di non essere piú in galera ma al sole di piazzale delle Muse, e subito il pensiero del «fuori» mi nausea quasi quanto l'irriducibile spocchia di quegli eterni figli di papà (allignano spudoratamente anche qui).

Una mia vicina di panca ha il coraggio di dire: «Nun bastava d'esse' finite in galera co' 'sto sole, in mezzo a 'sta monnezza (indicando l'altra vicina), pure er supplizio d'arricordatte quanto se' brutta e vecchia ora te danno. – E rivolta a me: – Che dici, signo'? Pe' me l'imprigionano apposta pe' tormentacce».

L'altra la rimbecca subito: «Ma che belle e giovani! Sembrano dei maschietti artefatti!»

Alla risata trasteverina che scoppia nella bocca della mia vicina (un'altra donna d'una sessantina d'anni grande e grossa... Che sia reato essere di tali dimensioni e non lo sapevo?), l'altra, presa quasi da un attacco isterico, grida: «Si spogliano, oh! È un'indecenza! Una vera indecenza! Brutte, magre, e quella poi col pannolino macchiato di sangue fra le cosce! Neanche all'aria si può piú stare, io vado a fare rapporto!...»

Molte ridono, mentre la mia donnona alzando la voce sulle risate per provocarne altre (la trasteverina è cosí: sa le leggi dello spettacolo) grida: «Che t'ho da di', signo', tu va' a fa' rapporto, sei cosí brutta che forse te l'accettano. A me nun me dispiacciono. Me dà soddisfazione guardarle, me svagano come ar cinema... Anzi de piú, perché qui è gratis...»

L'effetto è ottenuto: la risata generale la soddisfa a tal punto che si concede ora di tornare al privato della sua panca e di degnarmi della sua attenzione: «Me chiamo Edda. Er padre mio era un granne estimatore der Duce. Nun era fascista ma stimava lui, Mussolini, personalmente. Diceva che se gli avessero fatto fa' quello che s'era proposto l'Italia in cent'anni sarebbe stata la nazione piú granne der mondo. Tu come te chiami?»

«Goliarda».

«Troppo difficile, signo'... Amazzete! Nun se scompongono le nostre bellezze al bagno, manco le risate le fanno guarda' da 'sta parte... Io insisto che so' belle: me sembrano mici che se leccano ar sole...»

Ha ragione: non c'è volgarità in quei corpi nudi, dorati, lucidi ora di creme preziose.

«Devono essere state al mare per avere quel bel colore!» mi sento dire perplessa.

«Macché mare, signo'! È Rebibbia: er sole de Rebibbia è famoso ner mondo. Che nun lo sapeva? Anche alla televisione lo dicono: "Per 'n'abbronzatura perfetta venite a Rebibbia Beach!" Vedi, signo', quelle che stanno entrando adesso? Quelle so' inglesi, americane, francesi. Ce n'è una venuta dall'Australia, oh! Nun faccio per di', da tutto er mondo ce vengono a Rebibbia a prenne' er sole.

Eh! 'Sto fatto della droga ha cambiato la faccia de Rebibbia. Non è solo che nun te danno piú quei camicioni che ce facevano sembra' tutte befane. È che la droga se vende in tutti li ambienti, e cosí quanno er becco della legge pizzica, pizzica nobili, non nobili, impiegate... Quella brunetta tutto pepe è 'n'impiegata del ministero... nun so che ministero... No, non quella coi capelli lisci, quell'artra che se sta spogliando adesso, quella coi capelli ricci. Se vede che è 'na bellezza italica... Ogni giorno se li lega con un nastro de seta differente: oggi rosa, domani verde... Ha d'ave' la cella piena de nastri! È vero che sembra la Pampanini? O nun la conosce la Pampanini? Ai miei tempi la Pampanini annava forte insieme a Nilla Pizzi... So' sincera co' te, signo', ora che t'ho vista da vicino e t'ho parlato: m'avevano detto che eri 'na spiona, signo'».

«Ma se sono qui da pochi giorni?»

«E che vor di'? Qua dopo poche ore se sa tutto. Vedi, signo', a Rebibbia c'è un telefono speciale, senza fili, che è piú rapido e perfetto de quelli de fòri. La tua persona nun ha convinto qui, e m'è stato addimandato de dare la mia opinione. Vo' vede', signo', come funziona er nostro telefono? La vedi quella signora distinta co' la vestaglia de seta a fiori?»

«Sí, la conosco. Era con me all'isolamento...»

«Appunto. Ora sta' attenta: mo' la fisso e vedrai che lei s'avvicina... Anzi ha aspettato tanto ad avvicinarse perché è nova dell'ambiente, ma l'artre tutte hanno capito che tu nun sei 'na spiona...»

«E come?»

«Eh! Dal fatto che quando te se' messa a sede' io nun me so' allontanata, che t'ho parlato a lungo, diciamo. Sveglia, signo'! Se era al contrario me bastava 'n'occhiata che me ne annavo, no? Tu, signo', sei un po' strana, como s'avessi 'na fissa... Pe' spiegarse: 'na fissazione costante nella testa, ma nun sei 'n'infame... Allora, Mamma Roma te voi sí o no mette' a sede' vicino a noi invece de piagne' e sospira' come fai sempre? Scansate, signo', che Mamma Roma se mette vicino a noi... È 'na maga famosa, che credi? È piú facile avvicina' er papa che la sua personcina...»

Quando Mamma Roma si accomoda in mezzo a noi, mi rivolge uno sguardo cosí grande che è come se oltre a me guardasse anche tutto il cielo che ci circonda.

«Non devi dire questo di me, Edda. Io sono per tutti, il mio cuore è aperto a tutti. Anche se ciò mi ha portato qui, Mamma Roma non cambierà la sua natura...»

Non m'ero sbagliata: anche la voce è quella che avrebbe oggi Marilyn Monroe se avesse avuto il tempo di invecchiare. Il timbro alto e argentino è pieno di fremiti giovanili, risucchi sensuali, cadute in rapidi sospiri che evocano il congiungersi improvviso di labbra in un bacio profondo: «Sí, sí... quando ero giovane le somigliavo, tutti me lo dicevano, ma il mio essere tutto non corrisponde a quella povera bimba... Perché, signora, io che ho la facoltà di comunicare con tutte le anime bisognose, anche a distanza, so, come tocco ora le sue mani, che Marilyn Monroe non era che una bambina che gli altri, solo gli altri avevano ammalato. Lei non sa, signora, che gli altri ci ammalano?... Dentro, dico, non mi crede?

No, non risponda: le ho fatto una domanda muta. Le sue mani, "loro" devono rispondere... Un momento di silenzio, Edda, per piacere, sono in comunicazione con Marilyn attraverso la signora... Lei soffre, signora, ma non perché è qua. Lei soffre per altre cose... Lei è perseguitata dalla tentazione del suicidio e per questo ha visto in me "quella persona".

Lei, al tempo della morte di Marilyn Monroe, è stata morta, anche lei... ma "quella persona" le dice attraverso le mie mani – sente come sono diventate gelide? – che lei deve vivere ancora. Deve resistere a tutte le sofferenze perché un essere vivente ha bisogno di lei, e per altro che non riesco a "vedere"... ma lo sapremo questo "altro"... col tempo lo sapremo...»

Le mani da fanciulla della mia Marilyn da gelide si stanno facendo quasi arroventate... «Lei soffrirà ancora, molto, ma sempre per arricchire la sua anima, e per fortuna avrà la salute che l'aiuterà. Io non sono un'indovina, signora. Non predico il futuro né so leggere nel passato, ma sento lo smarrimento nel quale può cadere un'anima superiore e posso aiutarla a trovare la strada, non con consigli o vane parole, ma con la forza magnetica delle mani e dello sguardo. Sento le malattie anche, ma soprattutto il dolore dell'anima. Non è per vantarmi – non è merito mio questa dote che ho – fra i miei clienti conto anche molti medici che mi sottopongono casi disperati. Quanti ne ho aiutati! Non è merito mio, come ho già detto, ho ereditato questa facoltà astrale da mia nonna. Ero una bambinetta di nove anni quando lei stava per morire e mi chiamò, chiese di restare sola con me e, tenendo le mie mani nelle sue come io sto facendo con lei, mi disse: "Tua madre ha dovuto fare sette figlie per consentire che tu venissi a me. Per cinquant'anni t'ho aspettata: tu avrai questo e questo..." Cose che non posso riferire perché incomprensibili a chi non è aperto agli astri.

Ma mi disse anche: "Non cercare di aiutare te stessa perché questo dono di guarire che ti consegno è per gli altri... Non ti aspettare che una tua figlia possa avere questa facoltà: come me dovrai aspettare una nipote... Da nonna a nipote noi trasmettiamo il nostro potere, è cosí da cinquecento anni e cosí sarà sempre..."»

Dopo tanto parlare melodioso il suo silenzio improvviso è lacerato da un grido che ci fa ricadere nel gorgo brutale del reale. Dico «ci fa» perché anche la grande Edda, spogliata del suo cinismo trasteverino, annaspa nell'aria come se qualcuno le avesse sfilato la panca da sotto la sua immensa mole. Questo qualcuno è la mia James Dean che, saltata fuori chissà da dove, sta davanti a noi, le gambe divaricate, i pugni affondati nelle tasche del giubbotto, il viso a triangolo (un riflettore?) puntato direttamente sulla mia persona.

«L'appuntamento! Ho dimenticato l'appuntamento» geme la mia mente impigrita dalla favola di Mamma Roma. Ma i miei muscoli non devono aver prestato attenzione a nessuna favola perché, senza sapere come, mi trovo in piedi: le mani pronte a bloccare quei pugni affondati nelle tasche del giubbotto nero, decisa a dare una lezione a quella piccola figlia di mignotta che continua a provocare senza essere stata importunata!... Tutto questo devo averlo detto ad alta voce perché sento piú di una donna intorno che mi incita: «Ma sí, pigliala a calci in culo! Cosí la finisce di attaccar briga a cazzo di cane...»

Ma non ce n'è bisogno perché il visetto a triangolo si sgonfia davanti a me (non è cosí giovane come sembrava da lontano, allo sgonfiamento segue un franare di cento rughe dalla fronte al mento) per ripiegarsi subito dopo in modo buffo su una spalla come a dire: «E va be', che le ho fatto a questa che s'incazza cosí?»

«M'hai fatto che ci stai disturbando! Non vedi che parlavamo?»

«Ma per carità, io non volevo disturbarla, volevo solo scherzare... Che nun se pò piú scherza' mo'?!»

Devo averla afferrata per le spalle molto duramente perché nel suo dimenarsi per sfuggire sento le mie unghie quasi rompersi nel tessuto ruvido del suo giubbotto.

Una risata generale mi sveglia (perfino la «nobiltà» che prende il sole appartata ci osserva... Qualcuna sta spiegando alla vicina, straniera incuriosita, la trama del dramma proprio come se si fosse in un palco d'opera). James Dean cerca il modo di uscire di scena degnamente. Falsi inchini, piroette, sbracciamenti buffoneschi in cui la mia rivale si rifugia – giusto per tigna – durante la ritirata strategica.

Sarei rimasta lí chissà quanto se Edda quasi abbracciandomi, fingendo di essere lei a calmare il mio furore (che altrimenti sfocerebbe in morti e feriti), non mi riportasse alla panca con gesto di plateale regalità. Edda e Mamma Roma mi guardano con soddisfazione e orgoglio: chiaramente *ho agito* il loro desiderio di menare le mani.

Approfitto del silenzio di rispetto che mi circonda per fissarmi bene in testa questa lezione che il maschio conosce da secoli nella sua biologia: mai incollarsi i desideri inconsci degli altri, pilotati dal genio malefico della centrifuga...

Agenti inconsci del genio della centrifuga sono le detenute stesse, me compresa, come all'esterno sono i cittadini tutti. Soltanto che fuori è tutto piú recondito. A volte ci metti degli anni per scoprire, per fare degli esempi, che un regista geniale, un attore travolgente votato soltanto alla sua arte, un brillante giornalista, non sono che agenti inconsapevoli del genio della centrifuga sociale.

Il capitale non punta piú sulle guerre in nome della patria, ma sulla persuasione democratica, vera atomica azzerante tutte le menti diverse. È noto. Ben venga a noi, organismi antichi racchiusi in involucri preindustriali, questa prigione dove almeno la guerra è ancora uno scontro individuale, un corpo a corpo alla baionetta o al pugnale. Che cosa teneva nel pugno sinistro affondato nella tasca la mia James Dean? Dopo, molto dopo, lo seppi: una semplice lametta per sfregiare. Quello era il modo di affermarsi nella vita della mia piccola James Dean. In seguito, incuriosita – ormai il nostro scazzo era cosa del passato (parole sue) – le domandai: «Come fai a tenerla con te con tutte le perquisizioni che ci sono?» Lei, con un grande sorriso tutto dentoni accavallati, mi sussurrò rapida: «Eh! Qui sta l'abilità!»

«Hai da accendere?»

Sorpresa da una voce cosí coltivata da apparirmi quella di un angelo, precipito giú dai gradini del ragionamento. Devo essermi arrampicata cosí in alto da non accorgermi del progressivo svuotarsi del cortile. La fame chiama dentro molto prima della fine delle ore d'aria concesse. «Hanno sempre fame quelle donne» penso, mentre rispondo: «Certo».

Nell'accendere la sigaretta a quella voce, riconosco la ragazza in salopette dell'isolamento. Scorgo dietro le spesse lenti due occhi bellissimi e ingordi, quasi da bambina, che mi fanno dire: «Ci si ritrova facilmente qui!»

«Non c'è scampo!» fa lei con la voce d'angelo percorsa da rivoli d'allegria.

«Allora, arrivederci».

«Arrivederci coatto!» fa lei, voltandosi in fretta come qualcuno che abbia un appuntamento della massima importanza.

«*Speranza* a colloquio!» squilla una voce alle mie spalle.

Ecco che cosa affrettava la ragazza in salopette. Anche a me sono scattate le gambe con un'ansia cosí potente da farmi ripensare ai gelidi collegi vissuti o minacciati nei nostri anni di pena infantile. Infatti le poche detenute chiamate corrono quasi illuminando con la loro trepidazione gli infiniti corridoi che sembrano percorsi sempre notte e giorno dall'ali d'ombra di giganteschi pipistrelli.

Ho quasi il cuore in gola quando una vecchietta mi perquisisce; probabilmente lasciano alle vecchie questo compito meno faticoso, almeno non devono urlare sempre nomi, comandi, e andare su e giú ad aprire e chiudere porte.

La perquisizione è cosí completa – scarpe e flessioni comprese – che l'idea di tutte quelle cose tipo lamette, droga, eccetera, che invece circolano abbondantemente mi incuriosisce al punto che per un attimo l'ansia del colloquio si placa. Come faranno?

Quando mi immettono nel parlatorio la prima impressione è di essere stata buttata nella fossa dei leoni. Tutti abbiamo visto al cinema quelle sale dei colloqui. Ma esserci con il corpo! Un ribollire di fiati di organismi mai nutriti, un saettare elettrico di speranze quasi sempre deluse, molte già piangono forte... Trovarsi improvvisamente davanti a qualcuno che viene da fuori e – anche se soffre per te – ha sentore d'aria fresca nei panni indosso, non può che farti sentire ancor piú dolorosamente il lezzo di rinchiuso che ti porti dietro.

È inutile che questo qualcuno mostri tanto la sua inquietudine dall'altra parte del tavolo (c'è un semplice lungo tavolo che separa il dentro dal fuori): non può capire. È inutile che si sporga, quasi scavalchi il divisore di plastica rigida per venirti vicino: non può capire. E poi perché cerca di dimostrarti che soffre piú di te? Molte piangono anche per questo, lo percepisco chiaramente.

Deve essere cosí quando morirai, una voce insinua dentro di me. Chi ha assistito a una morte ha subíto la sorpresa di scoprire quanto l'agonizzante si ritragga alle tue premure, quanto con volto stanco ti sorrida ma solo per non dirti: «Lasciami in pace, ho altro da pensare».

Una pozione di morte viene qui distribuita, a chi poche gocce come a me, a chi per la vita, per venti anni, per dieci. Morte lenta, rateizzata dei colloqui carcerari. Molti visitatori infatti hanno l'espressione indescrivibile di chi conversa con un malato condannato da una malattia senza speranza.

Cerco di non fare pesare troppo alla persona che con affanno tutto di «fuori» mi parla, le poche gocce di morte che ho ingoiato. Ho solo voglia di tornare giú dove tutte noi, accomunate dalla stessa condizione, almeno non dobbiamo subire la vergogna di mostrarla agli altri, e la frustrazione di non sapere esprimere i tormenti di questa condizione, in modo che chi ti ha cara se ne vada almeno con la speranza che la sua visita ti abbia giovato, consolato o rallegrato a seconda dei casi. Il fatto è che quando sei dentro le uniche cose che possono consolare sono quelle concrete: notizie dell'avvocato, del processo, se nel pacco c'è quello che ti serve o no.

Nel lungo viaggio di ritorno – dopo un'altra perquisizione – non sento che lamentele: «Non portano mai quello che serve qui... Ma che credono che sto in vacanza che m'hanno riempito il pacco di foulard di seta!...»

«Ogni volta che la vedo, – probabilmente parla della madre, – dopo sto male per due giorni...»

«È un supplizio, è meglio che non viene piú», eccetera.

Queste frasi mi rincuorano un po' perché, credete, la brama delle cose necessarie per sopravvivere è cosí esasperata qui dentro che ti fa sentire (al confronto di quelli che vengono a trovarti) una vera bestia solo ansiosa di pezze per coprirti e bocconi da ingoiare voracemente.

Nel mio pacco c'è uno spazzolino da denti, un quaderno e una biro, m'è stato detto. Fino a questo momento ho preso appunti in pezzetti di carta raccattati non so dove, carpendo per pochi attimi a qualche detenuta la penna o la matita. Tutte sono gelosissime di questi arnesi cosí a buon mercato fuori. Hanno paura di perderli, e con essi qualche ora di svago con le parole incrociate o giocando a carte.

Davanti a me finalmente una ragazza soddisfatta del colloquio confida alla sua amica: «M'ha portato un mazzo di carte! Stasera ci facciamo una bella partita».

Qui a Rebibbia non saper giocare a carte è una colpa inammissibile. Grave colpa è anche piangere troppo o confidare i timori per l'andazzo della tua causa: pena l'essere isolata da tutti come un'appestata. Si può capire: tutte temono il cedimento e lo fuggono. Ma – cosa che non potevo immaginare – quello che ti condanna completamente ai loro occhi è il dimostrare troppa sicurezza o soltanto serenità. «Questo ti fa passare per spiona come è avvenuto a me solo poche ore prima» penso rabbrividendo in tutto il corpo mentre sto in attesa davanti al grande cancello dei camerotti: prima mia residenza stabile da quando sono entrata ignorante ad annaspare in questo sconosciuto pianeta che pure gira in un'orbita vicinissima alla nostra città. Di questo pianeta tutti pensano di sapere tutto esattamente come la Luna senza esserci mai stati. Perché chi ha avuto la ventura di andarci, appena fuori si vergogna e ne tace o, chi non se ne vergogna, s'ostina a considerarla una sventura da dimenticare.

Solo il politico si attarda a raccontare del carcere, ma la ragione per la quale c'è stato è troppo «onorevole» per poter dare la misura del vero carcere: quello dei ladri, degli assassini, dei maledetti per intenderci. Il politico ne esce rafforzato nell'orgoglio e il suo racconto è viziato dall'epicità.

Già vedo con che rispetto vengono trattate le detenute politiche anche qui, certo – dicono – con piú crudeltà, ma la crudeltà, quale che sia, non raggiunge mai l'umiliazione o la vergogna nella quale affonda il comune: il carcere vero è quello del detenuto comune… Su questo non ci piove, direbbe la mia prima maestra alla quale il caso m'ha affidato: la grande Edda dalla piccola testa posata sul bastione imprendibile che è il suo corpo: i capelli tagliati a elmetto che sfoggiano una frezza bianca a forma di losanga. Desidero tanto rivederla che quasi mi spazientisco al ritardo che la guardiana ci impone.

Attenta Goliarda, sono le altre che ti stanno comunicando l'impazienza che già intorno si sta manifestando con pestamenti di piedi in terra, che fanno rimbombare il vuoto del corridoio. Attenta a non cadere nella trappola del loro volere a tutti i costi rendere la vita difficile alle guardiane.

«Non fanno un cazzo dalla mattina alla sera e si permettono di non aprire!» urla una voce.

Un'altra: «A' bbona a gnente ce voi apri', sí o no! Semo noi che ve demo da magna'... Che cazzo saresti bbona a fa' se nun ce fosse la grande industria Rebibbia e noi che la tenemo in piedi?»

Una manata alla spalla quasi mi fa sbattere al cancello ancora chiuso. «E tu che stai a fare lí impalata come un sacco di patate? E urla! O stai a fare il pesce in barile!?» Per fortuna il cancello si apre subito e mi è possibile sgattaiolare dentro prima di venir costretta a prendere posizione davanti a quella che chiamo «la mano». Non mi volgo, non ho nessuna intenzione di conoscere la padrona di quella mano. È un assurdo dover continuare a passare da una presa di posizione all'altra proprio come nella vita civile.

Correndo per le scale quasi mi viene da piangere di disperazione – per la prima volta lí dentro – di fronte alla constatazione che per noi mortali non c'è scampo neppure in galera dalla atroce condanna di dover sempre a ogni cantone prendere un partito (degli altri), una posizione, una maschera, eccetera, eccetera: infernale!

Dopo un pasto desolato nella cella vuota (le mie compagne sono sparite; ancora una presa di posizione contro la mia presenza?), corro all'aria dalla mia maestra e le espongo quello che ho scoperto. Lei mi conferma tutto aggiungendo con voce di Sibilla che metterebbe in guardia anche il piú scalmanato degli eroi: «Eh, quante n'ho viste entra' qui pe' bazzecole, piccoli reati da pochi mesi e poi, Dio ne scampi, restarce inchiodate pe' anni proprio pe' esserse lasciate trascina' dall'artre! La vedi quel bel pezzo de negra che sta a sciacqua' li panni? Era entrata pe' tre mesi... e non sapeva 'na parola d'italiano...»

«E allora?»

«Pe' defenne' la compagna de cella ha mezzo accoppato 'na guardiana...»

«E allora?»

«Allora, va' a senti' como parla ora l'italiano, va', va' a senti'... como 'na professoressa lo parla, n'ha avuto tutto er tempo... tre anni...»

«Ma come si può fare per sfuggire?»

«Col tempo si impara a camminare, – è la sua risposta. Dopo una lunga pausa aggiunge da vera cumana: – Financo li ciechi qua o morono alla prima capocciata, o imparano a cammina' da soli».

Corso accelerato di vita. E visto che la mia maestra ha dato segni di insofferenza verso la mia lentezza ad apprendere e preferisce, ora che m'ha assegnato la lezione da imparare, rivolgersi a una ragazza cosí bella da lasciare senza fiato, mi allontano. Non debbo distrarmi dietro alle bellezze, devo far fruttare ogni attimo di questo corso rapido di esperienza.

Ma la mia persona appare di poco interesse in questo calderone di personalità, destini, deviazioni nel quale sono immersa. Qui dentro noi privilegiati dalle famiglie, dagli ambienti fin dalla culla, protetti fin da bambini dal bisogno vero restiamo larve anemiche, né buoni né cattivi, né onesti né disonesti, a confronto di questa masnada di bucanieri che in un modo o nell'altro non s'è piegata ad accettare le leggi ingiuste del privilegio.

Fra noi larve di fuori si comincia perfino a sussurrare che le classi non esistono piú. Poveri illusi! Cosa darei per trascinarli tutti – anche solo per una settimana – qui a Rebibbia a vedere la sintesi chiara e inappellabile del mondo di fuori col suo, ora per ora, eterno riprodursi del vinto e del vincitore, del servo e del padrone... Qui sai subito chi sarai nella vita, non ti è concesso crogiolarti nel falso problema di sapere chi sei, di cercare «la tua identità», come si usa dire da qualche tempo.

Edda s'è alzata – ha molto da fare – qui tutti hanno molto da fare per sopravvivere. Ma non mi ha dimenticata come credevo, perché nel muovere la massa compatta del suo busto m'ha dato una manata sulle cosce sussurrando allegra: «Nun t'accora' signo', e zompa piú che puoi o stanotte te trovi co' l'occhio sbarrato a fissa' la zozzeria de 'ste mura de merda… Nun dormi' qua so' cazzi acidi!»

Questo mi riporta alla realtà imminente di fare del moto il piú a lungo possibile in quei pochi metri di spazio. Ho già notato anche se non volevo (le celle durante il giorno restano aperte) donne e donne buttate sui letti, immobili, le facce gonfie e del colore inconfondibile del mal di mare o della depressione o del mal di galera che è tutt'uno: sguardi ciechi già a un passo dal divenire vitrei. Possono durare qualche tempo cosí ma poi è chiaro che per loro non resta che il manicomio o qualche posto consimile (ora che i manicomi si presume siano stati chiusi), dove i loro sensi slittati nell'orbita della catatonia vagheranno per lo spazio fino a che morte non verrà a liberarle.

«Non si può avere una faccia cosí triste con questo sole! Come ti chiami?»

«Goliarda», rispondo alla voce d'angelo dal corpo in salopette azzurro intenso: ormai la riconosco a distanza. Ride del mio nome, era cosí anche a scuola: chi capiva rideva, e mi faceva soffrire meno della reazione di quelle che ammutolivano e non mi parlavano piú per non essere scoperte nella loro ignoranza secolare, esattamente come qui.

«Esattamente come qui cosa?» sospira l'angelo in salopette.

«Come a scuola, il mio nome ha fatto sempre ridere tutti».

«Io mi chiamo Marcella, banale nome ma comodo… La vuoi accendere sí o no la sigaretta che tieni in bocca?»

«Certo, grazie. Che bell'accendino!»

«Ieri l'ho ordinato alla spesa e oggi me l'hanno portato».

È felice del suo accendino nuovo esattamente come se fuori nel mondo le avessero regalato una Jaguar.

«Si può fare la spesa?» chiedo interessata.

«Sí, passano la mattina e urlano: "Spesa! Spesa!" ma non si

capisce bene. Se passa il momento sei fritta! A me l'avevano detto, ma ho fatto fatica lo stesso a individuarlo quell'urlo che per loro significa "spesa". Non ti preoccupare, domani se vuoi ti avverto».

«E che cosa si può comprare? Anche libri come quello che hai in mano?»

«Spiritosa! Questo me l'ha portato mia sorella! Tutto si può comprare, meno i libri».

Quel *Secondo sesso* della De Beauvoir in mano alla mia compagna mi ammutolisce.

«Stai molto giú oggi. Posso fare qualcosa per te?»

«No, ancora ce la faccio. A dirti la verità vederti quel libro in mano mi ha avvilito!»

«Non ti piace?»

«No, no, mi piace... È solo che in trent'anni non l'avevo mai visto in mano a nessuno... Ci dovevo venire in carcere...»

«Be', non esageriamo!... Che passo lungo che hai! Piccola piccola ma veloce...»

«Ho paura di non dormire», faccio io.

«Hai ragione. L'altra notte m'è successo, e mi sono lasciata convincere a prendere il sonnifero che ti portano appena suoni il campanello la notte. Per avere un'aspirina devi andare dal medico, poi fare la fila, eccetera, ma il sonnifero te lo danno subito, e che sonnifero! Un sonnifero per scimmie, amaro come veleno. Ti fa effetto come una mazzata sulla testa. Non lo prendere mai. Il giorno dopo non avevo la forza di muovere un dito... sonnolenza... brutti pensieri... M'ha servito di lezione».

«Un sonnifero liquido hai detto?»

«Sí».

«È quello che danno nei manicomi per far stare calmi gli agitati. Si mettono al sicuro imbottendoli di sbobba azzerante, come la chiama una mia amica che lavora a Santa Maria della Pietà. Hai fatto bene ad avvertirmi».

«Reparto agitati! È vero... Si è sempre svegli, come elettrizzati... Non capisco perché, fuori avevo sempre sonno...»

Come posso le spiego la mia teoria della centrifuga alimentata dalle radiazioni energetiche di cento corpi esasperati... Non che ci tenga molto a questa mia scoperta dell'uovo di Colombo, ma so che lei mi capisce e ogni tanto fa bene parlare con qualcuno che ha lo stesso tuo linguaggio – anche per non prendere l'odiosa abitudine di parlare da soli ad alta voce.

E poi la sua risata scalda, e cosí parlando stiamo percorrendo chilometri a passo di bersagliere senza notare la noia di quel muro sempre uguale che ci segue in pieno sole. Anche lei è grata alla sorte che le ha fatto incontrare qualcuno col quale il parlare non è solo una battaglia corpo a corpo.

Quando un ennesimo grido inarticolato ci avverte che le ore d'aria sono al termine, non ci siamo ancora dette perché siamo finite in prigione. Ma ce n'è bisogno? Lei (chiaramente) è una politica di questa nuova razza un po' meno tetragona di quella che spadroneggiava ai miei tempi...

Attraversando il pianoterra rallento il passo per osservare che cosa offrono le botteghe senza insegne della nostra cittadella. Una è l'infermeria: camici bianchi si intravedono dalla porta socchiusa, accanto c'è una specie di segreteria con telefono... Quello in fondo deve essere il famoso spaccio o free-market o free-shop, colmo di tutte le frivolezze estere che il nostro Stato non ha la possibilità di venderci. Sembra d'essere nei paesi del socialismo reale, sicuramente lí si può comprare solo in dollari...

Infatti Marcella m'ha informata che tutta la merce è tassata fortemente, a volte raddoppiata. Per poter comprare devi portare con te una specie di tessera dove c'è scritto quanti soldi possiedi all'economato (possono essere i soldi che avevi al momento dell'arresto, o i soldi che parenti e amici versano a tuo nome); da essa viene sottratto a volta a volta il valore della merce che acquisti.

Il significato della lezione è che la detenuta non ha il diritto di toccare piú la moneta che, come sappiamo, è simbolo d'autonomia, identità, misura del tuo valore e del tuo posto nella società. Un'altra spinta per farti regredire nell'infanzia coatta. Se per l'uomo, abituato a maneggiar soldi da secoli, questa condizione deve risultare qualcosa di aberrante (non mi meraviglia che molti perdono completamente la personalità), per la donna tutto questo non è che il proseguimento del suo essere di sempre: donna di casa o bambina, come volete, alla quale è sempre stato evitato di avere – attraverso i soldi guadagnati e poi spesi – contatto diretto con la realtà del mondo.

Se per l'uomo è punizione, per la donna non è nemmeno questo, solo un mantenerla ancora nella condizione di ignavia e di ignoranza di tutti i problemi che essere un cittadino comporta. Infatti quando all'aria, nel pomeriggio, ho chiesto alla mia maestra di galera Edda se conosceva una certa ragazzina incinta che risponde al nome di Giovannella, lei non mi ha forse raccontato che la piccola Giovannella aveva dato un calcio a una guardia solo per riuscire a venire in carcere per abortire?

«Ma non sa che l'aborto è libero oggi?» ho osservato perplessa.

«Certo che lo sa, ma dovrebbe sbrigare carte fuori, sbattersi a destra e sinistra, mentre qui è tutto piú semplice. Fanno tutto molto bene e rapidamente in questi casi».

Sostando nella «piazza degli scambi» una grande pace scende dentro di me. Il presentimento di «quasi libertà» che avevo avuto nella mattina non è stato deluso. Nessuno mi spinge ad affrettarmi, e quasi posso fingermi di essere per le strade di Roma. Le celle restano aperte dalla mattina alle otto di sera e, se vuoi, puoi scorrazzare dal primo piano al pianoterra tutto il giorno. Certo, i due cancelli delle scale sono sempre chiusi, ma le guardiane addette a questa mansione sono sollecite nell'aprirteli se hai voglia di passeggiare al chiuso.

Il grande portone metallico che immette nei camerotti mi incuriosisce – questo forse non si apre che per andare al colloquio, o se ti è arrivato il dono celestiale di un pacco, o se il tuo avvocato deve conferire con te. Mi piacerebbe, prima di salire, avere qualche notizia su quel portone.

Come in risposta al mio desiderio, davanti alla porticina col telefono (una sorta di ufficio postale: tre detenute stanno lí in attesa; dall'aria sorniona e mite si capisce che col tempo se ti dimostri proprio mansueta la guardiana ti concederà il bene di una telefonata alla tua mamma o al marito o al figlio) scorgo la mia «donnona-vara» della sera prima, che dondola come sempre giocherellando con le chiavi.

Con sorpresa realizzo che il suo corpo sostiene una magnifica testa, proprio da santa di paese. La sera prima ero troppo sconvolta per notare la bella fronte intelligente, appena accarezzata da una banda di capelli castanocenere luminosi quanto i grandi occhi un po' tondi dello stesso colore.

Anche lei mi ha scorta. Con un sorriso impercettibile viene verso di me. Nella penombra il naso e le mascelle protese acquistano un procedere da polena di antico vascello che tranquilla s'apre un varco fra i flutti tempestosi di questo oceano carcerario.

«Va meglio, signora?» L'accento è umbro, non c'è dubbio, quel verde fondo della parlata umbra appena un po' scaldato dal rosso dei tramonti romani.

«Oh! Molto meglio. Grazie».

«C'è quiete questa sera».

«Già, – rispondo, e aggiungo tanto per sentirla parlare ancora: – Come mai?»

«Be', questo è per me un mistero esattamente come lo è per lei. Non si capisce mai il perché della quiete, né il perché dell'agitazione che prende tutti. Anche la Santomauro non ci azzecca sempre, o meglio ci azzecca una volta sí una volta no, eppure sono vent'anni che fa questo mestiere».

«Lei è molto che lavora qua?»

Sono un po' preoccupata del mio ardire: ogni domanda qui è un salto nel vuoto.

«Un anno, – risponde lei mesta, mentre le palpebre calano pesanti a oscurare il sole tiepido dello sguardo. Non so se posso insistere con le domande, e questo mi fa tacere imbarazzata tanto da spingerla a: – Ma forse lei vuole salire e io la trattengo...»

«No, no, anzi mi fa piacere parlare con lei...»

«... Come le dicevo: un anno. Un anno che mi sembra un secolo. Vede, io sono laureata in scienze politiche... Eh, si sa, la giovinezza si illude sempre, ma mai avrei pensato di finire qua per un tozzo di pane».

«Come è possibile?» mi sento dire smarrita.

«Ah, se per questo Amalia... la vede quella ragazza coi capelli ricci? Che bei capelli ha, vero?»

«Bellissimi, ma è quella che mi ha accompagnato qui ieri sera».

«Sí, lei addirittura è diplomata all'accademia di Belle Arti. Pensi un po': voleva fare l'artista! Ed è brava, fa dei paesaggi!...»

«Ah, dipinge?»

«No, li disegna... I colori costano troppo, lei non mi crederà ma sono cosí disegnati bene che sembra a volte di vederci il colore anche... Sento il carrello della cena... Su, signora, deve salire...»

Vorrei fermarmi ancora a chiacchierare con lei. Che m'importa della cena, niente vale due chiacchiere in pace con qualcuno che sa conversare. Ma non si può chiedere troppo alla vita (bene o male sono in carcere, non lo dimentichiamo). Solo il rumore della chiave nella toppa del cancello me lo fa ricordare, e sgusciando dentro mi rivolto verso la mia guardiana proprio nel momento dello scatto di chiusura. Sono in galera: il suo volto dietro le sbarre è già in allarme – mutato – al mio rivoltarmi brusco ed è inutile sorridere. La mia bella polena s'è richiusa severa, e già mi volge le spalle. Difficile la misura in questo regno dell'«eccesso».

Dopo le due rampe di scale ormai familiari, il secondo cancello mi viene aperto dalla diplomata alle Belle Arti tutta boccoli e tremolii armonici nelle aggraziate membra di ninfa boschiva. Sono cosí felice di riconoscere – finalmente – qualcuna della vasta schiera di guardiane che come ondine dirottano la barchetta fragile del mio corpo fra marosi, scogli e notti buie, che mi blocco estasiata a guardarla. Visto che non s'allarma (c'è proprio quiete oggi) le domando di punto in bianco: «Senta, per uscire dai camerotti ci vuole un permesso speciale?» L'ho chiesto giusto per chiedere, cosicché la sua risposta mi arriva come un bel vento di prima estate.

«Oh no, no... Certo, non la lascerebbero andare piú in là di Rebibbia... Ma se vuole un libro può andare nella biblioteca. Può anche andare nella sala musica o in quella delle lezioni...»

«Che lezioni?»

«Per adesso c'è una detenuta che insegna l'inglese».

«Peccato» penso, rispondendo: «L'inglese lo so già». Speravo che si dessero lezioni sul come scassinare casseforti, assalire banche, eccetera. Ma questo – è chiaro – lo dico solo a me stessa ridendo.

«È allegra lei, – bisbiglia la mia ondina. – Eh, magari fossero tutte come lei qui!...»

Ci sta: non posso frenare il mio lato galante di ragazzotto catanese che mi fa dire: «Se tutte le guardiane fossero aggraziate e carine come lei, giuro che tutte le detenute diverrebbero come me».

Assisto al rossore che invade immediato ogni angolo remoto del suo bel visino (infallibilità del complimento spontaneo). Ma comincio a imparare la «misura» e non insisto. Anche perché proprio davanti a noi il grande carrello avanza traballante, spinto da un essere mastodontico in hot pants rosa e maglietta trasparente attraverso la quale scorgo due seni da eunuco e una pancia da Buddha. Voi avete riconosciuto immediatamente la mia compagna di cella mentre io, colpita dalla mostruosità di quella apparizione, cerco di ricordare in quale incubo notturno ho già incontrato quegli arti possenti che si sbracciano intorno a quel mastodontico arnese preindustriale che serve da cucina mobile, lanciando mestolate di minestra come fossero bombe a mano, a destra e a sinistra.

Solo quando, per raggiungere la mia cella, le passo accanto la riconosco dal passo sbilenco (poliomielite?) col quale marcia dietro al carrello. Lo stesso passo aveva ieri notte quando avanzava verso il tramezzo come se dietro ci fossero nascosti cento nemici invece d'un semplice, umile cesso terrorizzato dal suo culo e piscio fuori misura. Come ieri sera finge di non vedermi, ma con voce che esce direttamente dalla radice del naso – o addirittura dagli occhi (chi lo può capire?) – sfiata rapida e stentata allo stesso tempo alla sua compagna di carrello: «Pffiu! Quanthe arie da signora se danno 'sthe zozze, ma de puli' la cella nun se ne parla. Ho arrischiato un rapportho sthamattina...»

L'orrore della sua voce adenoidea è accentuato da un viso

dai lineamenti perfetti anche se da contadina. «Un errore della natura?» è giocoforza chiedersi scrutando nei grandi occhi languidi, «O piuttosto un monito della sua terribilità ben nota agli antichi?» Malgrado la sua ferma intenzione di inimicizia, l'eunuco, antico mio compagno di cella, deve aver sentito l'attimo di venerazione che ha invaso il mio corpo insieme allo stupore, perché come un rilassamento momentaneo (il sospiro di una montagna?) passa fra la sue sopracciglia di velluto nero armoniosamente disegnate. Non ho piú paura di lei, e proprio per questo, appena dentro, do una rapida scopata e lavata a quella cella che è ora piú sozza della mattina.

Ogni cella è dotata di una scopa, una pattumiera, un secchio con relativo straccio. In fondo al ballatoio trovo due stanzoni comunicanti. Dentro ci sono grandi contenitori dove si può travasare la propria immondizia e quattro lavandini che permettono di lavare i piatti. Sorvoliamo su cosa possano essere in Italia dei contenitori immensi colmi di immondizia (al chiuso), e in che stato i lavandini dove tutta una folla viene giornalmente a lavare le stoviglie... Sorvoliamo perché ormai sono cosí stanca – la passeggiata con Marcella ha funzionato – che non aspiro che a lavarmi i denti – «Ho lo spazzolino» mi ripeto con sollievo – e poi andarmene a dormire.

La gioia di lavarmi i denti dopo tanto tempo è tale che dimentico tutto e tutti almeno per buoni dieci minuti. Quando esco dal cessetto la porta della cella è già stata chiusa, la televisione va a tutto volume inseguita dalla radio in una competizione di idiozie cosí furiose da strappare a chiunque sia umano un sorriso disperato. Ma non sorrido, non è conveniente, perché le mie due compagne questa sera invece di contemplare il solito muro mi hanno aspettato – gli occhi fissi al cessetto – con un'aria di disapprovazione se possibile piú inappellabile della sera prima.

Il sacro eunuco come si conviene ai semidei s'è liberato di tutti gli indumenti – meno delle mutandine sottili seppellite dal grasso del pancione e dall'attacco delle cosce. Le mutandine di tulle rosa mostrano un pube quasi calvo.

Attraversato il campo sotto il fuoco degli sguardi nemici, rapidamente mi infilo sotto la coperta. Di spogliarmi non se ne parla, non ho né camicia da notte né una maglia o camicetta di ricambio. Sotto, mi levo almeno i pantaloni e decido di rivoltarmi verso destra per osservare – è la prima volta che lo vedo – il bellissimo profilo pallido e sprezzante della mia vicina. Le sue spalle ossute, rivestite dalla solita giacchetta jeans, poggiano alla spalliera di ferro della branda con l'eleganza orgogliosa del guerriero appena liberato dal peso di una corazza a lungo portata. Sono cosí presa da quella immagine – anche perché il sonno comincia a tessere sciocchezze nella mia fantasia – che quasi sobbalzo alla voce adenoidea che improvvisa sibila alle mie spalle qualcosa al solito di assolutamente incomprensibile.

Mi volgo e mi trovo davanti la nudità sacra, terrorizzante dell'eunuco che, con un piatto pieno di minestra in mano, mi apostrofa in tutte le furie del divino. Come posso riesco a trarre da quei suoni, inframezzati da videomusichette pubblicitarie, il messaggio che la minestra puzza, che chiama le mosche, che se non l'ho mangiata la dovevo buttare... La voce divina non si ferma, non c'è scampo. Mi alzo, gliela levo dalle mani e vado a buttarla nel cesso.

Al mio ritorno l'eunuco pare momentaneamente placato. Ma la semi-scenata mi ha svegliata completamente rendendo cosí straziante il frastuono della televisione che quasi mi decido a urlare anch'io, e che succeda quel che succeda quando la voce della ragazza-guerriero si manifesta improvvisa, nitida, calda voce romanesca dall'erre un po' moscia.

«Lo vuoi sí o no chiudere 'sto strazio?»

La osservo: non ha mosso di un centimetro lo sguardo. Ha buttato lí il suo comando regale senza il minimo dubbio di essere esaudita, cosí che neanche io mi meraviglio alla scena muta e rapida che segue: l'eunuco con una agilità impensata si scaraventa giú dalla branda, corre alla porta, e col lungo braccio nello spioncino maneggia qualcosa fuori che in un attimo fa calare un silenzio celestiale (l'interruttore è all'esterno della cella a fianco della porta).

Grata alla mia ragazza mi rimetto a cuccia rivolta verso di

lei, che, anche se non mi guarda, mi concilia il sonno con la sua bellezza... Chi non sa che la bellezza è anche protezione dai mali della vita e dagli incubi della notte?

Al risveglio il profilo è ancora piú affrescato sul muro zeppo di nomi, imprecazioni e disegni come tracciati da un bambino minorato. Di avere dormito tutta la notte rivolta verso la mia guerriera non mi sorprende, né che nessuno venga a tirarmi fuori dal letto all'alba come usava al tempo che nelle carceri c'erano le suore... Edda m'ha informata di tutte le sevizie e le angherie di quel medioevo che imperava nell'epoca mitica delle suore. La riforma carceraria ha spazzato via da pochi anni quel tempo, ma in maniera cosí definitiva che è difficile rintracciarne qualche umore o ricordo.

C'è, in fondo a un corridoio, una Madonna di tre metri con aureola di lampadine, tutta bianca e azzurra: un visetto da bambina imbronciata e ammiccante in un sorriso civettuolo, ma ha l'aria di essere capitata lí per caso e senza l'intenzione di restarci a lungo in quel luogo dove solo pochi fiori ai piedi la consolano delle male parole e scurrilità che giorno dopo giorno le vengono ormai sbattute sul viso.

«Oggi non mi muovo dal letto» decido: me ne sto lí a divagare fissando la mia guerriera che a quanto pare non si urta del mio sguardo. Ma, come sappiamo, la vita concede raramente una vacanza anche se spesa in letture e meditazioni, la vita se ne fotte di profondità e sfizi culturali, e quando meno te l'aspetti ti tira giú a calci in culo a guadagnartela col famoso sudore della fronte.

La vita questa volta si serve dell'eunuco che impensatamente, la mattina, si tramuta in un operaio coscienzioso o, meglio, preindustriale. È apparso fuori dal cessetto in severi calzoni neri e tutto serio si dà a rassettare l'angolo del tavolino sfiatando che lui non sopporta tutte quelle schifezze, che deve andare a lavorare! Che si guadagna la vita... Che quella mattina è nella commissione di controllo per la cucina... Per fortuna quell'intervento di vita attiva non dura che pochi secondi perché la mia guerriera, rizzandosi appena, con un sorriso di una bellezza clamorosa, largo, ironico, piú nobile se possibile dell'erre moscia della sua parlata, dice in tono pacatamente minaccioso: «Vaffanculo, ora m'hai rotto! Mi sembra d'essere a casa mia! E se c'è una cosa che me rompe è proprio questa de sentirme a casa mia!»

«Però, quanno te faccio la spremuta de limone non dici cosí», fa l'eunuco intimidito.

«La spremuta! Capirai!»

«La faccio bene la spremuta! Ce metto tanto zucchero, e tu non me tratti cosí quanno la vòi... Quanno la vòi me chiami mamma».

Questa battuta quasi piangente dell'eunuco (ormai comincio a capire il suo linguaggio, ma non sarò mai in grado di trovare una grafia conveniente) strappa un grido di fresca allegria alla guerriera.

«Ma sí mammina, certo mammina! Mammina!»

L'altra – potenza della parola mamma – sorride ora gongolando di tenerezza in tutto il corpaccione, aggiungendo prima di sparire ingoiata dagli urli che fuori cominciano a montare: «Ecco, cosí mi piace la mia baby! Ora la mamma va a lavorare e quando torna ti fa 'na bella spremuta!»

Sono caduta in una famiglia invece che in una prigione? Resto lí talmente imbambolata a constatare l'implacabile vitalità di questa istituzione, che quasi non mi accorgo che la mia vicina mi sta parlando.

«Hai detto qualcosa?» m'affretto a domandare sperando di afferrare per la coda l'attimo tanto atteso. Ma ormai perduto: lo vedo dallo sfuggire ora infastidito del suo lungo sguardo d'uccello notturno. È meglio non insistere e alzarsi.

Che cerco in questa cuccia sudicia? L'affrettarsi di passi per la strada, che dico?, sul ballatoio indica che è possibile accedere ai cortili. Dalle voci liete ci deve essere il sole fuori anche se qui – ormai mi sono quasi abituata – un eterno inverno grigiastro batte alle vetrate esattamente come all'isolamento. Poi mi posso lavare. Come Marcella mi ha detto, da uno degli stanzoni dell'immondizia si va alle docce: «E se ti alzi presto trovi anche l'acqua calda».

Non è tanto presto ma nemmeno tardi, e l'idea dell'acqua calda dovrebbe spingermi a desiderarla, invece tutto il mio corpo – malgrado le prospettive allettanti che la mente gli propone – non riesce che a cambiare posizione.

Come in risposta al mio movimento, la ragazza lentamente s'è messa a sedere sull'orlo della branda, la testa fra le mani.

Con sforzo sovrumano riesce ad alzarsi in piedi e ad avanzare di qualche passo (sembra aprirsi un varco in una selva intricata di rovi), finché s'afferra alla porta del cessetto come una persona che stia per affogare.

Calmato un po' l'affanno entra dentro. Una valanga di vomito, tosse, sospiri si scatena levandomi il fiato. Sto per seguire la depressione di quella ragazza.

La depressione è contagiosa, si sa. Come ho potuto cadere nel tranello di aderire a ogni moto dell'animo, a ogni sospiro di quella povera ragazza invece di far scivolare fra me e lei il vetrino isolante i germi dell'altrui nevrosi? La Bellezza! Un lampo e comprendo saltando dal mio giaciglio come se fosse in preda alle fiamme. La Bellezza con la B maiuscola ha questo potere nefasto, chi vive lo sa. Ma non sa, almeno non abbastanza, l'astuzia con la quale sa apparirti nei luoghi piú impensati, cosí da sorprenderti prima che tu abbia il tempo di disporti alla fuga; facile resistere alle nevrosi del brutto!

Infilandomi i pantaloni con fretta di soldato in ritirata, sono già con un piede fuori dalla porta quando la voce della ragazza alle mie spalle quasi supplicante mi blocca: «'Ndo corri? Aspetta un po'...»

Rivolgendomi la fisso con pietà. Non vorrei, ma quell'esserino tremante dalle guance chiazzate da macchie rosse di un'agonia mortale fa proprio pietà.

«Aspetta, accompagnami a letto... Sto a rota. Non è niente. Il peggio è passato... grazie. Che schifezza! Piú sputo e piú la saliva se n'esce... che ti sei spaventata che me guardi cosí? Non è niente, te l'ho detto, sto a rota».

«*A rota?!*»

«Non far la cogliona: me stanno a disintossica', come se dice?... Tu sei buona: t'ho vista quanno dormi, non sei 'na scassona come tutte quelle della tua età, compresa mia madre...»

Appena stesa, le chiazze rosse spariscono e la sua bellezza si ricompone tranquilla e magnifica come un grande lago che dopo la bufera fa dimenticare quanta agonia d'annegati ricopre la superficie placida. Riafferrata dal prodigio di quel pezzo di Natura che per bizzarria ha scelto questa cella angusta per mostrarsi, non posso che restare lí seduta sull'orlo della branda in contemplazione.

«L'hai vista tu?» mormora improvvisamente il mio prodigio con lo sguardo vagante per il soffitto.

«Chi?» chiedo pensando che abbia avuto una visione.

«Mia madre. L'hai vista tu?»

«No, veramente non l'ho vista».

«E certo che non l'hai vista, – m'incalza fissandomi un attimo e sorridendo d'un sorriso scandaloso qui. M'imbarazza, e lei lo percepisce perché tornando a fissarmi quasi con tenerezza continua: – Non dicevo a te, cogliona! Parlavo fra me e me...»

Non faccio a tempo a stare un po' con me stessa a ragionare che lei mi ha già dimenticata: altra regola crudele della Bellezza. Rassegnata, mi accontento di essere solo spettatrice dei suoi sbalzi di umore ora caldo ora freddo, ora quieto ora temporalesco, tellurico, cosí contrastante con tutta la sua figuretta incarnale. È tornata a mostrarsi di profilo, gli occhi abbassati in un raccoglimento monacale. A un certo momento alza il braccio destro; la mano delicata – quasi da ragazzo – batte contro il muro un ritmo di tamtam (annuncio di guerra?), finché con voce monotona: «Voglio usci'! Voglio usci'! Voglio usci'!...»

Poi silenzio.

«La zozza! Se fosse fatta vedere, non dico per parlamme ma per informarse!... Che dici? Te pare giusto di non preoccuparsi nemmeno se sua figlia è in galera?»

Si è rivoltata verso di me, ma ormai ho capito che parla con sua madre. Come posso sorvolo sulla domanda cercando di prendere l'aspetto piú neutro che mi sia possibile.

«Sono Marrò, delinquente abituale. Tu come te chiami?»

Mi ero cosí convinta del mio ruolo di spettatrice che quasi sobbalzo, e subito dopo me ne dispiace: non vorrei che lei pensasse che ho avuto paura per quel «delinquente abituale».

«Sei nervosa oggi... Se te ne voi anna' a passeggio!... Sei comica quanno corri in cortile... M'hanno detto che fai proprio ridere... Ma che corri a fare?... va', vaffa' ride', va'...»

«Perché non vieni anche tu, Marrò? Fuori c'è il sole...»

«Cogliona!... Il mio nome l'hai imparato subito però, non è che sei 'na politica?»

«No... Vieni fuori? C'è il sole...»

«L'hai già detto! Che so' sorda? A me il sole fa schifo... È chiaro che me fa schifo! Se vede, no?, che me fa schifo!...»

Accettata la lezione di sintesi (ha ragione lei: qui tutto è necessarietà di linguaggio e di gesti), mi alzo e faccio per andarmene quando la sua voce – in preda alla piú nera disperazione ma anche beffarda – mi costringe a tornare al mio posto.

«Ma che cazzo ce trovate in 'sto sole? Che cazzo ce vedete! Che cazzo ve ne frega? Me sembrate tante pazze sciolte in un porcile!»

Non mi ha guardato mentre parlava, conosco la sua tecnica ormai: quando dà un ordine non guarda, quando parla con se stessa ti fissa invece come se aspettasse da te una risposta. Tecnica difficile da seguire ma assai interessante. Doveva fare l'attrice questa ragazzetta: viso espressivo al massimo, pudore ed estremo narcisismo insieme a quel tanto di mistico che hanno tutte le grandi attrici... Come avesse letto nei miei pensieri – altra qualità insondabile delle attrici di razza – esclama: «Marrò nel '78 era una diva: stava sul giornale. Mia madre conserva i ritagli con le fotografie... Come me presento al processo? Almeno 'na gonna me la poteva portare e un paio di scarpe col tacchetto... La gonna fa 'n'impressione giusta al processo e pure le scarpe col tacco... Se me presento co' 'sti pantaloni sai che brutta impressione... Ma che me frega ormai! Marrò è delinquente abituale... Marrò è il cognome: Teresa Marrò. Che dici, è brutto Teresa?... A me non me piace e me faccio chiamare Anna... Anna è bello... Mia madre se chiama Anna. Lei non me piace ma il nome sí, e io me faccio chiamare Anna: Anna Marrò sí che sona bene...» Ecco che come tutte le attrici si preoccupa del suono del suo nome...

«Tu com'hai detto che te chiami? Nome e cognome, dico...»

«Goliarda Sapienza».

«Ammazzete! Ma qual è il cognome... Goliarda?»

«No, Sapienza».

«E perché dici il nome prima del cognome? Non è che sei 'na politica?»

«No, te l'ho detto... Ho rubato».

«Non t'ho chiesto c'hai fatto. Io volevo sapere s'eri una politica e basta».

«E perché?»

«Perché... perché... perché rompono! Tu gli chiedi un po' de vino e loro non solo non te lo danno, ma te vogliono convince' delle loro idee... So' fanatiche... È vero che il vino se ce metti tanto zucchero imbriaca prima?»

«E certo», rispondo pronta (comincio a capire il suo ritmo associativo).

«Tu lo bevi il vino?»

«No».

«Lo vedi che sei 'na politica! A Marrò devi di' la verità».

«T'ho detto la verità, Marrò, che sei sorda?»

«E il latte perché lo bevi senza zucchero? È gratis lo zucchero qua».

«Perché non mi piace lo zucchero».

«Ma guarda! È per questo che non ti sei manco accorta che se l'è fregato Annunciazione il tuo zucchero ieri...»

«Chi è Annunciazione?» faccio stupita.

«Quella zozzona che è uscita se chiama Annunciazione. È zozza, ma buona Annunciazione... t'ha fregato lo zucchero ma l'ha dato a me. Quello ch'è giusto è giusto e te lo devo dire... C'è la spesa! Non senti che chiamano? Tu non la fai la spesa?»

«Hanno chiamato?»

«Certo c'hanno chiamato! È proprio sorda questa!»

«Allora vado...»

«Senti, perché non ti fai segnare il vino... Poi quanno mia madre se decide a mannamme i soldi me lo faccio segna' io...»

«Certo! Quanto ne compro?»

«Sentitela! Quanto ne compro! Un barile! 'Na bottiglietta al giorno danno... Ma che credi d'esse' all'albergo?»

Ride Marrò e la sua risata franca comunica per la prima volta fra noi un'intesa da ragazzacce di strada che mi dà vigore. In un balzo sono fuori. Ho una missione segreta per un'amica: gli adulti non permettono alle ragazzine di bere il vino e io li devo frodare. Questa è la vita!

Nel ballatoio fra il fragore di risa, canti e urla di richiamo, molte sono in vestaglia indaffarate con secchi e scope. Una pila di piatti cade senza rompersi e mi rotola fra i piedi; qualcuno impreca contro tutti i santi del paradiso e del parlamento. Sento anche un boia Andreotti, un frocio Berlinguer...

Mi fermo un attimo affascinata. È la prima mattina che non corro subito all'aperto e l'affollamento che persiste lí sul ballatoio – malgrado le ore d'aria – non può non stupirmi. Una folla convulsa mi sfreccia intorno, sulla testa, dappertutto. Le reti metalliche sobbalzano continuamente sotto il peso di una ciabatta, una scopa sfuggita dalle mani di qualcuno... Ecco una mela mezzo sbocconcellata che cade proprio davanti a me, la vedo rimbalzare come la palla d'un bambino finché non va a raggiungere un pacchetto di sigarette vuoto...

Le celle-basso sono tenute relativamente in ordine – alcune anche linde – ma fuori la porta i «ballatoi-vicolo» e le reti metalliche fanno parte già dell'esterno, il quale, come nel Sud, serve solo da immondezzaio generale. Non mi meraviglierebbe vedere delle braccia su al secondo piano rovesciare un secchio d'acqua sporca. Il mio inconscio di suddito italiota mi si spalanca dentro in tutta la sua occulta gioia e disperazione. Quasi la testa mi gira. Non riuscirei certo a focalizzare «l'angolo della spesa» – anche perché le immense vetrate verdigne danno una penombra costante di sordida cattedrale – se Marcella non mi venisse incontro ad aiutarmi: «Buon giorno, Goliarda».

Marrò ha ragione, le politiche sono le sole che afferrano subito il tuo nome e la topografia insana di questo regno.

«Che ne dici, Goliarda? O siamo in uno zoo o in un teatro underground...»

«Proprio cosí!» rispondo. Noto nel ballatoio di fronte, seduta dentro una breve rientranza del muro, sotto un'altra immensa vetrata, una grande negra ravvolta in un drappo bianco pesante, un libro in mano, immobile (a leggere o pregare?)

«Guardi la negra? Sta sempre lí a leggere...»

«Ma cos'è quel mantello che ha addosso?»

«La sovraccoperta che si sarà riconquistata; se la rubano sempre l'una con l'altra... Ieri la negra non l'aveva... È vero che sembra il *Mosè* di Michelangelo, con quel furore nei capelli e quel braccione sul ginocchio?»

«Ma che legge?»

«*Il metodo per digiunare*. Ieri le ho parlato, parla solo inglese. È qui per spaccio internazionale di droga e da nove giorni fa lo sciopero della fame per ottenere il processo... Lo senti che fermento c'è oggi? Molte non sono andate all'aria per sostenerla moralmente. Non la scocciano andandole vicino perché sanno che lei non deve stancarsi, ma la guardano, la incitano. Vedi quella che la saluta da lontano? È un modo di esserle solidale. Sono molto preoccupate anche perché è incinta di cinque mesi...

Ieri Suzie Wong mi ha detto che ogni giorno perde peso in maniera paurosa; non ci volevo credere – qui siamo nel regno della mitizzazione – ma questa mattina quando sono passata vicino a salutarla ho visto che è vero: il viso era come un pallone sgonfiato... Aveva una leggera bava fra le labbra che non riesce a chiudere bene. Sembra che digiunando la lingua si gonfia e pesa molto... Cosí dice Suzie Wong che è vecchia di qua e ne sa di queste cose...»

«E chi è Suzie Wong?» domando anche per distogliere il pensiero da quel povero ammasso di carne che si affloscia là sulla sedia, ma con una dignità e fierezza impressionanti.

«Andiamo adesso, altrimenti non facciamo in tempo per la spesa! Dopo te la presento».

Il luogo adibito alla spesa consiste in un tavolo di un metro per due vicino al cancello che immette nelle scale. Invero avevo notato quel tavolo dove a volte sia le guardiane che le detenute si seggono per qualche istante, ma chi poteva immaginare che quel tavolo nudo simboleggiasse tutto un mercato?

Imperscrutabilità dello spazio carcerario con le sue leggi oniriche di dilatazione e di contrazione. Solo pochi minuti prima quell'oggetto comune se ne stava buttato lí come per caso, mentre ora si prepara a sopportare il peso di decine di gesti, di richieste spasmodiche. Il tavolo è presidiato da due donne in gonna e camicetta, dal taglio essenziale e ordinato, i capelli ben pettinati, i visi seri, appena preoccupati, di impiegate di banca.

Con l'aiuto di Marcella (ha il genio del tempismo questa ragazza) siamo fra le prime e possiamo sederci su due delle quattro o cinque sedie disposte intorno. Appena seduta comincio a sentire alle spalle la stessa pressione ansiosa della gente che s'accalca per gli acquisti di Natale.

«Perché quest'ansia?» mi chiedo, mentre già trovo la risposta nello sguardo duro di quella che deve essere la direttrice di questo, come chiamarlo?, negozio, banca, Monte di Pietà?... Monte di Pietà decido, perché la «direttrice» (una detenuta salita di rango) è lí piú per negarla, la merce, che venderla... Ascoltata la richiesta di una bottiglietta di vino, un dentifricio, eccetera, dopo un impercettibile interrogativo muto alla compagna che tiene sottocchio il libretto dove c'è segnato quanto possiedi, senza nemmeno rispondere passa a un altro viso, scrollandosi le suppliche o le maleparole delle escluse... le *paria* che hanno implorato un prestito in nome di un presunto fratello o madre o marito che verserà... verserà soldi domani... sono sicura... «Qui non si fa credito» c'è scritto su quella fronte ben nettata da creme detergenti d'alto prezzo, su quel collo carico di coralli e d'oro. È la prima volta che vedo una detenuta con quegli oggetti sacri del potere economico appesi ai polsi, alle orecchie, alle dita.

La «capa» s'è rivolta a me... Devo fare presto perché le altre aspettano premendomi alle spalle, e l'operazione è lunga dato che ogni cosa deve essere scritta su un altro libretto, fatta la somma e detratta da quello che hai...

Mi manca il fiato: ho una grossa spesa da fare, i soldi ce li ho. Mi vergogno della mia dovizia soprattutto perché la capa ingioiellata m'ha rivolto uno sguardo complice da ricca a ricca e, quel che è peggio, senza guardare la somma depositata per me in portineria.

Presa dal disgusto sono sul punto d'alzarmi... quando il ricordo di Marrò in attesa del vino mi riporta alla realtà salvandomi dal ridicolo. Marcella accanto a me ha capito tutto, lo vedo da come sorride e ha ragione... Lei non perde tempo, detta le sue richieste di spesa con serietà e senza falsi moralismi.

Quando, finita l'operazione, riusciamo a sgusciare fuori dalla folla siamo costrette a fermarci un attimo per respirare: io ho il fiatone, Marcella non mi guarda, e per la prima volta il suo viso ha un'espressione triste. Quella tristezza curiosamente la ringiovanisce, faccio appena in tempo a notare. Un urlo d'ira seguito da borbottii sguaiati mi costringe a rivolgere l'attenzione al tavolo sommerso ormai dai corpi agitati – il parossismo è al massimo. Non è detto che uno di questi giorni non si arrivi anche ad assistere alla distruzione fisica di quel tavolo e di quelle due, convinte d'essere al sicuro dietro le catene d'oro, i pendenti, gli anellini... La «capa» ha anche un bell'orologio di platino che porta con il quadrante sotto il polso come... dove ho visto qualcuno che portava cosí l'orologio?

«In banca, – fa Marcella ormai dimentica – proprio come un fanciullo – della tristezza di prima, e aggiunge ridendo: – Forse fuori era un'impiegata di banca... È incredibile ma sembra proprio che ognuno continui a essere inesorabilmente quello che era fuori... E io che qui credevo di cambiare aria finalmente!... Andiamo su, signora, domani avrai il tuo deodorante! Hai visto come t'ha guardata con soddisfazione quando l'hai richiesto? E ha perso anche un po' del suo tempo prezioso per discutere con la sua compagna quale era meglio per te.... Vieni da Suzie Wong, o vuoi andare all'aria?»

«Vengo con te... Sono stanca come dopo una giornata di commissioni per il centro!...»

«Eh, qui gli spazi psichici sono sterminati, direbbe un mio amico. Mi piacerebbe presentartelo, dovreste piacervi, è proprio un duraccio signorile della tua generazione!»

«Conosci qualche vecchio della mia generazione? Non credevo», mi sento dire scioccamente.

«Certo! Noi non vogliamo fare l'errore dei sessantottini!»

«Quale errore?»

«Quello di negare il passato: questo li ha portati a un isolamento utopico nel quale molti ci sono morti, e quelli che non sono morti sono stati costretti a reinserirsi e a fare proprio quello che tanto avevano negato... Ne parlavamo con Roberta ieri, anche lei era d'accordo...»

«E chi sarà Roberta?» mi chiedo stupita di quanta gente Marcella è riuscita a conoscere in cosí poco tempo... «Sei arrivata qui solo un giorno prima di me, non è vero?»

«Sí».

«E come hai fatto ad abbordare tanta gente?»

«Oh! Continuo mio malgrado a essere quella che ero fuori».

Marcella è cosí: una vecchia bambina in bilico fra i cento e i sedici anni...

«Non so come fai a non cadere!»

Con questa frase per una volta sono riuscita a sorprenderla, tanto che si ferma e mi guarda negli occhi: «Che vuol dire?»

Non voglio perdere il primo vantaggio che sono riuscita a conquistarmi sulla sua sagacia e misteriosamente le sussurro: «Te lo dirò dopo».

Questo la fa sbottare in un grido di rabbia scherzosa. «Eh, voi duracci di un tempo! E chi vi seppellisce a voi!»

Questa è la prima frase un po' dialettale che le esce dalla bocca. Mi piacerebbe chiederle da che parte d'Italia vengono i suoi genitori, chi sono, chi è lei... Ma questo è proibito qui nel regno dell'estrema chiarezza apparente, dove tutto invece rimane occulto e insondabile. Ma forse ormai con Marcella posso osare: due o tre conversazioni equivalgono, in questo tempo carcerario che ci muove, a due o tre anni di conoscenza... Mi chiedo scrutando il suo viso a che punto di profondità ha scavato la trivella del nostro rapporto. Ma non deve essere ancora arrivata al livello dell'intimità perché lei, con uno scatto impaziente, distoglie gli occhi e riprende il cammino quasi in fretta... Quella fretta mi indica una falla nel suo pudore della quale approfittare, ma non faccio in tempo che mi trovo in un ambiente cosí diverso da cancellare ogni ricordo della lunga passeggiata...

Ancora una volta tempo e spazio carcerario mi sorprendono lasciandomi senza parole: è come se dai Parioli avessimo raggiunto a piedi Campo de' Fiori dopo poco piú di trenta metri! O Shanghai, o Bangkok... Ciò che mi alita intorno è cosí lontano dalla spietata fredda zona al nord di Roma dove abito, che quasi non capisco dove mi trovo quando la mia compagna di viaggio mi presenta a tutta una folla colorata ed elegante, profumata di buon sapone, tabacco di lusso, incenso e qualche scia di hashish. Ma, a quello che si dice, le droghe sono proibite: forse è solo la penombra colorata a darmene l'idea, o i gai parati di seta che rivestono i muri, il grande mazzo di fiori disposto con grazia a nascondere l'angolo adibito a cucina, la stuoia povera ma linda che ovatta i passi di tutte.

Mi sveglio solo alla voce di Marcella che sta domandando a qualcuno perché le «signore della spesa» possono indossare ori e coralli, mentre a lei hanno levato anelli e orecchini...

«Non è tanto una proibizione quanto una precauzione, – fa una bella voce dall'accento toscano. – Qua rubano tutto. Chissà, forse le "spesine" si sono addossate il rischio di essere derubate...»

Sono abituata alle riunioni informali dei giovani e me ne sto quieta in un angolo, ben felice di non essere costretta a intervenire, anche perché la sorpresa dell'esistenza di quel cantuccio elitario ha finito di sconvolgere ogni idea a priori del carcere che mi portavo appresso, pur avendo un'indole abbastanza pragmatista (per essere un'italiota).

Le voci delle ragazze affluiscono coltivate, alcune addirittura dotte e spiritose. La realtà del carcere è slittata verso altri lidi tutti da esplorare, cosí come le nevrosi, la biologia delle donne e forse tutto il divenire del corpo sociale.

Qualcuno mi ha messo in mano un bicchiere con un liquido dorato dentro. Con sorpresa lo porto alle labbra improvvisamente assetata: è di vetro povero, forse infrangibile ma trasparente e pulito; dopo giorni e giorni di sapori di plastica risento un profumo di tè dimenticato. «È il tè di Suzie Wong», sussurra la voce di Marcella. Quel tè mi dà alla testa come champagne, e visto che nessuno ancora m'incalza a prendere parte alla conversazione (parlano di Poona adesso) mi sdraio sulla sedia come fosse una poltrona comoda e appoggio la testa alla parete... Suzie Wong non c'è... «Lavora sempre Suzie! Deve essere in sartoria. O forse è a colloquio... ma presto verrà».

Qualcuno ride: «La bellezza del carcere è che si è sempre sicuri di rivedersi».

Aspettando Suzie Wong una gioia incomprensibile invade le mie membra sporche: deve essere il tè o la novità di bere in un bicchiere vero, o la sorpresa di avere tante persone da conoscere. Sono da cosí poco sfuggita dall'immensa colonia penale che vige fuori, ergastolo sociale distribuito nelle rigide sezioni delle professioni, del ceto, dell'età, che questo improvviso poter essere insieme – cittadine di tutti gli stati sociali, cultura, nazionalità – non può non apparirmi una libertà pazzesca, impensata.

Un'altra cosa che avevo intuito fin dalle prime ore di galera, e che ora trova conferma davanti a questa piccola folla, è che perfino la «cella dell'anagrafe», che fuori vige piú dura di tutte le celle di isolamento, qui non esiste. Vedo fra le giovani due belle donne anziane partecipare ai discorsi con una foga, un calore giovanile da lasciare di stucco qualsiasi «ergastolano della metropoli» che si trovasse a passare per caso da queste parti.

Fra queste mura, inconsapevolmente, si sta tentando qualcosa di veramente nuovo: la fusione dell'esperienza con l'utopia attraverso il contatto fra i pochi vecchi che hanno saputo capire la propria vita e i giovani che anelano a sapere, la congiunzione del cerchio biologico che racchiude il passato col presente senza frattura di morte. Si insinua nella mente una speranza, speranza incerta, forse menzognera ma viva: in questo luogo arriva – anche se per vie traverse – l'unico potenziale rivoluzionario che ancora sopravvive all'appiattimento e alla banalizzazione quasi totale che trionfa fuori.

Non è solo la droga che ha cambiato il volto del carcere, cara la mia Edda, ex guerriera dei vicoli di Trastevere ora saggia maestra del cortile di Rebibbia, non è solo la droga. Qui c'è altro e non è difficile scorgerlo: questo individuo nuovo per il carcere, che con qualche pezzo di stoffa colorata alle pareti, una stuoia e pochi tocchi di vernice alla plafoniera da cesso (sempre accesa al centro del soffitto) è riuscito a mutare queste quattro mura in un ambiente vivificante di scambi mentali e meditazioni, non può non essere che qualcuno in cerca di una diversa strada per consistere con se stesso e con gli altri.

Fuori, dopo decenni di incitamenti fondati sull'astrazione d'essere liberi, distruggere le classi, sul diritto di tutti ad avere tutto, non sono ora proprio loro – i divulgatori imprudenti di queste idee – a isolare, carcerare e a spingere al suicidio i pochi discepoli che le loro idee hanno trovato? Al primo ammonimento, alla prima minaccia di togliergli la pagnotta, si sono ritirati rinnegando ogni parola, ogni incitamento portato avanti per anni forse solo per il gusto di credersi rivoluzionari.

E viene anche il dubbio che questi professori dell'utopia parlavano convinti, nella loro misantropia, di non essere ascoltati dalla folla che, si sa, per loro non era che folla bruta. Ora, pentiti per quello che considerano un errore di giovinezza, fanno ammenda negando tutto: «Eravamo in un'aula d'università, bambini! Non nel reale! La realtà è un'altra, non scherziamo!» Ma il seme è stato buttato molto prima dell'avvento di voi piccoli trasformisti da circo. Può stentare ad aprirsi un varco fra strati di foglie secche ma col tempo pianta le radici.

«Sono sogni questi di un vecchio organismo plagiato dall'idea della rivoluzione, dici, Marcella?» Marcella non risponde (ancora non si fida di me: fatalmente io somiglio, come mi dirà dopo, a molte poliziotte in borghese sguinzagliate – altro individuo nuovo – fuori e dentro le carceri), ma sorride riempiendo per la seconda volta il mio bicchiere di tè, e io mi accontento del suo sorriso.

Devo muovermi da questa sedia comoda e sloggiare perché con brevi cenni di saluto – senza darsi la mano o i soliti bacetti ipocriti di un tempo – il salotto si sta svuotando e già le ruote del carrello-cucina si sentono rotolare sul solito urlo tellurico che sempre fa da sfondo a tutte le avventure del giorno.

Devo essermi assopita un istante perché Marcella – il viso preoccupato – mi sta chiedendo come sto, se ho bisogno di qualcosa, asserendo anche che sono molto pallida. E io che cosa dico? Mi risveglio sussurrandole: «È che sono sporca! – Ride Marcella mentre io continuo: – Non si ha mai il tempo di occuparsi di se stessi in questo paese!»

«Proprio cosí, – aggiunge lei, – anche per me è stata forse l'unica sorpresa che il sistema carcerario mi ha inflitto. In due anni che sono stata latitante mi dicevo: "Be', quando mi prenderanno almeno potrò leggere, studiare" e invece, come tu dici, ho meno tempo che fuori... Come cazzo facciamo?»

Per una volta tanto mi prendo un vantaggio sulla sua straordinaria facoltà di essere sempre presente a se stessa. Appoggiandomi a lei perché le gambe tremano come dopo una grossa sbornia (che sia il tè?), dico sentenziosa: «Io ho capito come si deve fare!»

«E come?»

«La mattina, l'unica nostra speranza è nella mattina! Senti, per fortuna queste si svegliano tardi, ho seguito l'andazzo, se riusciamo a svegliarci un paio d'ore prima della distribuzione del latte, ecco, svegliandoci alle sei forse è possibile combinare qualcosa».

Nel dire questo mi trovo sulla porta della mia cella, dove nella mia assenza deve essere accaduto qualcosa come un furto, una perquisizione o un terremoto... Tutto è sottosopra: i piatti buttati in terra, i cuscini, i pochi indumenti, la carta igienica scaraventati negli angoli. Perfino scopa e stracci e pattumiera rovesciati sul pavimento.

E questo è niente: Annunciazione, con tutta la sua mole, sta seduta sul mio materasso arrotolato e lo difende da una donna che cerca di sfilarglielo da sotto il culo possente. Marrò in piedi, il volto arrossato dall'ira, le gambe divaricate e le mani ai fianchi, non come una contadina ma come un cow-boy in procinto di tirare fuori le pistole, sta urlando qualcosa di incomprensibile a chi sta cercando di abbattere Annunciazione per impossessarsi del mio materasso. Urlando anch'io (solo per farmi scorgere) chiedo a Marrò: «Ma che fa questa? Vuole il mio materasso?»

«No, vuole te questa! Ti vuole portare nella sua cella! Dice che lei è una signora e che tu non puoi sta' con delle zozze come a noi... Ma non ci credere, è un'infame questa, è un'infame!»

A questo punto Annunciazione sfiata, terribile: «Sí, un'infame! Io nun la rompo tutta a pezzetti solo pecché nun l'abbia vinta! Se je torco er collo poi la Santomauro te dà a lei. Nun anna' con lei signo', è un'infame, tutta Rebibbia lo sa!»

A queste parole la donna si rizza rivolgendomi uno sguardo giallastro cosí gelido e crudele che ha il potere di riesumare in me tutte le nozioni bestiali della sopravvivenza. Con voce non mia mi sento urlare: «Ma lei come si permette di decidere dove devo stare io?»

Il «lei» crea un certo smarrimento in quello sguardo di vetro, ma solo per una frazione di secondo, poi con ancora piú inflessibile tigna: «La Santomauro mi ha dato il permesso. Lei è una persona elegante e non può convivere con simili bestie! Da me troverà pulizia e ordine! Io lo faccio per lei, signora!»

Si esprime anche bene, ma ha esagerato con quell'«Io lo faccio per lei» perché un'ira che non credevo potesse mai invadere le mie membra sporche m'afferra a tal punto che sto per andarle vicino e spaccarle quel naso adunco, altezzoso, da vecchia badessa o da affittacamere di un passato dickensiano.

Ma per fortuna Marcella è andata a cercare la Santomauro, con la quale ora si presenta sull'uscio creando un attimo di pausa nella contesa. Voi direte: «Ma tutto quel fracasso non lo sentiva la Santomauro o chi per lei?» È questo il punto: il fracasso è sempre tale (forse questo episodio ne darà la misura) che le guardiane non sono in grado di distinguere una lite dal solito vociare, anche perché i muri delle celle sono cosí spessi che l'intervento arriva solo quando il guaio – come qualche donna ferita da una bottiglia priva di cono – è già stato compiuto.

Ma torniamo al silenzio (relativo) creato dalla presenza della Santomauro: piú nera e di ferro di giorno che alla poca luce della sera. Come a scuola, nessuno osa parlare davanti alla maestra. La maestra lo sa, e con pugno saldo trattiene quel silenzio fino al limite della sopportazione.

Tutto forse finirebbe in un fuggifuggi di gambette tremanti se Annunciazione (ha la classe del grande lottatore quella montagna di carne) non osasse un'azione formidabile: lascia il materasso, si slancia verso il tavolino, afferra la zuppiera piena di minestra e con un ampio gesto la scaraventa a terra in mezzo a noi esclamando soddisfatta: «Se ci levate la signora noi facciamo lo sciopero della fame!»

Silenzio.

Marrò – evidentemente non aspettava che il segnale – con passo elegante da cavallerizzo attraversa il lago di minestra e con una mano finisce di sbarazzare tutto il piano del tavolino: caduta di pane, uva e pacchetti contenenti la solita fettina di prosciutto o formaggio gessoso.

Silenzio.

La Santomauro, dopo aver osservato questi ultimi cinque secondi di scena con viso di pietra, mi fissa improvvisamente. Nei suoi occhi (solo io lo posso scorgere, da secoli conosco ogni piú recondita coloritura di quello sguardo di lava) appare come un lieve spiraglio di divertita commozione. Mi fa il cenno di seguirla.

Silenzio.

Appena fuori dell'uscio: «Vedo che lei va a genio alle ragazze. È la prima volta che succede con quelle lí!» Che facciamo?, dice la pausa che chiude questa frase... È chiaro che lei – nella sua posizione – non può abbassarsi a chiedermi un parere, ma io so che posso osare e le dico quello che lei vuole ascoltare da me: «Io non sto male con loro, signora».

«Può essere, – fa lei scrutandomi negli occhi come un cavatappi che si insinua nel sughero. – Ma è chiaro che col tempo starebbe male».

«Lasciamo almeno passare qualche giorno, che si calmino».

«Si può fare», fa lei piú dura nel concedere che nel negare, e con un retrofront repentino mi volge le spalle e rientra nella cella. Non faccio in tempo a seguirla che vedo la provocatrice della contesa uscire in silenzio, ma cosí compatta e truce in tutti i muscoli indignati da sembrare piú un tronco spinto a fatica che un corpo di donna. Marcella la segue, che se la ride nello sguardo, e poi la Santomauro, la quale con tono di chiusura di scena butta lí ai miei piedi senza guardarmi: «E ora vada con le altre a ripulire quell'immondezzaio, Sapienza! Si è già perso troppo tempo oggi, qui!»

Il mio rientro in campo è tutta una salva di «Urrah! Evviva! Ce l'abbiamo fatta!» E quando mi accingo a prendere la scopa per aiutarle, Annunciazione con una grazia impensabile per le sue braccione mi solleva e mi stende sulla sua branda dicendo: «No, no, tu non devi fare niente, e nemmeno tu Marrò, ce pensa mamma a puli'! Ora te rifaccio il letto cosí te metti a cuccia e poi... La minestra era una schifezza per questo l'ho buttata, poi ce famo i biscotti e la spremuta: ho tanto zucchero nascosto, tanto!»

Il resto – a cella pulita – è un pomeriggio di racconti sulla grande battaglia sostenuta, la quasi sconfitta subito seguita dalla vittoria improvvisa, chi è stato piú valente, eccetera.

Dopo litri di limonata e montagne di biscotti – di una marca assolutamente sconosciuta in qualsiasi luogo che si possa dire civile (probabilmente sono biscotti destinati a qualche misero paese del terzo mondo) – sopraffatta dalla spanzata prettamente infantile, la linea di guardia della sporcizia che invade il mio corpo è arrivata agli occhi: le orbite ormai traboccano del sudore agro di litri di limonata zuccherosa, le labbra, di qualche conservante chimico contenuto in quella infinità di piccoli mattoni (Biscotti Oplà) con i quali si sarebbe potuto costruire tutto un paese.

Richiamando a me tutta la poca volontà rimasta mi alzo, raccolgo le mie cose e, acqua fredda o calda che sia, mi avvio verso le docce.

Nei ballatoi una specie di controra stagna infida, appena turbata da qualche viandante o cane randagio che vaga ancora senza pace. Al piano di sopra, una ragazza altissima, bionda, in una tuta di color ferro con due alucce nere lucide appena disegnate al girocoscia, attrae il mio sguardo. Sta ripiegata sulla ringhiera in posa di guerriero extragalattico in riposo: tutto il corpo ha però dei fremiti leggeri, forse attende solo il momento di spiccare il volo per qualche pianeta lontano (in seguito verrò a sapere che si tratta di uno degli imputati dell'omicidio del somalo bruciato vivo vicino a Piazza Navona).

Un'altra ragazza poco distante in una vestaglia trasparente di nylon azzurro ancheggia fumando una sigaretta... La grande negra, che ormai so chiamarsi Lola, racchiusa nel suo manto candido è tornata (o è sempre rimasta lí?) all'ombra della sua navata a leggere o a fissare il vuoto col suo sguardo solenne da profeta del deserto. Due zingare mi osservano con occhi immensi privi d'espressione. Sembrano animali selvaggi catturati, ma consci della loro facoltà indomabile di poter da un momento all'altro riprendersi la libertà.

Approfittando di quella controra – in seguito constaterò che non dura mai piú di venti, venticinque minuti – mi attardo a notare ogni particolare. Al tavolo della spesa, le guardiane con occhi stralunati sprofondano nelle sedie in una stanchezza penosa. Tutte le celle dischiuse sfiatano sentori a volte di portineria, a volte di postribolo, a volte di case borghesi. Ogni cella – come non l'avevo notato? – reca incassato nello stipite della porta uno specchio orientato in modo che passando si può controllare ogni particolare della zona dei letti.

Ogni porta è zeppa di disegni, diciture, nomi, motti assommati gli uni sugli altri da decenni di avvenimenti, o come i muri di una città dopo le elezioni. Qualche scritta fresca dice: «Non entrate in questa cella, ci vive un'infame!» o «Stai lontana da me, porca zozzona!» o un semplice: «Non disturbare, il genio è al lavoro!»

L'acqua è quasi fredda ma non me ne curo, come non mi curo dell'ambiente intorno. Non ho assolutamente voglia di amareggiarmi quel sapone ancora chiuso nella sua carta – Annunciazione me l'ha regalato – né il senso di liberazione di una doccia che, sempre dopo un viaggio in contrade impervie, con l'acqua cala a lavare polvere e spettacoli di miseria.

Al ritorno in cella trovo un biglietto sulla mia branda, che mi dice in una bella calligrafia: «Ti aspettiamo domani a colazione da Suzie Wong». È la prima posta che ricevo dall'interno del carcere (dopo constaterò quanto ci si scrive in questo paese).

In cella Annunciazione non c'è (sarà al lavoro). Marrò ha ripreso il suo sonno agitato come se nulla fosse accaduto. Mi fermo a guardarla. Seduta sulla mia branda resto a contemplare quel profilo puro (non c'è altra parola) che sembra sempre illuminato da una luce diffusa. Questo paese è pieno di bellezze italiane e straniere, ma nessuna è commovente e intensa come questa della mia delinquente abituale.

Forse ha sentito il mio sguardo perché le grandi pupille marroni si schiudono lente e mi fissano illuminate da un sottile raggio di sole autunnale. «Ho sognato il diavolo, – dice sorridendo. – Da quando m'hanno bevuto 'sta volta, sogno sempre il diavolo».

«Che significa *bevuto*?» chiedo anche se intuisco il significato.

«Significa due carabinieri che te beccano quando meno te l'aspetti e se fanno una bella bevuta della tua libertà! È bella la libertà!»

«Non è la prima volta che ti *bevono*, Marrò?»

«Cazzo! Da quando avevo sedici anni è che me bevono e me sputano... me sputano e me ribevono, e su e giú... Ho la vita che me s'è cambiata in altalena... ma non me dispiace proprio... Quando ero apprendista parrucchiera la noia me se magnava tutta... Che posso di'? Sono io che ho voluto tutto questo. Che noia a senti' quelle sgallettate nel negozio tutto il giorno, a volte fino a sera tardi... Voglio usci'!... Voglio usci'!... Voglio usci'!...»

Conosco quel ritornello e il gesto che lo segue puntuale come un esorcismo o una preghiera. Il pugno alzato contro la parete batte un tempo regolare sul muro. Quello che non avevo ancora notato è un nome a stampatello tatuato sul braccio: «Patrizio» c'è scritto su quelle carni trasparenti di drogata.

«Chi è Patrizio?» mi sfugge dalle labbra e già mi pento. Forse non dovevo domandare. Ma decisamente ormai siamo intime – la battaglia rende intimi i commilitoni da quando mondo è mondo – perché lei quieta, dopo essersi guardata il braccio, sussurra: «Uomo mio, il famoso Patrizio! A sedici anni già stavo con lui ma lavoravo a bottega – questo te l'ho detto. Poi 'na mattina seduti sulla scalinata di Trinità de' Monti me decido di abbandona' tutte quelle sgallettate ed entro in affari con lui… rapine a mano armata… Un giornalista ha scritto che ero la Giovanna d'Arco della malavita! Mia madre dice che m'ha trascinato Patrizio, ma non è vero… anzi lui non voleva… Era geloso e per lui il negozio de parrucchiera era meglio. Stava piú tranquillo a sapermi in mezzo a donne!

Ma perché cazzo tutti sempre a di' che lui m'ha trascinato?… Trascinato… come colle pere… prima che me chiedi che è la pera te lo dico io: la pera è la dose, è la siringa, è tutto! Ecco! Pure con la pera tutti a di' che è stato lui a trascinarmi mentre invece so' stata io a farme per prima. Non dici niente?»

«E che devo dire, Marrò?»

«Meno male!»

«Perché ridi, Marrò?»

«Penso a Patrizio… M'ha lasciato quando ha scoperto che me facevo – drogavo, siamo intesi?…»

«Intesi».

«… Bene. Lui scopre che me faccio e me lascia. Non ne vuole piú sapere di me. E ora si fa pure lui, lo stronzo… pure lui… L'hai visto il biglietto sul cuscino?»

«Sí».

«Se non c'ero io non lo trovavi!»

«Perché?»

«Perché qua è regola che si mette sotto il cuscino… per le guardiane. È chiaro, no? Te devo sempre di' tutto, cogliona! Ora voglio dormi', m'ha rotto 'sto parlare. Me so' rotta li coglioni de parla', me so' rotta de sta' qui, me so' rotta de te, de Annunciazione, e de tutti li santi der cielo e de la terra!»

Per dimostrare che ho capito e anche perché ho freddo (forse l'acqua era piú gelata di quanto pensavo), mi infilo sotto la coperta e mi rivolto verso la finestra quasi buia... Non sono mai uscita durante la giornata. Fissando quel lucore d'alba gelida mi sforzo di comprendere se fuori c'è ancora il sole o no. Sto per addormentarmi quando ai piedi delle nostre brande due ragazze capeggiate da quella donna dagli occhi di vetro, che «mi si voleva rubare», urlano tutte insieme qualcosa che mi ci vuole almeno qualche secondo per capire.

Che l'irruzione sia un contrattacco alla nostra azione di prima mi è chiaro quando afferro un: «Ci vendicheremo!...»

«L'infame non sono io ma tu!» eccetera.

Il tutto rivolto solo a Marrò, che seduta placidamente, le braccia come al solito abbandonate lungo i fianchi, sorride fissando a volta a volta le tre donne con una scansione da obiettivo fotografico. Finché rivolgendosi a me: «Non ti muovere! Queste lo fanno apposta per comprometterci. Ma Marrò non è cosí cogliona d'alzarsi e spaccarle il muso per poi beccasse un anno de galera in piú de quello che già ha da fare!»

Approfittando del fatto che Marrò, per rivolgersi a me, ha lasciato la presa dello sguardo (come si fa con i cani), una di loro, piccola, tozza, dal volto quasi cancellato da una demenza ereditaria, è saltata avanti con in mano una bottiglietta dal collo spezzato. Si china paurosamente verso il viso di Marrò che, sempre immobile, spostando solo il punteruolo del suo sguardo, con rapidità e precisione di spadaccino infilza la nemica che resta sospesa – la mano con la bottiglietta alzata – e poi lascia cadere il braccio con aria di falsa superiorità. La voce di Marrò la incalza: «Dov'eri un mese fa? T'ho cercata per tutta Roma. C'eravamo dato appuntamento – fuori – l'anno scorso o mi sono sbagliata? Te lo confermo oggi l'appuntamento – fuori di qua t'aspetto quando vuoi. Tu sai dove giro».

A questa frase le tre spariscono. Sono approdata nel regno del «tutto possibile» (violenza, abbandoni, contraddizioni), fondato sulla coscienza profonda di essere «ormai perdute» per sempre alle leggi che regolano il vivere di fuori. Infatti quando metti il piede nel lido del «tutto perduto» non è proprio allora che scatta la libertà assoluta? Che potrebbero farti piú che tenerti chiusa – cosa che già fanno – o guardarti con disprezzo – cosa che già fanno? Valicato il muro del lecito che è dentro di noi il suolo selvaggio delle passioni proibite si spalanca davanti, immensa prateria incustodibile.

Marrò un attimo dopo la sparizione delle tre streghe s'è rivoltata contro il muro e ora ronfa tranquilla. Non è il timore di qualche mese o anno in piú di galera che le ha fatto buttare acqua sul fuoco. Ha valutato non degna di nota l'avventura che quelle misere streghe le proponevano.

Qui le categorie del valore di ognuno vengono alla luce con una chiarezza assoluta, e non c'è modo di nascondere ad altri, né tantomeno a noi stessi, la nostra natura. Questo mi chiarisce finalmente il vero perché del terrore che tutti abbiamo della galera: ereditariamente sappiamo che là dentro non ci sarà piú possibile tenere in piedi la «costruzione ideale» che noi stessi, aiutati dalla cultura, i soldi, le buone maniere, diligentemente ci siamo costruiti fuori. Ritorna qui a vigere suprema la selezione naturale.

Come mi dissero dopo, il mio corpo di cittadina sempre assediato dall'insonnia, cadde in un sonno profondo che durò dalle sei del pomeriggio alle otto del mattino dopo.

La nostra mammina Annunciazione mi porge il solito latte al bromuro; nel sonno devo essermi adattata completamente ai modi di vita che vigono in questa nazione e al linguaggio che si parla perché capisco tutto quello che viene detto nella cella, e tutte le grida essenziali che guidano i movimenti della folla per i ballatoi.

È domenica, e questo comporta un pranzo piú abbondante «con il pollo arrosto» e una grande aspettativa in tutte. Nei ballatoi grande viavai festivo. Molte si lavano i capelli, cercano di vestirsi meglio, si intrecciano appuntamenti per festeggiamenti particolari: «Ho tre bottiglie di vino!»

«Io ho conservato la torta che m'ha portato la mamma, cosí nel pomeriggio ce la pappiamo tutta...»

Lola digiuna nell'ombra della navata e, come Marcella m'ha consigliato, le passo vicino e la saluto senza disturbarla dalla sua fatica. Da vicino la mole del suo corpo è immensa, il viso – fatto grigio dalla fame – un blocco di granito dove solo due piccole tonde pupille si spostano rapide e seguono i movimenti di tutti. Una grande tartaruga mesta e possente che incute terrore e rispetto; si è quasi portati a inginocchiarsi e baciarle la mano di marmo levigato che giace sul ginocchio mentre con l'altra si tiene il capo.

Ritirare la spesa ordinata il giorno prima è un affare di ore durante le quali apprendo che lo stesso tavolo serve per la «domandina», e cioè per richiedere tutto quello che è eccezionalmente concesso, come: passare la sera al piano di sopra (dormirci anche), iscriversi ai corsi di inglese, parlare con l'educatore o con l'educatrice, col medico, con l'assistente sociale, eccetera.

Domandina, educatore, guardiana, spesina... La riforma carceraria ha dato un tono di grazia infantile al suo linguaggio sperando di abbonire la furia selvaggia che si impossessa di chi è costretto a prendere la cittadinanza di questo paese.

Fra gli altri gridi ne distinguo uno del tutto nuovo: «liberante» di cui, anche se è intuibile, mi affretto a chiedere il significato a una signora di mezza età in un elegante tailleur azzurro chiaro (eleganza tipo quartiere Prati) dai lineamenti statuari, i capelli biondi ben pettinati in uno chignon d'altri tempi. Mi risponde gentile, in un italiano corretto e senza accento: «Quando stai per uscire ti chiamano "liberante". Eh! Significa che in poche ore sei libera».

Come sempre quando si fa la coda davanti a un negozio si è sollecitati al dialogo e le chiedo: «Ha dei capelli molto belli e in ordine, come fa?»

«Grazie, – risponde soddisfatta, aggiungendo: – Forse lei è nuova di qui e non sa che al pianoterra c'è la parrucchiera. È un po' caro ma vale la pena, anche per non avvilirsi troppo... Io detesto le donne che non si curano quando non ci sono uomini in giro. Anche se, può capire, non avrei nessuna voglia d'essere sempre in ordine: è una disciplina che mi sono imposta e che ho trasmesso a mia figlia... Gliela presento».

Fa un cenno a una ragazza sui diciassette anni, se possibile piú bella e bionda di lei. Questo non mi avrebbe meravigliato eccessivamente – di madri e figlie identiche nella bellezza o nella bruttezza ne ho incontrate a iosa – ma il fatto che indossano tutte e due lo stesso tailleur azzurro chiaro con camicetta di un azzurro quasi identico alla giacca, ma appena piú lucido, mi lascia sbalordita e mi spinge a fissarle meglio.

Anche le scarpe sono identiche, e forse anche le calze, perché le lunghe gambe snelle dalle caviglie sottili sembrano appartenere allo stesso corpo. Solo i capelli sono pettinati in modo differente: la figlia li porta lunghi sulle spalle. La mia sorpresa deve aver reso molto felice la signora perché sussurra beata prima di sparire col suo pacco della spesa: «Eh, siamo identiche io e la mia bambina!»

Ritiro anch'io il mio pacco. Ho la bottiglietta di vino per Marrò e mi affretto a tornare alla mia cella, curiosa di sapere chi sia quella signora.

Marrò felice nasconde il vino dicendo: «Qui rubano tutto». Poi mi racconta in poche parole la storia della «signorona», come la chiamano qui.

«La signorona era vedova e ricca, e s'era fatta un amante che viveva con lei. Poi l'amante stupra la figlia della signorona. La signorona s'incazza, ma l'omo le comunica che se la vole sposa' la ragazzina. E la signorona non solo acconsente ma convince la figlia a pigliarselo per sposo e tutto pare sistemato. Quanno un giorno la ragazzina se innamora d'un ragazzino come lei, di sedici anni pare. Tutt'e quattro, la signorona, l'amante, la figlia e il ragazzino fanno 'na gita e buttano giú da un monte il ragazzino che se rompe in cento pezzi. Li condannano tutt'e tre. La madre e la figlia so' qua da quanno so' entrata la prima volta, e l'omo non so in quale penitenziario a vita. 'Na storia risaputa, ma quello che non se capisce è che la figlia, essenno minorenne, non dovrebbe sta' qua. E se la madre e l'amante dicevano che lei non c'entrava se poteva considerare libera.

Ora sembra che l'avvocati loro cercano de fare usci' la ragazzina, ma non ce la fanno. E perché? Non dici niente? Marrò sa il perché: la signorona non fa niente per discolpa' la figlia, ecco perché... Perché si vuole tenere la figlia accanto tutta la vita, la zozzona! Qua dicono che è impossibile, che una madre non può fare cosí, che c'è sotto un mistero. Per me è chiaro che lei vole stare con la figlia e la figlia pure o... ha paura, forse... È un mistero. Il mistero de Rebibbia! Ci sono tanti misteri qua. Anche Annunciazione è un mistero: entra e esce... esce e entra, ma che dico?, è piú il tempo che passa qua che fòri. E ti posso giurare che quando torna è felice come 'na persona che torna a casa sua».

Oso chiedere: «Ma perché è qui?»

«Oh, accattonaggio! Qualche marchetta pe' campa', a mille lire a botta... non so, so' cazzi sua. Quello che so è che quando è qua smania per sortire ma poi... tutti ormai lo sanno... torna e sta felice. E come lavora! L'hai vista come lavora qua?»

«Forse fuori non trova lavoro con l'aspetto che ha».

«Dici? Certo, l'aspetto fa la sua parte... Ma certi uomini che ci hanno nel cervello? Mi piacerebbe de spaccarglielo per guardarci dentro... Te l'ha detto Annunciazione che pure l'omo di sua madre l'ha stuprata?»

«No!»

«Te lo dirà, sta' tranquilla. Lo dice a tutti... E quanto piange quando lo dice! Ma le donne che ci hanno che piangono sempre? Le donne a piangere e gli uomini a stuprare. Stuprare! Stuprare! E i giornalisti, le balle che s'inventano! A me dà soddisfazione leggere il giornale. Mia madre non lo voleva vedere, poi quando ci sono uscite le mie foto s'è messa a comprarli tutti pure lei. Quante n'inventano, oh! Te faccio un esempio: io l'altr'anno esco de prigione con la fissa in testa d'andare a trovare la mia famiglia a Bracciano. Era estate e loro stavano a Bracciano.

Ma appena sul vialone me piglia la fissa di farmi una pera. Quando sei qua non pensi che d'uscire per farti una pera, e cosí decido: prima me faccio e dopo vo a trovarli. Me faccio in un posto che non dico – un amico fidato – ma questo me dice de spogliarmi: una novità... Io non me spoglio – la pera te leva dalla fantasia tutte quelle porcherie, non ti senti piú il corpo, ti senti tutta leggera leggera... Quello me butta sul letto e dài a trafficarmi sopra, ma io non ne voglio sapere e comincia 'na lotta che non te dico... M'arriva un pugno che me fa uscire sangue dal naso, ma io riesco a scappare per strada... Il sangue è tanto che penso: "E come me presento a casa mia, in 'sta condizione?..."

Vado da un medico 'na volta fidato, e questo, oh!, non telefona alla polizia e me riportano qua?... Ma per tornare ai giornalisti, dopo, sul giornale non esce che quell'amico m'aveva stuprato?! Ma che stuprato e stuprato! Io non me so' fatta tocca'! Questa è un'ingiustizia, e non la dovevano fare a Marrò! Un'ingiustizia che ancora adesso me fa incazza'!»

È cosí furiosa che non oso dir niente. Va per la cella a lunghi passi quasi tirando pugni contro un nemico immaginario, le guance leggermente arrossate, piú bella nel furore che nel distacco annoiato di prima. Dopo tre cavalcate scandite da tre «È ingiusto!» si lascia cadere sul letto cercando di dominarsi, col viso tornato pallido e un sorriso indecifrabile. A bassa voce: «Sto a uscire dalla rota, mannaggia a Cristo! Questo vuol dire che ricomincio a pensare alle ingiustizie e a soffri'... Soffri'! Soffri'! Io non piango mai. Non ci riesco... Che vuol dire?»

«Non so che dirti».

«E fai bene a non di' niente, non c'è niente da dire! C'è da soffrire e basta... Ma quando sorto me faccio subito. Non vedo l'ora d'usci' e farmi una pera e non sentire piú 'sto corpo e 'sta testa...»

Queste parole dette a una estranea come me sono un segno cosí grande di fiducia che mi commuovo. Nella commozione, si sa, è difficile parlare, cosí taccio.

«E non me dire che non devo farlo perché m'incazzo!»

«Non ho detto niente, Marrò, e poi ognuno è padrone della propria vita, e di finirla come vuole».

Ho detto meccanicamente qualcosa in cui molti crediamo, ma che lí suona un inutile luogo comune. Me ne vergogno e vorrei scappare... Anche perché si fa tardi e Marcella mi attende all'altro capo della città... Ma l'improvviso saltare in piedi di Marrò, il suo improvviso mettermi le mani sulle spalle e cercare il mio sguardo, mi fa dimenticare quella zona privilegiata, il tè e il buon odore che mi aspettano.

Devo aver avuto uno scatto come per fuggire, ma lei, prendendomi il viso fra le mani, mi costringe a fissarla. I suoi occhi pieni di ombre mi scrutano cosí a fondo da mutare i secondi in un tempo senza memoria. Da quel fosso risaliamo lente insieme, la mano nella mano, senza parlare finché la sua ricade. È il segnale: buttandosi di nuovo sul letto lagrime mute cadono sulle guance smagrite dalla fatica. Anch'io sono stanca e mi seggo sull'orlo della sua branda senza guardarla.

«Noi siamo di Centocelle. Che dico? Io e mio fratello siamo nati a Centocelle ma i miei erano di Trastevere... Mio nonno sta ancora a Trastevere. Mi piace andarlo a trovare in quella casa antica piccola piccola. Ci sto bene io in quella casa. Ma mio nonno è vecchio. Quando morirà non ci andrò piú a Trastevere... C'è l'amica tua...»

Marcella sta sulla porta, ma io non ho voglia di muovermi. Sento la voce di Marcella dire: «Sono venuta solo per sapere se hai avuto il biglietto...»

«L'ha avuto, – dice Marrò. – Sono stata io a fare perdere tempo a Goliarda. Non so che cazzi ci ho oggi, non faccio che parlare e di' stronzate. Va', Goliarda, tanto dopo ce vedemo, nun se sfugge».

Il mio nome scandito come se la mia persona fosse entrata nel suo organismo familiare – o mi illudo? – mi scombussola piú di un pugno improvviso in piena faccia, e come posso seguo Marcella che per fortuna non dice niente.

L'aspettativa festosa della domenica fuori continua, e non mi meraviglia il grande mazzo di gladioli freschi (li vende lo spaccio) che subito entrando da Suzie Wong mi salta agli occhi.

«Ecco Goliarda! Non ci crederai, Suzie, ma ho dovuto proprio strapparla a Marrò! Per fortuna non c'era Annunciazione, altrimenti non ce l'avrebbero data».

«Ma come possibile questo? Quelle due non vedere nessuno, incredibile! Veramente... Ho molto piacere a vederti anche se io avevo visto te prima all'aria...»

Suzie Wong è una cinese minuta, ma non fragile e traballante come quelle che si vedono nei film o nei ristoranti occidentali; il suo corpo compatto da danzatrice, visibile attraverso i jeans e la maglietta aderente, ha gesti rapidi e attenti, il viso la franchezza sorridente delle cinesi che s'incontrano a Pechino...

«Sei stata a Pechino? Bello! Certo, quelle bambolotte dei ristoranti sono per esportazione... Come le tazzine col manico per il tè... Noi non usiamo il manico... Io mai stata Pechino e mi dispiace molto, noi di Formosa pensiamo là è la nostra origine... Ma dimmi, sono molto curiosa, io stare qui da tre anni e mai visto Marrò e Annunciazione affezionarsi a nessuno, come hai fatto, dimmi?»

«Non ho fatto niente», rispondo, rinfrancata dal libero fluire della conversazione che non ti obbliga – proprio come ieri – a impegnarti formalmente, a essere falsamente brillante, e quasi mi dispongo a sedermi comoda sulla mia sedia e lasciare che tutto vada per conto proprio in quel confortevole ambiente, quando la risposta di Suzie Wong: «Hai detto una cosa molto cinese», mi costringe a dire: «Forse sono cinese!» Esplode un fuoco d'artificio di risposte, osservazioni e associazioni impensabili per chi è abituato alla distrazione e al sordo mutismo senza speranza degli intellettuali, fuori nel mondo cosiddetto libero.

Una voce asserisce che ho ragione, che essere cinesi è una dimensione dello spirito. Un'altra parla a lungo confrontando il pragmatismo che rende quel popolo vitale e pieno di risorse con la passiva rassegnazione degli indú... Mi posso sedere e ascoltare e, cosa che non mi accadeva da decenni, interessarmi a quello che dicono. Sono in quattro oltre Marcella e me. Tutte hanno cultura ed esperienza di viaggi, di politica, di vita cosí profonde da far apparire i loro visi, appena usciti dall'adolescenza, qualcosa di «mostruoso», nel senso bello che questa parola reca in sé.

Marcella, che è sempre rimasta accanto a me (a proteggermi?), mi sussurra piano per non disturbare la conversazione: «E io che credevo di sapere tante cose!»

Suzie Wong nel suo angolo personale – il letto vicino alla finestra – si è tolta i blue jeans e ora si avvolge con grazia in una splendida vestaglia orientale gialla e rosa, aiutata (come non l'avevo notata prima?) dalla mia Marilyn invecchiata, che la segue con la trepidazione che afferra tutte le bambine da quando mondo è mondo nel vestire la «loro bambola». A vestizione finita Marilyn scioglie i capelli della sua bambola, che ricadono neri e lucidi sul giallo-rosa, mutando Suzie Wong in un'apparizione irreale da fiaba orientale. L'apparizione arresta per un attimo la conversazione, quel tanto che fa dire a Suzie Wong: «Ora sí posso fare il tè, voi continuate a parlare. Fra poco il pranzo è pronto».

Dal mio cantuccio la seguo sino all'angolo della «cucina», e anche se ormai comincio ad abituarmi a questo regno delle apparizioni e delle sparizioni, non posso non trasalire nell'osservare come il suo passo evochi intorno le stanze che un tempo lei percorreva nella sua casa per raggiungere la cucina. Quello spazio mentale evocato da Suzie Wong mi attrae e le vado vicino per godermelo ancora qualche minuto. Vicino a lei (o è il tè o il suo profumo, che importa?) respiro quell'aria acre e dolce di mimose in piena fioritura che sempre serpeggia nel chiuso delle loro dimore.

«Ti posso aiutare?»

«Oh, sí grazie! Asciuga le tazzine… Non credere che io civetta. Sempre quando entro qua io mi spoglio dei vestiti di fuori. Mi libera di tutte le brutte cose di fuori: questo mi ha permesso di vivere qui senza impazzire questi tre anni. E devo fare ancora cosí molto a lungo… forse sei, sette anni se tutto va bene… Sei qui, tu, per politica?»

«No, ho rubato».

«Ah! Io: spaccio internazionale di droga. Sono molto severi con noi… Tu rubato, non è niente ormai… Ma ora mangiamo e non pensiamo piú a qui… Ho fatto bel riso con tutte le verdure che ho trovato, poche, ma verdure fresche e il pollo… Non credere che l'abbiamo comprato – è caro il pollo. È quello che danno, ma, come dite voi, cosí ripassato almeno cambia il sapore noioso. Ho messo tante spezie profumate… A tutte piace il pollo di Suzie Wong la domenica… A me piace spaghetti e Barbara me li fa, il venerdí quando danno quel brutto pesce congelato... Vedi: Barbara è quella bella ragazza che sta vicina a Marcella. È vero che somigliare un po' Magnani e un po' Lauren Bacall?... A me piace molto vostra Magnani e lei, oh!, è terribile certe volte, è proprio temperamentosa come Magnani... Ieri non c'eri al cinema, perché?»

«Non lo sapevo che c'era il cinema!»

«Non te l'hanno detto? Cattive! Ogni sabato c'è il cinema. Ieri c'era un bel film, di quelli che fanno ridere. Mi piace anche Edmonda Aldini. Ha fatto qui uno spettacolo per noi. Vedi, ho attaccato sua fotografia. È brava Edmonda Aldini! Che dicono fuori di lei?... Vedi, io voglio sapere cosa pensano fuori perché, essendo qui tanti anni, io confusa e forse penso brava Edmonda Aldini perché vedo poco spettacolo, e ho grande bisogno di spettacolo, che dice gente fuori?»

«Non capiscono niente fuori, Suzie».

Suzie ride aggiungendo: «Hai ragione. Anche questo è il male di stare troppo qui, si crede fuori chissà che, tutti intelligenti, e invece hai ragione, non e cosí...»

«Che bei colori ha il tuo riso, Suzie!»

«Eh! Anche questo aiuta, qui mai un colore in giro, tutto grigio... Tu fortunata arrivare qui d'estate, io arrivato che era inverno, e pioveva e non si poteva uscire, almeno essere palombari... Terribile qui l'inverno quando fuori è tutto come un lago...»

Per un attimo quell'inverno di Suzie si manifesta in un sordo grigio che passa come una nuvola sulla maiolica del suo viso e mi chiude il cuore in una morsa umida. È stato un attimo ma sufficiente a oscurare la stanza e a resuscitare la nausea in me sopita. Suzie s'accorge subito del mio malore (sono impallidita?), e con la mano fa un gesto scherzoso come a scacciare una mosca che si sia posata su di me: «Stupida Suzie, stupida parlare di inverno quando fuori c'è un sole magnifico... Guarda, Goliarda – è cosí che si pronuncia tuo nome, vero? – guarda come è venuto bene il riso, i chicchi tutti separati e gialli... Ci ho messo lo zafferano, il colore dello zafferano è come sole al tramonto al mio paese... Andiamo, adesso le ragazze sono affamate...»

La nausea è passata al gesto di Suzie, e sono in grado di distribuire i piatti sul piccolo tavolino affollato di teste. La nausea passa al cenno di solidarietà che sempre viene a sostenerti se scorgono il tuo sguardo troppo fisso alla porta chiusa o alla finestra, o solo che ti chiudi appena in te stessa. Non è che non sanno tacere se tu stai pensando o ti lasci andare serena a fantasie, ma appena cedi lo sentono... quelle donne conoscono ancora l'arte dell'«attenzione all'altro», sanno che dalla condizione psichica di una può dipendere quella delle altre.

Attenzione e solidarietà assoluta a chi ti è amica, ostruzionismo completo a chi ti è nemica. Impossibile trovare sfumature in questo consorzio, non c'è tempo per le esitazioni, i ripensamenti. Tutto è cosí chiaro che non mi sorprende la voce di Suzie che attraverso il tavolo mi dice: «Pensi armonioso ora».

La piccola cinese già mi conosce. Come tutte qua è approdata al linguaggio profondo e semplice delle emozioni, cosí che lingue, dialetti, diversità di classe e di educazione sono spazzati via come inutili mascherature dei veri moventi (ed esigenze) del profondo: questo fa di Rebibbia una grande università cosmopolita dove chiunque, se vuole, può imparare il *linguaggio primo*.

Un silenzio è caduto sulla tavola svelando il brontolío continuo di bufera che sempre impazza fuori: la porta è stata accostata al massimo perché mentre si mangia qui non si parla, qui ancora si conosce il valore del cibo, specialmente se è buono, e la sacralità del gesto nel portarlo alla bocca.

Alzando lo sguardo incontro espressioni d'altri tempi: visi intenti a sorbire la materia alimentare con un rispetto che solo chi ne è stato privato a lungo può arrivare a possedere. Davanti a me la snella Magnani, dal cipiglio altezzoso della Bacall, improvvisamente sembra una contadina nel gesto di spezzare il pane, mentre la sua vicina, una biondina ossigenata dai lineamenti di buona borghesia socchiude i grandi occhi bruni masticando voracemente. Sarà lei a decidere che il pranzo è finito dicendo soddisfatta: «Cara Suzie Wong devo proprio dirti, anche se può sembrare monotono, che sei un genio della cucina! Se non ci fossi tu, oltre che della libertà ci scorderemmo anche del sapore dei cibi».

La voce di questa biondina è cosí in contrasto col suo visetto di *biscuit* che non posso non fissarla allarmata: in lei ci sono due nature sicuramente, e cosí in disaccordo fra loro da rendere la sua presenza, appena parla, esplosiva. Notando la mia perplessità mi fissa anche lei, mentre scariche violacee si aprono il varco nella massa scura delle sue pupille: «Non ti impressionare, sono una violenta irriducibile ma non mordo. Madre Natura, pentendosi di avermi data tanta sfrenatezza, ha cercato di riparare facendo il mio involucro esterno il piú fragile possibile... Mi chiamo Roberta».

La chiusura del discorso è improvvisa esattamente come l'inizio. L'attenzione assoluta che ha posto nel fissarmi durante le sue parole cade ora subitanea, e rivolgendosi alla Magnani-Bacall comincia a bisbigliare qualcosa con aria di congiura. Nel borbottío si sente solo il nome della Magnani-Bacall «Barbara» e un: «Me ne fotto!... Io me ne fotto!»

Se ne fotte di me? Della sua vicina Barbara?... Roberta se ne fotte di tutto, è chiaro. Sul braccio anche lei porta tatuato un nome maschile, Marco, a caratteri cosí cubitali da sembrare una testata di giornale o la marca di un profumo maschile. Quel nome mi si allarga nella mente fino a riempire la cella. Mai il pensiero di essere soltanto fra donne si è impossessato di me come in questo momento.

Per dimenticare quel nome maschile scruto intorno alle pareti: fra i drappi colorati che le ricoprono quasi interamente c'è qualche fotografia, ma nessuna porta l'immagine dell'uomo, anche lí solo donne. Suzie dipinge. Vicino alla grande foto della Aldini, il ritratto di una ragazza – una sua compagna di cella sicuramente – ha l'espressione in bilico fra Monna Lisa e la Madonna benedicente di Antonello da Messina.

Ora mi rendo conto che tutte le celle finora da me intraviste sono piene di ritagli di copertine di settimanali che rappresentano solo donne. Nella mia, fra il guazzabuglio di segnacci, imprecazioni e implorazioni, anche lí tutti ritratti di donne (solo in un angolo: una minuta fotografia di Miguel Bosé, ritratto in un sorriso cosí dolce da apparire una ragazzina felice di essere capitata in mezzo a tante bellezze consorelle).

Marcella mi fa un segno di saluto dall'altra parte del tavolo come a richiamarmi dalle mie meditazioni. A fatica ritorno fra loro che, incuranti della mia assenza, hanno continuato a discorrere. Parlano del film della sera prima e discutono se è giusto o no imporre a tutte le detenute film impegnati che, è chiaro ormai, non li gradiscono e ne escono alla fine come in coma. Roberta è del parere che non ha senso tormentare quelle poveracce con finti film impegnati, perché per lei sono proprio quelli a rispecchiare di piú il piano di annientamento della psiche del popolo. Marcella è d'accordo: niente che venga espresso dall'establishment sfugge alla censura o alla legge del profitto, che non può non essere reazionaria con la sua necessità di piacere alle masse, quindi meglio *La Mazzetta* che hanno proiettato ieri, che almeno mette allegria e qualcosa fra le righe lo dice. Su questo sono tutte d'accordo: solo nei film comici si trova qualche barlume di critica al potere.

Il trionfatore come regista è Buñuel... e viene fuori che, stranamente, anche le detenute comuni lo scelgono sempre e non ne sono mai deluse. La curiosità mi fa chiedere: «Le detenute scelgono i film?»

È Roberta che mi risponde parlando per le altre con la piena consapevolezza di rappresentarle tutte: da «capo», mi dico in parole semplici.

Questa soave statuina dalle membra esili e dalle lunghe ciglia è un capo, si sente anche dal silenzio che s'è fatto intorno: «Già, tu sei nuova di qua. Devi sapere che in seguito alla riforma carceraria, qui a Rebibbia – non scordiamoci che Rebibbia è un carcere-modello – c'è in atto un sacco di innovazioni "democratiche", fra le quali, le piú divertenti per non dire risibili, la presenza di un'educatrice e d'una psicologa affiancate dal mezzo ludico dello sport – va di moda il ludico: calcio, palla a volo, palla a canestro...

La psicologa nomina una commissione di detenute per i film da proiettare il sabato. Le prescelte, tutte contente e orgogliose – come le donne quando vanno a votare – si trasferiscono in due ambienti spaziosi senza questi finestroni lugubri, e lí dopo chiacchierate alla pari con questi agenti del sistema e cordialità d'ogni genere, ricevono delle liste di film da sottoporre alla folla carceraria. Dopo di che la suddetta commissione fa il giro delle celle e «democraticamente», come ha insistito la psicologa, raccoglie i voti per i prossimi film...

È chiaro? Vedo che hai capito. Ti consiglio, come ti chiami?, ah sí, Goliarda, di andarci in quelle due stanze a constatare l'inizio del piú bieco riformismo che maschera il piú moderno, asettico ed efficiente fascismo già in atto in Germania; al paragone il nazismo ci apparirà solo una timida prova generale.

Vacci, e non perdere il linguaggio di queste educatrici, assistenti sociali e psicologhe. Parlano un italiano assolutamente tradotto dall'amerikano... Fra vent'anni non ci resterà che il suicidio per protestare. Anzi, non vi resterà a voi detenute comuni perché a noi politiche tutto questo neopaternalismo non sarà concesso. A noi sono destinate le carceri speciali per annientarci lontano dagli occhi di tutti, lontane da voi, dai centri abitati, dalle famiglie. Sei lombarda? Ti spediscono a Messina. Sei calabrese? A Firenze nel nuovo carcere che non ha niente da invidiare a Stammheim. Cosí noi marciremo lontane da voi che, non sapendo di queste altre carceri, crederete che la giustizia e con lei la società sia cambiata.

Ma io me ne fotto! Sono sei anni che praticamente vado e vengo dalle carceri e ancora non ho capito che è inutile parlare. Me ne fotto perché è inutile farvi capire che le vostre trasgressioni non sono niente per loro. Anche tu, Barbara, che credi di avere fatto un atto rivoluzionario imitando *Bonnie and Clyde*? Sei entrata qui tutta orgogliosa del ruolo: "Ci chiamavano Bonnie and Clyde!", ma non capisci che *Bonnie and Clyde* te l'hanno rappresentato perché tu poi lo imitassi, o meglio incanalassi il tuo scontento in piccole o grosse rapine che servono al sistema?

Come cazzo vivrebbe tutta la massa di lavoratori impegnata nell'industria carceraria che va dai giudici agli avvocati, agli assistenti sociali, ai medici, ai secondini? Per non dimenticare i ricettatori, eccetera? E la stampa? Come vivrebbe la stampa in questo sistema del profitto, dello spettacolo: prodotto prelibato che si vende al piú alto prezzo? Pur di vendere sempre e sempre con piú profitto, avendo ormai esaurito tutte le emozioni sentimentali o patetiche di un tempo, non è rimasto che l'omicidio per scuotere la carcassa emozionale dell'individuo ormai assuefatto. E cosí oggi solo la morte vera divulgata alla televisione dà qualche emozione alla massa che dopo un lavoro inumano – e solo per sopravvivere – va al cinema o si siede davanti alla tv...»

Tutte guardano Barbara, la Bonnie di Rebibbia, che impassibile ha ascoltato guardandosi le belle lunghe mani dalle unghie perfettamente curate ma non laccate. Questa Bonnie degli anni Ottanta, che indossa una gonna a pieghe collegiali, ha il viso truccato in maniera cosí sofisticata da apparire una bellezza tutta acqua e sapone.

«Guarda ch'io t'ho capita Roberta, è inutile che insisti a farmi la ramanzina... Mi sembri mia madre. Io con la politica non ci voglio aver a che fare, e non perché non ho coscienza di classe, come vuoi fare intendere alle compagne qua, ma perché ho paura, hai capito? Ho paura di queste carceri speciali, come te l'ho da dire?... E vabbe', mettiamola come la metti tu. E visto che s'è parlato di stampa io mi attengo allo spettacolo e me ne fotto della politica. Non per niente quando ero bambina volevo fare l'attrice. E poi voi politici siete proprio convinti di non fare anche voi "spettacolo"?»

«Noi lo strumentalizziamo lo spettacolo, Barbara!»

«Ne sei convinta?»

«I fatti parlano chiaro».

«Per ora forse. Ma col tempo saranno loro a usarvi e consumarvi, tanto per usare le tue parole».

«No, cazzo».

«Si vedrà!»

La furia che Roberta ha portato nel gruppo non ha mai sorpassato i limiti, né le voci sono mai diventate astiose, cosí che l'intervento improvviso della Marilyn invecchiata: «Non capisco se state litigando...» fa ridere tutte e cosí a lungo da spingere Marilyn a dire: «Ma che fate? Ma che fanno, Suzie? Falle tacere... io non capisco niente. Vi giuro che non capisco niente e non ne voglio sapere. Sono stanca di stare seduta... Io dopo pranzo mi devo stendere... Oh, 'ste mosche! Che noia!... Ma da dove sono sbucate fuori tutte queste mosche?»

Fra le risa crescenti Marcella si alza per aiutare la nostra Marilyn a raggiungere il suo letto e sdraiarsi. È sfinita e pallida ma, visto che le risate non accennano a finire, piano piano comincia a ridere anche lei sussurrando: «Io vivo in campagna, ma vi giuro che non avevo mai visto delle mosche cosí grosse e cosí appiccicose. Ma da dove vengono? Non è che l'ingrassano per noi? Oh, che sporcizia! Che sporcizia! Guarda, guarda, Marcella, quanto è grossa questa, scacciala!»

Marcella comincia una lotta con le mosche con gesti cosí volutamente sgraziati che finisce col rendere parossistico quel ridere per tutti liberatore.

Ci troviamo sparpagliate per la cella – chi buttata sui letti, chi sulle sedie – a ripensare al bel momento d'allegria che per un momento ci ha fatto dimenticare la nostra condizione. Fuori è calato il silenzio della controra. Roberta con voce calda, mutata, sussurra: «Fosse sempre cosí! Rebibbia diverrebbe un posto da pagare per entrarci».

«Sí, un posto da pagare a caro prezzo... come una grande università famosa; si potrebbe anche darle un nome suggestivo: *Rebibbia University*».

Che ho detto? Lí ci sono persone chiuse da anni e con la sola prospettiva di restarci ancora per anni... Sto quasi per mordermi le labbra dalla rabbia per la mia battuta superficiale, quando tutte, drizzandosi elettrizzate, si impossessano dell'idea dando inizio a un carosello di idee tutte volte a come rendere la «nostra università» famosa nel mondo.

«Si potrebbe, – dice Roberta, – farsi mandare delle magliette bianche, quelle dei marinai americani, decidere un disegno, un marchio che Suzie e Ornella disegnerebbero... – Si guarda in giro cercando Ornella con gli occhi. – Come mai non c'è Ornella?... E poi venderle fuori a poco prezzo...»

«Non permetteranno», insinua la voce di Suzie entusiasta ma timorosa, subito azzittita da Roberta: «Non permettono niente, certo, ma, come entra la droga, vuoi che non si trovi il modo...»

«Trovare il modo per cosa?» fa una bella voce toscana che ho sentito in qualche posto un tempo...

«Ci siam viste qui, signora, or son du' giorni... Ma di che parlavate?... C'è forse qualche evasione in corso?»

Ornella è una specie di versione moderna della Venere del Botticelli. Quando è all'aria gira per il cortile a torso nudo. L'avevo notata alla fontana che lavava i panni: il bel dorso guizzante con i seni alti: due mele vive fra i raggi del sole, i blue jeans allentati un po' sui fianchi snelli. Qui al chiuso invece è vestitissima e lenta nei movimenti come un'educanda d'altri tempi. Vicine a lei, ma sempre un passo indietro (un mafioso coi suoi «guardatacchi»?), due ragazzotte nerborute la seguono con lo sguardo. Non so se è per la presenza costante di quei due «bravi» (una sfoggia addirittura un cranio pelato con il solito orecchino a un lobo), o per la sua aria di intoccabilità che non avevo messo in conto il conoscere Ornella – la bellezza, quando è troppa leva il fiato e l'iniziativa.

«Questo è senza dubbio un bel proposito da mettere in atto, anche perché è gioioso: noi donne dobbiamo smetterla di battere sempre su note dolorose. Proprio stamane ho capito cosa m'ha sempre tenuto lontana da tutti i movimenti femministi: il loro insistere sempre con toni luttuosi su eventi luttuosi. Noi dovremmo essere apportatrici di gioia, di vita e non di morte... Per questo dobbiamo pensare bene allo slogan e ai colori...»

«Sí... i colori! Magari azzurrino e con su scritto: "Carcere è bello!"»

È il bravo con l'orecchino che ha osato infilare questa battuta.

«Oh Marzia, cosa potrà mai scalfire la tua tetraggine congenita! Notte e giorno al tuo fianco finirò con l'esserne contagiata. Guardate come s'è mutilata la testa!»

«Avevo i pidocchi! Che non lo sapete che Rebibbia è invasa dai pidocchi?» Marzia arretra ancora d'un passo passandosi una mano sul capoccione da ragazzo ma sorridendo mestamente alla sua regina.

«Non dire bugie! Non avevi nessun pidocchio! Nella nostra cella non ci sono pidocchi!»

Questa voce che difende l'onorabilità della loro cella appartiene all'altro bravo: una facciona tonda, schiacciata da una massa di capelli color rame a foggia d'elmo barbarico.

«Be', l'ho fatto per prevenire: oggi la malattia si previene, non si cura... cosí dicono alla televisione...»

«Ornella ha ragione... – interviene Roberta decisa a mettere fine allo show dei due bravi... – Non c'è libro di donna, o conferenza o altro che non sia una mera enumerazione di rimostranze, torti subiti... Ma questo nel nostro caso è scartato già nell'idea di parlare di Rebibbia come di una università, invece che di un luogo di sole sofferenze e quindi andiamo avanti: voi due, Ornella e Suzie, decidete insieme un bel disegno, i colori, eccetera e poi proponeteli a noi per la discussione».

«Cosa si potrebbe fare? Un fiore?» fa Suzie Wong tutta presa dal problema...

«Sí! Un fiore! Magari la mimosa!» insiste Marzia, assolutamente decisa a non accettare alcuna idea che possa anche solo mentalmente allontanare la Venere da loro: è cosí chiaro a tutto il gruppo che improvvisamente – e seriamente – Roberta dice: «Senti, la devi finire di frapporre barriere fra noi e Ornella, hai capito? Guarda che qui nessuno ha intenzione di rubarvela! Ce l'avete sempre vicina, anche la notte... Ma come fai a sopportarle, Ornella?»

«Sopportarle? – fa Ornella alzando il bell'ovale levigato dal tavolo dove con Suzie già si è messa a disegnare (un angolo della stanza è pieno di pennarelli, matite, carte pregiate...) – No, Roberta, devo dire a onor del vero che il peso della loro vicinanza non m'è cosí gravoso. Io manco di narcisismo ma sono, come si diceva una volta, civetta, e la loro presenza mi tiene a galla. Per intenderci: la loro attenzione mi aiuta a non precipitare nei gironi del dubbio del "non-essere" o "non avere il corpo", come volete. E sí, perché se io non ho una costante attenzione ammirata intorno sono perduta...»

«Chiaro! – dice Roberta fissandola con ammirazione, proseguendo poi bruscamente: – Ma ti devo avvertire che qui i rapporti si fanno cosí essenziali che se non si è piú che prudenti possono essere fonte di tragedia. A Perugia una detenuta s'è impiccata il giorno che una sua compagna di cella all'improvviso fu rilasciata, e questo senza implicazioni omosessuali, solo che la poveraccia si era legata troppo a una sua compagna di cella non avendo esperienza di coazione. È indispensabile tenere sempre presente che da un momento all'altro possiamo venire separate. Debbo anche ricordarvi che da qualche tempo per le detenute politiche è in vigore la regola di separare drasticamente, non appena si noti che due o tre stanno troppo bene insieme».

«Oh Dio! E io che proprio questa mattina ho detto alla Santomauro che stare con Suzie Wong e Marcella è un paradiso per me! Marcella è una politica... Non è che ce la portano via, Suzie? Oh Dio!»

La voce angosciata della nostra Marilyn ci fa cadere tutte in un panico smisurato, soprattutto se accostato all'allegria di prima. L'equilibrio che ci tiene a galla è precario, tutti i visi hanno improvvisamente acquistato il grigio del mal di mare e qualcuno – stranamente Barbara, l'indomita donna del gangster – scoppia a piangere convulsamente. S'è fatto anche buio, e a nulla serve l'istantanea reazione di Suzie che è corsa ad accendere la luce, e la sua voce squillante forzatamente allegra che dice: «Su, su! Non lasciamoci prendere dal tramonto domenicale! Su, Mamma Roma, non dire cosí! La Santomauro buona, non farà rapporto: io conosco lei... Santomauro sembra cosí dura, ma buona, giuro!»

Mamma Roma s'è calmata, anche perché Suzie le si è seduta vicina sul letto e le tiene il polso contando i battiti. Ma Barbara non ne vuole sentire di calmarsi, e dopo essere andata su e giú per tre, quattro volte torcendosi le mani, riducendo lo spazio che prima era il nostro ampio *living* alla stretta cella affollata e carica di umori angosciosi, si butta sul letto di mezzo, gli occhi sbarrati gridando: «Voglio usci'! Voglio usci'! Voglio usci'!»

Evidentemente i tre «Voglio usci'» non sono prerogativa di Marrò, la mia fantasiosa delinquente abituale, ma il refrain dell'infinita canzone dodecafonica, costante sonora di questo regno. All'ultimo «Voglio usci'» se ne sente un altro lontano, e questo trascina fuori una marea di «Voglio usci'», subito seguita da un fracasso di ferri fatti scorrere sulle balaustre dei ballatoi e allo sbattere di porte in un crescendo finale da grande orchestra. Poi il silenzio cala su tutto. Nel silenzio la voce sfottente di Roberta mormora: «Tutte le domeniche la stessa solfa: all'alba grande aspettativa gioiosa... chissà che s'aspettano dalla domenica! E la sera questo "Voglio usci'" del cazzo, che palle!»

Non ha ancora finito di parlare che: «A' bocchinara! A' fija de 'na bocchinara!!» si ode fuori urlato da una voce di vetro tirata fino al limite della rottura.

È la piccola James Dean. Corre su e giú per il piano di sopra fermandosi a volte per sputare alle «bocchinare» del piano di sotto e minacciare con tutt'e due le braccia, in un farneticare muto. Evidentemente quando dopo ogni grido il fiato le manca si serve solo delle braccia e delle boccacce (lingua fuori, corna, dito medio verso l'alto a inculare tutto e tutti).

Appena ci scorge, il suo parossismo aumenta al punto da farla saltare a piedi giunti in una vera e propria danza di guerra. Ai salti segue un gridolino lungo falsamente svenevole: «Oh! Le stronze! Eccole le stronze!» Le «stronze» siamo noi. Ma quel gridolino non le dà soddisfazione, perché presto riprende il «Bocchinare!» correndo verso il cancello che dà sulle scale.

Devono averle aperto subito da sopra, ben contente di levarsela di torno, perché lei dopo un attimo appare davanti al cancello del nostro ballatoio. Dopo un momento di bonomia con relativo «Ora sto bbona, aprime, ora sto bbona, lo giuro!» rivolto alla guardiana, appena raggiunto lo scopo si fionda verso di noi: «Le stronze! Dateme le stronze! Ho necessità d'un bocchino!»

È a pochi passi, ma l'atteggiamento di Roberta – sorridente – è cosí calmo da indurre il mio corpo a non muoversi anche se non posso non esclamare: «Ma perché non la fermano?»

«Perché si divertono! Non vedi come la osservano? Guarda, perfino Lola è uscita dalla sua cella... S'è dimenticata anche la fame, guarda come ride...»

Infatti tutte hanno un'espressione che si ha solo a teatro... Le zingare addirittura sono quasi pronte ad applaudire.

«Ma le guardiane?»

«Mah! Chi lo sa! Forse si divertono anche loro».

Roberta ha appena finito di parlare che James Dean (si sente uno strano odore acido che si sprigiona dal suo piccolo corpo), portandosi le mani al viso, cade in terra facendosi rapidamente rigida e tirata come un cadavere. Il rosso del viso e del collo si muta istantaneamente in un bianco cartaceo. Una guardiana finalmente avanza – era seduta al solito tavolino della spesa – e fa cenno ad alcune detenute spettatrici, le quali a malavoglia si apprestano a tirare su James Dean che, dura come legno, viene trasportata lungo il ballatoio, su per le scale verso la sua cella.

«Ma cos'è? Epilettica?» chiedo io.

«No, – risponde Roberta mentre fa per tornare dentro la cella, – come al solito la domenica si sniffa tutta una bomboletta di gas, quelle da campeggio che danno alle anziane per cucinare. Pensa che una bomboletta basta per cinque o sei persone se vuoi avere per un attimo l'illusione di sniffare cocaina: un giorno o l'altro ci resta. Del resto non sarebbe la prima...»

«Ma perché gliela lasciano comprare se lo sanno che fa cosí?»

«No, non gliela lasciano comprare, sono le anziane che gliela passano».

Quando rientriamo da Suzie Wong il clima è cambiato ancora una volta: un'assurda pace regna fra le nostre amiche come se niente, nemmeno un grido della guerra vocale che infuriava nei ballatoi, fosse giunto fin lí.

La comitiva nella nostra assenza s'è arricchita di un'altra donna dall'età indefinibile, i bei capelli fulvi raccolti in una crocchia austera da contadina, il busto eretto anche nello stare seduta e le mani incrociate sul grembo in una posa cosí inusuale oggi da sembrare originale e nuova, mentre è antica almeno quanto i ritratti di Fattori. Le mani evocano litanie snocciolate su rosari d'avorio; questa Ramona potrebbe infatti apparire una suora di quelle che andavano in giro dimesse e rapide in sandali francescani se la lunga gonna arricciata ai fianchi non indicasse in lei una delle tante zingare che affollano la nostra «università». Zingare provenienti da tutte le nazioni, alcune in vestiti sontuosi, altre avvolte in lane preziose ma sobrie, altre poverissime ma sempre festose nei loro corpetti di cotone di poco prezzo. Quasi tutte hanno qualche dente ricoperto d'oro che rende sempre ironico il loro sorridere.

Marrò mi ha assicurato che le zingare sono le compagne migliori in carcere. Pulite, attive, solidali, non scocciano mai (per usare le sue parole). Ti parlano solo se sei tu ad avvicinarti e, cosa che non finisce di stupirti, non chiedono mai niente, al contrario di quando le incontri fuori per strada. «Quello è il nostro lavoro, ma qui non abbiamo da guadagnarci il pane e ci riposiamo». Questo sembra dire il sorriso pacifico col quale sempre ti accolgono se hai voglia di scambiare due parole.

Ramona discende da una stirpe di ricchi zingari, ormai dai tempi del bisnonno decaduti. Delle antiche ricchezze a lei è rimasta solo una giostra, un tiro a segno e la ricchezza biologica di sapere mettere al mondo tanti bambini. A soli ventotto anni ne ha già sei, che malgrado gli stenti crescono tutti forti e pieni di energia: certo l'ultima gravidanza le ha fatto cadere molti denti, e questo dà al suo aspetto una patina di vecchiaia subito però smentita dal bell'incarnato, del viso e dalla lucentezza degli occhi e dei capelli: «Quando avrò i soldi lo capirete subito dal mio sorriso, – usa dire a chi si interessa della sua persona. – Voglio farmi una bocca tutta d'oro da far impallidire di rabbia i miei suoceri. È colpa loro se a volte cado nella tentazione di rubare. Quando io e mio marito ci siamo incontrati hanno tanto contrastato la nostra volontà di sposarci – lui non è zingaro – per via della mia povertà, che dopo, anche se loro alla nascita del primo figlio volevano aiutarci, io non l'ho accettato. Ramona non dimentica! Io sono indipendente e mai accetterò aiuto da nessuno per far crescere i miei bambini… Ramona non dimentica».

È di questo orgoglio terribile (ed ereditato) che sta parlando ora quieta alle amiche, e della gelosia che sempre ha amareggiato il vivere peraltro felice col marito… gelosia di tutto, anche di un breve sguardo posato dal suo uomo su – mettiamo – un semplice manifesto del cinema… Certe volte essere arrestata è quasi un sollievo per lei, almeno non lo vede piú parlare con qualche donna o uomo, eh sí!, è gelosa anche degli uomini.

«Ma saperlo fuori mentre tu sei qui chiusa non è peggio?» domanda Ornella stupita. Ramona risponde facendo ridere tutte: «Non è mai avvenuto che ci arrestassero separatamente. In questo momento "lui" è al reparto maschile... Quando avverrà che arrestano me sola ve lo farò sapere...»

«Eh sí, anche il mio uomo da quando ci hanno arrestati insieme non è piú geloso... mi scrive lettere serene...» fa Barbara pensosa.

«Quasi vi invidio, – esplode improvvisamente Marcella, aggiungendo sul silenzio d'aspettativa di tutte: – Io non sono mai stata gelosa di nessuno».

«Questo perché non hai mai amato», sentenzia dolce Ramona seguita da un «È così, quando si ama si è gelosi!» di tutte quante, che come un vento subdolo fa scattare Marcella in piedi esclamando: «Ma quanto si parla d'amore qui a Rebibbia! Non è troppo?»

Per un attimo tutte tacciono smarrite in cerca, forse, di altri argomenti per calmare l'agitazione – la prima – che ha afferrato la salda ragazza in salopette, quando Marcella rivelando improvvisamente un visetto un po' contrito, da bambina, dichiara: «Ma sí, avete ragione. A che servono i moralismi qui, avete ragione voi... Anch'io sono gelosa, lo sento, e forse anche fuori lo ero. Solo che fuori è proibito ammetterlo, pena il passare per sottosviluppata e... donna».

Queste parole fanno sgorgare un fiume di confessioni di gelosie represse, ansie amorose sofferte in solitudine, storie dominate dalla passione della gelosia, mitiche e terribili. Come quella di Gino e Rosa che, condannati per traffico di droga internazionale – lui a vent'anni, lei a tre anni – proprio il giorno che Rosa doveva uscire, per un'intesa tacita, forse uno sguardo scambiato durante il colloquio settimanale, si suicidarono insieme...

«Ti ricordi che impressione? Anche la suora, come piangeva quando entrando nella cella 33, chiamando Rosa "liberante", la trovò cadavere nella sua branda...»

«Dove avevano trovato il veleno? E come se lo erano passato?...»

«È stato lui a decidere la loro morte? O lei?...»

«Io conobbi una ragazza che era stata con Rosa nella cella 33, mi assicurava che Rosa di sua volontà aveva deciso di morire perché ormai fuori senza di lui non c'era vita...»

Chi racconta? Non ha importanza, ormai tutte le voci si unificano incorporee parlando d'amore.

«La cella 33 è una cella stregata, tutti i camerotti hanno una cella presa dalla mafia d'amore...»

«Io quando ci passo mi faccio il segno della croce...»

«Molte anziane del carcere non ci vogliono stare in quella cella!...»

«Sí, ma altre anelano a dormirci...»

«E Cinzia e Marina?... Vi ricordate di Cinzia e Marina?... – Qualcuna non conosce questa storia e sollecita ansiosa di sapere... – Cinzia e Marina s'erano incontrate qui a Rebibbia. Entrambe erano sposate e Marina aveva anche due bambini. Nacque un amore cosí forte fra loro che dopo tre anni... sembra... apparivano una simile all'altra, nella voce, nei gesti... Poi Marina fu scarcerata e tornò a suo marito e ai suoi figli. Cinzia piangeva sempre e dimagriva. Riceveva sí lettere da parte del suo amore, che la rassicuravano per un po', ma non ci credeva, non credeva che l'altra fuori potesse ancora pensare a lei. Indovinate chi trovò Cinzia fuori dal cancello il giorno che fu chiamata "liberante"? Trovò Marina».

«E poi?» domanda una voce rotta dall'aspettativa.

«Scapparono insieme, non si sa dove, ma insieme...»

«E l'amore di Marilú per Oliva, non è forse un amore degno della cella 33? Ti pare un amore da poco il suo? Sono già due volte che la scarcerano e lei trova sempre il modo di farsi arrestare per venire qui dalla sua Oliva che ne ha di anni da fare... E quando è fuori scrive lettere di fuoco per la gelosia... A me capitò di essere assegnata alla cella di Oliva, e vi assicuro che quando Marilú arrivò, anche se aveva tutto il viso contuso dalle botte – per farsi arrestare aveva fatto oltraggio a un pizzardone – mi fece una tale paura che mi augurai di non esistere, piuttosto di fare nascere un sospetto in quell'amante furioso che arrivava da fuori pieno di sospetti».

«Ma dài! Avevi paura perché tu con Oliva qualcosa ce l'hai fatta...»

«Stai zitta! Ma che sei pazza!?... Sono qui in giro, se ci sentono... Stai zitta, pazza!»

«Lo vedi che hai paura!... Questa è la prova che tra te e Oliva...»

«E anche se fosse? Sole per tanto tempo può avvenire...»

«Io l'amore fra donne non lo capisco...»

«Perché non hai avuto mai da stare qui molti anni».

«Io lo capisco invece, quello che non mi piace è che si ricostruiscono i ruoli del maschio e della femmina. Io se mi dovessi innamorare di una donna vorrei non avere un ruolo... Allora tanto vale stare con un uomo...»

«Bella scoperta! Ma qui l'uomo dove lo trovi?»

«Io insisto che anche se dovessi stare qui per secoli di una donna non mi innamorerei...»

«Non è possibile!»

«E allora Suzie Wong? Scusa, dove la metti Suzie Wong? Sono tre anni che è qui e non si è mai innamorata di una sua compagna».

«Sarà un'eccezione, se è vero».

«È vero Suzie, che non ti sei messa mai con una donna?»

Tutti i visi si voltano verso Suzie Wong che stesa nella sua branda sembra piú piccola e smarrita... O appare cosí perché se ne sta abbracciata a un orsacchiotto bianco e nero di peluche, quasi grande quanto lei?

«Oh me povera Suzie! – fa alla sua vicina, patetica e ironica. – Mai! Suzie ha il suo orsacchiotto... Solo lui abbraccia Suzie in tutti questi anni...»

L'orsacchiotto sembra acconsentire stringendosi piú fortemente alle membra aggraziate di Suzie. Stupita resto incantata a fissare la coppia: qui quest'orsacchiotto ha un senso. Infatti nessuna di loro obietta niente né sorride; solo Barbara, ripresa da una delle sue furie astratte, scatta in piedi livida: «Voglio uscire! Ho un amore che era una favola io fuori e non me la sento di stare qui a marcire...»

«Ma ormai è dentro anche lui, uscendo non la trovi piú la tua favola...» le ricorda Ramona senza ironia...

«E invece se esco, so io come farlo uscire l'uomo mio!...»

«Se è cosí potevi dirlo prima che qualcosa si poteva fare».

«E vabbe', prima non l'ho detto. Lo dico adesso, aiutatemi... o c'è un termine legale che scade anche fra noi?»

«Nessun termine legale, ma ci vuole coraggio, – ribatte Ramona, – per tentare d'uscir di qui. E tu ce l'hai il coraggio?»

«Non lo so... non lo so...»

«Questo vuol dire che forse l'hai il coraggio... Vediamo, potresti stanotte raccogliere l'urina e domani farti una iniezione con la tua urina... dà dei sintomi come se avessi l'epatite virale...»

«O potresti cominciare a raccogliere tante scorze d'uovo sodo e poi mangiarle, dà dolori e colore come se avessi una peritonite...»

«Per me il sistema piú sicuro è di passar un filo nella propria cacca e poi, facendosi un taglio profondo nella coscia, sfregarcelo dentro... dà febbre altissima».

«Per me invece il sistema che resta sempre valido è quello classico...»

«E cioè?»

«Svenarsi, ma veramente a fondo, senza paura di perdere l'uso di qualche dito o della mano intera...»

«Non ce la faccio! Non ce la faccio!...» grida piano Barbara mentre le altre continuano a enumerare sistemi antichi e nuovi.

«No, no, mai bisogna oltraggiare proprio corpo! Il corpo si vendica dopo! Vieni Marcella, aiutami a lavare le tazzine, un bel tè bisogna prendere adesso».

Suzie da sola non ce la farebbe a contrastare la marea di propositi disperati che sale dal fondo, se una vecchina (quando è entrata? Qui è come nei bassi di un paese meridionale: le comari hanno sempre libero accesso per chiedere in prestito un filo d'olio, un po' di pepe o un peperoncino) non esclamasse con voce da adolescente: «Tutte sciocchezze! Per riuscire ad andare all'ospedale devi almeno inghiottire una forchetta!»

O è la voce ridente della vecchietta, in contrasto con la grande bocca vuota dove solo due incisivi lunghi e bianchi si mostrano, o l'idea della forchetta, certo è che tutte all'improvviso cominciamo a ridere in modo cosí furioso da farti pensare piuttosto a un manicomio che a una galera.

Non solo a me deve essere venuto questo sospetto perché la Santomauro, i pugni sprofondati nelle tasche del grembiule, le sopracciglie virilmente arruffate, lo sguardo sospettoso, appare sulla soglia dove resta per buoni cinque minuti senza parlare. Nessuno sembra notarla, ma non appena la sua persona sparisce dal riquadro della porta, a una a una le ragazze si acquietano con sospiri e frasi significative: «Ma che stiamo impazzendo?»

«Scusaci, Suzie».

«Non si deve fare cosí, qui da Suzie... Avveleniamo pure questa cella».

«Non mi crederai, Barbara – non è un rimprovero, a tutte può capitare – ma quando hai iniziato ad agitarti ho avuto l'impressione che i fiori là nell'angolo tremassero e scolorassero... tanto che ora non oso guardarli, ho il timore che siano appassiti!»

Questa frase di Ornella crea come un'accensione di luce sul mazzo di fiori – come se una lampada invisibile si fosse accesa su di essi. Nessuno parla piú fissando i gladioli che ora sembrano rinvigorirsi piano piano sullo stelo e nei diversi colori.

«Si riprendono, per fortuna si riprendono! – esclama Suzie seguitando: – Oh, ragazze, vi prego non dovete fare cosí perché...»

«Suzie Wong ha ragione, – fa eco Ornella terminando la frase della cinese, – ... perché quei fiori siamo noi, e cosí ci uccidiamo».

Come scampate da un grande pericolo ora si salutano tutte a una a una. Sulla porta Suzie riceve e ricambia sorrisi mesti, baci e – non sogno – qualche inchino. Anch'io mi piego a baciare le sue belle guance compatte da idolo pensoso. La pelle ha profumo umido e fresco di gardenia.

Davanti alla mia cella vengo respinta dall'acre lezzo stagnante di gabbia dei leoni. I ballatoi quasi vuoti indicano che la cena è stata distribuita e che ancora almeno un'ora manca alla chiusura definitiva delle porte.

Non ho fame, e appoggiandomi alla ringhiera decido di entrare nella mia gabbia il piú tardi possibile: sempre nella vita quando cadi in miseria sarebbe sensato non accettare inviti da persone ricche... Lí per lí sembra un dono degli dèi, ma dopo, al ritorno a casa, le dita nude del bisogno stritolano il cuore.

Nel ballatoio di fronte una figurina minuta e gonfia mi fa un cenno impercettibile che mi appare familiare nella svogliatezza con la quale la mano si solleva a salutare. Alla mia risposta la mano mi fa cenno di avvicinarmi. Quel cenno stranamente è perentorio, e con un vero tuffo al cuore vedo riemergere dalle nebbie del mio passato carcerario il viso dolce e *impunito* di Giovannella.

Nel percorrere i venti metri (che sembrano chilometri) per raggiungerla, ho come l'impressione di andare incontro a qualcuno che un tempo ho amato, ma che per una disgrazia qualsiasi credevo perduto.

Anche lei dev'essere emozionata al massimo se, appena la raggiungo, arrossendo volge il capo a fissare un barattolo di birra appena lanciato dal secondo piano, che continua a rimbalzare per qualche tratto sulla rete metallica.

«Ce se vede, signo'... – bisbiglia decisa a non perdere di vista il barattolo di birra, ma, visto che non rispondo, volgendosi verso di me: – Che se' incazzata?»

«No, perché dovrei essere incazzata, Giovannella?»

«Ah! Te ricordi come me chiamo... Io il tu' nome nun me lo ricordo piú...»

«Non importa».

«Hai detto bene, perché so' io che t'ho riconosciuta. Du' vorte t'ho incontrata ma tu non m'hai vista... o non me volevi vede'?...»

«No, non ti ho vista, qui c'è una grande confusione...»

«Piú che artro se diverteno, vojo di': quanno nun se scazzano... al limite ce divertimo qui... T'ho riconosciuta subito io... io, signo', ci ho l'approccio facile, ma poi al limite nun me va de sta' co' nessuno...»

Per un attimo ho l'impressione che quella frase indichi in lei una volontà di distacco, ma il sorriso tutto dentoni che mi rivolge subito dopo mi spinge a dire: «Io credevo che tu fossi già all'ospedale...»

«Ah! Te ricordi? Al limite dopodomani ce dovrei anna'... ma a certi livelli nun me va d'aborti', e cosí nun ce penso... io questo qui me lo vorrei tene'... Sei stata da Suzie Wong oggi?...»

«Sí».

«Se sta bene da Suzie Wong! Da Suzie Wong nun succede mai gnente de trucido... Anche se oggi girava la voce che a un certo punto c'è stata manfrina. Suzie Wong è troppo buona, e "certe" nun dovrebbe da riceverle... Hai capito chi intendo?»

«Sí e no...»

«Ma sí... quella spilungona che se dà l'aria de 'na diva, che s'agita sempre che vole usci', se vole svena'... Ma che te sto a di'!... Tu ce andrai sempre da Suzie Wong, se vede...»

«Puoi venire anche tu...»

«No... cioè io, io ora sto bene in 'sta cella, nun me manca la compagnia e magno con gusto...»

«Lo so, non ti viene fame se non hai compagnia...»

«Noi due giú all'isolamento ce semo fatte compagnia, vero signo'?... Ora io entro, me so' stancata de sta' in piedi... La ragazza che sta co' me è proprio 'na favola, je concedeno la bomboletta e fa er caffè la mattina e anche la sera... Ora noi ce bevemo er caffè. A me er tè nun me piace. Ciao, signo', ce se vede».

Non mi resta che vederla avviarsi verso la sua cella e accontentarmi dell'ultimo sorriso che mi lancia prima di sparire. Il sorriso dice: «Ci siamo fatte compagnia, ci siamo volute bene ma adesso tu stai con Suzie Wong (e col tè) e io con la "favola" che fa il caffè, ma senza rancore, questa è la vita...»

La differenza di classe vige qui come fuori, insormontabile: il carcere è lo spettro o l'ombra della società che lo produce, è noto. All'aria, intorno alle pile per lavare i panni ci sono nugoli di vecchiette e giovani che per racimolare qualche lira da mandare fuori ai familiari sono disposti a farti qualsiasi servizio, e guardano storto qualche signorinella che, credendo di dimostrarsi una brava democratica, si sbraccia a risciacquare i suoi panni sporchi.

Come Ornella mi racconterà, anche lei nei primi mesi era caduta nell'errore di credere di essere lí una come le altre. Con orgoglio si era data a dimostrarlo non facendosi servire e richiedendo anche un lavoro nell'orto, con il solo risultato d'essere mutamente odiata da tutte all'inizio e dopo aggredita con lazzi d'ogni tipo: «È stata una lezione salutare, cara Goliarda: queste esperienze proletarie te le puoi permettere solo se riesci a nasconderti ben bene agli occhi del vero proletariato, altrimenti rischi il linciaggio, e hanno ragione… Ma non le rimpiango. Dopo tanti trip comunitari a suon di musica indiana ora so finalmente qual è il mio posto».

«Qual è il tuo posto, Ornella?»

«Oh! Da un nonno repubblicano e un padre socialista onesto cosa può sortir fuori?»

«Non ho idea».

«Ma l'è chiaro: una *radical-chic* che stenta all'inizio della sua vita intellettiva a prender coscienza del suo privilegio, e cosí si massacra a non voler accettare soldi, lusso e anche l'essere artista… Perfino all'accademia del restauro a Firenze mi volevo illudere d'essere solo un artigiano…

Ma finalmente tutto questo è finito. Non fosse servito ad altro, il mio viaggio in India – con relativa carcerazione – è stato già un successo. Certo, quando mi hanno bevuto all'aeroporto è stato terribile, ma oggi so che quando uscirò di qui né droga, né false utopie di parità impossibile mi indurranno a perdere altro tempo.

Se verrà il momento di rivoltarsi, anche questo lo farò tenendo bene in mente il mio stato. Non si sfugge al marchio del privilegio, e tanto vale viverlo il piú onestamente possibile. Oddio! Ecco che la parola onestà m'è sortita dalle labbra per volontà di mio padre: cancelliamola... ma come si può sostituirla oggi? Al diavolo! Oggi anche a noi toscani è difficile trovar le parole...

Ma forse ci sta bene, per troppi anni abbiamo fatto il buono e il cattivo tempo in fatto di linguaggio».

Incamminandomi verso la mia «gabbia» spero proprio che il privilegio impastato nella mia biologia come in quella di Roberta, Suzie, Marcella, venga a compiere il miracolo di farmi volare lontano da quella sporcizia e degradazione che sempre scorrazza fra i tre letti, endemica. Ripeto questo per prima cosa a me stessa, perché non vorrei mai passare ai miei occhi nemmeno un attimo per qualcuno in cerca di autopunizione o di redenzione.

Volevo solo, entrando qua, tastare il polso del nostro Paese, sapere a che punto stanno le cose. Il carcere è sempre stato e sempre sarà la febbre che rivela la malattia del corpo sociale: continuare a ignorarlo può portarci a ripetere il comportamento del buon cittadino tedesco che ebbe l'avventura di esistere nel non lontano regime nazista.

Come sapevo, con poca spesa di «paura» ho sentito la grande febbre di centinaia di individui eccezionali – politici e no – che solo perché dissentono nei modi che da sempre sono stati quelli primari di dissentire, vengono segregati.

E non c'è televisione o radio centralizzata in ogni cella che possa spazzare via l'atrocità dell'essere espulsi dal consesso umano e lasciati a marcire in questi luoghi che fuori si ritengono pensati solo per pochi delinquenti abituali, e che quando ci sei dentro invece scopri essere vere grandi città o lager, se la parola non fa troppa impressione.

La mia bella e fantasiosa «delinquente abituale» mi accoglie quasi esultante – la mia classe evidentemente l'ha conquistata. Dichiara di voler festeggiare il mio ritorno dopo tutto un giorno d'assenza. Con insistenza mi chiede di indovinare con che cosa festeggeremo, proprio mentre la porta metallica si chiude restringendo lo spazio a un buco nero.

«Cogliona! È tanto difficile? Col vino! Oggi invece de bevermi la tua bottiglietta me ne so' procurata un'altra e tanto zucchero, e ora brindiamo, ci tramortiamo e poi dormiamo».

«E Annunciazione non beve con noi?» esclamo volgendomi verso l'eunuco che, nudo al solito, le gambe divaricate, sta facendo un solitario dal quale dipende la sua liberazione, come mi informa Marrò aggiungendo: «E poi Annunciazione non beve, non se droga. A lei piace solo fare le zozzerie... Non me dire che non l'hai sentita stanotte, che non ti credo...»

A queste parole Annunciazione alza il bel viso e, con una vocetta nuova, patetica replica: «Pe' me quattro mesi senza maschio so' troppi, nun me inquieta'...»

«Senza maschio! E le femmine dove le metti?»

«Se quarcuna te va a sangue, tutto va bene... Ecco: m'hai fatto inquieta' e er solitario nun è riuscito!...»

«Ma va', che te riesce sempre!... Lo sai che Annunciazione bara con se stessa quando fa il solitario?»

«Che c'entra, aiuto la fortuna, ecco!»

«Ma se domani o dopodomani esci! O m'hai detto una bugia?»

«Oh, signo', nun vedo l'ora de senti' "Annunciazione liberante!"»

Marrò nel frattempo ha preparato il filtro malefico di vino e zucchero, e me lo porge.

«Ma a che brindiamo? – esclama improvvisamente cupa, girando per la cella come a cercare una via d'uscita... Deve averla trovata perché con una giravolta geometrica di gabbiano che plana sulla preda grida: – Voglio brindare alla cosa piú pazza che posso trova'... Brindo, brindo... a Renato Zero!... Eccolo! – e lo indica in un ritratto attaccato al muro... – Vieni, Renato, e portaci la libertà! O una bella morte serena... la vedo: un grande angelo tutto azzurro e d'oro col tuo viso, Renato, che scende piano piano, ci raccatta insieme e cantando ci porta su in cielo!»

Il vino ha già fatto effetto. Dopo pochi passi di danza e urli forsennati ricomincia la nostra notte di conati di vomito, corse al gabinetto, pioggia di pezzetti di carta igienica intrisi di vomito o solo saliva.

Annunciazione, imperturbabile, ha continuato a fare solitari. Poi, stanca, tira fuori carta e biro e comincia a scrivere una delle sue lettere che non finisce mai.

Mentre un sapore acido (quel vino con lo zucchero) mi afferra incontrastabile, scorgo l'immenso corpo di Annunciazione che s'appresta a fare all'amore con se stessa; non mi impressiona piú come la prima volta anche se questa sera i suoi ansiti, le onde del suo torace e delle sue cosce sembrano moltiplicarsi all'infinito. Sto assistendo al soddisfacimento naturale di un branco di scimmie in piena foresta.

O sono in un deserto? Qualcuno da una cella lontana, nel pesante silenzio postcoito del branco, ha urlato: «Canta, Ramona, canta!» e la voce della zingara s'è alzata limpida disegnando un motivo di nostalgia antico quanto tutti i popoli erranti della terra.

All'alba – o è ancora notte quel lucore diaccio di luna che filtra dalle vetrate? – corro alle docce: sfuggire agli artigli della sporcizia deve essere il mio solo scopo.

L'acqua calda cancella completamente il ricordo della notte che ho passato nel pozzo marcio che è la mia cella. Malgrado la passione – non c'è altra parola – che suscita in me Marrò e la sua bellezza, decido che devo tagliare quel cordone ombelicale che già mi lega in maniera sinistra alla mia bella delinquente abituale e ad Annunciazione stessa.

Siamo nell'era della droga, e non c'è forse estasi anche nella droga della degradazione? Annunciazione, la notte, quando le luci vengono spente in tutta la nostra città carceraria cosí da creare un clima d'abbandono assoluto senza riscatto, non ha preso, accendendo la piccola luce sul suo capo, luce ambigua da treno in corsa, l'abitudine di rivolgersi a me con sorrisi invitanti di animale soave?...

«Me piaci, signo'... Nun te senti sola?... Voi vede', signo', i giornaletti?...»

I giornaletti – la sua voce diventa quella di una bambina di tre anni quando pronuncia questa parola – sono pieni della pornografia piú efferata che mente sadica possa immaginare.

Incalzata da quel «Me piaci, signo'» che non ho piú intenzione di riascoltare, decido di avvertirle che chiederò di cambiare cella. La fatica di questa decisione è forte. Sulla soglia della mia gabbia mi fermo un attimo per raccogliere le idee e studiare un piano, quando la voce di Marrò mi arresta del tutto.

«E sí, Marcella ci ha ragione, Goliarda non può piú stare con noi, lei legge, scrive... Ci campa con quel lavoro e noi famo sempre sballi. Certo, si dovrebbe non sentire piú la radio, la televisione... Tu te la senti, Annunciazione? Io no».

Non credendo alle mie orecchie avanzo per accertarmi che è proprio di Marrò quella voce consapevole. È proprio lei che seduta sul mio letto parla ad Annunciazione immusonita, mentre Marcella pare un avvocato sfinito da una lunga arringa.

Con l'aria decisa di chi è stato incaricato di dare una brutta notizia, Marrò mi viene incontro, e mettendomi una mano sulla spalla come si fa coi bambini, comincia una lunga paternale su quello che è bene e non è bene fare concludendo: «Noi lo facciamo per il tuo bene, non credere che non ti vogliamo qua, è solo che Marcella ha ragione, tu devi andare con Roberta che legge sempre e la sera la passa a scrivere...»

Marcella immobile vorrebbe sorridere ma non ci riesce, è commossa anche lei. O è solo vergognosa, come me del resto, dell'ingenuità delle nostre amiche? L'ingenuità, ha un potere di ricatto cosí forte da far sembrare infame anche un semplice atto di diplomazia quale quello che ha usato Marcella: far sí che fossero loro a dovermi allontanare e portarne il peso. Per farsi perdonare Marrò mi sommerge di sorrisi che squaglierebbero il cuore di un bruto e Annunciazione mi porge caramelle e vorrebbe infilarmi al dito un anellino di plastica.

Non saremmo mai uscite emotivamente vive da quella cella se l'apparizione di Ramona non fosse venuta a stornare l'attenzione per il mio trasloco con un evento nuovo: la grande negra ha vinto la contesa con la legge. Lola, dopo dodici giorni di fame, ha ottenuto la data del processo. Ogni notizia nuova, bella o brutta, ha qui nel nostro universo il potere di far dimenticare la noia e l'indigenza morale che sempre stagna nel nostro cielo.

Marrò e Annunciazione si catapultano fuori dietro a Ramona per unirsi alla folla festante. Io e Marcella, in silenzio come ladre che l'hanno per una volta fatta franca, raccogliamo le poche cose che posseggo in buste di plastica, e per non destare sospetti ci uniamo alle altre: la legge invisibile ma incontrastabile dei camerotti non ammette l'appartarsi individualistico, pena l'essere schedate nel pensiero delle altre, e in un modo o nell'altro, alla fine, punite. Ci sono state detenute punite dopo anni dall'aver commesso qualche infrazione. Punite qui nel carcere o fuori. La «memoria del carcere» tramandata oralmente è piú perfetta di qualsiasi legge scritta.

Anche le zingare eccole lí intorno alla grande negra protese a omaggiare la volontà vincente. Mai fuori le troverete immischiate in qualche avvenimento collettivo, ma qui dove vige la regola della fantasia, della sperimentazione e dell'azzardo esse sono con chiunque si mostri degno di questa libertà di inventarsi la vita.

Restiamo sorprese davanti allo spettacolo che si svolge sotto i nostri occhi. Credevamo di dover assistere al solito bailamme che si scatena a ogni piú piccola novità; non ci aspettavamo questa sorta di pellegrinaggio solenne che si sta svolgendo in silenzio intorno ai due piani dei camerotti: chi porta frutta, chi vino, chi caramelle alla negra che esausta ma non piú seduta, alta nella sua abside, una mano possente sullo schienale della sedia, sorride a tutte, i piccoli occhi rossigni da tartaruga guizzanti di una allegria e fierezza incontenibili.

Perfino la Santomauro è uscita dal suo nascondiglio strategico come nelle grandi occasioni, e leggermente impensierita sta a osservare: il braccio di ferro piegato sulla ringhiera, l'atteggiamento poco convinto, pronta a intervenire. Dal suo sguardo si capisce che tutto potrebbe accadere. Infatti dopo qualche tempo una voce improvvisa innalza un motivo di vittoria malinconico eppur solare.

È Ramona che canta.

«Quando lei è a Rebibbia i camerotti vibrano sempre come un grande strumento sottolineando i fatti gioiosi e tristi di tutte noi. Quando non c'è tutto resta opaco», sussurra una vecchia donna accanto a noi.

Era dunque vera questa notte la voce che vagava per i muri del carcere, non un mio sogno, era lei, figurina errante o vestale che cantava per consolarci come ora canta per rendere la nostra gioia piú intensa. Solo che questa notte cantava in una lingua primordiale, mentre ora canta in italiano.

«Ramona canta in tutte le lingue. A volte a bocca chiusa, – garantisce la vecchia, – a bocca chiusa è anche piú entusiasmante perché la melodia chi è che non la capisce?» A quest'ultima osservazione fisso la vecchia cercando di distinguerla dalle tante che affollano i camerotti. Ce n'è sempre una a ogni cantone del nostro villaggio, pronta a darti chiarimenti e raccontarti la storia non scritta e perciò mitica di questo regno. Basta avvicinarsi, offrire una sigaretta e storie incredibili d'amore, di delitti, di passioni e destini esemplari ti vengono donate a piene mani. Ma Marcella, risoluta, già mi sospinge verso la mia nuova dimora esclamando: «Lo spettacolo è finito, è meglio andare».

Appena dentro quella che sarà (per quanto?) la mia nuova dimora, Marcella socchiude la porta.

«Ce l'abbiamo fatta! Non ci resta che aspettare Roberta e Barbara. Sono andate dalla Santomauro a sollecitare il permesso di averti qui con loro».

«... Mentre tu, Marcella, sei venuta a liberarmi dall'incantesimo...» aggiungo mentalmente guardandomi intorno stupita dalla pulizia e dall'ordine che rende questa cella spaziosa e lucente come un salone.

Ma non trovo la felicità che avevo sperato quando solo questa mattina sognavo di andare via da Marrò e Annunciazione. Anzi, adesso che ho fatto il loro nome dentro di me, un'assurda nostalgia mi afferra tanto che per nascondermi da Marcella devo volgere la testa fingendo di osservare i particolari del luogo favoloso dove lei mi ha portato.

Non posso deludere la gioia del mio cavaliere. Sento tutto il suo corpo vigoroso e la voce vibrare dalla soddisfazione di proteggere: Marcella ha la struttura e lo sguardo di quegli antichi cavalieri erranti che – sia favola o no poco conta – andavano in giro per la terra a cantare d'amore e a proteggere le donzelle.

Girando lo sguardo scopro che tutta la parete di fronte alla solita finestra a bocca di lupo è ricoperta di carta argentata. Sempre con l'intento di nascondere la mia malinconia mi avvicino per capire come hanno fatto: sono tanti pezzetti di carta stagnola – quella delle sigarette – attaccati a mosaico con una precisione che solo in galera si può raggiungere. Tutta questa stagnola attrae la poca luce della finestra moltiplicandola, è semplice, ma non capisco perché mi fa venire le lagrime agli occhi, e a nulla vale cercare di ricordare i nomi delle attrici (come sempre solo donne) che a tratti spezzano il mosaico argentato. C'è la Valli col colbacco da russa di *Addio, Kira!*, Greta Garbo di *Maria Walewska*, sempre in colbacco, e la protagonista del *Dottor Živago* – come si chiama? – anche lei col colbacco.

«È bello qui», mi sento dire convinta di aver superato il momento di malinconia. Ma – è cosa antica – ai cavalieri virili e delicati, cosí vuole la leggenda, non si può nascondere il tuo cuore e non mi meraviglia la voce di Marcella che fra scherzosa e paterna dice: «Sei commovente, Goliarda...»

«Anche Marrò me lo ripeteva...»

«Veramente?»

«Sí, solo che lei usava un'altra parola: cogliona».

Io spero che questo faccia ridere Marcella, ma invece la vedo serissima avvicinarsi a me e fissarmi negli occhi: «A che punto della storia ti sei fermata, Goliarda? Sei ingenua e commovente. A volte quando parliamo ho come l'impressione di aprire un antico cassetto e risentire l'odore di spigo. Non c'è spazio oggi per questo...»

«Mi dai per spacciata, Marcella?»

Marcella non risponde, e tutta la serietà giovanile del suo sguardo si tramuta in una malinconia da vegliarda che tutto ha visto e niente può stupire...

«Mi dai per spacciata?» insisto per sfuggire a quello sguardo che si fa sempre piú doloroso, mentre si decide a stornare gli occhi dicendo: «Non c'è che tradimento, oggi, crudeltà e indifferenza. In ogni caso sono felice di non saperti piú in quella cella... Ecco Barbara e Roberta, speriamo che la Santomauro non si sia opposta: qua come fuori ogni iniziativa personale viene punita come il delitto piú efferato».

Dietro a Barbara e Roberta, la Santomauro in persona, sempre con i pugni sprofondati nelle tasche e lo sguardo accigliato, entra in silenzio e comincia una assurda, lunga passeggiata meditativa fra i letti, il tavolino, la pattumiera. Lungo il tragitto, i pugni dalle tasche si vanno a collocare dietro la schiena, le dita inchiavardate, mentre la fronte s'abbassa sempre piú verso terra. Davanti alla vetrata si ferma come a guardare fuori, poi improvvisamente si volge verso di noi e ci fissa una per una.

Due o tre secondi di fuoco incrociato di pupille che sembra possa durare tutta la vita, ma che invece finisce improvvisamente in un borbottío di tuono che piú o meno significa: «Questa è la prima e l'ultima volta che si osa prendere una decisione prima di avermi interpellata!» mentre i pugni tornano a sparire nelle tasche e tutta la sua persona si catapulta dalla porta dura come un proiettile.

«Ma è incredibile, oh! Sembra la zia di David Copperfield. Voleva arrabbiarsi e non ce la faceva... Roberta ha ragione: ci tiene a noi. Ma dove siamo capitate?!» Marcella è in preda a un riso smodato.

«Nel regno degli archetipi eterni, – risponde Roberta, continuando: – Non foss'altro che per questo, tutti dovrebbero venir qui per qualche tempo. Troverebbero tipi e comportamenti che da secoli – che dico? – da millenni non sono cambiati d'una virgola. Forse vedendo che bello spettacolo danno di sé qualcuno la smetterebbe di ripetersi... Dio, la ripetizione! Che noia!»

«Questo discorsetto, Goliarda, è dedicato a me... Secondo Roberta io sono uno di questi archetipi da studiare, – risponde Barbara allungando le lunghe membra feline sul suo letto e cominciando a lustrarsi le unghie, lanciando sguardi languidi a destra e sinistra. Ma poi ci ripensa e attacca: – Ma come sarebbe che io sono un archetipo da studiare? Io ho venticinque anni!»

«E che c'entra l'età! – ribatte subito Roberta. – Hai venticinque anni, ma ti comporti come una diva del muto quindi sei già da cineteca… Anche adesso, guardate che posa ha preso! Ci manca solo la pelle di leopardo sotto quel corpo tutto anfratti voluttuosi… Non t'incazzare Barbara, sei magnifica ed eccitante, non cambiare mai, stai mettendo a dura prova l'indirizzo della mia libido. Se resisto al tuo *glamour*, dopo mi potrò proprio rassegnare a essere una alla quale le donne proprio non piacciono».

«Oh! Io, come v'ho già detto, se dovessi star qua anni credo che me le farei piacere, ma a condizione di fare l'uomo questa volta… oh sí, insomma al limite senza ruoli… Hai mai visto una coppia senza ruoli, Roberta?»

«Mai!»

«Allora se qualcuna mi vuole, mi deve far fare l'uomo…»

«Tu non puoi fare altro che la donna, Barbara, rassegnati… E ora finiscila di lanciarci quintali di sex appeal… Non lo fa apposta, Goliarda, lo fa anche quando è sola… Su, smuovi quelle preziose natiche e facci un bel caffè di quelli che solo tu sai fare. Ha anche quelle preziose manine che sanno fare tutto… Come si chiamavano una volta? Manine d'oro, credo, mia nonna le chiamava cosí».

«Subito, amore mio, un buon caffè con la schiuma come al bar… Ma Marcella dov'è? Che cazzo! Poteva stare un poco qua con noi a festeggiare Goliarda… Dove è andata, perché se la svigna sempre?

Anche all'uomo mio piaceva tanto il caffè… Ma se fosse qua s'incazzerebbe a vedersi festeggiare un bell'avvenimento col caffè. Per lui in queste occasioni solo champagne… Tanto per conoscerci, Goliarda, ti presento il mio uomo, guarda quanto è bello! Nella vita è meglio, non è fotogenico. Sapessi che lettere scrive! Poi te le leggo… oh, il caffè!… Tieni, tieni la fotografia… Il caffè è fatto… che profumo, eh!… Lui non è un delinquente da quattro soldi, è preparato, professionista: niente violenza, solo tecnica e arte, e anche le motivazioni della sua scelta non sono volgari, materiali, lo fa perché ci crede, perché è contro i ricchi, gli sfruttatori… È questo che m'ha conquistato in lui… Sai quanti ne avevo incontrati di ricchi che mi volevano! Si sa, quando nasci con la fortuna di avere belle forme e un minimo di saper leggere e scrivere, le donne bene o male ancora piacciono!

Ma lui, lui aveva l'ideale da comunicarti. E poi gli amici!... Non volgari scagnozzi, coattoni insomma, ma ragazzi in gamba che lo seguivano come un capo amico, un padre, un fratello maggiore. Rino, uno di loro, mi disse un giorno che sarebbe morto per lui, e cosí fu! Gli si parò davanti quando i poliziotti una volta gli spararono e gli salvò la vita... Da allora lui mantiene la moglie di Rino e i tre figli. Li tratta proprio come se fossero suoi... Saranno disperati ora che lui è dentro, disperati per l'affetto dico, perché lui gli aveva lasciato un conto in banca, intestato alla moglie di Rino...

Oh, ma che sto a dire!... Cosí non capisci niente... È buono il caffè, vero? Ti stavo a dire che è un artista, ricercato... Una volta anche la mafia lo ingaggiò a peso d'oro. Lui lavora con la lancia termica. A ogni colpo dimagra due chili... Io l'aspettavo, era terribile aspettarlo, ma anche una cosa che ti faceva sentir viva in confronto alla banalità – come dice Roberta – di questa vita senza piú un sogno, un'ambizione, un ideale. Una vita piatta... come mia sorella dietro il bancone della farmacia, lo capisci?... Sí, tu lo capisci, Goliarda... Vederlo arrivare smagrito, pallido come un soldato che torna da una grande guerra... E l'aiutavo a farsi il bagno, la biancheria pulita, le camicie pulite in ordine. Solo camicie di lino o di seta... Una favola, Goliarda, era una favola... Ci chiamavano Bonnie and Clyde!...»

«L'hai già detto Barbara, calmati ora, Goliarda ha capito. E poi avrai tutto il tempo di raccontare, lo sai che quando racconti troppo poi ti metti a piangere... Vogliamo sí o no festeggiare l'arrivo di Goliarda?»

La voce di Roberta è arrivata appena in tempo a fermare lagrime che già si annunciavano agli angoli dei grandi occhi verdi, tirati verso le tempie fino allo spasimo. Appena in tempo, conferma Barbara: «Grazie Roberta, non sai quanto ti sono grata. Piangere mi fa male, mi fa sbroccare e basta, mentre io devo pensare a uscire, e con questi doni di bellezza che mi ritrovo cercar di far uscire anche lui».

«Ecco, solo a questo devi pensare, piagnona mia. Che scassacazzi che è 'sta bella piagnona! Ma per fortuna cucina molto bene».

La parola cucina, come in tutte le famiglie a modo, risveglia le energie della padrona di casa che, guardando l'orologio, si slancia a vedere cosa si può arrangiare per il pranzo: «Oh ma è tardissimo, qui s'ha da fare qualcosa o oggi non si mangia, bambine mie!»

A me che provengo dall'antro puzzolente, il tramestío delicato di qualcuno che sa usare pentole e padelle, seguito dall'aroma di una frittata, che piano piano comincia a invadere la nostra casa, non può che dare un imbambolamento spensierato nel quale tuffarsi e sperare solo di non uscirne piú.

Non esco all'aria, non c'è niente fuori che valga una casa pulita da rassettare in compagnia di una sorella che ha avuto una vita favolosa e te la sa raccontare.

Lei racconta lavando i piatti e io ascolto asciugandoli, poi facciamo i letti insieme, spolveriamo i libri di Roberta – ne ha tanti – e nelle pause ci facciamo un caffè, un tè o un bicchierino di whisky. Il momento piú bello – chi non l'ha provato? – è quando tua sorella ti passa intorno alle braccia la matassa di lana morbida. Sedute sul letto, lei comincia ad arrotolare quel filo infinito: piccolo bozzolo all'inizio che piano piano seguendo la voce che racconta, si va ingrandendo fino a divenire grosso e tondo come un sole.

E Roberta? Roberta, come molte persone che nei salotti appaiono aggressive, in casa sua quasi sparisce in un'autonomia serena: o legge, o traffica fra le sue cose o ci guarda sorridendo. E quando proprio ne ha voglia ne ha di storie anche lei da raccontare. Di ventisei anni di vita, sei li ha già passati in galera. Ne ha conosciuta di gente dentro e fuori!... Ma ci vorrebbe tutto un anno per esaurire le sue avventure...

Vola la giornata in questa mia nuova dimora, anche perché l'armonia e la generosità che vi regnano attirano le vicine: chi viene per una sigaretta o una manciata di caffè, chi per rincuorarsi scambiando quattro chiacchiere...

Proprio in questo momento Ramona è venuta a chiedere

qualcosa a Barbara e dà calore, anche se non capisco che cosa si dicono, sentire il loro ciaccolare sommesso per non disturbare Roberta che legge e me, che non credendo ancora alla mia fortuna, faccio finta, per darmi un contegno, di pensare... Invece me ne sto lí imbambolata con la mente libera di godersi quei momenti impareggiabili. che poche volte accadono nella vita: essere «soli» eppur in compagnia di persone che proprio vanno addosso come un bel paltò caldo quando comincia la cattiva stagione...

... Comincia a fare un po' freddo. Dai vetri non si vede niente, ma dalla luce che improvvisa s'è abbassata si capisce che il sole, fino a ieri ancora d'estate, sta subendo l'attacco di immense nuvole grasse, romane, che annunciano la fine di quell'appendice estiva che sempre indugia nel cielo di Roma prima di lasciare il campo all'inverno.

Ornella ce ne dà l'annuncio entrando di corsa: la massa dei capelli bruni inanellati di vento fresco, i grandi occhi impregnati ancora di nuvole rossigne come velli di animali preistorici.

«Le nuvole di Roma! È uno spettacolo incredibile, altro che acido!» Ha girato il mondo Ornella, ma nessun paese ha nuvole come il cielo di Roma, asserisce.

Dalle nuvole, chissà perché (e chi sa il perché logico dei discorsi che si fanno quando si è proprio rilassati e in buona compagnia?), si passa a parlare delle varie carceri che queste curiose viaggiatrici – nuova sorta di moderni menestrelli – hanno incontrato nei loro lunghi, travagliati viaggi alla ricerca del sapere...

Perché, a dispetto di ciò che si vuol pensare fuori per tacitare il rimorso della coscienza democratica, tutte queste ragazze tossicodipendenti sono le piú profonde, sensibili e refrattarie all'eterna violenza, che è tornata a riprendere il sopravvento nella nostra società. Che cerchino il loro annullamento per non essere costrette ad *agire* anche loro questa violenza?

Li vedo finalmente questi dèmoni moderni. A parte Ornella che sicuramente ce la farà, le celle sono piene di queste dolci creature abbandonate negli angoli a lottare coi fantasmi dell'astinenza. Piú che dèmoni ricordano i cristiani antichi, rassegnati a morire pur di non uscire dal loro sogno d'amore e beatitudine.

«Le carceri piú terribili sono quelle olandesi: tutte lastricate di piastrelle bianche e con guardiane che picchiano a ogni minima occasione. Il letto poi all'alba viene chiuso, cioè a dire rialzato e fissato contro il muro – tipo cuccetta di treno – cosí che per tutto il giorno non puoi sdraiarti un attimo né sederti...»

Dopo le olandesi vengono le francesi: «Quando raccontai a una compagna di cella, parigina, come si vive a Rebibbia, non mi volle credere e mi tacciò di bugiarda sciovinista...»

«In Iran era un incubo per la sporcizia e la condizione subumana delle altre detenute, ma tutto cosí impressivo, primordiale da risultare alla fine un'esperienza molto, molto interessante... Eppoi c'erano le notti magnifiche, notti sconfinate colme di sentori misteriosi e luminosità ultraterrene... Per via del caldo terribile ci lasciavano trascinare il paglericcio in cortile – dentro si soffocava letteralmente – e cosí il cortile ogni notte si trasformava in un teatro, le donne iraniane cantavano e danzavano sotto la luna quelle loro danze inimitabili...»

Dalle prigioni iraniane, chissà come, il discorso passa alla cucina per via forse del tè – bevanda mistica – come qualcuna di loro la chiama (o delle spezie?), e poi chi può sapere le vie misteriose dell'associazione femminile?

«Per fare un buon *curry* ci vuole la cipolla?»

«No», dice qualcuna.

«Sí», dice invece un'altra...

«E la crema pasticciera com'è che si arriva a farla diventare solida e vellutata come...»

Fra nubi di buoni odori immaginari di cucina nostrana e orientale mi addormento di un sonno sazio senza sogni: il mio lato bambino è nutrito dalle loro voci protettive.

Al risveglio l'odore di biscotto o pan di Spagna appena sfornato mi viene incontro. «Devo aver passato la notte a mangiare dolci in sogno» penso. Barbara, curva su di me, mi porge su un piatto una vera fetta di un dolce casareccio – la mamma di Marcella l'ha portato il giorno prima – e una spremuta d'arancia. Barbara ride al mio stupore e mi guarda compiaciuta mentre la mangio.

«Io non sono contenta se non ho una creatura da curare, e al limite anche viziare... E perché no? Di' pure che non è moderno, liberato, ma io me ne impipo! Se mi riesce d'aprire il negozio e mi va bene, voglio fare almeno tre figli. Tu non ne hai figli, Goliarda?»

«E no! Sono sterile», mi sento dire con uno slancio di sincerità mai provato...

«Poveraccia!» fa lei, e impensatamente mi abbraccia cosí strettamente che per poco non mi metto a piangere. Forse niente potrebbe fermare le mie lagrime se la sua reazione assurda non sviasse la commozione sul binario dell'umorismo. Sentite: dopo avermi abbracciata, si alza e mi dà un'altra fetta di torta dicendo: «Poveraccia! Mangia, mangia!» Il buffo è che lo dice con una serietà cosí assoluta che sono costretta a reingoiare il riso come prima era stato per le lagrime, con il risultato che qualcosa mi va di traverso e comincia una serie di quei singulti incoercibili che sempre ti afferrano quando insieme a un cibo inghiotti un'emozione troppo forte.

«Oddio, questa mi si strozza!» esclama Barbara cercando, non so come, d'aiutarmi, ma, come sempre avviene in questi frangenti, peggiorando le cose tanto da non meravigliarmi la voce di Roberta che sulla soglia esclama: «Ma che fai, la strozzi? Siamo già a questo punto? Su, su Barbara, vieni via, lasciala respirare e tu Goliarda, guarda in aria, ecco cosí ti passa... Senti Barbara, tu l'hai da fini' di saltare addosso alle persone quanno se svegliano...»

Il rimprovero deve aver colpito Barbara in maniera eccessiva perché si allontana immusonita costringendo Roberta ad aggiungere: «E non far la ragazzina, scherzavo... È che so' incazzata...»

«Vorrei sape' quando non sei incazzata, tu!»

«Anche questo è vero», risponde Roberta andando a sdraiarsi nel suo letto, il visetto pallido e appuntito sprofondato nel cuscino, gli occhioni melanconici sgranati verso il soffitto, i lunghi capelli biondi a raggiera giú per il collo, le spalle tonde e morbide sagomate da un vestito di foggia orientale, coloratissimo.

Cosí immobile assomiglia sempre piú all'antica bambola Lenci che tutte noi abbiamo avuto o sognato nell'infanzia. Eccola lí la terribile terrorista che una volta ha anche minacciato un giudice di farlo trucidare dai compagni... Quando le ho domandato se era vero mi ha risposto ridendo: «Ma io scherzavo! O meglio, lui voleva talmente che io fossi terribile che l'ho accontentato...»

«Allora incazzona, si può sapere quale scusa hai trovato stamattina per farti girare le palle?»

«Ho visto lui!» risponde Roberta senza muovere un muscolo del viso. Barbara a questa frase, scrollando le spalle, esce dalla cella come se la cosa non la interessasse o la conoscesse troppo bene, mentre io sono costretta dalla curiosità a domandare: «Lui chi? Il giudice?»

«No, mio marito... Per un giudice non mi sarei vestita cosí...»

«Sei sposata? Non lo sapevo».

«Ci siamo sposati l'anno scorso, in prigione, perché solo alle coppie legali danno il permesso di vedersi una volta la settimana... Anche Suzie ha il marito a Rebibbia maschile... Ma è terribile!...»

«Cosa?»

«Oggi, per esempio, mi metto questo vestito – l'ho fatto io, per dieci giorni ho lavorato... Ebbene lui s'incazza... "Come puoi avere testa a farti un vestito! Voi donne..." eccetera... Il fatto è, Goliarda, che noi donne reggiamo meglio il sistema carcerario. Certo, questo è possibile perché abbiamo un passato di coercizione e qui in fondo troviamo uno stato di cose che non ci è nuovo: il collegio, la famiglia, la casa... Sappiamo ancestralmente usare le mani, distrarci con mille lavoretti, e accetto anche – come lui dice – che sappiamo essere piú meschinamente furbe...

Ma io aggiungo in risposta a lui, che mi si presenta sfessato da far pena, che noi sappiamo rendere creativa la giornata ora per ora, e non solo qui a Rebibbia che in fondo è un paradiso... Certo, il carcere a noi donne risveglia tutti i lati "femminili" che stiamo cercando di seppellire, il carcere forse ci vizia, ci fa regredire... Ne abbiamo parlato tanto con le compagne quando ero a Messina... Ma io dico: facciamo bene noi donne ad affossare tutte le "qualità" che i secoli di schiavaggio hanno sviluppato in noi?

Dopo tanti anni di prigione, Goliarda, ti posso garantire che è un errore... Non bisogna dimenticare il nostro passato di schiave... Scusami, parlo come in un comizio, lo so, ma in che altro modo vuoi esprimerti quando parli di cose cosí semplici?...

Oggi poi se ne viene fuori che anche sessualmente noi soffriamo meno perché abbiamo l'abitudine a reprimerci... E se anche fosse? Non è meglio tenerselo questo minimo di repressione che diventare come loro, che si scannano appena chiusi, s'azzannano?... Non c'è altra parola, Goliarda... È terribile come si riducono!...»

Ripetendo «terribile» con voce flautata, senza il minimo tono drammatico, Roberta chiude gli occhi e s'addormenta.

A me non resta che alzarmi e affrontare la giornata nel modo piú donnesco possibile. Roberta ha ragione. Per fortuna so fare l'uncinetto; comprare le lane sarà già una distrazione. Poi col tempo andrò con Suzie la mattina a lavare i corridoi... Ho già fatto la domandina. Danno diecimila lire al giorno... e il pomeriggio seguirò il corso privato di yoga che Suzie impartisce senza chiedere niente in cambio a chiunque voglia seguirla. Sono stata spettatrice di un piccolo miracolo d'armonia che lei e le sue allieve compiono in un angolo remoto del cortile, al tramonto.

L'apparizione di tre uomini in divisa cosí alti e robusti da far sembrare la nostra camera un buco, sul principio mi pare un'allucinazione... E forse non crederei ai miei occhi se Barbara, smarrita, non si slanciasse verso la finestra in un assurdo tentativo di fuga urlando: «No, no... m'ammazzo! M'ammazzo!»

Due dei tre uomini si slanciano verso Barbara e la prendono per le braccia, mentre l'altro si piazza a gambe divaricate nel vano della porta. «Siamo in trappola» penso, scontrando le pupille di quell'uomo. Non hanno sguardo quelle pupille, solo un moto di ripulsa e noia di chi è costretto a buttare l'occhio su di un topo o una piattola.

Fra le imprecazioni disperate di Barbara sento una voce maschile che dice: «Falla uscire quella, non ci interessa».

A questo punto non vorrei piú uscire, l'idea di Barbara in quel buco, sola con quei tre uomini, mi dà alla testa come il veleno di un incubo, ma una mano m'afferra per il braccio e mi scaraventa fuori.

A piantonare la nostra cella ci sono altre due guardie. Le fisso con odio. Una di loro ha uno sguardo cosí ironicamente invitante: «Su forza, ribellati, cosí due sganassoni non te li leva nessuno...» che un'ira pazzesca mi invade. Ramona, la zingara, mi sussurra all'orecchio: «Non fare stronzate, non vogliono altro. Non ti preoccupare per Barbara, è solo una perquisizione...»

Sento la presenza di Ramona e l'avvicinarsi cauto delle altre, ma non riesco a vedere: l'ira mi ha accecata. E solo quando l'uomo che, senza rendermene conto, ho continuato a fissare mi grida: «Ma che ci ha da guardare cosí?» riacquisto la vista e la giusta dimensione di quanto è avvenuto.

Praticamente nulla di eccezionale: le perquisizioni nelle celle sono previste. Perché dunque quell'orgasmo irrefrenabile che solo due o tre volte nella vita mi si è scaraventato addosso?

Mi volgo in giro cercando nei visi delle compagne il perché delle mie emozioni e tutto mi appare chiaro: lí dentro si perde l'abitudine quotidiana al maschio, la sua assenza fisica ingigantisce la sua immagine, mitizza la sua forza.

Girando gli occhi sui visi protesi di tutte quelle donne noto che nell'espressione di molte c'è desiderio per quegli uomini cascati una volta tanto in mezzo a noi... Una detenuta alta e bionda addirittura socchiude le belle labbra carnose mostrando la lingua. Ha il rossetto sulle labbra... Probabilmente quando ha sentito del loro arrivo se l'è messo in fretta e furia.

Le vibrazioni che emanano anche da quelle accorse per essere solidali con la compagna bloccata in cella, sono di aspettativa golosa, forse anche delle percosse, perché no?, pur di liberarsi del desiderio che l'assenza innaturale del maschio provoca.

Ramona ha ragione a tenermi per il braccio: probabilmente anche in me c'è il desiderio se non dell'abbraccio almeno dello scontro... e basterebbe una frase, un grido, per far precipitare tutto in un sabba infernale dove quegli uomini in divisa sarebbero dilaniati e divorati per eccesso di desiderio.

Il nostro tratto di ballatoio si è trasformato in un autobus nell'ora di punta: sguardi febbrili, occhi lucenti, odore di secrezioni bestiali, mani protese, lazzi immondi lanciati dalle piú lontane.

Quando finalmente il quintetto in divisa si raggruppa un attimo fuori della porta, un applauso insensato si alza dalla marea di donne che invade ormai ogni angolo della grande gabbia.

Ritorno nella cella cosí convinta di trovare Barbara sola e piangente che resto di stucco nel vederla rigida in piedi, il viso da sfinge sfigurato da qualche decisione tragica, circondata da tre o quattro donne a me sconosciute.

Una di esse, vecchissima, il corpo nodoso e possente da contadina, le sorride sorniona annuendo. Non faccio in tempo ad avvicinarmi a Barbara, né a chiamarla che due mani dure mi afferrano per le braccia scaraventandomi di nuovo fuori.

Fra l'assordante applauso che continua anche se ormai i protagonisti dello spettacolo devono essere fuori della portata di tutti gli sguardi – nello specchio che riflette l'interno della mia cella assisto per pochi secondi a una specie di danza o rito muto cosí intenso ed essenziale da sembrare ripreso al rallentatore: Barbara s'è sfilato il golfino e tende le braccia a qualcuno, il suo viso pietrificato è rivolto verso l'alto, due donne le serrano la vita. Faccio per rientrare, ma la porta mi viene sbattuta in faccia proprio mentre un grido soffocato mi fa capire che devo stare ferma, invece.

Ferma con le spalle alla ringhiera assisto alla conclusione di quella scena primordiale: la porta si riapre piano e le donne escono furtive disperdendosi lontane... Un'altra, che aspettava fuori tenendo d'occhio la porta, si incammina rapida dicendo forte: «Vado da Barbara a vedere se l'è rimasto del vino, – e appena sparisce nell'interno della cella ne riesce subito urlando come un'ossessa: – S'è svenata, aiuto! Guardiane! Barbara s'è svenata! Aiuto, Barbara sta morendo!»

Tutto è stato cosí rapido, irreale, che per un attimo penso che stanno scherzando o Barbara s'è fatta un taglietto.

Appena dentro – sono la prima (cosa pericolosissima, dopo mi diranno: mi potevano accusare d'essere stata io ad aiutarla) – quasi svengo alla vista del sangue che invade il pavimento, le pareti, la coperta.

Per fortuna dietro di me (che fossero tutte d'accordo, anche le guardiane?) c'è una folla di «volontarie» che rapide, senza commenti, come fosse cosa di routine si occupano di Barbara che seria, calma si fa sollevare e portar via con le vene sgarrate all'avambraccio da due tagli immensi che pompano sangue.

Per la terza volta vengo ricacciata fuori dalla cella come cosa ingombrante e inutile.

Mi ritrovo alla ringhiera, costretta a seguire scena per scena, anche se non ne ho piú voglia, quell'insensata sequenza che non accenna a finire.

La marea di donne (mai ne ho viste tante) che prima applaudiva, ora comincia a urlare solidarietà, consigli, congratulazioni. Barbara, sorretta dalle braccia di quattro energumene, compunta e ispirata nello sguardo, sembra il corpo di una santa portata in processione e trionfo.

«Dovete portarla all'ospedale!...»

«Se more ve famo vede' noi!...»

«Questa volta non ve la cavate con quattro punti in infermeria!...»

«Il medico! Il medico! Il medico!...»

«Vojamo er medico, che se faccia vede', ce dia rassicurazioni!»

Se una guardiana urlante annuncia che il medico sta ricucendo gli sgarri (le ferite), veri e propri boati: «Non in infermeria se deve ricuci', all'ospedale! All'ospedale!» fanno vibrare i muri dell'immensa gabbia.

Qualcuna viene presa da crisi isterica, mentre un'altra comincia a scaraventare tutto il contenuto della sua cella, compresa la pattumiera con l'immondizia, sulle reti metalliche che rimbalzano continuamente sulla mia testa e sotto, cosí che a un certo punto perdo l'equilibrio e mi sembra di stare sospesa a testa in giú senza speranza di toccare terra mai.

Sospesa nel vortice non percepisco piú niente, visi e visi di donne mi si rivelano a tratti, hanno la mia stessa emozione stampata nel volto. Specialmente le negre che a momenti sembrano lievitare di piacere... Potenza del piacere collettivo dei sensi, simile forse all'entusiasmante emozione dell'«attacco alla baionetta» di cui parlavano i nostri vecchi con mitico terrore o all'arrembaggio selvaggio dei bucanieri.

Un'altra spia del coinvolgimento di tutte le detenute in questo piacere è che se il vociare per un attimo cala o sparisce, una specie di disperazione spasmodica prende tutte, e c'è sempre qualcuna che improvvisando una rabbia, un attacco isterico, uno slogan riaccende il fuoco ormai necessario al nostro piacere.

È un'ora buona che voliamo per l'aria sbattendo le ali ai muri, ai corpi delle vicine, e forse niente potrebbe riuscire a fermare la slavina di grida, sbatter di piedi, di ferri fatti scorrere lungo le sbarre dei ballatoi se il grido: «Le guardie! Arrivano le guardie!» non rovesciasse quel piacere subdolo in un panico generale di paura diversa. Qualcuna vicina a me urla: «Scappiamo! Quelli menano! Senti, arrivano di corsa!»

Un passo cadenzato da marcia di bersaglieri si sente rimbombare per il camminatoio sotterraneo che immette nel portone metallico del pianoterra.

Molte detenute fuggono, creando voli fantastici d'uccelli impazziti, ma molte restano lí stupefatte a fissare la grande bocca aperta della buia caverna da dove finalmente si vede sbucare un drappello di uomini in corsa. Li contiamo: «Sono dieci», dice la mia vicina.

«No, – ribatto io, – sono tredici... tredici!» Cerchiamo di fissarli uno per uno...

«Guarda quello! – insiste la mia vicina. – È giovane giovane, sembra un bambino!»

Il primo, quello che guida la spedizione punitiva, ha gli occhi grandi e neri dilatati dal piacere, e l'espressione di compiacimento per tutto quel bendidio di ochette fragili da seviziare.

Infatti le guardiane sono sparite dopo aver spalancato in una volta tutti i cancelli, e siamo sole mentre quelli a quattro a quattro salgono i gradini, muti, poderosi, e tutte, ora veramente terrorizzate, fuggono all'impazzata sotto i pugni, gli schiaffi e i calci cosí forti da udirsi chiaramente anche nel fragore ormai immane che scuote i due piani, mentre sotto, al pianoterra, dove ci sono gli uffici, un silenzio, un vuoto assoluto sta a indicare che guardiane, medico, infermiere, educatore, psicologa, si sono rintanati nei loro sgabuzzini per non essere testimoni di quello che succede su per le scale, nei ballatoi, nelle celle.

Sopra di me, fra il baluginare della rete metallica, due guardie spingono a calci e pugni una donna lungo il muro cosí rapidamente da vederla accartocciarsi, ridursi in una curiosa balla di panni sporchi.

Siamo carne da frusta o immondizia, questo è chiaro, ma se ti lasci sfiorare da questa idea, come avviene in questo momento a una mia vicina, e di conseguenza perdi il coraggio e scappi a cercar rifugio nella tua cella, sei perduta: sotto i miei occhi, come avviene coi cani, due guardie mi passano davanti per braccarla mentre mi appiattisco alla ringhiera del ballatoio, pronta semmai a scavalcarla, buttarmi sulla rete e andar dall'altra parte. Ma proprio come coi cani, quei due uomini vedendomi ferma passano oltre a inseguire quella che è fuggita fin dentro la cella, dove sui primi urli e tonfi di ossa rotte si chiude il portoncino metallico che tutto annulla, e che anche accostando l'orecchio non fa trapelare alcun suono.

Quelle guardie hanno lasciato una scia di vino al loro passaggio cosí forte che lo stomaco mi si rivolta completamente, mentre muro muro, sforzandomi di non vomitare, cerco di sfuggire ai calci e pugni che mulinano intorno, e alle membra di qualche ragazza, che, lanciate a velocità forsennata, possono colpirti come proiettili.

Proprio accanto a me una piccola donna esile cade colpita in terra, e anche volendo non c'è modo di tirarla fuori da gambe muscolose e grosse scarpe in corsa che la pestano.

Raggiunto un angolo mi ci appiattisco aspettando: sono nell'abside che faceva da sfondo alla grande negra quando digiunava. Dietro di me l'immensa vetrata riverbera un lucore verde da giudizio universale.

Il fatto che nessuna di quelle donne abbia pensato di usarla come rifugio non mi sorprende, in qualche modo tutte preferiscono buttarsi nella mischia per godersi fino in fondo la grande lotta.

Qualcuna grida: «Forza ragazze! Costi quel che costi! Almeno si accorgeranno di noi "fuori!" Sapranno "fuori" quanto infame è il trattamento che ci infliggono!»

La parola «infame» risuona in tutti gli angoli. Per un attimo mi sento anch'io un'infame che preferisce imboscarsi invece di scendere nella mischia con loro.

Malgrado me stessa le mie gambe si accingono a staccarsi dal cantone che mi protegge e, presa dalla insana logica della centrifuga, mi ritrovo fra spinte e grida a urlare anch'io. La voce di Ornella in un baleno mi ritorna alla mente, e non è piú un mistero per me il suo discorso di alcuni giorni prima: «Essendo stata una volta qua, Goliarda, non sperare piú di uscire com'eri prima. Né tu ti sentirai mai piú una di fuori, né loro – quelli di fuori – ti riterranno mai piú una di loro. Vedrai: quando uscirai ti porteranno magari dei fiori, ti diranno benvenuta, ti abbracceranno, ma il loro sguardo sarà cambiato per sempre quando si poserà su di te».

Ornella ha ragione, la vedo nel fondo che urla a perdifiato, eppure non le mancano che pochi giorni per uscire. Ma non c'è ragionamento che tenga: «Fuori non ci sarà alcuna porta aperta per noi, tanto vale sfogarsi e per una volta fare sentire la nostra forza...»

«Non c'è redenzione in questo luogo!...»

«È tutta una bugia, vogliono solo punirci, ma in maniera piú delicata per non prendersi troppa responsabilità!»

«Sarebbe meglio che avessero il coraggio di eliminarci in maniera piú schietta». Frasi raccattate negli sterminati pomeriggi di inerzia mi urlano alla mente piú forte di quel diluvio che trascina...

Quasi non mi accorgerei della quiete innaturale che è sopravvenuta nei ballatoi se la voce di Roberta non mi venisse a calmare con parole che mi riempiono di orgoglio: «Sei una di noi,

Goliarda, vieni… Andiamo a stenderci, siamo sfinite, non c'è niente da fare per ora».

Lascio che Roberta mi prenda per mano mentre l'orgoglio mi sale sempre piú nell'ascoltare le notizie: «Ce l'abbiamo fatta, Goliarda! L'hanno portata all'ospedale, ce l'abbiamo fatta!…»

«Come lo sai?» mi sento dire solo col fiato, praticamente non ho piú le corde vocali.

«Vedi la guardia che parla con Ramona? È venuta a dircelo… Praticamente una resa…»

Alle parole di Roberta la calma diviene totale, tanto che mi sento dire: «Ma quando l'avete saputo?»

«Adesso».

La rapidità con cui le notizie si diffondono in quei tre piani non finirà mai di stupirmi… Non credo ai miei occhi nel constatare il cambiamento repentino che è avvenuto: le guardie sono sparite tutte meno una che, placidamente appoggiata al passamano del ballatoio soprastante, parla quasi all'orecchio di una detenuta, e un'altra che, sulla soglia della nostra cella (i pugni sui fianchi, la camicia tutta stracciata) parla fitto fitto con Ramona.

Questo chiacchierare mi appare incredibile ma è nella logica delle cose umane: alla guerra subentra la pace e gli eserciti alla fine fraternizzano come se niente fosse avvenuto.

Le reti metalliche sono piene di ogni bendidio, compresa una ragazzetta che, seduta a gambe divaricate, si tiene la testa fra le mani…

La donnina esile che avevo visto cadere davanti a me sta fra le braccia della grande negra, che ha ripreso il suo posto nell'abside. Sorride la negra calmando l'ansimare dell'altra e spingendola, come si fa coi bambini, a bere qualcosa da un bicchiere di plastica.

Qua e là donne sfinite si appoggiano ai muri, gli occhi sognanti su e giú per lo spazio che fino a pochi momenti fa è stato testimone della grande battaglia, altre dentro le celle o nei cantoni si scrutano i visi, le teste, contando le ferite. Molte sono sui letti, curate dalle altre. Ci sono costole dolenti ed ecchimosi.

Scarpe, zoccoli, bastoni da scopa vengono raccolti lentamente in silenzio.

«E le guardiane?» domando io giusto per sapere.

«Adesso spuntano, vedrai, l'ora di chiusura è passata, ma devono distribuire la cena. Forse ci guadagniamo anche un'oretta in piú prima di quell'orribile momento...»

L'idea di essere chiuse quella sera è insopportabile. Anche Roberta si arresta nauseata sulla soglia, e sul suo visetto ancora arrossato dall'eccitazione chiazze grigie cominciano a mostrarsi. Presto quel verdigno («da suora» penso) inonderà tutto il suo volto: il colore del carcere che nessuna cipria o crema riesce a coprire.

«Non è stato male eh, Goliarda? Peccato che non ci hanno passato l'olio quando eravamo nelle scale!»

«Olio?» faccio io non comprendendo.

«Eh sí, tante volte l'abbiamo usato... olio o acqua saponata. Si versa per le scale e quelli correndo vanno a finire a gambe all'aria...»

«Ma perché eravate nelle scale?»

«Prima che le guardiane sparissero – quando spariscono significa che hanno telefonato per rinforzi – eravamo scese in delegazione con Ramona e altre due. La Santomauro ci aveva aperto il primo cancello, ma quella di giú – la stronza solita – non ci ha aperto il secondo, e puoi immaginare! All'arrivo delle guardie ci troviamo per le scale in mezzo a due cancelli chiusi... Hai voglia a gridare, anche la Santomauro era sparita!... L'olio non ce l'hanno passato, ma la forchetta di metallo sí, per fortuna!»

«La forchetta?»

«È stata Ramona a chiederla, e appena in mano, oh!, un piccolo gesto, un attimo e scatta la serratura come se niente fosse...»

«Ah, è per questo che a un certo punto l'ho vista correre con una forchetta alzata urlando: "Questo sí che è professionismo!"»

«Proprio cosí, fantastica!... Nello scappa-e-fuggi mi sono fatta promettere che mi insegnerà il mestiere... Le "comuni" sono utilissime. C'è sempre da imparare un sacco di cose che noi stronze intellettuali non sogniamo nemmeno... Ecco che arriva la cena, andiamo dentro e coraggio... Domani cominciamo le lezioni sull'apertura delle porte. Sembra che non sia una cosa tanto facile per chi come noi non sa usare le mani, almeno cosí ha detto Ramona. Dice anche che a volte con noi ha l'impressione di stare con una delle sue figlie, che è, manco a dirlo, spastica...»

La cella è stata ripulita, e sembra piú grande e cupa senza Barbara; il suo letto ben rincalzato e vuoto stringe il cuore... In un catino, la coperta a mollo perde ancora sangue nell'acqua saponata.

«Non ti far prendere dalla malinconia, Goliarda, qui è cosí, ne abbiamo già parlato, qui si arriva e si parte continuamente. La prima volta, lo so, è duro veder sparire qualcuno con cui stai bene, ma bisogna farci il callo e poi dobbiamo pensare anche che per lei è un bene, questo dà coraggio».

Roberta ha ragione, il pensiero che Barbara sicuramente ce la farà a uscire in libertà provvisoria mi rincuora. Qui si impara a gioire della gioia delle altre, ma nondimeno come una sciocca mi sento dire: «Era simpatica Barbara, riempiva la cella...»

«Dacci un taglio, Goliarda! Domani mattina te la preparo io la colazione, e ti giuro che ti ingozzo talmente da farti strozzare esattamente come faceva lei...»

«Ma perché ha deciso di farlo stasera?»

«Le hanno portato via le lettere del suo uomo quando hanno perquisito la cella, e questo forse... Chi lo sa! Chi sa mai quando uno decide che è meglio morire che continuare a subire? Tu lo sai?»

«No».

Durante la cena, la quiete innaturale che mi aveva colpito si fa piú profonda: probabilmente tutte le detenute, esattamente come noi, hanno questa fame spasmodica che ci fa ingoiare in silenzio, senza sentire i sapori, tutto quello che alla rinfusa ci è stato buttato davanti.

Ma qualcosa sotto la coltre di quel mutismo generale continua a muoversi: facce a me sconosciute, col boccone in bocca, entrano, e dopo aver parlottato un attimo con Roberta escono in fretta.

Fra queste Ramona che dice di corsa a Roberta: «A posto, ci sono almeno tre ragazze che hanno guardato l'orologio all'arrivo delle guardie, e sono pronte a testimoniare che l'irruzione è avvenuta almeno mezz'ora prima della chiusura delle celle. Siamo a posto. Ah, dimenticavo: anche alcune guardiane testimonieranno».

«Che significa?» domando, appena Ramona esce.

«Secondo la legge le guardie possono essere chiamate solo in caso di proteste, rivolte, eccetera, che avvengono *dopo* l'orario di chiusura delle celle... se ti rifiuti di rientrare, se impedisci alle guardiane di chiudere, eccetera... Nelle altre ore si suppone che l'ordine dovrebbe poter essere ristabilito senza dover ricorrere alle guardie carcerarie».

Fra le tante detenute che entrano ed escono vedo arrivare Annunciazione. Forse ha qualche notizia anche lei da dare a Roberta. Ma cerca me, solenne, anche se molto imbarazzata (entra in una casa di «signore»). Mi commuove e le vado incontro con uno strano batticuore che preferisco non cercare di analizzare.

«Oh, signo', so'venuta a dirti addio. M'avevano chiamata "liberante", ma poi è successo il casino... pe' questo nun m'hai vista, sono stata buona buona... e domani esco... ecco, te volevo saluta'».

«Grazie Annunciazione, sono felice che esci».

«Oh, anch'io, nun sai quanto è favoloso sentirse chiama' "liberante"! Nun vedi niente di cambiato in me?»

«No, dimmi».

«Ma signo', nun vedi quante collane e orecchini e anelli ci ho? Me li so' messi tutti per farteli vedere...»

«Oh sí, sono bellissimi...»

«Vedi com'è il carcere?»

«Com'è?»

«Be', nun è cosí terribile come sembra. Nun te scoraggia', ci sono anche vantaggi a stare qui... Metti me, sono entrata nuda e cruda ed esco carica di gioielli, te pare poco?»

«Favoloso!» rispondo non sapendo che dire, ma almeno questa è la parola chiave che la farà felice.

«Eh sí, favoloso! Ora te posso abbraccia'? Tu se' stata un amore a prima vista per me, te lo devo di'... Oh, senti, Marrò m'ha detto di dirti di farti vede' da lei... Tu lo capisci: per lei nun è facile spostarsi... Insomma fatte viva con Marrò... Addio signo', e tu Roberta, tienimela bene perché è pura e santa 'sta creatura... Finché c'ero io, come ho detto a tutti, finché c'è Annunciazione qua, la signora nun deve temere niente da nessuno, ma adesso vado via... Me la guardi eh, Robbe'».

Dopo avermi abbracciata cosí forte da stritolarmi, mi passa un braccio intorno alle spalle e mi tiene stretta a sé esattamente come potrebbe fare un padre corpulento o un amante forzuto. Un attimo di silenzio dimostrativo e poi: «Ma anche se me ne vado, tutti se ricorderanno che sei cosa di Annunciazione e nessuno oserà farti del male, dico giusto Robbe'?»

«Giusto!»

«Addio. Va' a trova' Marrò».

Il tutto dovrebbe essere comico, dice lo sguardo di Roberta, ma non lo è. Con rispetto accompagna Annunciazione alla porta come se la nostra cella fosse diventata una grande villa padronale...

Al ritorno Roberta sospira riprendendo a mangiare: «Povera Annunciazione, fa di tutto per autoconvincersi che è felice di uscire, ma non è vero. Lei sta bene qua, presto tornerà, ha la sindrome carceraria... l'affezione al carcere... È molto diffusa. Ci si affeziona a questo modo di vita».

«Fuori conduce una vita molto misera a quello che mi ha detto...»

«No, non sono solo i tipi come lei che vengono presi da affezione al carcere... Però, sei brava a capire come parla Annunciazione, mi ha meravigliato...»

«Purtroppo ancora non capisco il gergo vero e proprio...»

«Te lo insegnerò anche se ormai è quasi inutile, sta sparendo, la massificazione anche qua...»

«Ma questa storia dell'affezione carceraria, perché non me ne parli di piú?»

«Anch'io ne sono affetta. A me piace la vita qui, e so anche il perché, credo... o almeno sono riuscita ad analizzare alcuni dei motivi. Non ne parlo mai perché molti non capiscono. Barbara, per esempio, non lo capiva, ma a te posso parlare: tu hai già alcuni sintomi molto evidenti... Sta' attenta! Ma che dico? Cado in moralismi, ognuno è padrone di amare anche quello che gli altri ritengono "male", l'importante è non rompere i coglioni...

Vedi, qui la giornata è cosí piena di avvenimenti che alla fine diviene come una droga... Si torna a vivere in una piccola collettività dove le tue azioni sono seguite, approvate se sei nel giusto, insomma riconosciute. Tutte capiscono perfettamente chi sei – e tu lo senti – in poche parole non sei sola come fuori...

È per questo che Annunciazione tornerà qui dove tutti sanno chi è. Anche se occupa il posto piú basso di questa collettività qui ha sempre un "ruolo" accettato da tutti...

Anch'io, adesso fremo tanto d'uscire perché è un anno che sono dentro, ma dopo due o tre mesi di libertà nell'anonimato – libertà che ha il solo vantaggio d'essere lasciati a morire soli – so che mi riprenderà il desiderio di qui. Non c'è vita senza collettività, è cosa risaputa: qui ne hai la controprova, non c'è vita senza lo specchio degli altri... Oh, ci hanno chiuse! Quando è stato? Non me ne sono accorta...»

«Mentre parlavi...»

«Meglio cosí, se superi il momento del *clack* dopo si sta bene... Piove anche...»

Come Ornella ci aveva annunciato nella mattinata, valanghe d'acqua battono alla vetrata come onde d'oceano in piena tempesta, e la piccola cella si tramuta in uno scomparto di sottomarino...

«Hai letto *Gordon Pym*, Roberta?»

«Certo! Letto e riletto, Poe è la mia passione... In qualche posto devo avere il volume dei racconti... Se ti va, possiamo leggere insieme... Lo si faceva con Barbara, a me piace leggere ad alta voce...»

«A me piace ascoltare...»

«Benone!... Leggeremo, se troviamo il tempo... Sembra incredibile, ma qui ci sono tante cose da fare che... Adesso ti devo lasciare Goliarda, devo assolutamente scrivere due lettere...»

Imitando Roberta seduta sul letto, le gambe ripiegate a mo' di scrittoio, una cartella sopra, la testa china, i lunghi capelli biondi danzanti nella luce, anch'io prendo carta e penna. È necessario.

Le certezze del dubbio

Da quando m'avevano sbattuta fuori dal carcere in attesa di giudizio avevo preso anch'io a percorrere quelle piccole strade lastricate di sampietrini che ininterrotte conducono dall'esterno di piazzale Clodio dentro il nuovo Palazzo di Giustizia: quel percorso stava a significare (nella mente progressista dell'architetto) che ormai la giustizia era scesa dal suo trono inaccessibile e segreto e si svolgeva per le strade, sotto gli occhi di tutti, alla portata di chiunque avesse voglia di prendere parte alla cerimonia... Cosí andavo rimuginando fra me e me, ridendomela di quell'ennesima utopia novecentesca che andava a rotoli. Ora transenne e veri e propri muri di toraci e braccia cariche di armi da fuoco sbarravano il passo ogni quattro, cinque metri!

Mi divertiva talmente sfottere quell'architetto, il suo dannoso liceo classico, le sue inutili letture kafkiane, eccetera (era come ridere di me stessa), che stavo per sorpassarla quando una risata familiare mi blocca davanti alla II^{a} sezione penale. Sarà qualche coattona che frequenta il «Governo Vecchio» mi dico, e su al secondo piano mi aspettano. Nondimeno il mio passo rallenta e il mio sguardo si accinge a scrutare bene in quel particolare gruppetto dove *lei*, i grandi occhi bruni fissi in un'ammirazione assoluta della bella testa dell'avvocato Rocco Ventre, ride della sua strana risata di un tempo. Non è passato che un anno da quando ho ascoltato per l'ultima volta quel suo ridere infantile e rauco nello stesso tempo, eppure è come se le modulazioni di quella voce sortissero da un passato cosí remoto da dare brividi di paura ultraterrena. È Roberta!, realizzo, la compagna della cella 27, mia prima residenza stabile a Rebibbia! Roberta deve aver sentito il mio sguardo perché per un attimo le sue pupille orlate d'ali di farfalla hanno un lieve moto verso di me prima di tornare a fissare ancora piú intensamente l'oggetto della sua ammirazione.

Non mi ha riconosciuta! Tanto vale proseguire per la mia strada. Forse è il destino di chi si è incontrato in carcere. Anche nei viaggi avviene lo stesso: ci si scambia indirizzi, numero di telefono, ci si assicura che non si potrà fare a meno di rivedersi ma poi, tornati alla vita di tutti i giorni, si dimentica. Con un ultimo sguardo indifferente su di lei e il suo gruppetto, cosí che non si senta in dovere di riconoscermi, le volgo le spalle e filo via, su al secondo piano dove l'avvocatessa Tina Lagostena Bassi difende l'ennesima ragazza stuprata. È per questo che sono qui, mi dico, sono stata inviata dalla mia *boss* di «Quotidiano Donna» per un articolo... Ho detto *boss* ma è una donna dolcissima con fianchi generosi, pelle di latte e sguardo avvolgente che lasciamo andare! E poi ho appuntamento con Ginevra, altro pezzo di ragazza che non dico! Eh, caro Fellini, l'epoca delle tue femministe trucide è finita, e non vorrei essere nei tuoi panni!

Quando entro nell'aula purtroppo Tina ha già iniziato da tempo la sua arringa, e anche se Ginevra con la quale avevo appuntamento mi fissa sbalordita per il mio ritardo (il mio organismo preindustriale è stato cosí ben inchiavardato all'idea del «ritardo come delitto» che non c'è modo di allentarne qualche vite!), io come posso cerco di ignorarla e con lei tutte le dannate femminucce, donnette, prefemministe o postfemministe che il fottuto dio dell'ideologia m'ha fatto incontrare! Sempre cosí, quando qualcuna di loro mi delude me la prendo con tutte: un mio metodo per soffrire meno. Chi se l'aspettava dopo tanta vicinanza in una cella (tre metri per tre e mezzo!) di non essere nemmeno riconosciuta! Fosse stata Barbara, cosí passionale, emotiva l'avrei potuto anche capire. Ma Roberta, cosí consapevole, cosí fredda e ideologica! E ci siamo pure scritte dopo quando io ero fuori e lei ancora dentro.

Come posso cerco di buttarmi anima e corpo in quel mare sonoro ora in tempesta, ora calmo e sereno che è la voce di Tina, con il fermo proposito di annegarci per una buona volta e dimenticare. Ma non ci riesco. E quando Ginevra finalmente mi trascina fuori dall'aula tra la folla animata che commenta il processo, l'entusiasmo di tutti per l'arringa di Tina è cosí assoluto e coinvolgente che mi fa dimenticare quell'incontro assurdo – solo sognato? – di qualche ora prima. Conquistata la mia «dimenticanza», ultima dea che assiste i sofferenti!, senza sospetto distolgo gli occhi per un attimo da Tina per salutare un vecchio amico, quando all'improvviso, come uscita dal mantello nero del solito prestigiatore in *smoking* e cilindro, Roberta mi si para davanti. Ma di spalle, questa volta, intenta a parlare fitto fitto con qualcuno dalla statura tarchiata, paterna, i capelli bianchi, lo sguardo limpido in apprensione, ancora piú paterno – se possibile – del suo grande torace. Non potevo riconoscerla, mi dico: là in galera sembrava piú robusta (per la limitazione costante dello spazio che ci circondava?) ed era bionda, di un biondo cosí naturale da non creare sospetto di finzione. Come faceva? Ma già che c'era la parrucchiera a Rebibbia! Il ricordo di quella parrucchiera mi fa ridere, e accetto di seguire Ginevra a casa sua dove – dice – una ricca colazione ci aspetta.

Improvvisamente affamate ci avviamo giú per le scale. È giusto cosí! È Ginevra che devo seguire e non effimere nostalgie carcerarie. La mia vita è con Ginevra che sa combattere per le sue idee ma tenendo sempre conto del valore della libertà e, perché no, della gioia di vivere. E poi quella figurina avvolta in quel paltoncino nero da studentessa perbene nella quale ho creduto di rivedere Roberta, quei gesti compiti quasi timidi sono cosí lontani dalla ragazza coraggiosa e altera che ho conosciuto a Rebibbia, da quegli stracci appassionati che sempre indossava, che probabilmente non vale piú la pena riavvicinarla.

Appena fuori dalle viuzze del Palazzo di Giustizia il piazzale Clodio rutilante di vetrine, autobus, macchine, sole, nubi, vento (c'è sempre vento e fretta in quella piazza) ci aggredisce con tale ferocia che per un attimo ci fermiamo a prendere fiato sotto la pensilina del Bar Rosati 2.

Io mi accendo una sigaretta e devo avere un'aria che non

vorrei perché Ginevra mi chiede: «Che c'è, Goliarda? Non stai bene? Hai una certa aria strana che ti conosco...»

Che posso rispondere? Sto zitta e fumo.

«Che sciocca! – continua lei convinta di aver capito tutto (questo è il vero guaio dei rapporti d'amicizia, d'amore, di parentela: ognuno è convinto di sapere sempre tutto dell'altro!) – ... Non ti va di venire a colazione! Dimenticavo che detesti le colazioni con tavole apparecchiate, eccetera. Che sciocca! Ma se non vuoi non fare complimenti».

Non è la colazione che mi turba, anzi la sua casa in questo momento mi appare come un rifugio, una fortezza inespugnabile nella quale mettersi al sicuro. Ma visto che lei *mi conosce piú di quanto io conosca me stessa*, non la deludo e biascicando: «Hai capito tutto! Ci vediamo un'altra volta, grazie!» faccio dietrofront e mi infilo nel bar dove per la terza volta mi riappare la figuretta in nero, amorevolmente pilotata ora dalla manona bonaria del suo papà timoroso di vederla investire dal traffico. Fingo di non notarli e m'avvio dritta al bancone di mescita.

Sorbito il mio caffè, malgrado me stessa, mi avvicino alla coppia «perbene» di padre e figlioletta e senza sorridere dico: «Ciao Roberta, non ero sicura che fossi tu e cosí...»

A queste parole un grande sorriso mi viene incontro riportandomi la sua immagine di un tempo intatta cosí come la sua voce: «Ciao Goliarda! Io invece t'ho riconosciuta subito! Ti presento Albert! Albert, questa è Goliarda... Mio padre? No, quello chissà dov'è al momento! Albert il *porteur*, *il* mio amico fidato di "fuori". Te ne ho parlato tanto!»

«Ah sí! – esclamo io, ricordando tutto a tal punto che per un attimo ho l'impressione di sentire l'odore, le voci della nostra cella: – Ah sí, piacere».

«Piacere, signora, Roberta mi stava proprio raccontando di lei...»

Continua a parlare ma io non riesco ad ascoltarlo: una gioia densa come onda calda d'estate ha invaso il mio torace stranamente, e cosa ancora piú strana non mi meraviglia.

«Le posso offrire qualcosa?» mi chiede compito Albert con voce romana educata, i grandi occhi sensibili che sarebbero belli se non fossero un po' troppo tondi e di un celeste un po' troppo chiaro.

Non ho voglia di niente: la gioia leva la fame, si sa, e meccanicamente dico: «Un caffè, grazie».

L'ennesimo caffè della mattinata deve aver colmato la misura della mia sopportazione biologica verso quella materia perché una grande ansietà si impossessa delle mie membra mentre osservo Roberta che, incurante ormai del suo casto cappottino, il nasetto letteralmente spiaccicato sul bancone dei dolci, a voce altissima, ordina una vera montagna di cannoli, bignè, tortine alle mele che si ammucchiano davanti a lei per poi rapidamente – cosí come sono apparsi – sprofondare nella sua bocca. Nell'esercizio di ingoiare dolci il rossetto è sparito e al suo posto crema e panna sostano indisturbate.

«Pulisciti la bocca!» dice piano Albert con voce paterna. È inutile che Roberta lo neghi, quello è il suo genitore. È chiaro da come la segue con lo sguardo mentre lei con gesti da ragazzina sguaiata già corre lungo le vetrine a caccia di altri dolciumi: questa volta preconfezionati.

Il bombardamento a tappeto a cui quell'ultimo caffè ha sottoposto il mio organismo finalmente si placa alla constatazione che la Roberta che avevo conosciuto in carcere non esisteva, e una strana calma si impossessa di me. Quella Roberta era un miraggio creato dalle sirene carcerarie per confondermi e farmi sognare – una volta fuori – stronzate, mi dico, aggiungendo ferocemente (è un mio vizio quello di sorprendermi in colpa e infierire su me stessa): sei la solita stronza idealista fottuta degna solo di quell'epoca ingenua prebomba atomica nella quale sei nata e dei suoi vari *Fronti popolari*, *Il porto delle nebbie*, *Jean Gabin*, eccetera. È ora che fili a casa e cerchi di tornare al reale che poi sarebbe: trovarmi un lavoro decente... perché da anni non ho una lira e non si può continuare cosí!

«Ora sí che sto bene!» mi esclama all'orecchio una voce che si confonde col mio delirio di autoflagellazione prefreudiano.

«Bene cara», dico volgendomi (credo fredda) verso quella ragazzina infoiata di dolcetti che mi sta davanti... Non la guardo in viso, fisso in terra dove – non c'è scampo – il mio sogno di una Roberta «eroica» si finisce d'infrangere su due gambette graziose sí ma calzate da scarponcini cosí *baby look* da farmi finalmente scoppiare in una grossa risata.

«Senti, senti Albert, come a Rebibbia! Lo senti come ride? Anche in cella ogni tanto se ne usciva con queste risate, non è favolosa? Ridere cosí in un posto trucido come quello sí ch'è fichissimo!»

Anche lei ride ora, e mi pare di scorgere in quella caduta di massi paurosa e attraente la Roberta di un tempo. Ma non ci casco piú, e come posso cerco un motivo plausibile per salutarli e svignarmela.

«Che ore sono?» chiedo al «padre», e lui fissando un rolex d'oro come fosse un orologino di plastica ma bene attento a mostrarlo: «L'una e mezzo».

«Ah! È tardissimo! Sono invitata a colazione e devo andare! Sono felice di averti rivista (quel felice si dice sempre al posto di: delusa o scontenta), Roberta!» «Oh anch'io, Goliarda!» «Spero di rivederti presto». «Certo».

«Bene, telefona se vuoi». «Anche tu... hai il mio telefono». «Sí che ce l'ho». «Allora anche tu fatti viva».

«Immancabilmente!» dico, sapendo quanto piace a quella ragazzina un certo italiano desueto.

«Hai sentito che divertente, Albert, come dice immancabilmente? Io ti sfido a trovarmi oggi qualcuno che ha il coraggio di dire certe parole! Se lo trovi ti do un milione!»

«Bene», m'affretto io per porre fine a quella commedia rivolgendomi a quell'omone muto e premuroso dal portafoglio facile (non ha fatto che aprirlo e pagare): «Piacere di averla conosciuta, Albert, e arrivederci».

Non so che aspetto avesse lei quando voltando le spalle mi sono precipitata fuori dal bar, ma non me ne importa niente.

È chiaro ormai che per Roberta là – nel luogo magico delle apparizioni e delle sparizioni – io non ero stata che un numero divertente col quale passare il tempo. In galera – si sa – non c'è molta scelta.

Arrivata a casa mi friggo l'ultimo uovo rimasto – sconsolato – nel frigorifero vuoto e lo ingurgito con molto pane, giusto per calmare il bruciore allo stomaco che tutti quei caffè, mescolati alla delusione, hanno provocato. Come se non bastasse ci bevo sopra il *whisky* che la sera prima i miei amici hanno avuto la cortesia di lasciarmi e, buttandomi sul primo divano che incontro, decido di stendermi un attimo e riposare.

Quando mi sveglio convinta d'aver dormito qualche minuto, è notte: una luna immensa, indolente mi fissa sardonica dalle grandi finestre che danno su un mare di pini sempre agitati – anche quando non c'è vento – dalla nostalgia del loro mare perduto. *Il pino è del mare, il mare è del pino*, dice un proverbio della mia isola: separati soffrono. Sotto la luna quei pini scuri hanno palpiti, sospiri umani. Non li consola, penso, neanche il volo di qualche gabbiano che risalendo il Tevere a volte viene a trovarli nella loro prigione di cemento... Presto anche quei pini saranno spazzati via dall'esercito di cemento che li assedia da tutte le parti. *E io che ho pure rubato per non perdere quel pezzo di verde che mi sta davanti!*

Il ricordo del mio furto per pagare questo minuscolo appartamento, ma con grandi vetrate!, mi riporta a Roberta, alle nostre ore mitiche a Rebibbia e di conseguenza all'assurdo incontro con lei della mattina. La rivedo com'era là, evocata dallo sguardo ironico della luna, questa luna che per me resta sempre il regno di tutte le cose che non sappiamo: una zona di dubbio gelido che vaga senza requie in cielo e in qualche parte remota del mio organismo sussurrandomi misteri, ricordi di riti atroci, formule magiche, alchimie insondabili.

Ma che credevi?, mi dice ora, piano, la mia luna, che credevi? Che per pochi mesi che hai passato in prigione, loro potessero considerarti ormai un'amica? Non ti ricordi che nel primo mese Roberta stessa e Barbara infine te lo dissero, ti credevano una spiona, un'infiltrata?! Che cosa ti può dare la certezza che dopo quando tu uscisti – e cosí facilmente! – la diffidenza non sia rinata in loro?

A queste parole della mia luna il viso di Roberta sardonico e dolce mi s'avvicina materializzato dal suo chiarore... Fu proprio in una notte come questa, con una luce come questa che scoprii qualcosa di cosí drammatico e impensabile sul passato della mia amica da indurmi dopo a rimuoverlo: dei ventiquattro anni che aveva ne aveva passati già dieci in prigione.

La mia sorpresa fu tale che esclamai mio malgrado: «Dieci anni! Ma come hai fatto a restare cosí viva e sana?» (nella mente intendevo). E lei: «Oh, succede! Ma non c'è da fidarsi! Puoi andare avanti per anni senza risentirne ma un bel mattino ti svegli bollita, col cervello molle e senza piú idee. Quante ne ho viste andare avanti per anni come fosse niente e un bel mattino *plaft!* Da persone erano diventate bambocce sceme prese solo dalle caramelle e dai dolciumi! Ecco perché teniamo tutte queste caramelle – le hai viste, no? – sono un'arma per calmare qualcuna di queste rimbecillite. Per le altre ci vuole la lametta o il collo di una bottiglia spezzato se si impuntano a farti la vita difficile...»

Che in quest'anno in piú di carcere da lei subíto anche la sua mente si fosse rotta?

A questo pensiero la mano istintivamente prende il telefono e compone il numero di Roberta. Al terzo squillo una vocetta esile e leziosa risponde: «Che c'è? Se cerchi la mamma non c'è piú! È sparita la mamma!»

«Non cercavo la signora Brandi, cercavo Roberta», dico convinta che quella vocetta appartenga a una sua sorella piú piccola. So che ha un fratello quindi niente di piú logico dell'esistenza di una sorellina, anche se lei non me ne ha mai accennato, del resto anche del fratello non parlava mai...

Seguendo supposizioni non ascolto bene, tanto che quella vocetta improvvisamente incazzata al massimo con toni stridenti urla quasi: «So' io, Roberta!, che te sei rincoglionita? T'ho riconosciuta subito! Che cazzo vuoi?»

Se non fossi turbata sarebbe divertente ascoltare quel truce romanesco trillato da una vocina esile di bimba, ma il turbamento è troppo forte e mi sento dire: «Che hai Roberta? Stai male? Hai bisogno di qualcosa?» Segue una pausa cosí lunga che mi induce a sospettare che sia caduta la linea. Ne sono quasi certa, quando un sospiro indescrivibile – non capisco se annoiato o felice o minaccioso – un suono indecifrabile da animale fantascientifico mi invade l'orecchio costringendomi ad allontanare il ricevitore. Quando il silenzio torna non trovo altro da dire che: «Roberta? Sei ancora lí?»

«E dove vuoi che stia? Questa sí che è bella!»

Questa frase almeno ha un suo nesso logico al quale mi attacco (anche se il timbro è sempre un altro da quello della Roberta che conosco) e in fretta insinuo: «Su Roberta, non scherzare! Ci vediamo?»

«Ce semo viste stamattina, me pare, no?»

«Sí, certo ma...»

«Senti, io non ho un momento di tempo! È un caso che m'hai beccata, ho tante cose da sbrigare! Famo cosí, quanno posso te chiamo io, occhei?»

«D'accordo», rispondo seccamente, convinta ormai che mi sta sfottendo e probabilmente, cosa vergognosa, davanti a terzi. Decisa se non a chiuderle il telefono in faccia – è sempre volgare – a mettere fine con una certa eleganza al «nostro rapporto», come usano dire oggi le ragazze, aspetto ancora un attimo.

«OK?» ripete lei fra minacciosa e impaziente.

«Va bene, Roberta, arrivederci!»

Quell'OK brusco mise fine a tutte le mie elucubrazioni su Roberta, il carcere, il mio furto, le future avventure sognate là in cella con quella che credevo ormai sarebbe stata una compagna di strada. Piegando la testa a quell'ennesima prova che nessuna persona e nessun luogo sono «veri» per sempre, che nessuna fede e nessun amore sono eterni (non lo sapevi? Ancora a insistere su questa concezione platonico-garibaldina che non ti vuole mollare!), cercai di dimenticare quell'era d'oro che bene o male avevo assaporato in carcere e mi rituffai nel misero «reale» di un lavoro onesto che mi permettesse di sbarcare il lunario: scale dietro scale, anticamere dietro anticamere come scatole cinesi contenenti il vuoto piú vuoto che bocca affamata possa paventare.

Nell'esercizio insano di strade, autobus, visi addoloratissimi nel doverti negare un tozzo di pane, cosí sofferenti da trovarti (come avvenne a me con una distinta signora) tuo malgrado a consolarla con grande calore, buone parole, eccetera, dimenticai Roberta.

Passati venti giorni ero cosí zeppa di numeri telefonici, nomi nuovi, sigle e inserzioni sottolineate a biro rossa – anche per un posto da cuoca nel piú lurido locale di periferia abbisognavano garanzie e brevetti – che quasi non riconosco la voce che al telefono squilla: «Ciao Goliarda!, ma dove diavolo t'eri ficcata? È una settimana che sto attaccata al tuo telefono come un bebè al ciucciotto!»

È Roberta penso, parla come una volta (quando? cent'anni fa), la bella voce fonda con cadute argentine di monete frammiste a brontolii tellurici...

«Ero in giro a cercarmi un lavoro, Roberta».

«Ma no? Ancora ci credi?»

«No, ma mi tocca provarci non fosse altro per dimostrare agli amici – che m'hanno dato i soldi per sopravvivere quest'anno – che ho ancora dei buoni sentimenti di ravvedimento...»

«Inutile», fa lei sciogliendosi tutta (la voce intendo) in una cascatella di torrente terso e puro, di quelli di prima dell'inquinamento. Lei continua a ridere e io rivedo il suo viso di quando si svegliava allora nella cella. Dormiva supina, i capelli biondi a raggiera, il piccolo viso serio come concentrato a seguire uno spettacolo gioioso per l'infanzia; le lunghe braccia ben tornite da bambola Lenci a cerchio sulla testa, il corpo come sprofondato in qualche giaciglio di lusso; sembrava che niente avrebbe potuto scuotere quell'abbandono languoroso. Ma bastava che Barbara le si avvicinasse – era lei che ci svegliava col caffè – perché le lunghe ciglia avessero un palpito lieve di farfalla e le belle labbra piene si aprissero in un sorriso grande e gioioso, mormorando: *Buon giorno tutto il giorno, cara!* Era quel suo modo di svegliarsi che mi aveva attratto tanto? Cosa si aspettava quella bambina dal «nuovo giorno»?

«Buon giorno tutto il giorno!»

«Ma che stai a di'? Me voi sta' a senti', sí o no?»

«Sí, sí Roberta, ti sento».

«T'ho dato un appuntamento, l'hai capito?»

«Veramente no!»

«Lo sapevo! Oh Goliarda! Guarda che qua non siamo piú in carcere! Qua bisogna darse 'na mossa, o sei perduta!»

«Certo Roberta».

«Dunque, devi assolutamente trovarti alle tre al bar della Roma Nord, in piazza Euclide, a due passi da te... Lo sai almeno dove sta, no? O sei di quelle che vanno solo al Bar Euclide e rimuovono continuamente che a due passi c'è il malfamato Bar del Metrò?»

«Be'! Temo di essere una di quelle!»

«E vabbè, lo sapevo, ma non importa! Alle tre al bar della Roma Nord e non ti sedere ai tavolini...»

«Come sai che appena vedo un bar coi tavolini mi ci seggo sempre?»

«So tutto di te, cojona! Allora alle tre, OK?»

«OK!»

«Ma in piedi, mi raccomando!, perché non abbiamo tempo per caffè, granite o stronzate del genere. Ciao!»

In piedi, quasi sull'attenti, con un quarto d'ora e piú d'anticipo, aspetto nell'ombra senza dolcezza dei portici squadrati come mascelle di giovani avanguardisti che delimitano la piazza. Quell'ombra maschia mi aveva sempre fatto girare al largo da quel bar e dal suo confratello Bar Euclide, in quella sorta di atteggiamento particolare che solo a Roma ti è permesso mantenere per anni e anni, e a volte anche tutta la vita: sentirti uno straniero di passaggio con le valigie mai disfatte interamente, pronto a salpare verso nuovi lidi. Essere straniero ma senza il malessere dello straniero... Grandezza dell'indole romana che te lo permette!

Ma già che la vita sotto le effimere spoglie di una ragazzina chiamata Roberta mi ha dato un appuntamento preciso perché non approfittarne? In pochi passi attraverso la strada che divide il regno degli antichi abitanti dei Parioli dalla nuova fauna del Bar del Metrò.

Non è inganno della mente, mi è bastato contare trenta passi e salire un gradino per ritrovarmi fra camerierine in divisa di un azzurro sororale, camerieri compiti in bianco e nero, i visi pallidi sbarbatissimi e profumati di un tempo, vetrine lustre e colme di tutte le specialità esclusive della penisola, e quel che piú conta (per lo spirito dei Parioli) quell'aria di lavanda e mughetto sospesa tutt'intorno fra ragazzi-animali possenti e abbronzati (siamo solo in aprile). Folte criniere passano dal rosso tizianesco al biondo cenere fino a terminare nel biancorosa, biancocenere, biancoazzurro delle eleganti nuove signore dei Parioli che, completamente diverse dalle loro mamme tutte stile monarchico imbronciato, hanno adottato una trasandatezza sportiva di sfida alla menopausa che permette loro di fendere la folla delle giovanissime senza rimpianti e sorridere a destra e a manca ordinando chili di paste mignon, biscotti, cioccolatini, eccetera.

Al bar sorbisco un caffè e scambio qualche parola col barman che – potenza del lusso! – è rimasto disponibile, sereno e gentile come quelli dell'era preindustriale.

«Oh! Non mi dica, signora! Dall'altra parte (intende: oltrepassata *la strada*) è l'inferno! Che vuole! Fino a due, tre anni fa certo qualche scampolo a poco prezzo uscendo dal trenino osava fare capoccella su nel bar, ma veniva subitamente respinto giú ad aspettare sottoterra. Ma ormai, che vuole, con l'entrata in funzione della metropolitana i topi si sono fatti coraggiosi, dalle borgate in pochi momenti sono a piazza del Popolo e da lí a qui c'è solo una fermata! Vuole che si spaventino dell'ultimo tratto? Se ne vedono di tutti i colori! L'unica nostra salvezza è che non osano attraversare la strada. Ma quanto potrà durare, mi dico. Che tempi bui!»

Nel ripetere «bui» gli occhi mansueti si abbuiano elegantemente e la mano diafana dalle lunghe dita da chirurgo sfiorano una guancia piegata da un lato quasi a tastarsi delicatamente il fantasma di una barba che non ha. Poggiando educatamente la tazzina sul piattino – la mossa deve essere stata perfetta perché l'occhio languido del mio chirurgo appare tristemente soddisfatto – do un'occhiata al mio orologio: mancano ancora cinque o sei minuti, ma non mi turbo; quando si è felici di aspettare qualcuno il tempo si allunga pieno e calmo e tutte le cose anche le piú logorate dall'uso si rivedono nuove e interessanti.

Fuori dal Bar Euclide aspetto che il semaforo scatti il verde: l'hanno messo da poco, nell'illusione forse di osteggiare ancora per qualche tempo la folla pezzente o quasi che dall'altra parte della strada si pigia in maniera oscena. Questo dicono i bei pariolini coi loro sdegnosi sguardi sempre glauchi, in gruppetti ben distanziati: chi semiseduto sulla *Kawasaki*, chi appoggiato al muro, chi con una splendida chioma di ragazza adagiata sulla capace spalla che piú che di carne sembra una prosecuzione perfetta *italian design* del cofano della fuoriserie sulla quale poggia il culo… Roberta avrebbe detto culo, e perché dovrei cercare un altro modo per nominarlo?

Attraversata la «terra di nessuno», riconquistato il «territorio libero» del Bar del Metrò, zeppo di tavolini, un carosello improvviso mi viene incontro: gonne bianche, scialli, turbanti multicolori avvoltolati in cima a colli snelli, voci querule, risate, piccole spinte aggraziate per ogni dove! Sciamano tutte quelle *colf* di colore che piú che donne sembrano curiosi uccelli emigrati da paesi lontani in cerca di cibo. E dato che a quel che sembra l'hanno trovato, non stanno in sé dalla gioia. Alcune portano ancora nelle belle guance e braccia elegantemente disegnate, i segni di quella fame che le ha spinte a emigrare, altre ancora non credono che tutto quel bendidio di pietanze, Coca-Cola, birre che i camerieri rovesciano in abbondanza sui tavolini sia vero, e se ne stanno inchiodate con gli occhioni di ebano spalancati.

È giovedí, penso, e nei cinque minuti che sono stata là nella zona del silenzio regale il pomeriggio libero della *colf* di colore ha avuto inizio: le uccelliere dorate dei Parioli si sono spalancate, liberando sulla strada i loro mille uccelletti affamati di aria, luce, spazio. O io sono molto felice, o la loro gioia è contagiosa... Certo è che a momenti sembra quasi di vederle volare sino a unirsi in un bacio cumulativo... Come quelle cinque o sei eritree là sulla gradinata di Regina Pacis zeppa di colonne: orribile e sontuosa chiesa dei Parioli, cosí falsa e prepotente da far venire il sospetto che il buon architetto la eresse proprio per deridere il papato, il quartiere stesso e tutta Roma.

«Ti prende tanto la bruttezza di quella chiesa, eh?»

Una ragazzetta in blue jeans e giubbotto sdruciti, su scarpe da tennis nuove di zecca, i capelli neri tirati in una coda di cavallo cosí folta e lunga da sembrare una gomena appesa a un chiodo, mi si è attaccata al braccio... Sto cercando affannosamente di capire chi sia quando dal sorriso tutto dentoni riconosco Roberta. Non faccio in tempo a rispondere sul tema «chiesa» che lei, facendo scorrere la sua mano dalla mia spalla all'avambraccio, con dita salde si impossessa del mio polso e mi trascina fra la folla fino all'interno del Bar del Metrò. La presa delle sue dita è cosí dura che per un attimo la mia gioia di prima si tramuta in un panico assoluto non provato piú – credo – dai tempi dell'infanzia. Devo essermi inchiodata a quel panico se lei è costretta a fermarsi a sua volta e con voce stranamente seria dire: «Ho capito, hai bisogno di un caffè, anch'io per la verità! È tutta la mattina che mi sbatto!, ma facciamo presto, ho una gran fretta! No, no pago io...»

Il polso liberato ha ancora i segni violacei delle sue dita. Me lo massaggio andandole dietro mentre paga alla cassa. Poi posa lo scontrino sul bancone lasciando un mucchietto di monetine e sorridendo al ragazzo smilzo del bar con una sorta di complicità cosí intensa da suggerire – davanti a me tangibile – tutto un passato di incontri plebei, storie illecite, avventure malavitose, insospettabili in quel minuto corpo da ragazzina (il giubbetto striminzito cancella financo i seni colmi).

Dopo secoli di dialogo muto con quel suo compare – non posso al momento che chiamarlo cosí – sfiorando con lo sguardo il mio polso come a dire: «Su, non è niente!» mi porge con gesto fermo da camionista il caffè già zuccherato (si ricorda quanto zucchero mi occorre!) e in un raccoglimento quasi religioso, lo assapora come se per il momento tutte le gioie della vita dipendessero solo da quel liquido nero profumato. Questa pausa mi dà la possibilità di guardarle bene le mani enormi e leggermente squadrate, non brutte se isolate dal contesto, ma assurde, non c'è altra parola, se paragonate alle braccia sottili, le spalle minute, il collo lungo da madonnina gotica. Di corsa ritorno con lo sguardo alle mani e capisco: quelle mani appartengono a un'altra persona. Per qualche prodigio, capriccio o gioco esotico della natura, c'è stato uno scambio con qualcuno che, avvinghiato a lei al momento del travaglio in quell'antro buio e acquoso del ventre materno, lottava anche lui per venire alla luce. Era un maschio sicuramente, e come un ebete mi sento dire: «Che forse hai un fratello gemello?»

«Io? No. Perché?»

«Te lo dico dopo», rispondo mentendo perché non glielo dirò mai.

Sono sicura che «l'altro» c'era là nell'antro e voleva vivere anche lui, e lottavano – mi sembra di vederla quella lotta disperata per un po' di linfa – attaccati tutti e due allo stesso cordone ombelicale ma lei ha avuto il sopravvento e l'ha assimilato tutto alla sua biologia, meno le mani…

«Che c'è, Goliarda? Ho fretta… Se non ti va di venire…»

«No, no, mi va! È che questo antro a gradini che si apre davanti a noi, è lí che dobbiamo scendere? mi turba. Le poche volte che sono venuta qui al bar credevo che giú ci fossero i cessi».

«Ci sono i cessi a destra, ma a sinistra altre scale per il treno… Ebbene?»

«Be'! Quest'antro m'ha fatto ricordare di quando ero in pancia a mia madre!»

«Se è solo questo non è niente, anche a me lo faceva quando ero piccola. Ora mi piace perché mi sembrano i camminamenti sotterranei di Rebibbia! È vero che sembra la nostra Rebibbia?»

Già: le scale a precipizio scendono sorvolate da volte immense percorse da fantasmi di pipistrelli che sbattono alle pareti chiazzate d'umido, mentre passi in corsa si precipitano alle nostre spalle in una slavina di colpi di zoccoli, risa, gridolini di gioia (o di paura?)

Vomitate dalle scale sdrucciolevoli, illuminate appena un po' di piú di quelle di Rebibbia, approdiamo, attraverso grandi porte dagli infissi scrostati e qualche riquadro di vetro rotto, in un tunnel immenso e cosí profondo – sia a destra che a sinistra – da sembrare senza fine. Anche perché lí la luce è quasi ridotta a un lumicino da camera mortuaria... Se nelle scale le poche persone che scendevano con noi avevano la voglia di continuare i loro discorsi, in quella galleria il silenzio si fa pesante. Ognuno cerca di darsi un contegno quasi a dire: «Non crediate che frequenti sempre questi posti», e cerca di sfuggire l'altrui sguardo. Non è quindi difficile per me notare un ragazzo alto e atletico che potrebbe essere un giocatore di pallacanestro – all'hotel Ritz ne scendono in continuazione – se non avesse la barba non curata e una sfumatura di verdastro sulle guance ancora turgide, da bambino passato troppo presto alla condizione di adulto. Ma Roberta lo deve aver scorto prima di me perché, fingendo d'essere interessata a quel luogo cosí insolito a Roma, m'ha già abbandonata e, con atteggiamento competente, sta osservando la proporzione elegante delle volte maestose, le massicce rotaie primordiali di quel vero e proprio monumento paleoindustriale. Nel vagare interessato, la piccola s'imbatte nel ragazzo a cui distrattamente chiede qualcosa; probabilmente l'ora. Chi degli astanti potrebbe mai sospettare un appuntamento prefissato fra loro due? Solo io capisco che la fretta di prima – su al bar – era tutta per quel ragazzo che a un certo momento, senza punto fissarla, con un movimento impercettibile da contraddanza-swing, le passa qualcosa che lei rapida infila nella tasca del suo giubbotto, per poi proseguire – figurina bizzarra –, il nasetto tirato in su dal peso della coda di cavallo, due larghi occhiali da vista che nel frattempo s'era infilata per osservare meglio ogni piú piccolo particolare.

Quando dal fondo si volge indietro soddisfattissima della sua ispezione e mi fa cenno d'avvicinarmi, sibili e boati si scatenano improvvisi alle mie spalle irritandomi e inducendomi a correre nella sua direzione mentre una vera valanga d'aria gelida s'abbatte dietro la mia schiena spingendomi quasi addosso a lei che immobile se la ride.

Sono senza fiato: che quel vento fosse già programmato per qualche disegno insano della mia piccola strega?

«Magari potessi comandare i venti e le acque! Potrei anche comandare il fuoco, e allora sí che ci sarebbe da ridere!»

«Ma che è 'sto vento? E non accenna a finire», grido io fra divertita e irritata.

«È il treno che arriva».

«E fa tutta *'st'ammuina*?»

«Ti piace la parola *ammuina*, eh?»

«Molto».

«E perché?»

«E che ne so? Forse perché mi piacciono i dialetti...»

«Menti! È che ancora ti manca la tua bella amica napoletana che hai derubato dei gioielli! Me ne parlavi troppo e con troppo astio a Rebibbia per essertene scordata».

«È vero, non ci pensavo ma...»

«E sono sicura che anche a lei manchi».

«Dici?»

«Ne sono sicura... Ma guardatela come s'illumina tutta! A Roberta non si può nascondere niente! Roberta ha una memoria di ferro, anche! Come la chiamavi nei tuoi deliri di delusione per il fatto che t'aveva denunciata?»

«Borghesaccia di merda, pseudosignora, credo...»

«Crede! E anche Circe: *La mia Circe non mi voleva bene! Mi voleva solo tramutare in una porcella e io mi sono vendicata mettendola alla prova rubandole i gioielli!* Tutte bugie! Un giorno o l'altro me lo dovrai dire perché hai deciso di prenderti una vacanza in galera! Quando t'hanno rilasciata in quattro e quattr'otto mi è anche venuta l'idea che eravate d'accordo voi due stronze: ladra e derubata!»

«Ecco il treno!» grido fra gli ululati insani di ruote e vento, e per nascondere la commozione che i suoi insulti mi provocano. Anche in cella era cosí a volte, ricordo con nostalgia mentre dico: «Andiamo?»

Mi fissa muta ora senza espressione: era sempre cosí quando si stava per calmare… «Ma non avevi fretta scusa?»

«Non piú! Adesso mi va di parlare. Aspettiamo l'altro treno, tanto Albert può aspettare qualche minuto».

Albert il *porteur* può aspettare, ma quel ragazzo non poteva, infatti con fretta malcelata sale sul treno, e dopo averci rivolto uno sguardo indifferente, cumulativo, volge le spalle al vetro del finestrino. Ma io ho fatto in tempo a notare nella luce di quegli occhi verdi da adolescente un messaggio d'amore per la mia compagna.

«Come tutti, – biascico io mesta assoggettandomi all'idea che anche «fuori» quella *scazzittula di carusa* ha lo stesso successo che aveva a Rebibbia, e aggiungo sempre piú a bassa voce: – Pazienza!»

«Che dici? Come a Rebibbia, oh! Parla da sola questa! E io che credevo che fosse la prigione a farti quest'effetto!»

«Anch'io credevo che fosse la prigione a darti smalto agli occhi di tutti. Quel ragazzo ti desiderava».

«Lo credo! Dopo tre anni di astinenza! È uscito tre giorni fa di prigione. Mi fa piacere però che non te ne sei accorta. Si vede che non ha perso l'equilibrio e si muove bene nel traffico! È formidabile, Andrè, formidabile!»

«E anche affascinante! A te non piace?»

«Mi piacerebbe, ma non si deve prenderli per fame! È troppo facile e poi, se dopo un po' non va piú, gli crei troppi casini poveracci! Ma dico, Goliarda, sei orba o fai finta di non avere notato niente di strano?»

Visto che taccio in maniera assoluta, smette di fissarmi nel profondo degli occhi, alza le braccia al cielo e sbuffando come una bambina arrabbiata di non capire qualcosa piú grande di lei mi volge le spalle. Sta prendendo qualche decisione importante, penso. Può anche essere qualcosa contro di me, ma non me ne importa niente perché sono felice una volta tanto di constatare che il passato carcerario che ormai ci unisce non era illusorio o sognato, ma un vero rapporto che ha ripreso a fluire, come un racconto interrotto da cause esterne riprende a svolgersi, incalzato dal desiderio di voler vivere, malgrado Goliarda e Roberta che si conoscono cosí poco, si somigliano cosí poco e probabilmente avrebbero tutte e due cose piú importanti a cui badare.

Un solo sospetto appanna la gioia di Goliarda (perché è pura gioia quando la vita riprende a fluire forte e pulsante da non poterla arrestare), ma non se lo tiene, non è nel suo carattere e appena la *scazzittula di carusa* ha finito la sua piroetta stizzita (o danza di guerra?), e le si piazza davanti con i lineamenti perfetti resi nitidi dalla volontà di aggredire, le pupille un'onda nera di passione, le chiede: «Senti, Roberta, levami una curiosità, se io non ti avessi avvicinata là in tribunale, tu mi avresti cercata?»

Questa domanda ha l'effetto di un diretto alla mascella tanto spiazza le intenzioni di Roberta che si piega tutta in avanti a tenersi la pancia dal gran ridere mentre sillaba a mozziconi: «Ma certo che ti avrei cercata!»

«E perché?» incalza Goliarda serissima.

«Ma che cazzo vuoi che sappia il perché? Dannata bestia dalla grinta piú grinta che ho mai conosciuto!»

«Perché?»

«Ma ti dico che non lo so! Mi venisse un colpo! Non lo so! È la vita!»

Finito di ridere a suo piacimento – forse perché ormai siamo rimaste sole nell'antro – Roberta si leva il laccetto che teneva stretta la coda di cavallo e, muovendosi come se si fosse su una spiaggia deserta, si scrolla la lunga massa setosa dei capelli mentre la sua pelle dalla fronte al collo si schiarisce a un vento tenero d'aprile che sicuramente si sta inventando. Lei è cresciuta nel regno dell'invenzione, delle apparizioni e sparizioni, e non mi fa meraviglia quando con gesto largo, spinto sempre dal vento che in quel momento la possiede, mi circonda le spalle sussurrando: «Vieni, abbiamo fatto male a non prendere quel treno, ma ormai! Vieni, sediamoci un attimo qui sui gradini!»

Il vento che lei padroneggia mi porta fra le braccia come una carezza delicata di primavera e cosí sedute, accantucciate su quei gradini umidi, ce ne stiamo in silenzio tutta un'estate, la guancia contro la guancia, le mani fra le mani, a goderci quella breve vacanza prima di prendere il treno. Solo allo scatenarsi della tempesta che a ogni corsa del treno con sibili furiosi, boati, porte sbattute scuote l'ombre stagnanti, ci svegliamo e senza parlare saltiamo su una specie di diligenza tutta di legni pregiati (anche se unti e bisunti), infissi saldi e panchine che a confronto con i treni moderni sembrano creati per durare in eterno.

«Costruivano in modo serio un tempo!» è di prammatica osservare ad alta voce quando ti trovi faccia a faccia con quel genere di antiquariato. È una ragazzina tutta miele e panna che ha avuto questa volta la sventura di essere scelta dal genio del luogo comune, malefico genio sempre attento a farti dire «la cazzata». Ma questa volta non le va liscia alla ragazzina perché Roberta con mia sorpresa replica: «Purtroppo!»

«Perché purtroppo? – chiede la bambola stupita. – È noto che in passato c'era piú serietà bla bla bla...»

Al che Roberta fulminandola: «Purtroppo sí, che non vedi quanto so' brutti sti' vagoni?»

«Be', brutti ma durevoli!» replica quella tutta occhi stellati, pelle lucente, denti smaglianti.

«Decisamente, – riprende Roberta rivolgendosi a me, – la situazione del traffico sopra deve proprio essere come dicono i giornali. Questo luogo si sta imbastardendo. Certa gente non la si vedeva prima e certe battute una volta non si sentivano!»

«Oh non si preoccupi! – ribatte quella con serietà accentuata (stile *college* americano: la serietà sta a indicare umorismo e *self-control* per chi non lo sapesse) aggiungendo: – È la prima e l'ultima volta che metto piede in questo orrore!»

«E fai bene! – replica Roberta. – Qui le ragazzine perbene come te le sgozzano! Non sai che c'è una setta che ha deciso di uccidere tutte le bionde educate in Svizzera e in Inghilterra?»

«Io veramente sono stata educata a Roma».

«OK, bambina, come non detto, sei un fenomeno! Mi piacerebbe portarti in un'università alternativa dove i tipi come te...»

«Come, come me?»

«Be'! Completamente corrotti, falsificati, all'amerikana,

vengono sezionati, studiati attentamente, e poi buttati *nell'immonnezza*».

«Se le interessa le do il mio indirizzo!» replica quella tanto per tenere il punto sul suo *self control*. Ma deve essersi innervosita perché tutto il chiarore che la illuminava dal di dentro prima s'è opacizzato e con la scusa della fermata si alza in fretta e si va ad appostare vicino alla porta per scendere.

Tutto è durato tre minuti, il tempo che impiega il trenino da piazza Euclide a piazzale Flaminio. Anche noi ci alziamo. A quello che posso afferrare dai gesti-umore di Roberta vorrebbe inseguire la colombina dorata per divertirsi ancora un poco alla maniera dei ragazzi di periferia, ma quella, appena il treno rallenta, salta in terra agile, caviglie da tennista, in un *plaft* visivo di mutandine, calze, camiciole di seta lucente.

Il secondo e ultimo antro che percorriamo è ancora – se possibile – piú solenne e lercio del primo ma illuminato nel fondo da due immense arcate a vetri sontuose e regali. Per un attimo sembra di essere approdati a Milano. Attratta dalla luce del fondo accelero il passo verso l'uscita, ma Roberta mi ferma dicendo: «Guarda chi si rivede!» Mi giro su me stessa cercando fra la folla che aspetta i treni...

«No, non lí, alza gli occhi!»

Su di me, identica e dolcissima, la madonnina a statura naturale di Rebibbia sogguarda dall'alto: lo stesso musetto imbronciato, lo stesso manto azzurro zuccheroso, la stessa ghirlanda o aureola di lampadine sopra la testa.

«Be'! E che ci fa qui questa?» esclamo io, anche per nascondere l'emozione che mi invade: quante volte nel buio dei corridoi di Rebibbia ho sperato di incontrarla quella madonnina che come un faro mi indicava la strada per uscire da quel labirinto terrorizzante! Infatti il nostro gabbiotto era ad appena venti metri dalla sua figurina malinconica e danzante. «La tenevamo meglio a Rebibbia, là almeno le lampadine erano sempre accese e spesso aveva fiori ai piedi».

«È commovente vero, Goliarda?»

«Eh sí!» chiudo io, quasi correndo, decisa ormai a finirla con questa appendice perniciosa di Rebibbia nella quale – chissà se inconsciamente o no – la mia amica mi costringe a sprofondare.

L'ha fatto apposta, penso, notando come rallenta il passo costringendomi a fermarmi per aspettarla e dallo sguardo indagatore col quale mi raggiunge: uno sguardo attento da matematico al quale una qualche equazione non torna. Mi ha riportata sul luogo del delitto per sottopormi a un confronto all'americana. Chissà se si usa piú questa pratica che una volta usavano i poliziotti e che consiste nell'afferrare qualcuno che è sospettato di un delitto, portarlo sul posto, fargli trovare il cadavere caldo caldo, a volte farglierlo toccare, eccetera: sembra che pochi resistessero a quel trucchetto da mattacchioni! Sto per chiederglielo, ma temo che una domanda simile da parte mia possa apparirle come un volerla sorprendere, se non insultare, o sottolineare quell'atroce scoperta che feci là: che ogni detenuta a furia di frequentare inquirenti, poliziotti, guardiane diviene un po' come loro se non completamente... Scoperta che tento di cacciare via cercando affannosamente nella borsa una sigaretta, trovandola finalmente e accendendola nervosa: il fumo mi circonda allentando la pressione. Potessi sparire in quel fumo per non vedere piú quello sguardo ormai da poliziotto della scientifica che mi sibila in viso: «Sei nervosa per caso?»

«Molto», ammetto. È inutile mentire ai poliziotti.

«E perché?»

«Perché quello sguardo indagatore – è la seconda volta che te lo vedo – ti imbruttisce».

O è il fumo della mia sigaretta che agendo da *velatino* sfuma i suoi lineamenti, o lei, cercata affannosamente una sigaretta nella sacca che porta a tracolla e accesala, realmente si calma. Affiancate e divise ognuna dalla sua cortina fumogena, non sappiamo che pensare o come uscirne. So ormai che cosa la tormenta: mi crede ancora una spia. Ma anche volendo non potrei mai rassicurarla, non c'è «parola» che possa provare la propria innocenza.

Lei è disperata, lo sento, di non potermi assolvere, e come

avviene in questi casi, anche arrabbiata con me che non ho la possibilità di toglierla dal dubbio.

Quando ci sediamo in una saletta interna del Bar Canova finalmente all'ombra – dopo la traversata dell'immenso bacino di luce in tempesta che da aprile a settembre infuria torno torno all'obelisco di piazza del Popolo – abbiamo, credo, già fumato tre o quattro sigarette a testa. E dopo aver ordinato due whisky «con molto ghiaccio, mi raccomando!» sentendo che le dita si rimettono a cercare quello scaccia ansia o dubbio o dolore che sono le sigarette, decido di dire qualcosa per uscire da quel mutismo ebete che ci ha preso: «Ma non ci aspettava Albert?»

«Sí, – biascica lei laconica, – ma era un appuntamento approssimativo... nel giro delle tre ore... Albert deve anche guadagnarsi il pane, oltre a farmi da macchina, ha moglie e figli che ama...»

«Ah, – dico io fingendo divertimento, – non è l'autista ma addirittura la tua macchina?!»

«Be', autista sarebbe umiliante, non ti pare? Lui è la mia fuoriserie, smaltata e potente! Quanto è caro, sapessi! L'adoro e mi piace a volte accarezzare la sua carrozzeria tutta muscoli d'acciaio cromato. Non ne sono innamorata, ma lui lo sa. Mi è utile e poi... perché mi giustifico? Che forse essere affezionati a qualcuno che ti è cosí profondamente necessario non rientra nelle categorie dell'amore?»

Il suo discorso è cosí giusto che non è nemmeno il caso di acconsentire con parole, cosí taccio.

Dopo una pausa, non ebete questa volta ma colma di pensieri, associazioni, illuminazioni, che è la nota musicale piú tangibile della profondità di Roberta (conosco ormai quel suo modo di tacere: cassa armonica satura di tutte le armonie in gestazione, che poche persone anche intelligenti hanno in dotazione dalla natura), continua: «Con te, Goliarda, è come parlare con se stessi tanto è chiaro che capisci... Non mi era mai accaduto prima. Questo dà una pace che a volte mi allarma».

«Perché sembra impossibile, vero Roberta?»

«Eh sí, – ammette lei mesta ora ma sorridente. – Anche per te è lo stesso?»

«Abbastanza, o almeno quando ti ascolto. Ma quando sono io a parlare incontro qualche ostacolo in te, qualche limite alla fiducia che mi hai accordato. È sentire la fiducia dell'altro a dare pace».

«E come possiamo fare per abbattere questo ostacolo?»

«Non c'è maniera, almeno da parte mia, per me non c'è che aspettare...»

«Sibilla! Aspettare che io mi fidi completamente di te?»

«Sí».

«*... E se intanto tu in questo tempo che sarà sicuramente lungo avrai raccolto tutte le notizie che ti interessano su me e compagni e ci denunci?*» dice ora il suo silenzio ridivenuto per un attimo cupo come un sonno tormentoso ma senza sogni.

Il whisky è arrivato. Conto tre pezzi di ghiaccio enormi come ciottoli e la nostalgia dell'acqua (ruscello o mare che sia) mi afferra. E vorrei essere lontana da tutte queste pressioni emotive e fisiche, ideologiche e sentimentali, inquinamenti acustici e olfattivi. Il bicchiere fresco fra le palme deve avere poteri magici perché per pochi secondi – credo – mi addormento e sogno una piccola vallata fitta fitta di piante di limoni con qualche palma mossa da un vento invisibile... il terreno rosso è morbido (si affonda fino alle caviglie), a tratti percorso da ruscelletti limpidi. Piú che acqua sembra una caduta di pietre preziose: diamanti, smeraldi con qualche rubino sparso. Fra quelle acque Roberta tutta nuda si bagna con gesti lenti e ieratici rivolti verso l'alto. Forse prega, penso nel sogno, mentre mi sveglio alla scoperta che non ho mai visto Roberta nuda. Barbara, Annunciazione, Ornella e le altre giravano sempre piú o meno nude fra le celle, ma lei mai. Anche adesso mi volto a fissare la sala dove decine di ragazze straniere e no mostrano spalle, anche, seni, ma quando arrivo con lo sguardo alla mia *scazzittula di carusa*, non un centimetro di pelle è esposto all'altrui sguardo, anzi è cosí vestita da apparirmi per un momento come una monaca di casa, votata – per qualche giuramento dato un tempo a chissà quale dio – a portare addosso panni casti e severi sempre. Questo mi spinge mio malgrado a chiedere: «Non ti piace farti vedere nuda, o mi sbaglio?»

«Lo aborro!»

Sto per chiedere il perché quando lei prima che io sia in grado di formulare la mia domanda sbotta fissandomi con occhi scintillanti, non si capisce se di stizza o di divertimento: «Ma insomma, Goliarda! È possibile che le uniche domande che mi fai siano sempre di questo strano tipo… come cazzo definirle? Lasciamo perdere la definizione! Ormai sono stata costretta a fare una statistica sul tuo tipo di domande – fra galera e fuori – e il risultato è quantomeno strano. Mai una domanda che sfiori o combaci con la realtà. Esco dalla prigione, ci incontriamo per caso, sparisco e tu non mi chiedi né come né perché sono uscita, né cosa avevo da fare da non poterti vedere per settimane! E anche oggi ho fatto apposta, che credi, a farti notare che quel ragazzo mi passava qualcosa che tengo ancora qui nella tasca. Se non volevo, tu non te ne saresti accorta…»

Lo sbotto è cosí a valanga anche per la sua parlantina che è notevole quando vuole, che per un momento è costretta a fermarsi per respirare. Io ne approfitto per dire: «Ne sono sicura».

Questo la fa quasi soffocare, probabilmente la mia asserzione le ha fatto andare di traverso il fiato che stava inspirando precipitosamente. Prendendosi un po' di tempo, dopo un attento esame al suo whisky dice calma ora: «Un altro whisky, ci stai?»

«Sí».

«Due whisky identici! Il ghiaccio soprattutto era favoloso, ragazzo!»

«Subito signorina!»

Si vestisse di stracci ancora piú stracci di quelli che indossa in questo momento, chiunque capirebbe la sua classe: è chiaro dallo sguardo rispettoso e ammirato col quale il ragazzo si inchina al complimento sul ghiaccio e dalla rapidità – destinata solo ai «signori» – con la quale ci serve gli altri due bicchieri identici ai primi e forse, mi sbaglio? con un cubo di ghiaccio in piú…

Sono cosí presa dal problema del ghiaccio – forse prima ho

contato male – che la voce di Roberta mi fa sobbalzare tanto è gelida adesso e tagliente: «E cosí avevi capito che io avevo fatto apposta a farti notare quel ragazzo, eccetera? È incredibile! Ma se capisci tante cose com'è che non afferri che questo tuo comportamento è sospettabile, appare una tattica per acquistare fiducia, una pretesa di apparire troppo l'intellettuale svagato, fra le nuvole, personaggio che oggi non incanta piú nessuno?! Ne parlavo con un amico ieri, e come t'ho dovuta difendere...»

«Allora tu non mi sospetti?»

«Adesso mi vuoi fare intendere che tieni solo a capire me nel profondo, personaggio distaccato dal contesto?»

«No, non proprio distaccato dal contesto, anche se... i fatti che chiamiamo Storia non contano o meglio sono specchietti per le allodole».

«Oh mamma santa, aiutami! come dice mia zia... Ma ti rendi conto che questi fatti che per te non sono che specchietti per le allodole possono divenire trappole mortali per te, e forse anche per me se fossi cosí cogliona da dirti troppe cose?»

«Lo so».

«Non ne sono sicura... Lo sai che ho almeno quattro processi in piedi dei quali uno per banda armata?»

«Credo che me ne avevi accennato».

«... E che uscendo con me ormai sei segnata anche tu? Oltre alle lettere tue e mie che stanno ora sulla scrivania di qualche giudice. Te l'ho detto, no? Che tutte le lettere che non ricevevamo hanno fatto quella fine?»

«Sí, questo me l'hai detto ma c'ero arrivata prima da sola, Roberta, non dimenticare che sono figlia di avvocato e penalista per giunta».

«Meglio mi sento! Giusta nascita per un infiltrato moderno, non cercano piú la collaborazione dei bestioni – oggi – ma *dell'élite*... La lezione inglese ha funzionato per nostra disgrazia. Ma per tornare a noi io ti devo avvertire, ormai stai fra due fuochi: quello dei compagni e quello della Digos».

«Ti faccio notare che dicendomi questo ammetti di appartenere a qualche banda ancora attiva».

«Non ho ammesso niente! È solo un esempio che ti sto portando. Ma è possibile che non hai paura?»

«No, neanche durante la Resistenza, per quel poco che ho fatto, avevo paura».

«Ma qui stai fra due fuochi».

«Anche allora, ti ricordo che c'erano i tedeschi da una parte e dall'altra i fascisti».

«Ah! E non avevi paura?»

«No, dopo hanno cercato di inculcarmi che "dovevo aver paura", per una certa ideologia, o mistica del "non eroe" che andava di moda divulgare, ma per quanto facessi non sono riuscita ad autoplagiarmi anche in questo. Gli anni Cinquanta, Roberta! Anni di autoplagio, autocensura, autoriduttivismo, autotutto... per noi piccoli *Candide* della sinistra!»

«Anche Claudio lo dice, ma non è di questo che stavamo parlando... di che stavamo parlando?»

«Mi mettevi in guardia, o meglio cercavi di mettermi paura».

«E ci sono riuscita almeno un poco? Ah, ecco Albert!»

«Senti Roberta, prima che Albert ci trovi... perché ce l'avevi tanto con quella ragazzina nel trenino?»

«La ragazzina? Ah sí! Ho capito, non ci sono riuscita a metterti paura. In quanto alla ragazzina, boh! Adesso che me lo chiedi lo so! È che mi sono vista in lei, o meglio ho visto quello che dovevo divenire io secondo i sogni insani della mia famiglia. Poverina! Ho sfogato su lei il mio terrore di aver rischiato di essere il mostro che lei è!»

«Ciao Albert, scusa ma devo fare una domanda a Roberta... Sei stata in analisi, Roberta? Puoi non rispondere se vuoi».

«Ciao Alby! Siedi qua vicino a me... No, Goliarda, nessuna analisi. Perché? Mi piacerebbe farla col tempo. Sembra che sia – se capiti con qualcuno che vale – un'avventura intellettuale favolosa...»

«Come è intelligente Roberta, eh, signora? È vero signora che è tanto intelligente?»

O è quel «signora» ripetuto due volte, o il rossore d'orgoglio che avvampa il bel viso schietto di Albert alla mia risposta affermativa che gli dà la prova inconfutabile dell'intelligenza della sua figlietta, Roberta e io scoppiamo in una grande risata. Albert si confonde un poco ma poi continua imperterrito: «È anche colta, vero signora? Lei dice di non esserlo, ma lei signora che è una scrittrice lo può dire che è colta, vero?»

«Oh, coltissima!» faccio io mentre Roberta ormai soffoca le sue risate quasi aggrappata al collo taurino del suo papuccio. Cosí, quasi sdraiata sull'immenso torace maschile, il suo corpo appare (o diviene?) di una piccolezza commovente mentre le mani, anch'esse ora gracili, si insinuano delicate fra i ricci bianchi della nuca di lui.

Distolgo lo sguardo da quelle mani – troppi rompicapi per un solo pomeriggio – e decido di darci un taglio: lei è approdata nel porto sicuro delle braccia del suo papà e io ho un fottio di cose da fare.

«E che fai ora, te ne vai sul piú bello? Ora che abbiamo una bella macchina tutta per noi per andare a spassarcela se ne va la cogliona!»

«Ah, gliel'ha detto che mi chiama la sua *Jaguar*, signora? Quanto è cara!»

«Finiscila con quel "signora", Albert! Quante volte te lo devo dire che Goliarda è troppo libera e intelligente per quel signora del cazzo!»

«Sí, Albert, ti prego dammi del *tu*», insisto anch'io decisa sempre piú ad andarmene e per sempre… da Roberta intendo. Le ultime ore in sua compagnia m'hanno proprio spaventata, e lo spettacolo di quell'omone grande, forte, che solo perché lei gli concede qualche attenzione è pronto a gioire di essere una *Jaguar* senza piú avere neanche la forza di capirne il ridicolo pur essendo nato a Roma, città piena di difetti – cosí dicono – ma dove l'umorismo è congenito come il sentimentalismo a Napoli, la mafia in Sicilia, l'efficienza a Milano, la marzialità ai tedeschi, la spocchia ai francesi… Ma che faccio? Elenco stronzate lí in piedi senza avere la forza di agire il proposito che m'ero prefissa alzandomi? Deve essere colpa del fascino sottile di Roberta… Oh, lo ricordo bene… Quando a Rebibbia mi sentii chiamare «liberante» fu come se qualcuno mi strappasse dal ventre di mia madre, tanta era la lacerazione di lasciarla. Perché ora mi è chiaro, non posso fingermi che era solo interesse non ancora smaltito per quel posto o cazzate del genere: era lei che non volevo lasciare... Infatti non corsi da lei a chiederle di aiutarmi a restare? E come si divertiva la stronza al nuovo pescetto che aveva abboccato al suo amo, come si divertiva incitandomi: «E tu dai due schiaffi alla Santomauro e vedrai se ti fa piú uscire, è la capa delle secondine lei: le dai due schiaffi e la chiami secondina!»

Di corsa mi buttai a cercare quella donna tutta ferro, intellettuale intendo, e muscoli d'acciaio. E appena la vidi le ammollai due ceffoni, e lei, Roberta, a ridere accanto a me convulsa e muta... Per fortuna la Santomauro capí che dovevo essere in uno stato confusionale e facendosi forza ma fissando intensamente Roberta (probabilmente già sapeva di chi era la colpa) mi disse piano piano: «Su signora, non faccia cosí, esca, esca, qua non è posto per lei!» E uscii per fortuna perché – almeno cosí dicono – quel posto è un posto d'inferno e io me ne devo convincere. E devo risolvermi a odiarlo anche nel ricordo, e a cercare di non tornarci piú!

«No, no, signora, oh, scusa Goliarda, pago io... la prego, cosí m'offende...»

Albert s'è addirittura alzato per impedirmi di pagare e Roberta mi sta dicendo qualcosa... Vedo la bocca muoversi ma a me ormai non importa piú niente di quello che può dire o fare. In pochi secondi raggiungo l'uscita dove il turbine di luce mi afferra cosí furente che solo per un miracolo non casco fra i tavolini vuoti, miserandi, minacciati di sfratto (come me, penso) dalle macchine, autobus, motorette che in un carosello insonne girano vorticosamente intorno al grande edificio dove l'istituzione Canova ancora resiste, malamente, ma resiste. Qualcuno mi aiuta a non cadere, e nel fissare il bel viso d'antico guerriero (ora che gli uomini non portano piú i capelli tagliati a spazzola una folla di visi antichi sono come per magia rispuntati fuori direttamente dalle tele dei nostri maestri pittori e ridati alla strada), questo sembra uno dei guerrieri del Giorgione, mi dico mentre realizzo che sono ubriaca, sfido io, tre whisky a digiuno! Quasi per giustificarmi, cosí almeno credo, domando: «Lei è del Nord?»

«Oh sí, Nord per Italia, non per Europa, sono austriaco!»

«Perfetto!» esclamo io con voce cosí felice che quello quasi si scansa preoccupato.

«Come prego?»

«Perfetto! L'unione europea è quasi fatta!»

Lasciando quel Giorgione austriaco a cavarsela con la mia battuta mi infilo di corsa in un taxi – crepi l'indigenza – e poi mi dico: sto cercando di fuggire da Rebibbia, e questo mi mette la coscienza in pace... Dove s'è visto qualcuno che riesce a fuggire da una prigione e pensa a risparmiare sui mezzi di trasporto? Pazzesco! È troppo importante per me allontanarmi da *lei*. Appena chiudo gli occhi felice di essere ancora una volta all'ombra e trasportata a tutta velocità, Roberta mi appare come fotografata in bianco e nero dietro grosse sbarre (quelle di un tempo) con un grembiulone a righe e un grosso numero a cinque cifre a caratteri cubitali sul lato destro del torace: la fotografia di mia madre in carcere che torna sempre da quando la scoprii nascosta fra le carte... di chi erano quelle carte? E perché io cosí piccola frugavo lí in mezzo? Non lo saprò mai...

Semisdraiata nel taxi è quasi come se fossi a casa, quelle quattro mura di lamiera robusta proteggono dall'esterno come le antiche mura della casa paterna e forse di piú: ho passato piú ore in quelle piccole stanzette semoventi che altrove. E quante chiacchiere in quei salottini accoglienti che al lieve cenno della mano in qualsiasi paese straniero e no appaiono come evocati dalla bacchetta magica di un mago, e ti raccolgono liberandoti dai draghi della stanchezza, dai brutti incontri o dal peso dei pacchi.

Il taxi per chi ami «l'informazione» è anche una centrale di smistamento delle notizie, un telex rapido, degno del piú informato quotidiano: telex-arteriacuore sempre pulsante della città.

«Caldo eh, signora? Se cominciamo ad aprile cost'afa chi ci arriva a settembre!»

«Non è solo il caldo, amico, è che ho bevuto e m'ero scordata di fare colazione...»

Il taxista per me è come un confessore o un analista, non c'è pudore che resista alla loro sapienza dei fatti raccolti per la strada. Perché mentire quando è chiaro che hanno visto tutto?

Infatti dallo specchietto retrovisore – come sapevo – un gran sorriso comprensivo mi viene incontro, mentre la voce calda romana dice rassicurante: «E che male c'è! Fa bene stronarsi qualche volta! Aiuta a sopporta' 'sto monnaccio che non dico, l'avemo voluto noi, ma ciò malgrado voluto o non voluto ce punisce a tutti i 'na maniera troppo esagerata, nun è cosí?»

«È cosí!» ribatto io, sentendo dal suo tono che stiamo per arrivare: il tempismo del taxista supera quello dell'attore piú consumato, sembra che parli a ruota libera ma sa che il tassametro gira e che il suo discorso non deve andare oltre il limite prefisso della corsa. Quasi mi dispiace, e se avessi un qualche soldo in piú allungherei la corsa per continuare a stronarmi con questo ennesimo compagno di strada. Fu a Parigi, credo, che chiacchierai tutta la notte con un vecchio taxista oriundo nizzardo e che all'alba non mi fece sconti ma mi offrí in un locale speciale – non so in quale periferia – i croissant piú buoni che abbia mai assaporato.

Mandare al diavolo l'indigenza, inventare un qualche indirizzo lontano e continuare in quel limbo prenatale, che allontana il momento dell'agire e ti porta? Ma l'ombra alta e sontuosa del viale Pilsudski mi richiama alla realtà: e domani come mi compro le sigarette? Taccio immusonita, accettando il destino della separazione. E poi forse perché vengo dal centro (che è come dire passare dal Cairo alla Svizzera), l'idea di scendere in quell'improvvisa scacchiera anonima di palazzi razionali piena di verde ben curato, mi consola. Lí Roberta o le Roberte non girano spesso, e mi posso permettere una passeggiata e un tramezzino per riempire il vuoto che dalla testa ora liberata s'è spostato allo stomaco con qualche pericolo di vomito e nausea.

In quel vuoto la mia intelligenza percepisce che c'entra anche la decisione di non vedere piú Roberta, ma non me ne curo, ben altri lutti la mia biologia ha superato, e poi come dicevano gli anziani: con gli anni e l'esperienza si diventa forti, saggi, e non so quali altre fandonie! Maledetti! anche la «pace dei sensi» si inventavano! Non facevano – gli anziani di allora (e forse anche quelli di oggi) – che raccontarci menzogne utopiche cosí che fatti i conti, tutta la vita non si riduce ad altro che alla lotta selvaggia di scoprire le loro menzogne. Insomma, tutto questo è non dico aberrante (perché sarebbe eroico) ma piatto e noioso! Non è vero che mi sarà facile sopportare quest'ennesimo lutto – cari saggi antichi – mamma, papà, zio, professore, Tolstoj! Non è vero che si diventa con gli anni distaccati o altro, non è vero questo, non è vero quello e quell'altro! Masticando tramezzino e bugie con l'intento di farli sparire tutti nel mio stomaco, e una volta per tutte digerirli, qualcuno mi dà amichevolmente un colpetto sulla spalla. Sono cosí presa dal mio rimuginare da cammella impazzita dal caldo e dalla sete che quasi sussulto pensando: è lei... la diavola!

Mi volto in panico ma scorgo un signore distinto di mezza età in camicia linda e pipa in bocca che mi sorride come se mi conoscesse da secoli. La voce è coltivata con appena un leggero accento del nobile paese di Narni da dove ha emigrato: «È passata una ragazza bruna vestita male ma elegante, con un signore vestito molto bene, meno elegante, ma con una bella macchina. Lui è rimasto al volante della macchina ma lei è scesa e come se mi conoscesse m'ha detto: "Di' a Goliarda che Roberta è venuta a cercarla!" Insomma è quella che scrive da Rebibbia, com'è ch'è uscita?»

«In libertà provvisoria come me, – rispondo io rassicurata dalla presenza di Peppino e aggiungo: – Se tornasse dille che sono partita».

«D'accordo Goliarda... ti posso offrire un caffè?»

«Ne ho proprio bisogno!»

«Lo vedo. Sediamoci un momento».

Seduti fuori all'ombra dei platani giganteschi – orgoglio (ancora per quanto?) dei Parioli – dobbiamo sembrare una coppia di turisti in visita per pochi giorni nella metropoli, di quella sorta di turisti sprovveduti che fidandosi di qualche agenzia di viaggio pirata sono stati parcheggiati in questa landa anonima simile a tutte le periferie eleganti (con ambasciate come se non bastasse) da Buenos Aires a Pechino, rifletto, mentre la grande luce di lacca del cielo cinese nel ricordo si precipita sui miei sensi come cataratta immensa turbinante di spazi, orizzonti azzurri e gialli incontenibili per chiunque non abbia sensi e fantasia da gigante. Per ostacolare quel ricordo di nostalgia materica e tornare al presente mi dico: «Non morirò finché non torno a Pechino, lo giuro!»

Come al solito devo aver parlato ad alta voce perché Peppino, che intanto con gesti cauti da vecchio signore di campagna s'è riempita la pipa e se l'è accesa, risponde: «Ne sono sicuro: anche per la Turchia fu lo stesso, te lo ricordi? Giurasti di tornarci e ci sei tornata due volte, credo... devo controllare le cartoline che mi mandasti».

Preso ora da quella decisione, fissa il fornello della pipa e si dimentica di me completamente, cosí che anch'io posso dimenticarlo e finalmente non pensare a niente: mio passatempo preferito. Quando riesco a rientrare in questo mio passatempo (ho fatto esercizi ed esercizi per arrivarci fin dall'infanzia) tutto si risistema nella mia mente, la mia biologia si calma e le luci, le persone, gli oggetti, tornano a mostrarsi per quelli che sono e non convulsi, erronei, come contorti dallo *stress d'accelerazione temporale* che insegue sempre l'abitante dei grandi centri urbani. Solo con Peppino, dei miei amici maschi, mi è possibile entrare in questo esercizio e forse è questa la base solida della nostra amicizia di trent'anni: fatta soprattutto di silenzi e di poche conversazioni a volte di una concretezza assoluta a volte di un'astrazione – se possibile – ancora piú assoluta.

Si alza ora senza fretta Peppino Navarra – m'incanta sempre pronunciare quel cognome cavalleresco – e scherzoso mi annuncia: «Devo riprendere la mia identità di portiere, Goliarda, ci vediamo...»

«Senti, Peppino, prima di rientrare dammi un bacio...»

Come sempre lui acconsente e mi schiocca due bacioni sulle guance prima di avviarsi lungo i trenta metri che costeggiano l'angolo Nord del nostro stabile dove oltre al bar fanno bella mostra un giornalaio, una salsamenteria, una stireria e un tabaccaio. Peppino gira l'angolo per raggiungere il «palazzone folle-allegro», cosí viene chiamato nel quartiere il numero 52 di via F. Denza dove sia lui che io siamo ospiti di passaggio da trent'anni.

Già, sia lui che io non siamo che stranieri che si sono attardati solo per qualche anno in piú in questo immenso quartiere ospitale di Roma che accetta miriadi di ospiti veneti, toscani, umbri, lombardi, piemontesi, e ora anche eritrei, filippini, indiani senza muovere ciglio: chiunque voglia per qualche anno lavorare e guadagnare è benaccetto essendo il nostro un quartiere dove i soldi fioriscono allo stesso ritmo dei fiori e del verde del quale è zeppo.

Peppino è sparito dietro l'angolo e il giornalaio mi fissa sorridendo amichevolmente. Crede solo nei figli (ne ha cinque belli come divinità antiche) e nell'amicizia ormai (prima anche nel socialismo). Quel bacio lo ha probabilmente rallegrato. Lui, sempre il giornalaio dico, è emigrato dal Pantheon fino a qui a cercare fortuna, ma nel suo esilio in quel dei Parioli il suo romano s'è stemperato a contatto dei tanti umbri e veneti che formano la maggioranza del luogo. Mi piace scendere e sentire quei veneti ciacolare un po' in romanesco, quell'umbro addolcito, quel lombardo reso piú lento e cauto dal gran sole di Roma. Mi sorride ancora il giornalaio, e questo mi spinge a fargli una visitina con la scusa di comprare un giornale qualsiasi... Quando esco, ormai decisa ad andare su a casa mia a quagliare qualcosa di reale, rincontro Peppino che con passo lento, da marinaio, padroneggia il grande marciapiede come la tolda di una nave. Piú che un portiere sembra un antico capitano di qualche ancora piú antico vascello che con flemma e sicurezza sa dominare il suo equipaggio un po' folle, quando è preso dal panico dei troppi furti estivi che turbano la navigazione, o quando qualche falla – un rubinetto del bagno lasciato aperto in agosto – sta per far calare a picco la nave. La nostra nave, penso alzando gli occhi, con la prua quasi affondata fra la marea dei pini di Villa Glori, le persiane-vele essiccate dal sole, corrose, strappate dal salso dei flutti, le paratie arrugginite e cadenti; forse sta sprofondando nel mare d'asfalto che l'incalza ma sempre a modo suo: regale.

Quel breve viaggio intorno al caseggiato mi ha fatto dimenticare Roberta, ma non la decisione di non rivederla piú: non ho nessuna voglia di finire come Albert il *porteur*, là al Canova sembrava proprio il professor Urath con il suo *Angelo azzurro*. Come ha potuto ridurlo cosí? Lui non ha passato la vita sui libri, ha un modo avventuroso, anzi sembra che sia stato uno degli inventori di questo nuovo modo ingegnoso di guadagnarsi la vita senza scantonare troppo nel crimine: sedersi in un bar di lusso con l'aria dell'avventore, attaccare discorso con uno o piú stranieri soli, annoiati, offrirgli da bere e pagare poi di tasca propria, lasciando commossi questi stranieri dall'ospitalità e generosità (c'è scritto in tutti i libri, no?) degli italiani. Poi chiedendo svagatamente: «Che facciamo ora?» o con i piú sospettosi portarli a essere loro a domandare per subito rispondere: «Oh, io conosco un posticino molto molto divertente!» (il locale con il quale ha il contratto e la percentuale) e arrivati lí champagne, donne, whisky di marca, eccetera...

E s'è preparato studiando le lingue, affinando il proprio aspetto, viaggiando. Roberta mi raccontava che Albert aveva viaggiato molto, ma quello che piú l'incantava di lui era la conoscenza dei vari popoli che aveva riportato tornando in patria: «Se potessi fartelo conoscere! – ripeteva. – Albert sí che è un intellettuale vero... se pensi poi, Goliarda, che non ha nemmeno finito la scuola dell'obbligo!»

Certo, certo, cara Roberta: avevi ragione quando parlavi di Albert... E io che mi illudevo che la prigione portasse a mitizzare tutto quello che si lascia fuori! Invece mi sono bastate poche ore per capire che tutto quanto mi era stato raccontato in cella risponde a verità. E non ho nessuna voglia di andare in giro con lei a scoprire che in quel posto non vagavano fantasmi, ma persone coerenti con loro stesse al cento per cento, piú che fuori.

Con queste ragioni che sto dando in pasto alla mia mente per convincerla che la mia esperienza del carcere come «ricerca del presente» è finita, mi avvio al mio tavolo di lavoro dove le bozze di un saggio scritto da un grande sindacalista «che aveva previsto tutti gli errori del sindacato» (morto, naturalmente: solo da un morto sembra che gli italiani accettino di essere contraddetti) mi aspettano. Se sarò brava a correggere anche queste seconde bozze – per le prime sono stata promossa – avrò duecentomila lire al mese fisse (senza contratto perché sono troppo vecchia), ma per un lungo periodo... serviranno solo per la luce e il telefono, ma devo farcela... Non rispondendo al telefono che ha preso a squillare, o meglio inserendo la segreteria telefonica, mi tuffo nelle delizie della correzione delle bozze, delizie che ancora non avevo assaporato nella vita.

Per buoni quindici giorni riesco a depistarla fuori e dentro di me. Non è che lei per quanto riguarda il *fuori* mi tallonasse proprio a mozzafiato: due telefonate e un'altra puntatina dolcissima in portineria – cosí mi riferí Peppino: «Era dolcissima, se uno non sapesse che è stata in galera sfido chiunque a...» Ma *dentro* mi si era attaccata alle costole cosí caparbiamente da svegliarmi a volte nel cuore della notte con la sensazione precisa di averla vicina, nella stessa stanza, la quale – diventandole complice – si restringeva in uno spazio di tre metri per quattro con tre lettini affiancati e una mistica luce su in alto sempre accesa...

Ce l'avrei fatta se lei con voce calma, senza ironia o spocchia per quella che ritiene una sua vittoria, non mi avesse lasciato detto alla segreteria telefonica: «Sono Roberta! Vedo che sono riuscita a farti avere paura, ed è un bene per te... Mi manchi un poco, ma pazienza! Non ti disturbo piú. Ciao».

Mi prende letteralmente un colpo al pensiero che lei ha preso la mia sparizione per paura della Digos e di tutte quelle stronzate che neanche per un attimo mi hanno sfiorato in quei quindici giorni. Orgogliosamente mi attacco al telefono e dopo secoli di occupato la stessa voce che ha inciso la battuta alla segreteria telefonica mi risponde: «Ah sei tu, Goliarda?! Come stai? Dici di vederci? E perché no... proprio stasera ho appuntamento con Barbara che voleva tanto rivederti. Se vuoi passo a prenderti con la mia "macchina", alle sette ti sta bene? OK, allora a stasera alle sette sotto il tuo portone... A proposito quanto è simpatico Peppino! È proprio come me l'avevi descritto al tempo delle nostre ultime "vacanze", ciao!»

Quella voce calma, disincantata che senza mutare di una nota accetta la mia riapparizione come prima ha accettato la mia sparizione, non può che sbalordirmi. Che il suo ultimo messaggio fosse un tranello per farmi riapparire? Può quella ragazzina conoscermi cosí profondamente? Può essere. Anch'io alla sua età ero molto piú intelligente di adesso. Se è cosí, qualsiasi pericolo emotivo comporti il frequentarla ne vale proprio la pena. Incontriamo tanta gente meravigliosa in generale, ma di vera intelligenza quanta ce n'è sul mercato? Non mi va di fare statistiche, ma certo cosí poca che quando appare non c'è individuo, a meno di essere un vile, che non affronterebbe tutti i pericoli pur di goderne... E poi: *dove c'è sfizio non c'è perdenza!* come ripeteva la mia Circe, sublime per il suo genio squisitamente partenopeo di godersi il sole, la pigrizia, il colore di un fiore. Non doveva la mia Circe assumere il ruolo terreno di «signora facoltosa derubata» e abbassarsi a sbrigare carte bollate, denunce, umilianti colloqui coi carabinieri (o qualcuno l'ha spinta?) Non voglio piú ricordarla cosí ma solo com'era prima, quando intatta nella sua bellezza classica – il passo slanciato di una Diana un po' invecchiata – scendeva le scalette di Positano... o quando ferma al sole si chinava a rubare – cosí diceva – un ibiscus ora rosa, ora rosso lacca nel giardino di un conoscente: «Ne ha tanti, non ti pare Goliarda? Cosí tanti che non se ne accorgerà nemmeno!»

Anche la puntualità rigorosa di Roberta è identica a quella che aveva in carcere. Qualcuno che non conosce il carcere potrebbe dire: bella forza essere puntuali in un posto dove tutto è tenuto in piedi e sotto chiave da orari precisi, serrature e chiavistelli! Ma non è cosí. Solo in quel posto scopri che c'è un'altra puntualità non temporale ma interna, rispondente alle esigenze emotive e spirituali delle compagne: quando spegnere la propria luce se l'altra ha troppo sonno, non fare raffreddare il caffè che l'altra gentilmente t'ha preparato, eccetera. Puntualità mistica che probabilmente muoveva i gesti dei frati nelle cento abbazie che ancora s'ergono alte, improvvise isole di silenzio fra le montagne del nostro Sud e che ancora, specialmente al tramonto, vibrano di quella puntualità magica quasi ultraterrena.

Sono scesa alle sette meno tre minuti ed eccola già lí che aspetta seduta in macchina parlottando fitto fitto con la sua *Jaguar* che imbronciatissimo ha l'aria di chi ha deciso di non muoversi piú e lasciare a piedi la sua padrona: «Albert non vuole portarci da Barbara, Goliarda! 'Sto capoccione s'è impuntato e non c'è modo di convincerlo! No, non andare dietro, vieni qua vicino a me! 'Sto capoccione! – continua lei con voce e atteggiamento da signora attempata e logica che discute non dico col figlio (oggi fra madre e figlio si sentono discorsi quasi alla pari) ma col nipotino. – Ma non capisci, amore, che se io non ti ci voglio portare è solo per il tuo bene?»

«No», fa il capoccione fissando davanti a sé col viso che s'è tutto chiuso come un blocco di marmo pregiato in attesa del grande scultore.

«No! No! E no!»

«E perché no, amore, sentiamo? Vuoi risponne sí o no?»

«No!»

«E va bene. Non credi che io lo faccia per il tuo bene?»

«Tu non me ce voj porta'! A te te va d'annacce sola, nun è pe'l bene mio!»

Sotto emozione i due parlano romanesco.

«E perché nun lo farei per il tuo bene, sentimo?»

«Perché quanno ho chiesto il permesso per i colloqui co' te, allora sí che dovevi pensà che mi compromettevi! Allora nun ce pensavi al mio bene, e come te 'ncazzavi se saltavo uno dei colloqui, altro che il mio bene!»

(Qui per chi non lo sappia va detto che anche un non familiare può ottenere di andare a trovare qualcuno in prigione, naturalmente come in tutte le cose in Italia con una «spinta» dall'alto e sottoponendosi a passare decine di mattinate in uffici impossibili, scartoffie, colloqui, eccetera).

«Altro che per il mio bene! Il comodo tuo!» insiste quasi piangendo Albert. Al che Roberta: «L'hai detto, finalmente! C'è voluta la presenza di Goliarda per scucirti la bocca! Lo sai che mi ha detto che con te presente si sente piú sicuro?»

Non è il caso di commentare ad alta voce, ma dentro di me mi chiedo come è possibile se non ci siamo visti che solo due volte e di sfuggita... Mah! Probabilmente questo tipo di persona vive cosí intensamente che... deve essere l'avere i poliziotti alle costole che accelera la vita...

Sto per conto mio a pensare, anche per vincere la noia di quel dialogo che si ripete in continuazione, quando sento con un sussulto che qualcuno sempre dentro la macchina mi chiede aiuto e con voce drammatica anche.

Mi volto verso la coppietta e non era una mia fantasia: Albert – rizzandosi tutto – ha afferrato Roberta per il collo e la sta scuotendo in maniera eccessiva per un nipote con la sua vecchia nonna (sebbene ormai anche le nonne vengono strangolate dai propri nipoti con tale frequenza da non fare piú notizia).

Istintivamente sento che anche il mio corpo si erge e un: «Albert! Basta!» mi esce dalla bocca con un timbro cosí autoritario da ricordarmi la voce terrorizzante di mia nonna buonanima.

La voce di mia nonna probabilmente non terrorizza solo me che l'ho conosciuta perché Albert, allentando le dita e tornando a rincantucciarsi al suo posto, sta borbottando cose assurde ma tipiche di certi momenti: «Io mi rovino! Questa me rovina! Ho moglie e figli io! Ma che me frega!» eccetera, mentre Roberta tutta soddisfatta, con gli occhioni splendenti e un mezzo riso fra divertito e orgoglioso della forza del suo piccolo mi fa, alzandosi i capelli e mostrandomi il collo: «Guarda, guarda i segni! Lo sento da come bruciano, se non c'eri tu mi strangolava!»

Al che Albert conclusivo: «Nun l'avrei mai fatto davanti a

Goliarda! Nun se lo merita! Ora scusame Goliarda ma dovete scenne perché io ho da annà a smaltire l'ira in qualche cazzo di posto lontano da st'infame… No, infame, no! Roberta nun è, e nun sarà mai 'n'infame! Ma stronza, stronza sí, oh! Me viene l'infarto! La stronza! Lo sa che n'ho avuto già uno, oh!»

Senza porre tempo in mezzo apro lo sportello e mi trascino dietro Roberta che intanto ha tirato fuori uno specchietto dalla borsetta e si guarda il collo… La tiro giú cosí com'è prendendola per il polso impegnato dallo specchietto mentre con l'altra mano tiene la borsa ancora aperta… Forse ci sono riuscita in quanto aveva le mani impicciate, perché appena a terra i suoi occhi hanno un attimo di rimprovero verso la mia persona e di rimpianto per il bello scazzo che era in atto e che la fuga della macchina a tutta velocità fa sparire lontano… Ma è solo un attimo perché dopo qualche secondo, consegnandomi muta la borsetta da sera, ricomincia con un gesto della mano un po' antiquato da signora anni Cinquanta ad alzarsi i capelli mentre con l'altra solleva lo specchietto all'altezza giusta per guardarsi il collo.

È magnifica lí nella piena luce di aprile, in quel bellissimo vestito attillato di seta nera, con un filo di perle al collo e un fiore di stoffa rosso, verde e rosa in un angolo della vita. Sembra un'attrice, Clara Calamai, Alida Valli, Lucia Bosè, che controlla il trucco prima di affrontare le luci del set. Nel controllare il trucco sicuramente sta ripassando le battute, mi avvicino per sentire quali sono: «Però mica male il ragazzo! Ha piú personalità di quello che pensavo, e che forza!»

Io non so perché ma quella frase mi inquieta e preferisco non guardarla. Girando gli occhi vedo Peppino, la pipa in bocca, proprio davanti a noi sotto il pergolato del ristorante dirimpetto al nostro palazzo. Il pomeriggio, quando la nostra facciata entra letteralmente in una febbre di agonia per il lungo abbraccio del sole, lui si sposta seguendo l'ombra: è maestro di quiete e d'ombre Peppino e quietamente mi sorride. Il suo sorriso mi calma e posso tornare a vedere a che punto è la rappresentazione di Roberta.

Terminata l'ispezione del collo dà un ultimo sguardo frettoloso all'insieme del viso (cosa che si ottiene allontanando di poco da sé lo specchietto, per chi non lo sapesse) e sussurra misteriosamente: «Nun c'è malaccio, il trucco farà il resto...»

Non ho mai visto Roberta specchiarsi! È forse per questo che resto lí imbambolata a fissarla fino a che la sua voce alta adesso, argentina esclama: «E mo' che famo?»

Non capisco se parla a me o a Peppino, o a tutta una folla che probabilmente assiste invisibile allo spettacolo.

«Co' 'sti tacchi, cazzo, nun è che posso annà lontano, eh Peppino?»

Parla a Peppino che sempre piú divertito, allontanando la pipa dalla bocca, risponde: «Non credo, ma ci sono i taxi...»

«Ben detto, ce ne chiameresti uno?»

«Con molto piacere!» dice lui alzandosi e avviandosi verso il nostro portone. In quanto a me che mi ero preparata a subire interrogatori sulla mia sparizione, con relative mie spiegazioni seguite da valanghe di parole, non so che fare né cosa pensare, attratta solo da due gambe lunghissime – che non conoscevo – cosí snelle e ben modellate da sorprendermi in una personcina che al massimo arriva all'uno e sessanta di altezza; ma anche questo è sciocco da parte tua, Goliarda: sai bene che quell'uno e sessanta è la misura ideale per una ballerina classica. E per un attimo aspetto con ansia che quella ballerina cominci finalmente il suo assolo, che sarebbe stato stupendo, lo giuro, se il taxi non fosse già arrivato e se Peppino non ci aprisse già lo sportello. La ballerina manda un leggero bacio volante che raccolto sulle labbra dai polpastrelli di rosa viene scagliato nell'aere verso la folla plaudente. Dove ha imparato quel gesto primo Novecento la mia ballerinetta? Informazione cinetelevisiva sotto il cui fuoco continuo è cresciuta? O memoria ancestrale? Non me ne importa niente! Sempre questo vizio di analizzare, che come una zanzara ti piomba addosso perfino mentre stai facendo all'amore e ti distrugge il bel momento che è poi la vita, perché in barba a tutte le filosofie del mondo la vita è fatta solo di momenti. E anche quel prepararmi al nostro incontro, con pianificazioni degne solo del piú vile economo, non è stato un'assoluta perdita di tempo e di energia dovendo io incontrare la vita? Da oggi chiamerò Roberta Vita.

«Sei preoccupata per i soldi del taxi? Se è cosí non è il caso perché ne ho un mucchio: ho depredato una delle sorelle di mia madre. Lei, mia madre, è povera o dice di esserlo per soddisfare le esigenze di mio padre, geniale colonizzatore di femmine educate all'antica! Quanto è antica mia madre!»

«Hai rubato in casa?»

«No! Non ce n'è bisogno! – Non capisco se ride o reprime il pianto mentre continua: – Basta terrorizzarle. Lo faccio solo quando sono proprio senza grana. In genere preferisco guadagnarmela la grana: meno dispendio di energia emotivo-intellettuale! La prima che mi capita sotto tiro delle quattro sorelle – gemme divine del primo Novecento! Non lo dico io, le chiamavano cosí per quanto erano belle – la prima che becco le faccio quattro urlacci e sotto la paura sborsa! Mi dispiace per mia madre, ma pure lei, cazzo che tutta la vita ha coperto mio padre, che è come me spiccicato: delinquenza e tutto! Perché non vuole, non dico essermi complice, ma nemmeno consenziente come lo è con lui? Cazzo! Quando l'ho scoperto a dieci, undici anni mi sono sentita ingiustamente abbandonata. Spergiurava di amare solo me e invece amava solo i maschi, prima mio padre e dopo mio fratello! E da allora mi vendico anche se senza piacere, come è sempre la vendetta per amore...»

Ecco che in poche parole m'ha raccontato senza frange sentimentali, coperture, quello che uno psicanalista ai tempi della mia giovinezza ci avrebbe messo almeno tre anni per tirare fuori a qualcuna della mia generazione... Deve aver sentito che ho associato il suo racconto con la psicanalisi perché tornando calma, pacata dice: «Ti interessa Lacan?»

Sto per rispondere ma lei continua: «Non hai risposto subito, è segno che la pensi come me, non sarebbe la prima volta! Cara Goliarda, hai finito di meravigliarmi. È un po' fanfarone come tutti gli intellettuali francesi. Che bei commercianti del loro intelletto, eh? Ma qualcosa c'è in quel dello *specchio*, *l'altro*, *le parole*... in ogni caso sempre diramazioni delle teorie del Grande Vecchio! o mi sbaglio?»

«Freud, vuoi dire?»

«Lo sai benissimo che parlo di lui, lo chiamavamo cosí là, non ricordi? Hai detto anche che lo invidiavi molto...»

«Ah sí? – chiedo io stupita della sua memoria. – Perché lo invidiavo?»

«Perché si deve essere divertito un sacco a disgregare le leggi della famiglia! Mi sembra di vederlo, con la barba bianca e gli occhiali già da bambino, a smontare pezzo per pezzo il gran meccano della favolosa famiglia ottocentesca che la storia ebraica gli aveva messo in mano per venerare! Come se la rideva a ogni pezzo che levava e buttava dalla finestra! Certo, ci ha incasinati un sacco! O forse no... Chissà! Quello che so... – continua a voce bassa annuvolata, – ... è che non è vero quello che le tue amiche femministe dicono di lui, non era misogino».

«Anch'io non sono d'accordo, ma come fai a sapere che le frequento? Là di questo proprio non ne abbiamo parlato».

«Quella bella ragazza amazzone-style, che ti stava appiccicata in tribunale come un *apone* alla sua ginestra, è una femminista, e di quelle storiche anche, e lesbica anche, e ho l'idea che sia di quelle di "Pompeo Magno" anche».

«Sí, è vero, ma come l'hai capito?»

«L'ho detto! Sono storiche ormai, datate, se non ti offendi per lei».

«Se si agisce, cara, ci si data».

«La difendi?»

«Certo, mi è molto cara».

«Chi è?»

«Una ragazzina che raccolsi a casa mia quando avevo soldi, nel '68, credo, e che era scappata di casa. Meno male che avevo i soldi per farlo! È un po' una mia figlietta, e ti piaccia o no ne ha fatta molta di strada con mia piena soddisfazione».

«E ci sei andata a letto, quando avevi molti soldi?»

«No».

«Ah!»

«Come ah?»

«Mi ha irritata vedertela a fianco, irritazione di gelosia, anche per questo t'ho snobbato quel giorno... Certo che sei proprio da museo anche tu, cara Goliarda!»

«Anche Marcella me lo diceva là a Rebibbia».

«Sí, lo immagino, ma lei intendeva il tuo aspetto politico – e si sbagliava, o meglio ha creduto a quello che tu volevi farle credere – perché politicamente baravi, e quella ortodossa estremista sortita dalla sinistra del Pci non poteva capire o accettare il tuo gioco anarchico individualista – se è sincero e non sei una spia – nel quale ti sei buttata anima e corpo. Io dicevo da museo nei sentimenti... quelli proprio sanno di muffa! Stiamo arrivando... A proposito domani mattina c'è il processo di Marcella, ci vieni?»

«Certo».

«È per questo che Albert s'è incazzato, sapendo che tu venivi voleva venire anche lui, ma non deve, si espone troppo! Eccoci arrivate, fermi un attimo per piacere e ci aspetti».

«È qui che sta Barbara?»

«No, hai voglia! Sta all'Acqua Bulicante, voglio farti vedere una cosa...»

Fuori dal taxi, come due turiste bizzarre fra l'urlio del traffico in quel punto di Roma – infernale – con le macchine che ci sfiorano i fianchi e strapazzano i capelli, i pensieri, Roberta con la manina ridivenuta esile, quasi tremante, il viso improvvisamente commosso mi indica una scritta gigantesca a lettere cubitali che riempie tutta l'arcata del tunnel di Porta Maggiore dove c'è scritto: «Le ore del nostro presente sono già leggenda».

«Vedi? Chissà chi l'ha scritto! Mi sono informata ma nessuno ne sa niente! La cosa piú strana è che è lí da prima che entrassi in carcere l'ultima volta: che vuol dire quasi due anni fa. Come mai non la cancellano? La prima cosa che ho fatto quando sono uscita è stato di correre qua a vedere. Certo, questo è un quartiere fitto fitto di compagni, ma nondimeno è strano! Ho fatto bene a fartela vedere, vero? È una rarità!»

Rientrando nel taxi ha proprio l'aria di una turista orgogliosa di aver portato una sua amica a vedere qualche pezzo raro. Soddisfatta si adagia nel taxi fissandomi per godersi fino all'ultimo l'emozione che quella scritta mi ha comunicato e che sento aleggiare sulle mie guance in maniera cosí vistosa da vergognarmi. Non faccio in tempo a comporre la mia emozione che la sua voce completamente mutata riecheggia triste nel piccolo spazio: «Ogni volta che sorto di prigione è la stessa solfa: per quanti programmi, giuramenti a me stessa mi possa fare, ce ricasco sempre come 'na pivellina ch'è stata bevuta per la prima vorta e per la prima vorta se sente chiama': "liberante". Nun è che 'sto cascarci me ferisce nell'orgoglio, è che me fa perde tempo, contatti, denaro, cazzo, e me ritrovo come stamattina c'ho dovuto fare un atto di forza con quella povera crista de mi' zia...»

Roberta quando parla con se stessa usa un intraducibile romanesco semplicissimo, monotono come una ninna nanna contadina... Nel seguire le sillabe che man mano che si addentra nel ragionamento si distanziano pericolosamente – so per esperienza che questo prelude a un sonno profondo – comincio ad agitarmi: il paesaggio intorno è mutato, una vera e propria Selva Nera di palazzi ci sfreccia ai fianchi della macchina oscurando il sole che solo pochi secondi prima ancora splendeva, anche se al tramonto. Non conosco quella parte di Roma. Roberta ha dato all'autista solo il nome del quartiere.

Sto per svegliarla quando lei pallidissima, la bella fronte non troppo alta ma spaziosa alle tempie, velate da un sudore perlato, mi afferra le mani come a sorreggersi per non annegare sibilandomi all'orecchio: «Digli di fermarsi, per carità, Goliarda! Devo scendere subito! Nella mia borsa ci sono i soldi, paga tu, subito!»

Non ho fatto in tempo a comunicare col taxista che lei già sta aprendo lo sportello, ma io le afferro il braccio e riesco a trattenerla almeno fino a che la macchina non si ferma davanti a uno stretto marciapiede pieno di una folla che piú che camminare sembra rincorrersi, urtarsi, afferrarsi per i capelli, dare calcioni a destra e manca. Pago e la inseguo perché (quasi non credo ai miei occhi) nel frattempo lei s'è già messa a camminare cosí svelta che se non faccio presto la perdo alla prima delle tante traverse di quella strada infernale.

La mia attenzione è polarizzata solo su come faccia ad andare cosí svelta calzando quelle scarpette di vernice nera con veri e propri trampoli per tacchi. Quando la raggiungo tutto l'alone di prima ballerina è sparito: il vestito come sgualcito, i capelli in disordine. Ma le gambette trottano ancora, anche se un po' anchilosate. E forse perché in fondo ho avuto paura di perderla, forse perché lei anche se finge di non vedermi m'ha lanciato uno sguardo di traverso, scoppio in una grande risata, non isterica, una vera risata per il nuovo spettacolo che mi si offre... Non è di tutti i giorni incontrare una prima ballerina ubriaca vestita di tutto punto per la scena in mezzo a una folla di vestitini perbene da pomeriggio, jeans, magliette americane e semplici grembiuloni comodi per le faccende di casa e per fare la spesa.

Alla mia risata lei si ferma e mettendosi le mani sui fianchi esclama: «Ridi, ridi su 'sto cazzo! Io soffro come un cane e lei ride la stronza, oh! Come a Rebibbia!»

È arrabbiatissima strappandomi la borsetta che tengo ancora fra le mani, ma la sua rabbia non dura che un attimo, giusto il tempo di rigirare la borsa da tutti i lati. È una di quelle minute borse lucide e pesanti, fitte fitte di perline grigiopiombo, che fra le dita hanno la consistenza di un piccolo animale esotico un po' lugubre. Probabilmente il contatto di quell'oggetto la riporta alla realtà, e fissando le mie mani rimaste vuote continua rivolgendosi a loro, e non a me: «Ma anche lei ci ha ragione, poveraccia! (parla di me). Che ne sa lei di carcerazione? C'è stata troppo poco...»

Non ha finito di formulare questo pensiero che l'incazzatura la riprende, e rivolgendosi ora proprio a me fissandomi in pieno viso: «Ma anche tu, con quell'aria che ti ritrovi di capire tutto e in tutti i momenti porti all'esasperazione, cazzo! È colpa tua! Entriamo in un bar, ho sete!»

La seguo in silenzio un po' umiliata, anche perché sento che ha ragione, profondamente ragione, di lamentarsi di questo mio modo di apparire agli altri. Mentre mi seggo al tavolino che lei ha scelto, giuro a me stessa di correggerlo questo mio lato, correggerlo assolutamente a costo di... non so a costo di che, ma correggerlo.

O Roberta s'è calmata o è la mia decisione che agisce dentro di me da tranquillante, perché una pace incredibile mi scende dentro davanti a quei due tè freddi, ambrati e densi quasi come quelli che a ogni cantone sperduto puoi ottenere in Turchia... Certo, là li sorbiscono sempre caldi sia d'inverno che d'estate, ma la trasparenza del vetro, il colore e il profumo sono gli stessi, e con sorpresa noto alzando finalmente gli occhi che anche l'ombra è la stessa delle tante caffetterie che rendono Istanbul tutto un salotto frequentatissimo vivace e quieto: anche qui grandi volte turchesi ci sovrastano e innumerevoli tavolini ovali di ghisa e marmo bianco ci circondano.

«Ti sei offesa che taci cosí?»

«No, perché hai ragione».

«Una domanda dura, Goliarda. Quando accetti di avere torto in questo modo è perché ne sei convinta, o è una manovra per piacere o altro?»

«Non è una manovra di nessun genere, e soprattutto non da spia, se è questo che vuoi intendere».

«Infatti anche a Rebibbia questo tuo modo di essere suonava molto sincero... Andiamo?»

«No, per una volta no! Mi devi spiegare a che cosa alludevi dicendo che io non potevo capire niente di carcerazione».

«Be' sí, questa volta hai ragione tu! Non è che voglia essere elusiva a tutti i costi, volpona mia! È che quando qualsiasi dolore o malessere mi passa non mi va piú di parlarne. Dovevi chiedere – subito – là quando siamo scese dal taxi».

Il *tempo* di Roberta è misterioso e inafferrabile anche piú del tempo che ho sperimentato a Rebibbia: dice *là* come se da quando siamo scese dal taxi fossero passati dieci, venti anni...

Perché *lei* c'è cresciuta nella reclusione, in quella scacchiera interminabile di ore sezionate fino allo spasimo in minuti e secondi, e forse in qualche misura temporale ancora piú impercettibile a noi di fuori. In carcere Roberta ha avuto impartita la sua educazione – fin da quando vi entrò per la prima volta a quattordici anni – come tu che leggi l'hai avuta dalle suore o alle scuole pubbliche o in qualche esclusivo collegio d'Oltralpe. L'alone di questo tempo (per il momento non catalogato dagli scienziati) suggella nel suo sguardo una sapienza mistica da vecchio santone che sbalordisce in quegli esili corpi adolescenti. Eh sí, perché anche Marrò aveva quello sguardo e perfino Annunciazione... e proprio in virtú di questo sguardo erano tenute in grande rispetto dalle casuali o dilettanti della detenzione come Marcella, Barbara e Suzie Wong stessa che bene o male approdò in quei lidi la prima volta a venticinque anni, quando – è noto – sei già piú che formata dal *fuori*. Sconvolta da questa scoperta che solo *fuori* potevo fare, non ho piú parole o domande da porre. Tutto mi sembra inutile pettegolezzo davanti alla consapevolezza di trovarmi in presenza di uno dei primi esemplari nati culturalmente in quella che ci ostiniamo ancora a chiamare prigione, ma che in realtà non è che un territorio chiuso o riserva di minoranze destinato a ingrandirsi in questa nostra era di omologazione totale.

Alzo gli occhi a guardarla: se ne sta in silenzio, le pupille sotto le pesanti palpebre rivoltate verso il suo animo in una lettura o contemplazione di sé quasi terrificante per me straniera a quell'esercizio con se stessi.

Quelle pupille rivolte all'interno stanno ascoltando i miei pensieri sezionandoli e vagliandoli?, mi dico allarmata come davanti a un'antica strega o veggente in cerca di anime di cui impossessarsi per saziare la sua fame di diversità. O semplicemente per il suo divertimento di collezionista?

Mettendo mano alla mia borsa per fare un qualsiasi atto terreno sto quasi per alzarmi quando lei calma alza gli occhi enormi innocenti, e con voce remota mi ferma: «Mi deludi, Goliarda. Per una volta che mi stavi ponendo una domanda precisa, ti spaventi e ti ritiri come dopo una sconfitta?»

La sua voce è una sfida cui non posso sottrarmi. Riassestandomi sulla sedia, con molta fatica mi rassegno alla sua volontà anche se so bene che qualsiasi sua spiegazione io straniera non la capirò. O se comprenderò la lettera delle sue parole, il significato profondo di quel che dice, non potrò afferrarlo mai. Per capirla dovrei, se non nascere come lei in una prigione, almeno andarci subito e starci diciamo venti, venticinque anni. Ma lei aspetta e sono costretta a dire: «Oh, non è niente, volevo solo sapere di questo disturbo al quale accennavi...»

Al che lei pronta, disponibile come un qualsiasi straniero educato al quale chiedi come si dice *pane*, *acqua*, *colazione*: «Non volevo essere elusiva prima, è che ero convinta di avertene parlato a Rebibbia... Perché l'unica cosa che quando sto là mi tormenta è l'idea di uscire in libertà.

Vedi, appena mi sbattono fuori dal portone centrale in quel piazzale immenso – questo l'hai provato anche tu, no? – mi prende un attimo di panico per tutta quell'immensità di luce e aria che mi viene incontro. Ma dopo pochi minuti questo panico si tramuta in una tale fame di strade, negozi, visi nuovi che vengo presa da un desiderio smisurato *di movimento* che non riesco a placare in nessun modo. Cosí comincio a vagare come un'ossessa per la città. Entro ed esco dai bar dove tutto mi appare favoloso e comincio a ingozzarmi di tutte le cose buone e le immonnezze che vendono, ho fame e sete di tutto, anche delle chiacchiere con chiunque mi caschi fra i piedi. Questo sembrerebbe bello ma non lo è. Perché man mano che cammino e mi sbatto, subentra la stanchezza fisica che chiede d'essere appagata, ma io non riesco a sentire ragione e via, via, per le strade, come in un delirio o in un incubo... È per questo che molti, appena usciti di prigione, a volte finiscono sotto un autobus, o rubano subito pur di addentare quello che per tanto tempo gli è mancato. E vengono immediatamente riarrestati o malmenati da qualche bottegaio...

Capisci? Quest'ultima volta poi è stato terribile! E chi se l'aspettava? In fondo non avevo passato dentro che un anno, ma questo impulso ad "andare" fu terribile, anche per questo non ti ho telefonato... cosí terribile che dopo un giorno e una notte che giravo mi venne l'idea, pur di non affrontare un luogo chiuso (infatti non riesco a stare chiusa né a casa mia, né in tram, né in un cinema, hai visto prima nel taxi?) Bene... mi viene l'idea di andare a trovare una mia compagna delle elementari che ormai da sei anni vive alla stazione Termini... Sai, di quelle che dormono dalla parte di via Marsala sotto le arcate e si coprono coi cartoni. Lí ci sono gli sbocchi del riscaldamento e d'inverno è comodo un po' di calduccio. Questa mia amica Sabrina era la bambinuccia piú bella della scuola, quasi l'invidiavamo per quanto era bella. Poi cominciò ad andare in giro esattamente come me: a dodici, tredici anni, ma non fu fortunata come me. Io, per destino o fiuto, chissà!, individuai subito in quel quartiere di fascisti nel quale vivo la sezione del partito comunista, e questo mi salvò. Incominciai a interessarmi di politica, sai com'è? Aiutare i grandi ad attaccare manifesti, seguire i discorsi in sezione, le manifestazioni per il Vietnam, tutte cose vitali che anche se inframmezzate dai soliti spinelli non comportavano alcun pericolo. Lei – Sabrina – invece scantonò troppo dal suo quartiere e affrontò il centro: piazza Navona, Campo de' Fiori, Trastevere. Il centro è molto pericoloso soprattutto per noi dei quartieri avulsi dal mondo che chiamano residenziali. Per quelli che scendono dalle borgate è diverso. Quelli conoscono nella loro carne la lotta per il pane o lotta di classe come vuoi, e quando decidono di andarci sanno a cosa vanno incontro... Ma Sabrina fece il salto troppo lungo, non a caso era non solo la piú bella di noi ma anche la piú intelligente e creativa. Spinta dalla curiosità si buttò giú a corpo morto verso Trastevere e cadde in preda a quei quattro *hippy* del "dopo cena", che si vestono hippy la sera, ma pronti la mattina dopo a riindossare l'abito borghese per seguire papà e mammà a qualche matrimonio.

Per tornare a Sabrina cominciò a seguire una di queste bande che la fece passare direttamente all'eroina, quindi al piccolo spaccio, il piú pericoloso. Per disgrazia non l'arrestarono mai! Perché in casi come questi ho notato che un arresto precoce può darti una drizzata. Ma forse adesso che te ne parlo, fu il nome del padre – un noto magistrato – che la rovinò! Probabilmente l'avevano *bevuta* quella volta che il padre annunciò a mia madre che l'aveva ritrovata! Avviene di frequente: il poliziotto invece di spedirla a Rebibbia, telefona al padre che accorre subito e se la porta a casa.

Da allora cominciò per lei la terribile trafila dello psicanalista venduto al sistema, delle cliniche specializzate... sino ai soliti elettrochoc che finirono – chissà quanti gliene hanno fatti! – per azzerare la sua intelligenza... Dimenticò tutto: chi era, quanti anni aveva... Anche la droga, pensa, ma non l'istinto di fuggire di casa, che astutamente metteva in atto in barba a portieri, infermieri, sorelle... A furia di scappare non so quante volte, i genitori furono costretti a lasciarla andare. Cosí lei da tre anni vive d'elemosine alla stazione Termini. Non fa niente: sesso, droga, fame, sono sopiti in lei. Quando mangia lo fa meccanicamente, con noia, come se il suo fisico la spingesse a forza. Beve molta acqua – questo l'ho notato – ma per mangiare aspetta che qualcuno – c'è sempre qualcuno a Roma – le dia qualcosa come si fa coi gatti... Ma lei questo qualcosa se lo tiene nel grembo per ore prima di decidersi a portarlo alla bocca. L'unica cosa che chiede sono i gettoni; elemosina gettoni e telefona continuamente. Non riuscivo a capire a chi potesse telefonare. La seguii e scoprii il mistero: fa un numero a caso, sente i rumori e ride! Sono le uniche volte che ride. Ebbene, per tornare a questa mia ultima uscita di prigione, andai da lei e non so come a un certo punto mi sono addormentata... Non mi piace il sentimentalismo, lo sai, ma all'alba l'osservare che lei s'era levata il suo cartone per stenderlo su me mi fece piangere a lungo».

Sbalordita, mi sento dire: «Me la fai conoscere?»

«No. Mi sembrerebbe di tradire la sua immagine, come dire? Di "venderla" cosí com'è adesso e io la voglio ricordare come era allora integra... Scusami ma non te la farò vedere mai, volpona mia! E ora su, di corsa, o Barbara ci fa a pezzi e ne avrebbe tutte le ragioni!»

Seguendola fuori dal bar, cerco di ricordare la sua voce e non è inganno della mente: nel canto a onda lunga nel quale modulava il racconto, rari ma irresistibili risucchi di astratto erotismo mi attiravano verso il fondo del suo inconscio. Solo alla voce calda e al consueto abbraccio umano di Barbara riemergo a fatica. Intorno a me già si parlotta animatamente e qualcuno ride forte. Non c'è una folla, questo lo so, sono soltanto loro due a creare tutto quel cicaleccio. Anche in cella era cosí prima che Barbara, tentando il suicidio, fosse lasciata andare in libertà provvisoria, penso ancora rattristata dalla sua partenza...

«Allora, vi piace o non vi piace la mia profumeria? Oh! Ancora non è finita! Sapessi che buco infame era prima! Arredatore? Oh no, ho fatto tutto io! Ma quanto costa la *boiserie*! Ma è bella, vero? E pure le piante di bambú quanto costano! Ma ho voluto che 'sto mio primo negozietto fosse il piú bello di Roma! Ancora non fa effetto, devo attaccare i vellutini nelle scansie... le faccio rosse, che dite? Solo colori sfumati con un tocco di rosso... E dove l'hanno mai vista all'Acqua Bulicante 'na sciccheria simile? Lo sai che nelle prime settimane non osavano d'entra'? Tanto che l'amico mio orefice, si fa per dire, ricettatore di razza e di tradizione, ma onesto oh, non credete che ne sto parlanno male, m'aveva consigliato di buttare tutto *giú* e rifarlo un po' piú accessibile pe' 'ste contrade. Ma io, sai come so' io, quanno voglio 'na cosa quella ha da esse! E poi coll'omo mio cosí di gusto e con tutti i locali di prima categoria che m'ha fatto vede' in giro pe'l mondo, ti pare che io posso stare otto ore al giorno chiusa in un posto che mi avvilisce? Tanto valeva allora restare con voi a Rebibbia! Cosí non do retta a sor Gino e continuo a perfezionarla... certo, con strizza sempre crescente perché nei primi mesi non si vedeva una donna che fosse una! Come se nel quartiere fossero morte tutte d'un colpo. Ma un bel giorno, proprio il giorno che sistemai i bambú, ecco che la prima si decide a entrà! Oh! Non ce crederai, Goliarda, mi batteva il cuore per l'emozione! Ora vengono a frotte, e la cosa piú divertente è che prima di venire qua nel mio negozio si vestono come se dovessero andare a teatro! Io incoraggio questa tendenza perché ho notato che piú se vestono bene e piú spendono... Ma che sto a di'? Vi sto a introna' de chiacchiere invece di andare al sodo, non con te Goliarda, ma con Roberta che è venuta qua per una ragione precisa...»

«Meno male che hai stoppato in tempo con st'esaltazione botteghiera perché mi stava a veni' n'attacco isterico», dice triste Roberta, cosí triste che Barbara ammutolisce umiliata come sempre quando l'amica di cella prende quell'aria invece di darle sulla voce come è solita fare.

«Ho esagerato, eh Robbe'?»

«Come sempre, – risponde Roberta, aggiungendo: – Come sempre quando ti vuoi convincere di qualcosa che tutti dicono che è giusto, meraviglioso fare, ma che nel tuo intimo invece aborri! Ah Barbara! A te non te ne frega niente di 'sto negozio!»

Queste parole di Roberta devono avere un potere misterioso perché Barbara dopo attimi di incertezza panica si decide a sorridere dicendo: «Se non ce fossi tu Roberta a dare coraggio l'appiattimento sarebbe sicuro! Ma ora tu ci sei... ci sei vero?»

Forse perché Roberta non risponde la voce di Barbara si rompe, il sorriso sparisce mentre esplode: «Nun te fa' incarcera' n'altra volta, Robbe'! Sta' con noi, almeno per un po' sta' con noi!»

Quel risvolto improvviso, con voce implorante, drammatica ma senza lagrime mi impietra sulla sediolina rococò tutta curve e velluti, e quasi desidero non essere mai entrata in quel bel negozietto dall'aria serena di un *boudoir*. Se potessi me ne scapperei, ma il mio corpo non mi ubbidisce piú; ha preso una sua decisione autonoma e se ne sta lí – a dispetto dell'intelligenza – a godersi tutto il fantastico e il drammatico che a ogni ora esplodeva là nella cella 27 e che sembra non abbia confini fisici per rivivere: bastano anche solo due persone per rimettere in moto quel tempo, con mura, voci, odori. O forse è perché Barbara ha abbassato la saracinesca del negozio e chiusa la porta, dal momento che è l'ora di chiusura? Non è a causa di questo, è Roberta che ha la facoltà di materializzare la nostra cella e riproporla filtrata attraverso il suo desiderio come unico luogo mitico a cui nell'appiattimento generale (Barbara l'ha detto prima) approdare... Anche adesso, perché non risponde alla sua amica rassicurandola? Come può resistere a quel silenzio di tomba che è scivolato fra noi, senza mutare di un palpito l'espressione del viso?

Qualche secondo al massimo è durato il mio assentarmi da loro, ma abbastanza per far sentire «sola» Barbara e non mi fa trasalire il suo grido rivolto verso di me: «E tu che fai lí per conto tuo? Diglielo pure tu che io ho una favola d'amore chiuso in carcere, e che devo stare fuori a lottare per farlo usci'... Le lettere che mi scrive da quando sono fuori! È geloso ora che sono fuori, e soffre il doppio... No, no, e no! Io non ce voglio tornà in galera! Una volta m'è bastato! E poi anche perché m'hai quasi ammazzata, cara Roberta! Guarda qua Goliarda, guarda come m'ha sbreccato le braccia – quasi ne perdevo l'uso – la delinquente! Per farmi usci', non dico, ma guarda a che prezzo! E perché l'hai fatto se ora te ne vieni a propormi cose e cose che non posso di' davanti a una estranea – scusa Goliarda non t'offenne – ma cose pericolose al massimo. Ma lo sai che te dico? Te dico che finalmente t'ho capita: tu allora m'hai fatto usci' – facendo quello che io non avevo il coraggio de fa' – ma solo per divertirti. Eh sí, divertirti a farmi prendere un po' d'aria fuori e ora divertirti il doppio facendomi rianna' dentro...»

Fu Roberta, allora, confusa fra le vecchiette a tagliare le vene di Barbara! Ecco perché dopo sguazzava in mezzo a quel sangue senza muovere ciglio... anzi mi sembra ora di ricordare che ridesse. Nel tentativo di ingoiare la «verità» che inconsciamente avevo cercato di non vedere, il mio sguardo cerca le sue mani forti quasi da giovane chirurgo cosí estranee a tutta la sua persona: se ne stanno immobili ora, una sull'altra posate sul grembo come due colombe candide a tubare. Affascinata starei lí per ore a contemplare quei colombi, quando la sua voce cavernosa e dolce – sembra uscire direttamente dallo stomaco – mi fa abbandonare le sue mani e fissarla in viso. È bianco anch'esso come composto in un marmo levigato mentre dice: «Non sei all'altezza, Barbara! È questo che, con banalità di ogni genere, stai dichiarando davanti a estranei, come tu definisci Goliarda. Come non detto! Me lo potevi dire subito e non avrei insistito piú. In fondo il tuo innamoramento per Tano, il tuo seguirlo nell'avventura dell'extralegalità non è stato che un colpo di testa di una borghesuccia qualsiasi. Ma scusa, se la conclusione di tutti i colpi favolosi che hai vissuto con Tano deve finire col procurarti una sedia comoda dietro un bancone di vendita, non facevi prima a terminare anche tu gli studi e seguire tua sorella nella farmacia che tuo padre v'ha lasciato in eredità? Non vedo che differenza c'è fra il vendere profumo o medicinali... Oggi poi! Hanno delle confezioni cosí divertenti e suggestive! No, zitta! Fammi finire... In te poi non c'è nemmeno la giustificazione del salto di classe che si ammette in quelle povere ragazzine che dalle baracche scendono al centro malvestite, denutrite, senza istruzione... Le ho sempre ammirate, e seguendole ho capito la genialità e il coraggio dei nostri antichi emigranti. Affrontare un mondo ostile, il confronto con l'eleganza e la bellezza delle ragazze del centro, dei Parioli, eccetera, e poi trovarsi un posticino in uno di questi quartieri è il massimo coronamento della loro avventura, ma tu – e se sbaglio dopo correggimi – a questo punto mi appari proprio una misera borghesuccia a cui un anno di galera – cosí com'è per molti ragazzi il servizio militare – è bastato a far passare tutti i grilli dalla testa. Ho capito adesso la soddisfazione di tua madre. È anche ingrassata per la soddisfazione! E poi, giusto per finirti il mio pensiero – dopo si torna amici come prima, che credi di fare preparando questo "nido" di negozietto per il tuo Tano? Credi che un colosso come lui, che c'è quasi cresciuto in carcere, una volta uscito si metta qui a bottega a fare conti su conti, a seguire orari, in una parola, a servire?»

«Oh Dio! È vero, non potrà mai! Tano non potrà mai, a meno che... Mi scrive di insistere col negozio, gli piace che me ne occupo!»

«Ti sei proprio rincoglionita, Barbara? È certo, anch'io farei cosí, lo fa per tenerti occupata *onestamente* durante la sua detenzione, cosí sa dove sei: è una garanzia per ritrovarti come t'ha lasciata».

«Hai ragione! Ma forse, non cerco scusanti con te, ma mentre parlavi m'è parso d'aver capito una cosa: e cioè che anche per me 'sto negozio è solo un modo di aspettare che lui esca facendo qualcosa che a lui fa piacere, e poi so' giovane cazzo!

Se comincio a frequenta' uomini interessanti! Ce semo intesi? Che dici Robbè, potrebbe essere questa la ragione del mio rincoglionimento?»

«Ho sempre saputo che sei geniale, Barbara! Anch'io non ci avevo pensato. Potrebbe essere... ma se fosse cosí lo ami proprio...»

«Come se non te l'avessi detto!»

«Alle parole io non presto piú attenzione almeno da quando avevo tredici anni, ormai ascolto solo *il feeling* che le pervade...»

Parlando le due amiche hanno gradualmente abbassato la voce e si sono avvicinate l'una all'altra (di me non parlo perché mi hanno dimenticata completamente), e ora si tengono le mani. Barbara, come avevo notato entrando nel suo negozio, fuori da Rebibbia sembra piú alta ed elegante e, cosa che invece mi era sfuggita, s'è scolorita la folta chioma in un bel rosso cupo smagliante che sempre piú la fa sembrare la Bonnie che ho incontrato a Rebibbia. Mentre osservo tranquilla dalla poltroncina comoda il loro riavvicinarsi progressivo che termina in un abbraccio silenzioso (Barbara tutta piegata per essere in grado di stringere la vitina di vespa di Roberta, Roberta quasi in punta di piedi per essere in grado di abbarbicarsi al collo di Barbara) non posso non sorprendermi alle frasi sussurrate che quelle due si scambiano, ora, quasi divertite.

Roberta: «Fammi vede' 'ste ferite terribili che t'avrei fatto!»

Barbara: «Guarda, guarda che segni viola, sembrano due serpentacci e forse dovrò fare la plastica, cazzo!»

Roberta: «Ma tu, quando con la lametta feci il primo taglio non sembravi nemmeno spaventata e mi dicevi: forza Roberta, dacci sotto coll'altro...»

Barbara: «Ah! Dicevo cosí? Incosciente!»

Roberta: «Eh no, cosciente. Sapevi che se non facevamo sul serio col cazzo che uscivi con quel popò di imputazioni che t'avevano dato».

Barbara: «E tu ti sei spaventata?»

Roberta: «Capirai, ho visto ben altro!»

Barbara: «La delinquente! E te ne vanti?»

Roberta: «No, non ero spaventata del sangue, *dopo* ero spaventata. Che credi che anch'io non ho rischiato per aiutarti? Dopo mi vennero tanti dubbi su te...»

Barbara: «Che dubbi?»

Roberta: «Se m'ero sbagliata? Se tu sotto l'operazione, col dolore che è terribile, che so?, *sbroccavi*? Perché t'hanno interrogata, no?»

Barbara: «E certo! Mentre il medico operava, quell'altro a chiedere minaccioso: com'è stato? Con che l'hai fatto? T'ha aiutata qualcuna? Sai come fanno...»

Roberta: «Ecco! E se m'ero sbagliata sulla tua integrità? S'eri nata infame sotto st'apparenza di dea che ti ritrovi – quante ne ho viste! – e dicevi che ero stata io? Lo sai che mi beccavo l'accusa di tentato omicidio?»

Barbara: «Oh, povera Robertina mia, chissà che momenti!»

Roberta: «Lo puoi dire! Dove la trovi 'n'amica che s'espone a tanto per il tuo bene? Eh, dillo, dove la trovi? E tu hai il coraggio di rifiutare a un'amica cosí un piccolo favore?»

Barbara: «No Robbe', tutto ma non *quello*! E adesso che sei piú calma, ti ridico quello che cento volte t'ho detto a Rebibbia: io sono contraria all'eroina, moralmente contraria. Io su questo piano non t'aiuto. Per essere chiari: io non voglio concorrere alla tua distruzione. Ma cazzo! – continua Barbara sempre piú dolcemente. – Cazzo, t'eri disintossicata cosí bene a Rebibbia! Eri cosí forte! Perché vuoi ricomincia', Robbe'? Perché? Mi piaci tanto quando sei in te, lucida, intelligente come adesso».

Roberta: «Come adesso, dice la mia dea cojona! Ma lo sai che è dalla sera stessa che sono uscita che mi faccio? Non dici niente, eh? Anche tu cosí intelligentona a farti infinocchiare da quei mistificatori che oggi chiamano *opinion maker*? Ma lo sai che muoiono piú ragazzi sulle moto che d'eroina? Perché non mettono fuorilegge motociclette, motorini e fumo, eh? C'è modo e modo di drogarsi – vedi Agnelli! – e c'è droga e droga. È per questo che t'avevo chiesto se conoscevi qualcuno di fiducia. Non mi pare d'averti chiesto niente di rischioso: solo se sai di qualcuno diciamo serio sul mercato. Io ce l'avevo uno sicuro, ma è sparito...»

Non ascolto piú, mentre uno strano sudore m'invade la schiena alla rivelazione che mi è stata scaraventata addosso cosí semplicemente... Come è possibile?, mi chiedo, mentre – malgrado me stessa – la mia mente corre indietro affannosa a ricercare nel passato qualche atteggiamento sospetto nel comportamento di Roberta che forse, nell'infatuazione tipica di tutti gli inizi di rapporto, sia d'amore che d'amicizia, m'era sfuggito... Ma non trovo nulla, o quel *nulla* è solo il tipico vuoto confusionale che afferra chiunque sia stato investito da una disgrazia? Al sudore, una smania di muovermi mi assale cosí forte da indurmi a cercare con gli occhi un luogo qualsiasi dove nascondermi da loro e, sola, riprendere il possesso delle mie emozioni.

Proprio davanti a me, una specchiera ad altezza naturale delimitata da una sottile cornice d'oro, mi suggerisce che dietro ci deve essere un bagno. Che forse, a Rebibbia, Barbara non ripeteva sempre che al momento che avesse avuto un buco tutto suo la stanza piú bella sarebbe stata adibita a bagno?

Spingendo lo specchio, piano, che loro non si accorgano del mio malessere, mi trovo in uno spazio cosí immenso – a confronto del negozio – cosí lucente di maioliche rosa, specchi, ottoni intervallati sapientemente da piante sontuose, che mi scopro a piangere di commozione. Piango per il bel sogno di un bagno finalmente realizzato? Certo, quel bagno è cosí simile a come Barbara cento volte ce l'aveva illustrato là a Rebibbia, che potrebbe anche essere. Ma quelle lagrime sono per Roberta, e ricacciandole mi infilo sotto il getto d'acqua magnifico nell'intento di lavar via almeno la confusione... Lagrime inutili, mi dico insaponandomi per bene, aggiungendo: vedi di accettare la realtà senza scandalo o turpi moralismi e cerca invece una via per aiutarla! Ma come? Trascinandola in qualche clinica miracolosa (come sembra Rizzoli abbia fatto con la sua amica) dove cambiano completamente il sangue? Ci vogliono milioni. Soldi! Soldi! Soldi! A ogni crocicchio dei «buoni propositi» l'esattore della *legge del profitto* ti attende con fauci affamate d'oro sonante. Oro e usura: usura usura usura! Grande vecchio Ezra Pound dalla fronte maestosa e lo sguardo vergine di fanciullo nutrito solo dalle linee inviolate delle sue montagne! Ecco, la poesia! Spingerla ad approfondire la dote piú spiccata che Roberta possiede. Le sue lettere ne sono la prova. Lettere piene di personaggi incontrati nelle varie carceri da lei visitate, degne di una vera scrittrice... ecco, coinvolgerla nella stesura di un romanzo a due voci. Non è cosa risaputa forse, che la letteratura può essere un toccasana a tutte le malattie dello spirito?

Nel viaggio atemporale dei progetti devo essere andata cosí lontano da avere un vero e proprio sobbalzo di paura nel sentirmi chiamare. Sulla porta socchiusa scorgo due faccette amiche, e sarei felice di rivederle se non mi rendessi conto di essere tutta nuda, e per colmo di ridicolo seduta su uno sgabello, le gambe accavallate e con una sigaretta fra le dita che, dai loro sguardi divertiti, realizzo di portare alle labbra come persona vestita di tutto punto, se non addirittura in abito da sera. Appena vedono che ho notato la loro presenza scoppiano in una grande risata. Il primo istinto è di fuggire, ma in questi casi – ho piú d'una umiliante esperienza alle mie spalle – è meglio non slanciarsi alla cieca in cerca di un nascondiglio, ma stare fermi e rimbalzare lo scherzo: «No, non andate via, tanto ormai la figuraccia l'ho fatta! Entrate pure».

Questo mio invito fomenta le loro risate che crescono man mano che io con calma, come se ne avessi abbastanza del fumo, spengo la sigaretta nel piccolo portacenere a forma di conchiglia che tengo nella mano destra, lo poso, mi avvio verso i vestiti e mi infilo almeno le mutandine. Con questo scudo potente per chi ha provato il «tutto nudo», me la sento di avere abbastanza voce per superare le loro risate e rimbeccare: «Si può sapere che c'è da ridere? Mi vergogno a farmi vedere nuda, e con questo?»

«È che... – si decide infine Roberta, – ... siamo passate dallo stupore della tua sparizione, alla paura che ti fosse successo qualcosa e cosí quando ci siamo decise a entrare...»

«Senti, Roberta... – mi trovo a dire con voce irritata per la minaccia di quel gioco ebete sul pudore che le loro risatine riannunciano implacabile, – capisco Barbara ma tu proprio non ci hai niente da ridere! Perché non solo non ti si vede mai nuda, ma nemmeno scollata! A Rebibbia poi indossavi quei pigiami sformati di flanella che coprono piú di un cappotto!»

«Oh Dio, è vero! – esplode Barbara. – Quanto eri buffa! Goliarda ha ragione!»

«Certo che ho ragione! – riaffermo io, con tigna piú ebete del loro già ebete scherzo, e come se non bastasse mi sento, dire vergognandomi: – Ne approfittate perché sapete la mia età, e questo vi permette di annoverarmi fra le vostre pudiche madri e zie, e questo è sleale! Sleale al massimo!»

«Eh no, cara la mia volpona! Intanto il tuo dichiarare l'età ogni due o tre giorni è di un'aggressività piú che sleale, e poi hai voglia a protestare, si vede benissimo che il tuo è pudore d'altri tempi!»

«Be', questo non lo capisco, Roberta!» si inserisce Barbara perplessa.

«Ma è chiaro che non lo capisci perché anche tu sei antica quanto Goliarda col tuo continuo mostrare pezzi di cosce, di seni spudoratamente: a spudorato pudore opponi spudorato mostrarsi».

«Ah! – esala Barbara quasi senza forze mentre Roberta continua: – Eh sí, perché il mio rifiuto di mostrarmi nuda non nasce dal "pudore" ma da una presa di posizione precisa verso la moda creata dai froci e come tale tendente solo e sempre a ridurre la bellezza delle forme femminili... A casa ho trent'anni di "Vogue"! Presto mi è stato chiaro che non hanno fatto altro che cercare di annullare il fascino della donna, mascherandola in maniera assurda o riducendola, che so, a un trapezio, un cubo, eccetera. O come adesso convincendola a denudarsi sapendo benissimo che anche il nudo quando è troppo vanifica qualsiasi bellezza».

La lezione è stata buttata lí con tale sicurezza e noncuranza nello stesso tempo che io e Barbara non troviamo niente di meglio che accettarla in silenzio... E poi visto che la *nostra maestra* ha parlato tanto, si prenda lei ora anche la briga faticosa di rompere il nostro mutismo dimostrativo.

Ma Roberta non se ne cura né tanto né quanto e comincia ad aprirsi la cerniera (quale altra lezione si prepara a impartirci?) annunciando con la stessa voce fintamente drammatica che usava a Rebibbia quando decideva: «*Oggi voglio rendere difficile la vita alle secondine!*» che sottintendeva: «*Chi mi ama mi segua!*»: «Ora io mi faccio una bella doccia!»

«E fredda spero! Che ti si levi la stronzaggine che t'ha preso!»

«Eh sí, Barbara, lo so: stronzaggine marxistaleninista! È colpa di mio marito. Ero troppo giovane quando l'ho sposato. Ma che eroe è! Bello, audace, profondo! Peccato c'ho deciso di divorziare».

«Sí, figurati! È un anno che lo dici! Non lo farai mai».

Già, Roberta è sposata, l'avevo quasi dimenticato. E mentre loro (Roberta con la cerniera aperta lungo il fianco ma vestitissima come sempre, e Barbara che curiosamente si sta ritoccando il trucco) iniziano le solite discussioni su quanto è difficile lasciare chi s'è amato veramente... Goliarda è costretta ad abbandonarle per riascoltare la voce *dell'altra Roberta* che vive ormai solo nella cella della sua memoria: «Oh, qui è tutto un innamoramento, Goliarda! Quei poveracci di guardiani e guardiane hanno piú da fare a contenere queste guerriglie d'amore che il resto. Quando anche loro non finiscono per innamorarsi di qualche reclusa! Di carcere in carcere lettere, fotografie, missive amorose in codice, volano come farfalle in cerca del polline... Almeno nello scrivere ancora c'è grande libertà. E cosí spesso nascono intese che conducono al matrimonio vero e proprio. Anche perché se sei sposata regolarmente, ti è concesso un colloquio settimanale di un'ora faccia a faccia con solo una guardia presente che se ne sta vicino alla porta fingendo di pensare ai fatti suoi se è di buon cuore, se è malvagio non c'è che da sganciargli qualche soldo. Sono cosí pagati male e affamati! Sapessi quanti bambini sono nati qui! Cosí tanti che ho l'impressione che, col tempo, saranno costretti a costruire piú che carceri delle vere riserve indiane per la nostra popolazione.

Il carcere è come un dio precristiano, malvagio e dolcissimo... Non ci credi? Prendi me: in carcere avevo perso il mio primo amore, questo Marco che mi porto appresso tatuato a fuoco sul braccio, guarda!, e che non mi vuole lasciare... Quanto l'amavo!

Eravamo cresciuti insieme, lo stesso cortile ci legava, lo stesso tipo di famiglia un tempo ricchissima ma ormai scaduta a quella semipovertà, piena però di tutte le piú perniciose tradizioni: decoro, spocchia, sonnolente indifferenza verso tutto quello che è nuovo; pervasa sempre dalla nostalgia dell'antica abbondanza che come un veleno sottile – dopo me ne resi conto – ci avvelenava istallandoci una scontentezza e umiliazione costante, come di esseri perseguitati dal fato senza averne colpa.

Insieme, disgustati dall'indigenza morale delle nostre famiglie, cercammo altre strade: l'iscrizione al partito comunista, che allora era l'unico a dare l'impressione di dire parole nuove, fu la tappa d'obbligo. Poi venne il Sessantotto con le azioni di piazza e qualche arresto. Ma mentre io ero abituata al carcere (dal minorile in poi quanti ne avevo già esplorati!) lui, ignaro di questa esperienza, al primo arresto ne morí – come tanti – non riuscendo a superare la prova della cella d'isolamento. Il carcere l'inghiottí, e io per anni fui convinta di non essere piú in grado di innamorarmi.

Ma il carcere toglie e dona esattamente come la vita, e fu cosí che mi fece incontrare per lettera, ancora una volta, l'amore. Purtroppo il mio amore non sfuggirà all'ergastolo, essendo un capo Br. Ed è proprio per questo che l'ho voluto sposare, capisci no? Per dargli forza e prima o poi farò un figlio con lui che gridi a tutti la mostruosità della società in cui viviamo e quanto è forte la nostra volontà di rivolta…»

Come era bella la mia Roberta, allora, nell'affermare il suo diritto all'amore! Perché ora vuole divorziare?

Il dolore che sempre afferra Goliarda quando è costretta ad assistere a un amore, un'amicizia che finisce, la riporta alla realtà di quell'ambiente ormai quasi sommerso da profumi densi di serra tropicale, sperando che quello che Roberta ha detto prima non sia che una crisi passeggera di cui è sempre accidentato il paesaggio d'amore…

«… Ma che chiedi Barbara! Che ne so io del perché l'amore finisce? È nelle cose umane, ed è troppo facile fare supposizioni a posteriori. Io posso offrirti solo un piccolo dato fra i tanti inesplicabili che in me ha concorso ad affrettare la fine del mio rapporto con Paolo: non volevo accettare che il mio dio di un tempo non era che un uomo, sempre straordinario sí, ma solo un uomo. Probabilmente sognavo che la sua supremazia su me restasse sempre all'altezza dei primi anni, quando io – ignorante e giovane – mi mangiavo le sue lettere, e i libri che le sue lettere mi indicavano, con la fame di conoscenza che avevo. Ma si cresce! E ora da qualche anno temo di essere ormai alla sua altezza, e come se non bastasse, con la tragedia della «biforcazione delle strade» che spesso avviene fra due individui che hanno avuto la stessa formazione: lui diviene sempre piú rigido nel suo credo marxista-leninista, io ho incontrato i libri di Raoul Vaneigem, e questo comporta non una piccola sfumatura di differenza ideologica fra noi, ma l'assoluta diversità, perché se per assurdo puoi unire una cattolica a un leninista, mai potrai fare la stessa operazione fra un leninista e un'anarchica...»

«Per me qui l'ideologia non c'entra! È che ti sei innamorata cotta del cileno... Non ci sarebbe niente di strano perché l'hai incontrato fuori, ci sei stata insieme liberamente. Eh! Bene o male vivere insieme, anche se per poco, è sempre qualcosa di piú che continuare a fare l'amore per lettera!»

«No, – risponde Roberta sicura, – col cileno è qualcosa che non capisco, come un attaccamento protettivo da madre che non avevo mai provato prima, e nello stesso tempo un trasporto erotico fortissimo. Ma ora che anche lui è dentro so che non durerà, non è all'altezza dell'altro dietro le mura del carcere. No, il bel cileno non è all'altezza dell'altro!»

«Be', intanto fra una settimana lo vai a trovare, ti hanno accordato la "convivenza" no? Ma come cazzo fa? Sposata con uno che è già in carcere, riesce a farsi dare la convivenza con un altro! È un genio!»

«No, sono loro che sono dei somari! E come somari carichi di tali e tante scartoffie, con l'aggiunta di una volontà precisa di non fare niente e vivere di rendita a spese dello Stato, che chiunque non sia un fesso e con un po' di parlantina ottiene tutto».

«Ma come hai fatto?»

«E dài Barbara, non sono la sola! Basta, quando ti presenti a chiedere lo stato di convivente, non dire che sei sposata – sulla patente non risulta, no? – e loro figurati se vanno a mettere mano a tutte quelle scartoffie per vedere se hai detto la verità! Ho un'amica che si dichiara convivente – solo per dare conforto a quei poveracci che non hanno parenti, amici, sai quanti ce n'è! – con tre detenuti politici allo stesso tempo».

«Favoloso! Se non fosse che ho paura vi seguirei... Voi politiche siete una favola!»

Mi hanno dimenticata di nuovo... Oppure come là a Rebibbia nel regno della sopraffazione assoluta, e nello stesso tempo della assoluta discrezione, *sentendo* che avevo bisogno di riandare lontana col pensiero, si sono ritirate insieme per non disturbarmi?

Dev'essere cosí perché appena ho cominciato a riascoltarle, le loro presenze fisiche ed emotive si rifanno vive con movimenti e sguardi. Roberta si alza dal bordo della doccia dove si era seduta e mi fissa. Barbara, anche se non si muove dal wc che le fa da sedia, mi si rivolge domandandomi: «Che ore sono, Goliarda? – ma visto che non rispondo continua: – E quello stronzo che col cazzo viene a riparare l'orologio del negozio! Mi sa che ho beccato una bufala solenne con quel falso orologio antico degno solo di qualche moschea turca!»

«C'è il telefono...» insinuo timida cominciando a sentire la stanchezza, anche se piacevole, di quella rimpatriata di vecchi commilitoni in cui s'è trasformata la nostra serata. Ma i miei vecchi amici di battaglia – da veri veterani – non hanno nessuna intenzione di porre termine a quel «rito» cosí raro (ogni quanto può avvenire?) di essere di nuovo soli, dopo tanti mesi di banalità quotidiana, a ripensare il passato eccezionale che ci accomuna e che, anche mettendoci tutta la buona volontà, non puoi raccontare a nessuno che non l'abbia vissuto, pena il non essere creduto o, quello che è peggio, passare per mistificatore.

«Sei stata in Turchia, Barbara?» riprende Roberta.

«Certo, in vacanza con Tano... Tu sicuramente ci sei stata eh, Roberta?»

«Sí, ma non in vacanza, per affari, sulla strada per l'India».

«Per affari! Quanto sei noiosa col tuo impegno!»

«Lo so ma è cosí, a volte mi sembra d'essere un vecchio ricercatore di settant'anni tanto, cazzo!, ho inseguito la vita con accanimento alla ricerca – non ti posso dire di che perché non è comunicabile – ma di qualcosa di stupendo... A quattordici anni già passavo la frontiera nascosta nei tir».

«Me l'hai raccontato».

«... Nascosta in quelle caverne immense, via verso l'Olanda!»

«Basta Roberta, ti ripeti. Sei noiosa quando fai cosí! Ho fame!»

«Anch'io, – risponde Roberta calmandosi immediatamente. – Ma prima facciamo una doccia insieme...»

«Ma che sei pazza?»

«E su! È cosí bello qua, sei stata bravissima ad aggeggiare il tutto, l'avessimo avuto a Rebibbia questo piccolo bagno personale! Su, venite, cosí facciamo finta d'essere ancora là a sognare...»

«Ma mi sono già rivestita e poi ho fame!» mi inserisco io ma senza speranza.

«Solo un attimo!» strilla Roberta quasi piangendo, mentre con mani tremanti da bambina s'afferra ai fianchi di Barbara che chiaramente s'era voltata decisa a uscire dalla sala da bagno. I generosi fianchi materni di Barbara hanno come un palpito d'intensa commozione che la costringe a voltarsi verso quell'essere che in un baleno s'è tramutato nella sua creatura: due occhi smisurati d'infante delusa la fissano travolgendo le ultime resistenze della madre che con un sospiro sussurra: «Eh! Quando questa piccola vuole una cosa, non c'è niente da fare! Su, su presto nell'acqua che poi si cena...»

Quante volte ho assistito a questi scambi di ruoli con cui le detenute – solo adesso m'è chiaro – compensavano l'assenza atroce del padre, della madre, dell'amante, del figlio, del fratello... Infatti anche per me non fu spontaneo, naturale, appena conosciuta Marcella col suo sguardo d'angelo guerriero, investirla del ruolo di fratello, figura indispensabile al mio inconscio per sopravvivere? Ed ecco che un ennesimo comportamento collettivo da me allora erroneamente collocato fra le modalità riduttive del gioco (esiste poi il *gioco*?), mi si rivela ora come una delle valvole di scarico delle passioni, indispensabile per non perire sotto quella vera e propria lastra tombale che è il carcere.

«Su, Goliarda, sotto la doccia! Almeno ti servirà per vincere il pudore!»

Ho appena il tempo di alzarmi indecisa che già vedo Barbara nuda dentro il bordo circolare della doccia. Quella nudità non suscita sorpresa. Forse perché nello spogliarsi ha preso quel ritmo svelto e casto di tutte le sportive abituate agli spogliatoi affollati? O perché quella vita cosí sottile in confronto alla curva bellissima dei fianchi, ma al limite dell'eccesso è sempre cosí visibile sotto i vestiti (indossasse anche una tuta d'amianto), da dare la sensazione d'averla sempre vista cosí: nuda come madre natura l'ha fatta. Quella nudità classica, solare – pura come si diceva una volta – m'aiuta a liberarmi dei miei indumenti e, decisa questa volta a vincere l'antico pudore, mi precipito a occhi chiusi nel cerchio scrosciante d'acqua e risa.

Quando riapro gli occhi mi trovo faccia a faccia con Roberta. Un trasalimento di sorpresa mi fa arretrare, quanto posso nel piccolo spazio, il piú lontano possibile. È piccolissima! Come fa a sembrare cosí alta da lontano? Già, penso, è la prima volta che il caso ci ha portate a trovarci cosí vicine e nude, mentre con Barbara è come se fossimo sempre state abbracciate. È cosí; Roberta volutamente o no si tiene sempre lontana da tutti, anche quando ti dà i soliti bacetti di benvenuto... È questo che la fa apparire sempre remota e inafferrabile? No, anche ora che (vicinissima) la scruto, cercando di afferrare il suo segreto, è come se una distanza insormontabile si spalancasse fra lei e me. Che sia la lieve cortina di pioggia che cala costante a vestirla di innumerevoli perline d'acqua?

L'ho già vista cosí, ma quando? Invano frugo nella memoria senza trovare il luogo, la situazione che possa chiarirmi la sensazione di «già vissuto» che m'invade tutta. Identica a come la ricordavo se ne sta composta, in punta di piedi, il viso rovesciato verso l'alto, gli occhi chiusi, la bocca cupida quasi spalancata (a bere l'acqua?), le braccia stese verso la fonte come presa da una melodia interna che la spinge a un passo di danza a noi sconosciuto. Sarà perché non cura di mettere al riparo i capelli, che ormai si sono tramutati in tante onde d'acqua nera che rendono le sue carni di un bianco morbido tutto curve soavi, la sua nudità è cosí scandalosa da non lasciare scampo alla mente bersagliata da tutte le promesse di carezze, baci, strette furtive.

Per trovare scampo a quella sensazione guardo Barbara, che dopo essersi strofinata, o che so, almeno mossa come tutti i comuni mortali che si trovino a fare una doccia, è ora sul punto di uscire dall'acqua. La seguo giurando a me stessa che non butterò mai piú un solo sguardo su quella nudità cosí evocativa di dolci abbandoni da compromettere anche la piú ferrata salute mentale.

Anche Barbara la deve pensare allo stesso modo perché asciugandosi, dimentica della mia presenza, l'occhio calamitato *dall'apparizione* sussurra: «Ma quanto è *sexy*! Un'altra volta l'avevo vista nuda, c'era un caldo terribile nella cella, e all'alba non potendone piú m'ero alzata disperata, giro gli occhi e la vedo cosí come adesso sdraiata nel suo letto con le braccia e il viso rivolti verso l'alto, le gambe in posa di danza... E pensare che quando m'aveva accettata nella sua cella m'era sembrata una ragazzetta qualsiasi capitata a Rebibbia per sbaglio!»

«Che stai a di'?» esclama Roberta girando il rubinetto languida, come a malincuore, mentre un improvviso silenzio da dopo-temporale si spande intorno carico d'abbracci umidi, insidiosi.

«Sto a di', – risponde Barbara riscuotendosi dal letargo con voce gaia, – che sei un pericolo pubblico numero uno!»

«Ma va'! – risponde Roberta sempre immobile sul suo piedistallo. – Pensa a passarmi l'asciugamano invece!»

«Eccolo! E asciugati bene i capelli che ti raffreddi!»

«Non ho mai preso un raffreddore in vita mia!»

«Mitomane!» replica Barbara seguendo altri pensieri che dopo qualche attimo si decide a comunicare a me, solo a me, dato che ha voltato le spalle alla compagna intenta ora ad avvolgersi nel lenzuolo.

«La cosa che non capisco, Goliarda, è il perché mi debba piacere 'sta delinquente! A me poi le donne non fanno né caldo né freddo! Eppure ogni tanto mi trovo a pensare che è stata una stronzata con tutto il tempo che abbiamo passato in cella insieme – e sole pure – non avere avuto qualche scambio amoroso… Anche a te piace?»

Sto per rispondere di sí quando Roberta con voce ferma si intromette: «Lascia perdere, Goliarda! Io non voglio sapere se piaccio a Goliarda, né se a me piace Goliarda! Questa tua domanda è un'aggressione, e prima che fai l'ingenua chiedendo perché penso che sia un'aggressione, te lo spiego subito: con la tua domanda tu precipiti una possibile intesa fisica che potrebbe nascere fra me e lei, o meglio la costringi a pensarci con la conseguenza di metterla in guardia e spaventarla. Questo è tipico terrorismo da moglie!»

«Ma io volevo solo sapere se sente come me, se rimpiange di non avere avuto una storia con te, là a Rebibbia, quando siete rimaste sole. A proposito, quanto tempo siete rimaste sole?»

«La vuoi finire di fare il maschio! Aiutami ad asciugarmi invece…»

«Come il maschio? – riprende Barbara sinceramente sbalordita. – Prima mi dai della moglie, poi del maschio, ma che niente niente sei impazzita?»

«Affatto: come tutta la nostra generazione, io compresa, non facciamo che passare da atteggiamenti maschilisti ad atteggiamenti donneschi. Prima rimpiangi di non avermi scopata, poi ti prende il sospetto con relativa gelosia che Goliarda l'abbia fatto, e indaghi… Queste cose avvengono se *devono* avvenire! O almeno sono belle *solo* se avvengono spontaneamente».

«Senti prima che m'incazzo veramente, cerca di spiegarmi quale sarebbe questo lato di mogliaccia che avrei».

«Be', è semplicissimo! Avendo col tuo fiuto femminilissimo intuito che io e Goliarda ci piacciamo senza saperlo, ce l'hai rivelato per inibirci tutt'e due… guardati bene dentro… e cerca di ricordarti quante volte l'hai visto fare alle mogli che hai conosciuto, e quante volte, povero Tano, l'avrai fatto con lui mandandogli all'aria qualche feeling nascente».

Ancora una volta sbalordita dalla possibilità di discutere, anche duramente, che queste discenti della grande università carceraria hanno, non posso non annotare tutti i loro gesti e parole meticolosamente, cosí meticolosamente da dimenticare tutto, anche me stessa. Durante lo scontro in atto, nessun nervosismo, né impennate isteriche, né voci rancorose hanno turbato il procedere *dell'azione tempo*: Barbara ha avvoltolato la nudità di Roberta nel grande lenzuolo azzurrino, poi le ha asciugato le spalle e ora, con un altro asciugamano, sta almeno cercando di togliere l'eccesso d'acqua che le impregna i capelli.

«Cosí mi dai della maschilista e della donnetta?»

«Sí, ma come tutte... meno le donne delle Br, che oltre a queste confusioni culturali che ci affliggono... La donna sta in un momento di trapasso dalla società contadina a quella postindustriale senza, almeno per noi italiane, avere assorbito lo stadio industriale vero e proprio... Che ci voi fa' Barbara, chi vive s'imbroglia!»

«Stavi parlando della donna Br, non perderti al tuo solito in disquisizioni, diventi noiosa quando fai cosí!»

«Ah sí, le donne Br! Le ho conosciute bene, capirai un anno e passa con loro, nel carcere speciale di Messina!»

«Vai al sodo, cazzo!»

«Be', loro di confusioni ne hanno tre. Sono a volte maschiliste, a volte mogli e a volte guerrieri, ma di quelli veri, di quelli che conoscono l'odore del sangue. L'odore del sangue dà la piú formidabile delle ubriacature, altro che alcool o eroina! E quello che è peggio, ubriacatura di "verità rivelata", cosicché sono convinte che avendo anche loro ucciso come gli uomini, hanno superato tutti gli stadi intermedi del processo evolutivo per divenire pari all'uomo. Sapessi che questo uccidere con le proprie mani può far bene a noi donne, sapessi questo, tornerei dalla loro parte. Ma non lo credo anche se loro si dichiarano postfemministe... tutto è *post* in questi anni Ottanta, Barbara! Ho fame!»

Ripetendo tre volte «Ho fame», Roberta lascia cadere l'asciugamano che l'avvolge, e dopo essere stata qualche secondo immobile (un'offerta alla nostra intesa ritrovata), si accinge a rivestirsi mentre Barbara riprende a parlare in quel linguaggio sintetico sempre in bilico fra lingua italiana e romanesco, colmo di invenzioni che le accomuna: linguaggio che purtroppo nessuno di noi può riuscire a riprodurre e che aspetta ancora il suo poeta...

Sono cosí presa nell'immaginare chi sarà il predestinato, forse qualcuno che ho intravisto per strada, o al momento sta studiando seppellito in un carcere lontano, o Roberta stessa cosí giovane e che oltretutto scrive cosí bene, quando Barbara mi spinge ad alzarmi dallo sgabello sul quale – chissà quando – mi sono seduta.

Barbara ridendo mi solleva quasi di peso per sfilarmi da sotto il vestito di Roberta. Imbarazzata per quel: «Ce l'aveva sotto il culo quest'altra pazza, oh! È certo che non potevamo non incontrarci tre pazze da niente che semo!» sto per scusarmi alla vista di che autentico straccio è diventato il bel vestito nero quando mi fermo in tempo dall'essere ridicola: loro non tengono ai vestiti come le antiche donne della mia generazione. E se quel capolavoro di stoffa e taglio (doveva essere un vestito autentico di qualcuna delle zie di Roberta) è servito a regalare loro un po' d'allegria, si ritengono ripagate del danno.

«E dài Goliarda! Ridi pure tu! Tanto non è colpa tua! Devi esserci nata con questa possibilità di sballo ch'ogni tanto ti prende. Beata te, che non hai bisogno di droga!»

La parola *droga* mi frusta tutto il corpo e spinge i miei occhi a cercare le braccia ancora nude di Roberta, sperando che quello che Barbara ha detto prima non sia vero. So di averlo sperato fortemente solo quando i miei occhi si fermano sui lievi segni rossi che implacabili marchiano il delicato biancore dell'incavo delle braccia e che – curiosamente – Roberta sta rivoltando lentamente verso di me. Che abbia *sentito* il mio impulso a non voler prendere coscienza della verità? Ma non ho tempo né possibilità di analizzare l'inconscia volontà sua e mia, sommersa da una seconda ondata d'amarezza forse piú potente di quella che mi afferrò al *tempo* della scoperta.

All'amarezza subentra nei miei sensi una sorta di rassegnazione che m'impedisce di rispondere al loro cicaleccio che ha ripreso vita, nutrito dalla scoperta dell'assoluta inservibilità del vestito di Roberta e dalla ricerca di Barbara di qualcosa che possa vestirla.

«Meno male che penso a tutto, io! Come lo sapessi! Tengo sempre qualche cosetta qui in negozio! Fosse mai che sudo troppo o solo mi va di cambiarmi...»

Le braccia di Roberta cosí polpose – nude – e cosí snelle ora, ricoperte di una bella seta verde-nilo, opaca e aderente, riprendono curiosamente ad avanzare verso di me spalancate, finché me le sento leggere e calde posarsi intorno alle mie spalle. Quel contatto mi costringe a guardarla: due grandi occhi mi fissano cosí intensamente da ridestare in me la curiosità di appurare di che colore siano. Ho sempre dubitato di quel bruno compatto a volte quasi nero, a volte lampeggiante di scariche rossigne. Un'occasione unica mi si offre e ne devo approfittare subito. Piano piano comincio a scomporre i due, tre colori che compongono quel marrone scuro. C'è una patina d'oro che crea quel famoso *mordorè* regale – ora che è intenta a scoprire cosa m'ha preso – il quale scivola subito, appena crede di aver capito, in un tutto giallo di esultanza, per riaddensarsi infine – forse a causa della mia amarezza – in un lago pervaso dai cento verdi rossi viola di tutti i laghi presi dalla commozione del tramonto.

Mi perdo in quel lago dove – non è illusione dei sensi – lagrime appannano la superficie senza materializzarsi in gocce vere e proprie.

«Non essere triste, Goliarda, io non ti sospetto piú».

La meraviglia di quella frase inaspettata deve aver scosso i miei nervi perché con vergogna non solo sento lagrime scendere giú per il viso ma anche la mia voce farfugliare: «Oh, grazie, grazie... E Barbara?»

«Oh, Barbara è già da Rebibbia che non ti sospetta piú, e devo dire che aveva ragione ma io, che vuoi... cioè... io in questo sono una stressata dello stare in guardia: deviazione del mestiere di galeotta!»

Sorride adesso e nel sorriso veri fasci color miele invadono le sue pupille ma io stremata mi auguro solo che lei tolga le braccia dalle mie spalle che ormai piú che premere sono diventate un tutt'uno caldo con la mia carne. Ma non c'è niente da fare, quel tutt'uno di carne calda, piena di brividi, non solo non se ne vuole andare ma s'avvicina paurosamente facendo scomparire i suoi occhi sostituiti da un aereo vorticare di linee; nel vortice due labbra chiuse, carnose e resistenti si stampano sulle mie, un attimo che dura un secolo e che solo la voce di Barbara ha il potere di staccare.

«È tutto pronto! Ti sei decisa a dirglielo, stronza, invece di continuare a rovinarci la festa con la tua paranoia di spie e traditori?»

«Oh sí, - dice Roberta con voce lieve, - lo sai che piangeva? E io mi sono bevuta tutte le sue lagrime. Mi sono sempre piaciute le lagrime, è vero Goliarda che sanno di mare?»

Detto questo, succhiandosi le ultime giú fra il mio collo e l'omero, rialza il viso soddisfatta, e liberandomi si incammina verso Barbara leccandosi le labbra proprio come un bambino finalmente sazio di gelato.

Quel bacio inaspettato finisce di stravolgere tutte le emozioni che dal pomeriggio Roberta mi ha scaraventato addosso con un'intensità cosí continua da farmi apparire quelle ore come un lungo tempo cosí pieno di «eventi» da divenire già un passato al quale poter riandare con la memoria. Sto nell'occhio del ciclone - mi dico - e se non mi decido a compiere un'azione immediata per uscirne diverrà inevitabile giocarmi il mio presente e il mio futuro. E non è solo come candidamente pensavo, al tempo del nostro primo incontro fuori da Rebibbia, il trascurabile pericolo di ritornare, frequentandola, per la seconda volta in prigione, ma la certezza che continuare a seguirla cosí come sto facendo presto significherà per me riaffrontare ancora una volta la completa distruzione di quello che sono oggi 10 aprile 1980 e la conseguente *resurrezione* che purtroppo segue sempre (quanto è piú facile morire una volta per tutte!) le *piccole morti per amore* che perseguitano noi miseri mortali.

E poi, dove sistemare nel mio organismo preindustriale forgiato al «decoro», il ridicolo - oh, non agli occhi degli altri - dello spettacolo di un risveglio dei sensi cosí tardivo da indurre al sospetto di sopraggiunta senilità? Mai la vicinanza carnale di una donna, delle tante da me amate mentalmente, aveva risvegliato i miei sensi. E perché, natura maligna, mettermela sotto il naso proprio quando, appagata dall'incontro felice con un uomo (o ne è proprio questa la causa?), avevo riposto il mio lato omosessuale nel cantuccio sereno della sublimazione dove, a dispetto di tutte le mode, c'è anche felicità?

Perché oltretutto impersonarmi questo risveglio in una ragazzina che potrebbe essere mia figlia? Esagero, forse?, mi domando riandando per l'ennesima volta a questo pomeriggio con la speranza di trovare una piccola via d'ironia da imboccare (tante volte mi sono salvata cosí). No, non è esagerazione. L'eco piena di brividi travolgenti che quelle braccia e quelle labbra tumide m'hanno stampato addosso facendomi perdere la nozione di me stessa e la fame ne sono un segno inequivocabile. Nessuna donna prima m'aveva fatto perdere l'appetito.

Mastico, certo, le buone cose che Barbara ha tirato fuori e con grazia servito su un piccolo tavolino pieghevole, ma non ne sento il sapore. Maledetta natura, mi ripeto decisa a non mollare la strada dell'ironia, deve essere androgina questa dea spensierata e amorale che si diverte a oppormi barriere su barriere, specialmente da quando decisi di scandagliare l'inconscio degli altri (partendo dal mio) per essere in grado di rubare le loro immagini e riprodurle nei miei scritti. Che *lei* senta questo come atto criminoso? Vuole forse provare la mia tenacia? O punirmi? O solo darmi una bella occasione per morire? Già, l'abbandonarmi alla mia «tentazione» avrebbe un senso solo se fosse il gradino ultimo da salire verso la grande avventura biologica che attende tutti noi, e che non deve essere lontana dato il lungo cammino da me già compiuto su questo pianeta.

Il pensiero della morte deve avere una forza immane di comunicazione in certi organismi, perché Roberta alzando un attimo gli occhi preoccupata mi fissa in una domanda muta. Per scacciare quella preoccupazione affascinante ma troppo erotica ormai per me – mi volesse far credere *anche* che io le piaccio e sono fritta! – le sorrido con vero e proprio panico impotente verso le pulsioni erotiche che ormai sgorgano naturali dalle mie annose membra quando mi sento dire l'idiozia piú idiota, propria a tutti gli innamorati da che mondo è mondo: «Sai Roberta, ora che ti ho rivista "fuori" capisco che quello che sentii a Rebibbia la prima volta che ti vidi era vero... – Mento come tutti gli innamorati! – Sentii che fra le tante ragioni inconsce e no che mi spinsero verso la prigione c'era anche, e forse era la piú importante, quella di incontrarti». L'involuzione del discorsetto è cosí palese che mi preparo a sentirle se non sghignazzare, almeno ridere. Conosco bene la lezione di Rebibbia: tutto viene perdonato meno il luogo comune e l'artificiosità stilistica, ma con mia grande sorpresa non solo restano mute, ma capto nel silenzio che è caduto fra noi, una serietà cosí profonda da farmi sospettare di avere detto una verità ineluttabile da loro già presa in considerazione.

Dovrei a questo punto, sempre che avessi ancora la testa a posto, virare il tutto sullo scherzo ma non ci riesco. Cosí la risposta di Roberta non solo mi stupisce ma assurdamente mi riempie di pace: «Lo sapevo Goliarda, anch'io quando t'ho vista – Barbara ne è testimone – ho pensato lo stesso. Anche perché tu mi braccavi, mentalmente dico, molto da vicino e... dato che capimmo subito che non eri una lesbica pensammo che dovevi essere una spia».

«Oh, per me... – esclama Barbara, – è tutto molto chiaro oggi. Datemi della romantica, ma per me Goliarda è una scrittrice e sapeva che in prigione avrebbe trovato un tipo come te che – non faccio per dire – a volte sono gelosa di come Goliarda ti studia – sei proprio interessante e... insomma avete capito».

«No! – risponde Roberta. – E non perché questa tua concezione dello scrittore sia romantica – siamo tutti romantici oggi forse anche per reagire all'appiattimento e alla banalizzazione con cui hanno cercato di tenerci in riga nel passato – ma perché sento che c'è "altro" fra me e Goliarda».

«Ascolta... – mi sento dire spaventata per la frase che malgrado me stessa si sta formulando nel mio pensiero, – se un giorno non ne potessi piú di questa colonia penale e nosocomio insieme che è diventata la nostra società, e ne volessi uscire... tu, tu mi inietteresti un'overdose per aiutarmi cosí come hai tagliato le vene a Barbara perché lei non aveva il coraggio di farlo?»

«Se proprio lo volessi, certo che lo farei. Non aiutare una compagna in carcere è la piú terribile delle infamie, e anche la prova piú dura che devi affrontare in quel luogo, tu ci sei stata troppo poco per sperimentarlo. Io ormai l'ho superata tante volte che in piena fede ti posso rispondere, sí».

«Oh, basta, basta! Mi fate venire la pelle d'oca! Ma che sei impazzita, Goliarda? Finitela!»

Il grido di Barbara è cosí potente da farci saltare in piedi in allarme anche perché s'è rizzata tutta nella sua alta statura da corifea, e dopo aver preso a passeggiare, approfittando del nostro silenzio sbalordito, tramuta il grido iniziale in un monologo tormentoso rivolto verso di me: «Ma questa è pazza! Chiedere a quella delinquente un'overdose! Manco lo chiedi che ti ritrovi già all'altro mondo! Lo so io! Io sola lo posso sapere che ho visto lo sguardo ch'aveva quando affondava la lametta nella carne: la carne prima si fece tutta blu e tutta a bollicine, e poi come una seta si cominciò a lacerare... oh, Dio! E subito il sangue prese a schizzare come una fontana! Non lo fare Goliarda, no!» Mentre il monologo continua volgo lo sguardo verso Roberta che, invece di prepararsi a ribattere o cose del genere, s'è riseduta comodamente come se fosse a teatro, il visetto appeso ai gesti, ai passi, alle impennate della testa, le giravolte improvvise della primadonna, con un'espressione ammirata, la bocca socchiusa in un sorriso di godimento.

Anch'io mi seggo troppo sconvolta dal pathos che sprigiona da Barbara per pensare a qualcosa di concreto, e me ne sto lí imbambolata quando in una breve pausa del monologo Roberta, voltando verso di me solo gli occhi, mi comunica con lo sguardo: «È proprio magnifica, eh, Goliarda?», per subito tornare a fissare l'amica e non perdersi nemmeno per un secondo la scena madre.

Solo quando Barbara, esauriti argomenti e pathos – cosa che avviene abbastanza rapidamente se nessuno rimbecca – si butta sulla sua sedia in un silenzio sfinito, la voce di Roberta si fa viva: «Ti rendi conto che ci hai fatto una scenata di gelosia? La seconda, per essere precise?»

«Ma che gelosia! – risponde calma ora Barbara. – Io non voglio che Goliarda ti cada in mano!»

«La gelosia si ammanta spesso dell'alibi del salvare qualcuno da qualcun altro! Cioè, in parole spicciole: tu non vuoi che io e Goliarda si arrivi al livello profondo di amicizia che abbiamo raggiunto noi due quando ti ho tagliato le vene. E ti posso capire. Se sospettassi qualcosa del genere fra te e Goliarda, non so che farei. Non c'è niente di male nella gelosia. E poi tu la esterni in maniera cosí magistrale! È difficile, giuro che è difficile, restare cosí belle piangendo e urlando come una bestia! Suzie Wong aveva ragione, sei una grande attrice».

«Oh Suzie Wong! – esclama Barbara come se quel nome le facesse passare tutto. – Quanto era cara e che ospitalità! Che ore magnifiche abbiamo passato nella sua cella! C'è speranza che esca la nostra piccola cinesina?»

«Con traffico internazionale di droga sulla groppa?»

«Ma ha già fatto sei anni!»

«E ti meravigli? È povera, e come tutti i poveri i suoi dodici anni se li farà tutti...»

«Ma se conosco gente che con sei mesi...»

«Senti, non scoprire l'acqua calda dell'ingiustizia sociale! Se non fosse cosí che forse *noi* ci saremmo sognati di passare alla disobbedienza per puro capriccio o noia? Cazzo, ci hanno spinto «loro» a prendere il partito della guerriglia, con la loro terroristica spocchia di potere... Bene, amiche care, non so voi, ma io casco dal sonno e mi sento soddisfattissima di questo meeting post carcerario che mi ripaga dell'anno in piú di voi che ho fatto... Eh sí, mi ripaga perché il vostro acconsentire a stare insieme cosí a lungo è segno che anche per voi il ricordo di *là* non s'è perduto... La morte vera è dimenticare, eh, Goliarda?»

«Acconsentire?! – esclama Barbara. – Io sono stata felice, felice come *là*! Oh, se si potesse solo uscire ed entrare a piacimento, Rebibbia sarebbe una favola andarci a vivere!»

L'uscita di Barbara è cosí spontanea da rendere il nonsense appena formulato di una comicità travolgente. Ridiamo fino alle lagrime seguendo (come sempre avviene in questi casi) associazioni di immagini sul tema «carcere con facoltà di uscire ed entrare», dove tutti vogliono andare – se non a vivere – almeno a passare le vacanze.

«È chiaro che istituiremmo subito il numero chiuso... – insiste Barbara che si sente già una di quelle che prenderanno in mano l'organizzazione dell'affare. – Dovremmo trovare uno sponsor, però! Che dici, Roberta, un politico o un comune?»

«Insieme, insieme: Curcio & Cutolo! Suona anche bene *Curcio & Cutolo*!»

Ridere – si sa – stanca piú di qualsiasi emozione seriosa, cosicché esaurite tutte le possibili divagazioni sul tema, ci ritroviamo sfinite ancora inchiodate alle nostre poltroncine, invase anche da un pensiero terrorizzante: questa riunione non finirà mai! O solo quando, finiti i viveri, l'acqua, la luce, moriremo tutte e tre, e poi dopo secoli, quando si decideranno a sfondare quel tempio dell'amicizia, ci vorranno i soliti archeologi per sapere chi erano quelle tre mummiette trovate intatte in un negozio preguerra nucleare in via dell'Acqua Bulicante n. 208...

Sono io che continuo a fantasticare in quel modo? No, è Roberta che parla. Solo lei può rompere l'incantesimo che ha creato. Con questo convincimento profondo mi appisolo non so come – credo poggiando la testa nell'aria – ma cosí profondamente da avere un vero colpo al cuore quando Barbara con parole dolci e mani delicate mi riscuote dicendo: «Su, su Goliarda, andiamo a casa! Io sto a due passi, ma Roberta ti accompagnerà...»

Quando riprendo coscienza tutto intorno è cambiato cosí completamente che ho il sospetto di aver dormito otto ore. O è solo perché Barbara ha tirato su la saracinesca? Roberta – chissà perché poi? – con un'aria efficiente che non le vedevo dai tempi di Rebibbia dice con voce limpida: «Allora a domani sera, Barbara. Guarda che ci conto: devo assolutamente alzare grana e molta: ormai tutti i compagni sanno che sono in libertà, e si aspettano il solito aiuto... E poi devo pagare l'avvocato per il cileno, devo trovare uno specialista che vada a trovarlo a

Bad' e Carros e veda un po' perché la sua gamba si continua ad accorciare malgrado l'operazione...»

«Sí, sí, te l'ho promesso. Domani andiamo all'Hilton insieme: ti presento al pianista... Te l'ho detto: se si tratta solo di trovare ricconi che desiderano "conversare", non ho difficoltà ad aiutarti».

«Promesso?»

«E quante volte te lo devo promettere, Roberta? Su, andiamo!»

Trascinata da Barbara, come posso mi sveglio giusto per non fare la figura della mollacciona davanti a tanta energia e possibilità di piani futuri che quelle due energumene sprizzano da tutti i pori.

«Eh sí, Goliarda ha ragione, siamo proprio delle energumene!»

Constatare che loro hanno ascoltato i miei pensieri mi sferza, cosicché quando mi trovo fuori dal negozio col frastuono della saracinesca abbassata alle spalle e il vuoto delle strade appena rischiarate dalla «diffusa» della prealba, mi è forza chiedere: «Ma quanto ho dormito?»

«Oh, pochi minuti».

«E che ore sono?»

A questa domanda Barbara tira fuori dalla sua borsa un orologino minuto e mi risponde: «Le cinque e un quarto». Perché, penso io, per tutta la sera ha tenuto nascosta quella possibilità di tempo reale che aveva a portata di mano? Le fisso in quella luce perlacea. Il loro aspetto soddisfatto e felice mi risponde: volutamente hanno inteso viaggiare fuori del tempo queste nuove cosmonaute votate al *trip* cosmico. Già, concludo soddisfatta anch'io, come potrebbe essere diverso in un mondo che s'è rimpicciolito in un fazzoletto di terra e mare imbrattati che le spinge organicamente verso il «fuori»? Perché tutto forse si può togliere all'uomo ma non la pulsione alla corsa, al viaggio con relativa scoperta di nuovi mondi da esplorare.

«Senti che sonno agitato, pieno d'incubi trapela da tutte quelle finestre chiuse? Che dico, chiuse? Sbarrate contro l'esterno. Tutte le volte che mi sono trovata a fare l'alba e cosí a spiare il sonno della città ho avuto l'impressione che piú che riposarsi, questi poveri esseri assediati si sforzassero a chiudere gli occhi per racimolare quel minimo di forze per essere in grado al mattino di riprendere una guerra atroce già perduta in partenza... Sí, una specie di tregua d'armi primitiva. Ora poi che le Br hanno fatto riassaggiare il sapore del sangue al branco sembra proprio che dietro ogni facciata il loro sonno sia impastato dalla terribile duplicità: desiderio e ripulsa del sangue. Nelle piccole città, in campagna, il sonno è ancora sonno, o lo era fino a qualche anno fa. Anch'io ho fatto l'esperienza della comune agricola: miraggio nato da noi? Indotto? Chissà! Certo, a qualche anno di distanza dalla mia adolescenza, constatare l'immensa mole di denaro che ha fruttato lo slogan "tornare alla natura", fa pensare a una strategia economica precisa. Ma che m'importa! Indotto o spontaneo, anch'io partecipai disperatamente a quel sogno di una liberazione che ci parve scorgere "nella sana fatica dei campi», nel «lavoro in comune". Finí nelle solite litigate perché quasi tutti vivevano a sbafo di quei pochi che si sobbarcavano tutto il lavoro. Gli altri, esattamente come in città, o suonavano la chitarra – spesso male! – o continuavano a drogarsi nei cantucci ancora puliti a ridosso di magnifiche chiese, palazzi, giardinetti inquinandoli... che schifezza...

Ancora una traversa e poi ti porto a casa, Goliarda, non ti preoccupare... Ti dicevo la schifezza di quell'esperienza che per mia fortuna capii presto fondata sulla solita "doppia moralità" cosí bene focalizzata dalla Kollontaj, e cioè: stare lí a fare il nostro comodo alle spalle della comune come un tempo alle spalle della famiglia, ma con l'alto ideale di avere trovato la "via alternativa" e con essa una moralità nuova. Capii e me ne ritornai in città dove anche se la strada che ho scelto è male... Almeno è un male che mi pago sulla mia pelle».

Le parole di Roberta, o meglio i contenuti che queste esprimono sono cosí identici ai miei che seguendola nella passeggiata che lei ha deciso di fare per andare chissà dove, ho quasi l'impressione di essere io a parlare o a pensare ad alta voce. Anche lei sente questo perché mai una richiesta di consenso viene a turbare il flusso del suo ragionamento, né una pausa di dubbio di non essere capita si mostra nei rari sguardi che mi rivolge.

S'è fermata ora la mia sosia, e non faccio in tempo ad afferrare la gravità della scoperta che s'è profilata alla mia mente sotto la forma di questa parola che tutto l'orrore misto all'attrazione di vedersi vivere in un'altra persona – identica carne e ossa – mi blocca le ginocchia. O uno specchio diabolico s'è materializzato nell'aria?, mi chiedo mentre mi tornano addosso tutti i terrori dell'infanzia isolana: le rupi vertiginose che dal cielo al mare danzano ossesse, il ronzio degli scarafaggi ciechi volanti, le vecchie donne giganti sedute a sera sulla soglia degli antri, che filano con voci lamentose la cultura orale dell'isola: «È detto che se incontri la tua gemella è perché hai tradito la tua natura e sarai costretta o a scannarla o a lasciarti assorbire da lei anima e corpo».

La mia sosia deve aver percepito la mia scoperta perché, invece di continuare a ispezionare la lunga fila di macchine che letteralmente invade il marciapiede della traversa da lei imboccata in precedenza, si volge verso di me con l'identica preoccupazione, l'identico allarme che vibra nei miei pensieri: «Che c'è, Goliarda?»

Non rispondo subito, per essere in grado di guardarla bene alla luce di questa mia nuova scoperta e scandagliare dove sta la nostra somiglianza: un rapido sguardo – freddo ora – al suo viso mi convince di qualcosa di ancora piú pauroso: essa non sta, meno qualche lieve particolare, nell'involucro carnale ma nell'interno, in quello che una volta si chiamava anima.

«Sei stanca? Non ti *sentivo* stanca prima».

«No, non sono stanca!» mi affretto a dire.

«E allora cosa è stato?»

«Oh niente! Qualcosa che non so...»

«Tu sai quasi tutto, Goliarda, almeno per quello che riguarda le emozioni del profondo. È questo che mi ha sempre attratto in te. Se credessi agli antichi riti cannibaleschi ti mangerei tutta per impossessarmi di questa tua qualità. Ma hai ragione, se non mi vuoi dire, non importa... Vediamo di andare a casa. Quale macchina preferisci di questa esposizione che ci sta davanti?»

«Oh, non ho mai capito il fascino delle macchine! Forse perché non ho mai voluto guidare».

«Lo immaginavo: rifiutando la macchina cercavi di rifiutare i guasti dell'era tecnologica in agguato, vecchia volpe idealista! Ho un amico che ha fatto lo stesso, si chiama Augusto».

«Be'! Io non so le ragioni di questo tuo amico, ma in me piú che scelta cosciente era paura, schietta e semplice paura paesana. Ma chi è questo Augusto?»

«Te lo presenterò, cosí potrete discuterne insieme. Ti piacerà, è l'uomo piú straordinario che abbia mai conosciuto!»

«Se lui l'ha fatto – di non guidare, dico – per una presa di posizione ideologica precisa, deve avere almeno vent'anni meno di me».

«Sa tutto questa, oh! Se fossi della Digos ti riempirei d'oro pur di averti! Allora scelgo io la macchina. Non sarà la piú raffinata perché la mia scelta è condizionata dal tipo di antifurto, anche se sono pochi quelli che costituiscono un mistero per me da quando ho seguito il corso di perfezionamento della mia ultima maestra a Rebibbia...»

«E chi è stata la tua ultima maestra?» domando seguendola nella sua ispezione attraverso i finestrini.

«Ma Ramona! Non ti ricordi di Ramona la zingara, che con una forchetta apriva i cancelli di Rebibbia?»

Il ricordo di Ramona, della sua voce armoniosa che sempre inondava come un organo gli spazi mistici della prigione mi fa chiedere: «Che ne è di Ramona? È uscita?»

«Macché! Stava per uscire ma è successo un incidente tecnico pazzesco! Senti un po': Ramona viene presa da un attacco di peritonite – vero – con relativo trasporto immediato in un ospedale fuori del carcere dove – la iella – viene riconosciuta non so se da un medico o un'infermiera, cosa che ha portato alla luce il suo ultimo cambio di identità! Le zingare lo possono fare non possedendo carte di riconoscimento: ti ricordi tutte quelle vecchiette che si dichiaravano minorenni? Bene, ora stanno indagando... ed è pericolosissimo perché chissà che reato grave ha fatto per essersi decisa a cambiare nome e cognome».

Parlando, con gesti precisi e sicuri da meccanico specializzato, ha continuato ad armeggiare intorno a una macchina... Al momento ha già bloccato l'allarme, ora mette in moto e, aprendomi la portiera proprio come farebbe uno di quei raffinati meccanici che piú che operai sembrano chirurghi, mi fa cenno di accomodarmi alla sua destra. Pochi secondi per accertare se ho chiuso bene lo sportello, e la macchina inizia a muoversi silenziosa, senza sbalzi come se al posto dell'asfalto una *moquette* si stendesse sotto le ruote davanti a noi.

«Che bella macchina!» mi sento esclamare con sollievo anche per l'abbraccio morbido che ha accolto la mia schiena a pezzi.

«Non protesti, eh, volpona? Certo che sei incredibile! Anche Barbara, che pure non scherza, se l'è svignata quando ha capito che vista l'assenza di telefono, bar chiusi, eccetera, avrei usato questa tecnica per tornare a casa... Lo sai perché noi due si sta tanto bene insieme?»

Lo so ma non rispondo.

«... Perché sei una criminale esattamente come me. Che peccato che devo andare a casa! Ma ho proprio bisogno di benzina anch'io, altrimenti saremmo andate in giro, che so, alla casina Valadier a fare colazione, e poi direttamente a piazzale Clodio... Te lo ricordi che alle nove c'è il processo di Marcella?! Che cazzo, ho un po' di brividi! Devo proprio andare a casa a farmi 'na pera... Vedi volpona, quando mi capita una cosí bella nottata mi viene proprio il desiderio di finirla con la droga. Tu lo capisci no? Ti lega, ti interrompe le belle cose che la vita, proprio quando meno te l'aspetti, ti regala come questa notte! Mannaggia! Se non avevo questo impiccio avremmo potuto fare la "ventiquattro ore" dell'amicizia... Eccoci a casa tua! Che rabbia, ora potrei salire con te... voglio vedere la tua casa...»

Perché la vuole vedere quando la conosce benissimo, essendo lei me stessa?, mi dico meravigliata e delusa di come è stata breve la corsa. Sempre cosí: Roma col traffico s'allunga in maniera abnorme per ritornare, la notte, la vecchia Roma umana e percorribile anche a piedi.

«Allora ci si vede fra poche ore, eh, piccola? Ti vedo assonnata, non è che mi ti addormenti? Se vuoi ti faccio uno squillo...»

«No, no, ci sarò. E della macchina che ne fai?»

«Oh, niente, la lascio a qualche isolato prima di casa mia, come al solito – cosí poi la rendono al proprietario, un prestito insomma... Una volta usavo lasciare un bigliettino di ringraziamento ma ormai ho "l'articolo uno": delinquente abituale, e non devo rischiare... Un bacione volpona! A presto, OK?!»

«OK», rispondo incantata dal quel minuto «meccanico-chirurgo» che senza uno strappo, né un minimo sussulto ha ripreso la guida di quella silenziosissima macchina, sicuramente sottratta per poche ore al danaroso cliente che fiducioso gliela aveva lasciata in consegna per qualche piccolo guasto, o solo per una revisione del motore.

La promessa di fuga attraverso la morte data da Roberta agí in Goliarda come un'assoluzione laica concessa in punto di morte a un cristiano. Una pace assoluta subentrò nei suoi sensi e nella mente, permettendole di abbandonarsi completamente alla gioia di aver, dopo tanto tempo, ritrovato le sue amiche di cella.

Con puntualità rituale le tre discenti della grande università carceraria, si incontravano almeno una volta alla settimana ora nel negozio di Barbara, ora a casa di Goliarda, ora per qualche scampagnata nei boschi, o in riva al mare. In questi casi Albert le accompagnava. Ma la sua presenza – pronta ad appagarsi della felicità degli altri – non turbava quel riprodursi dell'intesa da loro conosciuta durante la detenzione. Quel magico materializzarsi intorno a loro di quei muri escludenti il malessere sinistro e indifferente della metropoli fu subito palese alle loro menti e occasione di giochi come: «Oh, Albert, dolcissima *Jaguar* mia! Non ti scordare di imballare la cella prima di venirci a prendere... e attento che è fragile!»

«Pronto Goliarda... – è Albert che parla al telefono, – ... domani quelle della cella 27 si vedono alle dieci al Bar Canova per andare ad Anzio. Roberta ha voglia di mangiare telline... non conosci le telline alla diavola? E dove sei vissuta fino a oggi? In una galera vera, dici? Hai ragione...»

Per mesi e mesi andò avanti quel vagare sereno, allietato dall'assoluzione della loro compagna piú cara e stimata (quella Marcella dal viso d'angelo guerriero che piú di una volta aveva salvato Goliarda dalle tante trappole mortali di cui è disseminato il terreno carcerario) e dal condono concesso a Suzie Wong per buona condotta. Con grandi festeggiamenti Marcella fu accompagnata al suo paese e Suzie Wong all'aereo per Singapore.

Nella consuetudine di vedersi sempre insieme – che Goliarda si guardava bene dall'alterare – il ricordo dei turbamenti di quella notte brava s'allontanò talmente nella sua memoria da apparirle (a questo punto della storia) solo un incidente trascurabile del passato, o un incubo notturno subito fugato dalle prime luci dell'alba. Perché allora quel trasalimento panico alla voce di Roberta al telefono?

«Parto per qualche giorno, ma giovedí ti voglio vedere da sola, ho una sorpresa per te... mi raccomando! Alle tre precise alla stazione Termini, sí, sí, io arrivo a quell'ora... ci si vede davanti alla biglietteria, OK?»

Perché quell'ansia insensata che mi ha spinta ad arrivare in anticipo all'appuntamento e, ciò che è piú assurdo, nella piena convinzione d'essere in ritardo?

Appena varcata la soglia della stazione, la folla viene trasformata per volere del genio del luogo in un bestiario esotico ora sonnolento, ora agitato da sbandamenti inesplicabili come quelli che s'impossessano di un branco sperduto in una foresta. Goliarda ha sempre avuto timore a calarsi in quel branco, ma all'occasione esso le serve da nascondiglio e divago all'antico turbamento che il pensiero della vista dell'amica le procura e che scioccamente credeva di aver superato. Mimetizzata fra uno sciame di ragazze-farfalle subito seguito da un nugolo di negri dalle membra lucide, lunghe, snodabili come serpi abnormemente cresciute per effetto di qualche insetticida postmoderno, pensa Goliarda, cercando di scherzare con se stessa come sempre le accade quando un'emozione l'afferra con troppa forza. Come ora che il suo occhio è caduto sull'amica quasi sommersa da una negra-tartaruga gigante con in cima al capino un turbante blu elettrico e da un'araba-cammella dal viso millenario color terra tutto rughe sapienti delle leggi segrete del tempo.

Roberta, ignara della presenza di Goliarda che s'avvicina dicendosi *per una volta almeno sarò in grado di prevenire i suoi travestimenti*, se ne sta seduta su una panca leggendo dei fogli poggiati sulla ventiquattrore da manager che tiene in grembo. La foggia dell'abbigliamento che ha scelto per l'occasione è severa: gonna blu scuro a pieghe, camicetta di candido cotone di taglio maschile, cintura alta di vernice nera. Il tutto reso quasi monacale dalle scarpette *décolleté* a tacco basso di vitello blu, cosí scuro da apparire nero accostato al bianco spesso e opaco della calzamaglia da ballerina. Questa nota danzante che affiora sempre nel suo portamento qualsivoglia vestito indossi, potrebbe essere una traccia sicura per la Digos in caso lei si decidesse a darsi alla latitanza prima che il processo per banda armata, che da anni le pende sul capo, venga celebrato… *La devo avvertire, e presto!* perché qualcosa nel suo atteggiamento accasciato e triste suggerisce a Goliarda che l'ora di spiccare il volo è venuta per l'amica. Quante volte l'ha vista impallidire smarrita – pulsione quasi assente nella personalità di Roberta – dicendo: «Oh, Goliarda, sarà terribile! Solo l'idea di stare lontana dall'Italia mi distrugge! Lo sai che una volta ho preferito tornare a fare un anno di galera pur di non stare lontana da questo cielo, dal nostro linguaggio! – Non c'è paese che ha questi cieli e ricchezza di parole!»

È anche dimagrita, constata Goliarda, fermandosi un attimo, e tutto questo in pochi giorni, com'è possibile? A questa domanda la risposta implacabile: *di droga si muore* invade il cervello: o fai qualcosa per aiutarla, o è inutile continuare a frequentarla… Fila a casa e smettila una buona volta di godere della sua amicizia rimuovendo per comodo il suo stato! Sto per voltarmi verso l'uscita bloccata da un drappello di vichinghi mezzi nudi, i volti arrostiti dal sole, le chiome di paglia svolazzanti, quando un altro pensiero piú crudele del primo mi ferma: questo sentire apparentemente umanitario da crocerossina nasconde l'orgoglio e la presunzione d'essere un dio con punte moralistiche. Che forse ognuno non è libero di scegliersi la propria morte? Che forse non ho goduto di una pace sconfinata in questi mesi solo perché *lei*, la mia Luna Nera, m'ha promesso di liberarmi in caso di necessità dal dolore del vivere? Vergognandomi del mio impulso falsamente protettivo, l'antica sacra frase: *devi amarla cosí come è*, vincendo il vizio di volere *l'altro* simile a come primamente l'avevi immaginato, che poi significa: simile a te stessa (maledetta identificazione, maledetta sempre!), mi aiuta a sperare che il mio amore troverà la strada per aprirle gli occhi su quello che lei vuole veramente...

«Che meraviglia, Goliarda! Sei puntualissima...»

Anche il visetto è smagrito, e probabilmente pallido sotto il sapiente trucco acqua e sapone: le occhiaie voluttuose, occhiaie di donna orientale, formano quasi un solco doloroso. Tutto questo in poco piú di una settimana, il cuore mi si stringe.

«Sei triste, Goliarda, che mi guardi cosí? O forse ho esagerato col caldo che c'è e tu preferivi riposare? Ma è importante credimi...»

«No, no, – mi affretto a dire, – è solo che non ho passato quello che si dice un buon periodo da quando ci siamo viste l'ultima volta, ma se c'è tempo basterà un buon caffè e tutto passa».

«Ah, caffettiera che sei! Esattamente come me...»

«E Marlowe», dico io sapendo quanto ami l'eroe di Chandler.

«Come era bello leggere là in cella! Si potrebbe creare uno slogan: *Per una lettura perfetta scegliete Rebibbia!* Che diceva Marlowe del caffè? Lo sapevi a memoria!»

Ecco che esattamente come allora là, Roberta si raddrizza tutta gioiosa appena la si inviti a parlare di letteratura.

«Ho capito: se non ti do il caffè non me lo dici. Ma la tua amichetta è prudente e s'è presa tempo... Andiamo a sederci al bar cosí possiamo stare un po' insieme sole prima di... vieni!»

Passando dall'ingresso-biglietteria-living alla stazione vera e propria il formicolio della folla si fa, se possibile, piú frenetico.

Teorie di animali antidiluviani in fila si trascinano fingendosi giovanissimi ma sostenendosi a vicenda come veri e propri morituri, gruppi di giovani forse belli ma cosí carichi di sacchi sulle spalle da ricordare i *coolies* di buona memoria. Negli angoli i fedeli di questo nuovo falso dio Viaggio giacciono stravaccati, coperti di luridi stracci, aspettando chissà quale sacro treno della Salvezza che li raccolga e li porti verso la Felicità. E tanto è amorfa e misera quella folla composta in prevalenza da sbandati, o da piccoli borghesi, che quando io e Roberta prendiamo posto a uno dei tavolini dell'unico bar, possiamo scegliere a nostro piacimento fra i tanti vuoti e veniamo accolte dal cameriere come vere signore, di quelle di un tempo che si potevano prendere il lusso di un viaggio individuale. Dentro il bar invece la folla che si accalca sbracciandosi forsennata per una birra, una Coca-Cola, un panino è cosí numerosa da nascondere completamente il lungo bancone.

Meglio cancellare dalla mente quel gorgo misero che senza sosta scorre intorno a noi, cosí come si fa in casa col frastuono del traffico che notte e giorno bombarda i nostri muri, o per strada quando la necessità ci costringe ad affrontare il fuoco di fila di macchine, autobus, motociclette.

La figuretta sorniona e ridente del ragazzetto romano che sembra mimare un cameriere d'altri tempi, con giacca bianca e tutto il resto, ce ne dà l'occasione e tocca afferrarla subito per dimenticare il contesto.

«Due caffè doppi e litri d'acqua minerale!» ordina con voce cosí dolce Roberta al ragazzino, che sono costretta a fissarlo con attenzione.

«Lo conosco da un pezzo, Goliarda, non ti meravigliare, è un buon ragazzo, l'ho visto crescere e cosí lui è convinto che io sia una vecchia saggia persona! Come passa il tempo! Mi serve perché attraverso lui posso occuparmi di Sabrina».

«Già, Sabrina!» mi sento dire io con voce piena di curiosità.

«Non c'è in giro, ho guardato prima del tuo arrivo, e anche se ci fosse non te la farei vedere... È inutile che spalanchi quegli occhiacci da ladra! Quanto eri divertente a Rebibbia quando sostenevi che tutti gli scrittori sono ladri».

«Be', almeno ladri di «storie» lo debbono essere».

«Cosa dice Marlowe quando si prepara il caffè all'alba svegliato dal suo amico nei guai?»

«Dev'essere il traffico che mi lava il cervello... vediamo: in sintesi Marlowe diceva che il caffè è l'unico rimedio per i vecchi organismi depauperati dallo stress della delusione».

«La delusione! Che parola bella e antica! Ho fatto il pieno di questa parola che da bimbi non si conosce. Oh, non tutti i bimbi certo, ci sono quelli *a cui sfugge il pallone dalle mani*... Ma io, io ero cosí amata a casa da piccola che appena mi sfuggiva ecco che mia madre me ne metteva un altro in mano... come te del resto. Solo che tu... cioè tua madre ti ha amata tutta la vita, ha protetto la tua libertà, t'ha scelto *anche* nei confronti di tuo padre. È vero quello che raccontavi di tua madre. Ho cercato di non crederti ma è vero. Ti devo confessare una colpa, Goliarda, una sera quando ancora *potevo* dormire da te una curiosità incontenibile m'ha spinto a cercare in quella piccola cassapanca, ti prego di credere: ero in preda a un *feeling* da sonnambula, e magicamente in mezzo a tutti quei tuoi scritti – ammazza quanto hai lavorato! – magicamente le mie dita hanno trovato le sue lettere e le ho lette... Oh, basta Roberta, basta!, con 'sta storia della famiglia! Io non ho piú famiglia da quando avevo tredici anni! Ecco, ho detto basta e tu mi fissi comprensiva e dolce... Tua madre ti fissava cosí probabilmente. Sí, sí, hai ragione, anche l'altra famiglia ideologica non fa che darmi delusioni. Proprio ieri gliel'ho detto in faccia che mi dissociavo, e questo loro non lo perdonano, si vendicano soprattutto se ti beccano in carcere. Ma come si fa a mentire anche con loro, far finta di non vedere esattamente come a casa o in un partito? Sta succedendo qualcosa di terribile: azioni a cazzo di cane, un certo Colby che credevamo in galera e che viene visto in Nicaragua. Ha le ali il compagno Colby, ali supersoniche da miliardario... anche a me tocca farmi ali solitarie di gabbiano. Hai notato come i gabbiani anche quando volano in gruppo sembrano sempre di una solitudine assoluta? Devo darmi alla latitanza, Goliarda. A Parigi ho tanti amici. *Devo*. Dico: *devo*, e so che non lo farò...»

L'abbattimento e il pallore che parlando di letteratura era sparito da Roberta torna a impossessarsi di lei cosí rapidamente da farmi pensare a un bel lago assolato investito da una tempesta improvvisa, di quelle che solo i laghi conoscono. Non era a causa della droga – penso sinceramente incuriosita – quell'apparente smagrimento con relativa carenza di «spiriti vitali» con cui m'era apparsa al nostro incontro, ma solo un perturbamento passeggero dovuto a pensieri ed emozioni dolorose. Non è certo la prima volta che mi capita d'incontrare qualcuno che non riesce a nascondere i propri travagli interiori, ma mai mi era capitato di conoscere una persona la cui fisicità fosse cosí completamente in balia dello spirito.

Che sia questo il tallone d'Achille di Roberta? Certo, questo suo impulso di mostrare l'anima avviene solo con le persone che lei ormai sente amiche (per questo soltanto oggi sono stata in grado di notarlo), con gli altri ho visto bene quanto è capace di controllarsi. Nondimeno questa sua incapacità a dominare l'istinto di donarsi a chi si ama, mi allarma piú della sua devozione alla droga, alla causa, alle azioni terroristiche che, anche se so che non mi dirà mai, continua a portare avanti. Forse perché pressata da tutti questi gravosi ragionamenti, per un attimo la vedo affogare lí davanti a me fra le onde limacciose di quella folla sazia di *fast food*, che mi appare in questo momento il simbolo perfetto della degradazione sociale nella quale tutti, uno per uno, stiamo scivolando... Il mio aspetto deve essersi incupito a tal punto, lo vedo dal suo sguardo, che allarmata al massimo non osa nemmeno chiedere cosa m'ha preso. Sentendo che anch'io non ho la forza di parlare, con gesto spasmodico afferra la mia mano immobile sul tavolino (stavo cercando la solita sigaretta) e me la stringe fra le sue con forza.

«Hai mani esili, morbide, – sussurra la sua voce aggiungendo quasi in un bisbiglio: – Da bambina».

Quella parola accende un fuoco pieno di brividi nel nodo compatto delle nostre dita intrecciate. Quel fuoco che rapidamente sta salendo su per le mie braccia mi fa sussultare in allarme: devo fermarlo prima che venga a lambire il mio viso e a rendere palese a tutti il mio turbamento col rossore. Ma per fortuna Roberta (è nella sua indole cavalleresca percepire sempre il *limite*, prima di invadere il terreno della libertà altrui), mollando anche se lentamente la mia mano, esclama con voce vivace (il contatto carnale deve averle infuso vitalità): «E ora, bimba – com'è ormai rituale nei nostri incontri – dopo il caffè ci prendiamo un bel *whisky on the rocks*? Ragazzo, due whisky!»

«A me doppio...»

«Anche a me, e quintali di ghiaccio: mi raccomando! Come sono avari di ghiaccio a Roma! Solo da Doney e al Canova sanno come si serve un *whisky on the rocks*! Io ti voglio bene Goliarda, tanto!»

«Anche se cerco di pilotare il nostro rapporto verso il terreno ambiguo del materno, come m'hai rimproverato tempo fa?» mi sento dire allibita di toccare un argomento pericoloso che mi ero vietata assolutamente di rimettere in discussione fra noi.

«Sei tremenda! Ti ricordi di tutto, anche nella forma in cui qualcosa t'è stata detta!»

«Scusami, non volevo».

«Lo so, perché anch'io non volevo quella volta dire quella frase, come non volevo oggi tornarci su... Sono sconvolta con te, Goliarda, non m'era mai capitato qualcuno cosí simile a me... non so bene in che cosa ma simile nel profondo, per usare una parola che tu usi spesso... ecco, anche in questo... A volte mi incazzo, te assente, perché sento che qualcosa in me tende a imitarti...»

«È questo che ti ha fatto pensare che io coscientemente volessi metterti sotto con mezzi materni?»

«Sí e no... Oh, non so! O cazzo, no! Non è questo! Non temo come tutte le ragazzine sciocche di imitare! Imitando s'impara, no?»

«Certo, anch'io sono cresciuta solo imitando... purtroppo i buoni modelli sono rari».

«Ecco, un'altra cosa nella quale ci somigliamo... è che, cioè, sí, io... io da bambina ho amato mia madre in maniera assoluta. Degli anni dell'infanzia non ricordo che il suo viso, cioè prima che lei mi rifiutasse, la stronza, per mio fratello, ma questo te l'ho già detto. Dopo non ricordo che il mio odio per lei... ero forte in quell'odio! Ma frequentandoti ho capito che quello che credevo odio non è che una copertura a un amore, a una dipendenza assoluta. Non voglio piú amare nessuno in quel modo, con il dolore che comporta amare in quel modo. Non voglio piú e ancora lo voglio, è questo che è terribile! La notte che ti dissi quella frase, ho sognato di te... e... in poche parole – ecco vedi? Con te mi vergogno ad accennare a fatti erotici, io, che ho fatto tutto! Lo sapessero a Rebibbia perderei tutta l'autorità! – ecco con te mi vergogno come se dovessi parlare a mia madre... E c'è altro: ho sognato che niente ci può essere di piú esaltante di quel rapporto amoroso che chiamano incesto. E io che credevo che solo i maschi crescessero con questa spada di Damocle sulla testa!»

«Anch'io l'ho capito solo quando l'ho perduta. Ma era troppo tardi».

«Questo t'ha portato a morirne?»

«Forse! È certo che non riuscivo a sostituirla. Quando era viva, la vita era un paradiso vicino a lei...»

«Che orrore! Non voglio, non ce la faccio a tentare di conoscere questo paradiso...» Ripetendo «non voglio, non voglio!» si alza ora agitata con l'aria di voler fuggire (ormai forse sarebbe solo un bene sia per lei che per me separarci), ma per un moto autonomo dei nervi mi alzo anch'io, e prendendola per le braccia *ancora una volta mi sento dire qualcosa che non vorrei dire*: «Non lo vuoi anche perché quello che si chiama incesto è possibile solo con la propria madre carnale. Io non t'ho partorita, Roberta, non lo scordare».

Queste mie parole scatenano sul suo viso una vera tempesta d'emozioni: lagrime rossori tremori mentre grida: «Non dire cosí, menti! Dici cattiverie! Bugiarda! Non voglio, non voglio!»

In quel «non voglio» ripetuto all'infinito ci deve essere la chiave – anche se non la seguo piú – per calmarla (due o tre persone già ci guardano) e per ottenere almeno questo le dico: «Cosa vuoi da me? Dimmelo e lo farò, lo sai ormai che di me ti puoi fidare».

Con uno scatto imprevedibile si allaccia alla mia vita e affonda il viso nell'incavo del mio collo cosí pesantemente che per un attimo temo si senta male. Dopo un attimo di silenzio, rivolgendo il viso con un sospiro lieve di colomba sillaba al mio orecchio: «Pace».

«L'avrai... Calmati ora, stiamo dando, credo, uno spettacolo buffo!»

«Non me ne fotte niente!» continua e dopo aver aggiunto *grazie* comincia riconoscente a tempestare di piccoli baci e sospiri da neonata il mio orecchio, il collo, ogni piú piccolo pezzetto di pelle libera che le sue labbra voraci sono in grado di scovare... Anche i capelli succhia, realizzano i miei sensi che da tramortiti stanno scivolando in vampe e dirupi di piacere che mi fanno temere di essere vicina a uno svenimento.

Come posso, reggendomi ormai a lei anche per prendere la forza di stare in piedi, comincio a cercare di allontanarla... È aggrappata cosí tenacemente che ho bisogno di richiamare a me tutta la forza muscolare per far sí che lei si stacchi. Mi è doloroso il farlo: già nel riuscirci sento un gelo terribile calare sui miei sensi, ma cosí deve essere. Lei mi ha chiesto pace e pace deve essere.

Il gelo totale che è calato in me a difesa della mia decisione agisce in lei piú del mio sforzo muscolare, ma ancora in maniera cosí incomprensibile che mi costringe a non muovermi piú, a non cercare di capire ma solo ad annotare: tutto il calore d'affetto di Roberta si sta tramutando in un tremore (di febbre? di freddo? di paura?) che le fa mollare la morsa nella quale m'aveva stretta prima... Ora s'allontana di un passo cosí che io sono in grado di osservare un viso terrorizzato, s'è possibile, piú di prima e uno sguardo implorante da mendica: «Ma siamo sempre amiche, – urla quasi, – amiche, vero? Dillo! Dillo!»

Non faccio in tempo a rassicurarla: «Certo Roberta, certo!» che la vedo rapida tornare a riabbracciarmi. Dal suo cantuccio fra l'omero e il collo (le piace proprio quel posto) finalmente la sento ridere sommessa con piccoli gridi da bambina sbarazzina, come si diceva una volta.

«Ma che sta a parti' pe' sempre la signorina che je s'attacca al collo cosí, signora?»

Il ragazzo del bar – per mia fortuna – interrompe quell'abbraccio che minacciava di non finire piú. La sua voce è cosí ironica-commossa-sfottente tipica del romanesco verace che non può non riscuotere Roberta. Lasciandomi lo fronteggia: «Perché non ti fai i cazzi tuoi?»

«Be', è sempre una cosa altamente istruttiva vedere l'affetto d'una figlia per la madre, oggi poi! Ecco il suo ghiaccio! – Il ragazzo, notando che Roberta è rimasta sbalordita a fissarlo senza parole, aggiunge: – Che forse non è sua madre la signora?»

Vedendo che Roberta (sarà l'unica volta che non la scorgo all'altezza di affrontare una situazione) continua a fissarlo a bocca spalancata mi affretto a dire: «No, non deve partire. È solo che prima avevamo avuto una discussione, sa com'è! E ora m'abbraccia perché abbiamo fatto pace, sa come sono i figli...»

«Beata a lei che ha 'na mamma cosí bella e buona, signorina! La mia se ce litigo me se rivolta cor tortello in mano, e se non me la filo all'istante me fa a pezzi per lo spezzatino! Co' quello che costa la carne oggi!»

«E vengo, signore, un attimo! Ma che se crede quello d'esse' alla stazione c'ha tanta fretta!»

La battuta sulla stazione non può che far ridere le tre o quattro persone dei tavolini accanto, ma non la mia amica che ancora – lo vedo – non s'è riavuta dalla sorpresa, e non smette di fissarmi con una strana espressione.

In quanto a me sono cosí stanca della lotta che ho dovuto sostenere su due fronti (con lei e con me stessa) che – ben felice di potermi sedere – taccio senza guardarla e mi guarderei bene dallo sforzarmi di rompere il silenzio o di chiedermi il perché dello sbalordimento che s'è impossessato della mia compagna, se la sua voce non si facesse viva tuonante: «Sei proprio di una sicurezza e arroganza bestiale!»

«E perché, scusa?»

«Ma cazzo, qualsiasi donna sarebbe rimasta male a sentirsi dare della madre di una come me, che ormai dimostro piú di trent'anni, il carcere logora, cazzo! Sei insopportabile con la tua sicurezza!»

«E tu sei insopportabile con questi appuntamenti a cacchio che mi dai! Insomma, si può sapere qual è questa sorpresa che mi avevi annunciato? Spero che non sia lo scherzo – e ne saresti capace – di portarmi a bere un whisky pessimo in questo lurido bar!»

Ride Roberta alla mia incazzatura e non la smetterebbe piú (segue il «tempo carcerario» quella ragazzina, anche fuori, e cioè: un «tempogratis» da sperperare simile a quello che si dice appartenga solo ai ricconi) se non mi alzassi dicendo: «Oh senti, basta! Io me ne vado e ci si vede un'altra volta! Mannaggia a voi stronze viziate dal dolore del carcere! Perché se credi di ricattarmi col tuo destino di coattona, ti sbagli! Sono stufa di subire ricatti! Quella perché è cresciuta in collegio, quell'altra all'orfanotrofio, quell'altra ancora in una famiglia cattolico-borghese o in mezzo a troppa ricchezza! Ci mancavate solo voi col vostro ricatto della detenzione!»

Che faccio? Sono io che perdo cosí le staffe? Me ne vergogno ma dopo la piazzata – con gesti teatrali come se non bastasse – butto diecimila lire (le ultime) sul tavolino, e mi avvio a passo rapido sostenuto verso l'uscita.

Non ho fatto venti metri che quella (come fila a tacchi bassi!) raggiungendomi e prendendomi per un braccio mi strilla quasi all'orecchio: «Quanto sei bella quando ti incazzi cosí! Peccato che non lo fai piú spesso!» E ride ancora. O è una mia impressione?

Mi volto a fissarla. Altro che ridere! Sghignazza proprio come là a Rebibbia quando il *fou rire* tipico della regressione coatta all'infanzia ci afferrava... Non sono io, giuro che non sono io, ma è la mia mano destra che chissà per quale impulso atavico autonomamente si stacca da me, e dopo un volo alto e ampio scende rapida a schiaffeggiare – sinistra e destra – quel bel faccione da ragazzina impunita che non la vuole smettere di sbeffeggiarmi.

Il *ciac ciac* sordo dei due schiaffi mi rimbalza alla fronte come avessi schiaffeggiato me stessa, con quel che segue di sorpresa, vergogna, senso del ridicolo, eccetera...

Impalata la fisso non sapendo che fare: non un muscolo del suo viso s'è mosso, mentre la risata (ora però almeno muta) ancora le spalanca le labbra carnose di quella bocca piena di comunicativa che ha il potere di conquistare tutti, amici e nemici.

Curiosamente nell'osservarla dimentico subito quello che è successo e vengo presa solo dalla scoperta che al lato sinistro della bella chiostra dei denti ne mancano due (in carcere, come sappiamo, oltre alla libertà pian piano si perdono i denti. Chissà poi perché? Forse che il non poter mordere piú la vita come fuori faccia quest'effetto?) con conseguente preoccupazione di cercare un dentista per lei, ma uno bravo che riesca a fermare quell'inizio (per me altamente simbolico) della disgregazione totale che dai e dai si subisce in quel luogo. La devo condurre e subito da un vero dentista, Galgani, subito, a costo di rimettermi a rubare!

«Mi vuoi proprio bene, Goliarda! – scandisce la sua voce vicina, continuando: – Anch'io... solo che questo maledetto vizio della droga non mi permette di dimostrarlo! Lo sai che con te è la prima volta che il pensiero di smettere spesso m'assale? Mai m'era successo. Ma non ti devi preoccupare per la mia salute, io so guardarmi, so quando devo scalare le dosi, passare dall'eroina alla morfina, e poi non compro che roba buona... ma dove vai? Non di lí, dobbiamo prendere la metropolitana, vieni e riprenditi le diecimila lire o mi fai arrabbiare, non hai un soldo e io ormai col lavoro che ho trovato all'Hilton sono piena di soldi!»

Il fatto che di sua spontanea volontà, e per la seconda volta, Roberta mi abbia parlato del problema droga mi fa ripiombare in quell'emozione in bilico fra panico e gioia che afferra tutti gli innamorati non appena hanno la conferma di essere riamati. So per esperienza quanto sia ripugnante a chi si droga parlarne con tutti quelli che non lo fanno: una ripugnanza di solito quasi al limite del razzismo.

Questa altalena d'esultanza e terrore in cui la prova d'amore di Roberta m'ha gettato non mi fa piú scorgere il tragitto che percorriamo. Mi sveglio solo quando mi trovo seduta in una delle poltroncine dai colori gioiosi di quelle vetture-giocattolo della nuova metropolitana dall'aria cosí effimera da ricordare un trenino di Disneyland. Di Roberta muta davanti a me non so piú niente, della sua persona in piedi non scorgo che la vita sottile appena esaltata dalla bella cintura di vernice nera. Non ho nessuna intenzione di alzare lo sguardo per ammirare tutta la bellezza del suo corpo. Devo cercare di dimenticare il suo involucro che purtroppo attira tanto i miei sensi. Ma ci sono abituata a questo tipo di rinuncia, penso, ridendo di me. Non c'è che da applicare la stessa tecnica che da anni ormai uso con la mercanzia magnifica esposta nei negozi che come fiori esotici – alcuni sembrano anche allestimenti per uno spettacolo del vecchio Ziegfeld – da dieci anni continuano a fiorire a Roma. Non avendo soldi è meglio per sopravvivere autoconvincersi che tutto quel bendidio non ti interessi.

«Che cos'è che non ti interessa? – mi domanda all'orecchio. S'è liberato un posto e ora lei mi siede accanto tranquilla. Visto che non rispondo (che cosa le potrei dire?) continua: – Coraggio bella, stiamo andando verso la sorpresa!»

«Già, la sorpresa! E chi se ne frega piú dopo quello che m'hai fatto passare in quest'ora».

«Hai ragione ma la stazione era a metà strada fra dove abiti tu e il posto dove dobbiamo andare… e poi da sola con te, a casa tua, io non ci debbo piú stare… Balle! Il fatto è che a me la stazione fa l'effetto di un *rivelatore d'anime*. Eccoci arrivate…»

Ho timore di quell'affrettarsi sempre piú frenetico della folla che ci pressa alle spalle, ai fianchi, in quella piazzuola catacombale remotissima dal centro! No, non è paura di quella folla diversa o di quelle viscere di Roma tutte nuove e lucenti, Goliarda! È la manina salda che ti guida che ancora una volta ti ha spiazzata: *Io con te sola a casa tua non ci debbo piú stare*, facendoti perdere la sicurezza.

Non ero io allora a guidare il nostro rapporto, sospiro, mentre la manina sempre piú sicura mi fa cenno di sedermi accanto a lei in una panchina solitaria, stranamente circondata da esseri smilzi coperti di stracci multicolori, che pacificamente se ne stanno lí a parlottare fra loro e a godersi il passaggio dei treni e della folla. Piú in fondo – isolata dagli altri – una ragazzetta in blue jeans, capelli lunghi, vaporosi d'angelo, suona il flauto…

«Ma che fanno questi qui? E noi perché ci sediamo?» mi sento dire impotente.

«Eri stanca! Sono gli amatori della notte. Roma ha sempre sfornato questo genere di amanti. Ora il Comune gli ha dato questi viali notturni in pieno giorno e loro se li godono. Poi quando la metropolitana chiude passano da questa notte artificiale a quell'altra fuori vera. Ma è brava gente, froci imbelli e sensitivi come fanciulle... Mio padre li definiva cosí... mio padre parlava in maniera antica e mi ha comunicato il vizio dell'antichità in genere e di Roma in particolare... Come è cambiata la città qui sotto! Tutti corrono, le donne portano i tacchi bassi, sembra quasi Milano! Ma la vecchia gatta pigra e sorniona che ronfa sopra le nostre teste ne darà filo da torcere prima di piegarsi alle esigenze dell'avvento della società di massa! Che almeno resista per la durata della mia vita! Non sopporterei mai di vederla cambiare troppo la mia Roma che adoro! Non ti ho mai detto, credo, che io sono nata e cresciuta a Trastevere. Come ero felice di svegliarmi là da bambina! Ma poi quei cazzoni dei miei genitori per essere *à la page* si sono andati a trovare quell'immondo ghetto sterilizzato del quartiere Nomentano con l'alibi del verde e della quiete! L'unica cosa che mi ha dato soddisfazione è stata la vendetta che lo spirito di Roma ha escogitato. Ammazza come s'è vendicata la miciona! Ha fatto crescere quel quartiere a tal punto che ora sembra di stare in una periferia del Terzo mondo... Vedo che quei ragazzi ti interessano, ma dobbiamo andare!»

«Peccato, li seguirei! Quanti ne arrivano e spariscono improvvisamente nel fondo dei vagoni!»

«Andiamo, antica letterata del cazzo, andiamo! Hai riposato abbastanza. No, non di qui, a sinistra... su, per l'ultima scala mobile e siamo fuori... Guarda, guarda come soltanto a vedere il sole in lontananza quelle ragazze stanno rallentando il passo! Eh! Chi può continuare a essere efficiente sotto il narcotico sole di Roma!»

Con stupore noto anch'io il cambiamento del passo di quelle ragazze e non solo di loro. Appena messo piede fuori dell'ennesima scala mobile rallentano vistosamente l'impeto di tutto il corpo. Come sollecitate da una musica occulta, anche i fianchi cominciano a mimare un passo languido fino a che, raggiunta l'aria aperta, prendendosi a braccetto come liberate, si incamminano strette, strette, indolenti, scambiandosi chissà quali progetti di pigre delizie. Anche noi, uscite all'aria, scivoliamo in un tutto morbido di luci filtrate, garze grigioline, virgole opalescenti irradiate dall'immenso gregge di nuvole che rende sempre, anche d'inverno, sconfinato il cielo di Roma.

«S'è annuvolato, oh, meno male! Col sole 'ste strade so' bestiali!»

«Ma dove siamo?» mi sento esclamare cadendo da quell'abbraccio di nuvole sul selciato di una realtà che conoscevo soltanto per sentito dire. Intorno a noi una plaga qua e là accidentata da ammassi di cubi giganteschi (dadi buttati alla rinfusa dalla mano di un bimbo deficiente?) Né un albero né un negozio né un bar. Piste polverose la tagliano per ogni dove insensatamente. In queste piste miriadi di macchine scorrono sotto i nostri occhi sguinzagliate a una velocità cosí pazzesca da far pensare di essere caduti nel mezzo della Carrera messicana. Alcuni bambini sostano come spiaccicati ai muri (a cercare un po' di luce?) Deve essere cosí perché man mano che avanziamo verso uno di quegli ammassi di dadi di cemento, prese d'aria a mo' di finestre, denunciano che in quelle costruzioni ci vivono persone e non termiti.

Percorsi solo cento metri, assunti dai nostri muscoli come chilometri e chilometri, finalmente Roberta si ferma e con voce secca dice: «Qui c'è un bar, ho una sete pazzesca, beviamoci qualcosa prima, ti va?»

Anch'io ho le labbra asciutte come dopo l'attraversamento di un deserto. Sarei ben felice anche solo di un bicchiere d'acqua ma non scorgo nessun bar. Perplessa oso guardarmi intorno… non abbiamo incontrato nemmeno una fontanella.

«Anche delle fontanelle si sono scordati!» mi sento dire mentre Roberta riprendendo il buon umore da quella mia esclamazione, tirandomi per un braccio m'incalza: «Sembri proprio una vecchia trasteverina! La fontanella... Figurati! Qui si sono scordati di tutto, pure della memoria de li mortacci loro, fosse anche solo per bestemmiarli! Su, su romanaccia, entriamo nel bar...»

Il bar, seminascosto da una fuga di colonne squadrate in cemento armato, consiste in un corridoio alto da dare le vertigini, appena rischiarato da due finestrelle conventuali vecchio *look* Le Corbusier.

«Maledetti architetti, e con voi il vostro vate!»

«Ma che fai ora, bestemmi gli architetti?»

«Tutte le mattine appena mi alzo li bestemmio, che non lo sapevi? E anche la sera: è la mia preghiera».

Dietro un bancone desolato, il viso di un vecchio signore afflitto e vergognoso (un ex maresciallo in pensione, o un ex maestro di scuola elementare? O, perché no, un ex architetto) non osa chiedere niente fissando il vuoto davanti a sé. Che cosa potrebbe offrirci? Non ci sono in giro che Buondí Motta lasciati cadere malamente in contenitori di plastica già giallastri e opachi.

«Che prendi Goliarda? A me andrebbe un latte macchiato...»

«Solo a lunga conservazione, signorina, – fa il vecchio e poi in fretta: – Manca spesso la luce. Proprio adesso è andata via, ecco, non potrei neanche fare il caffè...»

Parla proprio come un maestro di scuola elementare.

«E lei ci metta il caffè freddo», insiste Roberta fissandolo stupita anche lei per quel quieto, rassegnato mormorio con cui si esprime il nostro ospite.

«Si può fare», conclude lui sempre piú sconsolato cominciando a trafficare incerto lungo il bancone. «Scusi, ma l'anno scorso non c'era un ragazzo alto, biondo, qua?»

«Sí, sí, certo signorina, ma se ne vanno! Ogni tanto ne trovo uno, sta pochi giorni, una settimana ma poi... se ne vanno! Il guaio vero è che nessuno ha piú voglia di lavorare! I giovani non hanno piú voglia di lavorare!»

«Invece lei ha lavorato tutta la vita, eh?» replica Roberta serissima porgendomi il latte.

«Tutta la vita! È il mio orgoglio e la mia consolazione».

«Si vede», insiste Roberta sorridendo cosí seria e comprensiva da indurre persino me, per un attimo, a mancare il filo sottile d'ironia che con gran sollazzo la mia amica sta svolgendo sotto i miei occhi. E non finisce qui perché il «maestro» ora, con occhi commossi, mormora un *grazie* cosí umile, eppur cosí pieno d'orgoglio, degno solo dell'umorismo squisito del dottor Čechov. *Prego* chiude la mia amica rivolgendosi a me senza guardarmi per evitare il *fou rire* incoercibile che le sta montando dentro.

«Sediamoci un attimo, – mi sussurra, – è troppo bello quando ci si imbatte in qualcosa di cosí letterario nella vita per non godierselo fino in fondo».

Trasalisco a questa frase. Per un attimo è ancora come se lei fosse me stessa o uno specchio improvviso è apparso davanti a me a sdoppiare la mia immagine? Per calmare quel panico che è conseguenza di vedermi calata in lei cosí precisamente, sento che le chiedo: «Non mi dire che anche tu hai pensato al dottor Čechov?»

«*Dicono che a Mosca hanno steso una fune lungo tutta la città per via del vento...*»

Vorrei fissarla nel suo sguardo che s'allarga avvolgendomi tutta e risucchiandomi dentro di lei ma non devo farlo. Abbasso gli occhi dallo *specchio magico* tentando di staccare la corrente che ormai ha preso a vorticare ininterrotta dal suo al mio cervello senza pause né soluzioni di continuità. Mi tuffo nel latte assetata – l'emozione secca il palato – ma anche in quel liquido, di solito amico, il veleno o nettare che la mia sirena carceraria ha versato di nascosto mi invade i sensi con un diluvio di ricordi, emozioni d'un tempo felice quando chiuse fra quattro mura nessuno poteva venire a separarci. Mi gira quasi la testa. È stata lei a chiedere il latte macchiato: sapeva, la mia sosia, che quel latte, in quel luogo, ha sapore di bromuro.

«Sarà per via dei conservanti, o chissà per quale ragione, questo latte mi ricorda quello di Rebibbia, – incalza... aggiungendo dopo una pausa crudele: – O non ti ricordi piú del caro buon vecchio latte al bromuro?»

«Me ne ricordo benissimo purtroppo! Non posso dirlo a nessuno: ma spesso la rimpiango Rebibbia. Temo proprio che avevi ragione quando scopristi che avevo già qualche sintomo dell'affezione al carcere... Come si chiama esattamente?»

«Lo sai benissimo. Sindrome carceraria. Perché la rifiuti? È dolce avere un rimpianto».

Ecco che dopo il primo terrore di vedermi vivere in lei, una pace inesplicabile subentra in me esattamente come quando adolescente indugiavo in lunghe passeggiate in riva al mare intenta a parlare, a dissertare con me stessa in quella pienezza autosufficiente che solo da giovani si possiede. Ecco che cosa avviene in quello stato che si chiama detenzione: la realtà, ricerca di soldi, doveri, etiche, viene tagliata fuori ripotenziando al massimo la forza e la sicurezza interna di tutti i nostri spiriti vitali, riportandoti all'esuberanza autonoma dell'adolescenza... Questo intendeva Stendhal ogni qualvolta riduceva il suo protagonista in una cella per metterlo in grado di ritrovare la sua integrità perduta. Certo là a Rebibbia questo travaso di me in lei o di lei in me (che conta?) non mi colpí, dato il carattere eccezionale che ci circondava, e forse là non era pericoloso, ma qui fuori – mi dico – a cosa può portare? Cerco di allarmarmi. Ma non ci riesco neanche alle parole che ora sta dicendo: «Oh, secondo me Stendhal doveva essere stato in prigione, magari per poco ma c'era stato. Nessuno può dare quella sensazione di liberazione che si prova al momento che ti "chiudono" fuori dalla società e da te stesso. Forse dico un assurdo ma Stendhal è stato il primo a intuire la sindrome carceraria».

«A proposito di sindrome carceraria, Oliva è piú tornata a trovare Marilú? M'hai scritto di Annunciazione, di Marrò, ma non di Oliva... è riuscita a farsi arrestare per starle vicina?»

«Comincio a guardare con sospetto le storie d'amore... esattamente come te... ci ho ripensato sai, e hai ragione: per le donne l'amore è ancora un trabocchetto culturale che può distruggerle...»

«Sí, ma Oliva? Mi interessa il suo amore solo perché Marilú non è per lei che la rappresentazione del carcere: carcere-corpo d'amore sintetizzato nel sembiante di Marilú... Non a caso... Oliva s'è scelta qualcuno che deve passarci almeno vent'anni! Marilú era dentro per omicidio, no?»

«Sí... però non mi diventare troppo scientifica che m'incazzo! Siete insopportabili voi della generazione della logica, del positivismo, della psicanalisi e compagni a tutti i costi! Cazzo! D'accordo su tutto, ma mò che Marilú sia solo il carcere per Oliva! Cazzo, c'è anche altro!»

Ha ragione, e mentre parla m'incazzo con me stessa della sua incazzatura rimproverandomi questo maledetto, pseudoscientifico modo di pensare che m'è stato fatto ingurgitare amorevolmente fin dalla culla con le prime pappe... Dopo una pausa che sento in lei come un'accettazione benevola per i miei-suoi difetti riprende: «In quanto a Oliva, da quando tu ci hai lasciate, è riuscita a tornare dentro due volte impunemente... Certo, con qualche bozzo in testa, qualche occhio nero, lo sai come succede, quando usi il mezzo della resistenza alla forza pubblica, o l'oltraggio al pizzardone, eccetera... Ma sembra che l'ultima volta questi mezzucci non hanno piú funzionato: sputava in faccia a un pizzardone e questo – dopo averla menata – la portava sí in questura, ma poi di là la rimandavano a casa. Cosí la poveraccia, accettata la realtà che i vecchi mezzi non bastano piú per avere l'onore di essere accolti dalla nostra grande università, si decide per altro: ruba una macchina, va a sbattere contro un albero proprio sotto gli occhi di un vigile e cosí – accusata di furto – finalmente viene tradotta a Rebibbia. Ma lí dopo i soliti due o tre giorni di isolamento, appena interrogata dal giudice viene scarcerata senza il bene di accedere ai camerotti e di vedere nemmeno per un secondo la sua Marilú. Non solo – e qui ci sarebbe da ridere se uno ne avesse voglia – viene diffidata: non s'azzardi piú a cercare di ritornare a Rebibbia, pena la traduzione in qualche piccolo carcere periferico o in qualche isola sperduta della nostra penisola. Non ridi? Hai ragione! E pensare che ci scherzavamo su quanto sarebbe diventata famosa e inaccessibile la nostra università! Ormai se vuoi andarci devi come minimo o fare un'azione politica e grossa anche o uccidere qualcuno».

«Ma dài, stai scherzando!»

«Eh no, cara, non scherzo affatto! Ormai anche le porte di Rebibbia ci si sono chiuse! E ora, bimba, se non mi decido io a prendere la decisione di andare alla riunione, non ci troviamo piú nessuno. Proprio non capisco com'è, quando siamo insieme il tempo passa cosí veloce e felice! Ma dobbiamo andare, Goliarda… Devo almeno portargli il documento che quel ragazzo mi consegnò alla Roma Nord, ti ricordi?»

«Certo che ricordo… Di che documento si tratta?»

«Documenti elaborati dai detenuti. Poi te li faccio vedere. Li raccolgo tutti. Alcuni sono anche di una bellezza letteraria che lascia senza fiato. Tengo tutto, anche le lettere. Ho dieci anni di lettere, e non solo dei politici ma anche dei comuni – maschi e femmine – che per me sono le piú belle e *politiche*. Ti si sono accesi gli occhi eh, ladra! Quanto mi piaci quando il tuo intimo di ladra viene fuori e si mostra nello sguardo, nei movimenti delle mani… Senti, Goliarda, dimmi veramente… veramente dico: tu perché scrivi?»

Questa domanda improvvisa mi lascia senza fiato e chissà perché mi emoziona cosí tanto da non farmi trovare le parole per rispondere.

«Non dici niente? Peccato, io…»

«No, no, è solo che la domanda m'ha sorpresa. Non mi avevi mai chiesto del mio lavoro, pensavo perfino che te ne fossi dimenticata».

«Per me scrivere è una cosa privata, intoccabile, come dire? Sacra. Mai e poi mai oserei turbare con domande qualcosa di cosí personale e segreto. Se l'ho fatto ora è perché era necessario, per me dico, e molto. Perché scrivi?»

«Oh, per due sole ragioni! Per stronarmi – esattamente come per te l'eroina –, solo questo mi fa mordere la vita. Per me quella che chiamiamo vita prende consistenza solo se riesco a tradurla in scrittura».

«Capisco, questa è una risposta, e l'altra? Avevi due ragioni».

«Oh, la seconda è una conseguenza della prima: raccontare agli altri – non credo che si scriva per se stessi – i visi, le persone che ho amato e cosí, lo so che può sembrare sentimentale e ingenuo ma me ne frego, e cosí – dicevo – allungare di qualche attimo la loro esistenza e forse anche la mia. Amo molto la vita! Dammi della stronza sorpassata ma per me è cosí!»

Dopo una pausa cosí lunga da mettermi in agitazione: è *rimasta delusa, penso, non mi stimerà piú, la perdo*, la sua voce mi viene incontro calda come un abbraccio: «Le cose stanno proprio come pensavo, per questo ho bisogno di te: con la vita che faccio io potrei morire... Non ti allarmare, non subito!, ma sempre prima di te... e ti prego, tutte queste lettere e documenti che sono la mia vita e in parte la vita di tanti che contano oggi per me... io vorrei darli a te. Vedi, a casa mia per adesso non osano toccarli perché hanno paura di me. Ma un giorno, io morta, i miei li distruggeranno, su questo non ci piove perché, come t'ho detto prima, se per me rappresentano – nel bene e nel male – il "senso" della mia vita, per loro soltanto la "vergogna" di avere avuto una figlia come me. Certo, so che è pericoloso per te portarti appresso tutto questo materiale... una perquisizione può sempre...»

Dovrei dirle che accetto, che sono orgogliosa della sua fiducia, e ho anche le frasi pronte vaganti ai margini del mio cervello, ma tutto il mio corpo e con lui la mia fantasia, man mano che lei parlava, ha preso a fluire in un vortice d'emozione cosí rapido da non riuscire a proferire una sillaba. Non sono in grado di ascoltare che il mormorio vitale e gioioso del mio sangue che ripete: confida tanto in te che ti dona la sua vita da custodire e tramandare...

Come posso – ormai lei ha finito di porgermi la sua richiesta e muta mi fissa in attesa – come posso (anche per troncare quel pallore di bimba abbandonata che rapido sotto i miei occhi sta invadendo il suo volto), con un ultimo sforzo risalgo da quella marea di gioia e sono convinta di parlare. Ma solo per un attimo perché – e non capisco come – mi trovo abbracciata a lei in mezzo al bar, con il suo petto squassato contro il mio da singhiozzi sordi, o sono io che piango? Non lo saprei mai se lei non mi dicesse ora: «Oh, non ti preoccupare se piango... sono felice, grazie! Non sai che sollievo sapere che tutta quella mia vita sarà d'ora in poi nelle tue mani».

«Sua figlia si sente male, signora? Posso fare qualcosa?»

La voce incerta del barista, maestro di scuola – o è un ex veterinario? – timida nella premura (tutti i personaggi partoriti dal dottor Čechov hanno questa prerogativa, è noto) mi riporta alla realtà. Staccandomi dalla mia bambina lo rassicuro: «Non ha niente, è solo che teme d'essere bocciata».

«Oh, me ne dispiace! La sua bambina ha un aspetto cosí intelligente e serio! Il mondo è tutta un'ingiustizia, guardi me...»

Il timore di essere costretta ad ascoltare l'elencazione delle ingiustizie che il mondo gli ha riservato, mi sveglia. Cercando nella borsa pago la consumazione, pronta a scappare. Nel fare questo la cerco con lo sguardo... È caduto un tale silenzio in lei che per un attimo ho avuto la sensazione che fosse sparita, altra qualità insondabile che possiede quel piccolo corpo: sparire e riapparire a suo piacimento. Ecco un altro insegnamento del carcere da approfondire, mi dico, mentre la trovo in piedi a un passo da me quasi sull'attenti, compita e seria come un'educanda appena compiaciuta dell'attenzione che finalmente due «grandi» hanno deciso di rivolgere ai suoi tormenti. Non mi stupiscono piú le sue metamorfosi, ma nondimeno resto sorpresa nel constatare che al momento non dimostra che sedici, diciassette anni... proprio a volere essere severi... Il nostro ospite che deve aver continuato a dissertare si sta avviando alla conclusione perché sento: «... Oh, ma vedrà che tutto poi si sistema, tutto col tempo va a posto... Eh, il tempo è un medico infallibile! Vedrà, vedrà...»

Per troncare quei «vedrà» che forse potrebbero andare avanti in eterno – non sa finire i discorsi quel signore – non mi resta che salutare, prendere con energia per il braccio la mia bambina e trascinarla fuori da quell'ennesimo luogo incantato, emanazione del lontano pianeta Rebibbia.

Appena fuori le mandrie del cielo si sono cosí moltiplicate da non filtrare che una luce diffusa rosa cupo ancor piú morbida e subdola della penombra ambigua che abbiamo appena lasciato. Mi aspetto che Roberta scoppi a ridere come è suo solito in queste situazioni, quando la sento esclamare seria: «Che bellezza! M'ha scambiato per una liceale, non sono allora cosí invecchiata come mi sembrava!»

«Tu puoi invecchiare o ringiovanire a tuo piacimento, – mi sento dire anch'io con voce curiosamente seria, – non fare l'ingenua che lo sai benissimo!»

Non risponde niente la scaltra sirena, l'ho presa in castagna. Ma giusto per avere l'ultima parola aggiunge prendendomi a sua volta per il braccio: «Su, su abbiamo già perso troppo tempo! Alza le chiappe e march! A sinistra verso quel gruppo di grattacieli... si fa per dire! Hai notato che piú vai in periferia, per non dire in provincia, e piú costruiscono a imitazione dell'America? O meglio, come loro immaginano che l'America sia...»

Seguendo la sua voce già dimentica delle emozioni di prima, colma ora d'echi-ricordi di un suo mitico viaggio per le Americhe, un buio di sconforto mi cala sugli occhi. O è scesa la notte? No. Su in alto, fra le cime dei palazzi, un nastro di cielo di stagnola purpurea vibra intenso. Stiamo costeggiando una teoria di facciate giganti che come quinta misera di un teatrino becero il macchinista ha srotolato a bloccare il vento del mare. Come lo facessero apposta a murare tutti i corridoi d'aria che prima s'aprivano al ponentino! Piú ti inoltri verso le periferie, piú quelle muraglie cinesi in cemento armato costringono Roma a marcire giú nell'ombra e nell'umido, risuscitando il fantasma delle paludi dalle quali è sorta.

Perché continuo a seguirla, mi domando, visto che ormai so bene che non mi porterà mai nemmeno alla lontana a *incontrare* quello che era mia intenzione incontrare entrando a Rebibbia? Sapevo la difficoltà di venire a contatto con qualcuno (o qualcuna) del *top* del brigatismo, ma non che fosse impossibile.

Ho mancato il bersaglio cosí completamente che quasi ho la tentazione di fermarmi, prendere un taxi (ce ne sarà qualcuno?), o a costo di andare a piedi tornarmene a casa al mio lavoro letterario e dimenticare lei e il giogo della Storia che l'attanaglia. Mi fermo bruscamente: la figurina che mi precede tirandomi per mano quasi sbanda e scivola davanti a me.

«Ma che fai? Cazzo! Ti sei stancata? Siamo quasi arrivate!»

Quella sua mezza caduta mi stringe il cuore in una morsa di pietà cosí straziante da ricordarmi il mio lontano, fatale incontro col libro *Cuore*... E anche l'ira che ora lei mi mostra non riesce a cancellare quella pietà. Per quanto faccia la dura, il suo visetto di creatura tradita da trame occulte, disegnate in altra sede (e tanto in alto da far venire le vertigini solo a pensarci) è insopportabilmente penoso. Mi fissa, la fisso. In una dissolvenza all'antica (che neppure un cineasta dei paesi del socialismo reale userebbe piú) sul suo viso, immagini di terroristi – donne e uomini – cominciano a sovrapporsi incorporee. La reiterazione della dissolvenza esprime a grandi lettere una sola frase: non sono che degli ingenui romantici e appassionati, nuova sorta di *Candide* del Duemila. Nessuno di loro *sa* dove agisce la direzione vera di quella grande macchinazione. Ancora una volta questi giovani sono stati strumentalizzati dall'alto esattamente come molti di noi, della generazione resistenziale, illusi a combattere per un mondo migliore.

«A che generazione siete, voi della guerriglia?» mi sento domandare ironica con voce stentorea (comune a tutti quelli della mia generazione, e che per quanti esercizi di dizione ognuno di noi abbia fatto riciccia sempre fuori).

La povera Roberta sebbene astuta, non conoscendo (fisicamente, dico) la sonorità e durezza del timbro littorio, sbanda emotivamente, e quasi con timidezza risponde subito: «Alla terza... Ma che ti piglia? Quando urli cosí è come se mi conficcassi un coltello alle spalle!»

E io, implacabile, per sondare quante *chance* un Mussolini qualunque avrebbe ancora oggi per domare quelle animelle cresciute apposta allo *slogan* della non-violenza verbale, incalzo: «Non c'è male come piano per far maturare preventivamente il bubbone del dissenso: farlo esplodere alla luce cosí che spurghi ben bene. Che sono tremila, quattromila individui "infetti" da sacrificare alla nobile utopia della pacificazione mondiale, ora tutti in carcere per centinaia d'anni? È da tempo che si parla di medicina preventiva, o no?»

Devo aver passato il segno della derisione perché Roberta, rialzando la testa e venendomi sotto, muso duro e fremente d'ira in ogni millimetro di pelle del viso: «Che vorresti dire? Fascista di merda! Che siamo tutti degli stronzi?»

«Sí, volevo dire proprio questo: siete stronzi e ignoranti esattamente come lo siamo stati noi».

Quel *noi* deve averla sorpresa perché vedo il suo viso rilassarsi e un'ombra di sorriso passarle fra il lampeggiare rossigno dello sguardo ancora irato: «Meno male che hai aggiunto quel noi, perché cazzo!, t'avrei spaccato la faccia! E ora duraccia dei miei coglioni, vuoi sí o no venire alla riunione, o andartene a sfogare i tuoi deliri altrove? Decidi perché siamo arrivate».

«No, vengo... vengo, anche se avrei preferito avere spaccata la faccia che...»

«L'avresti preferito a che?!»

«All'essere straziata dalla *tragedia della ripetizione* che hai detto di conoscere malgrado la tua giovane età, bimba!»

«Bimba tu! Non hai la stoffa della madre! Entriamo va', mocciosa! E sta' attenta ai gradini, non vorrei vederti rompere tutta! Le figliette paralitiche sono insopportabili!»

Come sempre – ormai non mi meraviglia piú – Roberta mi ha passato un braccio intorno alla vita come se nessuno scazzo fosse avvenuto fra noi, e mi stringe a lei con la scusa del buio e dei gradini ripidi. Il quasi-abbraccio riaccende nel mio corpo onde di piacere scacciando il malumore e il freddo raccolto all'ombra di quei palazzoni. Ma non contrasto piú quelle onde calde e mi abbandono alla sua stretta salda tutta presa da un nuovo dilemma: come fa a sembrare cosí piccola (e fragile) quando m'è lontana? E cosí alta, protettiva, non appena mi viene proprio vicina?

I sensi ovattati dal languore non percepiscono altro che stiamo scendendo verso un buio fondo alitante un umido diverso da quello che imperava fuori: questo è caldo di corpi e denso di fumo di sigarette. Roberta deve essersi allontanata da me, perché la mia vita liberata dal suo braccio è come spogliata ora, nuda e indifesa, come un neonato appena scacciato fuori dalla cuccia calda del grembo materno.

Mi tocca uscire dal tepore – mi dico –, affrontare quel luogo sconosciuto dove lei, *mia madre*, ha deciso di abbandonarmi. Chiudo gli occhi, un attimo, per abituarmi alla luce. Quando li riapro tutta una folla di persone coloratissime, visi, occhi gesti cosí vivaci da far pensare per un attimo di essere caduta nel ridotto di un teatro, durante l'intervallo di uno spettacolo eccezionalmente interessante, o nel cuore di un *vernissage* parigino. O questa impressione è solo frutto della desolazione che vige fuori e del fatto che proprio in questo momento hanno acceso una grossa lampada, su, nel basso soffitto da cantina?

Aspettando di affrontare tutta quella folla, mi attardo il piú possibile vicino all'uscita per osservare meglio (tanto lei è sparita e nessuno bada a me). La prima impressione di non essere a Roma ma in una delle tante città piú attente e disponibili a tutto ciò che concerne la cultura era giusta. Stupita, mi domando da dove venga tutta quella popolazione cosí diversa dall'altra che si trascina scettica e annoiata nei nostri teatri, conferenze, mostre…

Forse nei musei, o alla Biblioteca Nazionale a volte ti è dato imbatterti in qualche ragazzo o ragazza dallo sguardo cosí attento e serio da apparire un *nonsense* storico.

Ecco dove vanno a passare il tempo quei giovani dallo sguardo anziano che tante volte negli ultimi anni avevano suscitato la mia curiosità: qui non costituiscono piú un'eccezione, è come se avessero ritrovato il loro «tempo». Si muovono in mezzo ai loro simili di tutte le età che, o seduti intorno a un immenso tavolo improvvisato e traballante, o in piedi intorno all'unica stufetta elettrica, in piena sintonia con gli altri parlano, discutono, ridono.

Molti si sono affollati intorno a Roberta accogliendola con calore e ammirazione, esattamente come avviene nel camerino della prima attrice alla fine di una *prima* riuscita.

La «diva» elargisce senza presunzione sorrisi, qualche raro bacio, anticipazioni sui suoi progetti futuri… Dietro di lei, a ravvivare il muro spoglio, il poster della Ensslin a colori troneggia sorridente… Distolgo gli occhi da quel visetto patetico di vittima designata. Lungo i muri: convocazioni, qualche manifesto di passate manifestazioni che appare piú antico della grande fotografia di Marx accostata a quella di Bakunin... Di Che Guevara, ex divo dei tempi di Feltrinelli, non si ha piú memoria lungo quelle pareti arabescate da esoterici fiori carnacei che solo «mastro umido» sa comporre.

«Entri, entri, Roberta ci ha molto parlato di lei, io sono Carla, la mamma di Milena, faccio parte del comitato dei familiari...»

Lo sguardo cerulo di questa Carla è cosí sbiancato dalle lagrime, e le folte sopracciglie nere cosí contorte in una preoccupazione perenne che per un attimo – fissando la sua bella testa folta di riccioli bianchi – mi faccio la convinzione che sia divenuta canuta in poche ore, come dicono possa avvenire sotto la sferza di un dolore mortale.

«Eh sí, – conferma lei, – avevo qualche capello bianco prima ma che vuole! È il minimo che mi poteva succedere... Ne ho due in galera: uno da tre anni e l'altra da due. Ma vedo che la pausa è finita, vieni. Ti do del "tu", sediamoci... Oh aspetta, la sedia è sfondata... Che vuoi! Erano già vecchie quando abbiamo trovato la sede, ma questa ancora regge, prendila tu, quelli sono cosí giovani che possono anche stare un po' scomodi. Sapessi come è stato difficile trovare un locale! La nostra organizzazione è assolutamente in regola con la legge, per adesso, dico "per adesso" perché da un mesetto c'è sempre una macchina della polizia che ci osserva piazzata in fondo alla strada. Che ti dicevo? Ah sí, la sede! Tutti avevano paura e non si riusciva a trovare niente... Quando l'abbiamo trovata, abbiamo dovuto sborsare tanti di quei soldi (i pochi che non hanno paura ti fanno pagare a caro prezzo la loro assenza di timore!) che non c'è rimasto nulla per il resto... ma che dicevo? Ah sí, la paura! Sembra d'essere tornati sotto il fascismo. Come allora, l'interiorizzazione della paura è cosí generale! Non lo sanno ma hanno tutti paura... e anche nelle carceri comincia, da poco, ma in modo sinistro a manifestarsi il terrore... questo non può che portare al peggio. Ma Roberta t'avrà detto?»

«Mi ha detto solo che per me poteva essere pericoloso...»

«La solita cara Roberta! Sapessi che fedeltà e che forza... Lei dice che è l'anarchia a darle questa forza! Io non so molto di politica, sono solo una "familiare"... che vuoi! Io e mio marito siamo in commercio... E scommetto che non ti ha nemmeno detto quanto fa per tutti i nostri figli chiusi in galera».

«No, veramente no».

«Lo sapevo, ma io ho il dovere di dirtelo. Sia che stia dentro o in libertà non fa che occuparsi di tutti i nostri figli... e con che larghezza di vedute! A lei non importa a che colore o movimento appartengano. È stata anche una della prime a sostenere l'idea di allargare la nostra associazione in difesa dei diritti civili dei carcerati, anche ai comuni... Infatti da alcune sedute c'è anche qualche "genitore comune". Certo, riuscire a mettere insieme tutti i genitori – sia politici che comuni – della folla carceraria italiana vorrebbe dire divenire una forza immensa! La nostra organizzazione è nazionale, vedi: ci sono napoletani, milanesi... Ma temo proprio che la sua idea non avrà successo perché i genitori dei politici si sentono diminuiti a vedere i loro figli mischiati ai comuni: ladri, assassini, eccetera. A loro volta i genitori dei comuni hanno un vero terrore, specialmente da quando sono in vigore le leggi speciali e queste carceri di massima sicurezza. Ma tentiamo! Tutti oggi si aspettano un tuo intervento da comune, chissà che non convinca qualche padre o madre di politico che valga la pena trattare con voi...»

Nel seguire l'italiano fluente di questo nuovo tipo di commerciante che non conoscevo (altro slittamento imprevedibile verso nuovi lidi del nostro corpo sociale) mi congratulo con Roberta per la sua astuzia. Mi piace quando la mia bambina sfodera astuzia, o intelligenza, o coraggio piú grosso del mio! Ogni madre è cosí, mi dico prendendomi in giro, magari si trova giocata dalla propria figlia ma ne è orgogliosa esattamente come me: non m'ha portata qua, come diceva la furbona, per darmi una prova di fiducia, una «sorpresina»... ma solo perché le serviva farmi passare per una comune, con aspetto però pulito e convincente.

Ma la sosterrò, mi dico, non per lei ma per quei ben quattromila detenuti politici (in questo momento lo stanno dicendo sorprendendomi non poco) e anche perché, dopo l'aggiornamento sul numero che ha raggiunto la popolazione carceraria, una serie terribile di restrizioni, punizioni, abusi di potere continua a essere buttata su quell'instabile tavolo dalla viva voce di chi, appena uscito di prigione, è venuto di persona a informare, o dai familiari che hanno appreso le notizie direttamente nei colloqui. Alcuni poi, i visi ora in lagrime ora paonazzi dall'ira impotente, hanno trovato nei parlatoi – dietro i nuovissimi vetri insonorizzati – i figli crocchiati nel viso, nelle mani... Proprio adesso un ragazzo molto simile a quello col quale Roberta si incontrò alla Roma Nord, sta testimoniando (con fotografie scattate di nascosto) di pestaggi bestiali avvenuti a Fossombrone da parte di guardie carcerarie dal viso coperto da un cappuccio, in piena notte, dove fra le altre cose si rompevano le dita dei detenuti a martellate...

Sono cosí allibita dalla pressione emotiva di tante notizie e dalla drammaticità dei visi che le comunicano, che per un attimo sto per perdere l'equilibrio. Ma la mia vicina-informatrice prendendomi per il braccio mi spinge ad alzarmi dicendomi: «C'è un'altra sospensione... Andiamo a prenderci un caffè, ne ho proprio bisogno anch'io, eppure sono vecchia a queste cose!»

Portata, ma dovrei dire sorretta, mi trovo come in un incubo nell'ombra del bar di prima, seduta allo stesso tavolino di prima, col viso eternamente mesto del dottor Čechov, ma come ravvivato ora da chissà quale avvenimento, chino su me: «Sono lieto di comunicarle, signora, che la corrente è tornata! Un buon caffè?»

Ecco che cosa elettrizzava il nostro ospite, penso!, riaggrappandomi alla sua figura atemporale.

«Oh sí, grazie, me lo faccia doppio visto che avere la corrente è cosí raro qui!»

«Eh, signora! Fossero tutti come lei che capisce quello che è dovuto a Dio e quello che si deve allo stato!»

«Ma mi pare il minimo che si possa fare! – replico costringendolo a starci vicino per non perdere quel magnifico esemplare di comico spontaneo: – Solo delle bestie non capirebbero che lei è a posto con la sua coscienza».

«Ecco, ecco! – m'interrompe lui quasi piangendo di riconoscenza. – Ecco! Io lo faccio sempre presente alla gentile clientela che non è colpa mia, ma loro, bestie, ha detto giusto signora, non distinguono, e se la prendono con me! Eh, oggi gli italiani si sono cosí imbestialiti! È perché non hanno voglia di lavorare: l'ozio rende simili alle bestie... Anche lei un doppio caffè? È sua sorella, signora, se mi posso permettere?»

«Sí», rispondo ormai tornata alla realtà per virtú dell'umorismo e anche per non deludere il suo bisogno sconfinato di parentela.

La mia vicina-informatrice è ancora cosí immersa nel clima di tragedia di prima che non si è accorta di niente, se ne sta a segnare qualcosa su un taccuino e mi stringe il cuore; io posso cercare scampo nel comico usufruendo del lusso di non avere figli o marito o sorella in carcere, ma lei? Per non disturbarla nel suo ripensamento del dolore che chiaramente la possiede (di nascosto si asciuga qualche lagrima scrivendo) mi guardo intorno: molti della folla della cantina sono approdati in questo bar... In mezzo a tre ragazzi Roberta discute animatamente ma non mi ha dimenticata, sfido io! Sa di avere forzato la mano su di me. Proprio ora mi stampa nell'aria un OK sicuro nel gesto ma incerto nel sorriso timido di scuse che lo accompagna... È cosí graziosa con la sua aria seria da segretaria particolare di qualche grosso manager-criminale col quale James Bond dovrà lottare fino all'ultimo sangue che non posso non inviarle un bacio rassicurante.

«Siete molto legate tu e Roberta!» sospira la mia vicina-informatrice un po' sollevata.

So bene cosa prova. Quando si ha a che fare con la legge, la latitanza, il pericolo costante di veder sparire un proprio caro, solo il constatare la solidarietà può dare qualche conforto. Era cosí anche per noi durante la Resistenza.

«La galera lega molto, lo so. Me lo scrive sempre la mia Milena. Ogni volta che ci chiede delle cose, ci raccomanda di mandarle anche per le altre. Che so, ha bisogno di sottovesti... mi scrive: "Invece di comprarmi quelle di lusso che usavo fuori, compramele alla Upim, ma mandane almeno cinque o sei”. E si figuri se io sto a guardare queste cose! Come tutti noi parenti, del resto. Io e mio marito ormai ci siamo abituati a pensare che dentro, invece di due figli, ne abbiamo una dozzina... E poi le lettere di ringraziamento che ti arrivano sono cosí care che è proprio come se fossero figli nostri. Mio marito che è piú forte di me, non perché sono donna, lo è sempre stato: s’è fatto dal niente lui! Io ero di buona famiglia, capisci? Lui a volte scherza e dice: be’, mamma!, mi chiama, cosí, come usano i toscani che vengono dal popolo, be’ mamma, in fondo dobbiamo essere contenti! Quando ci sposammo volevamo almeno cinque figli, e alla faccia della natura malvagia ce ne ritroviamo dodici!

Vedi, mio marito è quello là al telefono, quello alto e biondo... L’unica cosa che mi fa paura... è che attraverso i figli e tutto il lavoro che dobbiamo svolgere in questa associazione e altrove, sai, si va in delegazione nelle carceri piú sperdute... l’altra settimana siamo stati tutti a Fossombrone a protestare... l’unica paura, ti dicevo, è che lui si sta troppo politicizzando. Prima né io né lui ci occupavamo di politica. Ma sarà quel che sarà! E se – come ogni tanto dice – verrà il momento d’agire che vada pure!? Forte e giovane, ha due anni meno di me, quarantotto anni. E poi, era un grande cacciatore! Si lamentava che suo figlio da ragazzino non volesse saperne di cacciare con lui! Pensa! Quando un otto mesi prima che lo arrestassero scoprí nella sua stanza un fucile, fu contento e mi disse: “Lo sai che forse Paolo ha cominciato senza dirmelo, per farmi una sorpresa, a esercitarsi per venire con me a caccia?” Pensa! Fu tratto in inganno anche perché trovò un porto d’armi regolare e l’iscrizione al poligono di tiro. Ma ti sto annoiando...»

«No, no! – esclamo, – anzi mi interessa molto!»

«Mah! Queste sono le solite lagrime di una madre, che lasciano il tempo che trovano! Ma ci casco molto piú raramente. Noi – tutte le mamme qui – ormai abbiamo cominciato a capire molte cose, anche il femminismo per esempio... prima chi ne sapeva niente! Tu sei una comune, ma almeno femminista lo sei?»

«Certo, – la rassicuro, – come no!»

«Ah ecco! Roberta mi aveva accennato a qualcosa ma non ne fare cenno quando parlerai. Per convincerli è meglio che loro pensino che tu sei solo una comune, capisci?»

«Certo, certo. Ho capito tutto».

Quando qualcuno mi spinge ad alzarmi e prendere la parola, è semplice per me. Dico quello che Roberta e Carla s'aspettano che io dica: stare uniti al di là delle varie colorazioni politiche, della barriera classista che separa il politico dal comune per combattere insieme contro l'eterna barbarie del carcere...

Dopo il mio intervento tutta l'attenzione si polarizza su Roberta che, esauriti i pochi preliminari sullo stato attuale dei tentativi di unificazione tra politici e comuni, passa a esibire minute di lettere e documenti mai arrivati per via della censura. Alla fine, comunica adesioni e notizie affidate soltanto alla sua trasmissione orale.

La mole di dati, notizie, nomi, indirizzi che quella graziosa testolina è in grado di memorizzare ha il potere in un primo momento di lasciarmi senza fiato. Man mano che lei risponde a tutte le domande che le vengono poste (sui singoli compagni, sul loro stato di salute, finanziario e soprattutto sugli ultimi spostamenti subiti individualmente), cresce in me una grande ammirazione per il metodo e la precisione di quello che mi si rivela un vero e proprio mastodontico piano di lavoro che giornalmente, sia quando è in carcere o fuori, quella ragazzina svolge continuamente. Come? Col mezzo delle lettere, dei colloqui, della frequentazione telefonica e di persona di parenti, avvocati, uffici, educatori, psicologi, medici, eccetera...

Proprio in questo momento qualcuno esclama: «Ma fino a tre giorni fa Giovanna Carri era a Messina, sua sorella l'ha vista».

«Sí, ma ora è a Perugia. Non so perché ma l'hanno impacchettata nottetempo in fretta e furia e spedita là... Ma domani o dopo saprò il perché di questo trasferimento...»

E un altro: «Ma di Claudio Marri che ne è stato? Tutte le lettere ci tornano indietro e, come tu sai, non ha parenti...»

«Sta a Fossombrone...»

Mentre l'aggiornamento dei trasferimenti va avanti, nell'osservare la sicurezza con la quale sbriga il compito, un senso di colpa mi si abbatte addosso pesante, rendendo quasi insopportabile quel pomeriggio prima solo emotivamente faticoso. E io che – anche senza giudicarla – avevo preso il suo ripetuto *sapessi quanto ho da fare, lettere, viaggi, e poi la notte quel dannato secondo lavoro al night!* per una fandonia vera e propria atta a celare la sua impotenza di drogata! Quando Goliarda cade nel tranello dei sensi di colpa (o è un rifugio?) si raggomitola tutta dentro se stessa; i gesti, le voci degli altri, gli stessi spostamenti fisici, le scorrono davanti come un antico film in bianco e nero proiettato su uno schermo lontano.

Immersa in quel film doloroso solo la percezione di una musica squisita e il contatto di un bicchiere fresco in mano hanno il potere di riportarla alla realtà. Non siamo piú nella cantina fumosa e gelida dei *carbonari* ma in una grande cucina calda. Un buon profumo di cibo semplice si srotola dolcemente sulle possenti mura protettive di antica costruzione. Siamo a Trastevere mi dico trangugiando con sollievo il vino fresco. Finalmente sono lontana da quell'orrenda periferia!

«Hai proprio ragione! Solo fra queste vecchie mura si può trovare l'illusione che tutto quell'orrore che la speculazione edilizia ci ha regalato non esista!»

La bella voce virile che ha risposto ai miei pensieri non mi meraviglia. Come al solito ho continuato a comunicare senza saperlo, né mi sorprende la voce della mia sosia che alle mie spalle annuncia forte: «Ecco che Goliarda ci ha fatto l'onore di tornare con noi! Voi non la conoscete, non avete l'idea di quanto sia smarrente, si può dire?, emotivamente smarrente scoprire che ogni tanto, pur continuando a risponderti a tono, una parte di lei se ne va lontana... Sulle prime anche questo aveva indotto me e Marcella a pensare che fosse un'infiltrata, e convinto Marrò che fosse una politica».

«Marrò, la Giovanna d'Arco dei rapinatori?» chiede incuriosito il nostro ospite che intuisco subito essere il tanto decantato amico di Roberta e a ragione! Da anni non vedevo un'armonia di membra e intelligenza cosí perfetta. Come se lo scultore genetico si fosse, per una volta, deciso a tramandarci un capolavoro. Probabilmente l'ho fissato troppo perché la sua testa napoleonica si volge verso di me fissandomi direttamente negli occhi senza prepotenza ma con una sicurezza tagliente: «Be', non è che Marrò avesse tutti i torti a sospettarla. Marrò ha sapienza antica di metropoli e carcerazione! Cosa avrei fatto per conoscerla!

Vedi... – continua ora fissandomi sempre piú sprezzante, – il tuo furto sul principio mi aveva molto interessato. In Italia un intellettuale che non si pieghi alla lottizzazione è costretto alla fame. Di solito si suicidano passivamente, tu invece sembravi avere scelto una via attiva: rubare come protesta. Ma le tue dichiarazioni alla stampa mi hanno deluso, sono franco con te. Se fossero state piú sicure e inappellabili avrebbero potuto aprire un dibattito su quest'altra piaga che infetta la cultura italiana».

Un silenzio torbido s'è materializzato intorno a noi. A fatica, anche se aiutata dalla spinta istintiva di indignazione che sempre mi viene in aiuto, ne esco fuori: «Io, caro Augusto, – il nome mi esce dalle labbra come se lo conoscessi da sempre (chi me l'ha suggerito?), – l'ho detto e ridetto alla stampa, amici, conoscenti. Ma come dovresti sapere, prima di scagliarti in filippiche inutili, le persone, compresi i giornalisti, traggono dalle tue parole solo quello che a loro fa comodo».

La mia frase è stata piú dura, nel tono, di quello che avrei voluto, cosí che non mi meraviglia l'esclamazione di Roberta: «Che bellezza, ora scoppia lo scazzo! Lo sapevo Augusto che Goliarda era pane per i tuoi denti!»

Ma io non ho voglia di litigare. Sto troppo bene, e gli occhi neri umidi (ha sempre come una fantasia di lagrime negli occhi quel ragazzo) a dispetto delle sue intenzioni hanno su me l'effetto curioso di un abbraccio caldo... Già, realizzo: somiglia a mio fratello Carlo con un pizzico nascosto di Ivanoe, e mi preparo allegramente al peggio.

«Può essere! Ciò non toglie che tu hai guastato un gesto nato bene, e questo è imperdonabile! Non voglio annoiare gli amici ora, ma ne riparleremo!»

«Ma chi è questa Marrò?» domanda improvviso uno smilzo giovane uomo dalla testa d'ebano scolpita con maestria alessandrina, il quale dall'immobilità assoluta tipica della sua razza sembrava non capire l'italiano, e invece si esprime nella nostra lingua perfettamente.

«Oh! – risponde rapida Roberta anche se con voce leggermente delusa per lo scazzo mancato: – Marrò è una delle cape di Rebibbia e la regina di Centocelle. A soli vent'anni tiene già da parecchio tempo lo scettro incontrastato del suo paese. Ti spiego, a te che sei straniero: questi quartieri periferici, e poi ormai nemmeno tanto, hanno però già una tradizione, costituiscono come un paese nel paese con leggi proprie, *slang* eccetera. Del resto tu hai vissuto tanto a New York, e sai! Marrò è la regina della malavita, e come tale detesta le "politiche" che secondo lei, con questa stronzata della causa e le loro azioni di guerriglia, hanno costretto il governo ad aumentare la sorveglianza, cosa questa che intralcia il loro lavoro di ladri, eccetera. Perfino con me che mi sento piú "comune" che "politica" è spietata anche se qualche volta riesco a parlarci...»

«E com'è, fisicamente dico?» esclama un'esile libica che pare come scolorita nel suo bruno d'origine dalla clemenza del sole di Roma. Quello scoloramento dona alle sue membra, ai suoi gesti, e perfino alla sua voce una malinconia diffusa cosí affascinante che sono costretta a fissarla. Lo specchio antico screziato d'argento delle sue pupille sembra ora rimandare la descrizione minuta che Roberta sta facendo di Marrò: «E non esagero sulla sua bellezza! Qui c'è Goliarda che può testimoniare! Anche se a ripensarci ne era troppo innamorata per essere obiettiva! Mi fa una tale rabbia che solo per amore anarchico di verità non vi ho detto che è brutta! (Tutti ridono). E non le vuole passare! Sapete cosa mi combina, a me che soffro di una gelosia pazzesca? Appena esco dalla galera e la vedo, la prima cosa che mi chiede è di Marrò. E come ci resta male quando le dico che il “suo bene” è già uscito da un paio di mesi! Scolora in volto ed esala: “Ma com’è che non mi ha cercata?!”»

Roberta sa esagerare, anche per questo sono convinta che sarebbe una grande scrittrice se solo volesse. La lascio fare.

«... Poi mi chiede, visto che sa che per me Centocelle è la mia seconda patria, di cercarla per farle sapere che vorrebbe tanto vederla! Io, morendo dalla gelosia, ma per non darle soddisfazione, cerco Marrò e riferisco. Sapete come la prende quella? Prima, opponendomi un silenzio di secoli, poi dilettandosi a guardare sopra la mia testa, per finire col molleggiarsi avanti e indietro com’è suo stile, alla Henry Fonda, dicendo: “Ah, la cojona! Dille che al momento non sono disponibile per lei, nel mio intimo intendo. Quando sarà il caso ti farò un cenno, OK?” Chiuso... Io non ho il coraggio di riferirlo a Goliarda, solo ora ci riesco perché ci siete voi...»

«Eh, sí! – si inserisce la voce profonda e ironica di Lavinia, l’altra nostra ospite, – ... con questa nuova razza aristocratica delle borgate non c’è modo di familiarizzare! Lo so io! Per settimane ho lavorato a Tor Marancia...» Non ascolto piú, tutta presa da quella voce morbida guidata dalla lucentezza tagliente d’intelligenza del suo sguardo che a volte ha lampi quasi crudeli. Per fortuna porta grandi occhiali da vista, che in qualche modo schermano quel balenare arguto e logico dei pensieri e le danno un’aura di farfalla. Approfittando del silenzio e del fatto che tutti gli sguardi si sono ora rivolti verso di lei immersa nella penombra che divide simbolicamente la camera da pranzo dalla cucina (penombra antica almeno quanto la cucina di Fratta del nostro buon Ippolito Nievo), i miei occhi sono in grado di leggere a chiare lettere la contraddizione fondamentale di questo nostro fine secolo: camicette, scialli e orecchini – anche se indossati su jeans sdruciti – incorniciano delicati volti ottocenteschi, accostati a criniere ribelli, barbe, visi risoluti e barbarici di uomini che sembrano ricopiare le stampe dei nostri eroici briganti e martiri del Risorgimento. Uno di essi somiglia tale e quale a Pisacane. Saprò dopo che è un greco in esilio dal tempo dei colonnelli.

Anche qui come a Rebibbia, nel salotto di Suzie Wong, si è arrivati all'abolizione delle celle d'isolamento delle professioni, delle classi, dell'età. Non era dunque un caso isolato quel consesso interclassista cosmopolita che allignava in carcere, né un risultato anomalo della coazione come temevo. Quel nuovo esperimento continua anche fuori! Come a fomentare ulteriormente il mio entusiasmo, Roberta (che chissà quando ha trovato il modo di venire a sedersi vicino a me) mi sussurra con una voce felice da bambinetta: «Era questa la sorpresa, Goliarda, non la riunione di prima! Sei contenta? Tu di questo hai bisogno! Stavi proprio in mezzo a gente di merda! Perché non ti ho portata prima? Volevo essere sicura di te, OK! Non che qui si cospiri o si sia fuori legge, ma bisogna essere prudenti perché ormai è chiaro, che con la scusa di stroncare il terrorismo rischiamo tutti, solo perché si dissente, di finire in prigione, o in qualche stadio del futuro come in Cile».

«Grazie Roberta!» mi sento dire scioccamente con tono mondano, e sto per correre ai ripari quando: «È curioso, se qualcun altro mi avesse ringraziato come tu fai ora mi sarei incazzata, ma con te... che ho con te? Con te questo "grazie" perde tutto l'odore di buone maniere e mi riempie di commozione. Che ho con te, Goliarda? Perché sono cosí diversa con te? *Ti sento tanto!* Ho come il desiderio di essere apprezzata da te, di fare cose delle quali tu possa essere orgogliosa... è terribile! Non ho mai provato questo, mai!»

Nel parlare s'è gradualmente stretta a me sulla panca da refettorio che ci ospita, davanti al lungo piano di vetro posato semplicemente su dei trespoli da mercato dove presto tutti mangeremo. Qualcuno già distribuisce piatti e bicchieri. Lei mi passa un braccio intorno alle spalle. Dalle vibrazioni del suo corpo contro il mio ho il timore che stia per scoppiare a piangere. Per evitarlo la stringo forte alla vita, ma niente vale a calmarla, cosí che sento lagrime calde scorrere sul mio collo dal suo viso ormai abbandonato sulla mia spalla, mentre le sue labbra in un balbettio ora proprio da bimba continuano: «E io invece non faccio che drogarmi e dare soldi a quei miserabili spacciatori! Lo sai che mi ci vogliono almeno cinquantamila lire al giorno! E tu che non hai una lira! Se riuscissi a non farlo piú, pensa! Potrei mantenerti io... Come mi piacerebbe! Tu dimmi, tu l'accetteresti?»

«Certo che l'accetterei, e sarei anche orgogliosa di te».

Queste parole sortite dalle mie labbra da un passato di maternità antico quanto il mondo mi turbano piú del suo turbamento, e convinta di stare facendo un gesto per allontanarla mi trovo invece ad accarezzarle la testa e a canticchiare piano piano, che nessuno ci noti, un vecchio motivo di ninna nanna che non sapevo di conoscere.

Dalla pressione del suo capo che si è fatto pesante sulla mia spalla capisco che s'è addormentata. Devono essere le dieci, penso, cercando con gli occhi un qualche orologio a pendolo sui muri, le magioni antiche ne hanno sempre uno appeso in qualche parte della cucina. Infatti proprio davanti a me fra il camino e una grossa madia un orologio mi conferma nel mio pensiero: quel piccolo corpo saldo e fragile cresciuto fra gli urlacci, le crudeltà piú efferate e le dolcezze piú insondabili in quella università carceraria, segue anche fuori (e come potrebbe essere diversamente?) le regole, i riti, le usanze apprese fin dall'infanzia fra quelle mura. Tutte le sere l'esoterica vestale di Rebibbia, in qualsiasi luogo ci si trovi, fra le dieci e le undici viene presa da quel sonno assoluto che là nella cella scattava imposto dal buio centralizzato e la chiusura di tutte le porte puntuale e certa come la morte.

Purtroppo, per me straniera, quel piccolo dato dello scadere del momento-sonno non è che una labile indicazione, insufficiente anche solo a orientarmi nella selva misterica che compone oggi la sua personalità. Non potrò mai aiutarla.

«Be'! Non mi dire che ho dormito?»

La voce di Roberta ripulita di tutte le emozioni, serena come quella di un bimbo che, addormentatosi piangendo, dopo un lungo sonno non conserva il piú lontano ricordo di quello che la sera prima lo angustiava, sveglia anche me col *dovere* di essere serena anch'io. Subito, stampandole un bel bacione sulla guancia di pesca appena arrossata da chissà quale gioia del risveglio (chi può sapere quali promesse di felicità vengono col sonno a fomentare la gioia di vita nell'infanzia?), le sussurro: «Altroché! Pochi minuti, ma sono convinta che se non c'era il profumo di questa buona zuppa avresti continuato per altre dieci ore».

«Che favola! Ho una fame da lupo! Oh, c'è anche la frittata! Mi piace tanto la frittata!»

Questa uscita di Roberta – chissà poi perché? – fa ridere qualcuno mentre tutti gli altri in un silenzio religioso si concentrano su quella zuppa come se qualcosa di prezioso fosse stato loro elargito dal destino. Infatti dopo qualche secondo una voce romanesca (del nuovo romano-swing di borgata) esclama incantata: «Giuro che 'sta zuppa è stata cucinata da 'na fata! È un sogno 'sta zuppa!»

La voce isolata che s'alza e si spegne sull'approvazione muta di tutti appartiene a un ragazzo sui diciotto anni dal viso e voce dolcissimi, e mascelle e sguardo cosí determinati da apparire crudeli fuori misura: un ladro sicuramente.

Anche se da dilettante, a furia di studiare la nuova grammatica muta del profondo di Roberta e di seguirla per periferie, luoghi assolutamente celati a noi cittadini delle strade del lecito, comincio almeno, se non a conoscere, a intuire le svariate tipologie di questo nuovo *Lumpen* che non ha niente a che fare con quello del passato. Scippatori, ladri, prostitute – maschi e femmine – hanno tutti ormai una cosí precisa coscienza di classe e politica da far apparire un semplice esercizio astratto il dibattito che artificiosamente continua sulla presunta diversità del «politico» dal «comune».

Finita la zuppa, l'arrivo dell'enorme frittata crea un vero fuoco d'artificio di discorsi, aneddoti, racconti tanto divertenti da dare alla testa... Un vero sballo degno solo dei banchetti di nozze, di natale, capodanno di un tempo, quando la fame generale dava ai cibi sostanziosi un potere d'ubriacatura. Ubriaca me ne sto lí quieta, intenta almeno a focalizzare quei visi magnifici. Non ho che un desiderio: rivederli, conoscerli uno per uno, sapere di loro e perché no! – mi dico vergognandomi un po' del mio eterno lato romantico – amarli.

Come in risposta a questo desiderio la bella voce fonda e calda di Lavinia mi dice stringendomi affettuosamente la mano: «Domani sera vieni da Germano, ci vediamo dopo cena. T'ho scritto l'indirizzo in questo foglietto, Roberta non potrà – lei la notte lavora – ma tu, sempre se ne hai voglia, vieni...»

«Oh sí, Goliarda, devi proprio andare, Germano e la sua banda sono uno schianto!»

Mi sento cosí felice di questo invito che ho come l'impressione d'arrossire. Deve essere cosí perché Roberta è costretta ad aggiungere: «Non pensare che non abbia voglia di continuare a vedervi, Lavinia, è che Goliarda quando qualcosa la fa veramente felice ammutolisce... è siciliana, e tu dovresti capirlo, sei mezza isolana anche tu!»

«Se non la capisco! Non si esce mai dall'isola, come diceva mio padre, o almeno ci vogliono piú di sette generazioni dopo il trapianto in continente...»

Ride ora *l'isola* davanti a me. L'unico problema in questo momento che m'afferra osservandola è se è piú bella, armoniosa la sua voce, o la fiera testa sempre mossa dalla tempesta di riccioli neri lucidi di lava.

«... Ci vai domani, vero? – insiste Roberta, – anche perché io per una decina di giorni avrò molto da fare e non potrò vederti. Cosí almeno so che ti lascio in buone mani...»

Puntuale allo scadere dei dieci giorni eccola davanti a me seduta a un tavolino col solito doppio *whisky on the rocks* tra le mani, che mi sussurra rapida e stentata allo stesso tempo: «Mi sono innamorata, Goliarda. È per questo che piangevo da Lavinia... sono sparita... insomma prendila come se fossi stata in luna di miele!» L'aria vergognosa, lo sguardo pieno di timore col quale mi fissa un attimo per poi distogliere gli occhi in apprensione quasi mi offende. Passo all'attacco: prima di offendermi voglio sapere su quali basi ha potuto fondare tutto quel panico da colpevole che mi mostra.

«E che c'è di male? È comprensibile, quello che non capisco è perché prendi quell'aria di colpevolezza...»

«Scusa. Ho dubitato di te, stronza che sono! Stronza!»

«Ecco! Hai detto bene: stronza!»

«È che tutti sono cosí possessivi, cosí...»

«Sí, lo so. Ma non mi interessa come sono gli altri».

«Sono felice, Goliarda, felice! Ora che vedo che non ti perderò per questa mia felicità la mia gioia è completa».

«Hai già avuto perdite per questa felicità?»

«Sí».

«Sempre la stessa solfa! Tutti pronti a starti vicino se ti sanno sola e non crei novità. Ma appena incontri qualcuno o qualcuna che ti dà felicità tutti contro. Non parlo, è chiaro, di qualcuno – come nel tuo caso Albert che poveretto cosí ti perde – ma gli amici, cavolo! Che cosa perdono o credono di perdere? Anche a me è successo, ancora ne soffro. Lasciamo andare!»

«Albert non mi ha abbandonata».

«Questo sí che è qualcosa di "grande", Roberta! Guardiamo solo a questo per carità, troppa meschinità intorno: non nutre la meschinità».

«Si chiama Riccardo. Ti giuro, Goliarda, che è la prima volta che mi sento completa con lui cosí come fu con Marco, il mio primo amore: questo qua, te lo ricordi?»

Tira su la manica ampia, a campana, senza polsino cosí che io sia in grado di leggere quel nome tatuato a lettere cubitali sul braccio. Con sorpresa noto un cambiamento in quelle sillabe bollate a fuoco sulle carni trasparenti da drogata. Sono sbiadite, e in qualche punto (non sogno) proprio sparite come se fossero state sottoposte a tentativi maldestri di cancellazione. A quello che ricordo i tatuaggi sono indistruttibili. Che sia la droga che li annacqua cosí? O è il suo nuovo grande amore che insinuandosi in quel corpo cerca di scalzare il primo?

«Probabilmente era venuto il tempo per te di riprovare un grande amore, a vedere come quel nome si sta sbiadendo. Ci sono scadenze biologiche anche in questo settore, purtroppo...»

«No, sono io che da un anno e piú, non ricordo, sto cercando di cancellarlo questo tatuaggio. Nell'ultima carcerazione ho incontrato una donna che se ne intendeva. Ma è duro ad andarsene, e temo proprio che alla fine al posto del nome invece della pelle pulita, come quella mi aveva promesso, resterà una macchia piú deturpante del tatuaggio stesso. So cosa pensi... Anch'io ho sempre avuto il dubbio che il primo amore non si cancella mai».

Ride ora ma sommessamente, quasi a prendermi e prendersi in giro.

«Come l'amavo! Che dici è perché ero tanto giovane? La giovinezza ha un'intensità tremenda, quasi ultraterrena: come se si fosse eterni. All'inizio della vita non si ha ancora nessun sospetto della morte. Il ricordo ancora intatto della non-vita dalla quale veniamo è misto alla consapevolezza che ci vorranno ancora parecchi anni prima di tornare nel nulla, e questo ci fa sentire come dèi...»

«Ma come è morto? Me lo raccontasti ma non lo ricordo piú... sono avvenute tante cose che è difficile ricordare tutto».

«Oh, come tanti tossicodipendenti anche adesso! Anch'io ogni volta che mi beccano rischio la morte: ti prendono, ti chiudono in isolamento senza farmaci né assistenza, e chi non ce la fa, peggio per lui! Marco era debole di cuore, e non ce la fece a subire il mutamento totale che tutti gli organismi subiscono nel passare dallo stato di intossicazione a quello di "pulito". Ricordi che proprio nei giorni che ci conoscemmo a Rebibbia una ragazza fece la stessa fine?»

«Sí, questo lo ricordo...»

«E non cominciare la tirata sull'ingiustizia, l'orrore, eccetera perché ormai è tutto chiaro. Siamo talmente tanti, e senza possibilità di guerre per giunta, che si sono inventati questo sistema per sottoporre i giovani a una specie di nuova selezione naturale. Ma ti dico cose che sai, scusami. Il fatto è che dirtele mi serve: se riuscissi – veramente dico – a fare mia questa scoperta forse potrei farcela a smettere. Anche perché adesso dovrei proprio... Riccardo non si droga e ancora non sa che io lo faccio. So che quando lo scoprirà mi disprezzerà. È un duro, lui, come tutti i comuni che si sono politicizzati in galera del resto. Suo fratello maggiore è il famoso M., condannato all'ergastolo, un vero capo, lo conoscevo bene. È stato lui a scrivermi di dare una mano a suo fratello che usciva di prigione dopo otto anni in libertà vigilata, venti giorni fa... Sono andata a prenderlo e là, proprio davanti al grande cancello che conosci, in quella desolata terra di nessuno che è la piazza antistante a Rebibbia, appena ci siamo visti è nato il nostro amore. Devo smettere anche perché mi stanno finendo i soldi che ho guadagnato in questi mesi. Se resto senza soldi come posso continuare a *farmi* senza che lui se ne accorga?»

Che cosa speravo fino a qualche minuto fa? Che lei si fosse innamorata di qualcuno che estraneo al pianeta-carcere potesse aiutarla e, perché no, proteggerla dalla nostalgia del paese in cui s'è formata? E perché doveva avvenire tutto questo? Per magia forse dell'amore silenzioso che le porto? Una delusione tetra piena di echi di sventure sta invadendo il mio corpo... non riesco piú a seguire le sue parole. Per uscirne (lei s'è ammutolita fissandomi attonita) cerco un argomento per cambiare discorso: *Barbara*, almeno qualcuno della mia razza di fuori...

«Hai detto Barbara? E che c'entra Barbara ora? Non la vedo piú da tanto!»

«Che forse anche lei t'ha abbandonata a causa del tuo nuovo amore?»

Non risponde cosí che sono costretta ad alzare gli occhi su di lei. È bellissima, come rifiorita: pianta finalmente reimmersa nel suo umore naturale. La fisso per vedere se ha sentito il mio malessere: non vorrei lo scambiasse per gelosia... La sua bellezza mi sale alla testa come vino e faccio per sfuggire ma il suo sguardo cattura il mio. Le sue pupille chiedono perdono a lungo prima di dire: «No, Barbara non mi avrebbe abbandonata per questo! Lei è felice quando qualcuno s'innamora: l'amore è il suo credo. E poi... lei ancora non lo sa... È difficile dirtelo, non vorrei che tu la giudicassi male: non vuole piú vederci per via della politica. Me l'ha detto francamente. Il suo negozio va bene e lei non vuole piú saperne di *colpi*. Io rispetto il suo volere. Tra l'altro – m'ero scordata di dirtelo – una settimana fa i carabinieri hanno perquisito il suo negozio e capirai questo lei l'ha associato, forse a ragione, a me».

«Strano, a casa mia non sono mai venuti a perquisire...»

«Il tuo caso deve essere in mano alla Digos. Sono cosí pazienti quelli della Digos! E dato che tu ti muovi in tanti ambienti aspettano sperando che tu li porti a qualcosa di piú sostanzioso. Ma si sta facendo tardi, fra poco arriva Riccardo, volevo tanto fartelo conoscere e cosí gli ho dato appuntamento qui. Mi raccomando Goliarda, non farti sfuggire della droga e del mio lavoro all'Hilton! Sí, sí, lo so che è pazzesco ma non ho avuto il coraggio di confessarglielo. Lui, vedi è cosí giovane, ha solo ventitre anni, e viene da un ambiente popolare. E poi, ti dico la verità, anche a me, stando fra le sue braccia, solo l'idea di un altro uomo mi fa venire il voltastomaco».

«Cosí praticamente non hai piú fonti di guadagno... e lui che fa?»

«Che deve fare! Dopo otto anni di galera che lavoro vuoi che trovi? Ogni mattina deve andare al commissariato per la firma, e alle dieci di sera in punto deve essere a casa. Nei bar avrebbe potuto trovare qualcosa – la notte ormai nessuno vuole piú lavorare – ma con questo orario di ritiro che gli hanno appioppato! Ah, dimenticavo di dirti che sono andata a stare da lui, dopo ti scrivo l'indirizzo, il telefono non l'abbiamo. Verrai a trovarci, vero? Tanto dopo le dieci siamo costretti a stare a casa... Ah! Ecco Riccardo, mi raccomando Goliarda, zitta su tutto! Oh Dio non ci vede! C'è troppa folla qui e lui, lui ancora non si muove bene "fuori". Che stronza sono stata! Fuori ci si scorda della galera, questo è il guaio! Scusa, torno subito...»

Non torna piú, penso, vedendola volare leggera e lontana fra la folla, cosí lontana ormai da essere in grado di scorgere solo l'ondeggiare serico delle sue maniche a forma d'ala (un gabbiano?) È come se qualcuno mi avesse sferrato un pugno allo stomaco. Che sia la gelosia?, mi chiedo mandando giú una sorsata di *whisky* per essere in grado di incassare il colpo. Decido che è solo gelosia quell'angoscia colma di tetri presagi che m'ha preso appena lei ha parlato del suo amore, non la preveggenza spassionata di un pericolo che la insegue. La prova è il fatto che appena lei m'ha annunciato la presenza *dell'altro*, quell'angoscia s'è tramutata in una nausea terribile che dallo stomaco sale implacabile alla gola e mi fa ordinare un altro whisky quasi a mia insaputa.

Non torna piú!, ripete il mio cervello mentre aspetto *il whisky solo il whisky*… Quando posso stringere fra le palme quel cilindro di vetro magico color miele mi calmo un po'… Il freddo si sa è l'unica medicina per ogni genere di nausea. Bevendo piano, quasi masticandolo – che duri il piú a lungo possibile – mi convinco che la mia «ragione» alla fine ha funzionato, e me ne rallegro perché se è solo gelosia non è niente di grave per lei, ma solo per me, e io ormai so come combatterla quella vecchia biscia, che sia natura o cultura che importa? A tutti viene messa accanto nella culla, gemella invisibile e carnale nello stesso tempo. Sono cosí concentrata a sezionare quelli che chiamiamo sentimenti – fatica immonda! – che quasi non mi accorgo del ritorno di Roberta ancora piú bella se possibile di quando pochi attimi prima – secoli – mi lasciò.

«Ti presento Goliarda, Riccardo…»

«Piacere, signora».

«Signora! – esclama facendo sedere Riccardo accanto a lei e tenendolo per mano come solo può fare una mamma che teme di perdere nella folla il suo bambino: – … Signora! T'hanno proprio insegnato le buone maniere là, ma non vedi che non è che un maschiaccio ubriacone? Ha approfittato della mia assenza per farsi il secondo *whisky*! Non fa che bere e fumare…»

«Hai ragione… – (anche lui parla quel gergo carcerario impastato di italiano dolce, precisissimo e romanesco antico, di cui purtroppo non saprò mai trovare una grafia adatta) – quelli m'hanno quasi sistemato… *quasi* dico… È proprio come me l'avevi descritta! Ciao Goliarda, no, no, niente alcolici, una spremuta d'arancia…»

Non so come ma trovo il modo di intavolare una conversazione scherzosa con loro. Non so che dico, probabilmente racconto dei miei vizi e di come li ho appresi, da vera neofita della parità dei sessi, non da Greta Garbo ma da Jean Gabin, Bogart, eccetera.

«È stato solo un piccolo errore di principiante. Una piccola confusione di sessi, Riccardo!» concludo cosí il mio discorsetto che deve anche essere stato divertente perché li sento ridere di cuore... Non so come, ripeto, perché passati i primi morsi dell'angoscia, il mio essere tutto ormai è caduto in preda a una palude d'acqua marcia di rassegnazione, forse piú angosciosa del dolore acuto di prima. Per fortuna ora parlano fitto fitto di loro stessi, di me, delle future nostre cene da loro, o da me... no, da me non a cena ma a pranzo data la loro clausura serale decisa dalla legge...

Nel parlare Roberta ha lasciato la mano di Riccardo, il quale per un attimo rimpicciolisce smarrito davanti a me, per poi rifiorire afferrandosi al braccio di lei cosí strettamente da suggerire l'impressione di un abbraccio senza fine. Quell'abbraccio piú di solidarietà che di passione, di creature perseguitate che cercano forza l'uno nell'altra con la consapevolezza che solo fra «loro» possono trovare scampo e sostegno, scaccia l'ombra del mio malessere che, come cortina di nebbia, nascondeva il ragazzo ai miei occhi, rivelando un viso minuto eppur maschio al massimo, ascetico nella rasatura perfetta delle guance incavate e nello slancio muscoloso del lungo collo ombrato da una caduta voluttuosa di riccioli neri corti e soffici. Non potevano non incontrarsi e amarsi mi dico: lei ancora calda *dell'umore* del carcere non poteva non essere attratta dall'odore a noi sconosciuto, inesplicabile della coazione, in questo caso per di piú virilmente sopportata e vinta. È questo che dà a quel ragazzo quell'aria di purezza mistica che incanta anche me ora che lo *vedo*.

«Allora vieni da noi domani sera? Vedrai come cucina bene Riccardo!»

«Eh, ne ho fatta di pratica in otto anni! Se non impari a cucinarti, là dentro rischi di morire di "non sapore". Quanto è importante il "sapore" per tenersi vivi! Quasi piú dell'esercizio fisico».

«... E domenica veniamo a pranzo da te. Anche Goliarda cucina benissimo!»

«Me l'hai detto».

«La domenica è un buon giorno, cosí Riccardo dopo pranzo va a trovare sua nonna che sta... sí, in un ospizio a nord di Roma, da casa tua è a metà strada... e poi viene a prendermi cosí stiamo qualche ora insieme. Ho tante cose da dirti! Riccardo non è geloso di te... O adesso che l'hai vista sei geloso?»

«Non mi piace quando fai cosí, scusa, ci metti in imbarazzo, e poi non ti sta bene... sembri una ragazzetta!»

«Dio quanto sei serio! Te l'avevo detto eh, Goliarda? Non beve, non fuma...»

«Basta Roberta, ti prego! È tardi, dobbiamo andare, la nonna ci aspetta, è quasi cieca ormai, ai ciechi il tempo s'allunga e se si ritarda soffrono troppo... Su, su micia andiamo! Scusa Goliarda, ma tanto domani sera vieni da noi, no? Ti faccio gli spaghetti all'amatriciana, Roberta mi ha detto che sono gli unici spaghetti che ti piacciono... Ah no, anche la carbonara m'ha detto... o sbaglio Roberta? Ecco che la mia micia s'è immusonita perché sono stato un po' brusco! Via, lo sai che non mi piace quando le donne parlano troppo di me...»

«Le donne! Come se fosse vissuto in un harem!»

«Be', quasi... Ho tre sorelle e quattro zie, – risponde serio e commovente come tutti i pochi rimasti con vere radici nel popolo, – e anche se ho perso mia madre a tre anni ho avuto una nonna che mi ha fatto da madre! Su, su, Roberta... i soldi delle consumazioni li lascio qui o li rubano?»

«Ecco il cameriere! Ciao Goliarda, a domani sera...»

Dopo un viaggio interminabile – tre autobus –, quasi il tempo per raggiungere Parigi in aereo!, mi dico ridendo di me e della mia miseria, tanto per non perdere l'esercizio dell'ironia, approdo nel bel mezzo di un'ennesima selva di pseudograttacieli abbastanza eleganti nelle loro strutture di vetro e acciaio... Eleganti! Si fa per dire... avrebbe sottolineato Marrò aggiungendo: *«Vi piace tanto l'Amerika a voi scrittori, architetti e giudici e poi v'incazzate con noi che, non faccio per dire, non abbiamo niente da invidiare a quelli del Bronx...»*

Seguendo il ricordo di Marrò che ancora una volta ha rifiutato di vedermi (o è Roberta che fa apposta a non metterci in contatto?) mi perdo in quella selva rutilante di muri vertiginosi, ma nello stesso tempo cosí anonimi da farmi perdere l'indicazione orale che Roberta m'aveva dato per raggiungerla da Riccardo.

Per fortuna il posto è pieno di bar affollati, e giurando a me stessa di costringere Roberta a farmi incontrare Marrò – è l'unica amica di Rebibbia che non sono riuscita a rivedere! – chiedo a un ragazzo tutte curve swing nei gesti e nella voce (potrebbe essere un negro se non fosse biondo) se sa dove si trovi via dei Platani. Alla mia domanda ammutolisce lanciando strani sguardi sincopati agli amici che lo circondano. Ma vedendo – forse – che sto cadendo in una vera e propria disperazione (è la terza volta che la mia domanda suscita questa reazione) si impietosisce e si decide almeno a dire: «Ma che ci va a fare? Stia qui con noi che è meglio!»

«Ma io ho un appuntamento».

«Se è cosí venga, venga fuori dal bar e vediamo se si vede... ecco: la vede quell'insegna grande rossa? Lí c'è il "fosso"».

«Il fosso?»

«Sí, cioè, be'... è cosí che lo chiamano qui. Vediamo un po'... ecco, all'insegna deve contare tre traverse, alla quarta svolta a destra e trova il "fosso", ciao! Attenta a non scivolare!»

«Grazie!»

«E di che? Prego!»

Quel *prego* scandito sul ritmo di una batteria fantasma, mi ricorda la voce di Marrò... Perché questa nostalgia improvvisa per lei? Sfogo forse nella sua assenza la paura di perdere anche Roberta ora che ha incontrato Riccardo? Tutto può essere quando s'ha a che fare con dei vecchi organismi abbandonici come il mio! «Non lo sopporto piú questo mio usato organismo, è cosí risaputo e antico, vero Marrò? E poi ci convivo da secoli, cara, sfido te a sopportarti per tanti anni!» «Oh, se per questo io mi sono già venuta a noia da un pezzo, cara Goliarda!» Non devo pensare a Marrò, e contare bene le traverse. Come a Rebibbia il suo visetto poetico da madonnina paesana ha il potere di farmi perdere il senso del tempo e della topografia del carcere...

Il grande carcere intorno a me mugghia furioso come un bisonte insofferente dei tracciati coatti delle strade; finiranno col calpestarsi l'un l'altro senza nemmeno dolore ma con la grazia danzante con cui quel ragazzo ha pronunciato la parola «fosso». Quella parola m'ha svoltato d'umore, ed è con vero panico che scoperto il «fosso» (una stradina impercettibile a distanza, fra due grattacieli cosí a ridosso uno dell'altro da far sospettare l'intenzione di nascondere qualcosa) mi fermo ricordando l'avvertimento del ragazzo. Aveva ragione, attraversare quel «fosso» è come scivolare in un'altra dimensione temporale. Davanti a me, in discesa, una spianata tetra rischiarata da una falce di luna cosí bassa e luminosa da apparire innaturale. Nella zona dei bianchi ricchi – al di là del «fosso» – i vetri dei grattacieli, le luci, le insegne dei bar vanificavano quel quarto di luna cosí vivido qui da rendere leggibile ogni anfratto remoto della vallata. Non ci sono alberi né erba, solo una scacchiera di casette bianche rigorosamente allineate, silenti e abbandonate come tombe di un misero cimitero di campagna. Alla luna sono cari i cimiteri, i boschi, i colonnati. È su loro che il suo alchemico lucore indugia a rivelare segreti mistici a chi sa ascoltare. La mia Luna Nera ancora una volta m'ha trascinata in un'ennesima riserva, o ghetto, o lager (per saziare la mia fame di conoscenza o per affogarmi con lei nel suo lago di autodegradazione?) Non cerco piú risposta a questi interrogativi che Roberta mi pone a ogni ora, e sono anche un'ipocrita a riformularmeli a ogni piè sospinto perché è chiaro ormai che piú la piccola mi sfida, piú la mia paura si fa fonda e il desiderio di seguirla si fa forte. Anche ora che seguendo l'oscillare insinuante della falce di luna tutta la planimetria del luogo mi si scopre davanti, non ho forse che un solo desiderio: sapere dove sono e trarne conoscenza?

Anche il silenzio per me prima assoluto ora si colora di note, pause, accensioni: c'è terrore represso in quel silenzio, abbandono, stridere cauto di persiane aperte per spiare, cadute lievi di stoviglie... Un portoncino si richiude al mio passare, una tendina viene accostata in fretta mentre avanzo per il vialetto principale guarnito di gerani violacei, striminziti sotto il pulsare intermittente della lampada lunare.

In pochi momenti ho attraversato tutto quel misero villaggio asserragliato dalla giogaia invalicabile di grattacieli. L'abbaiare improvviso d'un cane lacera per pochi secondi il silenzio. Ma non ho piú paura, il cane doveva essere fermato dalla catena altrimenti avrei sentito prima i suoi denti che la sua voce, tanto era vicina.

Quando si ricompone il silenzio, riaffiora il rombo lontano del traffico-bisonte torno torno alla riserva. Dovrei, ora c'ho vinto la paura, cercare la palazzina n. 6 ma un alto muro in fondo attrae la mia curiosità. Mi avvicino, e davanti a quel muro fortificato tipico delle caserme e delle carceri d'un tempo capisco dove sono. Marrò mi aveva raccontato di quel primo ghetto per una volta costruito non per gli ebrei ma per i cristiani poveri del centro di Roma, voluto da Mussolini: «Prima era tutto circondato da un muro altissimo, poi l'hanno abbattuto... ma un pezzo, chissà perché, l'hanno lasciato in piedi. Forse per ricordarci lo strazio della deportazione! Una sorella di mia nonna s'è suicidata quando s'è trovata in quella plaga! E tanti altri... Capirai, cresciuti fra i colonnati, le chiese, le fontane... trovarsi in mezzo a quel deserto chiusi da un muro!» Ecco da dove scaturisce la sottile vena aristocratica che pervade tutti i gesti, gli sguardi, i silenzi di quel Riccardo che non poteva non affascinare Roberta, anche lei piccolo essere sradicato dal centro... La vedo bambina presa come un pacco e trasportata a marcire di noia in un appartamento di cemento armato all'ottavo piano... «*e con proibizione di scendere in strada! Quanto ho pianto! A Trastevere si giocava nella piazze. Una volta scappai, camminai per ore per tornarci. Ma mi persi, ero stanca – e pensa la scema! – fermai un signore per farmi portare dai carabinieri!*»

Il muro davanti a me m'attrae come una pagina di uno spartito musicale. O è la luna che si diverte a incidere messaggi d'ombre cosí precisi e sfuggenti da incantare la mia mente? Roberta, Marrò, Riccardo, *te stessa* – mormora la scrittura lunare – non potevate non incontrarvi in questa terra di nessuno che è divenuta Roma e non riconoscervi.

«Ti sei persa? Mia zia m'ha avvertito. T'ha vista vagare qui intorno e sono sceso a cercarti. Vieni Goliarda, è pericoloso dalla parte del muro! Qui – lo puoi capire – non gradiscono gli estranei...»

Nella polvere d'argento lunare che patina il suo viso di macchie antiche riconosco (in quei tratti per me prima troppo perfetti) la fissità dolorosa della nostalgia... Ha sentito il messaggio del mio sguardo perché, un poco riconoscente un poco allarmato dalla commozione, prende a sorridere con la stessa ironia che serviva da scudo virile a Marrò quando decideva di combattere contro la commozione dei tramonti in cella... M'aspetto che dica: «Sei proprio 'na cojona a perderti cosí!» Infatti lui, levandomi il peso delle bottiglie dalle mani e prendendomi amichevolmente sotto il braccio, scandisce piano: «Sei proprio un fenomeno di sballata, come dice Roberta! Lei dice anche che tutti quelli che passano troppo tempo sui libri diventano cosí... io non ne ho mai conosciuti...»

Non aspetta risposta e io ne approfitto per vedere bene il suo viso, tanto alla strada ci pensa lui. Non è cosí alto come sembrava e il suo profilo, almeno dalla parte che ora mi mostra, ha come un'immobilità rappresa da poliomielitico... Entrando nel portoncino la luce misera dell'ingresso – la solita lampadina nuda appesa al filo – mi svela il mistero: una lunga sottile ferita gli si stende dalla tempia alla mascella... altro dato sicuro di fascino per le fanciulle, mi sussurro per svoltare in ironia la gelosia che al momento è sparita, ma che deve esserci ancora nascosta in qualche anfratto remoto del mio organismo.

«Eccola qua la tua dolce sballata! Ora vi lascio e vado a buttare gli spaghetti».

Roberta, come è nell'antico rito fra amiche appena sole, mi domanda ansiosa: «Ti piace?»

Senza bisogno di fingere le rispondo: «Molto! Anzi moltissimo! Se ne avessi l'età potrebbe creare dei problemi alla nostra amicizia...»

Le mie parole ricompongono la pace e la gioia di stare insieme. Si gioisce di tutte le piccole cose, spaghetti, vino buono, un mazzo di fiori che Riccardo la domenica, quando vengono a pranzo da me, mi porta sempre. Fiori a me e dolci per la sua vecchietta e le amiche di lei chiuse in ospizio...

«Una nonnina da favola, Goliarda! Ora che sono tornato in libertà la porterò fuori da quel ghetto immondo! Peccato che non potrò portarmi appresso anche le altre! Si preoccupano tanto degli animali e lasciano tutti quegli uccelletti invecchiati – vedessi come beccano i dolcetti quando arrivo io! – a marcire senza battere ciglio! Oh ragazze, sono già le tre e mezzo, devo andare! Non lavorate troppo, mi raccomando!»

Già, con Roberta nei lunghi pomeriggi domenicali e in tutte le sere che m'era possibile andare da loro cominciammo – senza piú occuparci d'altro – prima a ricopiare e poi a fare la prima scelta delle lettere del carcere che lei tanto tempo prima mi aveva consegnato, per farne un volume: lettere di politici e soprattutto di comuni... Ognuna di quelle lettere conteneva un destino cosí emblematico, coinvolgente da far passare ore e ore di felicità assoluta.

«La ricerca quale che sia, scientifica, letteraria, è la sola vera felicità concessa a noi poveri mortali!» esclama Roberta alzando la testa dalla macchina da scrivere e sbadigliando a bocca spalancata in una smorfia da ragazzaccio che in chiunque risulterebbe volgare, in lei invece appare della stessa astratta eleganza dello sbadiglio di un gatto di razza. Finita la sua esibizione di tedio continua allegra: «Ma che fa Riccardo che non viene? Le dieci sono passate e ho una fame da lupo! Se non ti dispiace, Goliarda, mi stendo e dormo qualche minuto cosí calmo anche l'apprensione... non deve tardare, non può tardare, cazzo!»

Dolcemente s'addormenta e a me non resta che trovare il modo di passare il tempo. Giro un po' per la casa (questa stanza ormai la conosco a memoria). I tre bugigattoli dai soffitti bassissimi che attraverso dovettero sembrare proprio delle celle alla prima generazione di «deportati», i nonni di Riccardo in questo caso, ma Riccardo ama ormai la casa. Il suo amore si manifesta in uno strumento orientale, un'arma esotica appesa ai muri, i vari posters colorati che la rendono serena.

Ritorno da Roberta. Dorme ancora del suo sonno carcerario. Quel sonno – se ne avessi ancora bisogno – è l'ennesima prova dell'affezione al carcere che ormai la possiede completamente: qui ha ritrovato la sua cella, gli stessi orari di Rebibbia. Solo che al mattino, quando alle sette sono in piedi, per sopravvivere devono correre a procurarsi il denaro *all'aria* dell'immenso cortile metropolitano. Che cosa facciano tutto il giorno fuori per procacciarselo, specialmente ora che Riccardo ha scoperto che Roberta – poteva essere diversamente? – si droga, non oso pensarlo... Per sfuggire a questo tarlo che già comincia a rodere la serenità incamerata col lavoro alle lettere, ritorno a contemplare Roberta che dorme. Ma su quel visetto di *biscuit* che nel sonno si fa piú trasparente, minuto, un altro viso-emblema si sovrappone facendo sobbalzare il mio cuore: possibile che a ogni passo del vivere un simbolo ti venga incontro implacabile? Basita a questa scoperta ricaccio quella *Manon Lescaut* che a mia insaputa s'è andata a stendere fianco a fianco alla mia Roberta, minacciando il suo futuro con visioni di deserto e morte per sete abbracciata al suo amore che l'ha indotta ad abbandonare ricchezze e fasti per seguire quell'altro mito eterno dell'amore puro e senza macchia.

Per fortuna la mia piccola *Manon* si solleva dalla sua cuccia, che ora mi appare per quella che è: una misera tana di amanti braccati, e con un gran sorriso di gioia mi annuncia: «Eccolo, sta salendo le scale!»

Che l'abbia sentito da lontano non mi meraviglia, né il balzo felino che la fa volare accanto alla porta dove Riccardo dopo un attimo appare: serio, i grandi occhi neri dolorosamente allungati sulle tempie esangui, i lunghi riccioli scuri, una folata di vento leonardesca. Ha le braccia cariche di pacchi e non la può abbracciare, ma le sorride di un sorriso remoto, arcano. Incorniciato nel vano della porta sembra un santino benevolo che elargisce regali-miracoli ai fedeli.

Quella apparizione incorporea spinge anche me ad andargli vicino. Vorrei toccarlo perché anche se ormai sono mesi e mesi che ci vediamo la fisicità di quel ragazzo sfugge ai miei sensi. O forse sfiorandolo intendo indirizzare a quell'apparizione misteriosa una preghiera? Non faccio in tempo a muovermi che vengo convogliata dalla loro gioia improvvisa verso il grande tavolo ovale che in un baleno si riempie di scatole, scatoline, pacchi dai colori gioiosi...

«... Spesa grande, ragazze! È per questo c'ho fatto tardi! Giovedí prossimo è Natale, ho comprato regali per tutti, gli amici dentro e quelli fuori. Oh Roberta, quei due pacchi grandi sono uno per te e uno per Goliarda... Non li aprire, no, non li dovete toccare! Domani da te, Goliarda, non si lavora alla letteratura ma solo a scrivere i bigliettini. Giovedí sera conoscerai tutti i miei fratelli e i miei nipotini! Vedrai quanti sono, ti spaventerai... No, no, Roberta! Porta male aprire il pacco prima della mezzanotte di Natale!»

Al risveglio, coinvolta dalla forza della loro gioia giovanile, mi metto subito a preparare il pranzo. Dopo di che nell'attesa decido di fare una passeggiata giú nel parco... Nell'androne Peppino, che ha appena finito di lavare le scale, invece di salutarmi come al solito mi fissa un attimo indeciso. Mi arresto e penso: forse è arrivato di nuovo lo sfratto... Dopo essere andato alla guardiola a prendere qualcosa, mi viene incontro rapido con l'aria di chi ha preso una risoluzione grave: «Goliarda, senti, forse è meglio che te lo dica io... ti conosco, adesso compri il giornale e... insomma, guarda, hanno arrestato Roberta insieme a quel ragazzetto che ultimamente veniva con lei la domenica... A casa loro hanno trovato armi e la piantina di un carcere in Sardegna... sembra che preparavano un piano per far fuori il direttore».

Tutto il mio corpo si deve essere tramutato in un blocco di pietra, meno il cuore che s'è messo a battere coi pugni alla parete del torace. Non so con quale forza riesco a tenere in mano il giornale che Peppino mi porge.

«Come l'hanno fotografata! Se non sapevo il nome non l'avrei riconosciuta! Su, andiamo a prenderci un cognac... A me sembra tutta una montatura! Come può essere che tenevano in casa armi, piantine...»

Dovrei rispondere a Peppino che tutto può essere con quei poveri disperati, ma anche la mia voce è come murata sotto una coltre di cemento.

«Allora ce lo pigliamo questo cognac o vuoi un caffè?»

Mi trovo fra le sue braccia anchilosata da un gelo mortale. Per fortuna Peppino mi tiene stretta e le sue braccia sono calde. Un'altra volta fu cosí. Quando uscii di prigione lui fu l'unico ad abbracciarmi muto senza chiedere niente, solo proteso a comunicarmi la sua solidarietà. L'abbraccio pian piano scioglie il gelo che mi teneva e sento la mia voce lontana come filtrata dal brontolio d'una tempesta: «Grazie Peppino, non ho bisogno di niente. Vado su a leggere il giornale e vedere di capirci qualcosa... oltretutto sta per scatenarsi un temporale».

Appena a casa, cateratte di pioggia cominciano a battere alle vetrate cosí fitte da creare la notte in pieno giorno... Quella rottura improvvisa del cielo si ripercuote sulla scorza di dolore che ancora mi tiene in piedi, e comincio a piangere forte, a maledire tutto intorno a me con una furia che mai avevo provato prima... Apro la pagina del «Messaggero»: il viso di Roberta su tre colonne mi viene incontro sbiadito e mesto come nelle fotografie di chi è morto da decenni... Non posso stare senza vederla. Dopo ore di quel diluvio di pioggia che non accenna a finire, decido di scendere in strada, cercare una qualsiasi guardia o carabiniere, prenderlo a calci e insulti cosí che siano costretti a riportarmi a Rebibbia. Se questo non bastasse aspetterò domani, andrò da Bulgari e ruberò tutto quello che posso.

Il telefono squilla. La voce di Albert (chi altri poteva essere?) mi raggiunge agitata: «Goliarda, sei tu?»

«Sí!»

«Non fare sciocchezze! Guarda che Roberta ha bisogno di noi *fuori*, non fare sciocchezze! Ora ti devo lasciare, ho appuntamento col suo avvocato. Sono riuscito a convincerlo a vedermi anche se è domenica. Nel pomeriggio vengo da te, ho bisogno del tuo aiuto, per lei... non fare sciocchezze. Roberta non vuole questo da te».

Anche se traballante comincio a tentoni a richiamare a me

i pensieri: che Albert abbia capito il mio stato e quello che ne poteva sortire non mi meraviglia, ormai ci siamo frequentati tanto... e poi anche lui ama Roberta oggi capisco, non solo da uomo che la desidera ma soprattutto da madre. Ma sí, perché avere pudore delle parole? Anche l'uomo è madre, lo so da quando sono nata. Ma io, io piuttosto sono all'altezza del sentimento spassionato che Albert con questa telefonata m'ha ributtato addosso facendomi quasi vergognare di me stessa? *Roberta non vuole questo da te.* È vero. Roberta non vuole passione, erotismo, avventure piú o meno amorose da me, tante volte me l'ha detto fra le pause, negli atteggiamenti... Con affanno scavo nei ricordi per trovare la via giusta.

Una volta mi ha domandato all'improvviso (quando è stato? Com'è difficile collocare nel tempo ufficiale certe frasi di una persona amata!): «Perché scrivi, Goliarda?»

«Per allungare di qualche attimo la vita delle persone che amo».

«E con la loro anche la tua, eh, volpona?»

«Certo. Chi odia a tal punto la vita da non desiderare d'averla allungata almeno un po'?»

«Bene, allora forse un giorno scriverai di me».

Questo Roberta voleva da me? Rinascere letterariamente, personaggio che vive in un libro? Uno smarrimento nuovo ora mi prende. Riuscirò io, privata dalla natura malvagia della gioia di partorire, riuscirò io a forgiare dentro di me quel piccolo bozzolo informe di carne in una bambina se non bella né buona, almeno non deforme o mancante di qualche arto? Ecco l'ancestrale terrore che tutte le donne provano ogni qualvolta sentono crescere un essere in sé... Sarò in grado di superare questo terrore, e prendendo carta e penna accingermi a questo travaglio carnale e mentale che per mesi e mesi dovrò affrontare ogni mattina e forse ogni ora? Non lo so, mi tocca buttarmi nel vuoto riandando a lei, ricercandola, ingravidandomi della sua immagine e maturarmela dentro, nutrendola costantemente finché finalmente modellata possa uscire dal buio alla luce: Roberta, figlia mia.

Ritratto di Goliarda Sapienza
di Angelo Pellegrino

Sono ormai tanti i lettori che mi domandano di Goliarda Sapienza. Desidera giustamente ogni buon lettore conoscere di piú da chi ha vissuto fino all'ultimo con la sua vita, e tanti anni ha passato con le sue opere. Chi era realmente Goliarda Sapienza. Un cosí forte interesse non può lasciarmi indifferente perché tocca un punto sensibile del mio passato con lei.

Vivemmo anni di grande solitudine dopo i rifiuti editoriali dell'*Arte della gioia* che Goliarda in completa fiducia, nonostante avessi oltre vent'anni di meno, m'aveva incaricato di rivedere, solitudine insieme che durò fino alla sua morte e continuò poi con me in maniera ancor piú severa. Se prima eravamo rimasti soltanto in due a credere nel valore dell'*Arte della gioia*, e potevamo incoraggiarci a vicenda circondati da una società ignara od ostile, che comunque affrontavamo con faticoso coraggio – in due si fa già un sindacato, diceva Maria Giudice, la grande madre di Goliarda – una volta rimasto solo con *L'arte della gioia* che marciva nel fondo di una cassapanca, al dolore per la perdita improvvisa di Goliarda si sommava quello della morte per sempre di un'opera che aveva saldato la nostra vita insieme, e sapevamo quanto importante per la storia letteraria non solo italiana.

Nel 1996 non esisteva piú neanche una pagina che si potesse leggere di lei, quasi nessuna traccia della sua esistenza di scrittrice. Lei morta, non esisteva piú niente. Al momento dell'inumazione nel piccolo camposanto di Gaeta, presente uno sparuto numero di amici, e poi un mese dopo all'affollata commemorazione in Campidoglio nessuno accennò alle sue opere. Come poteva farlo se l'ultima pubblicazione di rilievo risaliva a molti anni addietro e soprattutto se quasi l'intera opera era rimasta inedita? Sentii che Goliarda era morta due volte. Era giusto che la sua entità sparisse del tutto? Non era possibile continuare a far vivere almeno qualcosa di lei, di quella sua speciale forza di vita difficile da dimenticare? Goliarda diceva sempre che i morti hanno torto se dopo la loro morte non c'è nessuno che li difenda. Solo allora capii che cosa intendeva. Ormai era affidata a me soltanto la scelta di abbandonare *L'arte della gioia* al pasto degli insetti della carta, che avevano già cominciato a mangiucchiare i bordi delle pagine del manoscritto, o tentare di farlo sopravvivere almeno in poche copie. Ma questo è ormai noto.

Oggi Goliarda non è piú, inutile perdere tempo coi rimpianti, nessuno potrà incontrarla sulla ventosa scogliera di Gaeta dove negli ultimi anni qualcuno del luogo andava a trovarla, ignaro di chi fosse realmente, attratto dalla sua solitudine. Nessuno potrà piú parlare con lei e udire la sua voce calda e piena di chiaroscuri e la sua risata solare. Ecco, già qualcosa posso dire subito di lei: la voce, non somigliava a nessuna da me prima udita, calda, come ho detto, ma anche di ferro, come zoccoli di cavallo sul selciato, risultato dello strenuo lavoro sul suo accento siciliano fatto ai tempi dell'Accademia d'Arte drammatica.

È meglio non pensarci piú. Ma posso assicurare il lettore che Goliarda, per chi vuol conoscerla, abita tutta nelle sue opere, è riuscita a trasferirsi si può dire per intero nelle sue pagine. Si dirà che non è la stessa cosa, e che questo accade in qualche modo a tutti gli scrittori, vero, ma non come a Goliarda Sapienza, il cui spirito e natura balzano fuori da ogni pagina come non era mai accaduto prima, almeno nella letteratura italiana, ed è quello che m'ha consentito di stare ancora con lei dopo la morte, tutti questi anni necessari per pubblicare l'intera opera. Qualcuno potrà dire che il suo modo d'essere appartiene alla sua vita storica non comune, non borghese conformista, per intenderci, ma fino a un certo punto. In verità era lei a essere proprio cosí, era la sua entità. La speciale famiglia, la sua originalità sociale e la storia del Novecento hanno fatto il resto.

Mi rendo conto che questo faticoso e astratto inizio origina dal pudore di parlare di Goliarda com'era nella vita, la Goliarda intima, oltre che la scrittrice del mio sodalizio letterario. Ancora una volta ho la responsabilità, da unico testimone sopravvissuto, di consegnare un suo ritratto mortale, il quale però non può che essere soltanto mio. La Goliarda di cui tu, lettore, vuoi sapere è per forza quella che posso offrire io.

Cominciamo dalla sua formazione letteraria, che si può dire già impostata per grandi linee addirittura nei primi dodici anni. Goliarda fu obbligata presto a lasciare la scuola fascista dove subiva una continua persecuzione. Figlia di genitori considerati atei e sovversivi, riceveva in casa una formazione antagonista al regime e alle sue scuole, una sorta di controinformazione quotidiana. L'episodio che fece decidere i genitori a ritirarla del tutto fu quando venne espulsa perché durante una lezione di storia romana – si sa quanto importante sotto il fascismo – affermò davanti a tutta la classe che i romani erano peggiori dei fascisti, che avevano crocifisso Spartaco e i suoi compagni lungo la via Appia da Capua a Roma. Fu allora che il padre la condusse sulla terrazza della casa di via Pistone con una tanica di benzina e la spogliò della divisa di piccola italiana, che bruciò davanti a lei. A quell'età, oltre ad avere già imparato a tirare di boxe e a sparare, aveva ormai letto tutto Dostoevskij, Tolstoj e *I miserabili*. Ma furono soprattutto *La fossa* di Kuprin e *Sanin* di Artsybashev, che tanto la colpirono, soprattutto quest'ultimo per la figura del protagonista, lontanissimo antenato della Modesta dell'*Arte della gioia*.

Erano tutti libri che le passava Ivanhoe, il fratellastro slavista cui fu affidata la sua prima educazione letteraria, il quale quando s'accorse di avere un po' esagerato con una bambina ancora cosí piccola le fece leggere come contrappeso Courteline, *Quelli delle mezze maniche* (*Messieurs les ronds-de-cuir*). Questo Ivanhoe la allattava lui personalmente con il latte in polvere che faceva venire dalla Svizzera, non avendone piú Maria Giudice dopo innumerevoli parti e una vita avventurosa, e Goliarda ricordò sempre con allegria il petto villoso di lui mentre le passava in bocca il biberon. Piú avanti s'imbatté in una raccolta di pensieri di Stendhal, *Filosofia nova*, e studiò a fondo le sue riflessioni sulle passioni e i caratteri. Amava rileggere questo lavoro anche in tarda età per il suo tono giovanile che adorava. Stimava anche *Pensieri sull'interpretazione della natura* di Diderot. Sapeva a memoria la dedica: *Ai giovani che si accingono allo studio della filosofia naturale... Ancora una parola e poi ti lascerò. Tieni sempre presente che la Natura non è Dio, che un uomo non è una macchina, che un'ipotesi non è un fatto*. A sessant'anni quasi la faceva piangere ogni volta.

Un altro autore che sempre la commuoveva, questa volta anche fondamentale per la sua ricerca narrativa, fu lo Sterne di *Tristram Shandy*, che faceva però parte, come Henry James, degli autori da lei chiamati correttivi del suo barocco siciliano che cercò sempre di tenere a freno. I suoi numi tutelari rimasero però Shakespeare e Dostoevskij. Pochi giorni prima di morire aveva riletto i *Karamazov* per la dodicesima volta, e i *Sonnets* si trovavano sempre sul suo comodino.

Per costruire il personaggio di Modesta passò in rassegna e studiò uno dopo l'altro i maggiori personaggi femminili – e anche numerosi minori – della letteratura mondiale, da Moll Flanders e Pamela fino a Scarlett O'Hara, compresi quelli della Peverelli, per poter dare alla letteratura italiana – cosí diceva – un personaggio femminile che a suo giudizio ancora mancava. Ma si serví anche di «Jean Sorel» sostenendo che anche un giovane doveva potersi identificare con Modesta in quanto creatura concepita universale e senza costrizioni di genere. A volerne sottolineare il carattere metamorfico, sul primo manoscritto in esergo pose queste parole di Empedocle: *Perché ci fu un tempo che sono stato un giovane e una ragazza e un virgulto e un uccello e uno squamoso pesce del mare*.

Contemporaneamente condusse uno studio sistematico della prosa italiana a partire dalla *Vita nuova*, che amava particolarmente, fino a Verga, sostenendo di essere riuscita almeno un po' a torcere dal di dentro – cosí diceva – la lingua italiana sempre cosí rigida. I suoi libri sono fittissimi di annotazioni riportate non solo nei margini, ma soprattutto sui risguardi spesso interamente ricoperti dalla sua scrittura. Non cominciava un libro senza farsi prima una sorta di segnalibro ripiegando varie volte un foglio A4 che doveva servire non tanto per indicare la pagina da leggere, ma per scriverci sopra in colonna tutti gli aggettivi che, a suo giudizio, connotavano l'autore rivelandone l'orientamento di pensiero, una delle cose che piú le stava a cuore scoprire, accettandone alcuni, rifiutandone altri per la sua prosa. Naturalmente leggeva di tutto, anche la narrativa di consumo. Stimava, per fare qualche esempio, i libri di Ian Fleming – li possedeva tutti – e la figura di James Bond come un paladino del nostro tempo capitalistico, non dissimile da quelli dell'Opera dei pupi siciliana. Anche al cinema vedeva tutto, ma soltanto quand'era a Gaeta per la noia dell'unico cinematografo esistente, lei che stimava sommamente un solo regista: Ingmar Bergman, cui si sentiva molto vicina (quando gli estremi d'Europa si toccano), ed era vero.

Ma la vera formazione di Goliarda furono la sua casa e i vicoli di San Berillo, una zona della città vecchia di Catania, dove sorgeva la casa in via Pistone 20, e il padre aveva lo studio di avvocato penalista. Cominciò presto a scendere in cortile e a giocare con la sorellastra Nica – il padre, vedovo con tre figli quando si uní in libera unione con Maria Giudice, aveva altri figli naturali tutti legittimati. Dal cortile varcò il grande portone del palazzo e sciamò per i vicoli intorno. Il quartiere pullulava di vita di ogni genere: dagli artigiani piú provetti, compresi anche i falsari, ai bar malfamati, ai ladri, ai cantastorie, alle prostitute, ai teatrini dei pupi, i primi luoghi di spettacolo che Goliarda conobbe. Ma a San Berillo imparò anche a mettere le acciughe sotto sale, a impagliare le sedie, e ricucire i gonnellini dei pupi guerrieri lacerati dopo i combattimenti, a recitare nei teatri popolari, sempre seguendo le idee socialiste del padre, che prescrivevano l'apprendimento di numerosi mestieri.

Il padre poi le faceva leggere ad alta voce le testimonianze contro i suoi assistiti. Pare che dal tono della voce di Goliarda bambina riuscisse ad accorgersi di quanto contenevano di vero o di falso. Influirono su di lei anche i numerosi pomeriggi passati nell'anticamera dello studio dove i familiari degli assistiti di ogni ceto si sfogavano con la figlia dell'avvocato in racconti di vita vissuta, di un'umanità tale da non potere non influire in seguito sul suo modo di narrare. Quest'anticamera si può considerare l'incubatrice della sua vocazione letteraria.

Sempre dal padre poi ereditò la conoscenza del teatro greco antico, molto sentito in quella parte della Sicilia che fu greca, e anche quello dialettale dei Grasso, dei Martoglio, e tutta la ricca mitologia popolare catanese – canzoni, poemi, ballate, racconti – spesso legata all'Etna, il grande vulcano siciliano che ha molta parte nello spirito generale della sua opera, con l'idea di fuoco e terremoto che porta con sé e la coscienza della continua trasformazione e impermanenza. Goliarda raccontava di aver avuto le prime mestruazioni durante l'ascesa all'Etna a piedi, una sorta di rito iniziatico che si usava a Catania fra i piú giovani. Goliarda stessa era di temperamento vulcanico e tellurico, almeno in una parte di sé che mal si conciliava con la sua malinconia creando un forte contrasto che però era apparente. Poteva danzare per ore e cantava con la voce potente di un carrettiere etneo. Qualche volta, non spesso, e non gratuitamente, si chiudeva in sé, soprattutto quando pensava a come la vita viene distrutta, anche se sempre rinasce. Che è poi quello che fa il vulcano.

Diceva di sé di sentirsi ora Charlie Chaplin, e lo rifaceva camminando comicamente col bastoncino come lui, ora Toshiro Mifune, spirito guerriero che sapeva imitare in ogni suo gesto da samurai. Sapeva essere molto buffona e di un'allegria folle. Da bambina si lanciava giú da un alto muro della sua terrazza servendosi di un ombrello a mo' di paracadute, e una volta correndo sfrenatamente per le stanze della sua casa si trafisse un braccio con la maniglia di una porta. Fu la fine di una carriera di pianista già molto promettente.

Quando la conobbi aveva cinquantanni, ma giovanile e vitale come soltanto chi ha letto la sua Modesta dell'*Arte della gioia* può comprendere. Per lei l'età anagrafica fu sempre una mistificazione del sistema e la considerava alla stregua di una volgarità. Aveva ormai superato la soglia del grande dolore che intorno ai quarantanni l'aveva portata sull'orlo della morte. Ora diceva di sé con aperta ironia di considerarsi una monaca marxista spretata, in realtà intendeva dire che si era liberata ormai del tutto di entrambi gli ingombranti genitori con i quali aveva fatto i conti fin dalla stesura del suo primo romanzo, *Lettera aperta*, non a caso pubblicato a ridosso del Sessantotto, da lei considerato come la sua vera giovinezza. Quella rivolta studentesca l'aveva liberata, a suo dire, da molte oppressioni, insieme alla musica dei Beatles che ammirava e considerava, un po' provocatoriamente ma non troppo, al pari di Mozart.

Aveva un corpo pieno ma agile, elegante e proporzionato di donna mediterranea che aveva molto nuotato e fatto danza e tuffi. Un noto pittore italiano come Guttuso la paragonò a un nudo di Ingres, aveva ragione. Ma ciò che subito colpiva di lei chi la conosceva per la prima volta era il sorriso. Goliarda aveva un viso molto serio e anche drammatico che contrastava immensamente col sorridere caldo tutto luce della sua bocca grande ben modellata. Appena sorrideva emanava una simpatia irresistibile. E sorrideva di gusto alla gente ovunque, anche quando era sola nei bar o al ristorante, ognuno rimanendo sempre colpito dal quel sorriso che stravolgendo i suoi abituali connotati finiva per attirare a sé chiunque. Sempre secondo Guttuso quando Goliarda rideva la sua bocca aveva l'allegrezza di una fetta di anguria.

Era una donna del tutto priva di isteria, piú simile in questo alle donne settentrionali, senza mai però apparire fredda con nessuno, e ignorava ogni forma di snobismo. Erano impressionanti le sue ire, a cui perveniva quando proprio era costretta, rarissimamente, rimandandole il piú possibile, e quasi sempre per difendere qualcuno. Allora la sua voce si faceva un boato e squarciava l'aria. Aveva una particolare attitudine a difendere i giovani artisti per lei sempre minacciati, ma a difendere se stessa come artista era del tutto incapace e quasi chiedeva scusa d'esistere.

Un altro tratto caratteristico del suo carattere era anche una certa sbrigatività di modi quando non sopportava piú tante menate, come le chiamava, tante inutili paturnie da parte di amici che definiva bambini non cresciuti, da cui però fu sempre abbondantemente circondata; in questo caso poteva strapazzarli con energia ma sempre senza astio, anzi con molta passione. In verità, lei che era rigorosa, quasi severa con se stessa, era sempre tollerante verso gli altri.

Aveva alcune fobie, come quella verso i grandi portoni chiusi, da cui girava al largo, o la luna piena che personificava fortemente, come appare nei versi di *Ancestrale*, o certi cattivi odori, o rimanere senza sigarette. Era incapace con la burocrazia, con cui poteva avere rapporti burrascosi. In banca, per dirne una, se vedeva allo sportello un'impiegata cupa e resa acida da quel lavoro, poteva capitare che le dicesse: «Peccato, saresti invece cosí carina!» suscitando a volte prima ira poi abbracci passionali e imprevedibili.

Non conosceva alcuna forma di trasandatezza, era elegante in qualsiasi momento della giornata, e in qualsiasi stagione, nella sua nudità come in ogni abito che le cadeva addosso con estrema naturalezza e si fondeva col suo corpo senza mai sembrare estraneo. Un'eleganza non compassata, né frivola, si poteva dire molto reale, concreta, fatta anche di gesti sobri e caldi, di movenze flessuose ma non sdolcinate, di portamento autorevole senza essere altero, senza esibizione, di grazia interiore proveniente dal suo pudore profondo, e con tale parola intendo segreto, che non rivelava a nessuno. Inoltre emanava una sorta di sensualità spirituale, difficile da descrivere, e una sensibilità sempre concreta, mai astratta o evanescente, d'altronde per lei la materia fu sempre spirito e viceversa.

Il suo rapporto col denaro. Ne aveva sempre pochissimo, pur avendo guadagnato bene quando faceva cinema e doppiaggio, e vissuto almeno dieci anni fra i Cinquanta e i Sessanta nell'agiatezza sfrenata di chi faceva cinema durante il boom economico italiano, ma per lei chi ti paga limita sempre in qualche modo la tua libertà. Accettava però aiuti e regali dagli amici, che poi rigirava a tutti coloro che avevano bisogno. Rispettava il denaro, il quale doveva sempre servire a qualcosa. Aveva orrore degli scialacquatori, che non avevano il senso di quanto il denaro costasse e fosse sangue anche marcio. Aveva fatto scelte molto radicali che la facevano vivere ai margini dell'indigenza, ma la sua ricchezza interiore, culturale e ideale, era tale che raramente mostrava di soffrirne, era come se potesse continuare a vivere di un suo patrimonio personale che evidentemente era stato accumulato anche dalla sua famiglia. Questo, sí, donava a piene mani con naturalezza senza richiedere mai contropartite e tantomeno sottolinearlo.

Le idee, per esempio, elargiva a getto continuo idee e storie a tutti, al bar, in casa propria, un po' ovunque, spesso in presenza di un pubblico intellettuale e in ambienti come quello cinematografico, e non solo, pronto a impadronirsene volentieri. Quante volte, mentre lei parlava senza dottoralità alcuna, magari cucinando, c'era chi prendeva appunti cercando di non farsi notare. Ma lei esercitava la visione anarchica che le idee sono dell'umanità, e chi aveva talento (per Goliarda fu sempre dono rigorosamente naturale, senza merito) aveva anche il dovere di elargirle. Ma piú spesso gli sciocchi non la prendevano sul serio, essendo impensabile che potessero essere importanti idee che si gettavano via una dopo l'altra in pasto a tutti. A proposito del suo talento, evidente e fascinoso, era invece ciò di cui dubitava di piú, per la formazione originale ma irregolare che aveva ricevuto, assai diversa da quella che poi andò scoprendo in tanti quando si trasferí a Roma.

Il suo rapporto con la Sicilia: era un problema come per tutti i siciliani, ancora piú complicato dalla difficile conciliabilità del Nord di sua madre col Sud del padre. L'amava e la temeva, un rapporto di odio e amore perfettamente bilanciato, in questo non diverso da quello di tanti isolani, non diverso da quello che aveva col padre. In piú, donna e di formazione libertaria, soffriva maggiormente le numerose costrizioni di vario genere che la cultura isolana imponeva. Lasciò Catania all'età di diciassette anni con la consapevolezza che non vi sarebbe tornata piú. Cosí fu, salvo che per rare occasioni come il funerale del padre e i brevi viaggi con Maselli alla ricerca di luoghi per i suoi documentari. Ma il rapporto con la Sicilia rimase infinitamente piú viscerale di quanto lei stessa sapesse. Risultò evidente nel ritorno del rimosso che è alla base, sia dei suoi inizi poetici in *Ancestrale,* che della drammatica analisi col dottor Majore, non a caso siciliano. Fui io a riportarla in Sicilia fisicamente a partire dalla metà degli anni Settanta, ma ormai *L'arte della gioia* poteva dirsi finito e Goliarda potè constatare senza rischi la verità di molti aspetti positivi della sua terra, che aveva trasfuso nel romanzo sulla base del ricordo.

Il suo rapporto con Roma: prescindeva sempre da quello con gli intellettuali romani. Amava Roma in sé, amava la libertà che le aveva dato, amava la sua indolenza, il suo finto cinismo, ma sapeva della sua memoria da elefante. Accettava anche il suo bisogno di trovare sempre qualcuno o qualcosa che facesse ridere, il suo insuperabile bisogno di spettacolo. Aveva conosciuto bene la città in circostanze eccezionali, prona a un pugno di SS dislocate in pochi punti nevralgici, cosí diceva. Pare che l'occupazione di Roma, fatta da poche truppe tedesche, avrebbe reso possibile l'insurrezione sperata che non avvenne mai.

Ma per lei, siciliana anche se di famiglia libertaria, Roma aveva costituito fin dall'arrivo il gusto della libertà. Trovarsi libera a diciassette anni in giro per una città meravigliosa ancora poco toccata dalla guerra fu una continua emozionante rivelazione. Anche perché poté scoprire la grande pittura italiana, la cui conoscenza le era mancata in Sicilia, concentrata a quel tempo da ogni parte d'Italia nei musei romani per metterla al riparo dai bombardamenti. Volava spesso sola per immensi corridoi-magazzino dov'erano ammucchiate meraviglie artistiche che dopo la guerra sarebbe stato impossibile vedere tutte insieme. Tutto questo però nei due anni che precedettero l'occupazione nazista e il suo ingresso in clandestinità. Poi conobbe fame, malattia e paura. Che però diceva – la sua ironia era fatta cosí – fu ben poca cosa a paragone della crudeltà snobistica di quella specie di Bloomsbury staliniana che fu la società intellettuale romana che ruotava intorno al Pci negli anni Cinquanta. Amò molto anche Napoli, la Costiera e la civiltà partenopea nel suo complesso. E quando la provocavano dicendole che la città era piena di ladri, rispondeva altrettanto provocatoriamente che preferiva essere rubata a Napoli che non esserlo a Milano.

Era capace di gesti imprevedibili come quando fermò il convoglio della Transiberiana. Tirò giú sul marciapiede della stazione di Krasnoyarsk, in piena Siberia, il conduttore della nostra carrozza, che le aveva allungato un braccio per farla salire in corsa quando il treno era partito all'improvviso, come spesso succedeva ai tempi sovietici, ben sapendo il pilota di lasciare a terra me e altri viaggiatori discesi a comprare cibo. Un secondo conduttore, visto il compagno precipitare in braccio a Goliarda che lo avvinghiava stretto, agitò la bandiera di pericolo e il pilota arrestò la Transiberiana.

Da partigiana, una delle pochissime operanti a Roma (dove la Resistenza, come si sa, fu minore che nel Nord), era stata capace di altri e piú terribili gesti imposti dalla pesante occupazione nazista. Ebbe tuttavia sempre un grande pudore della vicenda resistenziale. Non amava assolutamente parlarne; aveva molto sofferto per lo strazio fratricida che aveva rappresentato. Che la Resistenza fosse una guerra civile Goliarda infatti lo vide subito: vide contemporaneamente quelli che partivano da Roma per Salò, e quelli invece che entravano nella Resistenza, magari amici fino al giorno prima o compagni di scuola.

Fu ricercata dalle SS, come la madre. Silvio D'Amico, direttore dell'Accademia d'Arte drammatica, l'aveva convocata d'urgenza e le aveva detto: «Goliarda, io continuo a passarti la borsa di studio ma tu non tornare piú in Accademia, perché sono venuti i tedeschi a cercarti». E la nascose in un istituto di suore francesi in via Gaeta, da dove la notte usciva calandosi da un mezzanino e si collegava col padre, che nel frattempo era venuto da Catania e aveva costituito la Brigata «Vespri», quella che poi, con una falsa documentazione, riuscí a salvare dal braccio della morte di Regina Coeli Sandro Pertini e Giuseppe Saragat.

Le fu fornita dall'organizzazione la carta d'identità, ancora conservata in archivio, di una giovane deceduta, una certa Ester Caggegi, su cui fu apposta la foto di una Goliarda smunta, deperita, con gli occhi tristi di chi ha già visto molti orrori. Grazie a questo documento poté fare una serie di operazioni molto particolari, come far passare carichi di armi lungo la via Flaminia: andava incontro ai posti di blocco facendo scene teatrali e atti di seduzione, con rischi altissimi. Ma una volta non poté evitare di uccidere una SS per salvare dal rastrellamento un intero edificio.

Fu un periodo straziante: la fame, il pericolo mortale, la madre progressivamente divorata dalla malattia mentale, ricoverata e tenuta nascosta in una clinica psichiatrica sulla via Aurelia. E Goliarda andava a trovarla tutti i giorni superando il blocco tedesco. Nel dopoguerra provò un enorme disgusto, come ho detto, nel vedere quanti rivendicassero di essere stati partigiani, che tutti si dichiarassero antifascisti o si vantassero di aver partecipato in qualche modo alla lotta contro i nazifascisti. L'aveva già visto la sera del 4 giugno quando – gli alleati erano alle porte, gli ultimi carri armati tedeschi schiacciavano sotto i cingoli montagne di documenti gettati dai fascisti a mucchi dalle finestre delle case e degli uffici – migliaia di persone scesero in strada incontro agli americani con la fascia tricolore al braccio: tutti patrioti! Per questa ragione Goliarda non parlava molto di Resistenza, come tutti i veri partigiani che non hanno mai amato parlarne. Ancora, quasi vent'anni dopo, quando fu sottoposta al trattamento degli elettroshock, durante il delirio pensava di essere caduta sotto le torture dei nazisti, come si narra nel *Filo di mezzogiorno*.

Quanto alla religione, diceva sempre che con suo nipote si era alla quarta generazione di atei. Pare che un suo antenato da parte materna avesse affogato una spia papalina nel Tevere ai tempi della Repubblica Romana. Interrogata sulla sua appartenenza religiosa rispondeva ogni volta seccamente al modo d'obbligo: atea e materialista. In verità sapeva bene che l'ateismo assoluto poteva essere un fanatismo religioso come un altro, e lei era contro ogni fanatismo. Si dispiaceva in privato di doversi definire al modo che ho detto perché la sua posizione era ben piú sfumata. Ma doveva farlo, cosí diceva, semplicemente per tagliare corto e non dare adito a equivoci e capziose discussioni sulla trascendenza in un paese come l'Italia geneticamente cattolico.

Al cosiddetto problema di Dio era del tutto estranea.

Quando uscí *Lettera aperta* il romanzo ebbe una lunga recensione di padre Gaetano Bisol, autorevole critico letterario della *Civiltà cattolica*, la prestigiosa rivista dei gesuiti italiani. La condanna fu severa, ma dall'interesse che aveva dimostrato, anche per il fatto stesso di averlo preso in considerazione, e dal pathos che il critico gesuita aveva posto nel suo articolo, Goliarda comprese di aver colto nel segno, il suo libro non era passato inosservato. Ne fu sempre fiera e finí per incorniciare sotto vetro la negativa ma vittoriosa recensione che considerava una specie di laurea. Neanche un anno dopo, un mattino bussò alla porta un giovane prete che si dichiarò gesuita e allievo di padre Bisol. Con molta deferenza le manifestò il notevole interesse suo e di altri giovani preti come lui verso *Lettera aperta*, di cui fra di loro, disse, avevano parlato a lungo e, contrariamente al parere di padre Bisol, avevano scorto in esso la ricerca di Dio. Sarebbero stati lieti di poterne parlare insieme. Pare che a questo punto Goliarda fosse scattata in piedi gridando: «Vade retro, Satana! Se non te ne vai subito da qui ti salto addosso». Vedere il pretino scendere a precipizio le scale impacciato dalla lunga tonaca ancora le metteva allegria tanti anni dopo.

Non da meno di quella del padre fu l'influenza della madre, che portava dall'Italia del Nord in Sicilia l'eco delle grandi lotte socialiste degli inizi del secolo e dell'estrema resistenza al dilagare del fascismo. Era stata in esilio in Svizzera dove aveva conosciuto l'élite rivoluzionaria internazionale. A Torino poi era stata la prima donna a dirigere la Camera del lavoro. Diresse anche *Il Grido del popolo*, dove aveva come redattore Antonio Gramsci, e nel 1917, in piena guerra, organizzò la rivolta delle operaie dell'industria bellica, procurandosi una dura condanna e una carcerazione che s'interruppe solo grazie all'amnistia concessa dal governo in seguito alla vittoria. Fu poi inviata in Sicilia in missione sindacale segreta. Condannata definitivamente dal regime fascista al soggiorno obbligato a Catania, poté lasciare la città soltanto dopo vent'anni per accompagnare Goliarda ancora minorenne a Roma nel 1941, quando, dopo aver vinto la borsa di studio, fece il suo ingresso all'Accademia d'Arte drammatica per diventare attrice. La nobile figura di rivoluzionaria della madre la caricò però di doveri morali e ideali che aggravarono buona parte della sua vita, anche per l'amore e l'ammirazione incondizionati che Goliarda le portò sempre, nonostante il poco affetto da lei ricevuto, che mai Goliarda le rimproverò. La sapeva una donna dedita a una causa ideale che non consentiva un amore borghese verso i propri figli, e questo la stessa Maria Giudice glielo ricordava spesso. A lei che aveva per la madre anche un forte trasporto fisico, carnale che però veniva tormentato e frustrato dalla sua apparente freddezza caratteriale.

Tutto ciò le causò una sorta di buco nero affettivo che si portò dietro per buona parte della vita e contro il quale cercò di combattere con tutte le sue forze fino a quando non pervenne al piú grave tentativo di suicidio, quello del 1964, quello vero, il primo fu solo dimostrativo, come fa dire all'analista nel *Filo di mezzogiorno*: «Ci sono suicidi veri e suicidi, come è stato il suo, che non sono altro che un'azione vitale, un gesto per uscire fuori da una morte lenta, da una situazione difficile. Cerchi di ricordare:

lei non voleva morire, voleva solo cambiare».

Rinacque dalle sue stesse ceneri e da allora in poi fu quella dell'*Arte della gioia*. Il complesso bisogno d'affetto che la segnava però non la lasciò mai, la sua stessa affettività era quasi canina, poteva in teoria affezionarsi a chiunque. Piú che l'amore, che in fondo temeva, cercava di piú gli affetti che era sempre pronta a ricevere quanto a dare.

Dalla madre apprese la letteratura politica e filosofica socialista, pre e post marxismo, ma soprattutto la influenzò *La donna e il socialismo* di August Bebel, un allievo di Marx, cui riferí buona parte del suo femminismo, piú un dovere storico per Goliarda che una completa adesione a quello che comunque considerava uno dei tanti *-ismi* del secolo. Riteneva che il femminismo del suo tempo, quello che arrivò in Italia alla fine degli anni Sessanta, rispetto a quello che era stato della madre avesse tradito la causa della donna imitando l'uomo, e che fosse emanazione di capitale, industria e mercato. In una lettera a Enzo Siciliano scriveva:

> ... proprio per lottare questo odio-malattia infantile del femminismo (nato tardi, purtroppo, e da quello americano invece che dalla matrice vera e ricca delle femminilissime voci della Kollontaj, della Woolf e di mia madre stessa) presi a scrivere delle avventure di Modesta dieci anni fa a costo di mettermi contro di loro (*scil.* le femministe). Le donne – come tu sai – sono il mio pianeta e la mia ricerca, il mio unico «partito» e forse, oltre all'amicizia, il mio unico scopo della vita. Ti dico questo perché tu capisca la mia gioia. È stato duro per me – in questi ultimi dieci anni – assistere all'insano neofitismo che come un veleno (sicuramente istillato dal potere: dividere l'uomo dalla donna per sconfiggerli entrambi, tecnica antica usata anche per le razze, i lavoratori ecc.), mi costringeva a contrastarle dentro e fuori di me.
>
> Sempre lotterò per l'amicizia fra l'uomo e la donna, pianeti cosí diversi e cosí simili, bisognosi l'uno della diversità dell'altro. L'armonia dei contrari diceva Giordano Bruno, e cosí deve essere, ripeteva mia madre, a dispetto del potere che vorrebbe vederci tutti uguali ben insaccati nella prigione di una divisa o di una tuta da operaio...

La madre le forní poi le basi della libertà religiosa invitandola a conoscere i principali credi, atto non scontato nell'Italia cattolica e fascista degli anni Trenta. Come imparava a conoscere le religioni la piccola Goliarda? Mettendole in scena. Anno dopo anno si fingeva ora monaca di un convento medioevale, che preparava il presepe per Natale, ora un'urí mussulmana che danzava per un Mohammed con in collo il suo gatto preferito, ora impersonava Budda in persona mentre lasciava la casa del padre per darsi alla vita ascetica, ora s'atteggiava a Parvati innamorata di Shiva e per sua intercessione faceva resuscitare Kama, il dio dell'amore. Ogni volta era un preparare di costumi e scenografie improvvisate, aiutata dalle sorelle e anche dalla madre.

Quando il 21 ottobre 1976 Goliarda scrisse l'ultima parola dell'*Arte della gioia* nella mia casa di Gaeta, segnai io stesso sul foglio la data di quel giorno, seguita da queste parole: «Oggi Goliarda ha finito, Modesta no». Modesta comincia: «Racconta, Modesta, racconta». Eravamo entrambi consapevoli che era nato qualcosa che non c'era mai stato prima.

Insieme iniziammo subito la revisione del voluminoso manoscritto. Ci vollero due anni, e fu un lavoro condotto con vera gioia – è proprio il caso di dire – nei bar, nei ristoranti, sulle scogliere, sui treni, sugli aerei pur di non lasciarlo mai, non vedendo l'ora che fosse finito per darlo in mano alla gente, e vedere correre Modesta viva fra i lettori, perché era davvero potentemente viva come a pochi personaggi della grande letteratura è mai accaduto.

A un certo punto Goliarda affidò *L'Arte della gioia* interamente a me. Era sempre stato il suo desiderio poter uscire dalla condizione di solitudine di scrittrice, poter aver fiducia in un giovane qual ero io. Non aveva un rapporto fanatico e rigorista con la sua scrittura. Considerava la solitudine dello scrittore il lato oscuro del mestiere. Veniva dal teatro e dal cinema dove essere soli è un controsenso, e ammirava Thomas Mann perché affidava alla sua segretaria la responsabilità di operare i tagli che riteneva necessari. Raccontava sempre, come esempio di sommo distacco dalla propria opera, di quando Mann inviò per posta da un paese dell'Italia meridionale al suo editore in Germania non so piú quale suo manoscritto (*I Buddenbrook*?) affidandosi alle non troppo affidabili, a quel tempo, poste italiane... Goliarda non è mai stata l'impiegata del suo talento, come fa dire a Modesta nel romanzo.

Alla fine di luglio del 1978 *L'Arte della gioia* era un manoscritto pronto per le stampe. Lo inviammo subito alla Rizzoli di Milano per il tramite di un noto critico e partimmo per la Cina con la Transiberiana. Fu un lungo viaggio, paragonabile nell'esterno geografico alla lunga esplorazione compiuta nella mente di Modesta. Goliarda non fu mai una viaggiatrice compulsiva, amava di piú viaggiare dentro la gente, per questo preferiva non muoversi molto. Non faceva mai viaggi per diporto, se non brevi e di piú legati a isole e località di mare, prima fra tutte Positano, la magica Positano degli anni Cinquanta, s'intende, il luogo che piú amò nel dopoguerra, dove ebbe la prima intuizione di Modesta.

Se faceva un viaggio vero e proprio richiedeva un tempo lungo per poter conoscere a fondo un paese, meglio se c'era una ragione. Ancora negli anni Cinquanta all'insaputa di tutti, la missione doveva essere segreta, andò in Turchia, paese di cui si innamorò e in seguito ci tornò ancora, per preparare la fuga della moglie e del figlio di Nazim Hikmet e ricongiungerli al poeta esule in Polonia. Avrebbe desiderato in quegli anni vedere New York dove contava numerosi amici vittime del maccartismo, ma il governo americano non concesse mai il visto. Erano anni di guerra fredda, di dogmi ideologici, di contrapposizioni manichee. In Italia il Pci, il maggior partito comunista d'occidente, e i tanti intellettuali e artisti che gravitavano nella sua orbita, a quel tempo contavano molto: con loro o contro.

Nel lungo viaggio in Russia e in Cina rivelò una capacità di sguardo geopolitico che sicuramente doveva provenirle da lontano, dallo stesso ambito familiare, e anche un'abilità di scrittura di viaggio che si può constatare nelle numerose pagine che via via andò scrivendo.

Goliarda in quel viaggio poté vedere coi propri occhi quanto aveva sempre saputo dai suoi genitori appartenenti a un socialismo anarchico e umanista, i quali, come ho già detto, furono figure storiche del socialismo italiano di prima della scissione del Partito socialista a Livorno nel 1921, da cui nacque il Partito Comunista d'Italia, scissione che purtroppo favorí il fascismo nella sua marcia verso il potere. Goliarda da quel lungo viaggio in Russia e in Cina riportò la conferma fisica – sempre fondamentale per lei – di quel carattere poliziesco e persecutorio dei regimi marxisti-leninisti, che l'aveva sempre portata a contrapporsi al Pci in Italia, rappresentato nella sua vita privata dal comunque amato compagno – e regista – Francesco Maselli, a lungo responsabile della sezione cinema del Partito comunista italiano.

Il dramma intimo-politico di Goliarda ha qualche somiglianza col caso Althusser in Francia – il celebre filosofo francese strangolò la moglie intransigente ideologa – quando amore e ideologia s'intrecciano e si dissociano pericolosamente, caso che non la lasciò stupita quando accadde (Goliarda aveva conosciuto Althusser a Parigi negli anni Sessanta). Tutto questo per dire del processo che doveva portarla al gesto clamoroso del suo furto, una volta inconcepibile per una come lei, e a finire a Rebibbia. Non furono certo soltanto i semplici rifiuti editoriali a spingerla sempre piú su posizioni anarco-individualiste.

I rifiuti comunque continuarono per tutto il 1979 con le motivazioni piú astratte e disparate, che facevano comprendere quanto l'intellighenzia italiana fosse in preda alla confusione. L'anno prima era stato ucciso il capo del governo, Aldo Moro, sequestrato dalle Brigate Rosse. Era ancora vivo il ricordo della morte di Pasolini, rimasta oscura. L'Italia sprofondava negli anni di piombo, il terrorismo mieteva molte vittime spaccando il paese. Le Brigate Rosse avevano molti seguaci nella sinistra che avversava il cosiddetto revisionismo del Pci che nelle ultime elezioni era andato assai vicino alla conquista della maggioranza in parlamento.

Sicuramente vi fu chi volle vedere nel personaggio di Modesta una figura pericolosamente eversiva in qualche modo.

Nonostante questo clima drammatico Goliarda riprese il suo progetto dell'*Autobiografia delle contraddizioni* e iniziò a scrivere *Io, Jean Gabin,* dove lei stessa si rappresentò su posizioni sempre piú antagoniste che dovevano poi portarla al carcere di Rebibbia, sempre per quella fantastica coerenza che ha segnato la sua vita e la letteratura. Era cominciata infatti la trasformazione che occupò tutto il biennio 1978-1980, periodo cruciale per lei e di conseguenza anche per la sua arte, e che non a caso corrisponde alla fase piú drammatica degli anni di piombo. A tutto questo va aggiunto l'aggravarsi della situazione finanziaria, dovuta anche alla separazione da Maselli.

Per poter lavorare tanti anni all'*Arte della gioia* aveva dovuto vendere tutto quanto possedeva, compresi quadri e oggetti d'arte di numerosi amici artisti che di tanto in tanto l'aiutavano donandole una propria opera. La stessa attività d'attrice era stata abbandonata già dal 1960, l'anno del *Liolà* di Pirandello, dove interpretava «Mita» al Teatro Mercadante di Napoli, dopo un lungo processo di distacco dallo spettacolo che non riusciva piú a conciliare col suo destino letterario sempre piú incalzante. Già aveva perduto da tempo il favore di Luchino Visconti che aveva un'ammirazione per lei tale da dedicarle un suo ritratto con parole che raramente usava per qualcuno. Il rapporto s'incrinò quando Goliarda cominciò a preferire di rimanere a lungo a Positano per poter scrivere, invece di correre a Roma a interpretare le prestigiose parti che lui intendeva affidarle. La storia della sua amicizia con Visconti doveva essere oggetto di un libro che aveva cominciato ma che poi lasciò perdere. Fu un rapporto esaltante, fatto non solo di stima artistica ma anche di tenerezze, basti dire che a Cannes e a Venezia lui voleva che Goliarda gli tenesse sempre la mano durante la proiezione dei suoi film, ma anche conflittuale – Visconti non accettò mai la sua separazione da Maselli – fra due persone che in realtà a modo loro s'amavano, cioè come una donna poteva amare Visconti e viceversa, ma destinati a non capirsi nella gestione quotidiana della vita.

La giornata di Goliarda continuava a essere sempre la stessa, ed era degna di meraviglia, senza esagerazione, naturalmente quel genere che forse soltanto uno scrittore può apprezzare in tutte le sue sfumature. Per lei l'unità di misura del tempo era una sola: la giornata. All'interno di essa doveva compiersi tutto quanto potesse far degna la vita d'essere vissuta. Tutto si giocava nell'economia della giornata, il vero fallimento era perderla, e la sua perdita significava prima di tutto non avercela fatta a scrivere. Sapeva bene che il tempo d'oggi è sostanzialmente antiletterario, e viviamo in un mondo che tende a essere tutto pieno. Svuotarlo per occuparne almeno in parte lo spazio con la scrittura, insomma contrapporre a esso il tempo letterario necessita di una disciplina che – è un paradosso – conoscono soltanto quegli antiartisti che sono i militari. Ma oggi è cosí.

La sua giornata iniziava non esageratamente presto, intorno alle otto (Goliarda non era eremita, amava spesso la sera far tardi con amici e amò sempre il teatro, senza malinconia né rimpianto).

Appena sveglia, si faceva una caffettiera da tre tazzine e se la portava su nella mansarda di via Denza in vista dei pini metafisici di Villa Glori (al ritorno dalla Cina però passò al tè), insieme a un pacchetto di Muratti. Qui l'attendeva una bassa poltroncina e una marea di fogli tutt'intorno sul pavimento: erano gli appunti che disponeva in un ordine tutto suo, in terra per poterli vedere dall'alto. Si poneva sulle gambe una vecchia custodia di dischi a 78 giri e cominciava a scrivere su fogli di carta A4 ripiegati in due, che teneva all'interno della custodia dei dischi. Ne piegava ogni giorno un numero di tre ma scriveva soltanto sulle facciate di destra. Era la sua misura giornaliera, che doveva cercare di portare a termine alla fine della mattinata. La sua grafia minuta disposta sulla pagina come un elettrocardiogramma si stendeva su quei foglietti uscendo da una semplice penna Bic nera a punta sottile. Spesso concludeva la giornata di scrittura aggiungendo all'ultima parola, fra parentesi, l'invocazione rituale: «Fatti, fatti, per dio Pirandello!», visto piú come nume tutelare sempre accostato al padre che invocava cosí: «Aiuto, papà Peppino, aiuto! Unico conoscitore di anime assassine e no!»

Verso mezzogiorno andava a fare la spesa al mercato dove era tutta una conversazione coi rivenditori, da essi s'informava di figli e parenti, e faceva anche discorsi politici, ma sapeva comprare con vera sapienza, per i pochi soldi che sempre aveva e la capacità acquisita in tempo di guerra.

Sapeva cucinare in modo fantasioso e sano sempre con qualsiasi ingrediente, dal piú ricco al piú povero, sfornando piatti su piatti di diverse cucine del mondo, ma di piú mediterranea, e pietanze anche di una povertà estrema ma squisite. Per fare un esempio, quello che chiamava «caviale dei poveri», fatto con cipolle e melanzane arrostite sui carboni poi tritate finissime, olio e aromi, da spalmare come caviale appunto. Ci teneva molto alla sua capacità gastronomica. Dicessero pure che sono una mediocre scrittrice, ripeteva spesso di sé, ma mai una cattiva cuoca. Era anche fiera di aver ereditato tale arte dalla madre, la rivoluzionaria Maria Giudice che esule in Svizzera aveva spesso a cena, oltre alla sua cara amica Angelica Balabanoff, anche Lenin e Mussolini che pare fossero appassionatissimi dei suoi manicaretti.

La casa, sí, vivere con lei era subito casa, come ben sanno gli innumerevoli ospiti dell'attico di via Denza. Chiunque poteva trovarsi subito a suo agio perché aveva un modo d'accogliere insieme elegante e cameratesco, e trasmetteva a chiunque il suo stesso attaccamento alla casa, con cui aveva un rapporto anche paranormale. Spesso nelle notti d'estate, caldissime a Roma, non trovandola piú nel letto sapevo di poterla ritrovare in terrazza intenta a innaffiare i fiori. Le passavo vicino, non mi vedeva. L'indomani, se glielo accennavo, mi guardava stupita, non rammentava piú niente. Questi stati di sonnambulismo non si manifestavano mai dormendo in case d'altri.

Riposava poco il pomeriggio e spesso rimaneva a letto a leggere fino a sera. Non guardava mai la TV, e l'unico televisore che un giorno alcuni amici le regalarono, lo buttammo insieme nel cassonetto dell'immondizia. Goliarda conosceva ancora la nozione di pudore, per lei la TV era la sua negazione. Certe volte però in casa di amici la vedevo rapita davanti alla televisione, ma come chi la vedesse per la prima volta, terrorizzata e affascinata dall'osceno – come diceva lei – non credendo si potesse giungere a tanto. Ne era paralizzata come dallo sguardo di un basilisco.

La sera, se poteva, usciva sempre, come ho detto, la sua socievolezza era leggendaria, il suo interesse per qualsiasi essere umano non aveva limiti. Qualcuno avrebbe potuto dire che era esagerato, può darsi, ma di certo non avrebbe mai potuto diminuirlo. Aveva una concezione positiva degli esseri umani. Diceva sempre che non avendo Dio aveva solo gli uomini. Va da sé che con una tale posizione andava spesso incontro a delusioni e amarezze varie, da cui però poi si riprendeva, ed era capace di trovare sempre nuovi amici.

Sapeva parlare con tutti senza cambiare mai il suo modo abituale, che rimaneva lo stesso con tutte le classi sociali. Era un'esperienza affascinante vederla trattare con un semplice operaio allo stesso modo che con un ricco borghese: uno dei tratti piú sconvolgenti della sua personalità, questo perché aveva interesse per entrambi allo stesso modo. Molti rimanevano stupiti che lei sapesse cogliere in ciascuno il lato migliore, magari l'unico, dimostrando cosí che almeno una cosa buona è di tutti gli uomini. Era come se tutto il resto non la interessasse, anche se si trattava di un assassino, come sa chi ha letto il suo *Elogio del bar*. In verità era il nucleo infantile che sapeva cogliere in ognuno, piú o meno sepolto dal tempo, e parlando glielo riportava alla luce. E veniva ricambiata quasi sempre da lunghe confessioni di cui gli stessi interessati si stupivano. Aveva un trasporto per la verità delle persone, non tanto per i loro fatti ma per le emozioni, amava capire le loro pulsioni profonde. Ignorando però volutamente quasi tutta la parte negativa di ognuno, le poteva capitare di sbagliarsi sul bilancio totale di una persona, ma era come se lo mettesse in conto e preferisse correre il rischio.

Ho detto che le interessava il lato infantile sprofondato nell'abisso piú o meno remoto di ogni umano adulto, ma con gli stessi bambini era stupefacente. Nei documentari di Maselli li faceva recitare davanti alla macchina da presa come tanti piccoli adulti ottenendo risultati notevoli, e questo anche perché si fidavano di lei che sapeva come farli divertire. Diceva che avrebbe voluto innumerevoli figli, almeno quanti la madre, ma una malformazione congenita, oggi facilmente operabile, glielo ha negato lasciandole un rimpianto che non s'estinse mai.

Quando narrava del suo passato o di fatti storici cui aveva assistito diceva sempre la verità oggettivandola il piú possibile, se ne faceva un dovere morale che spesso non era gradito agli ascoltatori che rimanevano imbarazzati. Sapeva bene però che a volte bisognava anche mentire. Ma come mentiva allora Goliarda? Per omissione, quando avrebbe dovuto mentire taceva.

Quand'era a Gaeta la sua giornata non cambiava di molto. Dopo aver fatto la spesa nei vicoli di Elena, un antico borgo marinaro, dove era la mia casa, e aver scambiato le solite quattro chiacchiere con le vecchie paesane sedute negli angoli dei vicoli a vendere i propri ortaggi, che Goliarda sceglieva uno a uno, raggiungeva a piedi la scogliera di Fontania appena fuori del paese, dove ogni volta realizzava il suo connubio panteista col mare e la pietra. Ovunque la portassi, scogliera, rupe o sito archeologico, s'addormentava sulla pietra. Per prenderne forza, diceva, e comprendere meglio il luogo. Poi amava tuffarsi, lo faceva anche dall'altezza di venti metri, riuscí a farlo anche durante i periodi di depressione, per lei tuffarsi era il costante rapporto con l'infanzia che tutti gli artisti mantengono. Imparò a farlo da bambina dagli scogli di lava sotto l'arco della ferrovia a Catania, continuò a tuffarsi anche dopo che a sette anni si ferí la fronte: un ragazzaccio aveva fatto il brutto scherzo di spostare i massi sul fondo dove lei abitualmente si tuffava. Una piccola cicatrice sulla fronte le rimase per sempre.

Andavamo spesso a Gaeta, in ogni stagione, appena era minimamente possibile. Erano delle vere e proprie fughe da Roma dove lavorare era diventato per noi quasi impossibile a causa del rumore, l'inquinamento e varia alienazione, ma anche perché a Gaeta ritrovavamo buona parte della temperie mediterranea delle nostre origini, che ci accomunò sempre. Dal 1975, anno del nostro incontro, Gaeta per Goliarda fu come il ritorno di Positano in un altrove ancora piú facile da raggiungere, dove la vita era piú semplice, ariosa e serena e il mare sempre presente da ogni parte, oltre alla luce di viola, il vento e i gabbiani.

La vita della Goliarda che conobbi potrebbe sembrare ai lettori monotona e ripetitiva, ma per lei realizzava la sua sindrome di combattente e l'educazione, ricevuta sin dall'infanzia, alla lotta antifascista. Anche se il fascismo s'era dissolto con la guerra e la lotta partigiana era finita da decenni, Goliarda manteneva una certa disciplina militare, e anche una – per fortuna minima – mentalità di perseguitata politica, alternata a un'infinita allegria. Contraddizione? Ma chi meglio di lei s'intendeva di contraddizioni umane? Le rimase sempre il ricordo dei duri allenamenti coi fratelli maggiori che volevano farne un partigiano, a sparare o a tirare di boxe sulla terrazza della loro casa, e avvezzarsi a procedere per strada senza mai voltarsi le numerose volte che i fratelli le tendevano agguati chiamandola da lontano col suo nome, gli adorati fratelli che sarebbe corsa ad abbracciare invece, e il ricordo dei severi rimproveri poi a casa se non era stata all'altezza della prova.

Le rimase addosso il dovere – lei di salute non molto robusta – di mantenere una certa efficienza fisica e intellettuale per combattere in tutti i sensi, per essere pronti al momento opportuno, che sarebbe prima o poi arrivato. Per lei era obbligo essere comunque e sempre resistenti perché il fascismo si poteva riciclare sotto svariate forme. Salvare la salute e l'intelligenza, ecco il primo dovere, dai continui attentati che qualsiasi sistema, anche quello democratico, compie sempre contro l'individuo, per poter continuare a testimoniare una differente verità, per poterla trasmettere a un nuovo testimone che ci possa continuare perché sempre – alcuni almeno – avranno bisogno di un'altra verità. Goliarda distingueva il male della cosiddetta natura da quello degli uomini, accettava il primo come naturale crudeltà ma rifiutava il secondo come *aviditas* e desiderio di potere, in ultima istanza come stato d'ignoranza profonda della felicità.

Ma il suo modo di viversi la giornata, di assaporarla attimo per attimo, a costo di ripetermi posso garantire che era incantevole, e permetteva a chiunque abitasse con lei di ritagliarsi il proprio spazio in profonda armonia e – se poi era scrittore, studioso in genere – di trovare un clima di serenità concentrata, un ritmo, e anche un'attenzione di lei al proprio stesso lavoro che faceva perdere all'attività letteraria ogni aspetto di durezza. Il problema era semmai per entrambi trovare la possibilità finanziaria di scrivere. Scrivere non è mai senza prezzo, in tutti i sensi.

Vivevamo assai poveramente inseguendo piccoli lavori saltuari, spesso in uno stato di bisogno che impediva la concentrazione letteraria, ed era paradossale in un età di benessere diffuso in tutto il paese come non era mai avvenuto nella sua storia, ma avevamo fatto scelte forti e non potevamo piú tornare indietro. Ci eravamo posti, come si dice, fuori dal sistema produttivo. Goliarda poi, come sapeva cucinare pietanze sublimi con i piú poveri ingredienti, come ho già detto, cosí poteva trasformare una particolare luce, un'idea, il volto di una donna, un'emozione, una semplice frase in qualcosa di universale. Aveva una capacità di trasfigurazione della realtà che trascendeva ogni condizione di povertà. Con lei ovunque e con qualsiasi risorsa materiale ti sentivi sempre ricco, non è un'esagerazione. Le giornate passavano in una continua elaborazione emotiva e intellettuale, il cui unico rischio era semmai la creazione di una bolla che ci conteneva e pericolosamente ci isolava. Ma ne valeva la pena. A me diceva sempre: «Se tu abbandoni l'ansia del domani, il domani ritorna puntuale con ghirlande di fiori, vino, ciliegie». A dispetto dei seguaci del dolorismo, come del maledettismo in letteratura, e di quanti esegeti si sono sforzati di mettere in risalto la drammaticità della vita di Goliarda, mi dispiace deluderli ma devo testimoniare che vivere insieme con lei significava andare incontro a un destino di salute.

Non bisogna pensare che mai un'ombra venisse a turbare tanta serenità, non sarebbe naturale. Il dolore per la sua Modesta sempre piú abbandonata nel fondo di una cassapanca, quella sua vera figlia che sembrava nata morta, ogni tanto riaffiorava nei suoi pensieri, ma non avrebbe mai permesso neppure a lei di rovinare l'armonia d'insieme della giornata, l'unica cosa, come ho detto, che contava salvare. Modesta però era un tarlo che non s'uccide, continuava a rodere sotterraneamente. Il lungo lavoro di cui necessitò aveva finito per isolare Goliarda pericolosamente dal contesto culturale di quegli anni. Dopo i due primi romanzi, *Lettera aperta* e *Il filo di mezzogiorno*, che l'avevano appena rivelata ai critici se non ai lettori, ormai Goliarda non pubblicava piú da dieci anni.

A un certo punto si sentí del tutto abbandonata dal suo ambiente che poi, attraverso il primo compagno, Maselli, era costituito, come già detto, dal variegato mondo intellettuale che ruotava in buona parte intorno al Pci e alla sua influenza sul cinema, l'editoria, il teatro, le arti figurative, verso il quale però Goliarda fu sempre polemica anche se in termini contenuti temendone, forse esageratamente, l'oggettivo potere. Fu per rompere una barriera di silenzio e di omertà verso la sua figura che Goliarda commise quel furto simbolico che la portò a Rebibbia, e suscitò uno scandalo enorme nel suo ambiente che ne capí subito il carattere provocatorio e cercò in tutti i modi di metterlo a tacere. La figlia di una figura storica integerrima come Maria Giudice, che non aveva mai rubato prima neanche una merendina, era stata costretta a sottrarre un pugno di gioielli per poter vivere, quando tutti gli intellettuali e artisti della sua generazione intorno al Pci avevano fatto ormai carriera e vivevano da ex rivoluzionari nel lusso borghese che si diffuse in quegli anni di boom economico.

C'è un film, giusto di Maselli, che rappresenta assai bene questa involuzione, *Lettera aperta a un giornale della sera*: mette a fuoco molte contraddizioni della sinistra italiana uscita dalla Resistenza. Da una parte ambiguamente dichiarava di accettare il gioco democratico, dall'altra continuava a credere nella rivoluzione che però sapeva impossibile per l'accordo dei sovietici con gli americani: gli equilibri di Yalta.

Il film esprime bene anche il genere di mondanità romana che ruotava intorno al mondo cinematografico, e Goliarda a un certo punto si trovò al suo centro, e ne fu anche animatrice con le sue feste organizzate per i film di Maselli. A cavallo fra gli anni Cinquanta e i Sessanta l'attico di via Denza con le sue leggendarie terrazze fu teatro di eventi che raccoglievano gran parte del mondo cinematografico europeo, e non solo. I piú grandi nomi del nostro cinema di quell'epoca erano di casa riempiendo ogni volta le cronache mondane. E qui bisogna dire qualcosa di Goliarda attrice di cinema. Era fortemente critica verso di sé. Amò sempre il linguaggio cinematografico, che tanto è presente nelle sue opere insieme a quello teatrale, molto meno recitare davanti alla macchina da presa, che le metteva una certa soggezione da creatura preindustriale quale si considerava (già non gradiva essere fotografata in genere). «Quell'occhio cieco m'ucciderà» soleva dire dell'obiettivo celiando, ma anche no. Oltretutto una volta che s'era vista con attenzione in proiezione privata aveva realizzato che il suo viso, troppo grande e forte, non andava bene per il cinema italiano del tempo che, contrariamente al cinema francese, cercava soprattutto attrici molto vistose e provocanti.

Era nel teatro il suo vero talento, la sua potenza drammatica. I suoi fratelli sostenevano per celia che doveva averlo assorbito tutte le volte che da bambina erano stati costretti a lasciarla sola in qualche palco del Teatro Bellini dove la portavano quando i fascisti occupavano e mettevano a soqquadro lo studio del padre. Silvio D'Amico, dopo aver visto la sua Ersilia Drei di *Vestire gli ignudi*, dove pare che morisse all'improvviso in piedi lasciando gli spettatori sbalorditi, aveva pensato a un possibile ritorno di Eleonora Duse. In verità aveva un modo di agire in scena che già anticipava quello del Living Theatre, tutto gestuale, pulsante, energetico, con un uso del corpo fortemente interiore, lontano dalla tradizione italiana, con una capacità di sussurrato tutto di diaframma che arrivava chiarissimo fino al loggione. Uno dei miei rammarichi è non aver fatto a tempo a vederla, ma sono riuscito a farmene un'idea assistendo alle sue lezioni al Centro Sperimentale di Cinematografia, osservando la sua incredibile capacità, a settant'anni, di tirar fuori agli allievi quasi con violenza fisica le emozioni represse che impediscono al principiante di recitare.

Ma torniamo alla vicenda del carcere. Questa volta, contrariamente al tentativo di suicidio sedici anni prima, la sua reazione non fu piú contro se stessa ma verso il mondo esterno, che poi significava il suo ambiente. Un po' come aveva fatto la sua Modesta quando s'era gettata nel pozzo del convento per attirare a sé l'attenzione di madre Leonora e poterne cosí recuperare, con questo gesto estremo, l'affetto e il potere. Morire per rinascere. Tante e complesse furono le implicazioni di quel suo furto paradossale che la stessa Elsa Morante ebbe a definire dostoevskijano. Ma i risvolti sono addirittura da commedia. Dopo aver rubato lo scrigno coi gioielli a una sua ricca amica d'origini aristocratiche, anche per vendicarsi della cattiva accoglienza che lei e il suo gruppo avevano riservato al mio arrivo nella sua vita, cerca di venderli a diversi gioiellieri servendosi di un passaporto che aveva sottratto alla sorella di Maselli, pittrice, che molto le somigliava, un'altra figura femminile da lei un tempo amata e da cui ormai si sentiva abbandonata, che non a caso si chiamava Modesta. Con tale documento d'identità lei firmò il suo reato. I proventi della vendita le permisero di scrivere *Io, Jean Gabin* e di saldare le morosità arretrate della sua amata casa di via Denza da cui la stavano sfrattando.

Due anni dopo la cameriera della sua amica derubata riconobbe un paio di orecchini di smeraldi esposti a una mostra d'antiquariato del gioiello. Avvertí subito la sua padrona che l'aveva in precedenza ampiamente sospettata. La padrona si recò alla mostra e li riconobbe subito come suoi. La polizia risalí facilmente al gioielliere che li aveva esposti, il quale a sua volta dichiarò di averli acquistati da una pittrice di cui forní gli estremi del passaporto. Quando la polizia comunicò alla derubata l'identità della sospetta ladra, dal nome e dal cognome fu facile risalire a Goliarda in quanto l'amica derubata conosceva la Maselli e aveva letto il manoscritto dell'*Arte della gioia* con la protagonista Modesta.

Il capitano dei carabinieri che interrogò Goliarda era sicuro di ottenere una facile e rapida confessione. Le disegnò davanti il perfetto teorema: lei ha scritto un romanzo, la sua protagonista si chiama Modesta, che è anche il nome di battesimo di sua cognata a cui risulta sottratto il passaporto. Le assicurò che se avesse confessato, l'avrebbe subito rilasciata, considerata la pochezza del reato di una signora incensurata e le carceri italiane sempre strapiene.

Non intendo, narrando questa storia, scadere in dettagli mediocri anche se sottendono moti interiori complessi e articolati, a volte anche inconsci nella vita di Goliarda. C'era una volontà nel suo gesto che andava al di là del puro fatto. Lei *voleva* andare in carcere. Anni dopo ancora raccontava, un po' divertita, un po' vergognata, come lei stessa fosse dispiaciuta per quel giovane capitano dei carabinieri che voleva aiutarla, mentre lei era costretta a recitare la parte della signora sciocca e testarda che continuava a negare qualsiasi evidenza. Finché il povero capitano non ne poté piú e ordinò la macchina per Rebibbia.

L'esperienza carceraria segna la rinascita di Goliarda. Per la sua famiglia il carcere aveva sempre rappresentato il luogo obbligato per la conoscenza della febbre che pervade il corpo sociale, e che lí si rinchiude e rimuove. Non si conosce una società senza i suoi carceri, ospedali e manicomi. Com'è stato già detto, da bambina passava intere giornate nell'anticamera dello studio legale del padre ad ascoltare innumerevoli casi giudiziari e racconti di vita carceraria. Gli stessi genitori furono spesso entrambi in prigione, soprattutto Maria Giudice, anche se sempre per motivi politici.

Goliarda era un individuo che aveva bisogno di una presa costante sulla realtà. Una vita troppo a lungo vissuta nella irrealtà borghese, cioè la normalità, non poteva sopportarla. Anche la sua narrativa è in parte un atto politico, in fondo riflette sempre i movimenti sociali e psichici della società storica. Da tempo sentiva d'avere smarrito il rapporto col mondo dell'emarginazione, il gorgo radical-chic della sinistra italiana era riuscito parzialmente a ingoiarla, il lungo isolamento necessario per scrivere *L'Arte della gioia* aveva fatto il resto. Non sapeva piú com'era realmente diventata la società italiana scossa dalla lotta armata delle Brigate Rosse, che quando lei entrò a Rebibbia ormai volgeva drammaticamente al termine. L'obiettivo politico della reazione era stato raggiunto, quello di far retrocedere il Partito Comunista, che infatti dopo l'uccisione di Moro iniziò il suo irreversibile declino.

Gli anni di piombo finivano e cominciava il cosiddetto riflusso, il contrattacco borghese-mercantile che segnò tutti gli anni Ottanta. Ma Goliarda dall'interno del carcere voleva continuare lo scandalo del suo arresto, attirare su di sé l'attenzione dei media verso una scrittrice che ruba per pubblicare la sua opera. Non fece in tempo, i suoi influenti amici la fecero uscire dopo pochi giorni. Aveva fatto di tutto per rimanere piú a lungo in carcere, anche schiaffeggiare una secondina. Ma il dispiacere di aver dovuto lasciare il carcere non era dovuto soltanto alla mancata occasione di fare scandalo intorno all'*Arte della gioia*, ma anche al fatto di separarsi troppo presto dalle compagne di prigione e dalla vita organica che si faceva in carcere dove Goliarda ritrovò se stessa, ritrovò in qualche modo i suoi vicoli di San Berillo a Catania, ritrovò un'agorà, una società reale. Trovò amicizia e sorellanza, reale lotta per la sopravvivenza e anche forme di coraggio e di solidarietà di cui da tempo sentiva la mancanza, trovò sguardo e attenzione del tutto scomparsi nella frenesia monadistica della vita metropolitana.

Quando due anni piú tardi uscí *L'università di Rebibbia*, Goliarda ricevette un estratto della Rivista Penitenziaria Italiana, pubblicazione scientifica del Ministero della Giustizia, che recensiva per la prima volta, fatto eccezionale, un'opera letteraria: il suo libro come testo illuminante per gli studiosi in quanto Goliarda aveva identificato la sindrome da affezione carceraria, quello speciale attaccamento al carcere come utero materno che tende a riportare dentro i detenuti respinti dalla società, che non riescono piú a reinserirsi in essa. La sua gioia fu grande, ancora una volta era riuscita con la letteratura a rivelare una contraddizione del sistema, come aveva fatto anni prima con *Il filo di mezzogiorno*, romanzo che denunciava alcuni limiti della pratica psicoanalitica. *L'università di Rebibbia* ha fatto nascere il Premio Goliarda Sapienza per i racconti dal carcere, che ogni anno premia e pubblica venti racconti scritti da detenuti, presentati ciascuno dai piú noti scrittori italiani.

Di pensiero illuminista fin dalle sue origini familiari, aveva passione per tutte le scienze, ma di piú la medicina. Quando i genitori le dettero il suo curioso nome dissero semplicemente che l'avevano fatto perché non era fra i santi del calendario (ma anche per la sua portata libertaria). Piú tardi quando si trattò di farsi da sé i suoi santi protettori scelse Pasteur e Madame Curie, e portò sempre con sé i loro ritratti. Si riteneva salvata dalla scienza fin da quando, bambina, la colpí un'epidemia di difterite che si portò con sé molte compagne della sua scuola. La salvò il padre, da cui ereditò, oltre allo spirito del teatro, anche la passione per la scienza medica, il quale riuscí a collegarsi con un medico tedesco e a importare nella remota Catania la sua terapia. Soffrí pure di tubercolosi ghiandolare che allora le veniva curata con grosse sorsate di fumante sangue di cavallo, che ricordò sempre con raccapriccio.

Sapendosi cagionevole di salute ma col dovere morale della lotta, finché poté cercò di tenersi lontana dal fumo e dall'alcol, come da ogni droga, anche per non dovere dipendere in caso di carcerazione. Dalla madre aveva ascoltato duri racconti sulla difficile vita nel carcere fascista per chi fosse dipendente anche dal semplice vizio del fumo. Vizio però che anche lei contrasse, e con gioia, cosí raccontava, alla rispettabile età di quarant'anni quando un amico diplomatico che fu suo ospite andò via lasciandole una intera cassa di sigarette americane. Non se ne staccò piú. Fu infatti il fumo che doveva portarla all'arresto cardiaco che la uccise.

Anche l'alcol lo cominciò alla stessa età. Beveva per affrontare l'analista, nel difficile corpo a corpo che fu la sua analisi non ortodossa, narrata poi nel *Filo di mezzogiorno*, beveva whisky prima della seduta. Attendeva ogni volta il dottor Majore con la bottiglia in mano come un soldato, diceva, che si appresta a uscire dalla trincea. Dopo il nostro incontro però abbandonò del tutto il whisky e bevve solo vino, che amava profondamente. Ma quando, saputo della paralisi al braccio destro del suo amico pittore Gilles Aillaud, si decise a smettere anche questo, sempre se ne ricordò con vera malinconia per l'allegria perduta che il vino le procurava. Mi diceva sempre che la vita senza vino si fa pallida. Ma sapeva di avere ancora molto da scrivere, e sentiva un dovere di salute anche verso di me.

Lo scandalo di un personaggio come Goliarda Sapienza che finisce in prigione sortí comunque l'effetto della pubblicazione dell'*Università di Rebibbia*, segno evidente di quanto aveva influito su di lei la riscoperta della vita che quell'esperienza provocò e il rinnovamento stesso del suo linguaggio letterario.

Il romanzo uscí all'inizio del 1983 ed ebbe subito successo, anche se la stampa s'interessò piú al personaggio della scrittrice che alla sua opera. Goliarda continuava a fare scandalo. Lo stesso editore Rizzoli pose sulla copertina: *La traumatica esperienza carceraria di una signora perbene*, dimostrando cosí il goffo tentativo di far rientrare la vicenda in un episodio di trasgressione borghese. Fu memorabile la serata della presentazione del libro alla libreria Mondoperaio di Roma, stracolma di gente. Goliarda riuscí quella volta a portare sul palco le stesse compagne di cella, che nel frattempo erano tutte uscite dal carcere, segno di quanto a lei importasse accostare arte e vita, ove possibile, pericoloso atteggiamento di cui dovette spesso pagare numerose conseguenze.

Sempre in seguito allo scandalo, quando uscí da Rebibbia s'era costituito un comitato di persone che stimavano *L'Arte della gioia*, decise ad aiutare Goliarda a pubblicarlo facendone prima uno sceneggiato. Si pensò di proporlo alla Rai. Un'amica conosceva uno dei dirigenti principali, ritenuto intellettuale di ampie vedute, che sembrava assai interessato. Fu fondata allo scopo una società di produzione e scritta una sceneggiatura. Una mattina questo dirigente convoca l'intero comitato nel suo studio e, tenendo in mano la sceneggiatura, lo investe con queste parole: «Ma voi siete pazze! Questa donna (Modesta) uccide la madre, la sorella, la prima e la seconda benefattrice, fa sesso con uomini e donne, commette un reato dopo l'altro e in tutta la vita non paga mai una volta? Volete fare saltare in aria la Rai?» Da onesto – e modesto – burocrate aveva visto giusto. Infatti ogni volta che qualcuno domandava a Goliarda da dove fosse partita la sua idea di Modesta, rispondeva: da Nabokov quando scrisse che lui con *Lolita* aveva inteso raccontare una delle tre storie che nessun editore americano avrebbe mai pubblicato. Le altre due erano: «... un matrimonio fra negro e bianca o negra e bianco che sia completamente e luminosamente fortunato e dia luogo a un gran numero di figli e nipoti; e l'ateo completo che conduce un'esistenza serena e utile, e muore nel sonno all'età di centosei anni». Naturalmente la sua era una risposta provocatoria perché il personaggio di Modesta va al di là di una tesi ideologica, affondando le radici nell'entità stessa della persona-Goliarda, che era nella vita reale assai simile alla protagonista dell'*Arte della gioia*.

Ma ormai Goliarda era ripartita, la sua arte pulsava di nuovo. Si mise subito al lavoro e scrisse in poco tempo *Le certezze del dubbio* che mandò sempre a Rizzoli e di seguito il romanzo *Appuntamento a Positano*. Ma *Le certezze del dubbio* fu anche la ripresa del ciclo *Autobiografia delle contraddizioni*, aperto nel 1967 con il romanzo *Lettera aperta*, e a questo proposito piú tardi scrisse:

> ... Certezze del dubbio e ambivalenza che possiede tutti noi, sempre. È proprio questa ambivalenza che mi spinse trenta anni fa a iniziare il ciclo che allora chiamai *Le certezze del dubbio*, incentrato sulla mia persona ma in progress, e cioè non letta, come in tutte le autobiografie, a un'età avanzata o giovanile non importa, con l'ottica erronea di quando hai 20 anni o 60, con l'idea cardine (un sogno?) di afferrare piú le coerenze che le contraddizioni. Coerenza! Parola utopica a tutto tondo che già negli anni '40 o '50 rappresentava una delle tante bugie ideologiche o certezze dogmatiche in nome delle quali innumerevoli lutti, crimini, dolori, ecc. hanno potuto essere perpetrati impunemente. Anche nel mio ciclo ci saranno bugie, nessuno di noi può esserne esente, ma almeno saranno a ogni passo contraddette, o rovesciate o riconosciute come errori nocivi al personaggio Iuzza-Goliarda e per questo nocive agli altri. La bugia è un boomerang che non perdona ed è per questo che il sottotitolo del ciclo dovrebbe essere: *Autobiografia delle contraddizioni*. (*Taccuini*, 22.1.1990)

Furono anni febbrili che le fecero credere di essere tornata definitivamente a pubblicare. La vita si ripresentava e con essa la speranza di poter presto vedere *L'Arte della gioia*, mai dimenticato, finalmente in libreria.

Potevo vedere Goliarda rinascere finalmente, tornare a scrivere – la sua vera gioia – non poterlo fare la faceva cadere in una depressione strisciante, com'è poi per tutti i veri scrittori, da cui però non si fece mai vincere. Cosí che quando arrivò il grottesco rifiuto del romanzo da parte del direttore editoriale della Rizzoli, anche se il colpo fu tremendo non l'abbatté del tutto. Goliarda comprese che nascondeva un intento moralista e censorio. La lettera accennava a una tesi che veniva definita irreversibile, cioè non era sostenibile secondo lo scrivente continuare fuori lo scandalo della carcerazione come esperienza positiva. Già la vicenda carceraria di Goliarda sottintendeva una condanna della cosiddetta società civile assai poco digeribile, ci mancava pure raccontare l'innamoramento dell'autrice per «Roberta», una pericolosa terrorista, tossicodipendente e delinquente abituale. Erano gli ultimi fuochi degli anni di piombo, la confusione morale e culturale era alle stelle, la reazione traeva profitto dove poteva.

Ma Goliarda aveva ormai ritrovato la sua Roberta, che continuò a frequentare assiduamente, una volta uscite entrambe da Rebibbia, fino al ritorno di lei in carcere per una dura condanna definitiva. Da allora non la vide mai piú anche se continuarono a scriversi a lungo. E un giorno ricevette per posta un voluminoso pacco che conteneva tutte le lettere spedite negli anni da centinaia di detenuti politici e non, a lei che era diventata una specie di star delle carceri, un documento di inestimabile valore storico e politico che Roberta aveva deciso di affidare a Goliarda come memoria sua e di un'intera stagione di lotta.

Pochi anni dopo Goliarda seppe della sua morte per le conseguenze dell'uso dell'eroina.

Che cosa fu Roberta per Goliarda? Amore senz'altro, ma l'amore di una donna ormai d'età anziana per la giovinezza pericolosa di questa creatura estrema, specchio di tutte le contraddizioni della società che è intorno a noi, la propria giovinezza remota che ritrovava in lei, come anch'essa forse avrebbe potuto essere con trent'anni di meno nelle circostanze storiche di Roberta, ma anche la figlia che non aveva potuto avere, la maternità mai dimenticata. Goliarda nel romanzo insegue le apparizioni di questa ex compagna di cella, ritrovata fuori nel grande «carcere della libertà», e poi spiata e amata col continuo tremore di perdere la sublime possibilità che a uno scrittore danno alcuni esseri di raccontare, attraverso loro, se stessi. Ricordo che cosí mi venne poi di scrivere all'uscita del libro. Ho seguito tutta la vicenda e posso assicurare il lettore che si trattò proprio di questo.

Goliarda amava gli uomini e le donne senza essere mai seduttiva, li amava da compagna, senza per questo essere priva di gelosia, da cui si sforzava di non lasciarsi sopraffare per la cultura razionale che aveva ricevuto, ma la soffriva, piú per il tradimento dei corpi, alla maniera maschile, che per il tradimento delle idee e i pensieri. Era gelosa dell'intesa fisica non di quella intellettuale. Ma la sua gelosia era senza paranoia, si rassegnava alle ineluttabili esigenze del desiderio, soprattutto quello degli uomini, in questo rivelava il suo lato razionale, quello stesso lato che le faceva temere fortemente l'amore per la dipendenza che porta con sé, la qual cosa voleva dire per lei non poter piú scrivere. Non diceva spesso che scrivere significa rubare il tempo anche alla felicità stessa?

Ho un ricordo personale. Eravamo sulla spiaggia di Serapo a Gaeta ai primi di giugno del 1975. Da poco era nata fra noi una forte attrazione che poi doveva durare innumerevoli anni, ma ancora nessuno era in grado di prevederlo. All'improvviso m'accorsi che piangeva sommessamente, come persona rassegnata. Mi colpí molto e le domandai perché. Riuscí a dirmi a fatica che si stava innamorando, ma subito dopo che temeva con questo di non poter piú continuare *L'arte della gioia*. D'altronde ricordava che era riuscita a scrivere in un flusso liberatorio *Lettera aperta* solo quando Maselli ebbe lasciato la casa di via Denza, dove i differenti ritmi quotidiani di lui, che lavorava di notte e dormiva di giorno, mentre Goliarda era l'esatto opposto, le impedivano di scrivere, e ricordava anche che era riuscita a portare avanti *L'arte della gioia* fino al mio arrivo grazie a una lunga solitudine affettiva.

Ma il grande interesse della sua vita furono però le donne, con cui aveva un rapporto ancora tutto da indagare, che emerge in buona parte dalla lettura dell'*Epistolario*. Tentava di avere con esse lo stesso rapporto non seduttivo che aveva con gli uomini, da amiche e compagne, ma ne era affascinata dalla bellezza come può esserlo un uomo, una bellezza che era però espressione di un ideale. Spesso rimaneva delusa e spiazzata quando approfondiva la visione che della vita avevano molte di esse, per forza assai lontana dalla sua, frutto di percorsi personali inimmaginabili per molte donne di allora.

Ho sempre pensato che lei fosse naturalmente bisessuale, tutti i triangoli amorosi che si creavano fra lei, Maselli e le amiche – principalmente di lei – lo confermano, ma circostanze familiari e storiche la indussero ad amare le donne in modo sostanzialmente ideale e anche sororale, mentre gli uomini in maniera carnale. Ma persisteva in lei la percezione dell'incesto introiettato fin da bambina.

Quando Maria Giudice e Peppino Sapienza si unirono in libera unione, lei aveva già sette fra maschi e femmine, e lui tre figli maschi. Erano tutti già adulti e convivendo nella stessa casa avvennero congiungimenti che Goliarda bambina avvertiva incestuosi. La confusione infantile che le derivò è stata narrata nel romanzo *Lettera aperta*. Ma l'amore che portò sempre ai fratelli piú grandi, di cui sentí la mancanza per tutta la vita, la portava a considerare amici e amiche tutti come suoi fratelli e sorelle. Ogni amica era come una sua sorella che nel triangolo s'accoppiava col «fratello» Maselli, che lei accettava salvo poi soffrirne quando si sentiva tradita come amica.

Amava le donne per il loro modo d'essere e di pensare, che misteriosamente la prendeva, apparendole spesso incomprensibile e disturbante. Era la donna che stimolava la sua fantasia, mentre degli uomini l'attraevano volentieri le parti fisiche, i muscoli, gli occhi, i capelli, esattamente come un uomo è spesso attratto da una donna per gli stessi motivi. E con gli uomini poteva avere quel rapporto socialista e cameratesco che spesso con le donne le veniva frustrato. Si può dire che era proprio il lato maschile il piú affascinante della sua personalità, il piú bello da immaginarsi anche per ogni uomo che voglia dirsi virile: coraggioso, generoso, forte ma anche tenero, protettivo e affettuoso.

Dopo il rifiuto editoriale che già ho detto, Goliarda non volle provare a proporre *Le certezze del dubbio* ad alcun altro editore. Faceva parte di quella categoria di scrittori che chiamerei affettivi, nel senso che hanno il pericoloso bisogno di sentirsi amati dagli editori, bisogno, va da sé, destinato alla frustrazione.

Passarono tre anni finché un giorno conobbe un giovane poeta ed editore catanese, Beppe Costa, che s'era da poco trasferito a Roma. Fu un incontro di quelli che Goliarda amava, carico di valenze simboliche, come se la Sicilia non si fosse dimenticata di lei, e *Le certezze del dubbio* vide la luce presso la casa editrice Pellicanolibri.

Ma quest'ultima prova dell'incomprensione artistica del suo lavoro da parte dell'editoria maggiore fu fatale. Goliarda non scrisse piú per alcuni anni. Quando riprese fu solo per scrivere taccuini. Cominciò per ingannare il tempo durante una lunga tournée teatrale che fu costretta a intraprendere in tarda età, ormai stanca e provata, a causa delle dure condizioni economiche in cui versava. Fui io a regalarle una decina di volumetti rilegati in tela invitandola a servirsene in viaggio come macchina fotografica. Non si fermò piú sino alla morte. Oggi sono considerati fra i libri che piú la chiariscono: *Il vizio di parlare a me stessa* e *La mia parte di gioia.*

Finché un mattino di fine agosto del 1996, elegante come sempre, un lungo vestito a fiori, un largo cappello di paglia, la borsa in spalla, scendendo le scale della casa di Gaeta per andare a rifornirsi delle sue adorate sigarette, il suo cuore cessò. Morta in piedi, come voleva, di cuore come tutti i Sapienza, diceva sempre. Anche il padre era morto ancor giovane allo stesso modo all'Hotel des Palmes di Palermo a letto con una danzatrice.

Oggi l'interesse per i suoi libri cresce ogni giorno di piú, soprattutto presso i giovani che leggono in essi quanto da tempo aspettavano. Fioriscono studi e convegni. La stessa accademia è impegnata nella revisione del canone della letteratura del Novecento per includervi Goliarda Sapienza come uno dei maggiori nomi della narrativa italiana, e una voce libera integralmente europea.

Qui si conclude questo troppo lungo sforzo di comunicare che Goliarda, oltre all'artista ormai nota, era un modo d'essere. So di aver appena sfiorato il desiderio dei lettori di sapere di piú di lei, dunque di non averlo esaudito come forse avrebbero voluto.

Il mio ritratto è rimasto lontano dall'essere esauriente, com'è destino di qualsiasi ritratto umano, a forza di dire credo di aver detto assai poco. Le sue opere dicono sicuramente di piú, lasciamo a esse la parola.

ANGELO PELLEGRINO

Maggio 2016.

Indice

Einaudi usa carta certificata PEFC
che garantisce la gestione sostenibile delle risorse forestali

PEFC
PEFC/18-32-03
Certificato PEFC
Questo prodotto è realizzato con materia prima da foreste gestite in maniera sostenibile e da fonti controllate
www.pefc.it

Stampato su carta HOLMEN con fibra vergine
proveniente da foreste sostenibili
www.holmen.com/paper

Stampato per conto della Casa editrice Einaudi
presso ELCOGRAF S.p.A. - Stabilimento di Cles (Tn)

C.L. 26504

Edizione						Anno			
2	3	4	5	6	7	2025	2026	2027	2028